ein Ullstein Buch

PROPYLÄEN WELT GESCHICHTE

Eine Universalgeschichte
Herausgegeben von
GOLO MANN
unter Mitwirkung von
ALFRED HEUSS
und
AUGUST NITSCHKE

Band I
Vorgeschichte · Frühe Hochkulturen
Band II
Hochkulturen des mittleren und östlichen Asiens
Band III
Griechenland · Die hellenistische Welt
Band IV
Rom · Die römische Welt
Band V
Islam · Die Entstehung Europas
Band VI
Weltkulturen · Renaissance in Europa
Band VII
Von der Reformation zur Revolution
Band VIII
Das neunzehnte Jahrhundert
Band IX
Das zwanzigste Jahrhundert
Band X
Die Welt von heute
Band XI
Summa Historica

Elf Bände in zweiundzwanzig Halbbänden

Zehnter Band
2. Halbband

Die Welt von heute

RAYMOND ARON
GOETZ BRIEFS
HANS FREYER
GOLO MANN
GABRIEL MARCEL
CARLO SCHMID

Karten und graphische Darstellungen im Text von Uli Huber.

Die Beiträge von Raymond Aron und Gabriel Marcel sind von Dr. A. R. L. Gurland in deutsche Sprache übertragen worden.

CIP-Kurztitelaufnahme der Deutschen Bibliothek

Propyläen-Weltgeschichte:
e. Universalgeschichte; 11 Bd. in 22 Halbbd. / hrsg. von Golo Mann unter Mitw. von Alfred Heuss u. August Nitschke. – Frankfurt/M, Berlin, Wien: Ullstein.
  ([Ullstein-Bücher] Ullstein-Buch;
  Nr. 4720)
  ISBN 3-548-04720-3

NE: Mann, Golo [Hrsg.]

Bd. 10. → Die Welt von heute

Die Welt von heute. –
Frankfurt/M, Berlin, Wien: Ullstein.

Halbbd. 2. Raymond Aron ... – 1976
  (Propyläen-Weltgeschichte; Bd. 10)
  ([Ullstein-Bücher] Ullstein-Buch;
  Nr. 4740)
  ISBN 3-548-04740-8

NE: Aron, Raymond [Mitarb.]

*Ullstein Buch Nr. 4740
im Verlag Ullstein GmbH,
Frankfurt/M - Berlin - Wien*

*Der Text der Taschenbuchausgabe
ist identisch mit dem der
Propyläen Weltgeschichte*

Umschlag: Hansbernd Lindemann
Alle Rechte vorbehalten
© 1961 by Verlag Ullstein GmbH,
Frankfurt a. M./Berlin
Printed in Germany 1976
Gesamtherstellung: Ebner, Ulm
ISBN 3 548 04740 8

INHALTSVERZEICHNIS

Raymond Aron

377 WELTDIPLOMATIE: FRONTEN UND PAKTE

Absolute Diplomatie *(380)* Anhaltender Konflikt und begrenzte Kriege *(385)* Diplomatie der Abschreckung *(392)* Die Weltblöcke in Europa *(400)* UdSSR-China-Block und USA-Defensivblock *(406)* Nationalismus auf der Suche nach der Nation *(412)* Perspektiven *(419)*

Carlo Schmid

423 DIE ZWEITE INDUSTRIELLE REVOLUTION

Ende des Laisser-faire *(428)* Initialzündung durch militärische Bedürfnisse *(430)* Neue Energiequellen *(435)* Phasen der Mechanisierung *(438)* Freizeit – Segen oder Fluch? *(445)* Die industrielle Bewegung wird universal *(446)*

Goetz Briefs

453 INTERNATIONALE GEWERKSCHAFTSBEWEGUNG

Die Gewerkschaftsrichtungen *(475)* Das Genossenschaftswesen und die Anpassung an den Kapitalismus *(478)* Der Drang zur Internationalität *(482)* Die soziale und politische Bedeutung der Gewerkschaften *(485)* Die wirtschaftliche Bedeutung der Gewerkschaften *(492)*

Hans Freyer

499 GESELLSCHAFT UND KULTUR

Die Epoche der Weltkriege *(501)* Die neue Gestalt der westlichen Industriegesellschaft *(508)* Soziale Umschichtung im 20. Jahrhundert *(514)* Die Arbeitswelt *(520)* Das Neonlicht der Anonymität und der Mann ohne Eigenschaften *(525)* Das Dominantwerden technischer Kategorien *(532)* Leben aus zweiter Hand *(538)* »In die Freiheit verstrickt« *(545)* Die Wissenschaften *(550)* Engagement auf Kurzschluß *(562)* Registrierungen und Bilanzen *(569)* Bewältigungen *(574)* Bohrungen *(581)* Die offene Situation *(587)*

INHALTSVERZEICHNIS

Gabriel Marcel
593 RELIGIÖSES DENKEN IN DER HEUTIGEN WELT

Golo Mann
610 SCHLUSSBETRACHTUNG

629 UNIVERSALGESCHICHTE IN STICHWORTEN
(Von *Heinz* und *Christel Pust*)

663 NAMEN- UND SACHREGISTER
(Von *Bruno Banke*)

699 QUELLENVERZEICHNIS DER ABBILDUNGEN

Raymond Aron

WELTDIPLOMATIE: FRONTEN UND PAKTE

Seit langem im Umlauf, läßt sich der Ausdruck »Weltdiplomatie« genau eigentlich erst seit 1945 auf die Wirklichkeit anwenden. Mit der Diplomatie ist es nicht wie mit der Wirtschaft: im 19. Jahrhundert gab es zwar, auch wenn sie nicht die Gesamtheit der Menschen und Länder erfaßte, eine Weltwirtschaft, aber keine Weltdiplomatie. Die internationalen Beziehungen haben sich zwischen 1939 und 1945 nicht graduell, sondern der Sache nach gewandelt.

Der Krieg von 1914 bis 1918 war kaum in höherem Maße Weltkrieg als der Peloponnesische Krieg im 5. Jahrhundert vor unserer Zeitrechnung. Er ging das gesamte System der europäischen Nationen ebenso an, wie der Krieg, über den Thukydides berichtet hat, das System der griechischen Stadtstaaten anging. Zur Zeit des ersten Weltkrieges beherrschte allerdings Europa die Welt; unter den Siegern waren zwei Mächte, deren Besitzungen sich über einen großen Teil Asiens und Afrikas erstreckten, unter den Besiegten zwei Nationalitätenreiche, deren Zerstückelung durch die Niederlage beschleunigt wurde; die Rückwirkungen der großen Auseinandersetzung hatten ihren Widerhall an allen Ecken und Enden des Planeten. Der unerbittliche Kampf und die Erschöpfung der Nationen, die das Schicksal des Menschengeschlechts mit ihrem eigenen verschmolzen zu haben glaubten, brachten die Grundlagen der politischen Ordnung bis an die entlegensten Winkel des Erdballs ins Wanken.

Dagegen erreichte der Krieg von 1939 bis 1945 Weltdimensionen, weil er ein doppelter Krieg war. Die Weltreichexperimente Hitler-Deutschlands und Japans waren, obgleich ihr zeitliches Zusammenfallen kein Zufall war, weder in ihrem Ursprung noch in ihren Zielsetzungen identisch. Ohne die günstige Gelegenheit, die ihm der in Europa bereits vom Zaun gebrochene Konflikt bot, hätte sich Japan vielleicht nicht zum Sturmangriff auf die europäischen und amerikanischen Positionen im Fernen Osten entschlossen.

Der Eintritt der Vereinigten Staaten in den Krieg gegen Ende des Jahres 1941 bezeichnete die tatsächliche Vereinheitlichung der Kriegshandlungen und damit auch des diplomatischen Kraftfeldes. Von Stund an war die amerikanische Republik – sowohl in den Gewässern der Philippinen als auch bei der Landung in der Normandie – der Hauptakteur. Im Herzen Deutschlands wie im Zentrum Koreas stieß sie auf denselben Rivalen:

die Sowjetunion. Im Jahre 1945 gab es nur noch ein diplomatisches Kraftfeld; es umspannte die fünf Erdteile und wurde von zwei Riesen beherrscht.

Wo stehen wir fünfzehn Jahre danach? Was sind die dauerhaften, wenn nicht gar permanenten Wesensmerkmale des diplomatischen Kraftfeldes? Und worin zeigen sich wandelbare Züge, die der Zukunft ein anderes Gepräge geben könnten?

Absolute Diplomatie

Zwischen den großen politischen Gebilden des 17. Jahrhunderts – dem Kaiserreich China, dem Reich des Großmoguls, dem Imperium Spaniens in Amerika und den Königreichen Frankreich und England – waren die Verbindungen spärlich, die Austauschgelegenheiten begrenzt. Suchten die Souveräne von Peking, Delhi oder Paris die Kräfte abzuschätzen, auf die sie im Kriegsfall bauen konnten oder die sie im Kriegsfall zu fürchten hatten, so dachte keiner von den dreien an die anderen zwei; damals gehörten Asien und Europa nicht zum selben diplomatischen Feld. Künftighin gehören sie zu einem einzigen Feld, das den Erdball umschließt.

In unserem Zeitalter hat die Dimension des Raums nicht mehr ihre alte Bedeutung. Cäsar und Napoleon brauchten ungefähr die gleiche Zeit, um von Rom nach Paris zu gelangen. Alexis de Tocqueville brauchte drei Wochen, um den Ozean zu überqueren. Jetzt beansprucht die Überfahrt weniger Stunden als zu Beginn unseres Jahrhunderts Tage. Tôkyô ist heute von San Francisco weniger weit entfernt als Moskau zu Napoleons Zeiten von Paris.

Nicht weniger als die Beförderungsgeschwindigkeit hat die Kapazität der Verkehrsmittel zugenommen. Die Vereinigten Staaten sind in der Lage, millionenstarke Armeen Tausende von Kilometern von ihren Stützpunkten entfernt zu konzentrieren und sie zu Lande oder zur See mit der Eisenbahn und über Autostraßen, sogar durch die Luft zu versorgen. Früher verschmolzen die Grenzen des diplomatischen Kraftfeldes mit denen der militärischen Intervention; sie verschwinden schicksalhaft mit der Allgegenwart der Macht der Großen.

Ist die Konzentration der militärischen Macht in den Händen zweier Staaten, die Kontinente sind, eine zeitweilige Erscheinung? Sie ist es in einem gewissen Sinne. Andere Kraftzentren haben sich bereits herausgebildet, die die Vorherrschaft der Hauptakteure des Dramas eingeschränkt haben und weiter einschränken werden. Aber wenn die industrielle Zivilisation nicht auseinanderbricht, werden die Verkehrs-, Produktions- und Verteilungsmittel weiter wachsen, die Beziehungen aller Art zwischen den Staatsgebilden intensivieren und die Schaffung von Staaten enormen Ausmaßes begünstigen. Die Einheit des diplomatischen Kraftfeldes ist zunächst und vor allem der Ausdruck dafür, daß die Einheit des Menschengeschlechts im Werden ist.

Dazu kommt ein anderes grundlegendes Element. Die echte oder scheinbare Allgegenwart der Vereinigten Staaten und der Sowjetunion geht darauf zurück, daß jeder der beiden Riesen eine Idee verkörpert oder zu verkörpern scheint, daß jeder eine der beiden Daseinsordnungen repräsentiert, die unserer Zeit ihren Stempel aufprägen. Der Wettstreit zwischen Washington und Moskau läßt sich ebensosehr machtpolitisch wie ideologisch deuten, ohne daß man mit Gewißheit sagen könnte, ob nach den Vorstellungen der führenden Personen die Macht der Ideologie oder die Ideologie der Macht dient.

Die beiden Lager umfassen nicht alle Staaten der Erde. Viele Staaten legen sowohl im Machtkonflikt als auch im Konflikt der Ideen Wert darauf, als nicht festgelegt zu gelten. Aber je nach der Natur des Regimes und der Beschaffenheit der Machthaber nimmt sich diese Neutralität in den Augen der Sowjetführer und der Führer der westlichen Welt verschieden aus. Ist die Struktur der staatlich-gesellschaftlichen Institutionen zum Gegenstand des Kampfes der Staaten untereinander geworden, so werden alle Wechselfälle der Innenpolitik zu verlorenen oder gewonnenen außenpolitischen Schlachten. In ihrer monolithischen Erscheinungsform existieren die beiden Blöcke im Grunde nur in Europa, die übrige Welt ist mehr Einsatz als Subjekt des Wettstreits zwischen Amerika und der Sowjetwelt (oder zwischen dem Westen und dem Kommunismus, zwischen »Kapitalismus« und »Sozialismus«).

Der ideologische Konflikt zwischen den beiden größten Industrieländern der Welt und die Tatsache, daß sich so viele Staaten trotz allen diplomatischen und propagandistischen Verlockungen weigern, für das eine oder das andere Partei zu nehmen, sind wiederum Folgen des Siegeszuges der industriellen Zivilisation. Diese Zivilisation ist im Begriff, die gesamte Menschheit in ihren Bannkreis zu ziehen, aber nicht alle Länder haben auf diesem Königsweg der Modernisierung dieselbe Etappe erreicht. Welchen Maßstab man auch heranziehen möge – ob das Brutto-Sozialprodukt, das Sozialprodukt pro Kopf der Bevölkerung, den Anteil der in der Industrie beschäftigten Arbeitskräfte, die Arbeitsproduktivität oder die Lebenshaltung der Bevölkerung –, die Unterschiede zwischen der weißen Minderheit des Westens und den Massen der Farbigen in Afrika und Asien sind gewaltig.

Nie war in früheren Zeiten die ungleiche Verteilung des Reichtums so sehr ausgeprägt. Im 16. Jahrhundert dürfte sich die Lebenshaltung des englischen Bauern von der des indischen nicht allzusehr unterschieden haben. Nur die privilegierten Minderheiten waren vor dem Aufkommen der industriellen Zivilisation am Kulturgenuß beteiligt. Der Frieden, die Ordnung und die Machtposition der einzelnen Staaten trugen dazu bei, die Lebensverhältnisse der Massen zu verbessern und sie über ein Elendsniveau zu erheben. Aber noch in den ersten Jahren des 19. Jahrhunderts blieb in Frankreich mitten im Frieden und Wohlstand die Hungersnot eine akute Gefahr.

Im Laufe der letzten zwei oder drei Jahrhunderte hat die Zahl der Menschen auf unserem Planeten gewaltig zugenommen; aber nur die Länder des Westens haben dank der Auswanderung nach Amerika und dem rapiden Tempo des wirtschaftlichen Fortschritts die zusätzliche Produktionskapazität zur Verbesserung der Geschicke aller ausnutzen können. Anderswo ist entweder (so in Asien) die Bevölkerung schneller gewachsen als die Menge der Güter und Lebensmittel, oder die Industrialisierung hat (so in der Sowjetunion) zuallererst der Akkumulation der Machtmittel gedient. In der gegenwärtigen Periode rückt die industrielle Zivilisation die Menschen näher zusammen, aber zugleich reißt sie zwischen ihnen Abgründe auf. Die Bewohner Indiens sind heute besser als in irgendeinem vergangenen Jahrhundert über das informiert, was in Amerika geschieht; sie erfahren, daß es drüben Bauern und Arbeiter gibt, die anders leben als sie selbst. Soll die Sowjetideologie den Sozialismus und den kommenden Überfluß als Nachfolger des Kapitalismus verkünden: das ist nur eine Ironie der Geschichte. Im Hinblick auf die moderne Zivilisation schlägt die Sowjetunion nur einen abgekürzten Weg vor, der über die Allmacht des Staates führt.

Indem die industrielle Zivilisation die Menschen zusammenführt und voneinander entfernt, wertet sie die Grenzen zugleich auf und ab. Vor fünfzig Jahren lehnten es die europäischen Großmächte ab, die Souveränität Chinas zu respektieren, und planten tatkräftig die Aufteilung des Reiches der Mitte in Einflußzonen. Heute gibt es eine internationale Organisation, die Vereinten Nationen, in der ein Staat soviel gilt wie der andere. Jeder hat eine Stimme – außer der Sowjetunion, die einem diplomatischen Zufall aus der Kriegszeit deren drei verdankt. Die Souveränität soll sakrosankt sein zu einer Zeit, da die Ungleichheit der militärischen und ökonomischen Kräfte so eklatant ist wie nie zuvor und so viele Staaten unfähig scheinen, sich aus eigener Kraft am Leben zu behaupten.

Der Respekt vor der Souveränität ist nicht ganz fiktiv; er bringt einige Konsequenzen mit sich. Zwar vermag er nicht mehr die europäischen Imperien zu retten, in die die nationale Erhebung gegen die Kolonisatoren und Imperialisten schwere Breschen geschossen hat; er gewährt den von Großbritannien nach dem ersten Krieg im Nahen Osten gezimmerten arabischen Staaten kaum eine Chance, ihre Existenz zu sichern; auch den anderen künstlichen Staatsgebilden, die aus der Zerreißung der Kolonialimperien hervorgegangen sind, gibt er nicht die Mittel an die Hand, an denen es ihnen gebricht. Aber nie wurde das Prinzip der Nichteinmischung in die inneren Angelegenheiten anderer Staaten so laut proklamiert wie in unseren Tagen. Und nie waren diese inneren Angelegenheiten so unzertrennlich verbunden mit außenpolitischen Machtkämpfen; nie hat es so viele Staaten gegeben, die unfähig waren, ihre Souveränitätsrechte geltend zu machen.

Gibt es für diesen paradoxen Widerspruch eine sinnvolle Erklärung? Wenigstens ganz abstrakt läßt sich eine Antwort andeuten. Die industrielle Zivilisation trägt dazu bei, das Prinzip der Gleichheit der Menschen auch auf Kollektivgebilde auszudehnen; sie zersetzt die traditionellen Strukturen, sowohl die der Imperien als auch die der Arbeit, wodurch die Existenz und die Grenzen der staatlichen Gebilde in einem großen Teil des Erdballs immer mehr in Frage gestellt werden. Um das Chaos zu vermeiden, proklamiert man die Heiligkeit der Staaten. Und weil die proklamierten Prinzipien mit den Tatsachen nicht übereinstimmen, widerspricht die Praxis der Diplomatie unaufhörlich der Lehre vom internationalen Recht oder den Theorien der internationalen Gesittung.

Die Ungleichheit der Staaten wird noch unterstrichen durch die Technik des Kriegswesens. Die moderne Industrie hat den Staatsmännern Waffen in die Hand gegeben, mit denen sich Zerstörungen von früher ungeahnten Ausmaßen bewerkstelligen lassen. Die Sprengkraft der thermonuklearen Waffen bemißt sich nach Megatonnen und nicht mehr wie bei den Atombomben von Hiroshima und Nagasaki nach Kilotonnen; das heißt: die Kernwaffen von heute sind tausendmal so mächtig wie die von gestern. Aber auch

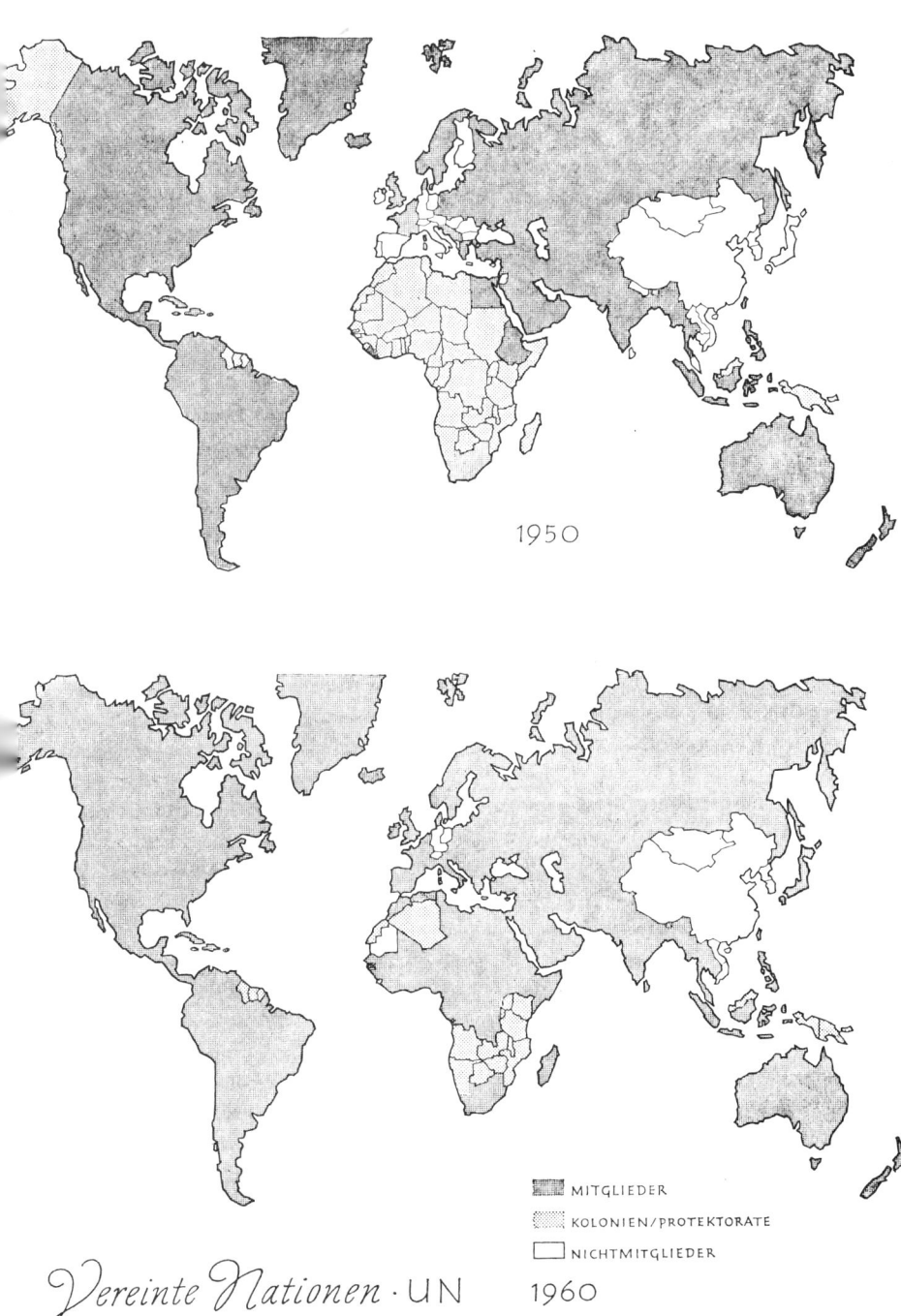

schon die gestrigen reichten aus, den größten Teil einer Stadt zu verwüsten, Zehntausende von Menschen zu töten oder zu verkrüppeln. Ein oder zwei Dutzend thermonukleare Bomben würden ein Land von mittlerer Größe aktionsunfähig machen.

Die atomare Bewaffnung bestimmt nicht den Gang der Ereignisse; sie hat es nicht zur Zeit des amerikanischen Monopols getan, und sie tut es nicht zu der Zeit, da es vier Staaten gibt, die über Kernwaffen verfügen. Die Drohung, seinesgleichen zu »atomisieren«, benutzt man nicht beliebig in jeder wie immer gearteten Situation. Mit der Anwendung grauenerregender Waffen löst man nicht beliebig jeden wie immer gearteten Konflikt. Es gibt eine Art ironischer Gerechtigkeit, die die Entwicklung der Militärtechnik in zwei Richtungen vorangetrieben hat. Die Atombomben und die thermonuklearen Bomben sind die grandiose und furchtbare Vollendung der Bomben mit chemischer Explosivkraft. Aber gegen Kanonen, Panzerwagen und andere moderne Waffen haben die Menschen ein Verteidigungs-, vielleicht sogar ein Angriffsmittel gefunden: mit Maschinenpistolen und Dynamit kann man zwar nicht moderne Armeen besiegen, aber oft genug den Besatzungsmächten, den Kolonisatoren, den Privilegierten das Leben unmöglich machen. Ohne das ungeschriebene Völkerrecht zu verletzen, kann kein reguläres Heer Grenzen passieren; Propaganda, Guerillas und Geheimagenten brauchen darauf keine Rücksicht zu nehmen.

So sehen bei der ersten Analyse die auffälligsten Züge der gegenwärtigen Konstellation aus:

1. Der gesamte Erdball ist in ein einziges diplomatisches Kraftfeld einbezogen.

2. Die Macht und provisorisch auch die Atom- und thermonuklearen Waffen sind in den Händen von zwei von Europa aus gesehen peripheren Staaten konzentriert, die beide im Vergleich zu ihrer Bevölkerung über immense Räume verfügen.

3. Die Wirkung des diplomatischen Kampfes wird vervielfacht durch den ideologischen Wettstreit zwischen den beiden Riesen, die beide nicht nur Zentren rivalisierender ökonomischer und politischer Systeme sind, sondern auch Modelle besonderer Typen der industriellen Zivilisation darstellen. Während die meisten »nichtfestgelegten« Länder nach der wirksamsten Industrialisierungsmethode Ausschau halten, bemühen sich die beiden Riesen darum, sie in ihrer Botmäßigkeit zu halten oder in ihre Botmäßigkeit zu bringen.

4. In einem großen Teil des Erdballs (Teile Südostasiens, Naher Osten, Afrika) sind infolge des Zerfalls der europäischen Imperien, und weil wirkliche nationale Gemeinwesen noch nicht entstanden sind, staatliche Grenzen und selbst der Bestand staatlicher Souveränität in Frage gestellt.

5. Die Rolle der regulären Heere ist wenigstens zeitweilig reduziert infolge der zunehmenden Wirkungskraft der Atom- und thermonuklearen Waffen an dem einen Pol, der individualisierten Waffen der Partisanen am anderen Pol; dabei lassen die Kernwaffen die einmal geschaffenen Situationen – mögen sie noch so grotesk sein – erstarren, während die Partisanenwaffen den Völkern ohne Industrie ein Mittel an die Hand geben, die von den Eroberern errichtete Ordnung umzuwerfen.

6. Als Überbau über dieser brodelnden Welt erhebt sich ein System internationaler Legalität, dessen Symbol und Garant die Vereinten Nationen sind und in dessen Rahmen alle Staaten, die großen wie die kleinen, mit den gleichen Rechten und den gleichen Pflich-

Ost und West vor dem Gipfelgespräch
Chruschtschow nach seiner Landung in Washington am 16. September 1959

Eisenhower auf seiner Reise in die NATO-Länder vor dem Gipfelgespräch in Washington
Ankunft in Bonn am 26. August 1959

ten ausgestattet, die Verpflichtung auf sich genommen haben, die gegenseitige Souveränität zu respektieren. In einem Zeitalter, in dem die außenpolitischen Kämpfe mit den Mitteln des Wettbewerbs der Parteien und des Staatsstreichs ausgetragen werden, verkünden die Vereinten Nationen feierlich, daß die Einmischung in die inneren Angelegenheiten souveräner Staaten ein Verbrechen sei.

Vielleicht wäre die Formel von der »absoluten Diplomatie« das beste Resümee dieser Analyse der internationalen Beziehungen. Bei Clausewitz gab es die Unterscheidung zwischen dem absoluten Krieg, in dem sich die jedem Waffengang zwischen den Staaten innewohnende Tendenz zur extremen Gewaltanwendung vollendet, und dem wirklichen Krieg, der zumeist aus politischen Gründen an den extremen »absoluten« Fall nicht herankommt. Der Krieg ist absolut, wenn die Kriegführenden alle ihre Kräfte für einen rücksichtslosen Sieg einsetzen, dessen Ausdruck und dessen einziger unwiderleglicher Beweis nur die restlose Entwaffnung des Feindes sein kann.

Zu gewissen Zeiten geht es im Kampf der Staaten im Frieden wie im Krieg nur um einen begrenzten Einsatz. Mit Waffengewalt bemühen sich die Staaten, einander eine Provinz zu entreißen; mit List und Intrigen versuchen sie, ihre Position zu festigen, die Gunst der nichtbeteiligten Staaten oder der vorübergehend dem Feindeslager zuneigenden Oppositionspartei im Innern zu gewinnen. Im 20. Jahrhundert ist das anders geworden: von einigen befriedeten Zonen abgesehen, durchlebt die Menschheit eine revolutionäre Periode. Der Sieg der kommunistischen Partei in China wird noch lange Zeit die Entwicklung Asiens beeinflussen; er hat schon jetzt die Beziehungen zwischen den internationalen Kräften umgekrempelt. Die Diplomatie ist total, weil *alles* in Frage gestellt ist und weil die Akteure *alle* Mittel benutzen; der Bestand der Staaten, das politische Regime, die wirtschaftliche Organisationsform, die herrschenden oder akzeptierten Ideologien: alles hängt von der Konkurrenz zwischen den Staaten und (oder) den Parteien ab. Die Atombomben, die thermonuklearen Waffen, die Panzerdivisionen, die Maschinenpistolen und das Dynamit der Partisanen, die im Rundfunk verbreitete oder geflüsterte Propaganda, die Staatsstreiche der Obersten, die Aufstände der Massen, die Beziehungen der Diplomaten, der Legalitätsformalismus des Weltparlaments in New York: das alles hat, wenn auch nicht in gleichem Maße, seine Wirkung auf den Gang der Geschichte.

Anhaltender Konflikt und begrenzte Kriege

Die beiden Giganten sind, soweit sie spontan agieren, revolutionär, auch wenn beide unter bestimmten Voraussetzungen die Revolution beenden und die Ordnung stabilisieren wollen. Aber die Sowjetunion ist auf eine mehr bewußte Weise revolutionär, und sie hat, wenn ihre Anhänger einmal an der Macht sind, die größere Chance, die Revolution wirksam zum Abschluß zu bringen.

Daheim sind die Vereinigten Staaten konservativ und revolutionär in einem. Sie sind konservativ in ihrer Treue zu einer der ältesten Verfassungen der Welt, in ihrer pragmatischen Haltung gegenüber allen zu lösenden Problemen, in ihrer Ablehnung der Ideologien und der Gewalt, in ihrer Sorge um die Erhaltung der geistigen Kontinuität und der Lebenskraft religiöser Überzeugungen. Aber die amerikanische Gesellschaft war das Werk von Europäern, die, mit den Mitteln ihrer Heimatkulturen ausgestattet und ohne sich (außer in unbedeutendem Ausmaß) mit den Einheimischen zu vermischen, ein jungfräuliches Land erschlossen. Anders als in Europa hatte sich die industrielle Zivilisation jenseits des Atlantischen Ozeans nicht in einen von der feudalen oder aristokratischen Ordnung ererbten Rahmen einzufügen. Außer im Süden, wo die Gesellschaft auf die Sklaverei gegründet war (es hat eines Krieges und einiger Jahrzehnte bedurft, damit sich der Süden dem Norden anpaßte), brauchte sie keine verwurzelten Gewohnheiten, keine durch eine hierarchische Ordnung geheiligten Werte zu überwinden. Die Freizügigkeit einer Bevölkerung, deren Arbeitskräfte es für normal halten, von einem Ende des riesigen Landes zum anderen zu ziehen; die Sicherheit des ungehinderten Aufstiegs für die Begabten, die Fleißigen und vor allem die Erfolgreichen; die Ideologie (wenn nicht die Wirklichkeit) des Marschallstabes im Tornister eines jeden Staatsbürgers; mancherlei Wesenszüge einer Gesellschaft von Pionieren: das alles ließ sich den Erfordernissen der industriellen Zivilisation ohne Hemmnisse anpassen.

Auf Grund ihrer Erfahrung und mehr noch ihrer politischen Vorstellungen von der Welt konnten die Amerikaner nicht umhin, über die Institutionen der von ihnen nach dem zweiten Weltkrieg besetzten Länder abfällig zu urteilen. War das Land, in das sie kamen, eine europäische Kolonie, so verdammte in ihren Augen die niedrige Lebenshaltung der Massen die Kolonisatoren, denen sie ohnehin aus der Überlieferung der eigenen (schlecht interpretierten) Revolution ziemlich feindlich gegenüberstanden. In Europa selbst – vor allem in dem Europa, das nach den Jahren des Krieges und der Revolution verarmt war – fanden Soldaten und Diplomaten zu viele Überbleibsel vergangener Zeiten, die sich nicht rechtfertigen ließen. In Amerika hatten sich die Staaten in einer Föderation zusammengefunden; sollten nicht auch die europäischen Nationen zu Frieden und Wohlstand gelangen können, indem sie ihre Souveränität einer überstaatlichen Föderation aufopferten? Vollends unverständlich kam den Siegern das auf einer Personenhierarchie ruhende System der Ungleichheit vor, das sich ihnen in Japan als Muster darbot; es widersprach ihrer vom 18. Jahrhundert und von der protestantischen Tradition übernommenen individualistischen Philosophie ganz und gar. Gegenüber den Kolonialreichen der Europäer, gegenüber den nationalen Traditionen, gegenüber der festverwurzelten Autoritätsverehrung wirkte der amerikanische Einfluß von selbst revolutionär.

Ihre Revolution verkündeten die Vereinigten Staaten, indem sie das Recht auf Unabhängigkeit, auf Gleichheit, auf Glück, auf Wohlstand proklamierten, indem sie die Schande der Kolonialpolitik allen Europäern und die Schande des Massenelends den Privilegierten ins Bewußtsein riefen und für alle Menschen ein Schicksal am Horizont aufleuchten ließen, das dem Schicksal der freien Bürger Amerikas gleichen sollte. Aber was war denn das Programm, das sie mitbrachten, um diese Revolution gegen die Privilegien der Geburt und die Misere der Vergangenheit zum Abschluß zu bringen und eine neue Ordnung zu konsolidieren? Sie hatten nur ein Programm, und dies Programm ließ sich in dem einen Wort

Freiheit zusammenfassen: Freiheit für die Gewerkschaften, Forderungen zu stellen; Freiheit für die Parteien, miteinander in Wettbewerb zu treten; Freiheit für die Opposition, Kritik üben; Freiheit für die Intellektuellen, zu reden und zu schreiben; aber auch Freiheit für die Demagogen, die Massen aufzuwiegeln. Seit zwei Jahrhunderten war die verfassungsmäßige Ordnung der Zement der amerikanischen Gesellschaft; warum sollte es nicht anderswo genauso gehen können? Im großen Wettkampf um den Erdball schlug gerade dies Prinzip zum Nachteil der Vereinigten Staaten aus. Wo sich die russische Partei durchsetzen konnte, verschwanden oder versanken die den Vereinigten Staaten mehr oder minder freundlich gesinnten Parteien in der Illegalität. Während ein Regime westlichen Stils die Tätigkeit der Parteien toleriert, die es zerstören wollen, duldet ein Regime östlichen Stils keinerlei organisierte Opposition, duldet noch nicht einmal eine Organisation – ob beruflicher, ob intellektueller Art –, die zu einer autonomen Betätigung fähig wäre. Mehr noch, ein Regime im Sowjetstil baut von neuem eine gesellschaftlich-staatliche Hierarchie auf, wenn auch im Namen der Gleichheit. Es stellt die absolute Herrschaft einer Minderheit wieder her, wenn auch im Namen der Freiheit. Es zwingt der Gesellschaft eine offizielle Ideologie auf, wenn auch im Namen des Rationalismus.

Aber die beherrschende Rolle der Sowjetunion und der Vereinigten Staaten trägt noch andere neue Elemente in die Weltarena hinein. Weder der eine noch der andere der beiden Giganten hat in der Vergangenheit eine ähnliche Position eingenommen wie heute. Rußlands diplomatische Tradition ist durch die bolschewistische Revolution umgemodelt worden; die diplomatische Tradition der amerikanischen Republik stammt aus einer Zeit, in der Isolierung, nicht Führung das erstrebte Ziel war, und Amerika empfindet auch heute die Führerrolle eher als eine belastende denn eine begeisternde Verpflichtung. Im vorigen Jahrhundert haben die Vereinigten Staaten Außenpolitik getrieben, als hätten sie mit Vorbedacht drei Hauptziele verfolgt: im Einvernehmen mit Großbritannien eine Intervention der europäischen Mächte in Nord- und Südamerika zu verhindern, das eigene Staatsgebiet südlich und westlich möglichst weit auszudehnen und sich aus den Zwistigkeiten Alt-Europas herauszuhalten. Was immer die Beweggründe und Ideologien dieser Diplomatie gewesen sein mögen, sie mutet nachträglich besehen vernünftig, dafür aber weniger originell an, als die Amerikaner selbst es wahrhaben möchten. Es mangelte den Vereinigten Staaten nicht an Expansionsdrang, dem alten Grund so vieler europäischer Konflikte. Nur brauchten sie keinen großen Krieg, um ihren Expansionswillen zu manifestieren; es hat ihnen genügt, Napoleon Louisiana abzukaufen und Spanien die Provinzen fortzunehmen, die es nicht mehr zu verteidigen vermochte. Ihre pazifistische Philosophie hinderte die Expansion nicht, solange sie nicht auf den Widerstand einer Großmacht stieß.

Nur während einer kurzen Periode gegen Ende des vorigen Jahrhunderts war der Imperialismus für die Vereinigten Staaten eine ernste Versuchung. Viel beständiger und viel tiefer blieb die Tendenz, die in der berühmten Formel von der »Offenen Tür« und der Anerkennung der Souveränität Chinas zum Ausdruck kam. Aus verschiedenen Motiven, unter denen das Sendungsbewußtsein vermutlich schwerer wog als die Jagd nach Profit, hielten sich die Führer der Vereinigten Staaten für die auserwählten Beschützer der Unantastbarkeit Chinas, für die Freunde eines großen Volkes, das die widerstreitenden

Ansprüche der Russen, Japaner, Engländer, Deutschen und Franzosen mit Versklavung bedrohten. Die amerikanischen Missionare hatten in das Reich der Mitte das Christentum getragen, die amerikanischen Kaufleute hatten Handelsbeziehungen angeknüpft und den Mythos vom riesigen chinesischen Markt (oder zum mindesten die Hoffnung darauf) verbreitet, und die amerikanische Diplomatie proklamierte die Unverletzlichkeit der chinesischen Souveränität und das Prinzip der Offenen Tür.

Von diesem politischen Programm des State Department zu Beginn des Jahrhunderts führt eine logische, geradlinige Entwicklung zu den Vereinten Nationen. Als die Unantastbarkeit Chinas der Einsatz im Rivalitätsspiel war, proklamierten die amerikanischen Diplomaten die moralische Pflicht, den auseinanderfallenden Staat zu achten und sich in seine inneren Angelegenheiten nicht einzumischen, die insofern schon international geworden waren, als es eine chinesische Zentralregierung, die dem Ausland hätte die Stirn bieten können, nicht gab. Im Jahre 1945 wurde zum Fundament der Vereinten Nationen die Universalgeltung eben der juristischen Formeln gemacht, die so lange Jahre die Stelle einer amerikanischen China-Politik eingenommen hatten. Die Gleichheit aller Staaten – bei der Abstimmung und vor dem Weltgewissen – wurde zum Prinzip erhoben. Freilich hindert dieser Grundsatz die Großmächte nicht daran, ihre Kämpfe im Innern aller Staaten fortzuführen, aber er verbietet ihnen die Anwendung der Gewalt gegenüber einem Staat – und sei er noch so schwach –, der im Rahmen der normalen Souveränitätsvorrechte Maßnahmen gegen ihre Interessen ergreift (z. B. Nationalisierung ausländischen Vermögens oder sogar Ausbildung von Guerillakämpfern, die umstürzlerische Bestrebungen in Nachbarländer hineintragen sollen).

Trotz ihrer moralisierenden und legalistischen Philosophie der Außenpolitik sind die Vereinigten Staaten mehr als irgendeine andere Großmacht vergangener Zeiten in Bürgerkriege verwickelt worden. Sie haben vergebens die Nationalisten gegen die Kommunisten in China unterstützt. Sie versuchen, mit Dollars, mit Propaganda, mit Agenten ihre Freunde zu stärken und ihre Feinde zu entwaffnen. Sie haben damit weniger Erfolg als die Sowjetunion, nicht nur weil sie in solchen Dingen weniger erfahren sind oder weil sie ihre Freunde veranlassen, mit der Duldung jeder beliebigen Opposition den Umsturz zu begünstigen, sondern auch weil sie ihre Interventionen nur mit schlechtem Gewissen vornehmen und sich dazu fast immer nur entschließen, wenn sich der Eingriff legal rechtfertigen läßt. Gewiß haben amerikanische Truppen in Korea und im Libanon interveniert, aber nur auf Ersuchen der legalen Regierung des Landes oder in Ausführung von Beschlüssen der Vereinten Nationen. Um das Dossier untadelig zu erhalten, verfolgen die Vereinigten Staaten den »Legalismus« bis ans bittere Ende und bleiben dabei, als die ordnungsmäßige Staatsgewalt Chinas die Regierung des Formosa-Emigranten Chiang Kai-shek anzuerkennen.

Die Sowjetunion überbietet sich in Legalität nicht minder als in Revolutionsmacherei. Sie hat das Prinzip der Nichteinmischung in die inneren Angelegenheiten anderer Staaten auf ihre Fahnen geschrieben, während doch keine andere Großmacht je eine so enge Verbindung mit einem überstaatlichen Propaganda- und Umsturzapparat gehalten hat wie sie oder je so viel Geld ausgegeben hat für die Verbreitung ihrer Lehren und die Untergrabung der gegnerischen Positionen. Die Überlegenheit der Sowjetunion in den Kämpfen, die von den Parteien ausgefochten werden, beruht nicht allein auf dem guten Gewissen der Revolutionäre, die an ihrer Sache nie zweifeln und alle Rechtsvorschriften, die sie zu achten vorgeben, mit Füßen treten. Rußlands kommunistische Machthaber verfügen in allen Ländern über treuergebene Männer und Parteien, die ihnen nicht aus Gewinnsucht, sondern aus Leidenschaft dienen; in diesem Sinne gibt es nirgends amerikanische Parteien, und die Parteien, die den Vereinigten Staaten dienen, müssen ihre Treue verschleiern, um nicht als käufliche Agenten zu erscheinen. Washington ist kein ideologisches Kraftzentrum.

In diesem ständigen Wettbewerb, der die ganze Welt umfaßt, ist Moskau seinen Gegnern noch auf eine andere Weise überlegen. Stalin, Molotow, Chruschtschow haben sich nie jemandem definitiv verpflichtet gefühlt. Eine Regierung, die Kommunisten hinrichtet oder ins Gefängnis wirft, verliert deswegen noch lange nicht die Freundschaft der Männer im Kreml, sofern ihr sonstiges Tun als objektiv im Einklang mit den Interessen des Kommunismus gilt. Nasser hat noch nie annehmen müssen, daß das Bündnis mit Moskau ihm die Pflicht zur Tolerierung der ägyptischen Kommunisten auferlegte, und Chruschtschow hat Nasser noch nie um ihretwillen unter Druck gesetzt. Dieser Art »Realismus« sind die Vereinigten Staaten nicht fähig. Gewiß genieren sie sich nicht, mit politischen Systemen zusammenzuarbeiten, die sie moralisch verurteilen, aber die amerikanische Opposition ist sofort dabei, die mangelnde Grundsatzfestigkeit der Regierung anzuprangern, und amerikanische Diplomaten setzen sich für liberale Maßnahmen meistens nicht aus realpolitischer Berechnung ein, sondern weil sie sich an bestimmte Überzeugungen halten.

Auf diplomatischem Gebiet finden die Vereinigten Staaten in ihrer Vergangenheit zwei unverfälschte Traditionen, gleichsam zwei Idealtypen vor: Frieden durch Isolierung, Sieg durch Vernichtung. Wenn, wie Alexis de Tocqueville meinte, die saubere Trennung von Krieg und Frieden das Wesensmerkmal der Demokratie ist, sind die Vereinigten Staaten entschieden demokratisch. Bis 1950 hatten sie dreimal eine enorme Kriegsmaschine mobilisiert; sie haben sie ebenso schnell vom ersten Friedenstag an wieder demontiert. Nach der Waffenstreckung der Südstaaten, des wilhelminischen Kaiserreichs, des von den ersten Atombomben getroffenen Japans war jeweils das Ziel erreicht. Mit der bedingungslosen Kapitulation des Feindes war der Krieg zu Ende, der Frieden wieder eingekehrt; sofort begann die Demobilmachung der Armee. Auch wenn die Diplomaten eine kriegstüchtige Armee noch so sehr brauchen, um mit Feinden oder mit Verbündeten zu verhandeln, ist diese Notwendigkeit, die den Politikern des alten Europas selbstverständlich war, von der amerikanischen öffentlichen Meinung oder auch von Amerikas Regierungsmännern nie erkannt oder zum mindesten nie zugegeben worden; jedenfalls gaben sich die Regierungsmänner meistens damit zufrieden, der öffentlichen Meinung zu folgen.

Die Diplomatie nach 1945 hat aber ihre Bestimmungsgründe – das ist oft genug ausgesprochen worden – in einer Situation, die weder dem einen noch dem anderen reinen Typus, weder dem Frieden noch dem Krieg, angehört. In Europa wird die territoriale Regelung von keinem der beiden Lager als endgültig akzeptiert. Selbst wenn man von der machtpolitischen und ideologischen Rivalität der beiden Riesen absieht, gibt es keinen Frieden aus dem einfachen Grunde, weil ein großer Teil der Menschheit noch auf der Suche ist nach der bestgeeigneten politischen Organisation und nach der besten Methode der Modernisierung. Nach 1945 hatten die Vereinigten Staaten entdecken müssen, daß das Ende des Krieges nicht automatisch der Beginn des Friedens war. Im Jahre 1950 mußten sie dazulernen, daß Kriege nicht immer bis zur Vernichtung oder Entwaffnung des Feindes geführt werden. Die aus Europa stammenden Pioniere mußten die Indianer bekriegen, um das Land in Besitz zu nehmen. Die Nordstaaten mußten die Südstaaten aufs Haupt schlagen, um die Oberhoheit der bundesstaatlichen Gewalt zu etablieren. Es war in diesem Fall logisch, die bedingungslose Kapitulation zu fordern, denn das Kriegsziel war die Vernichtung der staatlichen Existenz des Feindes, der Konföderation der Südstaaten. An die Vernichtung der staatlichen Existenz Deutschlands dachte aber Wilson 1918 ebensowenig wie Clemenceau oder Lloyd George. Die alliierten Staatsmänner waren sich indes einig in dem Entschluß, die Friedensbedingungen zu diktieren, das heißt die Mittelmächte zu entwaffnen, ihnen vor jeder Verhandlung über die endgültige Regelung alle Mittel des Widerstandes zu entwinden. Um nun das nächste Mal den Besiegten nicht die Möglichkeit zu geben, gegen die Friedensvertragsbestimmungen unter Berufung auf frühere Versprechungen zu protestieren, nahm Franklin D. Roosevelt im Krieg von 1939 bis 1945 die aus dem amerikanischen Bürgerkrieg überlieferte Formel der bedingungslosen Kapitulation wieder auf, eine diesmal unlogische Formel, denn das Ziel war nicht, die staatliche Existenz Deutschlands auf die Dauer zu zerstören.

In Korea hätte ein totaler Sieg die Vereinigung der beiden Staaten, die im Süden und im Norden aus den Okkupationszonen hervorgegangen waren, zur Folge gehabt. Es war nicht unberechtigt, sich diese Vereinigung zum Ziel zu setzen, um so mehr, als die Entscheidung der Vereinten Nationen einem solchen Unterfangen die Weihe unbestreitbarer Legalität verliehen hätte. Der Eingriff Chinas veränderte die Situation von Grund auf. Von diesem Augenblick an hatten die Vereinigten Staaten die Wahl zwischen einem Frieden durch *totalen Sieg*, der nach der Zerstörung der chinesischen Widerstandskraft hätte diktiert werden können, einem Frieden durch einen *Teilsieg*, der nach militärischen Erfolgen gegen die chinesischen Freiwilligen in Korea, aber ohne die Zermalmung oder Entwaffnung Chinas hätte erhandelt werden müssen, oder einem *Frieden ohne Sieg*, nach unentschiedenen Kämpfen durch Verhandlungen zu erreichen und mehr oder minder auf die Sanktionierung der tatsächlichen Situation zu beschränken. Die Vereinigten Staaten – Truman ebenso wie Eisenhower – wählten die letztgenannte Lösung. Sie wollten weder das Risiko eines totalen Krieges gegen China auf sich nehmen noch den Preis für einen eindeutigen, aber auf den koreanischen Kriegsschauplatz beschränkten Sieg zahlen. Sie begnügten sich mit einer Remispartie, einem defensiven Sieg über die nordkoreanische Aggression, der zugleich den Verzicht auf eine Wiedervereinigung durch Waffengewalt besiegelte. Die Vereinigten Staaten hatten, vielleicht nicht ohne dabei Fehler zu machen, die für sie neue Logik des begrenzten Krieges erlernt. In der Lehrzeit war die durch die Abberufung General MacArthurs ausgelöste große Diskussion ein Stück Anschauungsunterricht.

In der Welt der absoluten Diplomatie hat der begrenzte Krieg auch sein Gegenstück. Gestützt auf seine eigene Erfahrung, hat Mao Tse-tung die Begriffe und die Theorie des »anhaltenden Konflikts« entwickelt. Auch Lenin hatte den Kampf zwischen Kapitalismus und Sozialismus, zwischen Bourgeoisie und Arbeiterklasse als einen echten Krieg gesehen; er würde in hundert verschiedenen Schlachten ausgetragen werden und sein Schauplatz die ganze Welt sein. Geführt wird dieser Krieg bald mit Kanonen, bald mit Maschinenpistolen; bald mit Schießpulver, bald mit Worten; bald mit der Verkündung unversöhnlicher Feindschaft und bald mit dem Anschein friedlicher Zusammenarbeit. Im Kampf werden alle Mittel mobilisiert, alle Einzelepisoden sind als Elemente eines Ganzen, als Etappen eines Prozeßablaufs gedacht: der Krieg der Klassen, der politisch-gesellschaftlichen Systeme und der machtpolitischen Blöcke ist eine Epoche der Weltgeschichte, deren Dauer nicht vorausgesehen werden kann.

Um die Welt in diesen Kategorien zu begreifen, mußten die Vereinigten Staaten die glücklichen Zeiten der Einsamkeit vergessen, auf die Alternative von Krieg und Frieden verzichten, den Frieden als kriegerisch ins Auge fassen, die begrenzten Kriege akzeptieren, das Verlangen nach echten Lösungen unterdrücken, sich an die Koexistenz mit Todfeinden gewöhnen, kurzum all die Dinge hinnehmen, die sie für die spezifischen Merkmale der alten europäischen Diplomatie gehalten hatten. Gezwungen, im Weltmaßstab und mit einem noch nie dagewesenen Aufgebot an Gewaltmitteln das machtpolitische Spiel zu spielen, werden dieselben Vereinigten Staaten als imperialistisch verschrien, die stets geneigt waren, alle Staaten bis auf die amerikanische Republik der Todsünde des Imperialismus für schuldig zu halten.

Hat etwa die Sowjetunion, um sich dem Dauerkonflikt anzupassen, eine ähnliche Wandlung durchmachen müssen wie die Vereinigten Staaten, die von den Formeln »Keine Verpflichtungen« und »Keine Verwicklungen« zur verpflichtenden Mitgliedschaft in den Vereinten Nationen und zu einer großen Zahl vertraglicher Bindungen gelangt sind? Gibt es einen entscheidenden Unterschied zwischen der Außenpolitik der Sowjetunion und der Außenpolitik des zaristischen Rußlands oder gibt es ihn nicht? Die Antwort auf eine solche Frage ist um so schwieriger, als die Vereinigten Staaten, ohne ihr Regime zu ändern, ihre Politik geändert haben, grundlegend sogar, weil sich Veränderungen in ihrem Innern und in der Welt, die sie umgibt, dazwischengeschoben hatten. In jedem Fall würde sich Rußland als zweitgrößte Industriemacht der Welt anders verhalten müssen, als es sich in einer Zeit verhielt, in der es von Frankreich Kapital lieh, um Eisenbahnen bauen zu können.

Über diese erste Feststellung hinaus scheinen mir zwei Thesen von gegensätzlichem Charakter gleichermaßen unbestreitbar zu sein. Die Sowjetführer begreifen ihre Beziehungen zu anderen Staaten, begreifen Krieg und Frieden mit Hilfe von typisch kommunistischen Denkmitteln. Ein Rußland, das 1945 ein autokratisches oder parlamentarisches Regime gehabt hätte, wäre nach dem Verschwinden dazwischengeschalteter Puffergebilde möglicherweise spontan zum Rivalen der anderen Großmacht geworden; aber seine Führer, auf eine marxistisch-leninistische Weltanschauung nicht festgelegt, wären der These von der unvermeidlichen und unversöhnlichen Feindschaft zwischen den zwei Machtblöcken nicht gefolgt; zum mindesten ist nicht erwiesen, daß nichtkommunistische Machthaber dieselbe Vorstellung von der Menschheit und ihrer Entwicklung hätten haben müssen. Von einer anderen Warte gesehen, muß sich jedoch jede staatliche Diplomatie nach einem machtpolitischen Kalkül richten, und so manche Entscheidung der Sowjetunion kann auch in den

Kategorien des traditionellen Machtspiels gedeutet und als Beweis dafür angeführt werden, daß sich die Sowjetunion gegenüber ihren Verbündeten und ihren Rivalen nicht anders verhält als jeder beliebige, nicht ideokratisch regierte Staat. Schon 1921 hatte sich die Sowjetregierung mit einer Türkei verbündet, deren neuer Staat zwar einer Revolution entstammte, aber die Kommunisten verfolgte. Und 1939 hat Stalin nicht gezögert, seine Hand Ribbentrop entgegenzustrecken. In Perioden der Krise, in Augenblicken der Gefahr ist es das nationale Interesse, das den Männern des Kremls als Leitstern dient.

Der Widerspruch zwischen diesen beiden Thesen braucht nicht akut zu werden, wenn nicht die eine oder die andere verallgemeinert wird. Die beiden Alternativhypothesen, daß die Entscheidungen des Kremls durch ideologische Erwägungen diktiert oder daß sie von ideologischen Erwägungen völlig unbeeinflußt seien, sind gleichermaßen unwahrscheinlich. Es gibt Situationen, in denen alle Staatsmänner in derselben Weise handeln müssen, weil der machtpolitische Kalkül – den Krieg vermeiden oder seine Last auf andere abwälzen, Bundesgenossen rekrutieren, Zeit gewinnen – dieselben Entscheidungen erzwingt. Umgekehrt ist es so gut wie unvorstellbar, daß die Männer des Kremls die Angelegenheiten des Sowjetstaates zu allen Zeiten so verwalten sollten, als ob sie an den Klassenkampf und an die Todfeindschaft zwischen Kapitalismus und Sozialismus nicht glaubten. Hätte ein nichtideokratischer russischer Staat seine Herrschaft in Osteuropa auf einer dauerhaften Grundlage errichten wollen, so hätte er einiges anders gemacht; zum mindesten hätte er Osteuropa nicht eine Regierungsform aufgenötigt, die gleichzeitig die geistige Gleichschaltung und die Vormundschaft Moskaus verbürgt.

Von den spezifischen Merkmalen einer kommunistischen Diplomatie sollten zwei, die für den Ablauf der Weltpolitik wichtig sind, festgehalten werden: die Permanenz des Konflikts und die Unbegrenztheit der Zielsetzungen. Die Sowjetunion handelt unablässig so, als sei sie ständig im Kriegszustand; nie akzeptiert sie eine territoriale Regelung als definitiv. Jeder Erfolg, den der Kommunismus erzielt, dient als Ausgangspunkt für einen neuen Vorstoß. Jeder Rückzug zielt auf eine Umgruppierung der Kräfte um einer zukünftigen Offensive willen. Im Gegensatz dazu träumen die Vereinigten Staaten von einer dauerhaften Stabilisierung, von einem freundschaftlichen Arrangement, das für alle Beteiligten annehmbar wäre. Ihr Gegner steht aber im Dienste einer Revolution, die erst an dem Tag zum Stillstand kommen wird, da sie nach Einbeziehung der gesamten Menschheit ihr Ziel erreicht und auf den Trümmern der mit ihr konkurrierenden Ideen und Organisationen allenthalben die absolute Ordnung wiederhergestellt haben wird.

Diplomatie der Abschreckung

Wenn nach der Auffassung eines der Riesen der Konflikt permanent ist, wenn außerdem ein erheblicher Teil der Menschheit auf die Bildung neuer Staaten ausgeht, warum ist dann im Lauf der Jahre, die seit 1945 verstrichen sind, nicht ein neuer großer Krieg ausgebrochen? Auf diese Frage gibt es mehrere Teilantworten, die einander nicht ausschließen, und eine

Generalantwort, die über Teilaspekte hinausgreift. Wir wollen die Teilantworten kurz Revue passieren lassen und bei der übergreifenden Antwort verharren.

Ein internationales System, das zweipolig ist, begünstigt seinem Wesen nach den Dauerkonflikt. Die bipolare Struktur erlaubt überhaupt keine echte Stabilisierung; die Motive der Konflikte zwischen beiden vorherrschenden Staaten sind zahllos, weil es in ihrem Wettstreit primär darum geht, auf wessen Seite sich alle anderen Staaten schlagen. Trotzdem zögern die Riesen, sich in einen Krieg auf Leben und Tod zu stürzen: noch sind ihre lebenswichtigen Interessen nicht bedroht, und der offene Kampf würde sie – ganz gleich, wer siegt – ungeheuer viel kosten. Solange noch vernünftig gerechnet wird, liegt es im Interesse der beiden Hauptakteure, den totalen Krieg zu vermeiden, weil die Kosten für den einen wie für den anderen größer wären als der Gewinn, den der Sieg bringen könnte.

Es ließe sich freilich einwenden, daß dieselbe Überlegung Perikles hätte davon abhalten müssen, den Peloponnesischen Krieg zu unternehmen. Doch haben sich, wenn man Thukydides Glauben schenken darf, weder Perikles noch die Könige von Sparta leichten Herzens auf das Abenteuer eingelassen. Sie wurden schließlich in die Dialektik des Machtkampfes hineingezogen, aber nicht ohne vorher den Frieden des Nikias abgeschlossen, nicht ohne es vorher mit Perioden der friedlichen Koexistenz versucht zu haben. Niemand kann sagen, in welche Situation der anhaltende Konflikt, in dem wir leben, einmünden wird.

Von den beiden Riesen hat sich der eine seit jeher zu einer pazifistischen Philosophie bekannt, was allerdings die amerikanische Diplomatie nicht hindert, sich gelegentlich Ausbrüchen des Zorns und der Brutalität – wie etwa im Krieg gegen Spanien – hinzugeben. Der andere Riese betrachtet den Konflikt als normal, greift aber nur unter außergewöhnlichen Umständen zum offenen Krieg, in dem reguläre Heere die Grenzen überschreiten. Die Sowjetdiplomatie ist expansionistisch, aber der Krieg ist für sie nur ein Expansionsmittel neben anderen, dazu ein besonders kostspieliges. Die beiden Riesen neigen um so weniger zu einer Kraftprobe auf Biegen und Brechen, als ihr Ausgang in jedem Fall eine zweischneidige Angelegenheit wäre. Soll man sich vorstellen, daß dem Sieger das gesamte Gebiet zufiele, das von Wladiwostok über Moskau, Berlin und Paris bis San Francisco reicht? Siegte die Sowjetunion, so würde sie angesichts der gewaltigen Unterschiede in der Lebenshaltung mit Terror regieren müssen. Siegten die Vereinigten Staaten, so würden sie das Imperium gar nicht zusammenhalten können, denn um ihrer Prinzipien willen würden sie überall die nationale Unabhängigkeit und die demokratische Ordnung wiederherstellen. Von den Römern haben die Amerikaner weder den Sinn für die Pazifizierung von Weltreichen noch die dazu nötige Begabung geerbt.

Es gibt aber noch Wichtigeres. Dieser Großraum, der das nördliche Asien, Europa und Nordamerika umfaßt, gleichsam die Verlängerung des europäischen Systems bis zu den peripheren Staaten, ist nicht eigentlich das Feld, in dem die Vereinigten Staaten und die Sowjetunion aufeinanderprallen. Freilich erfolgte die Begegnung der russischen und amerikanischen Heere an der Elbe, und die Diplomaten streiten sich seitdem über die Grenzziehung und die Einheit Deutschlands. Aber der Einsatz ist hier begrenzt. Die Mehrzahl der Menschen lebt außerhalb dieses Raums, in den sich die industriell entwickelten Länder teilen. Die Massen Asiens und Afrikas sind das Objekt, dem der Konkurrenzkampf um den

Erdball gilt. Könnte der Sieger diese im Elend lebenden Massen, zu denen auch die Erben versunkener Hochkulturen gehören, wirklich beherrschen? Reine Illusion: sogar die Sowjetunion wird ihre Kommandostellung China gegenüber nicht allzulange halten können. Von dem Tag an, da ihr keine ebenbürtige Militärmacht mehr gegenüberstände, könnte sie zwar, ohne Repressalien zu befürchten, den Erdball ausplündern (bis zu dem Tag, an dem sich auch China eine Atomrüstung zugelegt hätte); sie könnte aber nicht souverän über die Hunderte von Millionen Menschen herrschen, die andere Sprachen sprechen, andere Götter verehren und auf die Wohlstandssegnungen des siegreichen Sozialismus vergebens warten würden.

Die »dritte Welt« ist zu groß und potentiell zu mächtig (es gibt allein mehr als sechshundert Millionen Chinesen), um bloßes Objekt der Geschichte zu sein und sich dem Sieger in jenem Krieg auf Leben und Tod passiv zu ergeben, der das von der Alten und der Neuen Welt gebildete System einbeziehen und am Ende zerstören müßte. Sparta und Athen stritten sich um die Vorherrschaft über das System der griechischen Stadtstaaten. Die Vereinigten Staaten und die Sowjetunion streiten sich weniger um die Vorherrschaft über das System der europäischen Nationen als um die Vorherrschaft über die Massen Asiens und Afrikas. Aber schon die Kosten des Krieges würden den Überlebenden daran hindern, diese Vorherrschaft zu verwirklichen.

Sollten sich die beiden Riesen trotz alledem in einen Kampf auf Leben und Tod stürzen, so würden sie nicht der Vernunft gehorchen, sondern der Dialektik der Macht, das heißt letztlich der Leidenschaft. Soweit sich die Kampfesweise voraussehen läßt, besteht die Gefahr, daß die Zerstörung alle Kriegführenden, ja auch die Unbeteiligten treffen müßte. Die massiven Vernichtungswaffen leihen ihren mächtigen Beistand der Sache der Gegner des tödlichen Krieges, der Sache der Vernunft. Unter die Phase der totalen Kriege, die die erste Hälfte des Jahrhunderts ausgefüllt haben, ziehen die Atom- und thermonuklearen Waffen einen vorläufigen, vielleicht sogar den definitiven Schlußstrich.

Erinnern wir uns an die elementaren Tatsachen. Die Bombe von Hiroshima entsprach einer Sprengkraft von zwanzigtausend Tonnen Trinitrotoluol. Die Sprengkraft der thermonuklearen Bombe zählt nicht nach Tausenden, sondern nach Millionen Tonnen TNT. (Die Gesamtzahl der Bomben, die im letzten Krieg über Deutschland abgeworfen worden sind, entsprach einer Sprengkraft von kaum anderthalb Millionen Tonnen TNT.) Die Zone der totalen Vernichtung läßt sich bei einer thermonuklearen Bombe noch in Quadratkilometern ausdrücken; die radioaktiven Niederschläge einer »schmutzigen« Bombe verpesten ein Gebiet, das sich über Hunderte von Kilometern vom Ort des Abwurfs erstreckt. Bei einer gewissen Intensität thermonuklearer Bombardements könnten ganze Länder, ja der gesamte Erdball unbewohnbar werden.

Die Menschen zeichnen sich seit eh und je durch die Begabung aus, einander umzubringen. Eben darum ist mir die Philosophie von Hobbes schon immer als das beste, das einzige Fundament vorgekommen, auf dem sich das Prinzip der Gleichheit der Individuen aufrichten läßt: der Schwächste ist immer noch imstande, den Stärkeren zu töten. Die Zerstörung ganzer Städte, ja ganzer Zivilisationen durch den Krieg datiert nicht erst seit der Verwendung nuklearer Sprengstoffe, noch nicht einmal seit der Erfindung des Schießpulvers; die Römer brauchten bloß Hacken und Spaten, um Häuser in Trümmer zu legen und die Bürger Karthagos zu Sklaven zu machen, und von Karthago ist nichts übriggeblieben. Aber im Vergleich zur totalen Zerstörung früherer Zeiten führen die thermonuklearen Waffen zwei neue Momente ein.

Jeder nicht einseitig geführte thermonukleare Krieg muß alle Beteiligten, auch den Sieger, mehr kosten, als er einbringen kann. Sollte es diesmal stimmen, daß »alle Übel, die man mit dem Krieg vermeiden zu können vorgibt, weniger schlimm sind als der Krieg selbst«? Alles hängt von den Kriegszielen der Angreifermacht ab. Ist das Ziel die Ausrottung des Feindes, so rettet die Kapitulation auch den nicht, der sich in der Hoffnung, am Leben zu bleiben, dem Kampf entzieht. Man fragt sich vergebens, welcher erstrebte Ertrag des Sieges die Kosten des Krieges aufwiegen könnte, wenn nicht wiederum der ersehnte Preis die Ausrottung des Gegners ist. Nach 1918 ebenso wie nach 1945 haben die Sieger den Besiegten geholfen, sich wieder aufzurichten. Nach einem thermonuklearen Krieg wäre die Rückkehr zur internationalen Solidarität grausamer Hohn. (Was nicht besagt, daß sie ausgeschlossen ist.)

Damit, daß die Kernwaffen verwendbar geworden sind, drängen sich neue Vorstellungen auf oder werden alte umgemodelt. Eine zentrale Bedeutung erlangt der Begriff der Abschreckung *(deterrent)*. Die Drohung mit den Kernwaffen genügt, den potentiellen Aggressor, sofern er sie ernst nimmt, davon abzuhalten, seine Pläne zu verwirklichen. Die Vorstellung vom Kräfteverhältnis beherrscht nicht mehr den politisch-strategischen Kalkül; an ihre Stelle tritt das Gleichgewicht des Schreckens. Ist einmal eine Macht in der Lage, einer anderen Verluste zuzufügen, die größer sind, als der Ertrag des großartigsten Sieges je sein könnte, so ist das Verhältnis der beiderseitigen Kräfte bedeutungslos geworden: daß die eine Macht zwei-, fünf- oder zehnmal soviel thermonukleare Bomben gelagert hat wie die andere, besagt überhaupt nichts, sobald die Kernwaffenkapazität der beiden an die Schwelle untragbarer Zerstörung heranreicht. Das Gleichgewicht des Schreckens wäre nur dann umgeworfen, wenn eine Macht Abwehrmittel hätte, mit denen sie die Kernwaffenbeförderungsmittel der anderen lahmlegen und somit ihre Zerstörungskapazität unter die Schwelle des Untragbaren herabdrücken könnte. Sobald eine Macht die Möglichkeit hat, eine andere mit solchen Mitteln zur Kapitulation zu zwingen, ohne dabei unerträglichen Schaden zu erleiden, sind wir wieder bei der alten Situation angelangt, in der das Kräfteverhältnis entscheidet, obgleich der Krieg auch in diesem Eventualfall nur dann wieder »vernünftig« wird, wenn es um einen enormen Einsatz geht. Um welcher Eroberung willen würde es sich lohnen, die Wirkungen eines halben Dutzends thermonuklearer Bomben in Kauf zu nehmen? Von einer *Abschreckungsstrategie* sprechen wir dann, wenn die Drohung, massive Zerstörungswaffen zu gebrauchen, dem Feind ein bestimmtes Vorgehen effektiv verbietet.

Seit 1945 sind bereits verschiedene Phasen des Atomzeitalters abgelaufen. Der erste augenfällige Unterschied ist der zwischen dem amerikanischen Monopol und dem sowjetamerikanischen Duopol (an dem sich auch dadurch nicht viel ändert, daß der Atomklub in Großbritannien ein drittes Mitglied hat oder mit Frankreich ein viertes bekommt). Nur bedeutet der bloße Besitz der Waffen nichts, wenn man die Angriffsobjekte nicht erreichen kann. Anscheinend hat die Sowjetunion ihre erste Atombombe 1949 explodieren lassen. Sie besaß um diese Zeit keinerlei Träger – ob Flugzeuge, ob Raketen –, die die Bomben hätten nach New York oder Washington bringen können. Das wirkliche Gleichgewicht zwischen den beiden Riesen stellte sich erst um 1957/58 ein, nachdem es der Sowjetunion gelungen war, die strategische Luftwaffe und ballistische Geschosse von mittlerer oder sogar interkontinentaler Reichweite verwendungsfähig zu machen.

In den Jahren, die der Herstellung dieses tatsächlichen Gleichgewichts voraufgingen, war die Ungleichheit weniger ausgeprägt, als sie sich denen darstellt, die sich darauf beschränken, die auf beiden Seiten verfügbaren Bomben, Flugzeuge und Ferngeschosse miteinander zu vergleichen. Zwischen 1945 und 1950 hatte die Sowjetunion weder Bomber, die New York hätten überfliegen und an ihren Stützpunkt zurückkommen können, noch erst recht interkontinentale Geschosse oder Atombomben. Dagegen verfügten die Vereinigten Staaten über einen gewissen Vorrat an Atombomben, schwere Bomber vom Typ B 36, für die ein Direktflug nach der Sowjetunion und zurück kein Problem ist, und mittlere Bomber, die von jedem beliebigen Startplatz im Bereich eines die Sowjetunion umzingelnden Netzes von Luftstützpunkten aufsteigen konnten. Die amerikanische Überlegenheit wäre vernichtend gewesen, wäre nicht Westeuropa, um diese Zeit der echte oder vermeintliche Haupteinsatz im Machtspiel der beiden Riesen, völlig außerstande gewesen, sich im Kriegsfall zu wehren und die Besetzung durch den Feind zu verhindern. Die Europäer fürchteten einen Krieg, auch einen siegreichen, weil er ihnen mit einer jahrelangen Okkupation unsagbare Verwüstung und den vielleicht unabänderlichen Niedergang bringen mußte. Westeuropa war faktisch ein Geisel in den Händen der Sowjetunion; seine Schwäche stellte das Gleichgewicht zwischen den Riesen wieder her. Ein System ist nie stärker als sein schwächstes Glied; die amerikanische Strategie war lahmgelegt durch die Angst, die die Divisionen der Roten Armee den Europäern einflößten.

Dieser Konstellation ist sich der Westen erst um 1950/51, während der durch die Aggression Nordkoreas und den Eingriff der chinesischen Freiwilligen ausgelösten Krise, bewußt geworden. Als aber einige Jahre später die Wiederaufrüstung nicht die ihr anfänglich gesetzten Ziele, sondern nur die, die sich mit einer Friedenswirtschaft vertrugen, erreichte, hatte sich die Situation nicht gebessert, sondern verschlechtert. Ohne Atomwaffen war die Armee des Nordatlantikpaktes nicht imstande, die Sowjetarmee aufzuhalten. Sie war gerade noch stark genug, die Sowjetunion zu zwingen, ihre aggressiven Absichten in Mobilmachungsmaßnahmen kundzutun. Aber inzwischen hatte die Sowjetunion ihre atomare Rüstung ausgebaut. Ab 1953 oder 1954 erfreute sie sich bereits eines ziemlichen Reichtums an Kernwaffen; zwei oder drei Jahre später, ungefähr zur selben Zeit wie die Vereinigten Staaten, hatte sie auch schon thermonukleare Bomben entwickelt und eine Anzahl hergestellt. Im Jahre 1958 produzierten Sowjetfabriken mehr schwere Bomber (Typ Wisent) als amerikanische Fabriken (Typen B 52 und B 58). Was schließlich die ballistischen Ferngeschosse betrifft, hatte die Sowjetunion offensichtlich einen Vorsprung: sie benutzte bereits Raketen von mittlerer Reichweite und hatte wenigstens einige Exemplare interkontinentaler Geschosse. Die Vereinigten Staaten behielten eine unbestreitbare Überlegenheit nur in einer Beziehung: sie hatten mehr Luftstützpunkte; dazu waren diese

Stützpunkte von den Lebenszentren der Sowjetunion weniger weit entfernt als die Startplätze, von denen aus die mit Hammer und Sichel geschmückten strategischen Bomber aufsteigen, vom Gebiet der USA.

War das Gleichgewicht des Schreckens damit aufgehoben? Ich glaube es nicht. Ein Gleichgewicht besteht, wenn, wie schon gesagt, jede Seite imstande ist, der anderen Zerstörungen über die Grenze des Tragbaren hinaus zuzufügen, Zerstörungen also, die den Krieg absurd machen und dem Sieg jede Bedeutung nehmen. Daß das gegenwärtig der Fall ist, scheint keinem Zweifel zu unterliegen. So wirksam die Luftabwehr in der Sowjetunion auch sein mag, die amerikanische Luftwaffe ist so groß und verfügt über so viele Stützpunkte zu Lande und zur See, daß im Kriegsfall die wichtigsten städtischen und industriellen Zentren der Sowjetunion betroffen wären. Es kann sein, daß die Sowjetunion den Schock ertragen, die russische Armee ihre Aktionsfähigkeit bewahren und die benachbarten Gebiete in Europa und im Nahen Osten überfluten würde. Die Kosten wären nicht weniger enorm; in der Tat wären sie so phantastisch, daß sich die Männer des Kremls – angenommen, sie handelten aus Vernunftüberlegungen – zur Kraftprobe nicht würden entschließen können, ohne in sie hineingetrieben oder zu ihr gezwungen worden zu sein. Aber auch die Vereinigten Staaten würden die Initiative zur Kraftprobe nicht ergreifen und ihren Feind nicht in eine Situation bringen, in der er keinen anderen Ausweg hätte und keinen anderen zu haben glaubte.

Wird das Gleichgewicht des Schreckens im Lauf der nächsten Jahre umgeworfen werden? Voraussichtlich nicht, obgleich der Sowjetunion einige Vorteile zufallen müssen. Zwischen 1960 und 1964 wird sie wahrscheinlich mehr interkontinentale Fernraketen herstellen als die Vereinigten Staaten und möglicherweise eine wirksamere Flugzeugabwehr aufgebaut haben und besser imstande sein, schwere Erschütterungen zu überstehen, ohne daß die Grenze des Untragbaren erreicht wird. Sie rechnet damit, daß der Krieg nach dem ersten Austausch thermonuklearer Verwüstungen weitergehen wird, während die Amerikaner zu glauben scheinen, daß diese erste gegenseitige Zerstörungsprobe von apokalyptischen Ausmaßen eher das Ende einer Welt als die erste Phase eines Krieges anzeigen müßte.

Eine entscheidende Störung des Gleichgewichts des Schreckens bleibt aus den drei folgenden Gründen unwahrscheinlich: 1. Der technische Fortschritt begünstigt – einer gängigen Meinung zum Trotz – die strategische Defensive, nicht die Offensive. Tatsächlich ist es für die Seite, die zur Offensive schreitet, logisch, die Vergeltungsmittel der Gegenseite, die sie besiegen will, treffen und zerstören zu wollen. Dagegen versucht die Seite, die in der Defensive ist, die Fabriken und Städte des Feindes zu treffen, weil für sie die Hoffnung sinnlos geworden ist, den Schlägen zu entgehen, die sie bereits getroffen haben. Nun ist es aber viel leichter, Städte zu zerstören als Vergeltungsmittel (Luftstützpunkte und Raketenabschußbasen). 2. Je mehr Zeit verstreicht, um so größer wird das Verwundbarkeitsgefälle zwischen den Vergeltungsmitteln und den Städten, das heißt den Startplätzen der Flugzeuge und den Raketenschießplätzen auf der einen, den städtischen Siedlungen auf der anderen Seite, weil die Zahl der Stützpunkte und Schießplätze wächst, während ihre verwundbare Ausdehnung abnimmt (unterirdische Raketenabschußbasen, U-Boote als Raketenträger). 3. Unter diesen Umständen müssen bei den Sachverständigen die Zweifel an der Wirksamkeit der Abwehr so vieler und so verschiedenartiger Angriffe die Oberhand gewinnen. Logischerweise müßten sie den Staatsmännern zur Vorsicht raten.

Hat die relative Ungleichheit der Zerstörungskapazität keine Folgewirkungen? Theoretisch dürfte sie keine haben, denn schließlich stirbt man nur einmal, und es müßte völlig gleichgültig sein, ob die eine Partei alle Städte des Gegners zweimal dem Boden gleichmachen kann, wenn der Gegner die Möglichkeit hat, die Städte des Angreifers auch nur einmal vom Erdboden zu tilgen. Dieser Überlegung haften aber zwei Schwächen an. Die Theoretiker sind sich nicht einig darüber, ob es möglich oder unmöglich ist, thermonukleare Angriffe zu überstehen. Die Theoretiker der Sowjetunion schreiben und handeln so, als ob sie an diese Möglichkeit glaubten, zumal sie auch noch mit dem Bau unterirdischer Schutzanlagen verbessert werden könnte. Wenn sie überzeugt sind, daß sie drei vernichtende Schläge in der Zeit austeilen können, in der sie nur einen durchzustehen haben, werden sie zu Recht oder zu Unrecht finden, daß ihr Land die thermonukleare Phase des Konflikts überleben und daß das gegnerische Land sie nicht überleben würde. Dennoch würden die Staatsmänner der überlegenen Seite einen Krieg nicht ersehnen, dessen Ertrag weiterhin hinter den Kosten der Kriegführung zurückbliebe. Sie werden aber diese Möglichkeit nicht mit der gleichen Entschlossenheit ausschalten, wie es die schwächere Seite tun müßte. Die Ungleichheit des Schreckens hat ihre Konsequenz; sie erhöht die Gefahr einer durch Mißverständnisse ausgelösten Explosion.

Aber selbst wenn die Ungleichheit der Zerstörungsmittel aus dem Grunde ohne Folgen bleibt, weil beide Seiten die für den totalen Krieg kritische Sättigungsgrenze erreicht haben, kann es passieren, daß die Öffentlichkeit und sogar die Regierungen irrigen Vorstellungen erliegen und die tatsächlich vorhandene Rüstungsgleichheit verkennen. Das ist keine willkürliche Annahme: der Westen neigt bereits dazu, dem Sowjetblock globale Überlegenheit zuzuschreiben, während doch die Sowjetunion einen Vorsprung bestenfalls bei einem einzigen Typ von Atomwaffenträgern hat und in der totalen Zerstörungskapazität von den Amerikanern wahrscheinlich immer noch übertroffen wird.

Welche Rolle hat in der Weltdiplomatie die »einseitige Abschreckung« gespielt? Welche Rolle spielt in ihr die »gegenseitige Abschreckung«? Es läßt sich kaum ein Ereignis aufspüren, das dem Atommonopol der Vereinigten Staaten seinen Ursprung zu verdanken gehabt hätte. Gerade in der Zeit des amerikanischen Monopols (1945–1949) hat die kommunistische Partei ihren Sieg im chinesischen Bürgerkrieg errungen, in dem es ja nicht nur um das Regime, sondern auch um Chinas Zugehörigkeit zu dem einen oder anderen Lager ging. Gewiß hatten die Vereinigten Staaten damals noch keinen großen Vorrat an Atomwaffen. Aber selbst wenn sie ihn gehabt hätten, wäre nichts anders gelaufen; der Beweis ist erbracht worden, als die Aggression der Nordkoreaner begann und die chinesischen Freiwilligen eingriffen. Am 25. Juni 1950 erwogen die Washingtoner Führer noch nicht einmal die Möglichkeit einer atomaren Gegenaktion; von der Verwendung der Atomwaffe wurde im Dezember 1950 vage gesprochen. Aber niemand hat im Ernst den Vorschlag gemacht, die Städte Chinas zu verwüsten, um die Aggression aufzuhalten oder zu ahnden. Die Atomwaffen waren wirkungslos, soweit es sich darum handelte, den Ablauf von Bürgerkriegen zu beeinflussen; ihr Zerstörungsradius stand offenbar in keinem rechten Verhältnis zu den Ereignissen in Asien oder zur Größenordnung eines lokalen Krieges.

Läßt sich aber dann wenigstens sagen, daß das Atommonopol der Vereinigten Staaten das waffenlose Europa auf dem europäischen Schauplatz 1945 bis 1952 vor einer Invasion bewahrt hat? Mehr als einmal ist diese These aufgestellt worden. Ich halte sie trotzdem nicht für richtig. Mit oder ohne Atomwaffen hätten die Angelsachsen die Sowjetisierung des gesamten europäischen Kontinents nicht geduldet. Nachdem sie einen Erschöpfungskrieg geführt hatten, um Deutschland daran zu hindern, den Alten Kontinent mit Waffengewalt zu einigen, hätten sie sich der direkten Wiederaufnahme desselben Versuches durch eine ihren Interessen noch feindlichere Kontinentalmacht erst recht widersetzt. Amerikas und Englands Entschlossenheit, den westlichen Teil des Alten Kontinents nicht in die Einflußsphäre der Sowjetunion fallen zu lassen, war den Männern im Kreml nicht entgangen. Noch damit beschäftigt, die von der Nazi-Invasion hinterlassenen Trümmer wegzuräumen, hätten sie einen neuen Weltkrieg nicht riskiert.

In der ersten Phase hat die Atombombe weniger das außenpolitische Verhalten der Sowjetunion (die schließlich nicht gezögert hat, die nordkoreanische Aggression zu entfesseln) als die Militärpolitik der Vereinigten Staaten und ihrer europäischen Bundesgenossen beeinflußt. Bis 1950 hatten Amerika und seine Verbündeten ihr Verteidigungsbudget so sehr beschnitten, daß die wirklich verfügbaren Streitkräfte auf einen lächerlich niedrigen Stand gesunken waren. Die Vereinigten Staaten hatten noch keine zehn gutausgebildete Divisionen marschbereit; sie mußten gut die Hälfte ihrer Armee einsetzen, um die Truppen eines kleinen Satelliten der Sowjetunion zu schlagen. In der späteren Phase haben sich Amerikaner wie Europäer ihre Verteidigung mehr kosten lassen. Schon für Friedenszeiten haben die Vereinigten Staaten ein ansehnliches Heer (etwa zwanzig Divisionen), eine mächtige Luftflotte (hundertzwanzig bis hundertdreißig Geschwader) und eine den Flotten aller anderen Staaten überlegene Kriegsmarine aufgebaut. (Das amerikanische Verteidigungsbudget von vierzig bis fünfzig Milliarden Dollar jährlich entspricht etwa fünfundsiebzig bis hundert Prozent des französischen Brutto-Sozialprodukts von 1957.)

Auch danach läßt sich das Gleichgewicht der Landstreitkräfte in Europa ohne den Gebrauch taktischer Atomwaffen nicht herstellen. In einem Krieg zwischen den beiden Lagern wäre die Verwendung von Atom- und thermonuklearen Waffen unvermeidlich. Nach der Logik der Abschreckung herrscht Frieden dort, wo nichtatomare Kriegführung wenn nicht unmöglich, so doch zum mindesten unwahrscheinlich geworden ist. Wo nichtatomarer Krieg möglich ist, reicht die Abschreckung zur radikalen Ausschaltung bewaffneter Konflikte nicht aus, wenn sie auch dazu beiträgt, sie zu begrenzen. Die Massenvernichtungswaffen sind sowohl in der Theorie als auch in der Praxis die Hauptursache für die Rückkehr zum begrenzten Krieg. Und nur die Begrenzung der Konflikte beläßt der Gewaltanwendung einen »vernünftigen« Sinn. Der unbegrenzte Krieg kann kein Instrument der Politik mehr sein, weil er niemandem einen Sieg bringt. Vor der Ära der Atomwaffen konnte nach der Clausewitzschen Vorstellung der absolute Krieg als der echte Krieg, als der Krieg, der sein eigentliches Wesen verwirklicht, erscheinen. Im Atomzeitalter ist es anders geworden. Der Krieg büßt seinen menschlichen Charakter ein, wenn die Gewaltanwendung die physische

Vernichtung der kämpfenden Nationen nach sich zieht oder wenn der Feind, der sich dem Willen des Siegers zu unterwerfen hätte, vom Erdboden verschwunden ist.

Die Strategie der Abschreckung zerstückelt das diplomatische Kraftfeld, das von der Kommunikations- und Produktionstechnik vereinheitlicht wird. Sie trägt im Zeitalter der totalen Diplomatie dazu bei, die Kriegsschauplätze und die von den Kriegführenden zu verwendenden Waffen zu begrenzen. Die Massenvernichtungswaffen bieten ein Beispiel der Dialektik: indem sie die Bemühungen um immer zerstörerischere Waffen vollenden, leiten sie eine Umkehrung der Entwicklung ein. Hiroshima und Nagasaki liegen am Ende des Weges, an dessen Beginn die Revolverschüsse von Sarajewo abgefeuert worden waren. Vielleicht bezeichnen diese Märtyrerstädte auch den Zugang zu einem anderen Weg.

Die Weltblöcke in Europa

Weder in Europa noch in Asien hat es seit dem zweiten Weltkrieg einen Frieden in dem Sinne gegeben, in dem die Europäer das Wort vor 1914 verstanden. Das aber, was man den Kalten Krieg nennt, hat auf den beiden Kontinenten verschiedene Erscheinungsformen angenommen.

Das Europa von der französischen Atlantikküste bis Stalingrad, über das sich 1943 das Hitlersche Imperium erstreckte, ist von zwei Armeen befreit worden, von denen die eine von der Wolga, die andere aus England gekommen war. Symbolischerweise stießen die Befreier an der Elbe aufeinander. Die durch den Zufall des Kriegsglücks gezogene Demarkationslinie berichtigten Diplomaten in den Vereinbarungen der Londoner Botschafterkonferenz. Die Grenze zwischen den drei westlichen Okkupationszonen und der Sowjetzone ist zur Grenze zwischen zwei Welten geworden. Lange bevor der Nordatlantikpakt unterzeichnet wurde, waren die beiden Blöcke ins Leben getreten.

Im Osten ist keins der von den Sowjettruppen befreiten Länder (außer Jugoslawien, das freilich seine Befreiung zum Teil der eigenen Widerstandsbewegung verdankte) einem kommunistischen Regime und dem Warschauer Pakt entgangen. Später, 1956, hat die ungarische Revolution einen Sieg errungen, wie er in unserem Jahrhundert noch keiner Revolution von unten geglückt war; doch waren die Aufständischen den Divisionen der Roten Armee nicht gewachsen: in Budapest gibt es wieder eine Regierung, die sich zum orthodoxen Kommunismus bekennt, aber es gibt nicht mehr die Illusion eines Regimes, das dem Proletariat oder dem Volke dient. In Warschau hatte sich die antistalinistische Revolte der Parteikader bemächtigt, und Gomulka, der eingekerkert worden, aber der Hinrichtung entgangen war, wurde zum Sprachrohr sowohl der rußlandfeindlichen Bevölkerung als auch der kommunistischen Funktionäre, die das Regime mit Reformen zu retten versuchten; die Männer des Kremls haben die Revolution vom Oktober 1956 nicht ohne Zögern toleriert, und sie bemühen sich seitdem, die »Volksdemokratie« von Warschau ohne die Anwendung extremer Mittel wieder auf die richtige Linie zu bringen.

Die polnischen und ungarischen Ereignisse von 1956 haben die Stärke und die Zerbrechlichkeit des Sowjetblocks in Europa enthüllt. Künftighin steht fest, daß die heutigen Moskauer Führer gewillt sind, ihre Herrschaft über den Osten Europas zu behaupten, notfalls auf den Spitzen der Bajonette. Es steht gleichfalls fest, daß die Westmächte Moskau das Recht, innerhalb seiner Einflußsphäre zu schalten und zu walten, konzediert haben, weil ihre Angst vor der Auslösung eines Atomkrieges stärker war als ihr Wunsch, den Freiheitskämpfern zu Hilfe zu kommen. Indes werden die Sowjetmachthaber, solange sie den Willen dazu aufbringen, jede Erhebung der versklavten Völker mühelos unterdrücken, selbst wenn diese Erhebung von Staats- und Parteikadern ermutigt und angeführt werden sollte. In diesem Sinne ist der Block so lange unverwundbar, wie das Sowjetregime in Rußland seine Kohäsion und seine Kraft behält.

Der Block ist nicht zum Imperium geworden. Die Grenzen zwischen den Volksdemokratien sind nicht ausgelöscht. In den letzten Jahren des Stalin-Regimes war es für einen Polen nicht einfacher, in die Sowjetunion oder die Tschechoslowakei zu reisen als nach Frankreich. Jedes Land der Volksdemokratie war in sich abgeriegelt, und alle waren sie Gefangene der Sowjetunion. Sogar auf wirtschaftlichem Gebiet blieb die Arbeitsteilung im Anfangsstadium: jedes einzelne Land »baute den Sozialismus auf«, indem es dem Vorbild des großen Bruders folgte, und wurde so zu einer Art Miniaturausgabe der Sowjetunion. Den Gipfel der Unvernunft erklomm Ungarn, wo die Vorrangstellung der Schwerindustrie den Bau von Hochöfen und Walzwerken erzwang, für die Kohle und Eisen aus dem Ausland eingeführt werden mußten. Seit dem Tode Stalins hat die Arbeitsteilung einige Fortschritte gemacht, ohne daß der von der Sowjetarmee beherrschte Raum in Zukunft für den freien Austausch von Personen und Ideen geöffnet wäre. Die Sowjetarmee braucht nur abzuziehen, und man wird entdecken, daß das Unabhängigkeitsverlangen der Völker nicht vernichtet, vielleicht nicht einmal geschwächt worden ist.

Die politischen Systeme in den einzelnen Ländern haben es nicht geschafft, einen neuen Menschen zu prägen oder die Bevölkerung für sich zu gewinnen. Aber die Gewohnheit, die Notwendigkeit wirken sich zu ihren Gunsten aus. Seit 1956 rechnet man nicht mehr auf den Westen, und die Aktiven machen Karriere in der Partei oder im Staat, weil es eine andere Perspektive nicht gibt. Die Lockerung des Terrors begünstigt eine Haltung der Beherrschten, die der Einwilligung in das Beherrschtwerden nahekommt. Aber die Russen bleiben weiter unpopulär, und die Massen sehen das Regime der Einheitspartei und der offiziellen Ideologie als etwas Gegebenes, nicht etwas Rechtmäßiges; als unvermeidlich, nicht als normal; als aufgezwungen und nicht gewollt.

Auf der anderen Seite ist der westliche Block vielleicht in höherem Maße stabil, als man aus den allzu sichtbaren Spannungen, die ihn ständig in Unruhe halten, schließen könnte. Wie die osteuropäischen Länder von den Sowjetarmeen, so sind die Länder Westeuropas von den angelsächsischen Armeen befreit worden. Seitdem ist die militärische Einheit der westlichen Hälfte ebenso aufrechterhalten worden wie die der östlichen Hälfte, aber die amerikanische Hegemonie hat wenig Ähnlichkeit mit der Sowjetherrschaft. Island, das eine halbe Million Einwohner zählt, kann an dem Tage, an dem sein Parlament es beschließt, die amerikanischen Soldaten aus ihren Stützpunkten vertreiben. Die Zugehörigkeit zum atlantischen Bündnis ist im Innern eines jeden Mitgliedsstaates zwar nicht in Frage gestellt, sie steht aber zur Diskussion. Alle politischen Wahlen sind Schlachten im Kalten

Krieg. Einer demokratisch gefaßten Entscheidung eines europäischen Landes, die Neutralität zu wählen und die atlantische Gemeinschaft zu verlassen, würden die Vereinigten Staaten keine Gewalt entgegensetzen.

Die drei wichtigsten Länder Westeuropas, Frankreich, Italien und Deutschland, hatten im Krieg gegnerischen Lagern angehört. Frankreich und Deutschland waren durch ein Jahrhundert von Kriegen und durch Ströme von Blut und Haß getrennt. Fünfzehn Jahre nach Kriegsende hat die Bundesrepublik ein stabiles parlamentarisch-demokratisches Regime, und die sechs Mächte Klein-Europas haben sich vorgenommen, binnen anderthalb Jahrzehnten einen gemeinsamen Markt Wirklichkeit werden zu lassen.

Während sich östlich der Demarkationslinie die Sowjetherrschaft in einer einheitlichen Mächtegruppierung darstellt, die politisch, wirtschaftlich und militärisch zugleich ist, zeichnen sich im Westen je nach dem konkreten Zweck der übernationalen Zusammenschlüsse vielfältige Kombinationen ab.

Militärisch faßt der Nordatlantikpakt fünfzehn Staaten zusammen: die Vereinigten Staaten und Kanada; Island, Dänemark und Norwegen; Holland, Belgien und Luxemburg; Großbritannien, die Bundesrepublik Deutschland und Frankreich; Italien, Portugal, Griechenland und die Türkei. Dem Bündnis gehören also fünf Ländergruppen an: Nordamerika, Skandinavien, die Niederlande, die mittel- und westeuropäischen Großmächte und die (östlichen und zentralen) Anlieger des Mittelmeeres. Sollte zu Portugal noch Spanien hinzutreten, so würde man noch eine sechste Gruppe unterscheiden müssen, die des westlichen Mittelmeeres (Italien, Frankreich, Portugal, Spanien).

Die Nordatlantikpakt-Organisation (NATO) ist ihrem Wesen nach ein militärisches Bündnis. Sie enthält insofern ein politisches Element, als ihre Mitglieder in dem Ruf stehen, die Menschenrechte, wenn nicht gar die Grundsätze der demokratischen Politik zu respektieren (am weitesten von der repräsentativen oder demokratischen Orthodoxie entfernt ist die politische Ordnung Portugals und der Türkei). Das Bündnis hat, was immer darüber gesagt worden sein mag, keine wirtschaftliche Bedeutung. Außerdem bekennen sich mehrere Länder zur freien oder westlichen Welt, ohne der NATO angeschlossen zu sein.

So zählt man in Europa drei militärisch neutrale Länder, die zur westlichen Kultursphäre und zum Europäischen Wirtschaftsrat (OEEC) mit den ihm angegliederten wirtschaftlichen Organisationen gehören: Schweden, die Schweiz und Österreich. Die Neutralität Schwedens und der Schweiz ist von einer »klassischen« Abart. Sie beruht primär auf einer günstigen geographischen Lage: Schweden und die Schweiz liegen nicht an den wichtigen strategischen Kraftlinien und haben die Aussicht, in einem künftigen Krieg von den feindlichen Heeren ebenso verschont zu werden, wie es in den beiden letzten Kriegen geschehen ist. Ihre Neutralität wird im übrigen von einer Militärmacht geschützt, die vermutlich ausreicht, eine Invasion so kostspielig werden zu lassen, daß der mögliche Invasionsgewinn zunichte gemacht würde. Die beiden Länder können sich außerhalb der Blöcke halten, weil sie relativ stark sind.

Anders ist die Lage Österreichs, das sich zur Neutralität als Gegenleistung für die Räumung des Landes durch die Besatzungsmächte hat verpflichten müssen und dessen Armee für die Aufrechterhaltung der Ordnung im Innern genügt, aber keinen Angreifer »abschrecken« kann. Österreich ist ein Puffer zwischen den beiden Blöcken. Daß es in Friedenszeiten auf keinen der beiden festgelegt ist, bringt beiden Lagern Vorteile, bedeutet aber auch zugleich, daß das Land im Konfliktsfall Gefahr läuft, sofort besetzt zu werden.

Wieder anders liegen die Dinge in Jugoslawien. Sein Regime gehört, auch wenn sein totalitärer Stil gemildert ist, nach wie vor zur Sowjetgattung, aber in seiner Außenpolitik bekennt sich das Land zur Neutralität. Diese Neutralität unterscheidet sich allerdings zutiefst von der schwedischen oder schweizerischen, die den politischen und moralischen Anschluß an das westliche Lager einbegreift. Die jugoslawische Neutralität, die auf die Launen des Kremls reagiert, indem sie der Linie der Sowjetpolitik näherkommt oder sich von ihr entfernt, hat eine gewisse Ähnlichkeit mit der Neutralität Indiens, wenn nicht mit der Ägyptens, die beide nach außen hin den Sowjetthesen freundlicher gegenüberzustehen scheinen als den westlichen Thesen, aber im Grunde vor den »Feinden des Imperialismus« mehr Angst haben als vor den Westmächten. Vor allem hat der Fall Jugoslawien eine symbolische Bedeutung: er zeigt, daß Staaten, die sich sozialistisch nennen, von Zwistigkeiten nicht weniger heimgesucht werden als die Staaten der Vergangenheit. Titos Jugoslawien mußte mit Moskau an dem Tag brechen, an dem es den Wunsch verspürte, von seiner Souveränität ernsthaft Gebrauch zu machen.

Der Konflikt zwischen den beiden Militärblöcken in Europa ist eine tatsächliche Gegebenheit, obwohl eine mehr oder minder friedliche Koexistenz für eine längere Zeitdauer möglich ist. Solange die Demokratie im Westen prosperiert und den Völkern eine höhere Lebenshaltung sichert, als sie dem Proletariat im Osten beschert ist, werden sich die Machthaber der Volksdemokratien nicht sicher fühlen und werden auch in Wirklichkeit nicht in Sicherheit leben. Solange die Roten Armeen im Herzen Europas, etwa zweihundert Kilometer vom Rhein, auf Posten bleiben, werden anderseits die Staatsmänner von Bonn, Paris, London und Washington nicht in Sicherheit leben können und sich mit Recht bedroht fühlen. Die territorialen Probleme sind so geregelt und die Regierungssysteme so organisiert, daß die Existenz des einen Blocks die Existenz des anderen gefährdet. Es liegt nicht in der Macht der Menschen, diesen seinem Wesen nach unversöhnlichen, wenn auch vielleicht nicht bluttriefenden Konflikt unvermittelt aus der Welt zu schaffen.

Die Konkurrenz der beiden Blöcke würde den Charakter einer dauerhaften Koexistenz viel eher annehmen, wenn wenigstens die Grenze klar gezogen wäre und beide Seiten die Demarkationslinie für halbwegs sinnvoll halten könnten. Ein Blick auf die Karte genügt: Deutschland ist in zwei Teile zerschnitten. Zur Not könnte ein solches Los normal erscheinen, lebten wir in dem Zeitalter, in dem die Völker das Kommen und Gehen der Heerscharen passiv über sich ergehen ließen und ohne Begeisterung, aber auch ohne Protest aus einer Botmäßigkeit in die andere hinüberwechselten. Aber wenn in unserem Zeitalter die militärischen Gebilde übernational geworden sind, so sind doch die staatlich-politischen Gebilde national geblieben, und die inneren Treueverpflichtungen der Menschen gelten zumeist nach wie vor den Nationen und nicht den übernationalen ideologischen oder militärischen Gebilden. Die anhaltende Spaltung Deutschlands ist das Symbol dieses historischen Widerspruchs zwischen militärischen und politischen Gebilden, zwischen der patriotischen Treuepflicht und der ideologischen Bindung.

Zu allem Überfluß ist die Teilung Deutschlands noch verdoppelt durch die Teilung Berlins. Inmitten der »Demokratischen Republik« von Pankow bilden zwei Millionen Berliner eine Insel westlicher Lebensweise, und sie geben deren Wesenszüge kund: Freiheit und Wohlstand. Die Berliner Enklave verhindert die Isolierung der »Demokratischen Republik«, hindert sie daran, die Sowjettechnik der Abriegelung und ideologischen Benebelung mit Hochdruck anzuwenden. Die »Demokratische Republik« ist nach dem Westen geöffnet, und Tausende von Menschen geben in einem ständigen Plebiszit jahraus, jahrein dieselbe Antwort: das einzige Volk, das die Wahl hat, entscheidet sich für den Kapitalismus gegen den Sozialismus, für den Westen gegen den Osten, für den Pluralismus gegen die Einheitspartei und für den Wohlstand gegen Opfer, die einer fernen und glorreichen Zukunft dargebracht werden. Dies permanente Plebiszit ist selbst ein Angriff auf das Sowjetregime, das zwar auch eine demokratische Legitimität verkündet, aber die Deutung des Volkswillens der Partei vorbehält.

Niemand wird sagen können, wie lange diese territoriale und politische Regelung vorhalten wird. Aber es wird auch, was noch viel schlimmer ist, niemand sagen können, wie sich dieser Zustand einer kriegerischen Koexistenz in einen Zustand wahrhaft friedlicher Koexistenz verwandeln könnte. Theoretisch lassen sich drei Methoden der Befriedung denken: die erste, die traditionell ist, führt über das Zwischenstadium des Krieges; die zweite, ebenfalls traditionell, nimmt ihren Weg über Verhandlungen; die dritte, die originellere, müßte sich aus evolutionären geschichtlichen Veränderungen auf der einen oder der anderen Seite oder auch auf beiden gleichsam von selbst ergeben.

Eine europäische Neuordnung durch Krieg ist offensichtlich nicht ausgeschlossen: Zwischenfälle sind immer möglich. Aber ein solcher Ausgang ist unwahrscheinlich, weil keiner der beiden Riesen gigantische Zerstörungen riskieren möchte, bloß um die heutige Regelung, die in mancher Hinsicht unerfreulich ist, aber zur Not doch akzeptabel scheint, durch eine andere abzulösen. Im übrigen würde der Krieg die Gefahr mit sich bringen, daß gerade das auf der Strecke bliebe, worum es geht: die europäische Kultur mit ihren Lebenden und ihren Toten, mit ihren stets neu emporsprießenden Staaten und ihren alten Quadersteinen. Der kritische Zwischenfall kann in Europa durch einen Versuch der Sowjetführung, die Westmächte aus West-Berlin zu vertreiben, ausgelöst werden; er kann aber auch einen Konflikt in Asien oder im Nahen Osten zum Ausgangspunkt haben. Europa kann in einen Krieg verwickelt werden, ohne den Anlaß dazu zu liefern und ohne das eigentliche Streitobjekt zu sein. Soviel zu diesem einen Eventualfall, den man beiseite lassen kann, wenn vorausgesetzt werden darf, daß sich die Ereignisse nach dem Willen der Menschen und nach der Vernunft richten.

Eine Neuordnung durch Verhandlungen würde voraussetzen, daß die beiden Lager – und im wesentlichen die beiden Riesen – imstände wären, sich über den Inhalt einer neuen, von der heutigen abweichenden Regelung zu verständigen. Diese Möglichkeit kommt mir, solange die beiden Lager das sind, was sie sind, im höchsten Grade unwahrscheinlich vor. Im Westen ist viel darüber spekuliert worden, ob es möglich wäre, die Einheit der beiden Deutschlands mit der Neutralität des vereinten Deutschlands zu erkaufen. Aber die Männer des Kremls wollen das politische System nicht opfern, das sie in Ostdeutschland

Unterzeichnung des Nordatlantik-Paktes in Washington am 4. April 1949

Die Schlußseite des Dokuments

I CERTIFY THAT the foregoing is a true copy of the North Atlantic Treaty signed at Washington on April 4, 1949 in the English and French languages, the signed original of which is deposited in the archives of the Government of the United States of America.

IN TESTIMONY WHEREOF, I, DEAN ACHESON, Secretary of State of the United States of America, have hereunto caused the seal of the Department of State to be affixed and my name subscribed by the Authentication Officer of the said Department, at the city of Washington, in the District of Columbia, this fourth day of April, 1949.

Secretary of State

By
Authentication Officer
Department of State

Die Grenze zwischen Ost und West

errichtet haben, und die Männer von Bonn wollen nicht die Bande zerreißen, die sie mit den Mitgliedsstaaten Klein-Europas und des Nordatlantikpaktes verbinden.

Gewiß könnten in Zukunft andere Männer in Bonn geringere Ansprüche stellen als Bundeskanzler Adenauer und bereit sein, die Einheit Europas und die atlantische Allianz der überragenden, ausschließlichen Sorge um die Einigung des Reiches zum Opfer bringen. Aber keine Bonner Regierung, mag sie den sozialdemokratischen Auffassungen noch so nahestehen, könnte darauf verzichten, eine fortschreitende Entsowjetisierung Ostdeutschlands zu verlangen – es sei denn, sie wollte Selbstmord begehen. Solange aber die Männer des Kremls das bleiben, was sie sind, werden sie in bezug auf die Erhaltung der »sozialistischen Errungenschaften der DDR«, das heißt der nach Sowjetmuster aufgebauten politischen und wirtschaftlichen Institutionen (Einheitspartei und Planwirtschaft), keine Konzessionen machen. Und Adenauers Nachfolger werden gezwungen sein, das Fortbestehen der Teilung dem Risiko der Sowjetisierung vorzuziehen, das die von Moskau vorgeschriebenen Bedingungen unvermeidlich mit sich bringen würden. Eine auf Deutschland beschränkte ost-westliche Verständigung über die Wiedervereinigung des Kontinents ist und bleibt für lange Zeit unwahrscheinlich.

Unlängst ist über eine andere Eventualität spekuliert worden: die Teilentwaffnung einer Zone im Zentrum Europas (»kernwaffenfreie Zone«) oder die vollständige militärische Räumung des Alten Kontinents, das heißt den Abzug der Sowjetarmeen einerseits, der amerikanischen Armeen anderseits. Auch solche Abmachungen sind unwahrscheinlich; die Amerikaner sehen in einer partiellen Entmilitarisierung die Gefahr einer totalen Neutralisierung. Zum Ausgleich für die militärischen Nachteile, die nach Meinung der Washingtoner Führer jede Abrüstung – sei sie auch nur partiell und lokal – bedeuten muß, bietet die Sowjetführung keinerlei politische Vorteile an. Im übrigen haben die thermonuklearen Waffen eine paradoxe Konsequenz: sie fördern Regelungen, bei denen die Armeen einander von Angesicht zu Angesicht gegenüberstehen. Da niemand einen Krieg aus freien Stücken entfesseln will, ist die Kriegsgefahr um so weniger akut, je geringer das Risiko von Mißverständnissen und Zwischenfällen ist. Die Schaffung kernwaffenfreier Zonen ist viel eher geeignet, unvorhersehbare Zwischenfälle, deren Explosivkraft zu fürchten ist, wahrscheinlich zu machen.

Was die militärische Räumung betrifft, in deren Gefolge sich politische Veränderungen einstellen müßten, liegt sie in der Mitte zwischen den bereits erwähnten Neuordnungsvarianten Nummer 2 und Nummer 3. Im Grunde wäre ein Abkommen über die Räumung nur unter der Bedingung wünschenswert, daß sich ihm eine Vereinbarung über das politische Schicksal der beiden Teile Europas anschlösse. Unterstellen wir einmal, daß sich die beiden Großen über die Zurückziehung ihrer Truppen verständigen, ohne daß Washington wüßte, welche politischen Veränderungen in der Ostzone die Moskauer Führer zu dulden bereit wären: was würde im Fall einer Revolution in Warschau oder in Budapest geschehen?

Diese Analyse ist nur dem Anschein nach negativ. Eindeutig geht aus ihr eins hervor: schaltet man den unwahrscheinlichen Krieg und die ebenso unwahrscheinliche Einigung durch Verhandlungen aus, so muß die von allen Menschen, die guten Willens sind, erstrebte, aber unter den gegenwärtigen Bedingungen unmögliche europäische Neuordnung einschneidende Veränderungen im Sowjetlager oder im atlantischen Lager oder in beiden zur Voraussetzung haben. Jedem steht frei, sich auszumalen, welche katastrophalen Veränderungen im westlichen Lager eintreten müßten, damit das atlantische Bündnis zerfiele und der Rest des demokratischen Europas dem Joch des Sowjetkommunismus ausgeliefert würde. Lieber möchte man indes von dem Tag träumen, an dem die regierenden Männer in Moskau weder den Vergleich zwischen der Lebenshaltung hüben und drüben zu scheuen noch den Appell an die Freiheit zu fürchten haben und die Grundlage der Sicherheit und Größe der Sowjetunion in der Zufriedenheit der Nachbarvölker statt in ihrer Knechtung erblicken.

UdSSR-China-Block und USA-Defensivblock

Der politischen Konstellation in Asien fehlt die übersichtlich einfache Struktur des europäischen Zweiblöckesystems. Freilich haben in Asien sowohl die Vereinigten Staaten als auch die Sowjetunion ihre Bündnissysteme, aber weder das eine noch das andere ist den europäischen Blöcken ähnlich, und den nichtfestgelegten Ländern kommt da eine ganz andere Machtposition zu als den europäischen Neutralen.

Die Sowjetunion ist in Asien mit drei kleinen Ländern und einem sehr großen liiert: Nordkorea, der Äußeren Mongolei und Nord-Vietnam auf der einen, China auf der anderen Seite. Von den drei kleinen Ländern gehört eins, die Äußere Mongolei, gemäß chinesisch-russischen Vereinbarungen ganz offiziell zur russischen Einflußsphäre. Nordkorea war im Juni 1950 völlig unter dem Einfluß der Sowjetunion; die Kriegsintervention der chinesischen Freiwilligen dürfte die Situation etwas verändert haben, ohne daß man von einer Rivalität zwischen beiden kommunistischen Großmächten sprechen könnte.

Der entscheidende Unterschied zwischen dem Sowjetsystem in Europa und dem Sowjetsystem in Asien liegt auf der Hand: in Asien ist der wichtigste Träger der kommunistischen Machtgruppierung ein Staat, der kraft seiner gegenwärtigen und mehr noch seiner zukünftigen Machtposition kein Satellit ist und kein Satellit sein kann. Es war die chinesische kommunistische Partei, nicht die russische Rote Armee, die den Sieg im chinesischen Bürgerkrieg erfochten und ein Regime kommunistischen Typs begründet hat. Der Sieg ist auch nicht etwa auf die Weise errungen worden, daß die chinesischen Kommunisten treu, ergeben und unablässig die Weisungen Stalins befolgt hätten; Stalin selbst hat, wie es scheint, am Ausgang des zweiten Weltkriegs noch mit einer längeren Lebensdauer des Chiang Kai-shek-Regimes gerechnet. Eine gewisse Rolle hat die russische Hilfe 1945 gespielt, als die Materialvorräte der japanischen Manchurei-Armee den Truppen der chinesischen Kommunisten übergeben wurden. Mindestens ebenso groß wie der Mao Tse-tung vom großen Bruder gewährte Beistand war aber die Hilfe, die die Amerikaner den chinesischen Nationalisten zur Verfügung stellten. Die wirkliche Entscheidung über den Ausgang des Bürgerkrieges haben innere Entwicklungen in China gebracht.

Auch wenn Mao Tse-tung der russischen Intervention die Macht zu verdanken gehabt hätte, was – man muß es mit Nachdruck wiederholen – durchaus nicht der Fall war, wäre er noch lange nicht in dasselbe Unterwerfungsverhältnis geraten, in dem sich die Machthaber der osteuropäischen Länder gegenüber der Sowjetunion befinden. Was die »nationalen Kommunisten« unter den Willen Moskaus zwingt, ist letztlich weder die Tatsache, daß sie im Troß fremder Heere ins Land gekommen sind (die Herkunft eines Regierungssystems ist bald vergessen), noch daß sie sich, weil sie im Innern nicht beliebt sind, auf das Ausland stützen müssen (wer an der Macht ist, kennt keine Dankespflicht). Sie sind gefügig, weil jedes für sich und im Vergleich zum Giganten, der sie beschirmt, alle zusammen schwach sind. Was den Regierungsmännern Polens, Rumäniens, Ungarns an Aktionsfreiheit zusteht, hat ihnen die Gnade des Kremls eingeräumt. Den Herren des Kremls war die Wiederkehr Gomulkas lieber als eine militärische Niederwerfung der polnischen Revolution; aber die ungarische Revolution mit Waffengewalt zu unterdrücken schien ihnen richtiger, als die Folgewirkungen eines Regimes Imre Nagy in Kauf zu nehmen, das auf seiner Neutralität bestanden und ein Vielparteiensystem legalisiert hätte.

Maos China ist völlig unabhängig; die Russen haben dort weder Stützpunkte noch Besatzungstruppen. Die Geheimpolizei ist durch und durch chinesisch, und denselben Autonomiewillen, den Stalin einem Tito nicht konzedierte, akzeptieren Chruschtschow und die Seinen bei den Führern des Reiches der Mitte. Zweifellos hat China enge Bindungen an die Sowjetunion. Das Verhältnis wird durch zweierlei zusammengehalten: vornehmlich ideologische Bande, die sehr fest sind, weil es sich um eine verwandte Revolution und in beiden Fällen um ideokratische Staaten handelt, sodann aber auch wirtschaftliche und politische Bande, die dadurch verstärkt werden, daß China auf Sowjethilfe angewiesen ist und daß Amerika dem chinesischen Regime feindlich gegenübersteht. Manche Beobachter beharren darauf, daß ideologische Wahlverwandtschaft allein ein Bündnis auf die Dauer nicht zusammenzukitten vermag. Auf lange Sicht ist das unbestreitbar. Es läßt sich nicht aus der Welt schaffen, daß die fast menschenleeren Siedlungsgebiete in den nördlichen Regionen Asiens, über denen die Sowjetfahne weht, für das übervölkerte China eine Verlockung sein könnten. Sollten Pekings Regierungsmänner eines Tages den Drang nach Expansion verspüren, so würde vermutlich die sozialistische Verbrüderung an ihren Ansprüchen zerbröckeln, für die sich eine passende Rechtfertigungsideologie leicht finden ließe. Soweit sind wir noch nicht. Die Führer des kommunistischen Chinas nehmen die Lehre, auf die sie sich berufen und aus der sie ein Staatsbekenntnis gemacht haben, durchaus ernst. Einstweilen widerspricht das nationale Interesse nicht der ideologischen Entscheidung, sondern fügt ihr auch noch zusätzliche Motive hinzu.

Von wem sollte China die technische Hilfe, das Kapital, die Ingenieure und die Maschinen bekommen, die es für die Industrialisierung braucht, wenn nicht von der Sowjetunion? Je mehr sich die Vereinigten Staaten als unversöhnlicher Feind des kommunistischen Chinas geben, je entschiedener sie ihm den Eintritt in die Vereinten Nationen verweigern, je mehr Waffen sie dem Chiang Kai-shek-Regime auf Formosa liefern, um so mehr sind Mao und die Seinen gezwungen, bei dem Staat Unterstützung zu suchen, der, nachdem er ihnen als Vorbild und Wegweiser gedient hat, sie mit dem Schutzmantel der atomaren Abschreckung umgibt und zugleich einen unentbehrlichen Beitrag zur Modernisierung Chinas leistet.

Das russisch-chinesische Bündnis, das ein Bündnis zwischen Gleichen ist, ist der reale Hintergrund der asiatischen Konstellation. Nichts berechtigt zu der Erwartung, daß das in wenigen Jahren anders werden könnte. Was folgt daraus für die Außenpolitik der Sowjetunion? In welchem Maße muß Chruschtschow, wenn es darauf ankommt, seinen Verbündeten in Peking Konzessionen machen? Inwieweit gibt Mao Tse-tung, auch wenn es um rein asiatische Probleme geht, den Ratschlägen und Forderungen des großen Bruders nach? Gibt es innerhalb der kommunistischen Parteien der asiatischen Länder Konkurrenzkämpfe zwischen einer chinesischen und einer russischen Fraktion? Machen wir uns nichts vor: in all diesen Fragen können wir uns bestenfalls auf Eindrücke und Hypothesen stützen. So scheint der Eindruck fundiert zu sein, daß die Männer des Kremls auf die Ansprüche und Wünsche der Männer von Peking in steigendem Maße Rücksicht nehmen. Ebenso scheint die Hypothese einiges für sich zu haben, daß es unter den Funktionären der auf den neuen Glauben noch nicht ganz geeichten Länder trotz russisch-chinesischem Einvernehmen im Entscheidenden und trotz der anerkannten Vorherrschaft Moskaus als Mekka des Kommunismus und Sitz des Kalifats sowohl solche gibt, die auf den Kreml schauen, als auch solche, die ihre Blicke auf die verbotene Stadt richten. Hier und da gehen die Auffassungen Moskaus und Pekings auch in ideologischen Dingen auseinander: so manche Chruschtschow-These über die friedliche Koexistenz ist auf die Gegnerschaft der Chinesen gestoßen, und die Russen haben mit herber Kritik an Maos Experimenten mit den Volkskommunen nicht hinter dem Berg gehalten. Aber sogar in Nord-Vietnam, das lange Zeit ein Teil des chinesischen Reiches war und seit jeher im Bann der chinesischen Kultur steht, unterhält das Regime von Ho Chi-Minh direkte, enge Beziehungen zur Sowjetunion.

Die Vereinigten Staaten haben in Asien kollektive Verteidigungsverträge mit britischen Dominien (Australien, Neuseeland) und den insularen Mächten (Japan, Philippinen, Formosa); sie haben nach den Genfer Verträgen vom August 1954 einen Verteidigungspakt für Südostasien (SEATO) abgeschlossen, der nur ein blasser Abklatsch des Nordatlantikpaktes ist. Die Ähnlichkeit zwischen den beiden Pakten ist formaler, die Unterschiede sind höchst realer Natur.

Der ANZUS-Vertrag zwischen den Vereinigten Staaten, Australien und Neuseeland, am 1. September 1951 unterzeichnet und seit dem 28. April 1952 in Kraft, bringt zum Ausdruck, daß die Vereinigten Staaten die Stelle Großbritanniens als Protektor der »weißen Dominien« im pazifischen Raum eingenommen haben. Ebenfalls am 28. April 1952 ist der Sicherheitspakt zwischen Japan und den Vereinigten Staaten wie der Friedensvertrag von San Francisco in Kraft getreten, der den Kriegszustand zwischen den beiden Ländern offiziell beendete und eine Normalisierung der Rechtsstellung der Okkupationstruppen ermöglichte. Für Japan bedeutete das Vertragswerk zwei Vorteile: die Ausgaben der amerikanischen Truppen erbrachten einige hundert Millionen Dollar, die das Defizit der japanischen Zahlungsbilanz auffüllten; die weitere Stationierung dieser Truppen hinwiederum war gleichbedeutend mit der Einbeziehung Japans in das Schutzgebiet der »atomaren Abschreckung«. Im Jahre 1960 ist ein Sicherheitspakt zwischen Japan und den Vereinigten Staaten hinzugekommen; trotz heftigen Protesten der Linksparteien, der Gewerkschaften und der radikalen Studentenorganisationen hat das japanische Parlament seine Ratifizierung beschlossen. Auch formal ist damit jeder Angriff auf Japan für die Vereinigten Staaten ein *casus belli*.

Die Pakte mit den Philippinen und der nationalistischen Regierung auf Formosa gehören in dieselbe Kategorie wie die vertraglichen Bindungen zwischen den Vereinigten Staaten und Japan. Die Staaten, die da beschützt werden, sind Inseln, und die Formel von der gegenseitigen militärischen Hilfeleistung ist eine juristische Fiktion; in Wirklichkeit haben die Vereinigten Staaten die Verpflichtung übernommen, die Philippinen und Formosa zu verteidigen, und sich dafür die Benutzung von Marine- und Luftstützpunkten einräumen lassen. Wenn der Pakt mit Chiang Kai-shek besondere Erwähnung verdient, so deswegen, weil der Fall trotz ähnlichen Zügen einzigartig ist. Die Vereinigten Staaten haben sich zur Verteidigung eines Regimes verpflichtet, das zwar nach ihrer Auffassung die legale Staatsgewalt Kontinentalchinas ist, das aber, durch den Sieg der kommunistischen Armeen vom Kontinent vertrieben, nichts sein kann als die tatsächliche Staatsgewalt auf der Insel Formosa. Nachdem die amerikanischen Stabschefs erklärt hatten, daß Formosa zum Gürtel der von der amerikanischen Marine und Luftwaffe verteidigten insularen Positionen gehöre und nicht weniger unentbehrlich sei als Okinawa oder die Philippinen, haben die Washingtoner Diplomaten ein Abkommen unterzeichnet, das den nie erklärten Krieg gegen das wirkliche China, das von Peking, und seine sechshundert Millionen Menschen auf Jahre hinaus verlängert. Zum blutigen Krieg wird dieser Krieg an dem Tag werden, an dem Chruschtschow und Mao Tse-tung das für richtig befinden werden.

Der südostasiatische Verteidigungspakt ist ein eigenartiges Gemenge von Fiktion und Wirklichkeit. Die Teilnahme Frankreichs und Großbritanniens an dieser Organisation ist mehr fiktiv als real, die militärischen Machtmittel beider Länder sind zu beschränkt, als daß sie in einer Entfernung von Zehntausenden von Kilometern starke Kräfte zur Verfügung stellen könnten. Pakistan, das dem Südostasienpakt ebenso angehört wie dem CENTO-Pakt, verspürt weniger die Drohung einer Sowjetaggression, als daß es die Unterstützung des Auslands in seinem Wettkampf mit Indien braucht: die beiden Pakte verbessern seine Aussicht, Waffen zu bekommen, und verstärken zugleich seine diplomatische Position bei Verhandlungen mit Delhi. Thailand, dessen Hauptstadt Bangkok der SEATO als Hauptquartier dient, spielt seit Beginn des Kalten Krieges mit amerikanischen Trümpfen; für den Augenblick hat es keine Angst vor einem Einbruch chinesischer Armeen, aber auch China hat seine Thai-Bevölkerung, die halbautonom organisiert ist und einer auf die Zerstückelung Burmas und Thailands unter dem Vorwand der staatlichen Vereinigung des gesamten Thai-Volkes zielenden Pan-Thai-Bewegung als Vorhut zustatten kommen könnte.

Die Befürchtungen und Hintergedanken der drei asiatischen SEATO-Länder sind nicht dieselben; ihr gemeinsames Ziel ist, sich den Schutz und gelegentlich auch die wirtschaftliche und militärische Hilfe der Vereinigten Staaten zu sichern. Von diesem gemeinsamen Ziel abgesehen, bilden die Philippinen, Thailand und Pakistan weder geographisch noch politisch ein zusammenhängendes Ganzes, das etwa der Gemeinschaft der NATO-Mitgliedsstaaten entspräche. Die Vereinigten Staaten sehen im SEATO-Pakt ein Instrument, das ihren Diplomaten und Militärs die Beziehungen zu den Ländern, die sich vom russisch-chinesischen Block bedroht fühlen, und in Washington selbst der Staatsexekutive die

Beziehungen zu den gesetzgebenden Körperschaften erleichtert. (Ein in Washington populäres Scherzwort sagt, daß alle von den Vereinigten Staaten abgeschlossenen Verträge eine Geheimklausel enthalten, die den Pakt zwischen dem Präsidenten und dem Kongreß betrifft.)

Die dritte Gruppe der asiatischen Länder, die man eine dritte Kraft oder die Gruppe der Nichtfestgelegten nennen könnte, umfaßt Indien, Burma, Indonesien, Kambodscha, Laos, Ceylon und Afghanistan. Gewiß sind Indien und Ceylon Mitglieder des Britischen Commonwealth; aber welcher Deutung des Wesens des Commonwealth man auch immer den Vorzug geben mag, Tatsache ist, daß jeder Mitgliedsstaat die alleinige Entscheidung über den Kurs seiner Diplomatie behält; noch nicht einmal ein Krieg zwischen zwei Commonwealth-Ländern (etwa zwischen Indien und Pakistan) kann als ausgeschlossen gelten. Der Grad des britischen Einflusses hängt nicht davon ab, ob das betreffende früher der britischen Souveränität unterworfene Land dem Commonwealth angehört oder nicht, sondern von mannigfachen anderen Umständen: der wirtschaftlichen Bindung des Landes an England oder der politischen Haltung seiner Regierung. Im Rahmen des Commonwealth sind die verschiedensten Haltungen möglich: vom Anschluß an den Nordatlantikpakt (Kanada) bis zur vollendeten Neutralität (Indien); nur der Anschluß an den Sowjetblock wäre mit der Zugehörigkeit zum Commonwealth unvereinbar.

Die nichtfestgelegten Länder Asiens unterhalten in der wirtschaftlichen Ebene engere Beziehungen mit der westlichen Welt als mit der Sowjetwelt. Obgleich der Anteil der Sowjetunion am Außenhandel Burmas, Indiens, Ceylons und Indonesiens in den letzten Jahren eine aufsteigende Tendenz gezeigt hat, behält der Westen seine überragende Position. In wirtschaftlichen Angelegenheiten haben die nichtfestgelegten Länder trotz aller Hilfe, die die Sowjetunion ihnen angeboten oder tatsächlich gewährt hat, das Lager nicht gewechselt.

Politisch wird Indien nach Methoden und in einem Geiste regiert, die mit den Forderungen der westlichen Demokratie in Einklang stehen. Wenn Jawāharlāl Nehru seine Strenge den Mitgliedern der NATO und seine Nachsicht der Sowjetunion zukommen läßt, tut er das in einer durchaus westlichen Sprache, der Sprache der französischen Neutralisten oder mehr noch des linken Labour-Flügels in England, niemals mit dem Zynismus und der Doppelzüngigkeit der Kommunisten. Dasselbe gilt – mit einigen Abweichungen in der Schattierung – von Kambodscha. Dagegen stolpert Indonesien von Krise zu Krise, unfähig, sich selbst zu regieren, solange es dem Kampf der Parteien volle Freiheit gewährt, und dennoch nicht gewillt, sich der Allmacht einer Partei zu unterwerfen.

In der Ebene der Moral oder der Ideologie schwanken die Regierungsmänner dieser Länder zwischen dem Ressentiment gegen die früheren Kolonisatoren, der Bindung an die vom Westen übernommenen Werte der Demokratie und der Legalität, der Bewunderung für die Leistungen des Sowjetregimes und schließlich der Angst vor der Macht Chinas. Je nach dem Fall sind solche bewußten oder unbewußten Gefühle stärker oder weniger stark ausgeprägt: die Regierungsmänner von Laos möchten enge Beziehungen zu Frankreich aufrechterhalten, die Regierungsmänner Indonesiens scheinen immer die Feinde Hollands zu bleiben, und in den Regierungsmännern Indiens streiten sich Bewunderung, Liebe und Bitterkeit gegenüber England. Süd-Vietnam ist ein Fall für sich. Auf Grund der Bestimmungen des Waffenstillstands von Genf gehört es nicht der SEATO an und hat keinen Verteidigungsvertrag mit den Vereinigten Staaten unterzeichnet, wird aber von ihnen wirtschaftlich und politisch unterstützt. Als der malaiische Staat seine Unabhängigkeit erlangt hatte, stellte er Großbritannien weiterhin Militärstützpunkte zur Verfügung.

Die diplomatischen Gefilde Asiens, wie sie hier beschrieben worden sind, zeigen eine ganz andere Struktur als die europäischen. Aber es ist im Verlauf der Geschichte auch nie anders gewesen. Jedes große asiatische Staatsgebilde – Japan, China, Indien – hat eine Entwicklung in der Richtung auf ein einiges Imperium durchgemacht. Japaner, Chinesen und Inder haben sich hauptsächlich untereinander geschlagen. Aber außer den Kriegen um die Einheit haben Japaner, Chinesen und Inder auch Kriege geführt, um sich vor Eindringlingen zu schützen, Nomaden fernzuhalten oder das eigene Staatsgebiet zu vergrößern. Ein großer Krieg zwischen diesen Reichen ist erst in unserem Jahrhundert zum Ausbruch gekommen, als die Japaner ihre militärische Überlegenheit, von der sie wußten, daß sie sie nur einer vergänglichen Situation verdankten, dazu benutzen wollten, China zu erobern.

Im Verhältnis zu den Großmächten der Welt ist die Gegenwartsposition dieser drei großen Gebilde verschieden: Japan ist mit den Vereinigten Staaten, China mit der Sowjetunion verbündet, und Indien ist nicht festgelegt. Begünstigt diese gegensätzliche Stellungnahme eine dauerhafte Stabilisierung? Sieht man vom Willen zur Ausbreitung der eigenen Ideologie ab, so kann man sich schlecht vorstellen, was China oder die Sowjetunion bewegen sollte, die japanischen Inseln anzugreifen; die Inseln sind arm an Naturschätzen und überreich an Einwohnern: die etwa hundert Millionen Menschen, die auf ihnen leben, können ein halbwegs menschenwürdiges Lebensniveau nur erreichen, wenn sie ein Fünftel ihrer Lebensmittel und den größten Teil ihrer Rohstoffe einführen.

Indien – wie übrigens auch Japan – könnte sich unter dem Druck der Wechselfälle seiner inneren Politik auf ein Sowjetsystem hin entwickeln. Wegen seiner Übervölkerung und seiner Armut droht ihm jedoch keine ernsthafte Gefahr einer Invasion von chinesischer Seite. Man müßte sich schon ein von Bürgerkriegen zerrissenes Indien ausmalen, um sich vorstellen zu können, daß seine Grenzen von chinesischen Armeen überschritten würden.

Rechnet man mit einem Zeitraum von wenigen Jahren, so erscheinen als die Gefahrenzonen die drei geteilten Länder Korea, China und Vietnam, wobei die Aufrechterhaltung der chinesischen nationalistischen Regierung auf Formosa die größte Gefahr darstellt. So stark das koreanische Nationalgefühl auch sein mag – Nordkorea und Südkorea sind von den zwei Riesen zu sehr abhängig, als daß sie die Initiative zu kriegerischen Handlungen ergreifen könnten. Ebensowenig hat Süd-Vietnam die Mittel, die Wiedervereinigung mit Waffengewalt zu versuchen; Nord-Vietnam, das solche Mittel hat, wird zweifellos die Parolen Pekings und Moskaus befolgen. Was Quemoy, Matsu und Formosa betrifft, hängt die Entscheidung von Peking und zum Teil von Moskau ab. Die Koexistenz der beiden Chinas birgt nicht notwendigerweise das Risiko einer durch Mißverständnisse oder Zwischenfälle ausgelösten Explosion in sich, aber die Regierungsführer des kommunistischen Chinas können natürlich die bloße Tatsache, daß sich Chiang Kai-shek oder einer seiner Nachfolger in Taipeh behauptet und die Fiktion eines nichtkommunistischen Chinas oder die Hoffnung darauf am Leben erhält, von heute auf morgen für unerträglich befinden.

Rechnet man mit größeren Zeiträumen, so kann ganz Südostasien als Gefahrenzone erscheinen: seine Staaten sind schwach, und auf seinem Territorium gibt es, nach asiatischen Maßstäben gemessen, mehr Reichtümer als Menschen. In den Augen der Chinesen sind Burma, Thailand, Kambodscha und Laos reiche und menschenleere Länder. Sie könnten versucht sein, die Konflikte der Parteien und die Schwäche der Regierungen auszunutzen, um eine Infiltration zu unternehmen, ja, sich gegebenenfalls in diesen Ländern festzusetzen; die Chinesen sind zahlreich und fruchtbar genug, um in den solchermaßen kolonisierten Gebieten binnen wenigen Jahren oder Jahrzehnten zur Mehrheit zu werden, wie sie es auf Malaya fast schon geworden sind.

In gewissem Sinne sind diese drei geteilten Länder und die verlockenden Naturschätze Südostasiens ein lokal begrenztes Problem. Wollte man darüber hinaus über einen etwaigen Konflikt zwischen den um einige Millionen jährlich zunehmenden Chinesen und der Sowjetunion mit ihren zu drei Vierteln unbewohnten nordasiatischen Regionen spekulieren, so müßte man über die Grenzen des historischen Horizonts, der unseren Blicken zugänglich ist, hinausgreifen.

Nationalismus auf der Suche nach der Nation

Drei Weltregionen sind bisher außerhalb der Betrachtung geblieben: der Nahe Osten, Afrika und Südamerika. Der Nahe Osten liegt seit eh und je an der Wegkreuzung der Einflußstraßen, ist seit eh und je der Herd leidenschaftlicher Ausbrüche gewesen. Afrika betritt gerade erst die Weltbühne. Südamerika wird in vielleicht einem halben Jahrhundert auf der politischen Landkarte einen seiner Größe auf der physischen Landkarte weniger unangemessenen Platz beanspruchen, als es ihr heutiger ist.

Die Vereinigten Staaten haben viele Jahre den Wunsch gehegt, im Mittelosten einen der NATO ähnlichen Verteidigungspakt zuwege zu bringen. Es ist ihnen nie geglückt. Dafür gelang Großbritannien 1955 der Abschluß des Bagdad-Pakts, dem außer ihm selbst die Türkei, der Irak, Iran und Pakistan beitraten, vier islamische Staaten also, von denen aber nur einer als arabisch bezeichnet werden kann. Aufstandsbewegungen verhinderten den von Großbritannien gewünschten Beitritt Jordaniens. Der Sturz der Regierung Nuri es Said und der Abfall des Iraks reduzierten den Pakt 1958 auf die drei nichtarabischen Staaten der Region.

In den zehn Jahren, die dem Weltkrieg folgten, war der Nahe Osten für den Westen eine Art Schutzgehege. Die großen Konzerne beuteten die reichsten Ölfelder der Welt aus. Die britischen Truppen hielten die Suezkanalzone besetzt. Die Arabische Legion Jordaniens, von den Engländern geschaffen und ausgebildet, unterstand noch dem Kommando eines englischen Generals. In Bagdad und Amman herrschten haschemitische Souveräne, die ihr Glück London verdankten. Ibn Sa'ud stellte der amerikanischen Luftwaffe Stützpunkte zur Verfügung. Die zum größten Teil in die Illegalität getriebenen kommunistischen Parteien waren zahlenmäßig schwach und dem äußeren Anschein nach wenig erschreckend. Einige Jahre später ist alles umgeworfen. Der Westen hat den größten Teil seiner militärischen Positionen eingebüßt; der Sowjeteinfluß, hinter der panarabischen Bewegung verborgen, setzt sich durch. Von der Menge wird die Sowjetunion bejubelt, der Westen beschimpft. Die Neutralität der Vereinigten Arabischen Republik (Ägypten und Syrien) und der Länder, die ihnen folgen, ist ein militärischer Gewinn für den Sowjetblock. Europa läuft Gefahr, in Krisenzeiten vom Erdöl des Nahen Ostens abgeschnitten oder von denen erpreßt zu werden, die den Zustrom des für den Alten Kontinent unentbehrlichen Brennstoffs abriegeln können. Welche Ereignisse haben diese völlige Umkehrung der Fronten herbeigeführt?

Vor dem ersten Weltkrieg war dieser Teil der Welt unter türkischer Oberhoheit. Nach der Auflösung des Osmanischen Reiches sind hier Staaten entstanden, von denen keiner einen wirklichen Nationalwillen in dem Sinne verkörperte, in dem Renan dies Wort verstand. Syrien, Irak, Libanon, Jordanien waren Namen von Staaten, nicht von Nationen. Jedes dieser Länder war konfessionell heterogen. Hier, wo die Heilsreligionen der Welt entstanden sind und wo auch heute noch Gott vielen als die einzige ernste Angelegenheit erscheint, gehört das Individuum zuallererst seiner religiösen Gemeinschaft. Als Mandatarmacht in Syrien und im Libanon machte Frankreich – nicht ohne den Hintergedanken des »Teile und herrsche« – Unterschiede zwischen verschiedenen Religionen; aber es hatte die Unterschiede, die es um der Behauptung seiner Herrschaft willen ausbeutete, nicht geschaffen. Christen und Mohammedaner, Sunniten und Schiiten, christliche Sekten und islamische Sekten lebten nebeneinander, ohne daß ein irakisches oder syrisches Nationalgefühl die Bindung des Einzelnen an seinen Glauben und seine Kirche auch nur in Krisenzeiten hätte überschatten können.

Alle Teile der Welt, die der Reihe nach erst von der islamischen Welle, dann von der türkischen Welle überflutet worden sind, haben nie die Fähigkeit bewiesen, Staatsgebilde nach europäischem Muster zu errichten. Sie haben auch keinerlei Gegenstück zu den mittelalterlichen Stadtgemeinden gekannt, in denen sich in Europa ein Bürgertum der friedlichen Arbeit und freiheitlichen Verwaltung entwickelte. Religiöse Gewalten und zivile Gewalten waren im wesentlichen verschmolzen. Die einen wie die anderen standen in der Botmäßigkeit dessen, der ihnen das Schwert in den Nacken setzte. Sultane und Kalifen – ob sie Araber waren oder Türken – erteilten Befehle an Untertanen, an Waffengefährten oder an Gläubige Allahs, niemals an Staatsbürger. Worauf hätten sich hier die parlamentarischen Republiken gründen können, deren institutionelle Fassaden die westlichen Kolonisatoren hinterließen, als sie sich zurückzogen?

Nach 1918 lag eine Zeitlang alle Macht bei den Engländern, denn das türkische Reich war auseinandergefallen, und die Engländer verfügten noch über große Armeen. Aber das britische Weltreich war groß geworden, ohne in Friedenszeiten je ein stehendes Heer gehabt zu haben. Die unvermeidliche Demobilmachung der von Marschall Allenby befehligten Weltkriegsarmee zwang die Minister in London, eine Regelung für den Nahen Osten zu ersinnen, bei der England als Schutzmacht mit einem Mindestmaß an militärischen Machtmitteln auskommen könnte. Entsprechend der britischen Tradition wurde die Karte der »indirekten Kontrolle« ausgespielt: Staaten wurden geschaffen – zunächst der Irak, dann Jordanien –, die für unabhängig erklärt und auf Englands Betreiben in die überstaatlichen internationalen Organisationen aufgenommen wurden und deren Politik England weiterhin beeinflussen konnte.

Diese Politik, die trotz allem die Wahrnehmung der wichtigsten Interessen Großbritanniens während eines Vierteljahrhunderts verbürgte, war von Anfang an einer schweren Belastung ausgesetzt: England hatte während des Krieges Verpflichtungen übernommen oder Versprechungen gemacht, die sich schlecht miteinander vertrugen. Die arabischen Nationalisten, Hussein und seine Familie, die Zionisten und Frankreich: sie alle erwarteten ihr Teil vom Sieg über das Reich der Osmanen. Aber es entstand kein geeintes Arabien, von dem Lawrence geträumt hatte; Feisal wurde von Gouraud aus Damaskus vertrieben; die Zionisten hatten zwar eine »nationale Heimstätte« in Palästina errungen, aber die genehmigte jüdische Einwanderung war viel zu stürmisch nach der Meinung der Araber und nie ausreichend nach der Meinung der Zionisten. Frankreichs Anwesenheit in Syrien und im Libanon schien in der Zeit zwischen den beiden Kriegen in ständigem Widerstreit mit der britischen Politik zu stehen. Die Situation während des zweiten Krieges erlaubte es schließlich der britischen Regierung, dem französischen Mandat über Syrien und den Libanon ein Ende zu bereiten. Aber der Konflikt zwischen Juden und Arabern in Palästina wurde nur noch unlösbarer.

Die nationalsozialistischen Verfolgungen hatten nach 1933 eine zweite Einwanderungswelle ins Rollen gebracht. Nach 1945 konnten die Engländer den Überlebenden des größten Massakers der Geschichte den Zugang zum Gelobten Land nicht verwehren, ohne all die herauszufordern, die aufgewühlt waren durch das unsagbare Leid und die bittere Ungerechtigkeit. Duldeten aber die Engländer eine ungezügelte Einwanderung, so beschworen sie den Zorn der Araber, ihrer Führer und Sprecher herauf, denn nach deren Auffassung war Palästina ein integrierender Bestandteil des arabischen Erbes, und die Errichtung einer jüdischen nationalen Heimstätte oder mehr noch eines jüdischen Staates mußte die historischen Rechte der nach den Geboten des Propheten lebenden einheimischen Bevölkerung verletzen.

Finanziell geschwächt und nicht imstande, die Araber und Juden Palästinas miteinander zu versöhnen oder den einen wie den anderen die *pax Britannica* aufzuzwingen, überließ es Großbritannien 1948 den Vereinten Nationen, eine Lösung zu finden. Die Generalversammlung der Vereinten Nationen ersann in der Tat eine Lösung; aber der Krieg zwischen den Juden und den arabischen Nachbarstaaten erzwang an Ort und Stelle eine andere Lösung. So wurde 1948 der Staat Israel geboren, und mehr als eine Million palästinensische Araber flüchteten nach Syrien und vor allem nach Jordanien; Hunderttausende blieben dort in Zelten hausen, und ihren Lebensunterhalt bestritt die Hilfsorganisation der Vereinten Nationen, für die namentlich die Vereinigten Staaten und Großbritannien die Geldmittel aufbrachten.

Die militärische Ohnmacht aller arabischen Staaten, die es zusammen nicht fertigbrachten, die halbimprovisierten Legionen der sechshunderttausend Juden Palästinas zu besiegen, war höchst anschaulich zutage getreten. Das Debakel wurde aber auch zu einem der mächtigen Antriebe der nationalistischen Bewegung, die sich die politische Erneuerung der islamischen Staaten zum Ziel setzte. Die Bewegung fand ihre Führung, ihre Ideologie, ihre ersten Impulse in Ägypten, dem bevölkerungsreichsten der Staaten, denen sowohl der Islam als auch die arabische Welt ihr Gepräge geben. Die revolutionären Offiziere, die König Faruk vertrieben, hatte die Demütigung der Niederlage zutiefst beeindruckt; sie sahen ihre Ursache in den korrupten Zuständen der Monarchie und des Regimes der Paschas; sie träumten von der Möglichkeit, dem arabischen Volk zeitgemäße Institutionen und einen zeitgemäßen Lebensstil zu geben.

Diesen Erneuerungsbestrebungen brachte die westliche, insbesondere die amerikanische Diplomatie zunächst viel Sympathie entgegen. Im Vergleich zu den Großgrundbesitzern und Paschas, auch wenn sie eine parlamentarische Fassade aufrechterhielten, erschienen die aus dem Kleinbürgertum oder aus der großen Volksmasse stammenden Offiziere, die von sauberen Sitten und öffentlichen Arbeiten großen Stils sprachen, in der Tat als fortschrittlich. Ihre Feindschaft gegen die Imperialisten, das heißt die Europäer, schien den amerikanischen Diplomaten weder empörend noch beunruhigend; sie meinten, daß der Nationalismus dieser Offiziere nach der Verwirklichung ihrer berechtigten Forderungen eine Versöhnung mit dem Westen nicht ausschließen würde. Es ist alles ganz anders gekommen. Aber wenn man auf die Entwicklung zurückblickt, kann man verstehen, warum sich der arabische Nationalismus, wie ihn Nassers Ägypten interpretiert, gegen den Westen gekehrt hat.

Ob die Araber einen ehrlichen Haß gegen Israel empfinden oder ob schwache Regierungen diesen Haß als Herrschaftsmittel benutzen – unverkennbar ist eins: der Mitte des 20. Jahrhunderts mit Waffengewalt wiedererrichtete jüdische Staat zieht die feindseligen Emotionen sowohl der Massen als auch der Elite der Nachbarländer auf sich. Ein arabischer Staatschef, dem es gelänge, den jüdischen Staat, dessen bloße Existenz schon einer Aggression gleichkommt, zu vernichten, würde seine Herrschaft über ein riesiges Reich errichten können, das in ihm den Helden eines neuen Kreuzzugs, den Propheten eines neuen Islams feiern würde. Aber selbst wenn die Diplomaten solche Wünsche verspüren sollten, könnten die Vereinigten Staaten, weil sie eine Demokratie sind, den Staat Israel, den die amerikanischen Juden am Leben erhalten, nicht preisgeben. Die Sowjetunion hat es leicht, ihre Araberfreundschaft zu beteuern: sie läßt durchblicken, daß es nicht unmöglich sei, den Staat Israel von der Landkarte zu tilgen.

Das Ressentiment der armen Völker und der verwestlichten Eliten wendet sich gegen die »Imperialisten«, die im Nahen Osten die Europäer sind. Die Europäer gelten als die »alten Reichen«, selbst wenn sie neben den Amerikanern wie neue Arme wirken. Einst waren sie die Herren, und der Reichtum der armen Länder ist nach wie vor ganz oder teilweise in ihrem Besitz. Dasselbe Wort »Ausbeutung« kann ebenso die Erschließung der Bodenschätze wie die Aufhäufung unrechtmäßiger oder übermäßiger Profite bedeuten. Der Doppelsinn des Wortes ist Ausdruck und Symbol einer intellektuellen und mehr noch einer gefühlsmäßigen Konfusion. Der Ausländer, der die in *ihrem* Boden vergrabenen Naturschätze zutage fördert, kann nichts anderes sein als ein »Ausbeuter«. So erscheinen den Massen und oft auch den Eliten die westlichen Menschen, ohne die das Erdöl unverwertbar unter dem Sand der Wüsten bliebe, gleichsam als Diebe und Wucherer; wie die Verträge zwischen den Ölgesellschaften und den Regierungen aussehen, spielt dabei keine Rolle.

Schließlich gibt es einen weiteren Grund, der noch viel wichtiger ist: die Zerbrechlichkeit aller Staaten, die aus dem Zerfall des Osmanenreiches hervorgegangen sind. Was den Inhalt des syrischen, libanesischen oder irakischen Nationalismus ausmachte, war der Wille, den Franzosen oder den Engländern nicht mehr untertan zu sein; weder die Massen noch die Eliten empfanden eine leidenschaftliche Bindung an eine Nation, die es nicht gab, oder an einen Staat, der ihnen fremd blieb oder sogar fremdländisch erschien. In der ganzen Region kommt die erregte Debatte über Projekte der staatlichen Umbildung, besonders über den Staat des »fruchtbaren Halbmonds« (Vereinigung Syriens und des Iraks unter der haschemitischen Monarchie) nie zur Ruhe. Das Hindernis »separatistischer Nationalismen« brauchte von der panarabischen Bewegung gar nicht erst ausgeräumt zu werden, weil es solche Nationalismen kaum gab. Mehr noch: von dem Augenblick an, da Nasser zum Sinnbild des panarabischen Nationalismus geworden war, wurden automatisch alle die zu »Agenten des Imperialismus«, die sich gegen den panarabischen Nationalismus im Interesse der Unabhängigkeit eines den beherrschten Massen gleichgültigen Staatsgebildes auflehnten.

Vor einem Vierteljahrhundert hatte Großbritannien den zu Nutz und Frommen der haschemitischen Herrscher nach Maß geschneiderten Staaten die Unabhängigkeit gewährt. Das war ein liberaler Trumpf: wer sich als Nationalist gab, mußte gegen die französische Mandatsmacht in Syrien und im Libanon rebellieren, weil sie den Eingeborenen keine eigene Regierung gewährte und das Mandatsgebiet direkt verwaltete. Gestern wurden als Agenten des Imperialismus Staatsmänner wie Nuri es Said angeprangert, weil sie für den Westen, gegen die Sowjetunion Partei ergriffen; wird das morgen das Schicksal General Kassems sein, weil er sich dem Aufgehen des Iraks in der Vereinigten Arabischen Republik widersetzt?

Ist eine so gewordene panarabische Bewegung der Ausdruck eines echten Nationalismus oder lediglich ein Eroberungswerkzeug? Es ist nicht einfach, die Frage zu beantworten: die eine wie die andere Möglichkeit enthält ein Körnchen Wahrheit. Der Nationalismus ist echt, wenn er den Wunsch der Beherrschten ausdrückt, von Angehörigen desselben Gemeinwesens regiert zu werden, das heißt von einem Staat, der ihr Staat ist und an dem sie teilhaben können. Aber viele Iraker und Syrier – vor allem unter den neuen Mittelschichten – empfanden den Staat, der ihr Staat sein sollte, als etwas Fremdes. Die haschemitische Monarchie und das autoritäre Regime Nuri es Saids vertieften diese Kluft. Wird sie von den revolutionären Offizieren, die im Juli 1958 die Macht ergriffen haben, überbrückt werden können?

Wie ein den Bestrebungen des arabischen Nationalismus entsprechender Staat aussehen und wo er haltmachen müßte, läßt sich schwerlich sagen. Jeder Nationalismus – ob er sich zum Islam oder zur arabischen Idee bekennt – beruft sich auf einen vagen Mythos und auf verschwommene Gefühle. Keins der arabischen Länder ist wirklich arabisch im Sinne der rassischen Herkunft (am allerwenigsten Ägypten). Die arabische Sprache und die arabische Kultur schaffen allerdings eine Art Gemeinschaft, deren Strahlungsbereich vom Indischen bis zum Atlantischen Ozean reicht. Aber ein Staat, der ein so gewaltiges Gebiet umschlösse, wäre von den Massen ebenso entfernt und erschiene den Eliten als ein ebenso künstliches Gebilde wie die Staaten, die gerade erst als Schöpfungen der Imperialisten entlarvt wurden.

Wie dem auch sei: dem panarabischen Nationalismus gegenüber ist der Westen auf zweifache Weise entwaffnet. Verteidigt er die Staaten von gestern, so bleibt er hinter dem Nationalismus meilenweit zurück. Versagt er sich – außer auf Verlangen der legitimen Regierung – jede militärische Intervention, so begibt er sich aller Aktionsmittel gegen eine Eroberungsstrategie, die mit Staatsstreichen, der Aufputschung von Massenleidenschaften und Zersetzungstechniken arbeitet. Als Oberst Nasser zur Macht kam, hielt Großbritannien noch die Suezkanalzone besetzt und beeinflußte durch sein militärisches Dabeisein das politische Werden der Region. Aber unter dem Druck der amerikanischen Führung hat sich Großbritannien schließlich bereit gefunden, die Kanalzone zu räumen. Von diesem Augenblick an trug alles, was die Sowjetführung tat und was der Westen zu tun unterließ, gleichermaßen dazu bei, Nasser gegen den Westen aufzubringen und ihm dabei den stürmischen Applaus der Menge zu sichern. Es genügt, die Etappen aufzuzählen: Bagdad-Pakt; Waffenkaufvertrag zwischen Ägypten und der Sowjetunion; Verweigerung westlicher Kredite für den Assuan-Damm; Israeli-Ausfall nach der Sinai-Halbinsel; französisch-britische Suez-Expedition; Sturz Nuri es Saids. Gegen Ende 1960 scheint Nassers Ägypten den entscheidenden Einfluß in der Region auszuüben. Sogar die Emire der britischen Protektorate müssen fortan um ihr Leben und ihre Throne bangen.

Welche Position nehmen Nassers Ägypten und die Vereinigte Arabische Republik in der internationalen Frontenbildung ein? Ganz gewiß eine antiwestliche, soweit es um Worte und Massenleidenschaften geht. In der wirtschaftlichen Ebene sind die arabischen Länder des Nahen Ostens auf den Westen angewiesen, der allein ihr Öl bezahlen, abtransportieren und verbrauchen kann; wirtschaftlich orientieren sie sich denn auch weiterhin auf Europa. Strategisch hat der Westen seine Positionen in diesem Teil der Welt verloren; lebenswichtig sind sie indes nie gewesen. Am Ende kristallisieren sich die Kernfragen heraus: Wie weit wird sich die Vereinigte Arabische Republik noch ausdehnen? Was kann der Ausgang des panarabischen Nationalismus sein, wenn er sich einmal in den Besitz staatlicher Institutionen gesetzt hat und mit ihnen verwachsen ist? Werden sich die verschiedenen heute bestehenden Staaten in ihrer gegenwärtigen Gestalt behaupten oder von einem ebenso gebrechlichen wie weitgespannten Großreich absorbiert werden? Wird es den Kommunisten gelingen, die Nationalisten abzulösen? Einstweilen sind die Beziehungen zwischen der Vereinigten Arabischen Republik und dem Irak, an dessen Spitze General Kassem steht, gespannt. Weder der Kommunismus noch der ägyptische Nationalismus, der die panarabische Bewegung zu vertreten vorgibt, hat einen entscheidenden Sieg errungen.

Manche der Mechanismen, die sich im Nahen Osten zugunsten der antiwestlichen Kräfte ausgewirkt haben, sind auch schon in Nordafrika und im Schwarzen Afrika in Bewegung gesetzt. Es besteht die Gefahr, daß die Unabhängigkeit die Massen enttäuscht, weil westliches Kapital und westliche Techniker von dannen ziehen und die Armut drückender wird. Die Eliten, die die Massen Afrikas und Asiens führen, finden sich mit nichts ab, was nicht die volle Unabhängigkeit bringt; ist aber die Unabhängigkeit formal hergestellt, so gilt das wirtschaftliche Dabeisein der alten Kolonialmacht als Überbleibsel der Kolonialherrschaft und als Verletzung der Souveränität, die sie schon deswegen für überaus kostbar halten, weil sie gerade erst errungen worden ist. So schlittern die neuen Staaten von der

Unabhängigkeit in die Neutralität und von der Neutralität in den Neutralismus hinein, der in größerem oder geringerem Maße dem Sowjetlager zugute kommt. Dennoch wäre es irrig zu glauben, daß dieser Prozeß immer bis zum Ende abläuft, also bis zur »Fortschrittsfront« oder bis zum Kommunismus. In Nordafrika bleibt Tunesien unter Bourguiba – trotz dem Krieg in Algerien – prowestlich; Marokko will sich an keinen der Blöcke binden, aber es ist dem Westen gegenüber nicht feindlich gesinnt und beläßt den Franzosen eine erhebliche Rolle in der Wirtschaft und im Erziehungswesen. Die Gefahren sind unverkennbar; die Zukunft hängt vornehmlich vom Ausgang des Algerien-Konflikts ab. Ginge der Krieg in Algerien immer weiter, so wäre das Schlimmste zu befürchten; aber das Schlimmste wäre nicht minder zu befürchten, wenn die Revolutionäre mit einem Schlag an die Macht kämen und die französische Minderheit das Land ebenso überstürzt verließe, wie es die Belgier im Kongo getan haben.

Im Schwarzen Afrika ist nach dem französischen Versuch der Schaffung einer »Gemeinschaft«, das heißt der Gründung autonomer afrikanischer Republiken, die bereit wären, von sich aus auf die volle Unabhängigkeit zu verzichten, die Emanzipationsbewegung unwiderstehlich geworden: alle Gebiete, die vordem zu Französisch-Westafrika oder zu Französisch-Äquatorialafrika gehört hatten, sind 1960 unabhängig geworden – ebenso wie Belgisch-Kongo, das britische Nigerien und die einstigen deutschen Kolonien Togo und Kamerun, die unter französischem Mandat gestanden hatten. Die Übertragung der Souveränität auf die neuen Staatsgebilde ist in den von Frankreich abhängigen Gebieten im allgemeinen friedlich und in einer Atmosphäre der Freundschaft mit den Ex-Kolonisatoren vor sich gegangen; anders war es nur in Guinea, wo der Staatschef Sékou Touré »fortschrittlichen« Tendenzen nachgeht und in seiner Partei Kommunisten behält, und in Kamerun, wo eine Oppositionspartei zum Partisanenkampf übergegangen ist. Gleichfalls friedlich war der Übergang in den Englisch sprechenden Territorien Ghana und Nigerien. Dagegen hat der durch keine Überleitungsphase vorbereitete Souveränitätswechsel im ehemals belgischen Kongo eine schwere Krise ausgelöst, zu einem Auseinanderfallen des Staates, das die Vereinten Nationen als Tatsache hinnehmen mußten, geführt und die Gefahr der Auslandsintervention heraufbeschworen.

In Südamerika ist das Ressentiment gegen die USA stark und verständlich. Die ungleiche Verteilung von Macht und Reichtum ist eklatant. Die Vereinigten Staaten kaufen Rohstoffe, ohne den Preisschwankungen große Beachtung zu schenken, und kümmern sich nicht unmittelbar um den Aufbau dieser unterentwickelten Länder. Ob sie autoritäre Regierungen unterstützen oder Regierungen, die nichts tun, in Kauf nehmen: für die Massen und die linke Intelligenz sieht es so aus, als habe sich das Land des Dollars mit den Mächten der Despotie und der Stagnation gegen Freiheit und Prosperität verbündet. In neuerer Zeit scheint die Entwicklung der Ideen und Ereignisse eine Wendung zum Liberalen genommen zu haben. In Argentinien, in Venezuela, auf Kuba sind die Despotien gestürzt worden. Aber auf Kuba ist die von Fidel Castro geführte Revolution wütend antiamerikanisch. In ganz Südamerika sind die Vereinigten Staaten auf der Suche nach Regierungen, die die Fähigkeit hätten, mit demokratischen Methoden auf den wirtschaftlichen Aufstieg hinzuarbeiten. Es ist ihnen kein leichtes, solche Regierungen zu finden, und die Sowjetunion hält sich nicht für verpflichtet, die Monroe-Doktrin zu befolgen.

Reservierte Jagdgehege gibt es nicht mehr: weder in Afrika noch in Amerika. Das Ende der europäischen Imperien und die Befreiung der früher beherrschten Völker haben die beiden Kontinente dem Wettstreit der großen Mächte und der Ideologien geöffnet.

Perspektiven

Die Analyse des diplomatischen Getriebes mündet weniger in Prophezeiungen als in Feststellungen. Bestimmte Entwicklungslinien kann man berechtigterweise in die Zukunft projizieren. In anderen Fällen darf man unterstellen, daß die Situation, wie sie sich in der Gegenwart darstellt, auf lange Zeit geronnen ist. Und schließlich gibt es Bereiche, in denen das Chaos so groß ist, daß der Gang der Entwicklung vom unvorhersehbaren Ereignis allein beherrscht scheint, in dem sich die Leidenschaften der Menge und das Handeln großer Männer niederschlagen.

Aller Wahrscheinlichkeit nach wird das Gleichgewicht des Schreckens in den nächsten Jahren und Jahrzehnten erhalten bleiben. Sofern die Geschichte den Geboten der Vernunft folgen will, ergibt sich daraus, daß der Krieg zwischen den Riesen, der von thermonuklearen Bomben, strategischer Luftwaffe und ferngelenkten ballistischen Geschossen Gebrauch machen sollte, nicht stattfinden wird. Doch bleibt auch in bezug auf dies Kapitel Ungewißheit bestehen in zweifacher Richtung. Zu fragen wäre: Wie kann die thermonukleare Bombe in der Epoche des Gleichgewichts des Schreckens diplomatisch genutzt werden? Und unter welchen Umständen kann der eine oder der andere Riese die Drohung mit dem selbstmörderischen Krieg als Druckmittel so handhaben, daß ihm geglaubt und die Drohung ernst genommen wird?

Wenn es auf der anderen Seite den vier heutigen Mitgliedern des Atomklubs, wie zu erwarten ist, nicht gelingt, sich über die Sperrung der Aufnahme weiterer Mitglieder zu verständigen, werden sich andere Mächte eine bescheidenere Atomrüstung und Bombenträger von geringerer Reichweite zulegen. Ob die Menschheit überlebt, hängt mehr denn je von der Mäßigung der Regierungsmänner ab. Eine eigenartige Diplomatie der Abschreckung wird die Beziehungen von Staaten regeln, deren Zerstörungskapazität die größten Unterschiede aufweist, unter denen aber noch der schwächste die Möglichkeit hat, dem stärksten Wunden zu schlagen, die in anderen Zeitläuften für nahezu tödlich gehalten worden wären.

Daß eine territoriale Neuordnung in Europa erzwungen oder durch Verhandlungen erreicht wird, bringt offenbar weder die Diplomatie der Abschreckung noch die traditionelle Diplomatie oder die Technik des Umsturzes fertig. Obgleich gewisse hypothetische Möglichkeiten – Viermächteverhandlungen über Berlin oder Verhandlungen zwischen den beiden deutschen Regierungen – nicht ohne weiteres als ausgeschlossen zu betrachten sind, wird die Spaltung des alten Kontinents entlang der Demarkationslinie so lange die grundlegende Gegebenheit sein, wie Lebenshaltung, Regierungssystem und Weltanschauung auf beiden Seiten des Eisernen Vorhangs so verschieden bleiben, wie sie es heute sind. Aber die Völker Osteuropas stehen der Ideologie und der Praxis der Sowjetunion so offensichtlich ablehnend gegenüber, daß das allein uns verbietet, an der Zukunft zu verzweifeln. Auch das Sowjetregime ist nicht undurchlässig für fremde Gedanken und vor Abnutzung durch den Lauf der Zeit nicht geschützt.

In Asien ist die politische und territoriale Regelung noch weniger beständig als in Europa. Zur Not kann man die Inseln – Japan und die Philippinen – als fest mit dem amerikanischen System verknüpft ansehen. (Aber es gibt nicht wenig Kreise in Japan, die neutralistischen Gedanken huldigen.) Ungewiß ist dafür das Schicksal der kleinen Staaten Südostasiens. Laos, Kambodscha, Süd-Vietnam, Burma und Thailand sind gleich schwach und außerstande, sich im Fall eines Angriffs von außen zu verteidigen. An dem Tag, an dem China imperialistische Ansprüche (im traditionellen Sinn und im traditionellen Stil) anmelden sollte, wären diese Staaten durch nichts geschützt als durch eine aus der Ferne wenig wirksame und wenig wahrscheinliche amerikanische Interventionsdrohung. Von dieser militärischen Hypothese abgesehen, sind diese neuen Staaten aber auch politisch schwach; manche haben es mit einer wenig homogenen Bevölkerung und mit fordernd auftretenden Minderheiten zu tun; allen fehlt es an einer starken Staatsgewalt oder einer gut funktionierenden Verwaltung. Welche Art Regime diese Länder – und auch Pakistan und Indonesien – in zehn oder zwanzig Jahren haben werden, läßt sich nicht voraussehen. Welche außenpolitische Position sie künftighin beziehen werden, wird aber von der Gruppierung abhängen, die dann an der Macht ist, und von den Ideen, auf die sie sich beruft.

Für die allernächste Zeit werden die Ereignisse in Asien von der Entwicklung einerseits Chinas, anderseits Indiens bestimmt werden. China gehört zum Sowjetblock; Indien proklamiert seine Neutralität. China wird von einem Regime regiert, das dem der Sowjetunion nachgebildet ist; es bedient sich mit einer unvergleichlichen Energie und mit Ergebnissen, die sogar über das hinausgehen, was Stalins Rußland in den dreißiger Jahren erreichte, der Technik der Fünfjahrespläne und der allgemeinen Wirtschaftsplanung. Indien hat das vom britischen Raj ererbte Verwaltungssystem beibehalten und es mit einer Regierung und parlamentarischen Körperschaften überbaut, deren Praxis den britischen Vorbildern ähnlich ist. Über das Gewicht, das den Einflüssen Pekings und Delhis, der westlichen Demokratie und des Kommunismus zufällt, werden in hohem Maße die Fortschritte entscheiden, die hüben und drüben auf dem Weg zur selben industriellen Zivilisation werden erzielt werden können.

Noch weniger gesichert ist das staatliche und außenpolitische Schicksal der gesamten Region, die von Pakistan (oder von Indonesien) bis zur Atlantikküste Marokkos, ja sogar bis zu den Waldgebieten Zentralafrikas reicht. Die Grundursache der Ungewißheit ist das Fehlen staatlicher Gebilde, deren in Jahrhunderten geschmiedete Einheit sich den Herzen der Menschen aufgeprägt hätte und deren Grenzen auf der Landkarte unzweideutig erkennbar wären. In der gesamten Welt des Islams erhebt sich der Nationalismus, aktiv, bisweilen überschäumend, voller Angriffslust gegen die »Imperialisten«, aber ohne ein gegenständliches Ziel, an dem er sich festbeißen könnte. Ist die Nation, von der Iraker,

Das Zentrum der US-Luftabwehr
Kartensaal der atomsicheren Anlage bei Omaha/Nebraska

Atomraketen der UdSSR
Maiparade sowjetischer Streitkräfte auf dem Roten Platz in Moskau, 1969

Ägypter oder Marokkaner träumen, das aus Erinnerungen und Visionen geborene arabische Vaterland? Ist diese Nation der Irak, Ägypten, Marokko? Ist sie die Gemeinschaft derer, die sich im mohammedanischen Glauben finden? Die meisten neuen Länder dieses immensen Gebietes sind von bunt zusammengewürfelten Völkern besiedelt; es fehlt ihnen an tüchtigem Verwaltungspersonal; sie sind übervölkert und beuten ihre Naturschätze nur unzureichend aus. Weiß man das, so begreift man auch, warum sich sehr wenig darüber sagen läßt, wie die politische Landkarte Vorderasiens und Afrikas in zehn oder zwanzig Jahren aussehen könnte.

Werden auch noch die letzten Inseln der europäischen Souveränität im Nahen Osten und in Afrika verschwinden? In absehbarer Zeit entspräche die Unabhängigkeit des Gesamtgebietes der Logik der Entwicklung in den britischen Protektoraten Arabiens. In Bälde dürfte die antikoloniale Bewegung auch die portugiesischen Kolonien in Afrika (Angola, Mozambique) ergreifen. In Kenia, in Tanganjika, in Nord- und Südrhodesien bemühen sich die Engländer, ohne sich über die Schwierigkeiten etwas vorzumachen, um Reformen und Fortschritte im Rahmen von Staatsgebilden, die Angehörige verschiedener Völker, Menschen verschiedener Hautfarbe umfassen sollen. Was wenig Zweifel hervorruft, ist die Annahme, daß sich vom Nahen Osten bis nach Afrika und Südamerika in zunehmendem Maße in den Kalten Krieg verstrickte politische Systeme ausbreiten werden. Man wird hier also mit staatlichen Gebilden zu rechnen haben, die den widerstreitenden Einflüssen der Vereinigten Staaten und der Sowjetunion, der westlichen und der kommunistischen Welt ausgesetzt sind, zwischen den Anhängern des Repräsentativsystems und den Gläubigen des marxistisch-leninistischen Evangeliums hin- und hergerissen werden und die Anziehungskraft zweier Lebensordnungen verspüren: auf der einen Seite der Freiheiten, die der Westen erhält und verteidigt, und auf der anderen Seite der Verheißungen der Macht und des industriellen Aufstiegs, die ihnen das Planwirtschafts- und Einparteisystem darbringt.

Bereits an der Schwelle des 19. Jahrhunderts beschäftigten sich Philosophen und Historiker mit der Zukunft des Gebildes, das sie damals schon die industrielle Gesellschaft nannten. Später hat Auguste Comte mit furchtlosem Dogmatismus dekretiert, daß die menschliche Gesellschaft nicht zwei Ziele zugleich verfolgen könne: entweder sie wolle mit dem Krieg auf die Menschen oder sie wolle mit der Arbeit auf die Natur einwirken. Nach seiner Meinung hatten die damals existierenden Gesellschaften das Zeitalter der Kriege bereits hinter sich gelassen und waren in das Zeitalter der Industrie eingetreten.

Wir haben diese Illusionen verloren. Die Industrie bleibt Kriegsmittel und Kriegsziel in einem, sie ist nicht für die gesamte Menschheit zum Selbstzweck geworden. Schon deswegen zeigt die Weltdiplomatie in unseren Tagen Wesenszüge, die einander zu widersprechen scheinen. Manche Kolonialmächte klammern sich an ihre Besitzungen, obgleich sie heute nur noch Belastungen, keine Profitquellen mehr sind. Die Wirtschaft verlangt nach politischen Zusammenballungen von gewaltiger Ausdehnung, aber auf dem Erdball mehren sich die Staaten, einer kleiner und elender als der andere. Der Abstand zwischen den Großen und den Kleinen ist über alle Maßen groß, aber der Formalismus der überstaatlichen Legalität proklamiert die Gleichheit aller souveränen Mitglieder der Vereinten Nationen.

Widersprüche einer »Übergangsphase«, würde Comte sagen. Die unlängst noch geknechteten Völker müssen zuerst einmal zur Selbstbestimmung kommen, bevor sie die Erfordernisse der Solidarität begreifen können. Die gestern noch über andere gebietenden Imperiumsvölker müssen für ihre vergeblichen Herrschaftsversuche mit schmerzlichen Opfern aufkommen, bevor ihnen die Vorzüge einer Zusammenarbeit zwischen Gleichen aufgehen. Die Riesen müssen offiziell die Achtung vor der Souveränität – und sei es halbfiktiver Staaten – verkünden, damit sich ihr Wettkampf im Rahmen feststehender Regeln abspiele.

Gewiß: die Paradoxien unseres Jahrhunderts lassen sich leicht erklären, wenn man sich die entscheidenden Tendenzen der Geschichte, die wir erleben, vor Augen hält. Für uns ist die industrielle Zivilisation ein ökonomisches Verhängnis, aber für einen großen Teil der Menschheit ist sie noch nicht mehr als eine ferne Zukunftshoffnung. Für uns ist die nationale Selbstbestimmung ein politisches Verhängnis, aber für einen großen Teil der Menschheit ist sie weniger das Bekenntnis zu einem realen Gemeinwesen als die Auflehnung gegen die Herrschaft des anderen. Die geballte Zerstörungskraft der Massenvernichtungswaffen ist für uns das militärische Verhängnis, aber sie läßt uns die Wahl zwischen dem Frieden mit Hilfe einer Weltregierung, der Begrenzung der Konflikte durch die Mäßigung der Beteiligten und der Selbstvernichtung der industriellen Gesellschaften. Für die voraussehbare Zukunft gibt es keine Hoffnung auf eine Weltregierung, es sei denn am Ausgang einer apokalyptischen Katastrophe. Das Risiko der Selbstvernichtung ist in der gegenwärtigen Phase glücklicherweise schwach; so sehr scheinen die Besitzer der erschreckenden Waffen – zum erstenmal in der Geschichte – entschlossen, den Krieg nicht zu führen, zu dem sie sich rüsten.

Die Menschheit ist dazu verurteilt, das traditionelle Spiel der Politik weiterzuspielen, während die Technik sie der Alternative des totalen Krieges oder des totalen Friedens gegenüberzustellen scheint. Vielleicht ist die Geschichte endlich einmal weiser als die Moralisten, die nach dem Absoluten greifen.

Zwischen dem Verzicht auf die Gewalt, dessen keine Gesellschaft fähig ist, und der unbegrenzten Gewaltanwendung, die kollektiver Selbstmord wäre, verfolgt die Geschichte einen Mittelweg, der in vielen seiner Züge durch die Erfindungen der Wissenschaft und der Industrie erneuert wird, der aber immer erkennbar bleibt, weil er gekennzeichnet ist durch die Doppelnatur der Menschheit: zugleich unwandelbar und veränderlich zu sein.

Carlo Schmid

DIE ZWEITE INDUSTRIELLE REVOLUTION

> Das überhandnehmende Maschinenwesen quält und ängstigt mich; es wälzt sich heran wie ein Gewitter, langsam, langsam; aber es hat seine Richtung genommen, es wird kommen und treffen.
>
> *Goethe,* Wilhelm Meisters Wanderjahre

Neue Erfindungen, die die Produktionsverhältnisse entscheidend verändert haben oder mit Sicherheit verändern werden; grundlegende Veränderungen im Verhältnis von Staat und Wirtschaft, in deren inneren und äußeren Bezogenheiten; umstürzende Zwänge, die der Wettlauf der großen Weltmachtblöcke auf die naturwissenschaftliche Forschung und die durch diese ermöglichten Techniken ausübt, sind im Begriff, die Lebensordnungen der Menschen im Weltmaßstab zu verändern, wie vor bald zweihundert Jahren die Erfindung der Dampfmaschine, vor hundert Jahren die Nutzbarmachung der Elektrizität als Energiespender, vor sechzig Jahren der Siegeszug des Explosionsmotors bis ins letzte Dorf und die Ausbeutung der Ölvorkommen überall in der Welt alle wirtschaftlichen, gesellschaftlichen, politischen und humanen Verhältnisse so umgestaltet haben, daß man mit vollem Recht von dem Zeitalter der industriellen Revolutionen spricht – allerdings erst, seitdem man sich mehr oder weniger am Ende der ersten Epoche dieses Zeitalters stehend fühlt. Das ist nicht verwunderlich, denn die Epochen werden sich dessen, was sie ausmachen, im allgemeinen immer erst bewußt, wenn sie an ihrem Ende stehen; wenn ihre technischen, intellektuellen und seelischen Leistungen nicht mehr ausreichen, die hervorgerufenen Veränderungen zu meistern.

Noch ist dieser Prozeß nicht abgeschlossen. Nur wenige seiner Phasen sind heute schon genau genug meßbar, um Gegenstand historischer Erfassung sein zu können. So wird sich dieses Kapitel nur zu oft mit Annäherungswerten begnügen müssen, mit Deutungen, mit Vermutungen, mit Schätzungen. Mehr als einen Versuch, ein Fließendes in seinen Reflexen zu beschreiben und Perspektiven ausfindig zu machen, kann man heute nicht wagen.

Nichts erscheint uns selbstverständlicher, als von einem »Fortschritt« auf allen denkbaren menschlichen Lebensgebieten – bis in die innere Verfassung des Menschen hinein – zu reden, und doch ist dieser Begriff nur eine vom Ursprung abstrahierende Verallgemeinerung, von etwas, was zuerst im Bereich der Technik beobachtet wurde und im strengen Verstande allein dort seinen wahren Sinn hat. Allein die Technik kennt »Fortschritt« als immanente Bewegung der Gedanken und Sachen; nur hier kann man beim Vergleich des heutigen Standes der Werkzeuge, Arbeitsmittel und maschinellen Aggregate mit dem früherer Zeiten einen »Fortschritt« messen und sagen, »wieviel weiter« man gekommen ist.

Erst die Philosophie der Manufakturepoche hat den Fortschritt als apriorische Absicht dem geschichtlichen Geschehen untergeschoben. Früheren Kulturen, die noch keine industrielle Technik kannten, war eine solche Haltung, die alle Vergangenheit unbarmherzig an der Gegenwart mißt und unablässig fragt, worauf die Geschichte denn hinaus wolle, durchaus fremd. Nie kam es den Griechen, wenn sie Geschichte trieben, auf die Zukunft an; sie haben Geschichte noch in Naturbegriffen gedacht, sei es als Wiederkehr des Gleichen oder des Ähnlichen, als Kreislauf oder als rhythmische Bewegung, als »Stirb und Werde«. Noch Machiavelli war des Glaubens, daß sich die Geschichte nie wesentlich wandle und der Mensch sich in ihr immer gleich bleibe. Erst als sich die Menschen anschickten, die äußere Natur bewußt durch Organisation und Technik zu beherrschen, ist neben vielem anderen auch die Vorstellung aufgekommen, daß jeder Schritt vorwärts in der Beherrschung der Naturkräfte zugleich auch einen Schritt vorwärts in Richtung der ethischen und geistigen Vervollkommnung des Menschen nötig mache und gleichzeitig auch ermögliche. Seitdem gilt »Fortschritt« schlechthin als der Motor des geschichtlichen Geschehens und paradoxerweise die Geschichte selbst als dessen unablässig sich in seinen Produkten darstellender Schöpfer, der immerdar auf dem Wege zu seiner eigenen Utopie ist. Stetigkeit und Sprung, Kontinuität und Diskontinuität, sie alle machen in ihrer Dialektik den technischen Fortschritt aus. In jeder neuen Erfindung steckt neben einem neuen Gedanken oder Prinzip stets auch das ganze technische Wissen des Zeitalters; indem sie Altes weiterführt oder gar aufhebt, ruht sie immer auch auf Erkenntnissen, die früheren Stadien, ja bereits den rohen Anfängen der Technik geläufig waren. Was je gefunden, erkannt und realisiert wird, schließt lückenlos an etwas Vorhandenes an, bedeutet nie den Abschluß der Entwicklung, sondern treibt neue Überlegungen, Forschungen und Versuche hervor.

Dennoch wäre nichts irriger, als in der technischen Entwicklung nur einen gleichförmig daherfließenden Strom zu sehen, den Zuflüsse immer mehr auffüllen; die stetige, oft im verborgenen sich darstellende, mit ihr selbst gegebene Bewegung des Prozesses der Technik kennt auch Sprünge, durch die die Allmählichkeit des nur vermehrenden Fortgangs unterbrochen wird. In manchen Zeiten mag der Geist der Technik langsam und still einer neuen Gestalt entgegenreifen und am Bau der Welt nur ein Teilchen nach dem anderen auflösen und durch neue ersetzen, in anderen wieder scheint er sich gleichsam zusammenzuziehen und mit einem Schlag Gebilde neuer Schöpfung aus sich herauszutreiben.

Ohne Zweifel hat man einen solchen sprunghaften Fortschritt beim Übergang von der Dampftechnik zur Elektrotechnik und Atomtechnik vor sich, einen anderen etwa in der engen Arbeitsgemeinschaft, die zwischen Technik und Biologie begründet wurde und zur Biotechnik führte. Es wird immer schwierig bleiben, zu beurteilen, ob man gerade in einer solchen »revolutionären« Phase der technischen Entwicklung oder nur in einer sich über viele Phasen hin erstreckenden Evolution lebt, in der Vorhandenes immer weiter verbessert wird, ohne das Grundschema der Lebensordnungen zu verändern. Revolutionen kommen nicht selten auf leisen Sohlen, und das Neue tritt nicht überall mit der gleichen Stärke und in gleicher Sichtbarkeit auf. Auch sind nicht die technischen Apparaturen selbst »revolutionär«, sondern die Veränderungen, die durch sie am Menschen und in der Organisation der menschlichen Gesellschaft vorgehen. Alle Technik dient dem Menschen für die von ihm gesetzten Zwecke – an diesem Postulat sind auch jene scheinbar übermächtigen Apparaturen zu messen, denen sich der moderne Mensch oft schutzlos ausgeliefert fühlt, weil sie ihm auch seine Zwecke vorzuschreiben scheinen.

Haben uns nun die neuen Erfindungen und was sie mit sich brachten – die Entbindung der im Atom schlummernden Kräfte, die Möglichkeit, durch elektronische Maschinen nicht nur die Muskelkraft, sondern auch kontrollierende und steuernde Denkprozesse des Menschen zu ersetzen, die Lenkung wissenschaftlicher Forschungsprogramme nach politischen und militärischen Gesichtspunkten durch den Staat – in eine zweite industrielle Revolution geworfen? Es ist nicht müßig, diese Frage zu stellen. Falls es sich nur um Wandlungen gestriger und gegenwärtiger Verhältnisse handeln sollte, möchten Verbesserungen und Anpassungsmaßnahmen innerhalb unserer bisherigen Ordnungen ausreichen, um der neuen Lage Herr zu werden; handelt es sich aber um einen revolutionären Umbruch, dann stünden wir vor der Notwendigkeit, mit den sich verändernden Lebensverhältnissen der Menschen fertig zu werden, zumindest aber den Strom, der gegen die Dämme unserer gesellschaftlichen, politischen, moralischen Ordnungsgefüge heranschwillt, zu kanalisieren.

Ob Ereignisse auf dem politischen Felde eine revolutionäre Lage herbeigeführt haben, läßt sich in der Regel leicht erkennen: Niemand wird daran zweifeln, daß 1789 im Zuge politischer Ereignisse eine Umwälzung stattgefunden hat, durch die auf so gut wie allen Gebieten die Lebensverhältnisse nicht nur des französischen Volkes entscheidend umgestaltet wurden; niemand wird bestreiten, daß die Oktoberrevolution von 1917, die aus dem Zarenreich die UdSSR gemacht hat, in ihrem Wirkungsbereich das Verhältnis des Menschen zu seiner materiellen und humanen Umwelt und zu sich selber grundlegend veränderte, ja sogar im Begriff ist, die von dieser Umwälzung noch nicht unmittelbar betroffenen Völker zu zwingen, auch ihr Verhalten sich selber gegenüber in ein Verhältnis zu dem zu setzen, was im sowjetischen Machtbereich geschieht.

Schwieriger wird die Beantwortung der Frage, ob hervorragende Ereignisse auf anderen Gebieten, etwa auf dem Felde wissenschaftlicher Erkenntnis oder dem der Technik und der Produktionsmethoden, eine revolutionäre Umwälzung ausgelöst haben. Hat die allgemeine Aufnahme des Satzes Bacons, daß man der Natur Herr wird, indem man ihren Gesetzen gehorcht, in Verbindung mit der quantitativen Physik Galileis und Newtons eine Revolution ausgelöst? Hat die Erfindung und Einführung der Dampfmaschine eine Revolution ausgelöst, die zu einer allgemeinen Umgestaltung aller Lebensverhältnisse geführt hat?

Wer sich mit den Folgen der Erfindung eines Watt befaßt hat, wird nicht anders können, als diese Frage zu bejahen. Es ist heute für jedermann sichtbar geworden, daß die durch die Dampfmaschine möglich gewordene und erzwungene arbeitsteilige, bisher notwendig kapitalistisch betriebene Industriegesellschaft die alte Feudalordnung umgestürzt und das Bürgertum zur herrschenden Klasse gemacht hat, die bei aller formalen allgemeinen Rechtsgleichheit dies so sehr war, daß sich zum mindesten über ein Halbjahrhundert hin zwischen der neuen herrschenden Klasse und dem gleichzeitig entstandenen Proletariat eine Kluft auftat, die dem großen konservativen englischen Staatsmann Disraeli Veranlassung gab zu sagen, daß jeder Staat in zwei Nationen aufgespalten sei.

Haben die neuen Erfindungen ähnlich umwälzend gewirkt? Oder ist nur weiter vorangetrieben worden, was schon im Gange war? Wo ist der Bastillesturm erfolgt, von dem an der Einbruch einer neuen Welt datiert werden könnte? Sicherlich ist das neue Wesen, vor dessen Auswirkungen wir heute stehen, in Fortsetzung des technischen Denkens möglich geworden, das die Mechanik Newtons und die Dampfmaschine eingeleitet haben. Diese Feststellung sollte uns aber den Satz Hegels nicht vergessen lassen, daß von einem bestimmten Moment an Quantität in Qualität umschlägt, daß also das »Mehr« ein »Anderssein« auslöst. Und die zweite industrielle Revolution hat in der Tat weitere und damit andere Wirkungen als die erste.

Diese hatte im wesentlichen nur Europa und Amerika (sehr viel später Japan) erfaßt; was heute geschieht, erfaßt jedoch sämtliche Kontinente. Die neuen Produktionsmöglichkeiten und die politischen Bewegungen, die sie erzwungen haben, mobilisieren industriell und politisch zusätzlich eine Milliarde Menschen, die bisher nur am Rande dazu verurteilt waren, die vom weißen Mann gemachte Geschichte zu erleiden. Nunmehr werden sie eigene Geschichte machen können, die vielleicht morgen Weltgeschichte sein wird.

Mag es auch heute noch erlaubt sein zu glauben, daß die neuen Kraftquellen und Produktionsmöglichkeiten nur evolutionären Charakter tragen; morgen wird es nicht mehr möglich sein zu übersehen, daß die heutige technische Entwicklung und ihre politischen Elongaturen im Begriff sind, eine revolutionäre Umgestaltung der Lebensverhältnisse der Menschheit und ihrer gesellschaftlichen und politischen Ordnungen herbeizuführen.

Ende des Laisser-faire

Die erste industrielle Revolution hat das Verhältnis von Stadt und Land völlig verändert, indem sie es möglich machte, daß in allen Industrieländern im Gegensatz zu den Jahrhunderten vorher die Mehrheit der Bevölkerung vom Land in die Städte ziehen konnte. Während zu Beginn des 19. Jahrhunderts vier Familien landwirtschaftlich tätig sein mußten, um eine städtische Familie zu ernähren, ernährt heute eine in der Landwirtschaft tätige Familie vier städtische Familien. Daß dies für sich allein schon einen umstürzenden Wandel der Lebensordnung mit sich bringen mußte, liegt auf der Hand. Welche Auswirkungen diese Verkehrung des Verhältnisses von Stadt und Land künftig mit sich bringen wird, ist noch nicht zu übersehen, jedoch erscheint es heute schon in höchstem Maße wahrscheinlich, daß dadurch die Sozialstrukturen gleich gewaltig verändert werden könnten wie einst beim Übergang vom Nomadendasein zum seßhaften Bauerntum.

Die durch das Maschinenwesen möglich gewordene Steigerung der Produktivität der Arbeit kam zunächst der Arbeiterschaft nicht im geringsten zugute. Zunächst einmal stieg die Arbeitszeit auf vierzehn bis sechzehn Stunden täglich und sanken die Löhne. In der Mitte des letzten Jahrhunderts begann (in England) der Staat regulierend in die Arbeitsverhältnisse einzugreifen. Gegenüber der Vorstellung, die menschliche Arbeitskraft sei nichts anderes als eine Ware, deren Preis sich nach Angebot und Nachfrage richtet, wurde das

Prinzip aufgestellt, daß der Staat auch in einer freien kapitalistischen Wirtschaft in die Produktionsverhältnisse einzugreifen habe, und zwar um des Menschen willen. Damit wurde eine Entwicklung eingeleitet, in deren Verlauf der Grundsatz auf den Schild gehoben werden sollte, daß der Mensch nicht bloßer Faktor, sondern auch Maßstab der industriellen Produktionsmethoden zu sein habe. Freilich konnten staatliche Eingriffe dieser Art die Übelstände des ökonomischen Wildwuchses für sich allein nicht beseitigen. Dies konnte nur durch eigene Bemühungen der Arbeiterschaft geschehen, die ihrerseits wieder feste Organisationen (Gewerkschaften) voraussetzten, denn einzeln war der Arbeiter dem Unternehmer gegenüber wehrlos. Durch Verhandlung mit den Unternehmern – oft nach harten Kämpfen – konnten die Arbeiter fortlaufend Verbesserungen der Arbeits- und Lebensbedingungen erzielen. Als sich dann die Arbeiterschaft zu den Gewerkschaften hin eigene politische Parteien schuf, gelang es ihr allmählich, die in ihr lebendig gewordenen Impulse mit den Erkenntnissen der Sozialwissenschaft zu verbinden und Umgestaltungen der Rechtsordnung herbeizuführen, die eine der Vergangenheit gegenüber recht andersartige Verteilung des Sozialproduktes erzwangen. Die neuen Produktionsverhältnisse selbst haben also nicht nur den Staat zum Eingreifen veranlaßt und ihn damit zum Schicksal des Menschen in der Industriegesellschaft gemacht, sondern sie haben gleichzeitig in der organisierten Arbeiterschaft eine Macht hervorgerufen, die ihre Gefahren bannen und neutralisieren half.

In den letzten sechzig Jahren hat sich in den USA das Sozialprodukt verachtfacht, während die Bevölkerung sich nur verdoppelt hat. In Europa ist das Durchschnittseinkommen je Kopf der Bevölkerung im gleichen Zeitraum um etwa zweihundert Prozent gestiegen. Die steigende Ergiebigkeit der Arbeit geht dank des Einflusses der Arbeiterschaft auf die Politik nicht nur mit einem Ansteigen des Volkseinkommens, sondern auch mit dessen Umverteilung Hand in Hand. Sie hat auch zu einer veränderten sozialen Struktur geführt, denn durch immer modernere Produktionsmethoden werden Arbeitskräfte eingespart; gleichzeitig wächst der sogenannte tertiäre Bereich (neben Landwirtschaft und Industrie): die Verwaltung, der Handel, die Dienstleistungen und der große Bereich der Unterhaltung. In allen Industrieländern sinkt die Zahl der Arbeiter prozentual gegenüber den anderen Berufen. Dadurch verändert sich der Stil des Verhältnisses des Individuums zur Gesellschaft, des Einzelnen zum Staat. In dem Beitrag über »Gesellschaft und Kultur« wird das ausführlich dargestellt.

Auch das Verhältnis des Staates zur Wirtschaft hat sich grundlegend gewandelt. Während im 19. Jahrhundert der Staat zunächst nur indirekt in wirtschaftliche Vorgänge einzugreifen pflegte und sich in der Hauptsache mit den sozialen Wirkungen der Industrialisierung befaßte, zwangen die großen Wirtschaftskrisen nach dem ersten Weltkrieg zu einem direkten Eingreifen. Aus einem bloßen Schiedsrichter oberhalb der wirtschaftlichen und gesellschaftlichen Prozesse wurde ein immer tiefer und stärker eingreifender Gestalter. Während Wirtschaft und Gesellschaft bisher bloße Substrate des Staates waren, werden sie nunmehr immer mehr mit ihm identisch.

Am deutlichsten kommt dies darin zum Ausdruck, daß der Staat heute über den Staatshaushalt zum wirksamsten Verteiler des Sozialproduktes geworden ist. Die Milliardenbudgets setzen immer größere Teile des Sozialproduktes unter politischen Gesichtspunkten um. Damit erhalten im Zeitalter des allgemeinen Wahlrechts die breiten Massen über den politischen Weg einen immer größeren Einfluß auf die Steuerung der Bewegungen des Sozialproduktes. Auch in Ländern politisch liberaler Prägung ist der Staat heute zum Wohlfahrtsstaat geworden. Bei dieser Wertung der Bedeutung des Staates für die aktive Gestaltung des Wirtschaftsprozesses ist dem Umstand noch gar nicht Rechnung getragen, daß auch in Friedenszeiten das ständige Anwachsen der militärischen Rüstung den Staat zu einem immer größeren Faktor der Beeinflussung des Produktionsprozesses selbst macht.

Initialzündung durch militärische Bedürfnisse

Militärische Bedürfnisse waren während des ganzen 19. Jahrhunderts weder Antrieb industrietechnischer Neuerungen, noch bestimmten sie Ziele und Stil der industriellen Produktion, noch riefen sie von sich aus grundlegende technische Neuerungen oder gar Methoden wissenschaftlichen Forschens hervor. Alle technischen Fortschritte von Bedeutung geschahen in Funktion von Bedürfnissen der Friedenswirtschaft oder in Auswertung von Ergebnissen zweckfreier Forschung und kamen zunächst immer friedlichen Zwecken zugute. Die militärische Verwertung folgte der friedlichen Nutzung nach. In der Periode zwischen dem Kriege 1870/71 und dem ersten Weltkrieg hat die Entwicklung der industriellen Produktionsverhältnisse die europäischen Gesellschaftskörper grundlegend umgestaltet, sie hat jedoch das militärische Denken und die Organisation des Militärwesens kaum bestimmt, und umgekehrt haben militärische Faktoren die Produktionsverhältnisse und die Struktur der Gesellschaft kaum beeinflußt. Die europäischen Großmächte haben den ersten Weltkrieg geführt, als handele es sich um einen klassischen Krieg im Stil des 19. Jahrhunderts, der sich mit den herkömmlichen Potentialen und Methoden austragen lasse; man nutzte die vorhandenen Techniken aus, so gut es ging, wandte aber keine grundlegend neue, der Friedensproduktion grundsätzlich fremde an.

Gewiß gilt auch noch heute, daß erst eine bestimmte Entwicklungsstufe der industriellen Friedensproduktion erreicht sein muß, ehe bestimmte militärtechnische Prozesse eingeleitet werden können, doch wird heute mehr und mehr auch die entgegengesetzte Tendenz wirksam. Immer mehr treiben nämlich neue militärische Vorstellungen die industrielle Revolution voran; oft schaffen sie überhaupt erst den Spielraum, dessen sie zu ihrer Entfaltung bedarf. Zwar kann man als sicher annehmen, daß die Erzeugung von Kernenergie für friedliche Zwecke auch ohne die Anstrengungen geglückt wäre, die von den USA während des zweiten Weltkrieges für die Herstellung der Atombombe aufgebracht wurden; es steht aber außer jedem Zweifel, daß ohne die gewaltigen amerikanischen Bemühungen, die der Herstellung von Atombomben gewidmet werden mußten, die Entwicklung auf dem Gebiet friedlicher Nutzung der Kernenergie bei weitem noch nicht den Stand erreicht hätte, bei dem sie heute angelangt ist.

Raketen – REICHWEITEN UND FLUGZEITEN

FLUGZEITEN ERRECHNET AUS DER MITTLEREN GESCHWINDIGKEIT

A4 (V2) IN 3 MIN. 16 SEK. – 330 km — *Kurzstreckenrakete·USA (In Deutschland entwickelt)*

R14 IN 11 MIN. 6 SEK. – 3000 km — *Interkontinentale ballistische Rakete·UDSSR*

ATLAS IN 22 MIN. 23 SEK. – 9000 km ⎫
TITAN IN 24 MIN. 53 SEK. – 10 000 km ⎬ *Transkontinentale ballistische Raketen·USA*

IN 29 MIN. 41 SEK. – 13 000 km — *Transkont. ball. Rakete·UDSSR Entwickelt aus T-3 Abschuß am 5.6.1960*

310 km	2860 km	8380 km	10250 km	14450 km
↑MÜNCHEN FRANKFURT/M.	BEIRUT	COLOMBO	SINGAPORE	PORT DARWIN-AUSTRALIEN

Atombomben

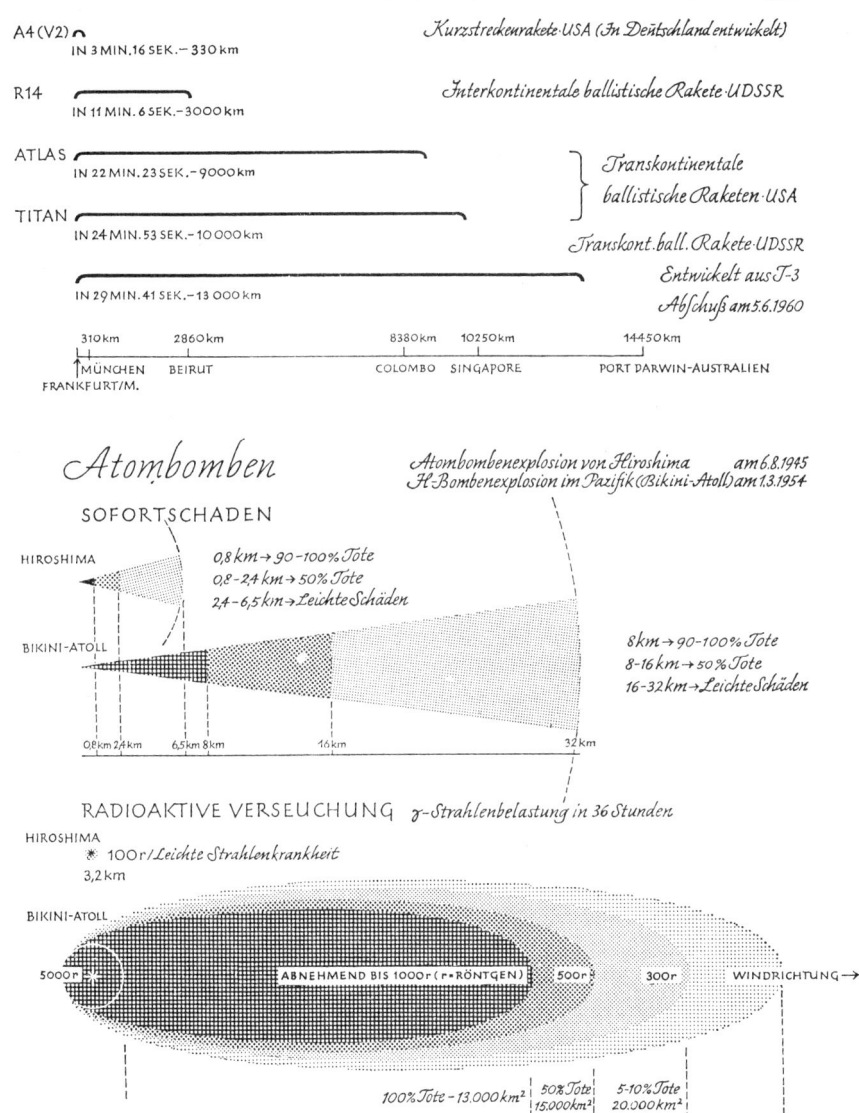

Atombombenexplosion von Hiroshima am 6.8.1945
H-Bombenexplosion im Pazifik (Bikini-Atoll) am 1.3.1954

SOFORTSCHADEN

HIROSHIMA
0,8 km → 90-100% Tote
0,8 - 2,4 km → 50% Tote
2,4 - 6,5 km → Leichte Schäden

BIKINI-ATOLL
8 km → 90-100% Tote
8 - 16 km → 50% Tote
16 - 32 km → Leichte Schäden

0,8 km 2,4 km 6,5 km 8 km 16 km 32 km

RADIOAKTIVE VERSEUCHUNG *γ-Strahlenbelastung in 36 Stunden*

HIROSHIMA
✻ 100 r / Leichte Strahlenkrankheit
3,2 km

BIKINI-ATOLL
5000 r — ABNEHMEND BIS 1000 r (r = RÖNTGEN) — 500 r — 300 r — WINDRICHTUNG →

100% Tote – 13.000 km² | 50% Tote 15.000 km² | 5-10% Tote 20.000 km²

16 km   225 km 257 km   305 km   354 km

Windgeschwindigkeit ~50 km/Std. – Windhöhe ~24 km

Was die militärische Revolution unserer Tage von der nur wirtschaftlich ausgerichteten industriellen unterscheidet, ist vor allem das beispiellose Tempo, in dem sie sich vollzieht – ihm gegenüber erscheint das Tempo der »eigentlichen« industriellen Revolution bedächtig. So ist denn der militärtechnische Fortschritt am weitesten gediehen: atomare Massenvernichtungswaffen und als deren Nebenprodukt Methoden zur Verwendung der Kernenergie für nichtkriegerische Zwecke; interkontinentale und Weltraumraketen; elektronische Gehirne und elektronische Steuerungsmechanismen haben nicht nur Industrie und Technik selbst revolutioniert, sondern sie schaffen Umwälzungen auch auf anderen Gebieten. So haben sie die Ziele und Methoden der Außenpolitik, ja der internationalen Beziehungen überhaupt, radikal verändert.

Der Einsatz von Atombomben gegen japanische Städte im zweiten Weltkrieg gehörte durchaus in die klassische Konzeption von der Funktion der Waffe im Kriegseinsatz und von der Funktion des Krieges bei der Regelung in Unordnung geratener internationaler Beziehungen: der Krieg war nach allgemeiner Anschauung eines der Mittel – das schärfste – im Machtkampf der Staaten, dem Stärksten eine Neuordnung der Machtverhältnisse zu ermöglichen. Voraussetzung dafür, daß der Krieg eine solche »rationale« Funktion erfüllen kann, ist, daß wenigstens der Sieger physisch erhalten bleibt. Ein Krieg, der für beide Parteien notwendig zum Selbstmord werden müßte, ist kein Mittel der Politik, keine Fortsetzung der Politik mit anderen Mitteln mehr: er hebt die Politik auf. Man kann sich als Ergebnis einer Politik durchaus vorstellen, daß ein Krieg mit der Schwächung beider Seiten endet; man kann sich keine Politik vorstellen, die Mittel verwendet, die mit Notwendigkeit zur physischen Vernichtung beider Partner führen müssen.

Nun ist aber durch die Entwicklung der Kernwaffen und der Raketengeschosse, die sie in das Gebiet des Gegners tragen, gerade diese Lage eingetreten. Die Bomben auf Hiroshima und Nagasaki waren furchtbar, aber ihr Abwurf gab den USA eine Chance, Japan militärisch beschleunigt niederzuwerfen, ohne den eigenen Bestand zu gefährden. Heute verfügt neben den USA auch die UdSSR über die Möglichkeit, diese Massenvernichtungsmittel überall abzuwerfen oder hinzuschießen. Die heutigen Atombomben haben gegenüber den auf Japan abgeworfenen die tausendfache Sprengkraft. Der Radius des Gebietes, innerhalb dessen alle Gebäude total zerstört und fünfundsiebzig Prozent der Bevölkerung getötet wurden, betrug bei der auf Hiroshima abgeworfenen Bombe 2,4 Kilometer; in einem weiteren Umkreis von 6,5 Kilometern vernichteten Luftdruck und Strahlung noch Gebäude und Menschenleben. In Hiroshima wurden siebzigtausend bis achtzigtausend Menschen getötet, und hunderttausend bis hundertachtzigtausend Menschen kamen durch unmittelbare Einwirkung des Bombenabwurfs zu schweren Schäden. Die mittelbare Schädigung durch die sekundären Folgen der Strahlungen werden erst in Jahrzehnten ganz zu erkennen sein.

Eine heutige Bombe hätte dagegen einen Todesradius von 8 Kilometern und würde noch in einer Entfernung von 32 Kilometern leichte Zerstörungen anrichten. Innerhalb dieses Bezirkes würde ein erheblicher Teil der Bevölkerung getötet oder schwer verletzt werden. Der durch die Detonation einer solchen Bombe aufgewirbelte radioaktive Staub würde weitere Gebiete verseuchen (siehe Graphik Seite 431). Ein erfolg-

Atomspürer mit Geiger-Zählern bei einer Luftschutzübung

Das britische Atomkraftwerk Chapelcross in Schottland

reicher Angriff auf die fünfzig bedeutendsten Städte der USA würde vierzig Prozent der Bevölkerung der USA, fünfzig Prozent ihrer Schlüsselindustrien und sechzig Prozent ihrer Industriekapazität überhaupt der Zerstörungskraft solcher Bomben aussetzen. Aller Voraussicht nach würde das siebzig bis achtzig Millionen Tote und eine noch größere Anzahl von Verletzten bedeuten, dazu den Zusammenbruch aller ärztlichen Dienste, des ganzen Verwaltungsapparates, die völlige Lähmung der Wirtschaft – kurz, ein solcher erster erfolgreicher Angriff schon würde praktisch die USA zumindest politisch funktionsunfähig machen. Das gleiche gälte im umgekehrten Falle für die Sowjetunion und jeden anderen Staat. Da jede der Atommächte technisch in der Lage ist, einen Vergeltungsschlag von gleicher Zerstörungskraft wie der Angreifer zu führen, selbst wenn der Gegner ihr zuvorgekommen sein sollte, käme auch ein präventiv gedachter Angriff mit Massenvernichtungswaffen einem Selbstmord gleich. Von einem bestimmten Grade der Zerstörung an ist alles nur Vernichtung und sind Unterschiede mit Null zu bewerten. Angesichts solcher Gewißheiten hat der Krieg aufgehört, ein Mittel der Politik zu sein. Die Außenpolitik der Mächte muß sich seitdem auf Ziele beschränken, die ohne Krieg zu erreichen sind; die Diplomatie muß noch mehr als früher alle ihre Anstrengungen darauf konzentrieren, vor allem anderen den Gedanken an Krieg überhaupt gegenstandslos zu machen. Dies erzwingt auf beiden Seiten eine Politik der Erhaltung des *status quo*, auch in den Fällen, in denen sie jeglicher politischen Notwendigkeit und Gerechtigkeit im alten Verstande ins Gesicht schlägt. Es hat weiter zur Folge, daß die Außenpolitik nicht mehr endgültige Regelungen herbeiführen kann, sondern jeweils nur ein System von Aushilfen zur Ermöglichung eines *modus vivendi*, dessen Voraussetzungen und Modalitäten immer wechseln werden. Es wird eine paradoxe Lage entstehen: Die Weltmächte werden gezwungen sein, durch immer größere, sich gegenseitig wie ein Keil den andern treibende Anstrengungen zu versuchen, das atomare Gleichgewicht sowohl zu ihrem Vorteil aufzuheben, als auch es immer wieder herzustellen, um den Anreiz zum präventiven Atomkrieg zu beseitigen. Da dies Wechselspiel aber seine Gefahren für beide Seiten hat, werden sie auch immer wieder zu neuen Versuchen schreiten müssen, Vereinbarungen über ein Verbot weiterer Herstellung nuklearer Waffen und zur Vernichtung der schon vorhandenen herbeizuführen. Solche Vereinbarungen setzen, sollen sie wirksam sein, Kontrolleinrichtungen voraus, die einen radikalen Abbau der bisher allgemein im Schwange befindlichen Vorstellungen über die Souveränitätsrechte der Staaten zur Voraussetzung haben, was wiederum nicht ohne Rückwirkung auf das Bewußtsein der Individuen von ihrem Verhältnis zum Staate selbst bleiben könnte. Hatte schon die Zeit nach dem ersten Weltkrieg eine Bewegung zur Ächtung des Krieges aus moralischen und Vernunftgründen ausgelöst – »auch ein gewonnener Krieg macht sich nicht bezahlt...«, so hebt sich in dem Zeitalter, darin neues Kriegsdenken und neue Kriegstechnik die zweite industrielle Revolution ausgelöst haben und weitertreiben, der Krieg aus immanenten Gründen als eine rationale Institution der Außenpolitik überhaupt auf und zwingt die Staaten zu einer adäquaten Gestaltung ihrer internationalen Beziehungen. Entweder werden sie diese neuen Kriegsmittel gegenstandslos machen oder um der Erhaltung des Gleichgewichts willen ihre Herstellung oder Anhäufung so steigern müssen, daß schließlich ein unerträglich hoher Teil des Sozialproduktes dazu verwendet werden muß, die Arsenale zu füllen – ohne daß damit auch nur eines der Weltprobleme einer Lösung zugeführt werden könnte.

1938 gaben die USA 1,1 Milliarden Dollar für Verteidigungszwecke aus, 1956 dagegen rund 42 Milliarden und 1960 mehr als 45 Milliarden. Ähnliches gilt für die sowjetischen Militärausgaben, wenn auch deren prozentualer Anstieg gegenüber dem Vorkriegsstand wesentlich geringer ist. 1939 beliefen sich die offiziell zugegebenen Verteidigungsausgaben der Sowjetunion auf 39,2 Milliarden Rubel; 1952 erreichten sie die Höhe von 113,8 Milliarden; in den folgenden Jahren machten sie im Durchschnitt rund 100 Milliarden Rubel aus. Legt man den Durchschnitt der fünfziger Jahre zugrunde, so beanspruchen zur Zeit in der Sowjetunion die Militärausgaben zwischen 20 und 25 Prozent des gesamten Volkseinkommens, in den USA etwa 12 Prozent.

Die Revolution auf dem Gebiet der Kriegstechnik hat sich auf Zielsetzung und Technik der wissenschaftlichen Forschung übertragen. Während vor dem zweiten Weltkrieg die Staaten so gut wie nirgends die Initiative ergriffen haben, um die wissenschaftliche Forschung auf die Förderung ihrer politischen Zwecke hin zu organisieren, ist das atomare Zeitalter weitgehend durch die Staaten in Verfolgung ihrer militärischen Bedürfnisse heraufgeführt worden. Der Weg vom Laboratorium zur technischen Auswertung der neugefundenen Ergebnisse der reinen Forschung ist auf Geheiß der Regierungen und nicht von den Impulsen des Marktes her beschritten worden. Die Regierungen wollten sich ohne Rücksicht auf die Kosten die wirksamsten aller denkbaren Waffen verschaffen. Dafür gaben sie Aufträge an Forscher und Techniker und brachten Mittel auf, die sie für zweckfreie Forschung oder ökonomische Zwecke nie aufgebracht haben würden. Auch heute, da die großen Konzerne in großem Umfang schon eigene Forschungen betreiben und auswerten, sind es die Regierungen, die antreiben, Richtungen weisen, Forschungsziele festsetzen, die Forschung finanzieren, ja sogar dazu übergehen, ihre Schulsysteme danach einzurichten, wie der Bedarf an Naturwissenschaftlern und Technikern gedeckt werden könnte, den das atomare Zeitalter nötig machen wird. Es besteht durchaus die Möglichkeit, daß die Schule künftig nur noch als Mittel der Ausbildung und nur noch nebenher als Mittel der Bildung angesehen wird.

Die USA geben jährlich viele Milliarden Dollar, die Sowjetunion viele Milliarden Rubel aus, um die naturwissenschaftliche Forschung voranzutreiben, nicht um der Steigerung und Vermehrung der wissenschaftlichen Erkenntnis willen, sondern um durch neuerlangtes Wissen um die Vorgänge innerhalb des Mikrokosmos der Materie ihr Potential an militärischer Macht zu vergrößern. Es ist klar, daß die Gewöhnung der Staaten an das Kommandieren auf den wichtigsten Gebieten der wissenschaftlichen Forschung und der Technik Folgen haben muß: auch die liberalen politischen Systeme werden eine kommandierte Technik erhalten, was den Unterschied zwischen »freier« Welt und »Sowjetwelt« auf manchen Feldern zum Schrumpfen bringen wird. Das Ingenieursdenken hat eine Tendenz, sich zu universalisieren und auch die Vorstellungen vom Wesen des Staates zu »besetzen«. Der politische Totalitarismus ist immanente Ausprägung eines technokratischen Lebensgefühls.

Diese Entwicklungen werden über ihre Ursachen hinausführen. Wie zur Zeit der ersten industriellen Revolution Weltpolitik nur noch durch die Staaten gemacht werden konnte, die über Kohle und Öl verfügten, so werden nun wahrscheinlich nur noch die Staaten Geschichte machen können, deren wissenschaftliches, technisches und industrielles Potential ausreicht, um mit den beiden großen Atommächten USA und Sowjetunion Schritt zu halten. Die anderen werden in mehr oder weniger großer Differenzierung sich daran gewöhnen müssen, daß sie künftig Geschichte zu erleiden haben werden. Die Staaten Europas werden kaum in der Lage sein, es den beiden Giganten gleichzutun, auch nicht,

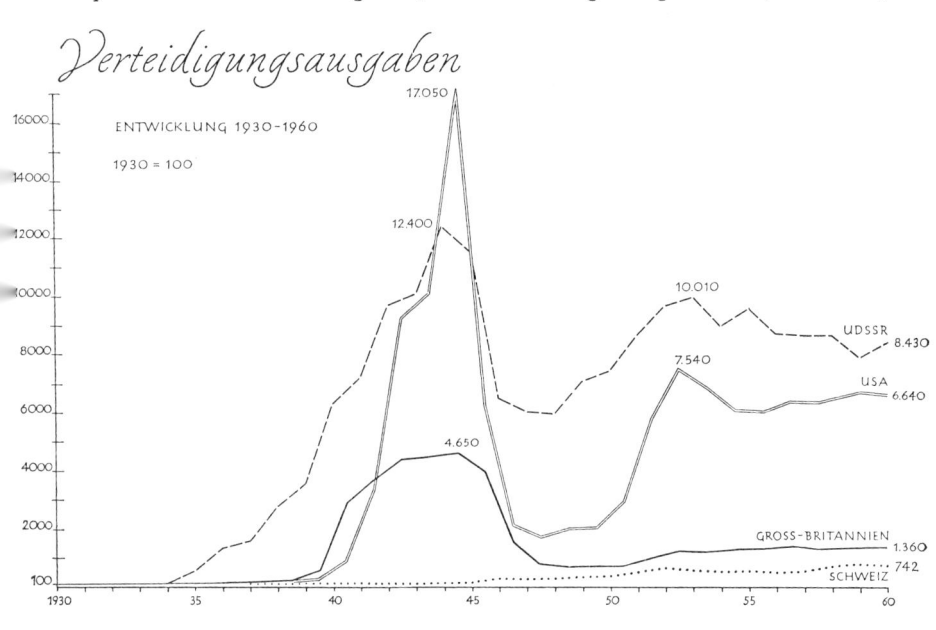

Verteidigungsausgaben

ENTWICKLUNG 1930-1960

1930 = 100

17.050

12.400

10.010

7.540

4.650

UDSSR 8.430
USA 6.640
GROSS-BRITANNIEN 1.360
SCHWEIZ 742

wenn sie mehr als bisher politisch und wirtschaftlich zusammenrücken sollten – bedarf es doch zur vollen Entfaltung der atomaren Techniken, vor allem zu militärischen Zwecken, mächtiger leerer Räume, über die Europa nicht verfügt und trotz der Herrschaft Frankreichs über die Sahara nicht verfügen wird. Diese Umstände werden sich unausweichlich auch auf den Gebieten auswirken, auf denen atomare Energie friedlichen Zwecken nutzbar gemacht werden kann.

Neue Energiequellen

Von den neuen Techniken, die sich im Anschluß an die Entdeckung der Kettenreaktion beim Uranatom entwickelt haben, hat keine mehr die Phantasie der Menschen erregt als die der industriellen Verwendung der Kernkräfte für friedliche Zwecke. Kernspaltung und Kernfusion sollten als neue Kraftquellen zu den klassischen Energiespendern Kohle, Wasser, Öl treten: die Menschheit brauche sich nicht mehr vor dem Versiegen der fossilen Rohstoffe zu fürchten; Gebiete ohne Kohle, ohne Ölvorkommen, ohne Wasserkräfte würden künftig Industrien entwickeln können, was bisher nur den Ländern zu beiden Seiten des Kohlegürtels der nördlichen Hemisphäre und den Ländern, die mit gesicherter Zufuhr des Erdöls rechnen konnten, möglich war.

Bisher ist man jedoch, was die technischen und ökonomischen Möglichkeiten anlangt, nur wenig über Versuchsstadien hinausgekommen. In einigen Ländern hat man Versuchsreaktoren gebaut; einige Schiffe, vornehmlich Unterseeboote, werden durch atomare Energie angetrieben; in England wird elektrischer Strom unter Ausnutzung von Kernenergie gewonnen – allerdings hat man nicht allein um dieses Zweckes willen das Atomkraftwerk angelegt, von dem unten die Rede sein wird, sondern auch, um das Element Plutonium erzeugen zu können, das für die Herstellung von Atombomben unentbehrlich ist; auch die atomare Energie, die es erlaubt, schwedische Städte zu heizen, stammt aus Reaktoren, die nicht ohne Überlegungen militärischer Art gebaut worden sind.

Das genannte englische Werk ist am 17. Oktober 1956 in Calder Hall in Betrieb genommen worden. Es ist so stark, daß es dem Energienetz Englands größere Mengen von Elektrizität zuführen kann. In den USA und der Sowjetunion sind ähnliche, jedoch kleinere Werke in Betrieb genommen worden. Nach dem Vorbild des Calder-Hall-Typs sollen in England bis zum Jahre 1965 acht weitere Stationen mit einer Gesamtleistung von zwei Millionen Kilowatt errichtet werden; sie sollen die Hälfte des bis dahin entstehenden Neubedarfs Englands an Primärenergie decken. In den USA sollen bis 1967 zwanzig Kernkraftwerke gebaut werden. In der Sowjetunion ist für die nächsten Jahre der Bau von Kernkraftwerken mit einer Gesamtleistung von zwei bis zweieinhalb Millionen Kilowatt geplant.

Von allen in der Natur vorkommenden Elementen läßt sich bislang allein Uran zur technischen Nutzung der Atomkernkräfte verwenden, doch liefert dabei nur der Kern des Urans vom Atomgewicht 235 bei seiner Spaltung den die Kettenreaktion auslösenden Neutronenüberschuß. Uran 235 ist in der Natur jedoch lediglich mit einem Anteil von 0,7 Prozent des natürlichen Uranvorkommens enthalten. Über 99 Prozent des natürlichen Urans hat das Atomgewicht 238 und ist nicht spaltbar. Um das spaltbare Material zu erhalten, muß Uran 238 in ein neues künstliches Element, Plutonium 239, verwandelt werden, was außerordentlich kostspielig ist und der industriellen Verwendung der atomaren Energie wirtschaftliche Grenzen setzt.

Weite Perspektiven eröffnet ein anderes Verfahren zur Gewinnung von Atomenergie: die Verschmelzung von Kernen des Wasserstoffatoms. Das ist bisher nur in den Wasserstoffbomben gelungen; der Verschmelzungsprozeß konnte noch nicht unter Kontrolle gebracht werden. Aber auch dieses Problem wird eines Tages gelöst werden. Vorausgesetzt, daß die Kontrolle des Verschmelzungsprozesses eine technisch hinreichend ausnutzbare Leistung erlauben sollte, wird man dann aus einem Liter Wasser so viel Energie gewinnen können wie heute aus zwanzigtausend Tonnen Kohle.

Es scheint heute jedoch sicher, daß in den nächsten zwei bis drei Jahrzehnten des Jahrhunderts schon aus Gründen der Kosten der Beitrag der Kernenergie zur Energieversorgung der Erde, verglichen mit dem der klassischen Energieträger, noch recht bescheiden bleiben wird. Kernenergie wird kaum eine so gefährliche Konkurrenz für die Kohle werden, wie

Erdöl und Erdgas es heute sind. Es wird noch einige Zeit dauern, ehe die Atomkraftwerke mit den herkömmlichen Werken der Energiegewinnung überhaupt in wirtschaftlichen Wettbewerb treten können. Die Vorräte an fossilen Brennstoffen sind zudem größer, als man vor einigen Jahren glaubte annehmen zu müssen. Die Reserven an klassischen Energieträgern reichen weit aus, um die Energieversorgung der Menschheit auch bei einer Verdoppelung ihrer Kopfzahl und einer Steigerung ihres Sozialproduktes auf das Sechsfache bis zum Jahre 2000 sicherzustellen. In den Vereinigten Staaten und der Sowjetunion kann die Kohle zusammen mit dem Erdöl, Erdgas und hydroelektrischer Energie den Energiebedarf gar noch für ein Jahrtausend decken, selbst unter der Voraussetzung, daß der Bedarf im bisherigen Tempo anwachsen sollte. In Europa allerdings, vornehmlich in England, ist die Lage ungünstiger; hier könnten außenwirtschaftliche Gründe dazu zwingen, ein Defizit im nationalen Energiehaushalt schon in unserem Jahrhundert durch Kernenergie auszugleichen.

Kann also für die nächste Zeit noch nicht erwartet werden, daß die für die industrielle Produktion der Erde benötigte Energie zu einem wesentlichen Teil durch die Freisetzung nuklearer Kräfte gewonnen werden wird, so erlaubt doch die bisherige Entwicklung, vor allem die Erfahrung, daß jeder Fortschritt eine Kettenreaktion neuer Möglichkeiten auslöst, die Annahme, daß die Jahrzehnte, die auf uns zukommen, in beträchtlichem Maße im Zeichen industrieller Verwertung nuklearer Kräfte stehen werden. Der Leiter der Entwicklung von Reaktoren in der amerikanischen Atomenergiekommission, Frank K. Pittman, hat im Frühsommer 1960 auf der Weltenergiekonferenz in Madrid erklärt: »Eine vollentwickelte Atomindustrie in den nächsten fünf oder zehn Jahren erwarten zu wollen, wäre unrealistischer Optimismus. Ich würde es aber für einen unrealistischen Pessimismus halten, wenn jemand für die nächsten dreißig bis fünfzig Jahre etwas anderes als eine weitverbreitete Atomindustrie erwarten sollte.«

Welcher Art diese Industrien im einzelnen sein könnten, ist heute nicht vorauszusehen. Einen Hinweis auf die sich ergebenden Möglichkeiten kann vielleicht die an Bedeutung immer mehr zunehmende Verwendung industriell erzeugter radioaktiver Isotope geben. Isotope sind Atome eines und desselben Elementes, die sich chemisch völlig gleich verhalten, aber sich in ihren physikalischen Eigenschaften unterscheiden. Dank der Emission von Strahlen, die die chemischen Eigenschaften nicht verändern, gestatten sie die Untersuchung chemischer, physikalischer, biologischer Vorgänge in einem bisher nicht gekannten Ausmaß. Mit ihrer Hilfe kann man Phänomene beobachten, die bisher nicht untersucht werden konnten. Es gibt kaum ein Wissensgebiet, auf dem sie nicht die Forschung weiterführen könnten, handele es sich um Struktur und Verhalten der lebenden Zelle oder von Mineralien und Metallen. Ihre Verwendungsmöglichkeit geht aber über die bloße Erleichterung und Weiterführung wissenschaftlicher Forschung hinaus; es ist heute schon möglich, mit Hilfe radioaktiver Isotope die Erbanlagen von Pflanzen und Tieren zu verändern, um Wachstumsbedingungen zu schaffen, die sich auf die Steigerung der Erträge in der Landwirtschaft nicht weniger auswirken werden, als dies durch die Einführung der mineralischen Düngung vor hundert Jahren geschah. So kann es nicht wundernehmen, daß auf der Genfer Atomkonferenz des Jahres 1955 der Vorsitzende der Isotopenkommission,

W. E. Libby, erklären konnte: »Die Isotope allein würden alle Bemühungen rechtfertigen, die wir zum Zwecke der Entwicklung der Atomenergie unternommen haben.«
Aber nicht nur der wissenschaftliche, auch der wirtschaftliche, ja überhaupt der materielle Bereich wird sich durch die Wissenschaft vom Atom derart tiefgreifend ändern. Zu allen Zeiten haben grundlegende Wandlungen des naturwissenschaftlichen Weltbildes sich auch auf die Vorstellungen vom Wesen der Gesellschaft, von den ihre Strukturen bestimmenden Kräften, ja auch vom Sinn des menschlichen Daseins und den möglichen Zielsetzungen des auf diesen Sinn hin sich orientierenden menschlichen Strebens ausgewirkt. Man denke an die »humanistischen« Auswirkungen der Rezeption des copernicanischen Weltbildes, der mechanistischen Physik Galileis und Newtons, die zur Entzauberung der Welt geführt haben und die Vorstellung weckten, daß das Geschehen auf dieser Erde nicht von jenseitigen Lenkungen, sondern von erkennbaren, meßbaren und berechenbaren körperhaften Bewegungen ausgelöst werde und daß infolgedessen der vernunftbegabte Mensch, im Besitz des Wissens von diesen Gesetzlichkeiten, imstande sei, sich die Natur dienstbar zu machen und ihre Dienste unter Kontrolle zu halten – auch die Natur der sozialen Körper, die sich bei Kenntnis der Gesetze ihrer Mechanik in ihren Funktionen beherrschen und sogar verändern ließen.

Wenn das vor drei Jahrhunderten begründete naturwissenschaftliche Weltbild den Denkstil und die Lebensordnungen des Mittelalters zu verändern, ja umzuwälzen imstande war, ist es dann nicht wahrscheinlich, daß die heutigen, von den bisherigen Annahmen so verschiedenen Erkenntnisse vom Wesen der Materie und dem Verhalten ihrer Komponenten unsere Vorstellungen vom Wesen der sozialen Körper, dem Verhalten der sie konstituierenden und bewegenden Faktoren und der Stellung der Individuen innerhalb ihres Gefüges verändern werden – vielleicht sogar den Stil unseres Denkens, vor allem aber unsere Vorstellungen von den Grenzen der Kontrollierbarkeit der Wirkungen der vom Menschen in Anwendung seines Wissens vom Bau der Materie entbundenen Kräfte? Wird damit die Fabel vom Zauberlehrling nicht eine neue Dimension erhalten?

Phasen der Mechanisierung

Was man technischen Fortschritt nennt, ist die Steigerung der Ergiebigkeit der Arbeit des Menschen durch Einsatz von Maschinen, die menschliche Arbeitskraft freisetzen oder deren Reichweite ausdehnen. Das Ideal – und darum unerreichbar – war zu allen Zeiten das Perpetuum mobile; das praktisch erstrebte Ziel war der Automat, der, einmal eingestellt, aus dem Rohstoff möglichst das Endprodukt, zum mindesten aber ein Zwischenprodukt herstellt, ohne daß der Mensch ein- und zugreift. Der Automat übernahm und kombinierte im Anfangsstadium seiner Entwicklung Funktionen, die der Mensch bisher durch Einsatz von Muskelkraft ausgeübt hatte. Eine weitere Stufe war die Übernahme von Funktionen, die bisher Tastsinn, Gesichtssinn und Gehör des Menschen vorbehalten waren. Schließlich gelang es, den Automaten Produktionsvorgänge anzuvertrauen, die sonst durch die kontrollierende, steuernde Denktätigkeit des Menschen bewältigt werden mußten. Als vorläufig letzte Stufe wird angestrebt, die ganze Fabrik zu einem Automaten zu machen, den der Mensch zwar »einstellt«, an dem er aber sonst so gut wie nichts mehr zu tun hat. Dieses Ziel wird nicht nur angestrebt, um menschliche Arbeitskraft zu sparen, sondern auch um der Präzision des Produktionsvorganges willen.

Wegen seiner Freiheit, seiner Unberechenbarkeit und seiner Launen beeinträchtigt der Mensch die Vollkommenheit technischer Leistungen genauso, wie es ein Pfeiler nicht berechenbarer Tragkraft oder ein Schwungrad mit willkürlicher Umlaufszeit tun würde. Er wird darum in der technischen Rechnung immer einen Störungsfaktor darstellen, den es soweit wie möglich auszuschalten gilt. Dazu mußte man Geräte entwickeln, die die elementaren Fähigkeiten des menschlichen Gehirns erledigen konnten, als da sind: wechselseitige Beziehungen zu erkennen; vorauszusehen, was durch verschiedene bekannte und mögliche Faktoren innerhalb und außerhalb des Gewollten entstehen könnte; Gemeinsamkeiten zu integrieren. Wo es gelang, den ganzen Kreis der Fertigung durch automatische Koppelung aller dieser Aufgaben zu schließen, war der Mensch mit seiner Fähigkeit, spontan zu handeln und rational oder emotional unter Möglichkeiten zu wählen, innerhalb dieser Kette überflüssig geworden.

Solche Systeme geschlossener Kontrolle, die den korrigierenden Eingriff des Menschen überflüssig machen, sind heute tausendfache Wirklichkeit. Das erste industrielle Zeitalter kannte den geschlossenen Kontrollkreis im Prinzip nur bei einzelnen mechanischen Arbeitsgängen; nur ein einzelnes maschinelles Aggregat wurde auf Selbstregelung und Selbststeuerung umgestellt, noch nicht zusammenhängende Gruppen von Aggregaten. Den umwälzenden Fortschritt brachten das Fließband und die elektronische Steuerung des Fertigungsprozesses im ganzen.

Den Anfang machte unmittelbar vor Ausbruch des ersten Weltkrieges Henry Ford durch Einrichtung einer Fertigungsstraße für Automobile in seiner Detroiter Fabrik. Auf solchen Straßen wird das durchlaufende Gut in einem bestimmten, unter dem Gesichtspunkt der größtmöglichen Ersparung von Betriebskosten errechneten Rhythmus den einzelnen Stationen der Fertigung so zugeführt, daß gleichzeitig an allen Teilstücken gearbeitet werden kann und am Ende der Transferstraße das Endprodukt »abfällt«. Auch hier geht die Tendenz dahin, menschliche Arbeit überflüssig zu machen und nicht nur den Lauf des Transferbandes zu automatisieren, sondern auch die während der einzelnen Phasen der Bearbeitung notwendig werdenden Tätigkeiten. So sind heute schon Industriebetriebe so weit automatisiert, daß vom Auftreffen des Rohlings auf der Transferstraße bis zum Ausstoß des Fertigproduktes kein menschlicher Handgriff mehr nötig ist und sogar fehlerhafte Stücke automatisch ausgestoßen werden.

Die Fließbandproduktion stellt völlig neue, dem Stand der bisherigen Entwicklungen geradezu entgegengesetzte Beziehungen zwischen Mensch und Maschine her. Das Fließband ist nicht mehr der verlängerte Arm des Menschen, ein Werkzeug, dessen sich der Mensch bedient, um das Werkstück in Funktion seines Arbeitsvermögens zuzurichten. Im Fließbandverfahren werden vielmehr Art und Ausmaß der menschlichen Arbeit von der Maschine vorgeschrieben, die den Menschen »in ihren Griff nimmt«. Einst waren

Maschinen nicht viel mehr als höher entwickelte, universelle Werkzeuge, deren sich ein gelernter Arbeiter bediente, um den Werkstoff zu bearbeiten, wobei es ebensosehr auf ein durch Lehre und Übung erworbenes Urteilsvermögen wie auf Geschick und Gefühl für die Eigenheiten des Werkstoffes ankam. Mit dem Übergang zum Fließband löste sich dies intime Verhältnis des Menschen zur Maschine auf. Die traditionellen, in langer Lehrzeit erworbenen Kenntnisse und Handfertigkeiten des Berufsarbeiters verloren an Bedeutung. Für die Bedienung der neuen Spezialmaschinen genügt die Ausführung schematischer Handgriffe, die jeder angelernte, auf die Bedienung gerade dieser Maschine spezialisierte Arbeiter vornehmen kann. Der Mensch arbeitet fortan an der Maschine, nicht mit der Maschine am Werkstück. Der Fertigungsprozeß wird so immer weiter atomisiert; er ist in seinen Einzelphasen immer einfacher zu bewältigen. Damit vertieft sich bei der Fertigung der Graben zwischen Gestaltung und Ausführung. Der Abstand zwischen Konstrukteur und Organisator einerseits und ausführendem Arbeiter anderseits wird immer größer. Die Einheit und Überschaubarkeit der Arbeit verschwindet. Der Spielraum für Spontaneität und Eigeninitiative des Arbeiters wird immer geringer. In der äußersten Konsequenz könnte es dazu kommen, daß im Fertigungsprozeß die Bewegungen der Menschen, soweit diese darin nicht entbehrlich werden können, ähnlich schematisiert werden wie die Bewegungen der Zahnräder und Hebel von Maschinen und daß als einzige menschliche Leistung die Tätigkeit des dies alles organisierenden Gehirns übrigbleibt.

Es scheint, als ob diese Organisationsfunktion die spezifische schöpferische Leistung des Menschen im heutigen Stadium der Großfertigung sein wird. Er wird sich die Maschinen ausdenken müssen, denen er seinen Platz abtritt; er wird ihr Nebeneinander und Miteinander rational koordinieren müssen. Dies wird ihm keine Maschine abnehmen können, denn auch die vollkommenste Steuerungs- und Kontrollapparatur kann nicht schöpferisch denken. Ihre »Gedanken« können nur auf Geleisen laufen, die der Mensch gelegt hat. Sie kann nichts denn Befehle ausführen, die der Mensch ihr einkonstruiert hat. Die elektronischen »Gehirne« können keinen »eigenen« Gedanken denken; sie können nicht mehr als Impulse aufnehmen und verarbeiten, für die sie »vorinstruiert« worden sind.

Die elektronischen Steuerungsapparaturen sind für militärische Bedürfnisse erfunden worden. Für das Richten von Geschützen, die schnellfliegende Ziele zu beschießen hatten, wurden automatisch funktionierende Geräte notwendig, die alle für das Erfassen des Zieles erforderlichen Berechnungen automatisch ausführen konnten. Sicher wäre es möglich gewesen, elektronische Apparaturen für Kontrolle und Steuerung von Maschinen von vornherein für die freie Friedenswirtschaft zu entwickeln. Doch waren die Industriellen weder in der Lage noch willens, die ungeheuren Mittel aufzubringen, die für die Entwicklung der Elektronik nötig waren. Diese Mittel konnte nur der Staat aufbringen, und die Mittel dafür konnte er von seinen Parlamenten nur unter dem Zwang der Kriegsnotwendigkeiten erhalten.

Was im Krieg geschaffen wurde, ist in der Folge der Technik im allgemeinen zugute gekommen. Überall werden elektronische Rechenanlagen verwendet, und mehr und mehr werden »Befehlsmaschinen« und »Datenverarbeitungsmaschinen« in die Betriebe eingeführt. Dies sind keine Kraftmaschinen im herkömmlichen Sinn, sondern maschinelle Einrichtungen, die Arbeiten anordnen und die Erledigung dieser Arbeiten durch andere

Maschinen überwachen können. Diese Maschinen reagieren in Bruchteilen von Sekunden und sind damit, was die Promptheit des Eingehens auf einen Vorgang betrifft, dem menschlichen Nervensystem und der Kombinationsgeschwindigkeit des Denkvermögens des Menschen ebenso überlegen, wie es die herkömmlichen Kraftmaschinen gegenüber der menschlichen Muskelkraft gewesen sind. Die Verwendung dieser Geräte reicht vom Feststellen einer Lohnausrechnung und der Ermittlung der Zahlenwerte für unternehmerische Dispositionen bis zur Ausführung kompliziertester Berechnungen für Forschungsarbeiten. Sie führen in wenigen Minuten Berechnungen durch, zu denen früher Hunderte von Mathematikern und Ingenieuren Wochen und sogar Monate gebraucht hätten. Hinsichtlich der Komplexität der diesen Gerätschaften zu stellenden Probleme gibt es grundsätzlich keine technische Grenze. Der einzige begrenzende Faktor ist die Fähigkeit des Menschen, ein Problem analytisch zu erfassen und seine Koordinaten in angemessener Weise der Maschine »einzugeben«. Die Maschine selbst ist nicht imstande, ein Problem zu sehen und zu erkennen; darum bleibt der Mensch immer Herr auch noch der vollkommensten Rechen- und Steuerungsapparatur. Er muß ihr richtig befehlen, wenn sie richtig gehorchen soll, und er muß ihr Richtiges befehlen, denn er hat zu verantworten, was sie tut.

Die Automation ist also in ihrer Wirkung beschränkt; durch Rechen- und Steuerungsgeräte können nur repetitive Leistungen vollzogen und Entscheidungen getroffen werden, die auf Grund der im voraus übersehbaren Kriterien letztlich nichts anderes sind als mechanisch gelöste Rechenexempel. So ist denn ein besonders wichtiger Anwendungsfall der Automation das Büro. Hier bahnt sie in der Tat eine völlige Umwälzung an. Für alle repetitiven Büroarbeiten großen Umfangs ist die Überlegenheit elektronisch gesteuerter und kontrollierter Büromaschinen über die Handarbeit mit Bleistift und Schreibmaschine so überwältigend, daß kaum ein Unternehmen auch nur mittlerer Größe auf Automatisierung wird verzichten können. Die Organisation der Büroarbeit auf der Grundlage der Verwendung von hochspezialisierten Maschinen für nur einen Arbeitsgang – die Schreibmaschine, die Rechenmaschine, die Hollerith-Maschine – hat zu einer immer weitergehenden Zersplitterung geführt und damit zu einer Bürokratisierung, die Gefahr lief, sich selber lahmzulegen. Die elektronische Büromaschine macht die Einführung eines zentral gesteuerten Arbeitsgangs möglich, der die verschiedensten Abteilungen eines Büros zu integrieren vermag. Dies wird dadurch möglich, daß der Kalkulator einmal gespeicherte Daten von praktisch unbegrenzter Vielzahl und Vielfalt nach einem beliebig festzulegenden Programm mit unerhörter Geschwindigkeit zu bearbeiten und daraus die verschiedensten Schlüsse zu ziehen vermag. So schließt ein Bankunternehmen heute zum Jahresende mit Hilfe von Elektronenrechnern in achtzig Stunden alle Konten ab. Diese Arbeit nahm vor Einführung der Elektronik eine ganze Abteilung der Bank drei Monate lang in Anspruch.

Ein Luftverkehrsunternehmen, das über ein weitverzweigtes Streckennetz verfügt und eine Tagesleistung von sechshunderttausend Flugkilometern aufweist, überwacht die Buchungen für alle Flüge von einem einzigen Orte aus. Bei Vollbelegung einer Maschine geht ein Warnsignal an die Außenstellen. Von jeder solchen Stelle aus können so sichere Buchungen auch für Anschlußstrecken selbst auf längere Zeit im voraus im Verlauf weniger Minuten erfolgen.

In einem Werk der General Electric in den USA wird in zwei Stunden der Zahltag für zwölftausend Arbeitnehmer vorbereitet. In diesen zwei Stunden werden die Nettoauszahlungen ausgerechnet, die Lohnkosten auf die einschlägigen Konten verteilt und alle Resultate auf ein magnetisches Band übertragen. In weiteren vier Stunden besorgt das Gerät die Ausstellung der Schecks für die bargeldlose Lohnzahlung, die Lohnlisten, die Personalberichte und die Eintragungen auf die Konten. Was die Maschine in sechs Stunden leistet, nahm bisher bei großem Personalaufwand eine volle Woche in Anspruch.

In einer großen deutschen Versicherungsgesellschaft hat jeden Morgen um acht Uhr der Generaldirektor sämtliche Neuabschlüsse des Vortages, die Höhe der eingezahlten Versicherungsbeiträge, die Höhe der ausgezahlten Prämien, die Zahl der Versicherten, die die Prämienzahlungen schuldig geblieben sind, und alle übrigen zahlenmäßig erfaßbaren Bewegungen seines Unternehmens vor sich liegen. In dem Maschinensaal, in dem diese Arbeit geleistet wird, befinden sich nur wenige Personen.

Was die industrielle Produktion betrifft, so ist die Automation am weitesten entwickelt in den Ölraffinerien und überhaupt in der chemischen Industrie. Eine bekannte Raffinerie, die früher achthundert Menschen beschäftigte, kann heute die gleiche Produktion mit zwölf Angestellten schaffen. Neben der chemischen Industrie stellt sich die Maschinenindustrie immer mehr auf Automation um. Ein Werk Fords in Cleveland, in dem Zylindermotorblöcke hergestellt werden, braucht heute für die völlige Herstellung eines Motorblocks vom Rohling bis zum Fertigstück fünfzehn Minuten; früher benötigten die modernsten Fließbandverfahren dazu neun Stunden. Diese Leistung wird von einem Fünftel der Arbeiter vollbracht, die im alten Verfahren nötig waren. Ein Versuchswerk, das in Pittsburg aufgebaut wird, soll mit sechs Mann Bedienung die Millionenstadt mit Elektrizität versorgen. Elektronische Rechenmaschinen haben heute schon Eingang in die Planungsstäbe der Regierungen gefunden. Wassilij Leontjew, ein amerikanischer Wissenschaftler russischer Abstammung, hat Maschinen konstruiert, die es gestatten, wissenschaftlich fundierte Prognosen aufzustellen. Man kann seitdem die Beanspruchung jedes Herstellungszweiges der amerikanischen Wirtschaft durch jede neue Bedarfsverschiebung genau vorausberechnen. Leontjews mechanische Rechnungsmethode arbeitet mit zweihunderttausend Einzelwerten, die alle miteinander in Wechselbeziehung gesetzt werden. Ein Beispiel für die Vortrefflichkeit der Methode: Im Jahre 1947 erwartete die amerikanische Stahlindustrie, angesichts der Umstellung auf die Friedenswirtschaft, einen Rückgang des Bedarfs an Stahl. Leontjew rechnete das gegenteilige Ergebnis aus und behielt recht. Das erstaunlichste war, daß sich die Differenz zwischen seiner Prognose und dem wirklichen Stahlbedarf nur auf einige hundert Tonnen belief. Heute hat man die Leontjewschen Methoden so weit verfeinert, daß die Regierung der USA sich dieser Maschinen sogar für politische und strategische Wahrscheinlichkeitsrechnungen bedient. Diese Entwicklung hat eine Reihe von Folgen.

Es werden erhebliche Kosten erspart werden, denn die Erfahrung hat gezeigt, daß die Einsparung von Arbeitskräften so gut wie immer den Kostenaufwand für die Investition von Maschinen deckt. Sodann werden Arbeitskräfte eingespart werden, das heißt, die zahlenmäßige Relation zwischen Arbeiter und Ingenieur, zwischen Arbeiter und Angestellten wird sich weiter zugunsten des Ingenieurs und des Angestellten verschieben: je mehr

Funktionen die Maschine selbsttätig zu erledigen bekommt, desto wichtiger und qualifizierter wird die Tätigkeit der Menschen, die den Arbeitsprozeß zerlegen und den Arbeitsplan für die Maschine technisch einrichten und überwachen. Diese Tätigkeit aber setzt ein Wissen voraus, das nur auf hochqualifizierten Fachschulen erworben werden kann. Am deutlichsten zeigt sich dieser Prozeß in der Sowjetunion. Dort wurden an den mittleren technischen Fachschulen 1928 56000, 1937 369000, 1940 383000, 1950 426000, 1955 588000 Studenten aufgenommen, wobei die große Zahl der durch Briefkurse Unterwiesenen nicht mitgezählt ist.

Wird auch nicht die ganze Wirtschaft von diesem Prozeß ergriffen werden, so ist es doch schon heute sicher, daß die Automation ganze wirtschaftliche Strukturen umwälzen wird. Wie rasch die Entwicklung vor sich geht, können einige Zahlen erläutern. In den USA hat sich die Produktion elektronischer Maschinen von 1947 bis 1954 um 275 Prozent erhöht, während die Zahl der dabei beschäftigten Arbeiter nur um 40 Prozent erhöht werden mußte. Für Großbritannien hat man errechnet, daß die Zahl der Industriearbeiter, auf deren Schicksal die Automatisierung einen bedeutenden Einfluß haben dürfte, etwa bei 40 Prozent aller in der Industrie produktiv Beschäftigten (rund 15 Prozent aller Erwerbstätigen) liegen wird. Nimmt man die Büroangestellten hinzu, so wird in Großbritannien etwa ein Fünftel aller in der Industrie und im Büro berufstätigen Menschen von der Automatisierung betroffen werden. In den anderen Industriestaaten liegen die Verhältnisse nicht anders.

Wie sich die Automatisierung quantitativ auf den Arbeitsmarkt auswirken wird, ist noch nicht abzusehen, denn die Weltwirtschaft befindet sich gegenwärtig in einer aufsteigenden Phase, und darum war die Automatisierung für den Grad der Prosperität der Wirtschaft dieser Jahre noch nicht von entscheidender Bedeutung. Doch dies kann sich ändern. Die Automatisierung könnte auf manchen Gebieten Arbeitslosigkeit erzeugen, eine Gefahr, die besonders für die Büroangestellten besteht. Viel wahrscheinlicher ist aber, daß sie zu einer weiteren Verkürzung der Arbeitszeit führen wird. In den USA streben Regierung, Unternehmer und Gewerkschaften dieses Ziel bewußt an, einmal um die lebende Generation unmittelbar in den Genuß der Steigerung der Produktivität ihrer Arbeit kommen zu lassen, und dann, um zu vermeiden, daß die zweite industrielle Revolution von ähnlich verhängnisvoller Wirkung für die breiten Massen wird, wie es die erste war. Eine von der Regierung der USA eingesetzte Kommission ist der Meinung, daß innerhalb der nächsten fünfzehn bis zwanzig Jahre eine Verkürzung der Arbeitszeit auf wöchentlich sechsunddreißig Stunden erwartet werden kann. Dies würde bei einem neunstündigen Arbeitstag eine Freizeit von drei vollen Tagen in der Woche bedeuten. Es leidet keinen Zweifel, daß Europa dieser Entwicklung wird folgen müssen.

Das Kaufkraftproblem wird neue Aspekte erhalten, denn die Automatisierung erzwingt eine Wirtschaftsverfassung, in der man mit einem bestimmten und beständigen Niveau der Beschäftigten und ihrer Kaufkraft rechnen können muß. Die Unternehmer werden an einer Stabilität der Einkommen der in der Wirtschaft Beschäftigten mindestens ebenso interessiert sein wie ihre Arbeiter und Angestellten. Alle diese Umstände werfen eine Reihe von Problemen auf, deren Lösung auf vielen Gebieten neue Methoden nötig macht. Aus einer unkontrollierten Entfaltung der neuen Faktoren der Industriegesellschaft könnte eine Katastrophe für die Menschheit entstehen. Dem drohenden Wildwuchs zu steuern kann nur gelingen, wenn rechtzeitig geplant wird – nicht im Sinne der Einrichtung einer Kommandowirtschaft, sondern so, daß der Prozeß in Kenntnis aller Faktoren, die ihn ausgelöst haben, und in Voreinschätzung der Wirkungen, die er auslösen könnte, so kanalisiert wird, daß der Mensch ihn unter Kontrolle halten kann. Um nur ein Beispiel zu nennen: bislang konnte man die Berufswahl jedem Einzelnen überlassen; man konnte damit rechnen, daß Angebot und Nachfrage von selbst ein richtiges Gleichgewicht herstellen würden. Heute besteht die Gefahr, daß junge Menschen Berufe wählen, die in zehn oder zwanzig Jahren in Anbetracht der geschilderten Entwicklung der Technik vielleicht nicht mehr ausgeübt werden. Heute muß die Berufswahl gesteuert werden, damit die jungen Menschen sich für Berufe interessieren, für die man sie auch nach Jahrzehnten technischen Fortschritts noch brauchen wird.

Auf den Staat und die gesellschaftlichen »Zwischengewalten« kommt eine Verantwortung zu, von der zu hoffen ist, daß sie energischer und umsichtiger in die Hand genommen werden wird, als dies beim Auftreten der ersten industriellen Revolution geschah. Gesellschaftliches, Ökonomisches, Politisches werden sich immer intensiver durchdringen. Darin liegt die Gefahr, daß der Mensch vergesellschaftet, verstaatlicht werden könnte, während es doch gerade heute darum geht, Staat und Gesellschaft zu vermenschlichen. Bei allem Glauben an die Regenerationsfähigkeit des in allem Gesellschaftlichen vorhandenen Humanen kann nicht übersehen werden, daß es heute in einer spezifischen Weise bedroht ist; die Industriegesellschaft könnte in die Hand einer Technokratie geraten, die eines Tages alles beherrschen könnte, indem sie ihre Entscheidungen nicht nach dem Maße des Menschen, sondern ausschließlich im Hinblick auf das gute Funktionieren ihrer Automaten trifft, denen sie den Menschen unterwirft. Diese Unterwerfung kann sich auf alle Lebensgebiete erstrecken, einschließlich der öffentlichen Meinungsbildung und der Formung sowie der inhaltlichen Bestimmung der Vorstellungswelt des einzelnen Menschen. Heute schon vermögen Motivforschung, die Auswertung ihrer Resultate durch elektronische Maschinen und die Massenmedien die Menschen nicht nur im Akzessorischen ihrer Entscheidungen zu beeinflussen, sondern ihnen die Wahl dessen abzunehmen, ja vom Unterbewußtsein her unmöglich zu machen, was sie zum Gegenstand ihrer Wünsche machen könnten, in der privaten Sphäre so gut wie in der politischen. Damit ist die Funktionsfähigkeit der Methoden der heutigen Formen der politischen Demokratie in Frage gestellt. Wo es nur um die Befriedigung materieller Bedürfnisse geht, ist die technokratische Diktatur – sie kann durchaus als rational begründete Entscheidung der betroffenen Bürger sich geltend machen – der auf individuellen ethischen Überzeugungen und auf dem Ausgleich widerstreitender, aber legitimer Interessen beruhenden Demokratie technisch überlegen. Darum ist es eine der wichtigsten Aufgaben dieser Zeit, die geistigen Werte der Demokratie so lebendig werden zu lassen, daß das Bewußtsein ihrer Unverzichtbarkeit die Menschen gegen die Versuchungen immunisiert, die in der Perfektion der Technik liegen.

Frauen am Fließband
Montage von Tonarmen im Gerätewerk der Telefunken GmbH., Berlin

Walzstraße zur Herstellung von armierten Betonplatten in einem Versuchswerk in Moskau

Freizeit — Segen oder Fluch?

Es ist gezeigt worden, welche Gefahren die neuen Methoden der industriellen Produktion für den Menschen mit sich bringen; sie geben den Menschen, die in Reih und Glied der Industriegesellschaft stehen, jedoch auch Chancen, die sie bisher in ihrer großen Mehrheit nicht hatten.

Die immer weitergehende Verringerung der Arbeitszeit zugunsten einer Ausdehnung der Freizeit, wie sie die neuen Techniken erlauben, ohne das Sozialprodukt zu gefährden, könnte Zustände schaffen, die es dem Menschen ermöglichen, seinen Ort im Koordinatensystem der Wirtschaft und Gesellschaft bejahen zu können, ohne auf Selbstachtung verzichten zu müssen, und darüber hinaus sich in der Erfüllung der ihm darin gestellten Aufgaben in der Realität seines Berufes als Mensch bestätigt zu wissen. Idee und reale Existenz des Menschen könnten so wieder zur Deckung kommen.

Drei Funktionen werden von der Freizeit in der industriellen Gesellschaft erfüllt. Einmal dient sie dem Ausgleich der Spannungen und des Energieverzehrs, dem der Mensch im industriellen Produktionsprozeß ausgesetzt ist; sie leistet, was Karl Marx »Reproduktion der menschlichen Arbeitskraft« nannte. Sie dient weiter der Erholung von den Anstrengungen eines Hauptberufes, in dem die Persönlichkeit eines Menschen aufzugehen vermag; freilich kommt diese zweite Funktion nur einer kleinen Gruppe intellektueller Berufe und Menschen in leitender Tätigkeit zugute. Schließlich erfüllt die Freizeit die Funktion, das Unbehagen einer Lebenswirklichkeit zu betäuben, die der arbeitende Mensch im Tiefsten seines Herzens nicht bejahen kann; sie stellt die Kulissen, darin wir unsere Träume ihre Lügentänze aufführen lassen, durch die uns das Surrogat zur Wahrheit umgefälscht wird.

Wenn die Freizeit sich so weit ausdehnt, daß sie mehr Zeit umfaßt als die Tätigkeit im mechanisierten Produktionsprozeß, kann sie zu etwas anderem werden, zu etwas, das in den Mittelpunkt aller sozialen Überlegungen gerückt werden müßte, die durch die zweite industrielle Revolution herausgefordert werden. Sie könnte eine Veränderung der Lebensordnungen des Menschen bewirken, die ihm erlaubt, sich auf andere Weise als bisher der »Versachlichung« seiner Existenz zu entziehen. Bisher wurde der Mensch geprägt und bestimmt von der Arbeit im Betrieb. Innerhalb der Mechanismen der bis zur Automatisierung aller Prozesse arbeitsteiligen Gesellschaft ist die abhängige Arbeit für den Menschen aber kaum noch Wesensbejahung oder gar Selbsterzeugungs- oder Selbstvergegenständlichungsakt, in dem Karl Marx den humanen Sinn der Arbeit sah. Diese Arbeit entfremdet den Menschen sowohl der Natur als sich selbst, als der menschlichen Gattung überhaupt. Der Entfremdungsprozeß konnte den Menschen ergreifen, weil die Arbeit, die den größeren Teil seiner Zeit beansprucht, infolge der Virulenz ihrer entseelenden Mechanik das Leben des Menschen auch außerhalb von Fabrik und Büro zu einer Funktion ihrer Zwänge machte – oft sogar zu ihrem Abfallprodukt. Wenn aber die Arbeitszeit an Volumen hinter der Freizeit zurücktritt, der arbeitende Mensch also Zeit findet, mit sich selber umzugehen und die Arbeit im Betrieb als etwas Komplementäres zu betrachten, könnte es sein, daß das Leben auch des Arbeitsmenschen der Industriegesellschaft zu einem Zustand der

Freiheit wird; der Mensch ist frei – sagt Karl Marx –, »wenn er sich in einer von ihm selbst geschaffenen Welt anschaut«.

Diese Hypothese gilt natürlich nur im reinen Falle, gibt es doch Faktoren genug, die in gegensätzlicher Richtung wirken könnten. Ihre Verwirklichung könnte an der Unfähigkeit des Menschen, seine Freizeit sinnvoll zu nutzen, ebenso scheitern wie an Mängeln oder am Versagen der gesellschaftlichen Integrationskräfte dieses Zeitalters, als da sind: Familie, Kirche, Gewerkschaften, Parteien, Schulen und so weiter. Nur wenn der Mensch in seinem geistigen und seelischen Vermögen so gebildet ist, daß er auch ohne den Zwang der Arbeitsdisziplin etwas mit sich anzufangen und in seinem Dasein einen Sinn verwirklicht zu finden vermag, dessen Gegenstand er selber ist, wird die lange Freizeit ihm zum Segen ausschlagen. Sonst wird sie zu einem Fluche werden – dem Fluch der Langenweile –, zu geistiger und seelischer Verödung, der auch der höchstspezialisierte und bestausgebildete Ingenieur verfallen kann. Es wird also nicht genügen, die Menschen nur auszubilden, man wird sie in des Wortes weitester Bedeutung bilden müssen. Diese Bildung wird nicht nur eine intellektuelle und ästhetische, sie wird vor allen Dingen eine moralische sein müssen. Es kommt darauf an, den Menschen Kriterien zu geben, nach denen sie ihr Verhältnis zu sich selber und zu ihrer Umwelt bestimmen können.

In einem Zeitalter immer weiter ausgreifender Technisierung der gesellschaftlichen Prozesse und der darin verflochtenen kollektiven und individuellen Vorstellungsweisen wird die politische Bildung zu einem entscheidenden Faktor. Das neue Zeitalter hat die Tendenz, den spezialisierten Techniker zum Prototypen richtig begriffener menschlicher Existenz zu erheben. Es besteht aber eine unbestreitbare Affinität zwischen dem Denken des Nur-Technikers am Reißbrett und dem Denken des totalitären Ideologen, ist doch für diesen im allgemeinen Politik nicht viel anderes als Domestikation der Massen, wie dem Techniker die Domestikation der Materie zum Lebenszweck geworden ist.

Bildung ist nur dann Formung des Menschen zur Persönlichkeit eigenen Wertes, wenn sie es vermag, den Menschen die Freiheit nicht als Idol, sondern als die oberste Lebensmacht erscheinen zu lassen, ein Zustand, der allein das Leben lebenswert macht, ein Gut, das man darum keinem anderen Gute, auch nicht dem des technischen Fortschrittes, unterwerfen darf. Der technische Fortschritt darf nie mit dem Verzicht auf die Freiheit bezahlt werden, kann er doch seinen, das Materielle transzendierenden Sinn nur in seinem Vermögen haben, den Menschen vom Zwang der äußeren Umstände seiner Lebenswirklichkeit frei zu machen.

Die industrielle Bewegung wird universal

Die wirtschaftliche, soziale, moralische, politische Emanzipation der bisher unterentwickelten Völker ist im Begriff, das Verhältnis der Kontinente zueinander von Grund auf zu verändern; sie mindert den politischen Rang und damit die bisherige Autarkie der alten Führungsnationen in einschneidender Weise und scheint sie zum Objekt von Bewegungen zu machen, die sich in Regionen der Erde vollziehen, deren Existenz bisher ausschließlich Funktion der Machtverhältnisse und Machtverschiebungen in Europa und Nordamerika gewesen war. Vielleicht ist dies die eigentliche Weltrevolution.

Mit der Rezeption der industriellen Produktionsmethoden durch die nichteuropäischen Völker schließt sich, nach einem Wort Hans Freyers, die Weltgeschichte Europas zur Weltgeschichte der ganzen Erde auf. Noch das 19. Jahrhundert ist im strengen Sinn des Wortes »europäische« Geschichte: der geschichtliche Grundvorgang dieses Zeitalters ist die einseitige Ausbreitung Europas und seiner Konflikte über den ganzen Erdball und die Steuerung des Geschehens der außereuropäischen Kontinente von Europa aus. Die industrielle Bewegung griff über den europäischen Kontinent hinaus; sie schloß ferne Räume auf, aber sie band diese Räume an die Völker, die die industriellen Produktionsmethoden handhaben, nämlich die Völker Europas und des nordamerikanischen Kontinents. Die Länder und Völker, die am europäischen Industriemonopol keinen Anteil hatten, lebten in der doppelten Abhängigkeit einer Zubringer- und Abnehmerlandschaft, die sich rings um Westeuropa lagerte.

Im 20. Jahrhundert schlägt dieser Prozeß um. Die Gedanken, die das Abendland zuerst gedacht, und die Machtmittel, die es zuerst ersann, werden nunmehr von Welten, die ihm hörig waren, aufgegriffen und gegen ihren Ursprung selbst gekehrt. Der in Europa gezüchtete Keim geht in den ganzen Planeten ein. Er überträgt die bisher nur dem Okzident eigentümliche Ruhelosigkeit auch auf die »erwachten« Völker und treibt in ihnen Kräfte hervor, die in der Ideologie der europäischen Hegemonialmächte nicht vorgesehen waren. Um die Gebiete an der Peripherie der industrialisierten Welt mit dem größtmöglichen Erfolg nutzbar zu machen, hat der Westen dort die vorgefundenen Lebensformen teils absichtsvoll, teils ohne es zu wollen zerstört. Er hat »schöpferische Unzufriedenheit« mit den bestehenden Zuständen geweckt und durch den Aufriß bisher nie gekannter Perspektiven den »Ehrgeiz« der Einheimischen angestachelt.

Auch dort, wo er keine unmittelbare Kolonialherrschaft ausübte, hat er einen der wirtschaftlichen Entwicklung konformen Verwaltungsapparat errichtet und damit bisher unbekannte Vorbilder für ein eigenes staatliches Leben gesetzt. So wurde ein Prozeß ausgelöst, der von einem bestimmten Punkt an zwangsläufig der Kontrolle seiner Urheber entwachsen mußte. Das Verlangen nach Neuem schritt ungeduldig über das Erreichte und den jeweiligen, vom weißen Mann für »angemessen« erachteten Stand der Möglichkeiten zur Befriedigung der materiellen Lebensbedürfnisse hinaus. Das in Europa proklamierte Postulat des »Ändern-Dürfens und Ändern-Wollens mit dem Ziele des öffentlichen Wohles« (Jakob Burckhardt) wurde von den farbigen Völkern selbst beansprucht, die den Westen in seinen Ideen, vor allem in der Idee des Rechtes der Nationen auf Selbstbestimmung und Freiheit von Not, beim Worte nahmen. Dem Westen war es erwünscht, daß sich überkommene Lebensformen änderten, die ihm die Nutzbarmachung jener fernen Gebiete erschwerten; daß daraus ein Aufstand gegen die politische und nationale Unmündigkeit erwuchs, hat er nicht gewünscht und nicht gesehen; er hat besonders nicht rechtzeitig begriffen, in welchem Umfang die Emanzipation der farbigen Völker seine eigenen Lebensverhältnisse umwälzen mußte.

Nun bildet sich eine Solidarität von Völkern, die bisher kaum voneinander gewußt haben. Sie beruht heute noch darauf, daß diese Völker in Anspruch nehmen, was andere Völker aus den Postulaten der »Vernunft« für sich abgeleitet, ihnen aber verweigert haben. So wie bisher die Europäer, die Amerikaner sich insgesamt als »Weiße« und damit allen anderen gegenüber als Einheit empfunden haben, so empfinden sich die »farbigen Völker« nunmehr als Einheit, und zwar als Einheit, die eine Chance hat, dem weißen Mann die Herrschaft über die Erde zu entreißen, die er bisher als Monopol behauptet hatte.

Die Mittel hierfür hat er ihnen selbst in die Hand gegeben, indem er bei ihnen aus Gewinnstreben Industrien aufbaute und Anlagen errichtete, die dazu dienen sollten, ihm ihre Rohstoffe nutzbar zu machen. Dafür hat er die alten Stammesordnungen aufgelöst oder doch gelockert, ohne für das neue Proletariat adäquate Organisationen und Infrastrukturen zu errichten, die einen allmählichen und geordneten Übergang zur politischen Autonomie und eine beiden Seiten gleich zuträgliche Anpassung der neuen an die alten Ordnungen hätten ermöglichen können. So vollzieht sich der Einbruch des Industriezeitalters in diese jungfräulichen Länder gleichzeitig mit einem Einbruch politischer Revolutionen, die die Form des Freiheitskampfes gegen fremde Unterdrücker annehmen. Nationalismus ist noch immer die politische Lebensform gewesen, in der die Völker den revolutionären Sprung aus der Abhängigkeit von archaischen Bedingungen in die Emanzipation und den »Fortschritt« vollziehen.

Einige Zahlen mögen verdeutlichen, wie weit schon heute (1960) die Auswanderung der modernen industriellen Produktion aus ihrer einstigen europäisch-nordamerikanischen Domäne fortgeschritten ist. Noch um 1860 fielen fast vier Fünftel der industriellen Weltproduktion auf Europa und davon etwa die Hälfte auf England; knapp 20 Prozent fielen auf die USA und kaum 5 Prozent auf den Rest der Welt. Unmittelbar vor Beginn des ersten Weltkrieges fielen auf Europa und Amerika zusammen mehr als 90 Prozent der industriellen Weltproduktion und auf den Rest der Welt noch nicht einmal 10 Prozent. Ungefähr um die Mitte der achtziger Jahre überflügelten die USA zum erstenmal das damals führende Industrieland England, und sie stehen seitdem an der Spitze der Weltproduktion: In drei Vierteln eines Jahrhunderts ging – bei stärkster Steigerung der absoluten Zahlen der Produktion – Europas Anteil an der Weltproduktion ständig zurück, und zwar von 75 Prozent im Jahre 1880 auf 25 Prozent im Jahre 1954, während auf der anderen Seite der Anteil Amerikas sich ständig erhöhte. Auf Rußland entfielen in den letzten Jahrzehnten vor dem Weltkrieg nur knapp 4 Prozent der industriellen Weltproduktion; in den zweiten Weltkrieg ging es bereits mit etwa 10 Prozent der Weltproduktion, und zu Ende der fünfziger Jahre beläuft sich sein Anteil auf fast 20 Prozent. Trotz der rückläufigen Bewegung des europäischen Anteils behaupten Nordamerika und Europa zusammen gegenwärtig noch einen Anteil von etwa 65 Prozent an der industriellen Weltproduktion. Auf Indien und China entfällt vorerst noch ein geringer Anteil; Ende der siebziger Jahre wird er jedoch mit Sicherheit auf fast 10 Prozent angewachsen sein.

Wenn also auch die Industrialisierung der Entwicklungsländer noch in den Anfängen steckt, so ist doch die industrielle Wachstumsrate in Indien oder China schon heute viel höher als in den Vereinigten Staaten oder in der Sowjetunion. 1956 hatte der Bruttowert

Reisbauer im Delta des Roten Flusses in Nord-Vietnam

Die Tätigkeit der Weltgesundheitsorganisation (WHO) in den Entwicklungsländern
Aufklärung indischer Schulkinder über die Schädlichkeit der Malaria-Mücke

der industriell erzeugten Güter Chinas erstmals den Wert der landwirtschaftlichen Erzeugung des Landes überschritten; 1949 machte er nur ein Drittel des Wertes der landwirtschaftlichen Erzeugung aus. Die Kohleproduktion Chinas hatte sich 1957 gegenüber der Vorkriegszeit etwa verdoppelt, die Kraftstromerzeugung mehr als verdreifacht, die Stahlerzeugung verfünffacht: sie stieg zwischen 1952 und 1955 von 1,35 Millionen Tonnen auf 2,85 Millionen Tonnen und erhöhte sich bis 1957 auf rund 5,5 Millionen Tonnen. In Indien stieg der Index der industriellen Produktion von 100 im Jahre 1946 auf 109 im Jahre 1948, dann auf 129 im Jahre 1952 und auf 135 im Jahre 1953. Die Erzeugung elektrischen Stromes hatte sich von 1948 bis 1953 etwa verdoppelt, doch waren zu diesem Zeitpunkt von den rund 700000 indischen Dörfern erst wenige tausend elektrifiziert.

Afrika erzeugt 100 Prozent der Industriediamanten, zwei Drittel des Goldes, die Hälfte des Antimons, ein Drittel des Chroms, zwei Drittel des Kobalts, 35 Prozent der Phosphate, 39 Prozent des Mangans, 14 Prozent des Zinns, 27 Prozent des Kupfers der Welt. Seine Bauxitlager scheinen unerschöpflich. Fast überall findet sich Öl. Dazu folgende andere Ziffern: Die in Afrika investierten »weißen« Kapitalien verzinsen sich durchschnittlich zu 15 bis 20 Prozent, sind also in fünf bis acht Jahren nach Europa und den USA zurückgeflossen. Dagegen: Die 230 Millionen Afrikaner haben je Kopf ein Jahreseinkommen von 120 Deutschen Mark. Ganz Afrika nimmt jährlich etwa 24 bis 32 Milliarden Mark ein, das heißt ein Viertel des Volkseinkommens Frankreichs, hat aber dabei fünfmal mehr Einwohner. Diese Zahlen muß man sich vor Augen halten, wenn man verstehen will, was in Afrika heute geschieht und was der Welt dort bevorstehen könnte. Sie werden absolut und relativ weiter anwachsen, und der afrikanische Kontinent wird sich mit eigenen Initiativen bemerkbar machen.

Mit der Auswanderung in die bisher von ihr noch nicht erschlossenen Räume wird die industrielle Technik »wahrhaft universal«. Nach dem Gesetz der Expansion um ihrer selbst willen ist die industrielle Bewegung angetreten; dieser Expansion bieten sich in den riesigen Räumen Asiens, Afrikas, Südamerikas größere Chancen, als sie der begrenzte europäische Kontinent je zu eröffnen vermochte. Die Industrialisierung wirkt daher dort anders als einst in Europa, wo sie zunächst eine in sich geschlossene Welt zu zerstören hatte. Hier, wo verjährte Zustände radikal aufgehoben werden, aber zugleich weitergeführt wird, was in dem neuen Selbstbewußtsein der erwachten Völker an Willen zur Verwirklichung eines eigenen Lebensgefühls offenbar geworden ist und nach autonomer Ausformung drängt, vollzieht sich die Industrialisierung ohne jedes schlechte Gewissen und weit jenseits des Pessimismus, mit dem die alten Industrievölker die von den Zauberlehrlingen bedrohte Zukunft zu betrachten gelernt haben.

Um sich die Möglichkeiten, die die industrielle Revolutionierung der sogenannten Entwicklungsländer eröffnet, mit ausreichender Deutlichkeit vor Augen zu stellen, muß man die Ursachen des selbstsicheren, hemmungslosen Optimismus begriffen haben, mit dem die Führer der »farbigen« Völker das Werk der Industrialisierung in Angriff nehmen. Sie erwarten ganz offenbar von der industriellen Technik, daß sie über Nacht ganze Kontinente, die bisher heteronom beherrschtes Hinterland waren, in moderne Weltmächte verwandeln und zur Weltgeschichte erwecken wird. Diese Erwartung mag uns als zu hoch gegriffen erscheinen, wichtig ist aber, daß die Entwicklungsländer selbst dieser Erwartung entsprechend handeln. Auch wenn diese Erwartung nicht bestünde, müßte sich schon allein der Bevölkerungsüberschuß als übermächtiger Antrieb zur Industrialisierung auswirken. In China lebt fast ein Viertel der Bewohner dieser Erde; auf dem indischen Subkontinent drängt sich nahezu ein Fünftel zusammen. In China leben heute also schon mehr Menschen als in den USA, der Sowjetunion und den großen europäischen Industriestaaten zusammen. Die Republik Indien hat heute schon eine Bevölkerung, die ungefähr der der Vereinigten Staaten und der Sowjetunion zusammen entspricht. Diese Bevölkerungen werden rapide anwachsen, die Bevölkerung Indiens ist in den letzten 10 Jahren um 70 Millionen gestiegen.

Die übergroße Mehrheit dieser Millionenmassen lebt in einer unvorstellbaren Armut. Die Lebenserwartung liegt weit unter der hochentwickelter Industriestaaten; das Pro-Kopf-Einkommen macht nur einen Bruchteil des Pro-Kopf-Einkommens in den Ländern aus, die schon im vollen Genuß der Ergebnisse der modernen Industriegesellschaft sind. Die indische Volkszählung vom Jahre 1951 ergab, daß die Jahrgänge von 0 bis 14 Jahren in Indien 38 Prozent der Bevölkerung bildeten; nur knapp 3,3 Prozent der Bevölkerung erreichten ein Alter von 65 Jahren und mehr. Berechnungen der Vereinten Nationen für das Jahr 1949 ergaben, daß in den meisten asiatischen Ländern, aber auch in großen Gebieten Afrikas und zum Teil noch in Süd- und Mittelamerika das Einkommen je Kopf der Bevölkerung unter 100 US-Dollar im Jahr lag.

Armut und Elend sind in den Entwicklungsländern so groß, weil dort die Landwirtschaft zumeist die einzige Quelle des Lebensunterhalts ist. Die Landwirtschaft beschäftigt drei Viertel bis neun Zehntel der erwerbstätigen Bevölkerung; sie wird durchweg höchst unrationell betrieben und ist in weiten Gebieten überhaupt noch nicht mechanisiert. Fast überall findet sich eine die Produktivität beeinträchtigende Unterbeschäftigung. In Bengalen sind die Jutebauern schätzungsweise etwa neun Monate im Jahr ohne Arbeit, in anderen Gebieten Indiens sechs bis sieben Monate, in anderen wieder mindestens fünf Monate. In einigen chinesischen Provinzen fand der Bauer eigentlich nur für etwa drei Monate im Jahr landwirtschaftliche Beschäftigung.

Die geringe Ergiebigkeit der Landwirtschaft in den Entwicklungsländern ruft dort einen ständigen Druck der Bevölkerung auf den Nahrungsmittelspielraum hervor. Die Menschen leben zumeist gerade an der Grenze des zur Bewahrung des Lebens Notwendigsten. Sie sind darum dem Zwang unterworfen, jede Mehrerzeugung, die durch eine Verbesserung der landwirtschaftlichen Produktionsmethoden erreicht werden könnte, unverzüglich zu verbrauchen. Dies bedeutet, daß sie die Bedingungen, unter denen sie dem Teufelskreis ihres Elends entrinnen könnten, selbst wieder zunichte machen.

Die Grundbedingung jedes wirtschaftlichen Fortschritts, ohne den es unmöglich ist, die in solchem Tempo wachsende Bevölkerung zu ernähren, erst recht nicht, ihre Lebensumstände zu verbessern, ist aber, daß die Menge der produzierten Güter im Verhältnis zum Anwachsen der Bevölkerung schneller wächst. Dies setzt voraus, daß die Mehrerzeugung nicht völlig aufgezehrt, sondern in die bestehende Produktionsausrüstung investiert wird. Um solche Voraussetzung sicherzustellen, sehen die politischen Führer der

DIE ZWEITE INDUSTRIELLE REVOLUTION 451

jungen Völker unter den obwaltenden Umständen kein anderes Mittel als die Konzentration aller verfügbaren Kräfte auf die Industrialisierung ihrer Länder – ungeachtet aller Härten und aller Rückschläge, die zwangsläufig eintreten werden. Man übernimmt das Allerneueste, man betreibt riesenhafte Projekte, für die oft noch der nötige Unterbau, vor allem aber ein Stamm ausgebildeter Facharbeiter fehlt und die daher die zeitweilige Unterstützung ausländischer Firmen und Techniken nötig machen, deren man sich eines Tages wird entledigen wollen. Man verzichtet auf Übergänge: wo schon der Ersatz des Holzpfluges durch den eisernen Pflug ein ungeheurer Fortschritt wäre, begnügt man sich nicht

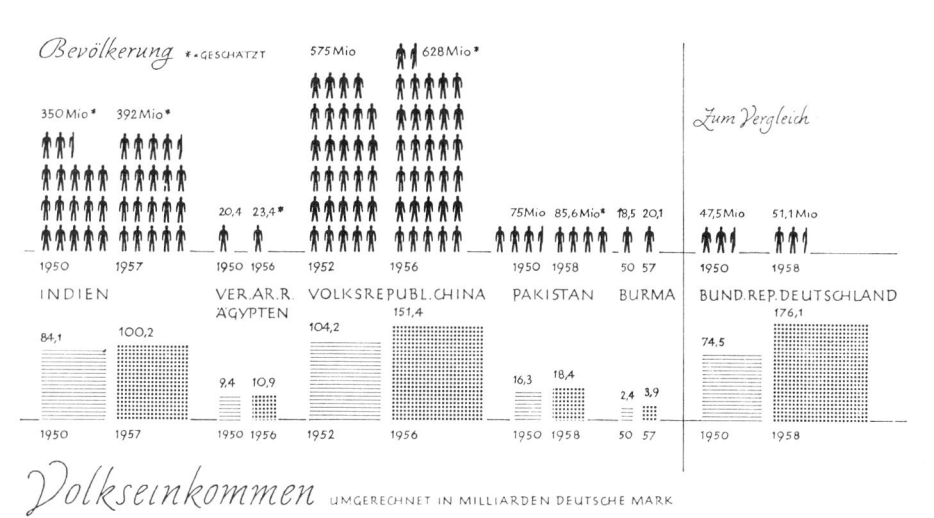

Bevölkerung * = GESCHÄTZT

	INDIEN		VER.AR.R. ÄGYPTEN	VOLKSREPUBL. CHINA		PAKISTAN		BURMA		*Zum Vergleich* BUND.REP.DEUTSCHLAND	
	350 Mio*	392 Mio*	20,4 23,4*	575 Mio 152	628 Mio* 156	75 Mio	85,6 Mio*	18,5	20,1	47,5 Mio	51,1 Mio
	1950	1957	1950 1956	1952	1956	1950	1958	50	57	1950	1958
	84,1	100,2	9,4 10,9	104,2	151,4	16,3	18,4	2,4	3,9	74,5	176,1
	1950	1957	1950 1956	1952	1956	1950	1958	50	57	1950	1958

Volkseinkommen UMGERECHNET IN MILLIARDEN DEUTSCHE MARK

damit, eiserne Pflüge herzustellen, sondern läßt durch ausländische Firmen Stahlwerke bauen. Schwerindustrielle Vorhaben genießen unbestrittenen Vorrang vor allen anderen industriellen Unternehmungen, obwohl der Ausbau gewisser Leichtindustrien, durch die die landwirtschaftliche Überschußbevölkerung viel leichter absorbiert werden könnte, der besonderen wirtschaftlichen Lage dieser Länder sicher angemessener wäre. Die ehrgeizigen Pläne werden nicht alle gelingen; es werden Folgen eintreten, an die man nicht dachte. Rückschläge können die Staatsfinanzen und die Handelsbilanzen in verhängnisvoller Weise in Mitleidenschaft ziehen. Doch scheint es heute noch nicht so, als ob die Wahrscheinlichkeit solcher Rückschläge in jenen Ländern zu Resignation und Mutlosigkeit führen werde. Offenbar glaubt man noch nicht, die hochgesteckten Ziele »realistisch« korrigieren zu sollen; man scheint im Gegenteil zu glauben, mögliche Rückschläge durch noch schnelleres Vorantreiben der Industrialisierung auffangen zu können.

Die neuen Energiequellen und Produktionsmethoden werden für die Entwicklungsländer von besonderer Bedeutung sein, gestatten sie doch eine Loslösung auch der Schwerindustrie von den Standorten der Kohle. Was heute noch als Utopie erscheinen muß, könnte eines Tages Wirklichkeit werden: wo bisher die Erzeugung von hundert Millionen

Kilowatt elektrischer Energie 35 000 Tonnen Kohle und damit 3500 Eisenbahnwagen Transportmaterial benötigen, werden dieselben hundert Millionen Kilowatt elektrischer Energie nur 35 Kilogramm angereichertes Uran erfordern, die ohne Schwierigkeit überallhin transportiert werden können. Man wird für die Industrialisierung keine Kohlenbergwerke abzuteufen haben; man wird auf kostspielige Bahnbauten verzichten können. Die neuen Produktionsmethoden könnten sich so leichter in die herkömmliche soziale Struktur der heutigen Entwicklungsländer eingliedern lassen, als es in Europa möglich war.

Die Entwicklungsländer werden Wirtschaftsverfassungen entwickeln, die ihren besonderen Verhältnissen entsprechen. Sie könnten sich die erforderlichen Kapitalien in den alten Industrieländern beschaffen, würden aber damit Gefahr laufen, in wirtschaftliche Abhängigkeit solchen Ausmaßes zu geraten, daß für eigenständige politische Entwicklung kein großer Raum mehr bliebe. Sie werden daher von dieser Möglichkeit nur ausnahmsweise und in möglichst geringem Umfang Gebrauch machen und versuchen, die erforderlichen Kapitalien selbst aufzubringen. Dies wird nur durch organisierte staatlich angeordnete und gelenkte Anstrengungen des ganzen Volkes möglich sein. In der Tat haben so gut wie alle Entwicklungsvölker für ihre Wirtschaftsverfassung »sozialistische« Vorstellungen entwickelt, die freilich recht verschieden von dem sind, was der europäische Sozialismus sich einst vorgestellt hat. Es könnte sein, daß künftig von der einstigen Peripherie der industrialisierten Welt aus wirtschaftspolitische Vorstellungen in die Alte Welt hineinwirken, die sich sehr von denen unterscheiden, die einst auf jene Völker ausstrahlten.

Heute ist es noch nicht soweit. Heute brauchen jene Völker noch die Hilfe der Staaten und Völker der »alten«, in sich so zerfallenen Welt. Von allen Seiten wird ihnen diese »Entwicklungshilfe« angeboten – nicht immer nur, um zu helfen, sondern oft, um dem Rivalen eine Einflußsphäre zu versperren oder um dem eigenen Block einen Zuwachs zu verschaffen. Es ist für die »alten« Völker oft schwerer, ein Entwicklungsland dazu zu bringen, eine Hilfe anzunehmen, als für dieses, eine zu erhalten. Es hat seinen guten Grund, daß die politische Haltung der neuen Staaten, die durch die industrielle Revolution unserer Weltzeit möglich geworden sind, der Neutralismus ist: das Sich-auf-keine-Seite-Schlagen macht ihre weltpolitische Macht aus. Heute bedienen sie sich ihrer, um von jeder Seite zu profitieren. Es könnte aber eines Tages möglich werden, daß die heute noch unterentwickelten Länder, gestützt auf die ungeahnten Möglichkeiten, die ihnen die technische und industrielle Entwicklung bietet, die Rolle des Vermittlers zwischen den beiden Machtblöcken spielen, die sich mit bestückten Abschußrampen gegenüberstehen.

Goetz Briefs

INTERNATIONALE GEWERKSCHAFTSBEWEGUNG

Gewerkschaften gehören heute zur sozialen Struktur aller industriellen Länder, selbst derer, die erst anfangen, Industrien zu entwickeln. Das Geburtsland der Gewerkschaften war Großbritannien; von dort aus haben sie ihren Siegeszug über die kapitalistisch erschlossene Welt angetreten. Ursprünglich waren sie im Rahmen einer liberal-kapitalistischen Ordnung entstanden; heute finden wir sie auch in kommunistischen und sozialistischen Wirtschaftssystemen, allerdings nicht als freie, unabhängige Verbände, sondern eingeordnet in das Planungssystem und abhängig von den Zwecken und Anweisungen der Planungsbehörden. Wenn man unter Gewerkschaften die autonomen Verbände von Lohnarbeitern und Angestellten versteht, so wie sie sich klassisch in Westeuropa und Amerika entwickelten, dann sind die Gewerkschaften im Raum des Kommunismus überhaupt keine Gewerkschaften. Die Bezeichnung als solche ist zweideutig. Die Scheidung der internationalen Gewerkschaftsbünde in freie und kommunistische bringt das ebenso zum Ausdruck wie die Nicht-Vertretung der kommunistischen Gewerkschaften beim internationalen Arbeitsamt. Ähnliches galt für die faschistischen Gewerkschaften unter der *Carta del Lavoro* und für die Gewerkschaften von Vichy-Frankreich.

Zwischen freien Gewerkschaften und liberalem Kapitalismus besteht ein enger Zusammenhang. Auf Einzelheiten einzugehen, ist hier nicht der Platz; das ist an anderer Stelle dieses Werkes geschehen. Bemerkt sei nur, daß mit dem Durchbruch des wirtschaftlichen Liberalismus die alten Arbeits- und Schutzordnungen der vor-kapitalistischen Zeit verschwanden, wie denn überhaupt der Individualismus jener Jahrzehnte nach Rousseauschem Muster alle Zwischengebilde *(corps intermédiaire)* zwischen Staat und Individuum aufzuheben trachtete und weithin tatsächlich aufhob. So entstand die moderne Wirtschaftsgesellschaft, wie Adam Smith das einmal ausdrückte, als eine Art »Handelskompanie, in der jeder sozusagen ein Händler ist«, auch der Arbeiter. Es stellte sich bald heraus, daß die neu aufsteigende und rasch wachsende Schicht der Lohnarbeiter die Händlerfunktion nicht erfüllen konnte. Wer von der Hand in den Mund lebt, wer keine Übersicht über seine Marktlage hat, wer auf keine Reserven zurückgreifen kann, ja, wer nicht einmal die Spielregeln der neuen, individualistischen Wirtschaft verstand, weil er noch in den Vorstellungen der alten Zeit verwurzelt war; wer genau wußte, daß er vom Wohlwollen eines Brotherrn abhängt, der den Markt kannte und selber den Wechselfällen der Marktlage ausgesetzt war, der war von Hause aus unfähig, ein mitbestimmender Faktor im Verhandeln von Löhnen und Leistungen zu sein. Der damalige Sprachgebrauch in England bezeichnete den Arbeiter als den »Labouring Poor«, oft schlechthin als »The Poor«, und dieser Ausdruck findet sich noch in der Mitte des 19. Jahrhunderts gelegentlich in der englischen Wirtschaftsliteratur. Das ist sehr bezeichnend; dem »arbeitenden Armen« gegenüber war der Arbeitgeber im wahrsten Sinne des Wortes ein Wohltäter, der Brotherr, mit dem man nicht als Händler verhandeln und abschließen konnte. Die gelernten Berufe, zum Beispiel in Buchdruck, Baugewerbe, Metallverarbeitung, waren die ersten, die durch Organisation ihre Marktlage zu verbessern strebten; ihre Ausbildung gab ihnen, wenigstens bei gutem Geschäftsgang, die Aussicht, über Löhne und Arbeitsbedingungen verhandeln zu können. Sie fanden die erste Anerkennung durch den Arbeitgeber, als es ihnen gelang, Tarifverträge abzuschließen. Kurz nach der Mitte des 19. Jahrhunderts, im Jahre 1851, entwickelte die Vereinigte Gesellschaft der Maschinenbauer den Grundtypus der »Business Union«, jener Gewerkschaft, die sich als reiner Geschäftsagent für die Mitglieder dem Arbeitgeber gegenüber fühlte und keinerlei ideologische Belastung ins Geschäftsverhältnis mitbrachte. Dieser Typus breitete sich schnell in Großbritannien und später auch, durch Samuel Gompers, in den Vereinigten Staaten aus. Was diese Geschäftsgewerkschaft kennzeichnet, ist, daß sie stellvertretend die Händlerfunktion für ihre Mitglieder übernimmt; damit ordnet sich die Gewerkschaft nach Zielsetzung und Taktik in das bestehende Wirtschaftssystem ein. Durch die Gewerkschaft sollen jene Möglichkeiten ausgenutzt werden, die der jeweilige Arbeitsmarkt bietet. Es stellte sich heraus, daß es solche in der Tat in unerwartetem Maße gab – entgegen der Annahme der zeitgenössischen Wirtschaftslehre, daß das »Wirtschaftsgesetz« die Löhne, die Preise und andere Einkommen durch Angebot und Nachfrage streng bestimme.

Offenbar war eine Lücke im »Gesetz«. Sie entsteht tatsächlich durch die Dynamik der kapitalistischen Wirtschaft, also dadurch, daß freie Unternehmer durch Erfindungen, durch technisch-wirtschaftlichen Fortschritt, durch Markterweiterung, durch neue Qualitäten von Waren periodisch aus dem Gesetz der Wirtschaft ausbrechen, und zwar unter Ausnutzung einer von den Banken ermöglichten Kreditausdehnung. Wenn solche wirtschaftlich-technischen Fortschritte sich häufen, dann entsteht Wirtschaftsaufschwung und Hochkonjunktur. Dieser Aufschwung absorbiert die Arbeitslosigkeit; wenn diese verschwindet, drängt der Wettbewerb das Lohnniveau von selber nach oben. Das ist die ideale Situation für den gewerkschaftlichen Vorstoß.

An diesem Punkt wird der enge Zusammenhang zwischen freier Unternehmungswirtschaft und freier Gewerkschaft deutlich sichtbar. Gewerkschaften konnten Erfolge erzielen, weil sie sich der Struktur und Dynamik der Wirtschaft einordneten. Als Verbände adoptierten sie die Grundregeln der individualistischen Wirtschaft: Selbstverantwortung, Selbstinteresse und Wettbewerb – all das nun übertragen auf den Verband und dem einzelnen Arbeiter abgenommen. Hier liegt die hervorragende Schutzfunktion der Gewerkschaft, daß der Verband nun die Händlerfunktion übernimmt, die der einzelne Arbeiter zu erfüllen außerstande war. Von hier aus verstehen wir auch die große Bedeutung von Arbeits-

Arbeitsbedingungen in einer walisischen Kupfermine am Ende des 18. Jahrhunderts
Aus einem Aquarell von Julius Caesar Ibbetson, 1792
Cardiff, National Museum of Wales

THE TRIAL

OF THE

BOOT & SHOEMAKERS

OF PHILADELPHIA,

ON AN INDICTMENT

FOR A COMBINATION AND CONSPIRACY

TO RAISE THEIR WAGES.

TAKEN IN SHORT-HAND,
BY THOMAS LLOYD.

PHILADELPHIA:

PRINTED BY B. GRAVES, NO. 40, NORTH FOURTH-STREET,
FOR T. LLOYD, AND B. GRAVES.

1806.

Streik der Schuhmacher in Philadelphia, 1806
Titelseite des nach dem Stenogramm gedruckten Berichtes
über die Gerichtsverhandlung gegen die Streikenden

recht und Sozialpolitik: auch deren Erfolg hängt zwar letzten Endes an den Möglichkeiten, welche die Dynamik der kapitalistischen Wirtschaft eröffnet; aber indem sie diese Möglichkeiten ausnutzen, stärken sie wiederum die Gewerkschaften in ihrer stellvertretenden Händlerfunktion. In Tarifverhandlungen zwischen Gewerkschaft und Arbeitgeber verwirklicht sich die Feststellung von Adam Smith, daß in einem individualistischen Wirtschaftssystem jeder »sozusagen ein Händler« sei – mit der Einschränkung freilich, daß für die nicht handlungsfähige Schicht ein von ihnen selbst gebildetes Kollektiv eintritt.

Wenn die Dynamik der Wirtschaft den Gewerkschaften diese Spielräume der Mitbestimmung in den Arbeitsbedingungen eröffnete, so ist es dieselbe Dynamik, die diese Spielräume wiederum schließt, nämlich beim Abschwung und in der Depression. Jede Geschichte der Gewerkschaften, vor allem des 19. Jahrhunderts – das wirtschaftlich-sozial gesehen erst mit 1914 für Westeuropa, mit 1935 für die USA schließt –, berichtet mit ermüdender Gleichförmigkeit, wie diese und jene Jahre für die Gewerkschaften schlechte Jahre waren, weil der Geschäftsgang schlecht war. Manche Gewerkschaften verschwanden bei einer Depression einfach von der Bildfläche; andere fristeten ihr Dasein unter starkem Verlust an Mitgliedern und Reserven; aber beim ersten Anzeichen besserer Geschäftslage regte sich überall wieder gewerkschaftliches Leben. Manche gewerkschaftlichen Erfolge überlebten die Depression, wenn auch nur formal; aber sobald wirtschaftliche Erholung eintrat, konnte von der gehaltenen Ebene aus der neue Vorstoß für eine Aufbesserung der Arbeitsbedingungen erfolgen. In dem Maße, wie die ansteigende Geschäftslage den Arbeitsmarkt verknappte, rückten die Gewerkschaften wieder in ihre Händlerfunktion ein; sie konnten mit dem Arbeitgeber über Löhne und Tarife verhandeln oder ihn durch ihr bloßes Vorhandensein dazu bringen, von selbst bestimmte Arbeitsbedingungen zuzugestehen. Das letzte gilt da, wo, wie zum Beispiel in Deutschland, ganze Industrien bis zum Jahre 1918 zwar große Gewerkschaften hatten, die aber keine Anerkennung durch die Arbeitgeberverbände fanden (Kohle, Eisen, Stahl).

Um zusammenzufassen: 1. Die Gewerkschaften des 19. Jahrhunderts erkannten formell oder de facto das bestehende System von Wirtschaft und Gesellschaft an. Wenn sie es, wie zum Beispiel sozialistische Gewerkschaften, aus ideologischen Gründen nicht taten, lag eine faktische Anerkennung vor, denn sie trachteten, gewerkschaftliche Ziele hier und jetzt durchzusetzen. Das galt vor allem für jene zentraleuropäischen Verbände, die im Umkreis des Marxismus entstanden und im Kapitalismus ihren Feind sahen. Wo sie als Gewerkschaften für bessere Arbeitsbedingungen kämpften, fügten sie sich faktisch der gegebenen Ordnung ein. Daraus entstanden die Spannungen zwischen der Sozialdemokratie und den Gewerkschaften, die dann im Mannheimer Abkommen von 1906 ihr Ende fanden: die Partei erkannte die Selbstbestimmung der Gewerkschaften an.

2. Die Gewerkschaften des 19. Jahrhunderts blieben an den Rhythmus und die Dynamik der kapitalistischen Wirtschaft gebunden; ihre Erfolge oder Mißerfolge hingen engstens mit dieser Dynamik zusammen. Selbst die an Mitgliedern und Kassen starken Verbände wurden schwach, wenn Arbeitslosigkeit und Depression herrschten; sie wurden stark und schlagkräftig, wenn die steigende Konjunktur den Arbeitsmarkt verknappte. So war die Gewerkschaft jener Zeiten eine abhängige Variable im kapitalistischen Wirtschaftssystem.

Es sei freilich bemerkt, daß die Gewerkschaften gelernter Berufe schon im 19. Jahrhundert den Zusammenhang zwischen Angebot und Lohnhöhe auf ihrem Markte begriffen; wo sie in der Lage waren, den Zugang zu ihrem Beruf zu regulieren oder Arbeitszeiten zu beschränken, waren sie schon eine relativ unabhängige Variable. Das galt mehr für die Vereinigten Staaten und Großbritannien als für den europäischen Kontinent, hier nur in geringem Maße. In Amerika gab es damals schon den *Closed Shop* und den *Union Shop* in einzelnen gelernten Berufen; die Funktion dieser Einrichtungen bestand darin, hochbezahlte »Jobs« vor dem Wettbewerb anderer Arbeiter abzuschließen. In mancher Hinsicht zeigte diese Politik Züge, die uns aus dem verfallenden Zunft-Zeitalter wohlbekannt sind. Das gilt bis zum heutigen Tage – in der Tat heute mehr denn je.

Ich bezeichne die Gewerkschaft des 19. Jahrhunderts als klassische Gewerkschaft, weil sie auf dem klassischen Kapitalismus beruhte, der seinerseits auf der frühen Form des wirtschaftlichen Liberalismus aufbaute, nämlich auf dem klassischen Liberalismus. Es kennzeichnet die klassische Gewerkschaft, daß sie aus der Arbeiterschaft selber entstand, aus der spontanen, oft heroischen und immer opferbereiten Entschlossenheit, durch Abwehr unwürdiger Arbeitsbedingungen, durch Einrichtungen gegenseitiger Hilfe und durch solidarisches Zusammenstehen dem arbeitenden Menschen jenen Grad von Lebenssicherheit, Gleichberechtigung und Vertretung zu geben, der ihm als Person in unserem westlichen Kulturkreis zukommt.

Die klassische Wirtschaftslehre, wie übrigens heute auch der Kommunismus, hat die freien Gewerkschaften als Fremdkörper in ihrem System empfunden. Solange die Wirtschaftslehre im wesentlichen ihr Problem statisch sah, bestand keine Aussicht, den Gewerkschaften eine wirtschaftlich sinnvolle Aufgabe zuzuschreiben, es sei denn, man suchte sie dort – wo aber die Gewerkschaft ihren Standort gerade nicht hatte –, wo rückständige, verfallende oder ungünstig gelegene Firmen Löhne unter dem sonst üblichen Lohnniveau zahlten. Lujo Brentano, der die ersten großen Studien über das englische Gewerkschaftswesen in den siebziger Jahren machte, unternahm es, die Gewerkschaft als Ergänzung einer liberalen Wirtschaftsordnung zu rechtfertigen. Er war der Ansicht, daß durch gewerkschaftliche Politik die Funktion der Arbeit als einer Ware vollendet werden könne, damit der Arbeiter die echte Händlerfunktion erhalte. Er fand nämlich, daß auf dem Arbeitsmarkt das liberale Warengesetz nicht funktioniere, weil Arbeitsangebot, unabhängig von der Nachfrage, durch seine menschliche Inkorporation immer vorhanden sei; mit anderen Worten: der arbeitende Mensch kann sein Angebot nicht zurückhalten, wenn die Nachfrage zurückgeht; er muß vielmehr um so schärfer anbieten. Brentano glaubte, in der Gewerkschaft die Institution zu sehen, die durch Unterstützungen an arbeitslose Arbeiter ihr Angebot vom Markt wegnähme und damit den Arbeitsmarkt unter das Gesetz von Angebot und Nachfrage stelle. Die Brentanosche These stammte aus der englischen Erfahrung, und das heißt aus der Erfahrung der Gewerkschaften für Berufe mit Spezialausbildung. Aber selbst dort hatte sie ihre Einschränkungen, weil bei starker Arbeitslosigkeit die Gewerkschaften eine Angebotsverminderung nicht durchhalten konnten, denn sie verloren dadurch Mitglieder und Kassenbestände. Erst recht galt die These nicht für die Verbände der angelernten und ungelernten Berufe. Es ist darauf hinzuweisen, daß es weder die Absicht noch die Wirkung der Gewerkschaften ist, die Arbeit vollends zur Ware zu machen; für die Gewerkschaften handelt es sich vielmehr darum, die menschliche und bürgerliche Person des arbeitenden Menschen gegen den Druck zu schützen, der aus dem scharfen Wettbewerb stammt. Daß in der modernen Entwicklung des Gewerkschaftswesens die gewerkschaftliche Politik durch Angebotsregulierung geradezu einen Kartellcharakter angenommen hat und nun wirklich die Arbeit als abgewogene »Ware« für einen verhandelten Preis abzusetzen trachtet, hängt mit der Wendung der klassischen Gewerkschaft zur befestigten Gewerkschaft zusammen. Für die klassische Gewerkschaft jedenfalls gilt, daß sie Freiheit und Selbstbestimmung für den »arbeitenden Armen«, für den »Proletarier«, zu sichern trachtete.

Es wurde vorhin bemerkt, daß diese klassische Zeit der Gewerkschaften in Europa mit dem Jahr 1918, in den USA 1935 zu Ende geht. Ich nenne die Gewerkschaft, die sich seitdem aus klassischen Formen entwickelte, die befestigte Gewerkschaft. Versuchen wir, uns darüber zu verständigen, was damit gemeint sei.

In die Augen springt zunächst die Tatsache, daß die Gewerkschaft der westlichen Industrieländer heute durch Gesetzgebung und Rechtsprechung befestigt ist. Die klassische Gewerkschaft hat es, selbst unter den günstigsten Umständen, nur zu einer rechtlichen Duldung gebracht; und diese war oft genug zweifelhaft und von polizeilicher Aufsicht umschattet. Gelegentlich genügte (zum Beispiel in England die Taff Vale Entscheidung von 1901) ein Gerichtsurteil, um die Duldung zweifelhaft zu machen; und wir wissen, wie der Paragraph 153 der »Deutschen Gewerbeordnung« und seine Auslegung die im Paragraphen 152 zugestandene Koalitionsfreiheit sachlich wieder beschränkte. Dasselbe galt in den USA, besonders zu der Zeit, in der richterliche Verfügungen *(injunctions)* häufig zur Abdrosselung gewerkschaftlicher Aktionen benutzt wurden (1895-1932). Die befestigte Gewerkschaft hingegen genießt vollen rechtlichen, wenn nicht gar verfassungsrechtlichen Schutz; sie ist nicht bloß geduldet, sie ist anerkannt im vollen positiven Sinne als ein wichtiger Ordnungs- und Funktionsträger in Wirtschaft und Gesellschaft. Die Präambel zum Wagner Act von 1935 wie zum Fair Labor Standards Act von 1938 drückt das mit aller Klarheit aus. In Deutschland hat die Verordnung der Volksbeauftragten vom Dezember 1918 wie das Tarifvertragsgesetz von 1923 – um nur diese beiden Gesetze zu erwähnen – die gleiche Anerkennung der Gewerkschaft gebracht. Noch stärker »befestigt« wurden die Gewerkschaften durch das Gesetz über die Mitbestimmung in der Kohlen- und Eisenindustrie vom Mai 1951, wie auch – in minderem Umfang – durch das Betriebsverfassungsgesetz vom Oktober 1952. Der deutsche Soziologe von Nell-Breuning erwähnt 1957 in einem Aufsatz, daß ein Doktorand, der über die Gewerkschaften in der Rechtsordnung arbeitete, bereits vor mehreren Jahren sechsundachtzig Gesetze gefunden habe, in denen von den Gewerkschaften die Rede sei; die Zahl dieser Gesetze habe sich seither noch weiter vermehrt. Und der Verfasser fährt fort, in der großen Mehrzahl der Fälle handele es sich um Vorschriften, durch die den Gewerkschaften Zuständigkeiten beigelegt oder Befugnisse zuerkannt werden, an erster Stelle die Tarifhoheit, an zweiter Stelle die Beteiligung an der Arbeitsgerichtsbarkeit, an den Selbstverwaltungsorganen der Sozialversicherung und neuerdings an der Ausübung des Mitbestimmungsrechts. Man kann ohne Übertreibung sagen, daß in allen westlichen Industriestaaten die rechtlich und administrativ volle Anerkennung der Gewerkschaften Tatsache geworden ist. Unterschiede bestehen in Einzelheiten, aber sie berühren nicht das Wesentliche, daß die Gewerkschaft als soziale Institution mit weitreichenden wirtschaftlichen und sozialen Aufgaben und Wirkungen rechtlich geschützt, wenn nicht gar, wie besonders in den Vereinigten Staaten unter dem New Deal, von der Exekutive stark gefördert wird. Selbst das Arbeitsrecht in den Staaten, die nicht so weit gehen wie die USA, erkennt immer die Gewerkschaft als die berufene Vertretung und das Sprachrohr der Arbeiterschaft an.

Die befestigte Gewerkschaft ist auch in ihrem Verhältnis zum Arbeitgeber befestigt. Er muß sie als Vertragspartner anerkennen und bona fide mit ihr verhandeln, sobald eine Mehrheit von Betriebsarbeitern sich für sie ausgesprochen hat. Sie vertritt dann gleichzeitig alle Betriebsmitglieder, ob organisiert oder nicht. Nach dem Arbeitsrecht der USA muß der Arbeitgeber mit seiner Belegschaft durch die Gewerkschaft verhandeln; so kann er etwa über Lohnerhöhungen, Ausgabe verbilligter Aktien, Betriebspensionen und dergleichen nicht entscheiden, ohne die Gewerkschaft zugezogen zu haben. Die Stellung der Gewerkschaft als ausschließlicher Repräsentant kommt darin zum Ausdruck; nichts soll gegen sie, nichts ohne sie, möglichst alles, was die Belegschaft betrifft, durch sie geschehen. Das Arbeitsrecht anderer Länder geht nicht so weit; der den mächtigen amerikanischen Gewerkschaften eigene Drang zur totalen Repräsentation hat sich anderswo kaum so stark entwickelt.

Das hat seinen Grund. In den USA fehlt nämlich jener Antrieb zur gewerkschaftlichen Solidarität, der in westeuropäischen Ländern aus ideologischer Wurzel stammt; in den USA fehlt die gesellschaftliche Klassenstruktur, wie sie im Nachhall des Feudalismus in europäischen Ländern oft weiterwirkt; so fehlt auch das Klassenbewußtsein und die ganze Motivreihe, die antikapitalistisch ist und sich nach einem anderen, sozialistischen, kommunistischen oder syndikalistischen Wirtschaftssystem orientiert. Hinzu kommt, daß die Freizügigkeit in diesem amerikanischen Halb-Kontinent eine Mobilität der Arbeiterschaft ermöglicht, die für Gewerkschaftsbildung und Gewerkschaftssolidarität nicht günstig ist. Ferner war hier für lange Jahrzehnte die Aufstiegschance in wirtschaftliche Unabhängigkeit recht groß; sie überlebte als Mythos noch zu der Zeit, in der Lohnarbeit für die große Masse lebenslängliches Schicksal und in hohem Grade vererblich ist. Veranschlagt man dazu noch die pragmatische, an Lohn und Stelle (Job) interessierte Haltung des amerikanischen Durchschnittsarbeiters, dann wird verständlich, warum die Gewerkschaften besorgt waren, die Mitgliedschaft nicht bloß der spontanen Zustimmung der Arbeiter zu überlassen. Der Closed Shop wie der Union Shop sind Wege, den Unternehmer vertraglich zu zwingen, nur Mitglieder der Gewerkschaft einzustellen oder, wie beim Union Shop, die Mitgliedschaft vom Arbeiter innerhalb eines kurzen Zeitraumes zu verlangen. Beide Methoden sind zwar Forderungen gegen den Unternehmer, aber der Druck geht, der Absicht nach, gegen jene Arbeiter, die aus irgendwelchen Gründen sich der Gewerkschaft fernhalten oder ihr untreu werden. Die Höchstform der Anerkennung durch den Unternehmer ist also der (inzwischen für illegal erklärte) Closed Shop und der in zwanzig Staaten der USA nicht mehr legale Union Shop. Das Verbot aber verliert an Bedeutung, wenn andere

Formen des Beitragszwanges gewerkschaftlich angewandt werden; daß es deren genügend gibt, dafür zeugen die moralischen und oft gewalttätigen Druckmittel, die gegen unorganisierte Arbeiter von der Gewerkschaft angewandt werden, sei es im Namen der Solidarität der Arbeiterschaft oder der institutionellen Interessen der jeweiligen Gewerkschaft.

Damit sind wir schon beim dritten Kriterium der befestigten Gewerkschaft: sie ist auch gegenüber dem Arbeiter befestigt. Wenn sie das Recht hat, ihn zu repräsentieren oder ihn faktisch repräsentiert, wenn sie seine Arbeitsbedingungen regelt, ob er Mitglied ist oder nicht, wenn Gesetzgebung und Gericht die Gewerkschaft anerkennen und wenn Regierungen ihnen eine wichtige Funktion in Wirtschaft und Gesellschaft zuschreiben, wenn sie schließlich in allen Industriestaaten des Westens öffentlich und sozial sanktioniert sind und selbst von den Kirchen ermutigt und gefördert werden, wenn Nichtmitgliedschaft als Drückebergerei gegenüber den Aufgaben und Verantwortungen der Gemeinschaft gilt, – dann scheint allerdings mindestens eine Art moralischen Zwanges zum Beitritt gegeben. Amerikanische Gerichte sind in einzelnen Fällen so weit gegangen, einen rechtlichen Zwang zur Mitgliedschaft anzuerkennen. Europäische Gewerkschaften verfügen im allgemeinen nicht über einen rechtlichen Zwang zur Mitgliedschaft; aber es gibt gewerkschaftliche Druckmittel genug, so etwa die Weigerung, mit Nichtorganisierten zusammenzuarbeiten, mit denen das Ziel erreicht werden kann. Diese Art des gewerkschaftlichen Zwanges ist älter als die rechtliche Befestigung; so kann man sagen, daß es faktisch befestigte Gewerkschaften in gewissen gelernten Berufen gab, ehe die gesetzliche Befestigung ausgesprochen wurde. Das Gesetz bestätigt in solchen Fällen nur einen Zustand, der zuvor schon gesichert schien.

Es gibt einige bedeutende, den Gewerkschaften nahestehende Autoren, beispielsweise den Engländer V. L. Allen, die den Gedanken der Zwangsmitgliedschaft weit von sich weisen. Sie wird als moralisch unhaltbar, als der Gewerkschaft unwürdig und letzten Endes für die Gewerkschaft schädlich bezeichnet. Man weist darauf hin, daß Zwangsmitgliedschaft immer, zumal bei großen Verbänden, zu einem Verdorren des solidarischen, fraternellen und demokratischen Zusammenhangs innerhalb der Gewerkschaft führt.

Es wäre ein Irrtum zu glauben, gesetzliche Form genüge, um die Gewerkschaft real zu befestigen. Diese Erfahrungen haben besonders die Entwicklungsländer gemacht, die sich dem Internationalen Arbeitsamt anschlossen und den Beschlüssen dieser Organisation zustimmten. Zur wirklichen Befestigung gehört, daß die Gewerkschaften imstande sind, die von Gesetz und Rechtsprechung gebotenen Möglichkeiten und Spielräume auszunutzen. Das ist nun in fast allen unentwickelten Ländern nicht der Fall. Die gesetzlich ausgesprochene Befestigung kommt häufig mehr der politischen Arbeiterbewegung zugute als den Gewerkschaften, für die sie gemeint war. Der Grund liegt in der Schwäche der Gewerkschaften überall da, wo zwischen Kapitalbedarf und Arbeitsangebot ein Mißverhältnis besteht. In den ersten Jahrzehnten des westlichen Kapitalismus hat man ja erfahren, daß bei unzureichender Kapitalbildung und starkem Angebot von Arbeitskräften die Gewerkschaft mit ihren Mitteln keine wirkliche Befestigung durchsetzen kann. Die Arbeiterschaft neigt unter solchen Umständen wenn nicht zu Maschinenstürmerei, so zu radikaler, politischer Bewegung. Daß jenes Mißverhältnis zwischen Kapitalbildung und

Großbritannien

Hier entwickelten sich die ersten Gewerkschaften und (1844) Konsumvereine der Arbeiter in Europa. Beide Institutionen entsprachen der wirtschaftlich-sozialen Umschichtung und breiteten sich mit der Industrialisierung aus. Gewerkschaftsartige Verbände reichen aber bis in das 18.Jahrhundert zurück; allerdings haftete ihnen noch vieles vom Charakter der Handwerkerzünfte an. Mit der »industriellen Revolution« formierte sich langsam ein reiner Gewerkschaftstyp, der 1851 in dem neuen Modell der Vereinigten Gesellschaft der Maschinenbauer *(Amalgamated Society of Engineers)* seine Form fand. Er wurde weithin akzeptiert; so auch von dem langjährigen Präsidenten des amerikanischen Gewerkschaftsbundes (1886), *Samuel Gompers*. Dieser Typ bedeutete in aller Regel eine Gewerkschaft der gelernten Arbeiter; die Bewegung der ungelernten begann erst unter den Londoner Dockarbeitern während des großen Streiks von 1889.
Das Hauptorgan der britischen Gewerkschaften ist der *Trades Union Congress (TUC)* mit dem Sitz in London. Er ist an den *Internationalen Bund Freier Gewerkschaften* angeschlossen, der seinen Sitz in Brüssel hat. Etwa 24 Millionen Engländer sind Lohn- und Gehaltsempfänger; davon ist rund ein Drittel, etwas über acht Millionen (1956), in großen Industriegewerkschaften oder in zersplitterten Berufsverbänden (187 Verbände) organisiert. Eine Sonderstellung nimmt der schottische *Trades Union Congress* ein, dessen Mitglieder meist der Londoner Zentrale direkt oder indirekt angeschlossen sind. Daneben bestehen unabhängige Verbände von Bauarbeitern, Schullehrerinnen und anderen. Die größten Gewerkschaften sind die der Verkehrsgewerbe *(Transport and General Workers Union)* mit 1,3 Millionen Mitgliedern, der Bergleute *(National Union of Mineworkers)*, der Eisen- und Stahlarbeiter und der Eisenbahner. Daneben eine Fülle von kleinen, oft nur lokalen Verbänden, bis hinunter zu einem lokalen Verband der Kleiderbügler mit 106 Mitgliedern. Die Tendenz des englischen Gewerkschaftswesens geht offensichtlich auf stärkere Zentralisation aus.

USA

Wie in England ist es in den USA schwer, ein genaues Datum für die Anfänge des Gewerkschaftswesens anzugeben. Der Übergang von zunftartigen zu gewerkschaftsähnlichen Verbänden in den Jahren 1790 bis 1825 läßt sich kaum genau bestimmen. Es folgte eine Periode, in der sich in den Verbänden gewerkschaftliche Ziele mit sozialen und politischen vermischten. Manche Verbände standen allen Schichten und Berufen offen. Das galt noch für die »Ritter der Arbeit« *(Knights of Labor)*, die, bis 1879 ein Geheimbund, alle Berufe aufnahmen (ausgenommen das Bankgewerbe und die Gastwirte). Die »Ritter der Arbeit« hatten eine Zeitlang große Bedeutung, verfielen dann aber rasch, teils wegen einiger mißglückter Streiks, teils weil die gelernte Arbeiterschaft sich mehr dem geschlossenen Berufsverband zuneigte. Diesem Streben folgend, gründete der aus England eingewanderte *Samuel Gompers* 1886 den Amerikanischen Gewerkschaftsbund *(American Federation of Labor, AFL)*. Von Anfang an folgte der Bund dem britischen Vorbild rein geschäftsmäßiger Beziehungen zu den Arbeitgebern *(business union)* und gewährte den ungelernten Arbeitern keinen Zugang. Erst im »New Deal« (1933/35) begann die Regierung, das Gewerkschaftswesen energisch zu fördern. Dieser Politik folgte dann die große Organisierungswelle in der Großindustrie (Stahl und Eisen, Automobile, Glas, Chemie, Öl). Da aber die *AFL* die Ungelernten nur zögernd in ihre Organisation aufnahm, begann der *Congress of Industrial Organizations (CIO)*, seit 1938 als selbständige Bewegung, sehr erfolgreich die Belegschaften in der Großindustrie zu organisieren. Dies führte zwangsläufig zu mancherlei Konflikten, die erst 1955 durch die Verschmelzung beider Verbände beigelegt wurden, ohne daß Grenzstreitigkeiten sich bis zum heutigen Tage befriedigend lösen ließen.
Die Mitgliederzahlen der Gewerkschaften in den USA wuchsen sehr langsam. Um 1890 waren erst 1,6 Prozent der Arbeiterschaft organisiert, 1930 7 Prozent. Dann folgte mit den neuen arbeitsrechtlichen Gesetzgebung von 1935 (und der Errichtung des *National Labor Relations Board*) ein geradezu explosiver Aufschwung, der vor allem die bisher nicht organisierten Belegschaften der Massenindustrien erfaßte. Die *AFL-CIO* hat heute rund 13 Millionen Mitglieder in 194 *National Unions* oder *Federations (International,* wenn kanadische Verbände dazugehören). Nicht angeschlossen an den Gewerkschaftsbund sind rund 5 Millionen organisierte Arbeitnehmer, darunter zwei von den vier Eisenbahnerverbänden, die *Teamsters Union* (Lkw-Fahrer) und einige andere Gruppen, die wegen umfangreicher Korruptionen aus dem *AFL-CIO* ausgeschlossen wurden. Die Bergarbeitergewerkschaft war schon vor Jahren freiwillig aus der *AFL* ausgeschieden. Daneben bestehen einige zum Teil kommunistisch infizierte Verbände, die ebenfalls dem Gesamtverband fernstehen.
Die Gewerkschaften in den USA erfassen heute etwa 18 Millionen Arbeiter und Angestellte. Rund 35 Prozent davon sind in den sechs großen Verbänden (Teamsters, Automobilarbeiter, Stahlarbeiter, Maschinisten, Zimmerleute und Arbeiter der Elektroindustrien) organisiert. Die große Organisierungswelle ist inzwischen deutlich abgeflaut, vor allem weil die dringendsten Bedürfnisse der Arbeitnehmer weithin erfüllt sind und die Organisation der Belegschaften oft weitgestreuter Betriebe zu kostspielig geworden ist. Hinzu kommt, daß weite Kreise, namentlich der Angestellten, wegen eines gewissen Widerstands in der öffentlichen Meinung und — in den Südstaaten — der örtlichen Arbeitgeber nicht mehr bereit sind, den

Gewerkschaften beizutreten. Eine allgemein in den USA spürbare »Organisationsmüdigkeit« hat dazu geführt, daß in der jüngeren Generation von Angestellten und Arbeitern die Beziehungen zu den Traditionen der Gewerkschaftsbewegung ihrer Väter stark geschwunden sind.

Deutschland

Die Anfänge des deutschen Gewerkschaftswesens liegen in den vierziger Jahren des 19. Jahrhunderts (Buchdrucker), und zwar handelte es sich ebenfalls um Verbände für Facharbeiter. Ende der sechziger Jahre traten zwei neue Verbandsgebilde auf, die *Hirsch-Dunckerschen Gewerkvereine* und die sozialistischen Verbände. Erstere waren dem englischen Modell nachgebildet, letztere meist marxistisch orientiert, also mit starker politischer Bindung und daher auch eher imstande, ungelernte Arbeiter zu organisieren. Anfang der neunziger Jahre wurden in Opposition zu den erstarkten sozialistischen Verbänden die ersten christlichen Gewerkschaften gegründet. Schließlich entstanden Gewerkschaften der Angestellten *(Allgemeiner Freier Angestelltenbund, AFA-Bund; Deutschnationaler Handlungsgehilfenverband, DHV; Gesamtverband Deutscher Angestelltengewerkschaften, Gedag; Gewerkschaftsbund der Angestellten, GdA; Verband der weiblichen Handels- und Büroangestellten, VwA)* und der Beamten *(Deutscher Beamtenbund, DBB)*; daneben einige kleinere Verbände.

Das deutsche Gewerkschaftswesen war von Anfang an in verschiedene Richtungen gespalten. Selbst die Konsolidierung zum *Deutschen Gewerkschaftsbund (DGB)* nach dem zweiten Weltkrieg hat keine Einheitsstruktur schaffen können. Dies um so weniger, als große Teile der Angestellten und Beamten außerhalb des *DGB* geblieben sind. Auch eine kleine christliche Gewerkschaftsbewegung hat sich seit 1956 wieder gemeldet. Etwa 30 Prozent aller Arbeiter und Angestellten in Westdeutschland sind gewerkschaftlich organisiert, davon rund 6 Millionen in den 16 Industrieverbänden des *DGB*. Etwa ein Drittel der organisierten Angestellten hat in der *Deutschen Angestellten-Gewerkschaft (DAG)* einen eigenen Verband mit 435000 Mitgliedern.

Frankreich

Wieviel von den rund 21 Millionen Arbeitern und Angestellten gewerkschaftlich organisiert sind, ist schwer zu sagen, da die meisten Verbände keine verbindlichen Mitgliederzahlen bekanntgeben. Die Entwicklung in diesem Lande war langsam und diffus; teils wegen der gewerblichen Struktur des Landes, teils wegen verschiedener politischer Strömungen in der Arbeiterschaft, teils aber auch wegen der mangelnden Organisationsfähigkeit oder Organisationswilligkeit der Arbeiterschaft. Von gewerkschaftlicher Seite nimmt man unverbindlich eine Mitgliederzahl von insgesamt 5,5 Millionen an; Schätzungen aktiver Mitglieder gehen aber bis auf 1,5 Millionen hinunter. Das französische Gewerkschaftswesen erhielt erst spät (1884) eine klare rechtliche Basis; politische Einflüsse verschiedener Herkunft trugen zur Aufspaltung und zu einer etwas chaotischen Dynamik bei.

Der stärkste Verband dürfte der kommunistische Gewerkschaftsverband sein *(Confédération générale du Travail; CGT)*, mit offiziell 3 Millionen Mitgliedern in 40 Verbänden. Er gehört dem kommunistischen *Weltgewerkschaftsbund (WGB)* an. Daneben hat sich die *Force Ouvrière* mit offiziell einer Million (wahrscheinlich nur 300000) Mitgliedern in 86 Verbänden entwickelt. Ein unabhängiger Verband ist auch die Gewerkschaft der höheren Angestellten *(Confédération générale des Cadrés; CGC)*. Der Verband der christlichen Arbeiter *(Confédération française des Travailleurs chrétiens; CFTC)* hat 51 Mitgliedsverbände und eine offizielle Mitgliederzahl von 900000. Schließlich die *Confédération générale des Syndicats Indépendants (CGSI)* von 1948, von der 1955 ein »Verband für Arbeit und Freiheit« absplitterte. Die gegenwärtige Tendenz scheint dahin zu gehen, nationale Industrie- oder Berufsverbände aus den verschiedenen politisch aufgespalteten Föderationen zu bilden.

Italien

Die Gesamtzahl der organisierten Arbeiter und Angestellten wird mit über 8 Millionen angegeben, dürfte aber näher bei 5 Millionen liegen. Wie in Frankreich ist in Italien der stärkste Verband der kommunistische, der an den kommunistischen *Weltgewerkschaftsbund* angeschlossen ist. 1950 wurde ein Nationalverband der Arbeiter *(Confederazione Italiana Sindicali Lavoratori; CISL)* gegründet, der nicht politisch orientiert ist, in dem aber die christlich-demokratischen Elemente (neben sozialistischen und anderen Gruppen) überwiegen. Ein weiterer antikommunistischer Verband ist die Italienische Arbeiter-Gewerkschaft; daneben noch einige unabhängige Verbände. Der Nationalverband der Arbeiter gibt rund 2 Millionen Mitglieder in 31 Verbänden an, der kommunistische Gewerkschaftsbund *(Confederazione Generale Italiana del Lavoro; CGIL)* 4,5 Millionen in 54 Verbänden. Der unabhängige Verband nationaler Gewerkschaften gibt 900000 Mitglieder in 39 Verbänden an.

Die wirtschaftliche Struktur des Landes und politische Differenzen kennzeichnen, wie in Frankreich, das Bild der Gewerkschaften. Auch hier ist die Organisationswilligkeit der Arbeiter, abgesehen von den großen Industriezentren um Mailand und Turin, nicht sehr bedeutend.

Belgien

Von ungefähr 3 Millionen Lohn- und Gehaltsempfängern sind rund 60 Prozent organisiert, und zwar in einer Reihe von politisch verschieden orientierten Verbänden. Der größte unter ihnen ist der Allgemeine Arbeiterverband von Belgien *(Fédération générale du Travail de Belgique; FGTB)* mit einer offiziellen Mitgliederzahl von 600000 bis 700000, gegliedert in 14 Verbänden. Diese Föderation steht der belgischen Sozialistischen Partei nahe und ist dem *Internationalen Bund Freier Gewerkschaften* angeschlossen. Der nächstgrößere Verband ist der Christliche Belgische Gewerkschaftsverband *(Confédération des Syndicats chrétiens; CSC)*, der ebenfalls zwischen 600000 und 700000 Mitglieder in 18 Verbänden angibt; er steht der Christlich-Demokratischen Partei nahe. Weit schwächer ist die Zentrale der Liberalen Gewerkschaften Belgiens *(Centrale générale des Syndicats libéraux de Belgique; CGSLB)*; sie hat rund 40000 Mitglieder und steht der Liberalen Partei nahe. Ihr Schwergewicht liegt bei Angestellten und Arbeitern der öffentlichen Dienste. Daneben bestehen noch zwei Splittergruppen unabhängiger Gewerkschaften, die eine davon für Journalisten.

Dänemark

Von den ungefähr 2 Millionen Arbeitern und Angestellten sind fast 1,5 Millionen organisiert. Ungefähr 46 Prozent davon gehören zum Dänischen Gewerkschaftsbund *(De Samvirkende Fagforbund i Danmark)*, der dem *Internationalen Bund Freier Gewerkschaften* angeschlossen ist. Der Gewerkschaftsbund hat 70 Verbände, darunter manche kleine von nur lokaler oder professioneller Bedeutung. Neben dem Gewerkschaftsbund bestehen 9 unabhängige Verbände mit geringer Mitgliederzahl und der Nationalausschuß für öffentliche Angestellte und Funktionärs-Organisationen, der 100000 Mitglieder angibt; er wird vom Dänischen Gewerkschaftsbund stark bekämpft.

Die Niederlande

Ungefähr 40 Prozent (etwa 1,3 Millionen) der rund 3,5 Millionen Arbeiter und Angestellten sind gewerkschaftlich organisiert. Die drei größten Gewerkschaftsbünde unterscheiden sich nach religiös gebundenen und politischen Programmen. Während der stärkste Verband, der Niederländische Gewerkschaftsbund *(Nederlands Verbond van Vakverenigingen; NVV;* rund 470000 Mitglieder in 23 Verbänden), seinen politischen Flügel in der Arbeiterpartei hat, steht der Niederländische Katholische Gewerkschaftsbund *(Nederlandse Katholieke Arbeidersbeweging; KAB)* mit 380000 Mitgliedern in 25 Verbänden der Katholischen Volkspartei nahe. Die dritte große Gewerkschaft, die Nationale Vereinigung christlicher Arbeiter *(Christelijk Nationaal Vakverbond in Nederland; CNV)* mit über 200000 Mitgliedern in 26 Verbänden, steht den beiden protestantischen Parteien nahe. Die katholischen und die christlichen Verbände sind Mitglieder des *Internationalen Bundes Christlicher Gewerkschaften*. Der unbedeutende kommunistische Einheitsbund der Gewerkschaften gibt offiziell 40000 Mitglieder in 15 Verbänden an und gehört zum kommunistischen *Weltgewerkschaftsbund*.

Österreich

Über 50 Prozent der rund 2,3 Millionen Arbeiter und Angestellten sind in 16 Verbänden organisiert; die weitaus größte Zahl gehört zum *Österreichischen Gewerkschaftsbund (ÖGB)*, der verschiedene politische Richtungen, bis 1951 sogar Kommunisten, enthält. Die Ämter im *Österreichischen Gewerkschaftsbund* werden entsprechend der Stärke der verschiedenen politischen Richtungen besetzt; den größten Einfluß haben die Sozialisten. Der Bund ist angeschlossen an den *Internationalen Bund Freier Gewerkschaften*, mit Ausnahme der christlichen Gruppe (rund 90000 Mitglieder), die zum *Internationalen Bund der Christlichen Gewerkschaften* gehört. Die stärksten Verbände sind die der Holz- und Bauarbeiter (rund 180000 Mitglieder) und die *Gewerkschaft der Metall- und Bergarbeiter* (rund 230000 Mitglieder), ferner die *Gewerkschaft der Angestellten in der Privatwirtschaft* mit rund 170000 Mitgliedern und die der Eisenbahner mit rund 120000 Mitgliedern.

Schweden

Etwa 77 Prozent der Lohn- und Gehaltsempfänger (3,5 Millionen) sind gewerkschaftlich organisiert, also fast 2 Millionen. Dem Allgemeinen Schwedischen Gewerkschaftsbund *(Landsorganisationen i Sverige)* gehören rund 1,4 Millionen Arbeiter in 44 Verbänden an; die Zentralorganisation der Angestellten *(Tjänstemännens Centralorganisation; TCO)* gibt rund 440000 Mitglieder in 42 Verbänden an. Beide Verbände gehören dem *Internationalen Bund Freier Gewerkschaften* an. Neben ihnen bestehen noch drei kleinere Gewerkschaften mit zusammen rund 75000 Mitgliedern, darunter ein Zentralverband der Akademiker mit 40000 Mitgliedern in 37 Verbänden. Die schwedischen Gewerkschaften haben ihre politische Vertretung in der sozialistischen Arbeiterpartei, die seit Jahren die führende politische Macht darstellt.

Die Schweiz

Von den rund 1,8 Millionen Arbeitern und Angestellten sind etwa 700000 organisiert. Der weitaus stärkste Verband ist der dem *Internationalen Bund Freier Gewerkschaften* angeschlossene *Schweizerische Gewerkschaftsbund* mit über 400000 Mitgliedern. Eng liiert mit ihm ist die Vereinigung schweizerischer Angestelltenverbände mit rund 80000 Mitgliedern. Zwei weitere Verbände sind richtungsorientiert: der *Christlich-Nationale Gewerkschaftsbund* mit über 70000 Mitgliedern in 10 Verbänden und der *Schweizerische Verband Evangelischer Arbeiter und Angestellter* mit über 17000 Mitgliedern. Die beiden zuletzt genannten Verbände sind dem *Internationalen Bund der Christlichen Gewerkschaften* angeschlossen. Ein *Landesverband Freier Schweizer Arbeiter* (über 17000 Mitglieder) ist an den *Internationalen Bund Freier Gewerkschaften* angeschlossen. Außerdem gibt es in der Schweiz noch 6 kleine unabhängige Verbände für Spezialberufe (Artisten, Bankangestellte, Lehrer, Postbeamte, kantonale Beamte, Polizei, Maschinen- und Elektrotechniker).

*

Die gewerkschaftlichen Arbeiter-Organisationen der kommunistischen Länder (und Spaniens) sind hier nicht aufgeführt worden, weil sie nicht als freie Verbände im üblichen Sinne gelten können. Gewerkschaftliche Organisationen gibt es heute in fast allen unabhängigen Staaten, selbst in den gerade aus der kolonialen Abhängigkeit entlassenen Ländern. Wegen der Dürftigkeit und Unzuverlässigkeit des statistischen Materials folgen hier nur einige generelle Bemerkungen.
Die industriell erst in der Entwicklung begriffenen Länder haben Gewerkschaften auch da gegründet, wo die wirtschaftlichen Voraussetzungen fast völlig fehlten. Die Gewerkschaften waren in der Regel am Kampf um die nationale Unabhängigkeit wesentlich beteiligt; aber die mangelnden wirtschaftlichen Voraussetzungen hinderten ihre Aktionen und hatten häufig zur Folge, daß die Regierungen sie mit dem Argument scharf kontrollierten, den wirtschaftlichen Aufbau schützen und Ruhe und Ordnung aufrechterhalten zu müssen.
In mancher Hinsicht typisches Beispiel ist Syrien, seit 1958 mit Ägypten zur Vereinigten Arabischen Republik verbunden. 1920 wurde Syrien französisches Mandat. Die französische Verwaltung suchte die fast mittelalterlichen Zunftverhältnisse zu bewahren, mußte aber die Gründung von Gewerkschaften zulassen. Die einschränkende Bedingung war, daß Arbeiter und Unternehmer – der im allgemeinen kleinen Werkstätten – sich in derselben Organisation zusammenschlossen. – 1946 wurde Syrien unabhängig, und die Arbeiterführer verlangten Koalitionsfreiheit und ein modernes Arbeitsrecht. Beides konnten die Gewerkschaften in der kaum entwickelten Wirtschaft nicht erzwingen. Politische Motive begannen die eigentlich gewerkschaftlichen Interessen zu überwuchern. Die Verfassung von 1950 übergab denn auch der Regierung die Verantwortung für den Arbeitsmarkt und die Regelung der Arbeitsverhältnisse.
Syrien schloß sich bald dem *Internationalen Arbeitsamt* an und unterwarf sich damit den dort festgelegten Normen. Ein Land mit nur 1,8 Millionen Beschäftigten (400000 außerhalb der Landwirtschaft) übernahm Verpflichtungen, die nur in modernen Industrieländern tragbar sind. Die schnelle Industrialisierung konnte auf Arbeitsreserven in der weithin unterbeschäftigten Landwirtschaft zurückgreifen, denen die Gewerkschaften machtlos gegenüberstanden. Darüber hinaus beschränkte das Arbeitsrechtsgesetz von 1946 die Gewerkschaften durch staatliche Kontrollen, die den Streik praktisch ausschlossen. Hinzu kam, daß das Gesetz Arbeitszeit, Urlaub, die Bezahlung von Überstunden und die Unfallverhütung bis ins einzelne regelte und der Regierung die Verantwortung dafür übertragen hatte. Aus naheliegenden Gründen hatten diese Bestimmungen für die weitverstreuten, primitiven Kleinbetriebe praktisch keinerlei Bedeutung. Einziges Mittel für gewerkschaftliche Aktionen blieb der politische Druck.
Das Interesse der Arbeitnehmer an den Gewerkschaften ist deshalb gering. Von den 400000 in der gewerblichen Wirtschaft beschäftigten Arbeitern und Angestellten sind etwa 32000 organisiert (1957); die meist lokalen Gewerkschaften zählen selten mehr als fünfundsiebzig, oft nur zwölf Mitglieder.
Ein gänzlich anderes Bild dagegen bieten die Belegschaften der ausländischen Erdölfirmen, namentlich der Irak-Petroleum-Gesellschaft. Sie bilden eine Art erratischen Wirtschaftsblocks in der fast noch mittelalterlichen Landschaft. Hier fördert die Regierung mit allen Mitteln die dort angesiedelten Gewerkschaften, läßt aggressive Forderungen zu und schützt die Belegschaften, indem sie den Unternehmen vielerlei soziale Verpflichtungen auferlegt.
Hier gleichen die Gewerkschaften den Verbänden, wie sie im Westen üblich sind. Gegenüber den fremden, kapitalstarken Unternehmen haben sie – mit ausdrücklicher Zustimmung der Regierung – den Status der Befestigung; in der übrigen Wirtschaft ist ihnen nur das bare Existenzminimum erlaubt, das dazu noch durch patriarchalische Maßnahmen aufs äußerste eingeengt ist.
Immerhin wird damit verhütet, daß die Macht der gewerkschaftlichen Aktionen bei den unzureichenden wirtschaftlichen Voraussetzungen und den überhöhten Erwartungen chaotische Zustände herbeiführt, wie es tatsächlich in einer Reihe anderer Entwicklungsländer geschehen ist. Es scheint, daß die westliche Entwicklung nicht dadurch übersprungen werden kann, daß man sich mit fremder Hilfe schnell industrialisiert und das westliche Gewerkschaftssystem mit den Normen des Internationalen Arbeitsamtes auf ihrem Höchststand übernimmt.

Arbeitsangebot die Ursache der schlechten Arbeitsbedingungen und gewerkschaftlichen Schwäche ist, zeigt sich auch im Sowjetsystem; daher gibt es hier auch überlange Arbeitszeiten, schlechte Löhne, schlechte allgemeine Arbeitsbedingungen, Ausbeutung der Arbeitskraft in großem Stil, die weit über all das hinausgeht, was Marx im englischen Kapitalismus beobachtet und was ihn veranlaßt hatte, seine Ausbeutungsdoktrin zu formulieren. Wenn ein Wirtschaftssystem wie das russische der Absicht nach auf »Aufhebung der kapitalistischen Ausbeutung« zielt, um das Arbeiterparadies herzustellen, dann kann es zwar die Gewerkschaften nicht mehr als freie und autonome Vertretung der Arbeiterschaft anerkennen, aber es kann die Tatsache nicht aus der Welt schaffen, daß auch ein ideologisch konzipiertes Wirtschaftssystem den Kapitalmangel nur durch Ausbeutung der Arbeiter in großem Stil beheben kann.

Zur wirklichen Befestigung der Gewerkschaft gehört also die Aussicht, das mehr oder weniger weite rechtliche Gewand der Befestigung mit Organisation und Macht ausfüllen zu können. Es mag gut klingen, gesetzlich mit der Vertretung der Arbeiterinteressen betraut zu sein, den Achtstundentag und soziale Sicherungen verschiedenster Art gesetzlich verankert zu haben – aber all das hängt in der Luft, wenn die feste Basis des faktisch Möglichen fehlt. Hier ist auf den Irrtum hinzuweisen, der in den Gewerkschaften eine Art schöpferischer Potenz sieht. Man trifft, selbst in den Vereinigten Staaten, oft die Meinung, schlechte »Lohngebiete« durch Gewerkschaftsgründung überwinden zu können. Das ist im allgemeinen nicht zutreffend. Die Gewerkschaft ist in erster Linie ein Organ der Arbeitsordnung und der Einkommensverteilung; daran mögen sich gewisse wirtschaftliche Wirkungen anschließen. Aber sie ist keine wirtschaftlich schöpferische Potenz. Wo Industriezweige nicht recht hochkommen oder langsam verkümmern, wo überscharfe Konkurrenz auf preisempfindlichen (elastischen) Märkten lastet, kann die Gewerkschaft mit ihren Mitteln nicht viel ausrichten. Erst wenn die Zuwachsrate der Produktivität wächst, gewinnt die Gewerkschaft ihren marktordnenden und anteilerhöhenden Sinn. Kurz gesagt, der gewerkschaftliche Erfolg hängt vom Produktionsertrag ab. Ohne wirtschaftliche Produktivität kann die Gewerkschaft ihre rechtliche Befestigung nicht ausnützen, kann sie keine Organisationsmacht werden, die ihren Anteil an der »bestrittenen Zone« (Webb) der Verteilung sichert.

Damit haben wir die wesentlichen Kriterien der Befestigung beisammen und können den Unterschied ermessen, der zwischen der Gewerkschaft im klassischen und im befestigten Zustand liegt. Man kann es auf die kurze Formel bringen, daß die klassische Gewerkschaft eine abhängige Variable war, während die befestigte eine (relativ) unabhängige Variable geworden ist. Die klassische Gewerkschaft fügte sich in das funktionierende Wirtschaftssystem ein; die befestigte ist ein (relativ) aktiver Faktor in diesem System, ja sie verändert dieses System sogar, so daß man vom kapitalistischen Wirtschaftssystem bereits gesagt hat, es neige zum »Laborismus« (Sumner Slichter). Andere, etwa Calvin Hoover, sprechen von einem »gemischten System«, während Bernard Dempsey so weit geht, die Bezeichnung »kapitalistisch« ganz abzulehnen; die Bezeichnung habe keinen Sinn mehr, weil das Kapital seine Privilegien und seine Priorität durch den Einfluß der befestigten Gewerkschaft weithin verloren habe.

Es ist nun aber nicht so, daß die Gewerkschaft der westlichen Länder heute von der ausschließlich klassischen Form zu der ausschließlich befestigten übergegangen sei. Es wurde schon bemerkt, daß in der Zeit der klassischen Gewerkschaft Spezialberufe eine faktische Befestigung besaßen; so reicht also der Zustand der Befestigung in die Ära der klassischen Gewerkschaft hinein. Umgekehrt sind in der Ära der Befestigung Restbestände der klassischen Gewerkschaft durchaus noch vorhanden, weil – wie oben gesagt – eine legale Befestigung nicht immer eine tatsächliche Befestigung bedeutet. Wo die wirtschaftlichen Bedingungen nicht ausreichen, versagt die legale Befestigung, wird sie für alle praktischen Zwecke wirkungslos. Auch in hochentwickelten Industrieländern fehlen zuweilen die wirtschaftlichen Voraussetzungen für eine tatsächliche Befestigung: unelastische Märkte, fortschrittliche Produktionsweisen, hohe Kapitalinvestitionen pro Arbeitsplatz, gesicherte, wenn nicht monopolartige Marktpositionen (Kartelle) einzelner Firmen und Industriezweige. Wo Voraussetzungen dieser Art nicht gegeben sind, gibt es keine befestigte Gewerkschaft, obschon die legale Voraussetzung vorhanden sein mag. Wenn zum Beispiel das Textilgewerbe unter den Druck einer neuen künstlichen Faser kommt und kaum seine Kosten decken kann oder wenn in anderen Industrien der Absatz lange Zeit preiselastisch ist, verharrt die Gewerkschaft im klassischen Zustand. Ihre Vorstöße mögen Kleinigkeiten verbessern, zumal solche, die nichts kosten, aber sie werden hinter dem weit zurückbleiben, was die in günstigen Produktions- und Marktverhältnissen operierenden Gewerkschaften erzielen können. Wenn sie versuchen, mit Druckmitteln aufzuholen, laufen sie nur Gefahr, sich aus dem Markt hinauszumanövrieren oder gar Betriebe stillzulegen und sich damit selbst den Boden unter den Füßen wegzuziehen. In fast allen westlichen Ländern beobachtet man, daß privilegierte und gut placierte Gewerkschaften mit starker Befestigung neben unterprivilegierten und schlecht placierten stehen; ein Sachverhalt, der für die Gewerkschaftssolidarität nicht ohne Gefahren und Schwierigkeiten ist. In Schweden wie in England hat diese Differenz zwischen den Gewerkschaften zu Vorschlägen über ein zentrales gewerkschaftliches Lohnamt geführt, das zwischen gut und schlecht placierten Gewerkschaften ausgleichen soll. Bis jetzt waren diese Bestrebungen ohne Erfolg, weil die einzelnen Verbände auf ihrer Autonomie in Lohnfragen bestanden.

*

Die klassische Gewerkschaft war der eine Flügel der Arbeiterbewegung des 19. Jahrhunderts, der andere die politische Arbeiterbewegung. In dem Maße, in dem sich der Kapitalismus entfaltete und die wirtschaftliche Produktivität zunahm, erwies sich die marxistische Prognose vom notwendigen Umschlag des Kapitalismus in den Sozialismus als immer weniger begründet. So minderte sich der radikale politische Auftrieb der Arbeiterbewegung und verstärkte sich zunehmend die gewerkschaftliche Bewegung. Das ist der eine Vorgang, der in unserem Zusammenhang von Bedeutung ist. Aber daneben steht ein anderer. Die Entwicklung zur befestigten Gewerkschaft in den westlichen Industrieländern, dort also, wo die Gewerkschaft imstande war, die gesetzliche Befestigung durch Organisation und Marktdruck voll auszunutzen, hatte eine doppelte Wirkung, eine quantitative, indem sie immer mehr Arbeiter und immer mehr Berufe umfaßte, und eine qualitative, indem sich auch Angestellte und Beamte gewerkschaftlich organisierten. Hält man das zusammen mit der Entwicklung von Kartellen und kartellähnlichen Verbänden in Industrie, Handel, Landwirtschaft, ja sogar in den akademischen Berufen, so begreift man, daß sich die Gesellschaft allmählich von der individualistischen Struktur des 19. Jahrhunderts in jene Struktur gewandelt hat, die man seit Harold Laski als »pluralistisch« bezeichnet. Die befestigte Gewerkschaft also gehört zu den pluralistischen Verbänden, die die Struktur der gegenwärtigen westlichen Gesellschaft ausmachen. Innerhalb dieser Gesellschaft selbst, die ja, politisch gesehen, demokratisch ist, verfügen die Gewerkschaften in der Regel über ein anderen Verbänden überlegenes politisches Gewicht. Da die Willensbildung in der Demokratie von Wählerstimmen abhängt, haben die Gewerkschaften auf Grund der von ihnen beeinflußbaren Stimmenzahl erhöhte politische Bedeutung im Vergleich mit anderen pluralistischen Verbänden. Hier liegt das Problem der Beziehung zwischen moderner Gewerkschaft und Demokratie.

Der andere Sachverhalt, ebenfalls von großer Bedeutung, ist der, daß die Gewerkschaft durch Befestigung, Ausdehnung und Größe ihren Charakter als Bewegung weithin verloren hat. Unter Bewegung verstehen wir hier spontane soziale Unruhe, veranlaßt durch schlechte Lebensbedingungen und durch das Gefühl, in der Preis- und Einkommensbildung vom Markte und im sozialen Zusammenhang keine Gerechtigkeit und Anerkennung zu finden. Die Triebkraft zur Bewegung sind Reformwünsche oder Utopien. Eine Bewegung kristallisiert sich in Verbänden, wenn sie ihre Führung gefunden hat. Wenn diese Verbände an wirtschaftlichem und politischem Gewicht gewonnen und Ausbreitung über ihr mögliches Feld gefunden haben, schwindet langsam das ursprüngliche Bewegungsmotiv; aus der Bewegung wird eine geordnete Verbandsform mit Struktur und Apparat. Das ist genau das, was die Gewerkschaftsbewegung der westlichen Welt im Zustande der Befestigung erfahren hat: sie hat sich strukturiert und institutionalisiert, so weit schließlich, daß den leitenden bürokratischen Stäben das Interesse an der Spontaneität verlorengehen kann. Aus den flüssigen Massen der Arbeiterbewegung haben sich gleichsam Kristalle gebildet, die ihre Form und Struktur, ihr »Gesetz« gefunden haben.

Das zuletzt Gesagte gilt in der Hauptsache für die Gewerkschaften der westlichen industriellen Welt, soweit sie sich im Zustand der aktuellen Befestigung befinden. In der Welt des Kommunismus ist die ideologische und politische Arbeiterbewegung durch klassenfremde Intellektuelle zur Herrschaft gelangt. Hier sind die Ansätze der kapitalistischen Wirtschaft und das Privateigentum an Produktionsmitteln durch Kollektiveigentum und durch zentrale Planungsbehörden ersetzt worden. Hier herrscht also »Befehlswirtschaft«. Die zentrale Planwirtschaft erwies sich als unverträglich mit freien, autonomen Gewerkschaften; wenn die Gewerkschaft überleben sollte, mußte sie sich in das Plansystem und seine Anforderungen einfügen. Das ist im kommunistischen Raum seit 1931 geschehen; die Gewerkschaften sind mit der Verantwortung für die betriebliche Sicherung der Plandurchführung, daneben mit gewissen sozialen Aufgaben betraut worden. Sie sind also im Kommunismus Organe der Planungsbehörden und damit Organe der Herrschaft über den Produktions- und Leistungsvorgang, das heißt der Sache nach Herrschaftsorgane. Verbindungsglieder zu ihrer Vergangenheit sind der Name Gewerkschaft und einige Wohlfahrtsaufgaben. Es bestätigt sich, was man hätte voraussagen können, daß freie Arbeiterverbände in einer zentralen Planungswirtschaft ein Fremdkörper sind, also nicht geduldet werden können. Es liegt eine gewisse Ironie darin, daß der Kommunismus zwar nicht, wie Marx glaubte, den Staat absterben läßt zugunsten einer Gesellschaft, »in der die freie Entwicklung eines jeden die Bedingung der freien Entwicklung aller ist«; sondern die Freiheit eines jeden zusammen mit der Freiheit aller ist in der Planwirtschaft verschwunden; was sich mit despotischer Härte befestigt hat, ist der kommunistische Staat.

Neben dem kommunistischen Bereich gibt es schließlich Länder, in denen die Gewerkschaften politisch kontrolliert werden und ihre Bewegungsfreiheit weithin beschränkt ist. Das galt für das faschistische Italien, auch für Vichy-Frankreich, für Spanien und einige andere Staaten am Rande der industriellen Entwicklung. Es sei versucht, hier einen globalen Überblick über das, was herkömmlich als »Arbeiterbewegung« bezeichnet wird, zu geben:

1. Gebiete der befestigten Gewerkschaft, die frei sind vom politischen Radikalismus; dahin rechnen vor allem die USA, Kanada, die Schweiz, Holland.

2. Gebiete, in denen aus der befestigten Gewerkschaft heraus, aus Gründen ihrer Erfolge und der Sichtbarkeit ihrer Grenzen, eine neue Unruhe entsteht, mit der Neigung, von der Gewerkschaft her ein Wirtschafts- und Gesellschaftssystem syndikaler Natur zu entwerfen. Das gilt annäherungsweise für England und, in geringerem Maße, für die Bundesrepublik.

3. Gebiete, in denen sich die Gewerkschaft als politische Arbeiterbewegung zu formieren beginnt oder schon einigermaßen formiert ist. Hier steht sie unter dem Gesetz der »Bewegung«. Das gilt in der Regel für die Entwicklungsländer.

4. Das große kommunistische Gebiet, in dem die Gewerkschaft zu einem Organ zentraler Planwirtschaft denaturiert ist.

5. Gebiete außerhalb des Kommunismus, in denen die Gewerkschaft unter strenger staatlicher Kontrolle gehalten wird.

Diese Gliederung ist »idealtypisch«; sie berücksichtigt nicht die Prägung durch nationale, soziale und kulturelle Motive. Bei aller Gemeinsamkeit im Gewerkschaftlichen sind doch große Unterschiede unverkennbar; das gilt sogar dann, wenn die ideologische Prägung, etwa durch den Marxismus, gleichartig ist. Der weltanschauliche Einschlag darf nicht übersehen werden; er fehlt nirgends. Es ist ja nicht so, daß es eine »reine gewerkschaftliche Vernunft« gäbe, frei von weltanschaulichen und kulturellen Einflüssen; bei den marxistischen Gewerkschaften nicht und auch nicht bei solchen, die einen ideologischen Einschlag nur sehr milde und peripher erfahren haben, wie etwa die englischen Gewerkschaften, bei denen die fabische Doktrin relativ unerheblich war, dann aber doch in der Labour-Regierung stark an Einfluß gewann.

*

Wir haben die Bedeutung erkannt, die das System der freien Unternehmung für Entwicklung, Programm und Struktur der Gewerkschaften hatte; sie folgen ihm als seine Schatten. Je weiter entfaltet und produktiver das System, desto größer die Chancen gewerkschaftlicher Erfolge. Aber es wäre einseitig, diese Erfolge nur von daher zu deuten. Daneben sind die Gesetzgebung, das Recht und die Politik eines Landes von großer Wichtigkeit. Selbst in einem industrialisierten Lande können Verfassung wie Rechtsprechung die Spielräume der Gewerkschaften verengen, wenn nicht gar unterbinden. Umgekehrt können sie sie fördern. Von Hause aus sind die Gewerkschaften der Demokratie zugeneigt, in der Tat so weit, daß sie in ihr die ihnen günstigste politische Form sehen. Das heißt nicht, daß sie notwendig gegen die Monarchie sind; die englischen, skandinavischen, belgischen und holländischen Gewerkschaften sind bis heute nicht antimonarchistisch. (Demokratie muß also nicht mit Republik gleichgesetzt werden; Monarchie kann die krönende Spitze demokratischer Institutionen sein, wie das vor allem für England gilt.) Von der Demokratie erwarten die Gewerkschaften die Ausräumung überlebter Arbeitsgesetzgebung und überlebter und bedrückender Rechtsformen und Verwaltungspraktiken. Von ihr erwarten sie darüber hinaus die politische Repräsentation der Arbeiterschaft, nicht notwendig durch eine Arbeiterpartei, wie seit 1869 in Deutschland und seit 1906 in England; der Repräsentation kann durchaus Genüge geschehen in dem Gewicht, das die Gewerkschaften für bürgerliche Parteien haben, wie etwa heute in den USA in beiden Parteien, zumal aber der demokratischen; oder, wie im England des 19. Jahrhunderts, in der liberalen Partei. Von der Demokratie erwarten sie ferner das größere Verständnis für ihre Aufgaben und Ziele und größeres Ansehen des Verbandes wie seiner Führer. Schließlich sind die Gewerkschaften von ihren Anfängen an in sich demokratisch gestimmt; es schien nur natürlich, daß der eigene Wesenszug auch in der Struktur des Staates seine Entsprechung finde. Vor allem aber, und das gilt mehr für die befestigte als für die klassische Gewerkschaft: demokratische Verfassung und demokratische Institutionen erlauben der Gewerkschaft, sich positiv in das politische Geschehen einzuschalten und über die Gesetzgebung das zu erreichen zu suchen, was durch die eigene Macht nur unsicher und langsam zu schaffen wäre.

Die befestigte Gewerkschaft der westlichen Länder hat ihre rechtliche Sanktion durch die Demokratie erfahren. Von ihr stammen ihre Privilegien und die politischen Mittel, mit denen gewerkschaftliche Forderungen durchgesetzt werden können. Wenn in der klassischen Periode der Gewerkschaft die Demokratie die Funktion hatte, als Ventil wirtschaftlicher und sozialer Spannungen zu dienen, dann ist sie in der Ära der befestigten Gewerkschaft das Mittel, die Parteien und durch sie den Staat für gewerkschaftliche Ziele einzuspannen. Damit ist die Demokratie zur kategorialen Form des politischen Denkens der befestigten Gewerkschaft geworden.

Anders sieht es bei jenen Gewerkschaften aus, die in unterentwickelten Ländern entstehen und heute die Wahl haben, sich nach dem westlichen oder dem kommunistischen Vorbild einzurichten. Es zeugt für den Mythos-Charakter der politischen Demokratie, daß selbst die im Wesenszug autokratischen Systeme darauf bestehen, sich als Demokratien, und zwar als »allein echte« Demokratien, zu erklären – im Gegensatz zu den bloß »formalen« Demokratien des Westens. So entsteht im kommunistischen Bereich der widersinnige Begriff der Volksdemokratie, obwohl das Volk alle Rechte und alle Mitwirkung bei der politischen Willensbildung und Handlung verloren hat und sogar die persönlichen Rechte des Einzelnen vom Kollektiv absorbiert sind – im Interesse einer schnellen Industrialisierung nach der Planung zentraler Behörden. Die westliche Demokratie, mit ihren freiheitlichen Rechten für Personen und Verbände, erscheint hier als Hemmnis der wirtschaftlichen Entwicklung und wird darum verworfen. Die Gewerkschaftsbewegung nimmt unter solchen Umständen von vornherein Kurs auf den Kommunismus. Dabei wird sie, durchaus bewußt, zum dienenden Organ von Planungsbehörden. Hier liegt eine Denaturierung der Gewerkschaften vor, die auch dadurch nicht gemildert wird, daß kommunistische Regierungen gewisse Äußerlichkeiten der Demokratie sorgfältig wahren, so etwa Wahlen zu gesetzgebenden Körperschaften, Beschlüsse dieser Körperschaften durch Abstimmung, nominelle Rechte von Personen und Verbänden. Die Erfahrung mit kommunistischen Experimenten beweist seit über vierzig Jahren, daß die Freiheit der Gewerkschaft wesentlich zusammenhängt mit freier Unternehmung und freier Demokratie. Von Zeit zu Zeit mag die freie Gewerkschaft mit diesen Grundlagen in Spannung geraten, aber sie lebt von ihnen. Wo sie sie verliert oder gar selbst aufhebt, verliert und gibt sie sich selbst auf.

Insgesamt gesehen – und das gilt für das 19. Jahrhundert bis heute – sind in der Arbeiterbewegung diese beiden polaren Haltungen zutage getreten: der Glaube an die Diktatur und der an die Demokratie. Wenn und wo die rechtlichen und wirtschaftlichen Daseinsbedingungen verzweifelt werden, liegt immer die Neigung vor, auf den politisch-wirtschaftlichen Umsturz zu dringen und die Organisation zu diesem Zweck zu benutzen. Wo die wirtschaftliche und demokratische Entwicklung die Lage der Arbeiterschaft hebt, siegt der gewerkschaftliche Gedanke und verliert der politische Radikalismus an Boden.

Es wurde bemerkt, daß eine Wahlverwandtschaft der Gewerkschaften zur politischen Demokratie schon darin vorliegt, daß sie selber von Hause aus demokratische Gebilde sind. Die Gewerkschaft entstand ursprünglich als eine Verbindung von Berufsgenossen, und sie funktionierte als solche. Willensbildung wurde demokratisch bestimmt; in manchen frühen englischen Gewerkschaften ging der Vorsitz reihum, und man legte großen Wert auf demokratisches Verfahren. Das war in den kleinen Verhältnissen früher Gewerkschaften, die ja nach Berufen organisiert waren, durchaus möglich. Das demokratische Pathos konnte noch tiefere Werte ansprechen, nämlich das brüderliche Zusammenstehen in der gleichen Notlage wie die alle verbindende Berufstradition.

Das ist wesentlich anders geworden mit der Entwicklung von Großverbänden, die denselben Preis für ihre Größe, für ihre strukturelle Festigkeit und für die Ausdehnung ihrer Aufgaben, wie jede andere große Organisation, bezahlen müssen. Das Brüderliche, Gemeinschaftliche tritt zurück, das Demokratische verliert seine Direktheit und wird formal. »Verwaltung« wird notwendig, und damit erscheint der routinierte Bürokrat auf der Bildfläche. Wo früher der altgediente, oft noch selbst arbeitende Sekretär und Kassierer die laufenden Geschäfte versah, erscheint heute der Funktionär in seinen mannigfachen Abwandlungen, vom Präsidenten machtvoller Verbände bis zum lokalen oder Betriebsvertreter. Die heutige Gewerkschaft mußte sich institutionalisieren, weil sie an Umfang und an Größe der Aufgaben gewaltig gewachsen ist. Ganz abgesehen von den Erfordernissen der Verwaltung, die immer einen Apparat verlangt, verlangt die Erfüllung weitschichtiger Zwecke und Aufgaben ein Maß von Rationalität und Sachkunde, das nur von Experten erwartet werden kann, die mit den Dingen vertraut und für ihre Aufgabe mehr oder weniger spezialistisch gebildet sind.

Aus diesem Sachverhalt entsteht das vielerörterte Problem von Masse und Führung; es war in Deutschland schon vor dem ersten Kriege aktuell, und es hat nichts von seiner Aktualität verloren – im Gegenteil. Wenn die frühen Gewerkschaften auf der Spontaneität und aktiven Teilnahme der Mitglieder beruhten, so ist die Existenz befestigter Gewerkschaften durch die Stärke ihrer Institutionen und ihres Apparates bedingt. Wenn die klassische Gewerkschaft fortgesetzt um Mitglieder werben mußte, liegt für die befestigte kein solcher Zwang vor. Es gibt die erwähnten gesetzlich anerkannten Formen zur Zwangsmitgliedschaft (den Closed oder Union Shop), und es gibt gewerkschaftliche Druckmittel für den gleichen Zweck; der Closed oder Union Shop kann auch durch gewerkschaftliche Praktiken gesichert werden. Dafür bieten englische Gewerkschaften ein sprechendes Beispiel. All das verschiebt nun die Gewichtsverteilung zwischen Gewerkschaft und Mitgliedern, so weit schließlich, daß der amerikanische Gewerkschaftsbund im Jahre 1948 vor dem Obersten Bundesgericht kurz und bündig behaupten konnte, die Gewerkschaft sei »die Regierung über alle Arbeitsplätze«, und darum habe kein Arbeiter das Recht, eine Stelle anzunehmen, wenn er nicht Mitglied einer (anerkannten) Gewerkschaft sei. Hier deklarierte sich die Gewerkschaft gleichsam als der Feudalherr über alle Arbeitsplätze, denn wie im mittelalterlichen Feudalrecht kein Landbesitz ohne Oberherrn anerkannt war, so hier keine Arbeitsstelle ohne den Oberherrn der Gewerkschaft. Das ist der krasseste Ausdruck der Gewichtsverschiebung zwischen Gewerkschaft und Arbeiter. Die Freiwilligkeit der Mitgliedschaft ist verloren; der Arbeiter muß organisiert sein, um eine Stelle zu finden und zu halten, kurz, um leben zu können. Weder das englische noch das deutsche oder skandinavische Gewerkschaftswesen ist je so weit gegangen. Daß aber das Verlangen nach möglichst umfassender Organisierung in den Gewerkschaften überall vorhanden ist, ist leicht zu verstehen; und daß gewerkschaftliche Mittel dazu, direkt oder indirekt, eingesetzt werden, liegt klar zutage, mehr bei Verbänden, in denen noch berufliche Interessen bestimmend sind, als bei anderen. Es ist zu vermuten, daß für diesen allumfassenden Anspruch der Gewerkschaften mehr die institutionellen Gründe sprechen als die Interessen der Mitglieder. Wenn solcher Druck auf Organisierung noch mit *Check-off*-Bestimmungen verbunden ist, dann entfernt sich die Abhängigkeit der Gewerkschaft von der freien Zustimmung der Mitglieder noch weiter; sie wird finanziell unabhängig, und der Kassierer braucht den Mitgliedern nicht mehr wegen der Beiträge nachzulaufen.

Man sieht, wie in der befestigten Gewerkschaft das institutionelle Interesse eine gewisse Priorität vor dem der Mitglieder beansprucht; wie ferner die Verwaltung der großen Verbände das persönliche Band zwischen Führung und Mitgliedschaft auf aktenmäßige Beziehungen vermindert. Das mag für die erfolgreiche Politik der Gewerkschaften von Vorteil sein; aber es läßt das gemeinschaftliche und demokratische Moment zurücktreten, wenn nicht gar verschwinden. Hier liegt der Grund für die großen Bedenken mancher Kenner des Gewerkschaftswesens gegen jede Form von Zwangsmitgliedschaft und ihr Nachdruck darauf, daß es den Arbeitern erlaubt sei, beizutreten oder nicht und auszutreten, wenn es ihnen paßt. In diesem »Contract-Out« sieht zum Beispiel der Engländer V. L. Allen ein wichtiges Mittel, den Zusammenhang zwischen Führung und Mitgliedschaft zu gewährleisten; darum sein Hinweis, daß Streiks, die Gewerkschaftsprinzipien durchsetzen sollen, ihren Charakter geändert haben; sie sind nicht mehr, wie früher, Streiks für das Koalitionsrecht, sondern für den Beitrittszwang. Auch lehnt er es ab, einen Zusammenhang zwischen gewerkschaftlicher Stärke und Zwangsmitgliedschaft anzuerkennen; denn es sind die starken Gewerkschaften und nicht die schwachen, die den Organisationszwang erstreben und durchführen. Es ist ihre Stärke, die es ihnen erlaubt, und ihre Institutionalisierung, die es ihnen nahelegt. Bei Firmen und Industrien, die der Gewerkschaft die Zwangsmitgliedschaft ihrer Belegschaften im Tarifvertrag zugestehen, liegt unter anderem das Motiv vor, hohe Kapitalinvestitionen nicht durch einen Organisationsstreik stillegen zu lassen. V. L. Allen, der die Zwangsorganisation in England wie in den Vereinigten Staaten sorgfältig beobachtet hat, kommt zu dem Ergebnis, daß sie verwerflich sei und obendrein vom Standpunkt der dauernden Gewerkschaftsinteressen unerwünscht. Der Arbeiter wird zum bloßen Inhaber einer Mitgliedskarte und nicht zu einem echten Gewerkschafter. Er wird zum toten Ballast der Gewerkschaft, ohne aktive Teilnahme, ohne Interesse am Ganzen. Ebenso unhaltbar ist der häufige Vorwand der gewerkschaftlichen Führung, zumal in den USA, sie müsse wegen der gewerkschaftlichen Disziplin darauf bestehen, daß unorganisierte Arbeiter nicht beschäftigt werden. Aber wenn Disziplin dauernd und allverbindlich gemacht wird, dann droht der Mißbrauch der Autorität und die Scheidung zwischen dem, was institutionelles und was Mitgliedsinteresse ist. An englischen, vor allem aber an amerikanischen Beispielen zeigt sich, in welchem Grade die Übermacht des Verbandes zur Rechtlosigkeit der Mitglieder – nicht zu sprechen von den unorganisierten Arbeitern – werden kann. Die Untersuchungen des amerikanischen Senats (McClellan-Ausschuß) haben eine Unsumme verbrecherischer Zwangsmethoden gegen Mitglieder, Nicht-Mitglieder und Unternehmer zutage gefördert. Von den Enthüllungen dieses Ausschusses sagte der Präsident des Amerikanischen Gewerkschaftsbundes, er habe zwar gewußt, daß es viel Korruption in einzelnen Verbänden gebe, aber nicht, daß sie solche Ausmaße angenommen habe.

Für manche Verbände in den westlichen Ländern liegt hier das ernste Problem vor, wie ihre institutionell gesicherte Macht und die damit notwendige Ausdehnung von Bürokratie und Apparat in Einklang gebracht werden könne mit den Motiven humanitärer und freiheitlicher Art, die die Gewerkschaften von ihren Anfängen an gepflegt haben. Es war immer ihr Stolz, den Arbeiter gegen Marktdruck und Unternehmerwillkür geschützt zu haben; nun ist es ihre Verantwortung, ihn davor zu schützen, daß er nicht aus dem Regen von Marktdruck und Betriebsherrschaft in die Traufe von Gewerkschaftsdruck und Funktionärsherrschaft gerät. Es ist schon viel gewonnen, wenn die Gewerkschaften, wie das in der Bundesrepublik, England, USA und anderen Ländern der Fall ist, sich heute ernstlich überlegen, warum in weiten Kreisen der Mitgliedschaft das Interesse an der Gewerkschaft erlahmt ist; warum die jüngere Arbeitergeneration so oft eine indifferente, wenn nicht ablehnende Haltung einnimmt, warum der Wechsel im Mitgliedsbestand vieler Verbände so hoch ist, warum die Gewerkschaften in manchen Ländern über einen gewissen Mitgliedsbestand trotz intensiver Werbung nicht hinauskommen. Der Wiener Soziologe Karl Bednarik hat in seinem Buch »Der junge Arbeiter von heute – ein neuer Typ« die »existentielle Indifferenz« des jungen Arbeiters gegen alle Art von Organisation, auch gegen die gewerkschaftliche, behandelt. Der junge Arbeiter ist »fertig« mit ihnen allen; er hat kein Solidaritätsbewußtsein mehr; die »Überschattung der sozialen Apparaturen« hat selbst unter den älteren Arbeitern das Solidaritätsgefühl verblassen lassen. Der junge Arbeiter verteidigt seine Freiheit von aller Organisation und aller Solidarität »am Nullpunkt«. Wieweit die Darstellung Bednariks den wirklichen Sachverhalt deckt, ist schwer zu sagen; daß sie einen wichtigen Aspekt der Beziehung zwischen Arbeiter und Gewerkschaft aufgedeckt hat, wird kaum zu leugnen sein. Wenn die Voraussetzungen und Ziele echter Gemeinschaft durch Vermassung, durch soziale Apparaturen und bloße Funktionalität verlorengehen, verblaßt der Antrieb zur Teilnahme und Mitverantwortung; und was bleibt, ist die Mitgliedskarte und die Möglichkeit, die Organisation auszunutzen, statt sie lebendig zu machen.

Mit der Größe, Befestigung und Institutionalisierung machtvoller Verbände geht ihr Drang zur totalen Repräsentation. Er ist in den mächtigen amerikanischen Verbänden stark spürbar, auch in manchen englischen; weniger in deutschen, schweizerischen oder in Verbänden anderer kontinentaler Länder. Was ist mit totaler Repräsentation gemeint? Sie liegt vor, erstens, wenn bestehende Verbände ein Monopol auf ihrem Gebiet beanspruchen, das heißt, wenn sie konkurrierende Verbände nicht aufkommen lassen, gleichgültig, ob es sich um schon bestehende oder um neue Verbände handelt. Das Leitmotiv ist die Machtsicherung des bestehenden Verbandes auf seinem Gebiet; hier strebt er eine Art Souveränität an. Aber die Erfahrung lehrt, daß er gleichzeitig diese Souveränität auf Territorien ausdehnen will, die schon von anderen Gewerkschaften beansprucht werden. Totale Repräsentanz dieser Art bedeutet für den einzelnen Arbeiter, daß er diesem Verbande angehören muß, auch wenn er Gründe hat, gerade ihm fernzubleiben. Zweitens, in einem weiteren und kritischeren Sinne kann totale Repräsentation den Anspruch erheben, das Gewerkschaftsmitglied in allen seinen Beziehungen zu Betrieb, Arbeitsmarkt und sogar Parteizugehörigkeit zu vertreten. Totale Repräsentation hat hier eine doppelte Spitze: sie richtet sich gegen den Arbeitgeber, der nichts für die Belegschaft tun darf, ohne mit der Gewerkschaft verhandelt zu haben. Alles, was vom Unternehmen hinsichtlich der Belegschaft beabsichtigt wird (zum Beispiel Pensionen, betriebliche Wohlfahrtseinrichtungen, Urlaub, Aktienausgabe), muß durch die Gewerkschaft vermittelt werden. Hier stellt sie sich zwischen den Arbeitgeber und die Belegschaft, ja sie unterbindet jeden direkten Einfluß des Arbeitgebers auf die Belegschaft oder einzelne Arbeitergruppen. Die andere Spitze der totalen Repräsentation richtet sich gegen die Belegschaft selber: sie soll möglichst kein Vertrauens- und Treueverhältnis zum Betrieb haben, das Sympathien für die Gewerkschaft absorbieren könnte; der Arbeiter soll von keiner anderen Instanz Vorteile erwarten als von der Gewerkschaft. Seine primäre Treue gehört dem Verband; selbst das Maß von Betriebstreue, ohne das kein Betrieb leben kann, soll für die Gewerkschaft verfügbar sein. Die Mitglieder sollen abgedichtet werden gegen alles, was nicht Gewerkschaft ist. Die gewerkschaftliche Machtfülle soll sturmsicher sein dadurch, daß der Arbeiter sozusagen in seiner ganzen Existenz von ihr vertreten wird. Unnötig zu sagen, daß bei weitem nicht alle Großverbände so weit gehen; aber die Feststellung soll nicht unterlassen werden, daß sich Tendenzen nach dieser Richtung häufig nachweisen lassen. Man kann in dem gewerkschaftlichen Verlangen nach totaler Repräsentanz ein Zeichen innerer Unsicherheit sehen; besonders der gewerkschaftliche Rückschlag infolge der langen Depression ist nicht vergessen, und so sucht man den möglichsten Grad der Sicherung und Sturmfestigkeit zu erreichen. Es können aber auch ideologische Gründe in die gleiche Richtung drängen: so haben zum Beispiel kommunistische Gewerkschaften in der Klassenkampfthese den Grund für totale Repräsentation. Das klassenkämpferische Kollektiv beansprucht, den Arbeiter ganz und durchaus zu vertreten, damit er »von der kapitalistisch verseuchten Umwelt« nicht befleckt werde.

Die Gewerkschaftsrichtungen

Versuche, die Arbeiterschaft als Ganzes in einem Gewerkschaftsgebilde zusammenzuschließen, haben eine lange Vorgeschichte; sie sind nie erfolgreich gewesen. Verbände für gelernte und ungelernte Arbeiter haben sich getrennt entwickelt, mit oder ohne spätere Zusammenfassung in einem Dachverband. Gewerkschaften, die ideologisch und politisch beeinflußt waren, haben ihren Weg neben unabhängigen Verbänden gefunden. Gewerkschaften, die mehr von einer Zusammenarbeit mit der Arbeitgeberseite erwarteten, existierten neben solchen, die auf Abwehr und Angriff gestimmt waren. Daneben gab es von jeher Richtungen, die in kirchlicher Zugehörigkeit ihren Organisationsrahmen fanden: christliche Gewerkschaften, katholische, evangelische, jüdische Gewerkschaften (früher in Polen, heute noch in New York und in Israel). Erwähnt werden soll auch der Verbandstyp, der sich für seine politische Vertretung eine eigene Arbeiterpartei aufbaut. So beispielsweise in England, den skandinavischen Ländern und in gewissem Umfang in Deutschland; dann der Typus, der grundsätzlich politisch neutral ist, aber durch bestehende Parteien seinen Einfluß geltend machen will. Schließlich der ältere französische Syndikalismus, der alle Politik verwarf und seine eigene Methode des Klassenkampfes durch direkte Aktion entwickelte. All das und manches andere hat seinen Niederschlag in der Gewerkschaftsbewegung gefunden. Wenn dennoch gesagt werden kann, daß die Tendenz allgemein auf Vereinheitlichung geht, so ist zu bemerken, daß sie nirgendwo zur Einheitsgewerkschaft geführt hat, ferner, daß sie in manchen Fällen zwar einheitliche Dachverbände hat entstehen lassen, die aber keine reale Einheit von Politik und Führung darstellen. Das gilt sowohl für den Deutschen Gewerkschaftsbund wie für den britischen Trades Union Congress, wie für den Amerikanischen Gewerkschaftsbund (AFL-CIO), der heute zwei große Verbände in sich vereinigt. Diese Dachverbände haben keine Autorität und Zuständigkeit hinsichtlich der konkreten Interessen, welche die großen nationalen Verbände (zum Beispiel die 16 Industriegewerkschaften in der Bundesrepublik) verfolgen. Insbesondere die Lohnpolitik ist das ängstlich gehütete Reservat der Einzelverbände. Das zeigte sich vor allem in England und Schweden, wo seit einiger Zeit die Einrichtung eines zentralgewerkschaftlichen Lohnamtes zur Abstimmung der verschiedenen Lohnebenen und Lohnforderungen erwogen worden, aber an der Lohnautonomie der Einzelverbände gescheitert ist, die sie sich nicht durch eine übergeordnete Instanz beschränken lassen wollten. Nur da, wo Gesamtinteressen der Arbeiterschaft der Regierung oder der Öffentlichkeit gegenüber vertreten werden, etwa in Fragen des gesetzlichen Mindestlohnes, der Höchstarbeitszeiten, der Frauen- und Kinderarbeit, haben die nationalen Dachverbände ihre Aufgabe. Sie vertreten alle Gewerkschaften, die an diesen Dingen ein gemeinsames Interesse haben, bei Parlament und Regierung. Man darf also nicht das Bestehen eines nationalen gewerkschaftlichen Dachverbandes, der übrigens in keinem Falle alle Verbände deckt, mit der Einheit der Gewerkschaften verwechseln.

So bietet die gewerkschaftliche Landkarte ein buntes Bild von Richtungen und Besonderheiten. Die Idee einer politisch-wirtschaftlichen Einheit hat nur Sinn von orthodox-marxistischen Voraussetzungen aus: wenn der Kapitalismus seinem Wesen nach Ausbeutung der Arbeiterklasse ist, wenn demzufolge die gesamte Arbeiterklasse gegen alle anderen Interessen die »Emanzipation des Proletariats« wünscht, dann hat es Sinn, eine einheitliche Organisation aller Ausgebeuteten anzustreben. Daher der Aufruf des kommunistischen Manifestes: »Arbeiter aller Länder, vereinigt euch!«, daher das Programm der ersten Internationale.

Wenn es aber nicht so ist, daß der Kapitalismus wesentlich auf Ausbeutung beruht; wenn es nicht stimmt, daß es ein einheitliches proletarisches Klasseninteresse gibt, das alle anderen Interessen übersteigt, dann ist Raum für eine Vielheit gewerkschaftlicher Programme, Ziele und Formen. Und genau das hat sich in der Wirklichkeit gezeigt, so sehr sogar, daß die Einheit der Gewerkschaft, wo sie versucht wurde oder gar erreicht zu sein schien, doch wieder fraglich wurde oder sich spaltete. Das Beispiel des DGB als Einheitsgewerkschaft ist sehr bezeichnend; er hat nie alle Verbände umfaßt; er hat die christlichen und freien Verbände aufgesaugt und insofern die »Richtungsgewerkschaften« beseitigt. Aber dann stellte sich heraus, daß die Einheit nicht vertraglich festgelegt werden kann; innerhalb des DGB meldeten sich Strömungen, die auf größere Freiheit für ihre Anschauungen und für ihre Sondergruppen drängten, und von außen her entstanden neue Versuche, christliche Gewerkschaften zu bilden.

Der Außenstehende mag glauben, es könnten sich doch alle Verbände auf das »rein Gewerkschaftliche« einigen. Er unterstellt gewissermaßen die Existenz einer reinen Gewerkschaftsvernunft. Aber das scheint eine irrige Annahme zu sein, weil die Gewerkschaften ja nicht in einem geistigen, moralischen und kulturellen Vakuum existieren. Die reine Gewerkschaftsvernunft gibt es nicht, auch nicht in den weltanschaulich und – mehr oder weniger – politisch neutralen Gewerkschaften der Vereinigten Staaten. Kein Mensch und schon gar kein Verband kann Willensentscheidungen setzen und durchführen, ohne eine Orientierung im Grundsätzlichen zu haben – er braucht nicht einmal des Grundsätzlichen sich klar bewußt zu sein. Es kann eng gefaßt sein wie bei den amerikanischen Gewerkschaften und sich auf Löhne, Arbeitszeiten und allgemeine Bedingungen der Arbeit beschränken; dann ist die einheitliche Front leichter zu bilden und zu wahren; oder dieses Grundsätzliche kann, wie auf dem traditionsschweren Boden Europas, weit gespannt sein; dann ist die Folge, daß die Gewerkschaftsvernunft sich irgendwie auseinandersetzen muß mit Anschauungen und Normen, die von anderswoher auch noch für die Gewerkschaft als verbindlich betrachtet werden. Die relative Einheitlichkeit des amerikanischen Gewerkschaftswesens erklärt sich aus einer Gesellschaft frei von feudalen Restbeständen, aus der sozialen Mobilität, aus der frühen politischen Gleichberechtigung der Arbeiterschaft – aber vor allem daraus, daß die amerikanische Gewerkschaft reiner und stärker als irgendeine andere das kapitalistische

Rede einer Agitatorin vor Londoner Transportarbeitern, 1911

Sitzung des Deutschen Gewerkschaftsbundes in Berlin, 1957

Ethos (oder was sie dafür hält) begriffen und für sich zur Leitnorm gemacht hat. Der hochgeschätzte Gründer und langjährige Präsident des amerikanischen Gewerkschaftsbundes, Samuel Gompers, drückte das einmal vor einem Senatsausschuß aus: die Gewerkschaften »verlangen mehr und mehr und immer mehr«. Von demselben Gompers stammt das Wort, daß eine Firma, die keine Profite mache, vom Gewerkschaftsstandpunkt aus ein Verbrechen begehe; und David Dubinsky, der hervorragende Leiter der Damenkleider-Gewerkschaft, erklärte vor Jahren, daß »die Gewerkschaft den Kapitalismus benötige wie der Fisch das Wasser«. Trotzdem ist das amerikanische Gewerkschaftswesen gespalten. Zwei der vier großen »Bruderschaften« der Eisenbahner stehen draußen, ebenso die Bergarbeitergewerkschaft und eine Reihe unabhängiger Verbände. Neuerdings hat sich der Gewerkschaftsbund veranlaßt gesehen, den riesigen Verband der Lastkraftfahrer und die Wäscherei- und Bäckereigewerkschaften wegen Korruption auszuschließen. Die Einheit kann also auch verlorengehen, wenn ein Maß an ethischen Normen von der Zentrale verlangt wird.

Gewerkschaftsrichtungen können sich auf kirchlichem oder auf radikalem Boden bilden. Die kommunistischen Gewerkschaften, getrennt von nicht-kommunistischen, sind das eine Beispiel für den Richtungsstreit; das andere sind die christlichen Verbände. Gegen die These Legiens, daß die kapitalistische Ausbeutung nur durch Beseitigung des Lohnverhältnisses behoben werden kann, stand der Leitsatz des Ersten Christlichen Gewerkschaftskongresses von 1899, daß »die Wirksamkeit der Gewerkschaften von versöhnlichem Geiste durchweht und getragen sein soll«. Die Forderungen müssen maßvoll sein, aber fest und entschieden vertreten werden. Der Ausstand darf nur als letztes Mittel und dann erfolgversprechend angewandt werden. Man begreift den Unterschied der weltanschaulichen und ethischen Haltung in diesen Äußerungen und versteht, daß eine einheitliche Gewerkschaft bei derart verschiedenen Ausgangspositionen nicht entstehen kann. Ähnlich, wenn auch etwas anders im Grundsätzlichen, liegen die Dinge für die englischen Gewerkschaften; vom Fabiertum herkommende Gruppen können, selbst in der Einheitsform, mit jenen sich kaum verständigen, die den Kommunismus vertreten. Die Vermutung ist nicht abzuweisen, daß ein Gutteil der Einheit, die sich international in den Gewerkschaften vorfindet, mehr auf Arbeitsrecht, Sozialverwaltung und -apparat aufbaut als auf einer alle Strömungen in sich vereinigenden Gewerkschaftsvernunft.

Die Gewerkschaft wurde vorhin als der Schatten bezeichnet, der dem Kapitalismus überallhin folge. Aber der Kapitalismus selber ist eine bunte Vielheit von Industrien und Firmen, die zwar nach bestimmten wirtschaftlichen Grundsätzen sich bilden und verfahren, die aber keineswegs ein einheitliches Ganzes sind. Viel weniger noch ist der »internationale Kapitalismus« eine Wirklichkeit. Es gibt zwar kapitalistische Querverbindungen und Interessentenzusammenhänge zwischen den Nationen, aber es gibt keinen internationalen Kapitalismus; am allerwenigsten gibt es ein identisches Interesse zwischen den nationalen Kapitalismen. Die Vorstellung, daß die Einheitsgewerkschaft des »nationalen und internationalen Proletariats« dem nationalen und internationalen Kapitalismus entspreche, ist völlig abwegig und eine pure Fiktion. Die Einheit der nationalen oder internationalen Gewerkschaften kann nur aus einem Grunde stammen: nicht aus dem Gegen, sondern aus dem Für, auf das sich Arbeiter aller Art und Herkunft einigen könnten. Dieses gemeinschaftliche Für kann nur in Recht und Gerechtigkeit für den arbeitenden Menschen gefunden werden, in seinem Anspruch auf Repräsentation, in seiner Solidarität und gegenseitigen Verantwortung, in seinem Wert als Mensch und Bürger. Wenn hier die Einheit nicht begründet ist, dann ist sie überhaupt nicht zu begründen. Denn in allem anderen gehen, national wie international, sogar von Verband zu Verband, die Traditionen, die Werthaltungen und Interessen weit auseinander.

Es ist fraglich, ob die Einheitsgewerkschaft für die Gewerkschaften selber und für ihre Mitglieder als Ganzes wünschenswert sei. Es kann durchaus diskutiert werden, ob um der Einheit willen nicht viele von unten her wirkende Kräfte, die für die lebendige Gewerkschaft wichtig sind, gelähmt werden. Es kann fraglich sein, ob nicht der Apparat bei der Einheitsgewerkschaft eine Priorität und Autorität gewinnt, die aus manchen Gründen bedenklich ist; ob nicht Führung und Mitgliedschaft noch weiter voneinander entfernt werden. Die Gefahr liegt im Übersehen des Grundsatzes der Subsidiarität. Nach diesem Grundsatz soll alles, was untere Einheiten der Gesellschaft oder einzelne Personen bewirken und erledigen können, von ihnen bewirkt und erledigt werden, und nur in Notfällen sollen diese Sub-Strukturen auf ihre je höhere Struktur zurückgreifen. Wie ein vernünftiges Gleichgewicht zwischen Führung und Sub-Strukturen, Gesamtheit und Gliedern gesichert werden kann, ist das Kardinalproblem moderner Demokratien. Hier auch liegt das Problem für nationale, noch mehr für internationale Einheits-Gewerkschaften.

Das Genossenschaftswesen und die Anpassung an den Kapitalismus

Soweit die Gewerkschaften bei der Verfolgung ihrer wirtschaftlichen und sozialen Ziele politische Mittel anwenden, nutzen sie zunächst nur, wie oben erläutert wurde, die gewöhnlichen staatsbürgerlichen Rechte aus. Andererseits liegt ein Machtpotential aber auch in ihrer Eigenschaft als Vertreter einer großen, wenn nicht der größten Verbraucherschicht. Lohneinkommen liegt in der Regel unter der sogenannten Akkumulationsgrenze, also der Grenze, über der aus dem Einkommen Vermögen angesammelt werden kann. (Das heißt nicht, daß Sparen aus dem Lohn unmöglich sei; aber dieses Sparen ist Zwecksparen, Ansammlung von Reserven für künftigen Verbrauch.) Nicht nur deswegen besteht die Hauptaufgabe der Gewerkschaften in der Aufbesserung des Nominallohns; aber Nominallöhne sollen ja reale Einkommen bilden; den Arbeiter interessiert die Kaufkraft der Löhne. Wenn auch nicht zu leugnen ist, daß die Nominalsumme ihre große Anziehungskraft hat, kommt es im Arbeiterhaushalt schließlich doch darauf an, daß höhere Löhne höhere Kaufkraft bedeuten. Arbeiterschaft wie Gewerkschaften sind also an Einrichtungen interessiert, welche die Kaufkraft der Löhne heben. Diese Aufgabe erfüllt das Genossenschaftswesen: das Auskommen mit dem Lohneinkommen soll genossenschaftlich gebessert werden.

Die Anfänge des Genossenschaftswesens liegen über ein Jahrhundert zurück. Beeinflußt von den Ideen des englischen Textilindustriellen und Sozialreformers Robert Owen, gründeten einige Arbeiter in Rochdale im Jahre 1844 den ersten Konsumverein. Die unglaublichen Mißstände im Kleinhandel des damaligen Englands, zumal die unerhörten Nahrungsmittelverfälschungen, andererseits der Wunsch, mehr Kaufkraft aus den Löhnen zu holen, gaben den Anlaß zu diesem Unternehmen. Bei dem Sinn der Angelsachsen für praktische Selbsthilfe war der Erfolg über Erwarten groß. Heute haben die britischen Genossenschaften Millionen von Mitgliedern. Sie beschränken sich nicht auf die Verteilung durch Konsumvereine, sondern erzeugen in ihren Fabriken eine große Anzahl solcher Waren, die der laufende Verbrauch der Arbeiterschaft wie auch anderer Kreise mit begrenztem Einkommen verlangt. Der Genossenschaftsgedanke breitete sich schnell auch auf dem Kontinent aus; das gilt vor allem für Deutschland, die skandinavischen Länder, für Holland, Belgien, die Schweiz und für Frankreich und Italien. Heute ist ein wohlausgebildetes Genossenschaftswesen eine geradezu normale Ergänzung der Gewerkschaften.

Es gibt freilich eine große Ausnahme: die Vereinigten Staaten. Das Genossenschaftswesen hat hier fast keine Förderung durch die Gewerkschaften gefunden. Das liegt nicht nur an dem Vorrang des Lohninteresses der amerikanischen Arbeiterschaft, obschon auch das eine Rolle spielt; auch nicht nur an der höheren Lohnebene Nordamerikas, von der aus gesehen Kaufkraftverbesserung auf genossenschaftlichem Wege als nicht der Mühe wert erscheint; zumal die Gewerkschaften bis 1935 fast ausschließlich gelernte Arbeiter erfaßten, also die höchsten Lohnstufen. Auch die mangelnde Seßhaftigkeit der amerikanischen Arbeiter genügt nicht zur Erklärung; obschon auch sie ihren Anteil hat. Es ist anzunehmen, daß der Hauptgrund darin liegt, daß das amerikanische Nahrungsmittelgewerbe mehr und mehr kapitalistisch aufgezogen wurde und darum immer neue Waren für Massenmärkte, immer neue Formen der Kundenwerbung und immer gefälligere Methoden der Bedienung entwickelte. Als sich die Massengewerkschaft seit 1935 in Amerika auszubreiten begann und die Löhne anfingen, auch dort erheblich zu steigen, war das Lebensmittelgewerbe in höchst fortschrittlicher Weise organisiert, so sehr, daß Konsumgenossenschaften kaum Boden finden konnten. Die britischen Konsumgenossenschaften machen heute die Erfahrung, daß sie die amerikanischen Verkaufsmethoden nachahmen müssen, bei Strafe des Verlustes an Umsatz und Mitgliedern. Was früher die Stärke der britischen Konsumgenossenschaften ausmachte – eben das Demokratisch-Genossenschaftliche im Aufbau, in der Finanzierung und der Leitung –, ist in Gefahr, zu ihrer Schwäche zu werden gegenüber dem Vordringen amerikanischer Verteilungsmethoden. Dieser Wandlung sind sich gelegentlich die Konsumgenossenschaften selbst bewußt, und sie beklagen, daß damit der herkömmliche demokratische Charakter verlorengehe; auch die große rational geleitete Genossenschaft bekommt fast den Charakter eines rein kapitalistischen Unternehmens.

Die von den Konsumgenossenschaften betriebenen Großhandels- und Produktionsbetriebe haben sich von ihren Anfängen an genötigt gesehen, sich geschäftsmäßig, wenn man will kapitalistisch, an der Marktlage orientiert zu verhalten. Von Anfang an führte gerade das zu Reibungen mit ihren gewerkschaftlich organisierten Arbeitern, denn die Belegschaften genossenschaftlicher Unternehmungen erwarteten bessere Arbeitsbedingungen von ihrem genossenschaftlichen Betrieb, als Privatunternehmungen sie gewähren konnten. Darum sahen sich die Genossenschaften gezwungen, ihre Lohn- und Arbeitsbedingungen möglichst den Marktbedingungen anzupassen. Beatrice Webb hat in ihrem klassischen Buch über das Genossenschaftswesen auf diese Punkte schon in den neunziger Jahren hingewiesen.

Aber nicht nur mit dem Genossenschaftswesen dringen die Gewerkschaften in die Produktion und Verteilung, also in die Wirtschaft ein. Wir beobachten heute eine lebhafte gewerkschaftliche Investitionstätigkeit im Bauwesen, in der Versicherung, auf dem Grundstücksmarkt, insbesondere beim Häuserbau, selbst in der Schiffahrt (die amerikanische Bergarbeitergewerkschaft unter Führung von J. L. Lewis hat mit einer anderen Firma gemeinsam eine Schiffahrtslinie für Kohlenexport), in Hotels, in Rundfunk- und Fernsehstationen, im Druck- und Verlagsgewerbe und vielem anderen mehr. Viele Verbände besitzen oft erhebliche Aktienpakete großer Privatunternehmungen und haben dadurch ein gewisses Kontrollrecht. Man kann ohne Übertreibung sagen, daß in unseren westlichen Industriestaaten neben dem Privatkapitalismus und dem der öffentlichen Hand sich ein bedeutsamer Flügel gewerkschaftlicher Geschäftstätigkeit entwickelt hat – ob man das als Gewerkschaftskapitalismus bezeichnet, ist eine Frage der Terminologie. Sicher ist das eine, daß im allgemeinen gewerkschaftliche Unternehmungen mit Geschäftssinn und Sachverstand geleitet werden. Unnötig zu sagen, daß die großen Fonds, die sich bei den Gewerkschaften ansammeln, nach Investition drängen. Das gilt zumal für die Vereinigten Staaten, wo die Jahreseinnahmen der Gewerkschaften auf fünf- bis sechshundert Millionen Dollar geschätzt und außerdem riesige Wohlfahrtsfonds von den Gewerkschaften verwaltet werden. Die Gewerkschaft hat sich der kapitalistischen Umwelt angepaßt.

Damit stoßen wir auf einen Sachverhalt von großer Bedeutung. Wenn die Gewerkschaft sich um ihrer eigenen Existenz und ihrer Erfolge willen der bestehenden Wirtschaftsordnung anpaßt, dann nimmt sie damit auch deren Ethos an. Aus ihrer Natur als Interessenverband für die Verkaufsbedingungen der Arbeit folgt, daß sie möglichst günstige Bedingungen herauszuholen sucht. Im 19. Jahrhundert handelte es sich dabei vornehmlich um bessere Löhne und kürzere Arbeitszeit. Im Zeitalter der befestigten Gewerkschaft reicht der Radius ihres Einflusses weit darüber hinaus; eine Fülle von Zielen scheint erreichbar, an die keine frühere Gewerkschaft gedacht hat. In der Zeit der klassischen Gewerkschaft konnte sie ihre Forderungen im Bewußtsein vorantreiben, daß die Marktlage schon die Grenze ziehen würde; sie war nur ausnahmsweise in der Lage, zuverlässig zu kalkulieren, was durchzusetzen war; darum mußte sie sich an das Mögliche herantasten. Sie trug also keine Verantwortung für das Maß ihrer Forderungen – die lag beim Markte. In der befestigten Gewerkschaft von heute – genau gesagt, bei den Verbänden, die die Befestigung real durchgesetzt haben – ändert sich das Bild. Bei ihnen herrscht in der Regel eine viel bessere Kenntnis sowohl des Arbeitsmarktes wie auch des betreffenden Produktenmarktes und eine viel bessere Einsicht in die Kosten- und Ertragslage der Unternehmungen. Bei ihnen liegt ferner das weitaus höhere Druckpotential: hier erst trifft es zu, daß alle Räder stillstehen, »wenn es der starke Arm«, zum Beispiel der britischen oder amerikanischen Eisenbahn- und Transportarbeiter, der Dockarbeiter oder der deutschen Bergleute und Metallarbeiter so »will«. Das ist eine neue Sachlage; denn hier kommt »die Gerechtigkeit für uns«, die jede Gewerkschaft mit ihren Mitteln anstrebt, in Versuchung, sich mit der Macht, Forderungen durchzusetzen, zu identifizieren: Der Radius der »Gerechtigkeit für uns« deckt sich mit dem »unserer Macht«. Das hat vor allem in den USA, aber auch selbst in nationalisierten Unternehmungen in Großbritannien und in Australien zu bedenklichen Zuständen geführt; vor allem besteht hier die Gefahr eines inflationistischen Druckes, der unvermeidlich die schwächeren Verbände wie auch ganz allgemein die Verbraucher trifft. Das Monopol, ursprünglich auf der Unternehmungsseite beheimatet, hat hier seine Entsprechung auf der Gewerkschaftsseite gefunden. Wenn sich auf der Grundlage stark expansiver Industrien, unelastischer Märkte und eines elastischen Kreditvolumens beide Monopolmächte »friedlich« auf dem Rücken des Verbrauchers verständigen, dann ist der Preisauftrieb institutionell und unvermeidlich geworden. Wenn dann noch der Staat für Vollbeschäftigung verantwortlich gemacht wird, fällt eine wichtige Hemmung der Gewerkschaftspolitik, nämlich die Bedrohung durch Arbeitslosigkeit, weg.

Uns interessiert im Zusammenhang mit dem Übergreifen des kapitalistischen Geistes auf die befestigte Gewerkschaft folgendes: Es kann nicht ausbleiben, daß der Drang nach mehr und mehr, den Samuel Gompers als Programm der Gewerkschaften erklärte, auch innerhalb der Gewerkschaft Konsequenzen hat, besonders bei Führern und Funktionären. Auch die letzten Reste demokratischer Gebarung können dem Mißbrauch der Macht erliegen. Das gilt kaum für die europäischen Gewerkschaften; aber es hat sich in unerwartet großem Umfang bei einer Reihe amerikanischer Verbände gezeigt. Der Senatsausschuß unter dem Vorsitz des Senators McClellan hat eine Unzahl von Verbrechen, Beraubung von Gewerkschafts- und Wohlfahrtsfonds, Betrug und offene Gaunerei, Gewalttat bis zum Mord, Verletzung demokratischer Grundsätze, zutage gefördert. Der amerikanische Gewerkschaftsverband unter Führung seines Präsidenten George Meany und seines 1. Vizepräsidenten Walter Reuther hatte schon im Jahre 1955 einen Ausschuß für moralisches Verhalten eingesetzt, dessen Normen für alle angeschlossenen Verbände verbindlich sind. Dieser Ausschuß hat den mächtigsten Verband des Gewerkschaftsbundes, den Verband der Lastkraftfahrer, und zwei andere Verbände aus dem Gesamtbund ausgeschlossen. Zur Wahrung insbesondere der Rechte von Mitgliedern gegen undemokratische Gewerkschaftspraktiken haben zwei Verbände, die Gewerkschaft der Polsterer und die der Automobilarbeiter, einen Ausschuß eingesetzt, dessen Mitglieder Persönlichkeiten des öffentlichen Lebens sind. Diese Ausschüsse haben darüber zu wachen, daß den Mitgliedern der Gewerkschaft durch die Funktionäre und Verwaltungen kein Unrecht zugefügt wird. Wenn es bei den europäischen Gewerkschaften die von der amerikanischen Öffentlichkeit wie von den Gewerkschaften selber beklagten Mißstände nicht in dem Maße gibt, so liegt das daran, daß sie bei weitem nicht so vom Geiste des »go getting«, des rasch Reichwerdens – auch mit zweifelhaften Mitteln –, angesteckt sind wie in den Vereinigten Staaten. Es ist keine Übertreibung zu sagen, daß manche Verbände, besonders unter den großen amerikanischen, kapitalistische (wenn man das Wort überhaupt hier anwenden darf) Unternehmungen geworden sind. Man vergleiche ihre Einkünfte mit denen europäischer Gewerkschaften, ihre Vermögensbildung mit der europäischer Verbände, die Spitzengehälter, Spesen und sonstigen Zuwendungen hüben und drüben, und man begreift die Unterschiede im Ethos. Der Kondottieretyp des Gewerkschaftsführers ist in Europa praktisch unbekannt. In den Vereinigten Staaten hat er erfahrungsgemäß seinen Boden.

Der Drang zur Internationalität

Die Gewerkschaften entstanden überall auf lokalem und nationalem Boden; aber ihre Geschichte zeigt, daß in ihnen der Drang nach internationaler Einigung lebendig war. Dieser Drang hat mehrere Gründe, ist aber nicht ohne weiteres selbstverständlich. Man kann zunächst darauf hinweisen, daß er sich als eine Parallele des internationalen liberalen Gedankens bildete, des Gedankens der internationalen Freiheit des Handels, der Kapitalbewegung und Wanderung. Da der Staat nach der liberalen wie später auch nach der marxistischen Auffassung im Zuge einer geschichtlichen Notwendigkeit »überwunden« wird, da gleichzeitig die Begriffe der »Menschheit« und der »Gesellschaft« als den Staat transzendierende Begriffe den Atem der Zeit für sich hatten, erschien die Wendung der Arbeiterbewegung ins Internationale nur als ein weiterer Ausdruck dessen, was sich als Fortschritt, wenn nicht gar als geschichtliche Notwendigkeit darstellte. Der kardinale Begriff jener Zeit – eine Überlieferung der Aufklärung – war die Menschheit, und der ihr konforme Begriff war die Gesellschaft. In beiden Begriffen äußert sich der Protest gegen die alten Institutionen von Staat und Kirche, von Zunft und Staatsmonopol. Alldem aber lag schließlich das neue Bild vom Menschen zugrunde, von seiner Autonomie, seiner Vernunft, seinem Glauben an die Natur und seiner natürlichen Güte (Rousseau). In diesem Bild vom Menschen erkannte sich die Gesellschaft als freie Verbindung vernünftiger Wesen, und die umfassendste Gesellschaft war die Menschheit. Was der klassische Liberalismus durch Freihandel und freie Wirtschaft zu verwirklichen meinte, das erstrebten die meistens bürgerlichen Ideologen (Marx, Engels, Lassalle) der Arbeiterbewegung von der menschheitlichen Verbrüderung des Proletariats. Da das Proletariat in der bestehenden wirtschaftlichen Ordnung national wie international als ausgebeutet und unterdrückt erschien, sollte aller Ausbeutung und aller Unterdrückung dadurch ein Ende gemacht werden, daß gegen die sogenannte »Internationale des Kapitals« die Internationale des Proletariats gesetzt wurde. Hier lag eins der Motive der beginnenden internationalen Arbeiterbewegung; es ist bis heute das Leitmotiv der von Moskau beherrschten Internationale geblieben, wieviel auch von dem Pathos der Anfänge, von seiner Aufrichtigkeit und seiner Noblesse der Gesinnung inzwischen verflogen sein mag. Im klassischen Liberalismus wie im Umsichgreifen des demokratischen und egalitären Gedankens der Zeit lag also schon ein wichtiges Motiv, die nationale Arbeiterbewegung über sich hinaus ins Internationale zu drängen. Wenn, wie Fedor Stepun es einmal ausdrückte, der Sozialismus der metaphysische Milchbruder des Liberalismus ist, dann mußte das menschheitliche Pathos des klassischen Liberalismus auch den Sozialismus anstecken. In ihrer klassischen Form visierten beide die Menschheit und die Gesellschaft statt der Nation und des Staates an.

Übersehen wir dabei aber nicht die ganz realistischen Motive und Ziele, die ebenfalls auf internationale Verbrüderung und Zusammenarbeit von nationalen Gewerkschaftsgruppen drängten. Zunächst ist da die Tatsache, daß die nationalen Arbeitsmärkte an ihren Rändern Berührung und Austausch mit fremden Arbeitsmärkten hatten. Zwischen ihnen bestand ein oft starkes Lohngefälle, und die höhere Lohnebene geriet unter den Druck der niederen. Das galt vor allem für gelernte Arbeiter. Der oft formlose Übergang von einem

Land zum anderen erleichterte die verhältnismäßig umfangreiche Wanderung von Arbeitskräften. Abgesehen von der Massenwanderung nach Nordamerika, zogen deutsche Handwerker und gelernte Arbeiter nach der Schweiz, nach Frankreich und England; französische und belgische Arbeiter nach England. Später war der Wanderungsdruck ungelernter Arbeiter von Süd- und Osteuropa eine dauernde Bedrohung der gewerkschaftlichen Lohnpolitik für die zentraleuropäischen Industrieländer, vor allem für Deutschland. Diesen Druck auf den nationalen Arbeitsmarkt zu regeln war eine Aufgabe, die nur international angefaßt werden konnte. Dasselbe galt für Einrichtungen gegenseitiger Hilfe, die bei fortschrittlichen Nationen und deren Gewerkschaften schon entwickelt waren. Verständigung auf internationaler Grundlage war in diesen wie in anderen Hinsichten um so mehr erwünscht, als die Dynamik des Kapitalismus Perioden von Verbesserungen und Verschlechterungen des Arbeitsmarktes mit sich brachte. Wenn bei Krise und Depression die Gewerkschaftspolitik auf ihre Grenze stieß, erschien die Zuwanderung von draußen als höchst unerwünscht. Ferner, wenn Arbeiter der entwickelten Länder für englische, französische oder deutsche Firmen in weniger entwickelten Ländern arbeiteten, legten sie Wert darauf, dort wirtschaftlich und rechtlich befriedigende Verhältnisse vorzufinden. Daß daneben auch kulturelle und politische Ziele nicht ohne Einfluß blieben, ist nicht zu verwundern; die internationale Solidarität der Gewerkschaften fand besonderen Ausdruck, wenn es galt, wichtige Streiks in anderen Ländern zu unterstützen oder Wahlgelder für die Unterstützung ausländischer Arbeiterparteien zur Verfügung zu stellen.

Der Amerikaner Louis Lorwin, der die Geschichte der internationalen Arbeiterbewegung geschrieben hat, erwähnt sechs Gründe für die internationale Verbindung nationaler Arbeiterverbände:

1. die Massenwanderung
2. den Wettbewerb auf dem Weltmarkt
3. gegenseitige Hilfe in Wirtschaftskämpfen
4. Verbreitung der politischen Demokratie, zumal Schutz kleinerer Länder gegen den Angriff mächtiger Nachbarn
5. die Frage von Krieg und Frieden
6. das sozialistische Ideal der Emanzipation der Arbeiterklasse

Er sieht in der internationalen Zusammenarbeit der Gewerkschaften teils eine Methode, teils ein Programm; es ist wohl richtiger zu sagen, daß sie ein pragmatisches und ein politisch-ideologisches Ziel hat.

Es ist nicht unsere Aufgabe, der Geschichte der internationalen Verbindung von Gewerkschaften nachzugehen. Es sei nur kurz erwähnt, daß die schüchternen Anfänge bis in die fünfziger Jahre des vorigen Jahrhunderts hineinreichen. Damals kam in England zuerst der Gedanke einer internationalen Verbindung der Gewerkschaften auf, und zwar im Zusammenhang mit der starken Einwanderung gelernter Arbeiter aus Deutschland, Frankreich und Belgien. Ein Londoner Bauarbeiterstreik veranlaßte die englischen Unternehmer, Arbeiter der benachbarten Kontinentalländer einzustellen. Zu gemeinsamer Abwehr organisierten die Londoner Gewerkschaften im Jahre 1860 einen Dachverband, den Trades Union Council, dessen führende Mitglieder bald erkannten, daß eine Verständigung mit den kontinentalen Verbänden notwendig sei. Die politische Entwicklung auf dem Kontinent kam dem entgegen: die Entfaltung des liberalen Gedankens in Frankreich und Deutschland in den sechziger Jahren, die Anfänge der politischen Konsolidierung Italiens, die Aufhebung der Leibeigenschaft in Rußland 1861 und die Sklavenbefreiung in den USA 1865. Die Zeichen der Zeit standen auf Emanzipation und Demokratie.

1864 wurde dann die erste Internationale gegründet. Die Inauguraladresse wurde Karl Marx anvertraut; er verfaßte auch die Statuten. Im September 1866 trat der erste Kongreß der Internationale in Genf zusammen mit nur sechzig Mitgliedern, von denen die Mehrzahl aus England kam und siebzehn Gewerkschaften mit ungefähr fünfundzwanzigtausend Mitgliedern vertrat. Hier schon zeigten sich gleich drei Mängel: erstens die geringe Zahl von Mitgliedern und die Schwäche der nationalen Sektionen; zweitens der schlechte Eingang von Beiträgen, der dazu führte, daß die Zentrale mit Gehältern und Mieten fast dauernd im Rückstand war (der Kongreß von 1866 verfügte über Mitgliedsbeiträge von etwas über neunhundertsiebzig Mark; davon kamen zweihundertfünfundachtzig Mark aus England, fünfhundertfünfundzwanzig Mark aus Frankreich und einhundertsechzig Mark aus der Schweiz); drittens vor allem die weite Differenz der ideologischen und praktischen Programmpunkte.

Die englischen Delegierten waren weltanschaulich und praktisch liberal, die wenigen deutschen Delegierten waren Marxisten; die Franzosen waren Anhänger Proudhons (Mutualisten), die Schweizer nannten sich Neue Christliche Humanisten, die Belgier folgten der Doktrin von Colins, nach der Atheismus und Spiritualismus zusammen mit kollektivem Landeigentum und privatem Kapitalbesitz die Grundlage der Emanzipation der Arbeiter sein sollte. Den Höhepunkt erreichte diese Internationale auf ihrem vierten Kongreß in Basel 1869. Hier blieb das bisher herrschende französische Programm in der Minderheit, während der Marxsche Gesichtspunkt den Vorrang hatte. Der Kongreß forderte die Bildung nationaler und internationaler Gewerkschaften als Mittel des Widerstandes gegen das Kapital, aber auch als Grundstock einer »Gesellschaft der Zukunft«. Das Jahr 1870 brachte dann den schnellen Verfall der Internationale, teils wegen des deutsch-französischen Krieges, teils wegen der Pariser Kommune, die Marx in seiner Broschüre »Bürgerkrieg in Frankreich« in seinem Sinne interpretierte. Die Furcht vor der Kommune veranlaßte die meisten europäischen Regierungen, die Arbeiterbewegung entweder unter polizeiliche Aufsicht zu stellen oder ganz zu unterdrücken. Unnötig zu sagen, daß der Verfall der Internationale auch mit ihrer ideologischen Zersplitterung zusammenhing. Der politische Druck legte es nahe, das Hauptquartier der Internationale an einen neutralen Ort zu verlegen. So kam sie nach New York, wo sie dann praktisch bedeutungslos wurde. 1876 vollzog man den Akt, der längst fällig war: ihre Auflösung.

Während der Pariser Weltausstellung von 1889 kam es zur Gründung einer zweiten Internationale. Auch sie rechtfertigte nicht die hochfliegenden Erwartungen, die an die internationale Solidarität der Arbeiterschaft geknüpft waren. Sie war zwar innerlich weniger gespalten als die erste Internationale, brach aber durch den ersten Weltkrieg zusammen. Nach dem Kriege entstanden dann nebeneinander zwei internationale Organisationen, eine kommunistische unter Führung Rußlands und die sogenannte »zweieinhalbte« der Gewerkschaften freier Länder mit Sitz in Amsterdam. Der zweite Weltkrieg zerstörte auch diese Gründungen, aber er konnte nicht den Drang zur internationalen Verständigung beseitigen. 1945 wurde in Paris ein Weltverband der Gewerkschaften gegründet, dem fast alle größeren nationalen Verbände beitraten, mit Ausnahme des amerikanischen Gewerkschaftsverbandes AFL und der Christlichen Internationale, die zwar bei der Gründung vertreten war, aber nicht beitrat. Im Jahre 1949 spalteten sich die freien Gewerkschaftsverbände von dem Weltverband ab und gründeten den Internationalen Verband der Freien Gewerkschaften. So existieren also heute wiederum, wie nach dem ersten Weltkrieg, zwei Internationale, genauer gesagt drei, wenn man die Christliche Internationale dazurechnet.

Die späteren Internationalen haben immer wieder mit Nachdruck auf die erste zurückgegriffen. Oberflächlich gesehen war die erste Internationale ein höchst problematischer Anfang, der nie über die Kinderkrankheiten hinauskam und hinter dem viel Rhetorik und Aufregung, aber wenig unmittelbarer Gehalt stand. Nähere Betrachtung aber ergibt ein etwas günstigeres Bild. Zunächst löste dieser Anfang einen doppelten Mythos der Internationale aus; und zwar bei den Regierungen und in bürgerlichen Kreisen den Mythos einer finsteren, revolutionären, die Ordnung, den Frieden und die Sicherheit bedrohenden und gottlosen Macht, gegen die man mit allen Mitteln vorgehen müsse, während die klassenbewußte Arbeiterschaft das erste Aufleuchten der proletarischen Weltverbrüderung zu sehen glaubte und damit den ersten Vorstoß zu einer friedlichen, gerechten und gleichheitlichen Ordnung der Menschheit. Beide Mythen, jeder an seinem Platz, haben ihre geschichtliche Dynamik gehabt. Daneben die mehr praktische Bedeutung der ersten Internationale: wir sehen sie besonders in dem Kontakt der führenden Männer der nationalen Arbeiterbewegungen, in der Verbreitung einer Pragmatik des sozialen Fortschritts (Achtstundentag, internationale Arbeitergesetzgebung und Arbeiterstatistik), in der Anregung zu Gewerkschaftsgründungen in manchen Ländern und nicht zuletzt in der Klärung ideologischer Unterschiede, vorab in der Zurückweisung des Proudhonschen Mutualismus und Bakunins Bild von der eigentums- und staatenlosen Selbstordnung der gesellschaftlichen Kräfte.

Die soziale und politische Bedeutung der Gewerkschaften

Die Gewerkschaften der freien Welt erheben den Anspruch, die Arbeiter gegenüber dem Arbeitgeber, der Öffentlichkeit und dem Staate zu vertreten. Das sei im folgenden als »aktive Repräsentation» bezeichnet. Um das Recht, ihre Mitglieder bei der Abrede über den Arbeitsvertrag zu vertreten, haben die Gewerkschaften lange kämpfen müssen; sie gewannen es zunächst bei den gelernten Berufen, deren Marktlage günstiger war als die der ungelernten. Am schwierigsten war es in der Schwerindustrie und in der Industrie der Massenfertigung zu gewinnen. Heute wird die gewerkschaftliche Repräsentation nirgendwo bestritten; in Deutschland war sie seit Weimar sogar verfassungsmäßig festgelegt.

Aber das Repräsentationsrecht umfaßt mehr als Lohnverhandlungen und den Abschluß von Kollektivverträgen; es reicht, da die Ausführung der Vertragsbedingungen immer wieder neue Entscheidungen und Kompromisse erfordert, in das alltägliche Leben der Betriebe hinein. Daraus hat das nationale Arbeitsamt in den USA (National Labor Relations Board) den Schluß gezogen, daß Kollektivverhandlungen ein fortlaufender Vorgang seien. Nach amerikanischem Arbeitsrecht vertritt übrigens die Gewerkschaft, wenn sie bei einer Betriebswahl die Mehrheit gewonnen hat, die gesamte Belegschaft, ob organisiert oder nicht. Darauf haben die Gewerkschaften bestanden; aber nachdem sie sich dieses Recht gesichert hatten, machten sie daraus ein Argument für den Gewerkschaftszwang.

Da die Arbeitsverträge verschiedene Rückwirkungen auf das öffentliche Leben haben können, erhebt die Gewerkschaft auch der Öffentlichkeit gegenüber einen Repräsentationsanspruch; vor allem bei Streitigkeiten aus dem Arbeitsverhältnis, bei Streiks oder Aussperrungen kann die Versorgung der Bevölkerung gestört und überhaupt Unruhe in die Öffentlichkeit getragen werden.

Wo sich auf der gewerkschaftlichen Grundlage eine starke Arbeiterpartei (Deutschland, England, Schweden, Australien) gebildet hat, repräsentiert die Gewerkschaft schließlich den Arbeiter indirekt, auch dem Staate gegenüber.

Die Repräsentation nach außen setzt innerhalb der Gewerkschaften die Solidarität ihrer Mitglieder voraus. Der Arbeitsmarkt gehört, von Zeiten der Hochkonjunktur und vielleicht der Inflation abgesehen, zu den »Käufermärkten«. Selbst in der Hochkonjunktur kann sich lokales Überangebot hartnäckig behaupten. Zeitweiliges und weit gestreutes Überangebot summiert sich zur perennierenden Arbeitslosigkeit (gewöhnlich um drei Prozent des Gesamtangebots). Ferner gibt es unzureichende Löhne bei Unternehmungen, die ertraglos sind oder nahe an der Ertragsgrenze operieren. Neben all dem gibt es Wechselfälle im Arbeiterleben, für die der Einzelne kaum Vorsorge treffen kann: Krankheit, Alter, Unfall, Invalidität. In solchen Fällen liegt das Lohnverhältnis nahe bei der Armut. Hier setzt die Gewerkschaft mit Einrichtungen der gegenseitigen Hilfe an. Nicht zuletzt auf diesem Gebiet liegt ihre große Leistung zu einer Zeit, als der liberale Staat des 19. Jahrhunderts außer der Armenpflege keinerlei direkte soziale Verantwortung anerkannte. Allerdings ist damals die gewerkschaftliche Hilfe fast ausschließlich gelernten Arbeitern zugute gekommen, da es praktisch keine Verbände der ungelernten gab. Deutschland war hier mit der Kranken-, Unfall- und Invaliditätsgesetzgebung der achtziger Jahre bahnbrechend. Heute sind diese Sozialeinrichtungen, vermehrt um die Arbeitslosenversicherung, zum Allgemeingut der westlichen Welt geworden (nur die Vereinigten Staaten haben keine gesetzliche Krankenversicherung, aber ein weit ausgebautes System betrieblicher und privater Krankenversicherung). Die solidarische Hilfe in den Notständen des Arbeiterlebens hat viel von ihrer Bedeutung verloren, weil der Wohlfahrtsstaat unter dem Druck von Arbeiterparteien und Gewerkschaften das Feld weithin mit Beschlag belegt hat. So haben die Gewerkschaften teils ergänzende, teils Ersatzaufgaben übernommen, und zwar im Bewußtsein, daß solidarische Hilfe zu ihren wichtigen Verpflichtungen rechnet – ganz abgesehen von der Nützlichkeit für den gewerkschaftlichen Zusammenhalt, für die Mitgliederwerbung und die Schlagkraft der Verbände.

Eine weitere Aufgabe liegt in der politischen Schulung und kulturellen Hebung der Arbeiterschaft. Eine neuaufsteigende, an Zahl schnell zunehmende Gruppe wie die Arbeiterschaft, den Wechselfällen des Marktes und der Konjunkturen ausgesetzt, ist in Gefahr, zu verelenden oder im Sklavenaufstand sich Luft zu machen. Das lehrt die Erfahrung der westlichen Länder; Friedrich Engels' Buch über »Die Lage der arbeitenden Klassen in England« und Gerhart Hauptmanns »Weber« bieten Beispiele. Lassalles Klage über die »verdammte Bedürfnislosigkeit der Arbeiter«, Marx' Aufruf an die »Proletarier aller Länder«, sich zu vereinigen, Gompers' Wort vom »Mehr und Mehr und Mehr« richteten sich auf dasselbe Ziel: die menschenwürdige Existenz des Arbeiters, seine Hebung aus Elend und Demoralisierung, seine Gleichberechtigung im gegenwärtigen Staat oder in einer künftigen Gesellschaft, seine Freiheit. Der aus der jüdisch-christlichen wie aus der stoischen Lehre stammende Begriff vom Menschen als Person, der in der industriellen Revolution und der sie begleitenden Zerstörung aller früheren Sozialordnungen in Gefahr war verlorenzugehen, bestimmte den inneren Auftrieb des Sozialismus wie der Gewerkschaften. Es ist jedoch falsch, wenn man glaubt, der liberal-kapitalistische Gedanke habe grundsätzlich diese Personnatur des Menschen geleugnet. Der wirtschaftliche und politische Liberalismus war auch eine soziale Heilslehre; auch er wollte den Weg zur höchsten Wohlfahrt weisen, indem er die Kräfte des Individuums aufrief und an sein Selbstinteresse appellierte. In diesem Sinne war der Liberalismus, der Absicht nach, nicht asozial und nicht apersonalistisch; aber seine Verwirklichung im *Laissez-faire*-Kapitalismus ergab, unter der Gegebenheit mangelnder Kapitalbildung und überreichen Arbeitsangebotes, die Verelendung der »arbeitenden Armen« und damit deren Entpersönlichung und soziale Abwertung. Wir stehen heute dagegen in der analogen Gefahr, daß das Personantlitz des Menschen vom Kollektiv verschlungen wird. Dem Kollektiv wird mehr zugetraut, als es leisten kann; das Heil wird in der Institution gesucht, in der es, bei der Natur des Menschen, nicht liegen kann.

Wie dem auch sei, die Gewerkschaft hat die große soziale Bedeutung, durch Repräsentation, durch gegenseitige Hilfe und durch politische und kulturelle Schulung den seiner selbst bewußten Arbeiter und gleichberechtigten Staatsbürger von heute mitschaffen zu helfen. Wenn, wie der damalige Erste Vorsitzende des Deutschen Gewerkschaftsbundes, Christian Fette, mir sagte, »der deutsche Arbeiter von heute ... kein Proletarier mehr« sei, wenn der Prototyp dieses Arbeiters, der »arbeitende Arme« der ersten englischen Arbeitergeneration im Arbeiter von heute nicht mehr erkennbar ist, dann hat die Gewerkschaft hier ein ganz großes Verdienst. Das ist eine Leistung, die man nicht von außen her erwarten konnte: nicht vom Staat, nicht vom patriarchalischen Unternehmer, nicht von noch so gut gemeinten Sozialeinrichtungen; sie mußte aus Geist und Willen der Arbeiterschaft selber kommen. Die einzige Sozialform, die sie gebildet hat, ist die Gewerkschaft. Lenin hat das anerkannt mit der Bemerkung, daß von der Arbeiterschaft nicht mehr als die Gewerkschaft erwartet werden konnte; der Kommunismus mußte von außen, von klassenfremden Ideologen an sie herangetragen werden.

Übersehen wir dabei nicht die Voraussetzungen, die der Gewerkschaft ihre Leistungen möglich machten. Die Gewerkschaft operiert ja nicht in einem Vakuum. Sie fand die liberale und demokratische Ideenwelt und deren Niederschläge vor. Der liberale Staat mit seinen Freiheitsrechten und demokratischen Einrichtungen, die liberal-kapitalistische Wirtschaft mit ihrer Offenheit der Märkte und ihrer dynamischen Produktionsweise wurden für den Erfolg der Gewerkschaften entscheidend.

Es ist verständlich, daß die Gewerkschaften lange Zeit ihre Aufmerksamkeit in erster Linie auf Fragen des Lohnes und der Arbeitszeit richteten. Hier lag ihre vordringlichste Aufgabe, und es war schon viel gewonnen, wenn sie hier erfolgreich waren. Nach und nach aber traten auch die Probleme des Betriebslebens in den gewerkschaftlichen Blickkreis, die Fragen der Betriebs- und Arbeitsordnung, der Betriebshygiene, der Anstellungen und Entlassungen, der Kommunikation im Betrieb, schließlich der Herrschaft im Betrieb. Das 19. Jahrhundert sah im Betrieb das Privateigentum des Besitzers und sprach ihm die entsprechenden Hausherrnrechte zu. Der Arbeitsvertrag war ein reiner Obligationenvertrag; aus ihm erwuchsen der Belegschaft keinerlei Rechte und Forderungen über das im Vertrag stipulierte Verhältnis hinaus. Die volle Betriebsherrschaft ruhte beim Arbeitgeber; daraus folgten mancherlei Mißstände. Deren drückendsten Teil hat die Gesetzgebung nach und nach ausgeräumt; dazu gehörte zum Beispiel das Verbot, anstatt des Geldlohnes in Ware zu bezahlen, das Verbot der Frauen- und Kinderarbeit unter Tage im Bergbau, das Verbot überlanger Arbeitszeiten schließlich auch für erwachsene Männer, die Fabrikinspektion, Bestimmungen über Lohnzahlungen und, in den neunziger Jahren, schüchterne Anfänge einer Betriebsvertretung nach deutschem Recht.

Das war gewiß sehr wichtig, aber es war nicht alles. Das Betriebskommando des Arbeitgebers über Anstellung, Entlassung, Aufrücken, Betriebsordnung, Akkorde ... blieb gesetzlich unangetastet. Selbst in das Familienleben und das bürgerliche Verhalten der Arbeiter griffen Arbeitgeber gelegentlich ein (Freiherr von Stumm an der Saar). Eine gewisse Attitüde des Feudalherrn mischte sich in Deutschland, mehr noch in östlichen Industrieländern auf dem Hintergrund großer Grundherrschaften, leicht dem Verhalten des Arbeitgebers bei. Abwehr dagegen wurde zuerst von Gewerkschaften der Gelernten unternommen und die Betriebsherrschaft des Unternehmers hier verhältnismäßig frühzeitig gemildert (Buchdrucker-, Baugewerbe). Die befestigte Gewerkschaft von heute hat hier teils mit, teils ohne gesetzliche Hilfe die Dinge sehr geändert. Betriebsvertretungen in der einen oder anderen Form gehören heute zum Ordnungsrahmen der Firmen (Betriebsräte, Betriebsvertrauensmänner, Shop stewards, Produktionsausschüsse, Committee men, Chapel men im amerikanischen typographischen Gewerbe, Patrol men bei den amerikanischen Gewerkschaften der Seeleute). Dazu rechnen nach deutschem Recht in der Kohle- und Eisenindustrie auch die Arbeitsdirektoren. In den Vereinigten Staaten haben die Gewerkschaften zwar keine gesetzlich verankerte Mitbestimmung verlangt; das hat sie aber nicht gehindert, in Kollektivverträgen eine oft geradezu paritätische, wenn nicht gar entscheidende Mitbestimmung in Fragen durchzusetzen, die das Betriebsleben berühren. Ganz allgemein gilt, daß die Betriebsautonomie des Unternehmers durch die Gewerkschaften und deren Organe erheblich reduziert ist. Professor Slichter spricht von einem »System des Betriebsrechts«, das sich auf den Kollektivverträgen und dem von den Gewerkschaften entwickelten Betriebsbeschwerdeverfahren aufbaut. So ragt heute in allen westlichen Staaten der lange

Fahrplantafeln auf dem Waterloo-Bahnhof in London während des Eisenbahnerstreiks, Mai 1955

Gewerkschaftssiedlung in Sun Valley in Florida

Arm der Gewerkschaften in den lebendigen Betriebsprozeß hinein und mildert Spannungen und Reibungen, die sich unvermeidlich bei der Zusammenarbeit vieler Menschen an einer gemeinsamen, aber stark unterteilten Aufgabe ergeben.

Die in amerikanischen Kollektivverträgen stark entwickelte Mitbestimmung der Gewerkschaften in den Betrieben hat manche Autoren dazu veranlaßt, die Gewerkschaft als eine Art »Regierungsmacht« zu deuten. Den Gewerkschaften sind ja quasi öffentliche Aufgaben rechtlich zuerkannt oder faktisch zugestanden, und zwar in solchem Maße, daß ein amerikanischer Beobachter vom Rang des Obersten Bundesrichters Brandeis, ein Mann von ausgesprochener Gewerkschaftsfreundlichkeit, die Gefahr signalisierte, daß der einzelne Arbeiter nun den autokratischen Arbeitgeber eintausche gegen die autokratische Gewerkschaft – dann nämlich, wenn die Gewerkschaft die Zwangsmitgliedschaft beanspruche. Die Gewerkschaften der meisten anderen Länder sind nicht so weit gegangen; in England hat die Labour-Regierung (1945–1951) zwar Gewerkschaftsvertreter in die Verwaltung der nationalisierten Industrie berufen, mit der Bedingung aber, daß sie aus ihrer Gewerkschaft austreten. Trotz der Unterschiede zwischen den einzelnen Ländern bleibt es dabei, daß überall der Gewerkschaft ein Maß von öffentlicher Aufgabe zugesprochen ist, das ihr, als einer privaten Organisation, einen privilegierten, gleichsam öffentlichen Charakter gibt. Damit ist die Gewerkschaft in eine Zwielichtzone geraten, was ihr erlaubt, auf ihrem Privatcharakter zu bestehen, wenn sie öffentlicher Verantwortung ausweichen will, andererseits aber auf ihrem öffentlichen Charakter zu pochen, wenn sie zum Beispiel private Verbandsinteressen wahren will. Professor Roscoe Pound, der hervorragende Rechtsgelehrte der Harvard-Universität, hat in einer eindrucksvollen Schrift dargelegt, daß die amerikanischen Gewerkschaften eine privilegierte Rechtsstellung haben, die nur mit dem Feudalrecht vergangener Zeiten und mit den Privilegien des königlichen Gottesgnadentums verglichen werden könne. Wer, wie manche amerikanische Autoren, in der Gewerkschaft ein »government« sieht, wer, wie der Amerikanische Gewerkschaftsbund, die Gewerkschaften als »government über alle Arbeitsplätze« bezeichnet und daraus folgert, daß jeder Arbeiter Gewerkschaftsmitglied sein müsse, der plädiert für die Gewerkschaft als Staat im Staate. Wenn sie die Regierung über alle Arbeitsplätze der Nation ist, hat sie größere Macht als der demokratische Staat, weil sie die Herrschaft über die Lebensgrundlagen der weitaus größten Sozialschicht und, durch das Wahlrecht, vielleicht sogar die Herrschaft über den Staat selber hat. Großbritannien von 1945 bis 1951 und Schweden seit Jahrzehnten, für lange Zeit auch die australischen Gewerkschaften, sind Beispiele dieser syndikalistischen Herrschaft über den Staat und über den Staatsapparat. Den äußersten Gegenpol dessen haben wir paradoxerweise im »Arbeiterparadies« der Sowjetunion: dort sind die Gewerkschaften dem autokratischen Staat absolut unterworfen und zu Organen der Herrschaft über den Arbeiter reduziert worden.

Die Entwicklungsländer bieten ein anderes und fast überall verschiedenes Bild. Bei ihnen fehlt die demokratische Tradition, und der Industrialismus befindet sich erst in den Anfängen. Altüberkommene religiöse Vorstellungen und Bindungen wirtschaftlich irrationaler Natur, Tabus und patriarchalische Verhältnisse, Stammesgewohnheiten und Stammessitten sind Hindernisse auf dem Weg rationaler Wirtschaft und freier Gewerkschaften

Abgründige Armut und unglaubliches Massenelend stehen oft unvermittelt neben phantastischem Reichtum. Die bürgerliche, in den Dingen des Diesseits verhaftete Mittelschicht von Kaufleuten, Unternehmern, Finanziers, Ingenieuren und Chemikern fehlt ganz oder erscheint in dürftigen Anfängen. Die Sparquote ist gering, die Kapitalbildung unzureichend und ein geordnetes Kreditwesen kaum vorhanden. Die unteren Volksschichten sind in der Regel analphabetisch. Aber die Regierungen dieser Länder, bedrängt von Übervölkerung, sind entschlossen, moderne Industrien zu entwickeln, und zwar schnell. Daher die Fülle von Fünf- und Sieben-Jahresplänen, die bedenkenlose Aufnahme von Anleihen, aber auch die Auflösung der traditionellen Ordnungen und Sozialstrukturen. Anders als die Entwicklungsländer des 19. Jahrhunderts haben sie gleich zwei Modelle zur Auswahl: das westliche und das sowjetrussische. Je nachdem sie sich entschließen – und manchen von ihnen fällt es schwer, sich zu entscheiden –, müssen sie das Gewerkschaftsmodell des Westens oder das der Sowjets akzeptieren. China hat den letzten Weg gewählt; die arabische Welt, Indien, Süd- und Mittelamerika (mit einigen Schwankungen) das westliche. Aber die Gleichung geht nicht glatt auf; so werden zum Beispiel in Syrien die Gewerkschaften in den einheimischen Industrien vom Staat streng kontrolliert, während sie derselbe Staat bei den fremden Ölgesellschaften in ihren Forderungen ermutigt und bestärkt. Allgemein ist zu sagen, daß die Lohnarbeiterschaft der Entwicklungsländer, die ja ihre frühere koloniale Abhängigkeit losgeworden sind, weniger etwas für eigentliche Gewerkschaftsaufgaben übrig hat als für politische, oft kommunistische Bestrebungen. An das Internationale Arbeitsamt angeschlossen, haben diese Länder fast alle gesetzliche Schutzbestimmungen erlassen, denen die wirtschaftlichen und sozialen Voraussetzungen weithin fehlen. Die Folge ist eine Wendung der Gewerkschaften ins Politische (Argentinien unter Perón, Kuba unter Castro). Die Arbeiterbewegung scheint sich dort in jener politischen »Vorphase« zu befinden, die auch Europa gekannt hat (der Lassallesche Allgemeine Deutsche Arbeiterverein, die englische Chartistenbewegung), soweit man sich freilich nicht dem Kommunismus verschrieben hat. Man vergißt zu leicht, daß die europäischen Industriestaaten und Nordamerika vor noch nicht allzu langer Zeit auch Entwicklungsländer waren und in ihrer Arbeiterbewegung ähnliche Ungewißheit zeigten wie die modernen Entwicklungsländer. War nicht auch der Kommunismus eine gewichtige politische Ideologie der frühen europäischen Arbeiterbewegung? War nicht für Zentraleuropa der marxistische Sozialismus dasselbe, fast bis zum ersten Weltkrieg?

Übersehen wir nicht den Spaltpilz, der in die Gewerkschaften der Entwicklungsländer häufig durch Kasten- oder Rassenunterschiede hineingetragen wird. Das rassische Gemisch in Südafrika (Weiße, Neger, Inder), von Indonesien und den Malaienstaaten, von Ägypten und Brasilien ist eine Plage für die junge Gewerkschaftsbewegung dieser Länder. Dazu kommen häufig noch religiöse Gegensätze, in Indien zum Beispiel zwischen Mohammedanern und Hindus, ähnlich in Indonesien und auf den Philippinen. All das ist schwierig genug in den Vereinigten Staaten, wo selbst heute noch einige Gewerkschaften satzungsgemäß und andere faktisch schwarze Arbeiter ausschließen. Schwierigkeiten lokaler Natur zeigen sich heute auch in England infolge des Stromes farbiger Zuwanderung aus britischen Kronländern und Kolonien. Zumal wenn Gewerkschaften gute Stellungen für Mitglieder reserviert halten, ist Diskriminierung auf Grund von Rasse, Konfession oder Geschlecht häufig anzutreffen. Hautfarbe und Konfession mögen dabei nur äußere Vorwände sein, hochbezahlte Jobs der eigenen Mitgliedschaft vorzubehalten, manchmal sogar die Neigung, sie ausschließlich an Söhne oder Schwiegersöhne von Mitgliedern zu vererben. Das trifft man in den Vereinigten Staaten und auch in Australien; es ist wesentlich durch das Mitbestimmungsrecht erleichtert, das manche Berufsverbände bei Einstellung und Entlassung von Arbeitern haben.

Es wurde schon bemerkt, daß die Gewerkschaften von Hause aus demokratisch sind und daß diese Gesinnung auch auf ihre Haltung zum Staat zurückwirkt. Deutsche, britische, schwedische und amerikanische Autoren und Gewerkschaftsführer preisen die Gewerkschaften geradezu als Hort der Demokratie, als Wahrerin der demokratischen Freiheiten. Dagegen melden sich Stimmen, welche die innergewerkschaftliche Demokratie und die Echtheit der demokratischen Zuverlässigkeit in Frage ziehen. Freundliche und feindliche Stimmen zugleich melden sich in der Kritik; die freundlichen Stimmen sind geneigt, gesetzliche oder andere Wege zu weisen, welche die innergewerkschaftliche Demokratie stärken und die Gewerkschaften als zuverlässige Hilfstruppe der politischen Demokratie erhalten wollen.

Was zunächst die Demokratie innerhalb der Gewerkschaften anlangt, so teilen sie das Schicksal aller Großverbände, wie Roberto Michels schon vor Jahrzehnten gesagt hat: Der Preis für die Macht und Größe von Verbänden und Parteien ist bürokratische Verwaltung, oligarchische Führung und die Spannung zwischen Masse und Führung – die Spannung oder die zunehmende Gleichgültigkeit der Mitglieder gegen ihren Verband. Der kleine Verband des 19. Jahrhunderts konnte brüderlich und demokratisch sein; der große Verband mit seinen Hunderttausenden von Mitgliedern – in Detroit gibt es sogar einen Betriebsverband von Automobilarbeitern (bei Ford), der sechzigtausend Mitglieder hat – kann nicht »brüderlich« sein; seine »Demokratie« beschränkt sich mehr oder weniger auf gelegentliche Wahlen und Abstimmungen; und selbst da kommt es oft genug vor, daß die Führung die Wahl selbst oder den Zugang zu ihr manipuliert, wenn nicht sabotiert. Dafür haben Goldstein und Allen reiche Unterlagen aus England geboten; in den Vereinigten Staaten leisteten das verschiedene Ausschüsse des Parlaments. In den USA hört man gelegentlich die Äußerung, daß es unbillig sei, für das Verhältnis innerhalb der Gewerkschaften demokratische Formen zu erwarten; die Gewerkschaft als Kampftruppe müßte solidarisch hinter der Führung stehen. Unnötig zu sagen, daß das ein gefährliches und auch unzutreffendes Argument ist. Die innergewerkschaftliche Demokratie ist leider, vor allem in den Vereinigten Staaten, England und Australien, zu einem echten Problem geworden, teils weil die herrschenden Führerschichten kein frisches Blut von unten aufnehmen, teils weil die demokratischen Rechte und Freiheiten der Mitglieder eingeschränkt worden sind. Daß auch die Exklusivität mancher Gewerkschaften in hochbezahlten Berufen undemokratisch ist (weil sie die Aussichten der Nichtzugelassenen ausschließt), liegt auf der Hand. Züge, die an den Verfall der Zunftzeit erinnern, sind in manchen angelsächsischen Verbänden offensichtlich – ebenso Züge feudalrechtlichen Anspruchs der Verbände über ihre Mitglieder.

Was das Verhältnis der Gewerkschaften zur politischen Demokratie betrifft, so wird gelegentlich der Einwand erhoben, daß die Gewerkschaft in der Demokratie nur ein Mittel für gewerkschaftliche Zwecke sieht. Ihre demokratische Zuverlässigkeit wird also rein pragmatisch gewertet, etwa entsprechend dem im alten Preußen oft gehörten Wort, gemünzt auf die konservativen Adelsschichten: »Und der König absolut, wenn er unsern Willen tut.« Wo starke Gewerkschaften mit einer starken Arbeiterpartei das parlamentarische Übergewicht haben, läge die Versuchung nahe, die politische Macht der Gewerkschaft dauernd zu befestigen, also einen Gewerkschaftsstaat durch Verfassungsänderung zu etablieren. Wenn diese Versuchung besteht, dann ist sie bis jetzt in den altdemokratischen Ländern des Westens nicht realisiert worden. Dagegen zeigt die Erfahrung in einigen Entwicklungsländern, daß Diktaturen auf der Grundlage von politisch engagierten Gewerkschaften wohl möglich sind. Das gilt oder galt für Peróns Argentinien, für Castros Kuba, für Kerala, für Nassers Ägypten, für Indonesien, für Guatemala und für den Irak. Vermutlich sind das Übergangserscheinungen, wobei fraglich bleibt, ob sie zum westlichen oder zum sowjetischen Gewerkschaftsmuster führen oder vielleicht zu einem Muster dazwischen. Daß der Trend zur Politisierung der Gewerkschaften stark ist und daß damit eine Neubesinnung über den demokratischen Prozeß einsetzen könnte, mag zutreffen. Zumal wenn sich die Idee der Demokratie von der politischen Ebene auf die wirtschaftliche und vielleicht auf die Gesamtheit des menschlichen Zusammenlebens ausbreitet, wenn also aus ihr eine Weltanschauung des »Demokratismus« gemacht wird, dann könnte der Preis die Wendung zur »autoritären Demokratie« (Indonesien, Ägypten), wenn nicht gar zu ihrer Aufhebung sein. Ein Warnungssignal war die für die USA völlig unerhörte dritte und vierte Wiederwahl Franklin Roosevelts; die Massen verlangten nach dem Führer und akklamierten ihn selbst in diesem Land mit stark verwurzelter Demokratie. Haben wir etwas Ähnliches nicht auch in Deutschland im Jahre 1933 erfahren? Und waren nicht die Gewerkschaften machtlos dagegen? Daß ihnen beim Kapp-Putsch die Abwehr gelang, beweist nichts; ihn trugen keine Massen, und er war zu offensichtlich reaktionär.

Die wirtschaftliche Bedeutung der Gewerkschaften

Den Gewerkschaften wird als positiver Beitrag zugerechnet, daß sie die Lage der Arbeiterschaft wesentlich gehoben haben: durch Lohnerhöhung, durch wirtschaftlich rationale Arbeitszeitverkürzungen, durch ihren Druck auf wirtschaftlich-technische Fortschritte, durch bessere, den Konsum hebende und damit die Nachfrage steigernde Verteilung des Volkseinkommens, durch geordnete Betriebs- und Arbeitsmarktverhältnisse, durch berufliche Erziehung und Menschenbildung, die der Leistung zugute kommen, und vieles andere mehr. Selbst wo gewerkschaftliche Aktionen zu Lasten von Verbraucherinteressen gehen, sagt man (in gewissen Grenzen mit Recht), daß es vitale Gesichtspunkte des Arbeiterinteresses gebe, die dem Verbraucherinteresse vorangehen, etwa das Verbot von Frauen- und Kinderarbeit, von überlangen Arbeitszeiten und anderem.

Wenn man den Katalog von wirtschaftlich günstigen Einflüssen der Gewerkschaft mustert, steigen doch gewisse Bedenken auf. Sollte es wirklich zutreffen, daß sozial erwünschte Ziele

INTERNATIONALE GEWERKSCHAFTSBEWEGUNG 493

und Erfolge der Gewerkschaften ganz von selbst auch wirtschaftlich vernünftig sind? Manchmal sieht es so aus, als ob das in der Tat angenommen würde; der Führer der amerikanischen Stahlarbeitergewerkschaft, McDonald, ebenso wie sein Vorgänger Philip Murray haben das klar ausgesprochen. Eine ganzseitige Zeitungsanzeige zeigte erst vor kurzem (Mai 1959)

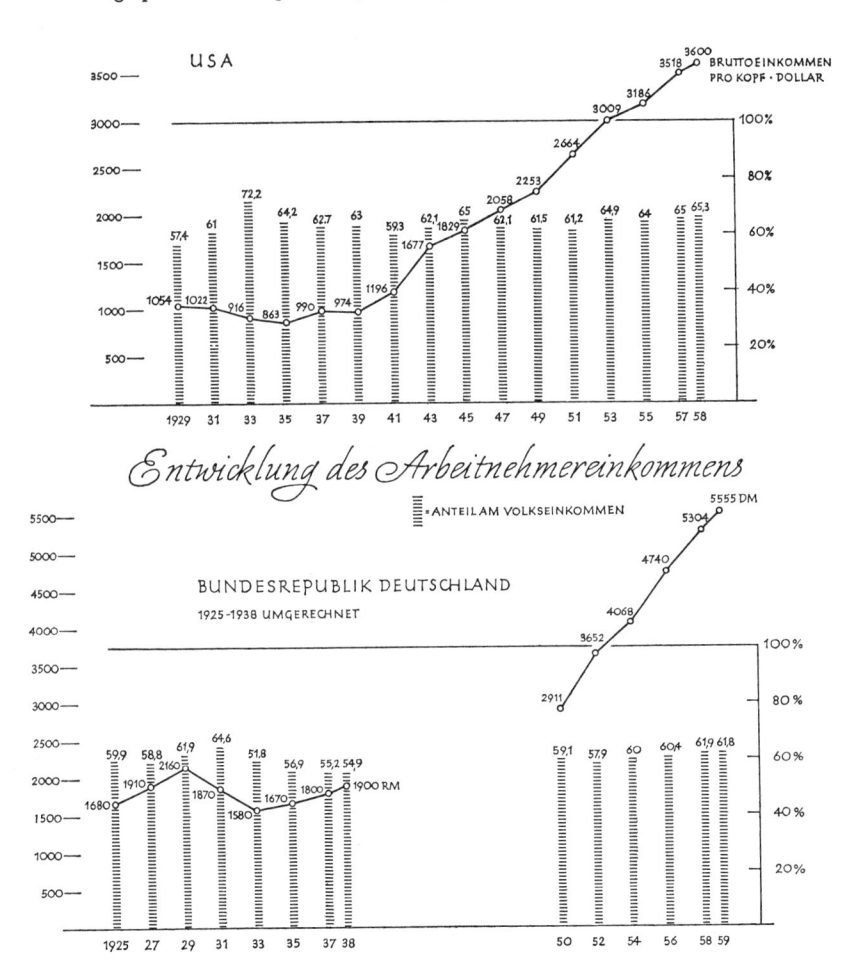

Entwicklung des Arbeitnehmereinkommens

einen zum Überfließen vollen Piratenkoffer mit der Unterschrift: »Soll das allein den Aktionären zukommen?« Die Gewerkschaft verlangte eine Milliarde Dollar Löhne pro Jahr mehr mit der Begründung, dadurch steige die Kaufkraft im ganzen Land, und Vollbeschäftigung für Kapital und Arbeit seien gesichert. Hier wird in naiver Weise angenommen, daß die Forderung einer besonderen Gewerkschaft für die Gesamtwirtschaft nur positive Rückwirkungen haben könnte. Wir stehen hier vor der Umkehrung des früher oft gehörten Satzes, das, was gut sei für das Geschäft, sei gut für jedermann. Beides ist ein gefährlicher und der Wirklichkeit durchaus nicht entsprechender Mythos. Aber schon hat der Mythos seine Theorie in einer Travestie der Doktrin des großen Wirtschaftsgelehrten John Maynard Keynes gefunden. Sie hat Schule gemacht, nicht nur in westlichen Ländern. Sie ist ein wirtschaftlicher Gefahrenherd erster Ordnung, weil sie primär das Problem der Verteilung sieht, und das lediglich vom monetären Standpunkt. Die »Produktionsfunktion« (technisch-wirtschaftliche Voraussetzungen) wird als gegeben unterstellt, im Widerspruch zur dynamischen Natur der freien Unternehmung.

Es will dem normalen Verstand nicht einleuchten, daß die Fülle von Erleichterungen der Arbeit, von oft veralteten und schwerfälligen gewerkschaftlichen Arbeitsregeln, von ständig neuen Lohnerhöhungen (die, wie statistisch festgestellt wurde, in England und Amerika dem jährlichen Produktionszuwachs vorauslaufen) und Arbeitszeitverkürzungen, die gewerkschaftliche Beschränkung freier Unternehmensentschließungen, die gewerkschaftliche Begrenzung und Einklammerung von Jobs, das Aufrücken nach dem Betriebsalter, die Fülle der sogenannten »*fringe benefits*« (Betriebspensionen, freie Hospitalbehandlung, Ferien), die nach amerikanischer Schätzung pro Arbeiter und Jahr in die Hunderte von Dollar gehen, es will dem normalen Verstand nicht einleuchten, daß all das wirtschaftlich nicht nur tragbar, sondern auch noch fördernd sein soll. Wenn große Unternehmungen durch technisch-wirtschaftlichen Fortschritt gewerkschaftliche Mehrforderungen kompensieren und nach Maßgabe ihrer reduzierten Einheitskosten die zusätzliche Belastung tragen können, so entgeht doch dem Verbraucher der Vorteil der Kostenminderung ganz oder teilweise; hier gewinnt also entsprechend der Arbeiter als Produzent, was ihm und seinesgleichen als Konsument entgeht. Wenn aber die gewerkschaftliche Forderung dem Produktivitätszuwachs vorausläuft, dann ist bei flexiblem Kreditvolumen Inflation die Folge; bei kontrolliertem Kreditvolumen ergibt sich Arbeitslosigkeit, irgendwo, nicht notwendig bei der Gewerkschaft, die ihre Forderungen übertrieben hat. Das ist einer der Gründe für die große Inflationswelle, die seit Jahren in der westlichen Welt bemerkbar ist. Die heutige große Flexibilität des Kreditvolumens und die rechtliche oder faktische Verantwortung demokratischer Regierungen für Vollbeschäftigung sind die institutionelle Grundlage der Inflation von heute. Unternehmungen (durch ihre Zustimmung zu gewerkschaftlichen Forderungen, aber auch aus Gewinninteressen) und manche Gewerkschaften, vor allem die kostenmäßig führenden, haben eine Autonomie der Kostenbestimmung erreicht, der das Kreditvolumen zu folgen hat. Darauf wurde in einem amerikanischen Senatsausschuß vom 17. Juli 1957 hingewiesen. Wenn »*pressure groups*« einen solchen Grad von Autonomie erlangt haben, während die Regierung für Vollbeschäftigung haftbar gemacht wird, sind sie in der Lage, mit ihrer »Druckmacht« vorzustoßen, ohne die wirtschaftlichen Folgen davon verantworten zu müssen. Das gilt vor allem für die Vereinigten Staaten, Großbritannien und die skandinavischen Länder. Erwägungen über die Zahlungsbilanz und die Ausfuhr bieten von Zeit zu Zeit Hemmungen. Der Schweizerische Metallarbeiterverband hat jedoch mit der entsprechenden Arbeitgeberorganisation seit dem Jahre 1938 ein wirtschaftlich vernünftiges und tragbares Abkommen gefunden, das weder inflationistisch wirkt noch die Zahlungsbilanz belastet.

Bei all dem darf man die große Differenz, die innerhalb der Gewerkschaften zwischen den verschiedenen Gruppen sich auftut, nicht übersehen. Einige der Verbände sind stark und unter aggressiver Führung in expansiven und großen Industrien oder in Industrien, die für unelastische Märkte arbeiten, angesiedelt, wo die Nachfrage also nicht prompt den Preis beeinflußt. Andere Verbände sind weniger stark, weniger vorteilhaft angesiedelt, aber immer noch gut daran. Daneben zeigen aber die Gewerkschaften mittlerer und kleinerer Firmen oder von Firmen mit elastischen oder schwankenden Märkten oder ungünstiger Lage ein großes Lohngefälle; sie müssen die Privilegien der bessergestellten Gewerkschaften mitbezahlen. Es kann ja auch nicht anders sein: je mehr eine Volkswirtschaft aus Lohn- und Gehaltsbeziehern besteht, desto weniger Sinn hat ein Vorwärtsdruck günstig plazierter Verbände für die weniger günstig plazierten; diese tragen als Verbraucher, wenn nicht gar als Produzenten, die Privilegien der anderen. Wenn zum Beispiel der Installationsarbeiter im amerikanischen Baugewerbe fünf Dollar pro Stunde bekommt, an Samstagen fünfzig Prozent, am Sonntag sogar hundert Prozent mehr, dann zahlen die viel schlechter verdienenden Textil- und anderen Arbeitergruppen in ihren Wohnungskosten dafür lebenslang Tribut. Kurz: Ausbeutung kann sich auch zwischen gewerkschaftlich organisierten Gruppen ergeben.

Den Gewerkschaften ist das wohlbekannt; in Schweden und England hat man daher ein gewerkschaftliches Zentrallohnamt diskutiert; aber vorläufig ist der Gedanke an der Lohnautonomie der einzelnen Verbände gescheitert.

Das Problem rückt in hellere Beleuchtung durch die statistisch erhärtete These von der stabilen Lohnquote. Die Forschungen von hervorragenden Statistikern haben ergeben, daß der Lohn- und Gehaltsanteil am nationalen Einkommen über lange Jahrzehnte, soweit das statistische Material reicht, relativ konstant geblieben ist, und zwar gleichgültig, ob Gewerkschaften existierten oder nicht, ob sie stark waren oder schwach. Der Nationalökonom Joseph Alois Schumpeter hat diese Stabilität anerkannt, ebenso die Professoren Slichter, Kuznets, Colin Clark und Gibrat. Keynes, gewiß ein unverdächtiger Zeuge und durchaus gewerkschaftsfreundlich, bezeichnete diese Stabilität der Lohnquote als »a bit of a miracle«, und Clark Kerr (California Universität), eine unangezweifelte Autorität, stellt kurzerhand fest: »Der Lohnanteil der Arbeiterschaft am Nationaleinkommen ist in einem höheren Grade konstant geblieben als irgendeine andere Variable in der Wirtschaftsgesellschaft.« Er schließt die Frage an: »Wenn Keynes und die Statistik recht haben, warum dieser Aufwand an Anstrengung, Aufregung und Schimpfen bei so geringem Resultat?« Auch bekannte Intellektuelle der Gewerkschaften und Arbeiterparteien, wie der Engländer Crosland, die Schweden Lundberg und Rudolf Meidner, haben die Stabilität zugegeben.

Nun könnte man einwenden, ohne die Gewerkschaften wäre der Anteil der Arbeiter am Nationaleinkommen nicht so hoch gewesen und so stabil geblieben, wie er ist. Dem widerspricht die Erfahrung, daß diese Stabilität auch für jene Jahrzehnte nachweisbar ist, in denen es Gewerkschaften nur sporadisch und nur unter gelernten Arbeitern gab. Selbst Länder, die lange von Inflationen geplagt waren und zum Teil noch sind, zeigen dieselbe Konstanz der Lohnquote (Frankreich, Chile).

Das Handelsministerium der Vereinigten Staaten hat die Lohn- und Gehaltsquote vom Nationaleinkommen für eine Reihe von Jahren sorgfältig aufgearbeitet. Wir geben im folgenden eine verkürzte Darstellung:

	1919	1940	1958
Lohn- und Gehaltsquote	63,5 %	65,2 %	63,7 %
Steueranteil am Nationaleinkommen	11,5 %	16,6 %	25,2 %
Eigentumsanteile	25,0 %	18,2 %	11,1 %

Das Gesamteinkommen ist hier berechnet als Nationaleinkommen plus Steuern aller Art außer der Einkommensteuer. Der Arbeitsanteil und der der Eigentümer ist berechnet unter Ausschluß von Personal- oder Gesellschaftssteuern.

Angenommen nun, der statistische Nachweis der relativen Konstanz der Lohnquote sei erbracht, dann erscheint der wirtschaftliche Einfluß der Gewerkschaften in einem wesentlich anderen Licht. Es ist dann ganz offenbar falsch, den Gewerkschaften eine Art schöpferischer Potenz zuzuschreiben – als ob die Hebung der Arbeitsbedingungen ihnen zuzuschreiben sei. Wenn bessere Löhne nicht inflatorisch verpuffen sollen, müssen sie aus erhöhter Produktivität stammen; darauf kann dann die Gewerkschaft sozusagen »ziehen«; am meisten dort, wo Unternehmungen technisch und wirtschaftlich sehr expansiv sind oder auf unelastische Nachfrage treffen. Wenn die Gewerkschaften ihre Erfolge nicht aus der Beschneidung von Unternehmungsgewinnen erzielen (welche Meinung sehr häufig anzutreffen ist), wenn sie nicht aus der Verkürzung von Besitzeinkommen stammen, woher stammen sie dann? Nur aus den technisch-wirtschaftlichen, die Einheitskosten senkenden Fortschritten der Unternehmungen. Wenn diese Quelle aber von den dort angesiedelten Gewerkschaften beschlagnahmt wird, entgeht sie allen übrigen und dem Verbraucher. Man kommt nicht daran vorbei, daß Arbeiter und Gewerkschaften in schwächerer Lage die privilegierte Lage der anderen mitbezahlen. Soweit es gewerkschaftliche Politik ist, das Lohngefälle zu mindern, mindert sie auch diese »Ausbeutung von Arbeitern durch Arbeiter« (Heinrich Dietzel). Aber erstens ist das durchaus nicht überall der Fall; viele Berufsgewerkschaften, im angelsächsischen Kreis besonders, schirmen ihre Jobs sorgfältig gegen Wettbewerb ab; und zweitens legen alle Gewerkschaften der Gelernten Wert darauf, ihre Lohnebene in gewissem Abstand zu den anderen zu halten. Drittens sind es ja auch nicht nur Lohndifferenzen, um die es sich hier handelt; mit den gelernten Jobs sind ja auch vielerlei Privilegien verbunden, zumal die gewerkschaftlich vorgeschriebenen Leistungsbeschränkungen.

Schätzung und Bewertung der Gewerkschaften haben seit ihrem Aufkommen einen merkwürdigen Zyklus gezeigt. Auf schärfste Ablehnung folgte Duldung und schließlich volle Anerkennung; und diese Anerkennung hatte ihren Höhepunkt in Europa seit 1919, in England besonders seit 1945, in Amerika seit 1934. Die Gewerkschaften sind geradezu ein Partner in Betrieb und Unternehmung wie im demokratischen Staat geworden, und Regierungen müssen sich gelegentlich mit der Rolle eines Junior-Partners begnügen, wenn nicht gar mit der einer Exekutive machtvoller Arbeiterparteien und Gewerkschaften. Diese Konjunktur an Geltung und Gewicht der Gewerkschaften scheint heute im Abflauen begriffen zu sein; die Gewerkschaften selber klagen darüber, und es gibt Kenner und Freunde des Gewerk-

Arbeitsbedingungen im chinesischen Straßenbau, 1956

Demonstration von Gewerkschaftlern gegen Preissteigerungen, Mainz 1959

schaftswesens, die glauben, daß sich das Gewerkschaftswesen zumindest in einer latenten Krise befindet.

Wo liegen die Anzeichen der Krise? Zunächst in der Tatsache, daß die Gewerkschaften einen offenbar nur sehr schwer zu erweiternden Mitgliederstamm haben; ferner in der zunehmenden Kritik von außen, in der Abkühlung der öffentlichen Meinung, in der Indifferenz, wenn nicht gar Unzufriedenheit weiter Arbeiterkreise selber, in einer gewissen Versteifung von Gesetzgebung und Rechtsprechung. Die einen sagen: die Gewerkschaften haben zuviel Macht, sie sind ein Staat im Staate und unterminieren die Demokratie. Die anderen sagen: sie gebrauchen ihre Macht nicht richtig, aber sie könnten sie richtig gebrauchen. Wieder andere sagen: sie müssen sich von wirtschaftlich unvernünftigen Forderungen, von Korruption und Gewalttätigkeiten reinigen. Wieder andere sehen mit Besorgnis eine Wendung der Gewerkschaften zum Kollektivismus. Der Unzahl von Einwänden können wir hier nicht nachgehen. Im tiefsten Grunde scheint mir die Krise aus der Tatsache zu stammen, daß die Gewerkschaften hart an die Grenze des wirtschaftlich Sinnvollen und Möglichen gestoßen sind – nicht alle, aber die mächtigsten und aggressivsten unter ihnen. Ihre Schwäche liegt also genau dort, wo Schumpeter sie für den Kapitalismus fand – nämlich ausgerechnet in ihren großen Erfolgen. Es meldet sich die Krise von zwei Seiten her, von der Gleichgültigkeit breiter Arbeitergruppen und der Begrenzung des Möglichen. Verstärkt spielt die Schwäche der innergewerkschaftlichen Demokratie hinein; wenn die Gewerkschaft zum Automaten für Lohnerhöhungen reduziert wird, hat sie zuwenig Gehalt, die Mitglieder innerlich zu berühren. Sie zahlen dann ihre Beiträge, wie sie Versicherungsmarken kleben, und wünschen weiter nicht belästigt zu werden. Ob diese und andere mehr nebensächlichen Ursachen der latenten Krise beseitigt werden können, steht dahin. Der Versuch, aus den Gewerkschaften eine Weltanschauung entstehen zu lassen und ihnen die ganze Realität des arbeitenden Menschen anzuvertrauen, ist zu phantastisch, um auch nur erörtert zu werden. Vielleicht ist es so, daß sie sich strukturell und funktionell der durchaus neuen Umwelt anpassen müssen, in der sie heute stehen. Sie brauchen eine neue Philosophie; denn mit jener, die das Gesetz ihrer Anfänge bildete, kommen sie heute nicht mehr aus.

Hans Freyer

GESELLSCHAFT UND KULTUR

Die Epoche der Weltkriege

Als sich das 19. Jahrhundert zum Ende neigte, fand sich kein Dichter, der, wie Schiller hundert Jahre zuvor, gesungen hätte:

> Wie schön, o Mensch, mit deinem Palmenzweige
> stehst du an des Jahrhunderts Neige
> in edler, stolzer Männlichkeit.

Optimismus gab es genug, und solchen von der lauten Sorte. Optimismus in bezug auf den Fortschritt der Technik, die die kühnsten Erwartungen eher übertraf, als daß sie hinter ihnen zurückgeblieben wäre. Optimismus in bezug auf die Ausbreitung der Zivilisation und – auf dem Hintergrund einer Friedenszeit von mehreren Jahrzehnten – Optimismus in bezug auf die allmähliche Befriedung der Erde.

Der Geist aber stimmte seine Harfen auf die Tonart Fin de siècle. Welche von den geistigen Bewegungen, die um 1900 im Schwange waren, hätte sich nicht im Gegensatz zu dem abgelaufenen Jahrhundert gefühlt, hätte sich nicht kritisch gegen das eingestellt, was es seine Errungenschaften nannte, hätte ihm nicht abgesagt und abgeschworen – anklagend, entrüstet, verzweifelt oder mit jener Mischung aus Resignation und Zynismus, die sich selbst Fin de siècle nannte.

Heute, im Abstand zweier Menschenalter, vermögen wir die geschichtliche Leistung dieses männlichen, arbeitsamen, erfindungsreichen und unternehmungsfrohen Jahrhunderts mit einiger Objektivität zu beurteilen. Wir sehen, daß es in der Geschichte der sozialen und politischen Ordnung einen revolutionären Umbruch, in der Geschichte der Technik aber einen Neueinsatz bedeutet, wie er nur alle fünf- oder zehntausend Jahre vorkommt. Wir sehen, daß es in lauter Biederkeit und handfest-bürgerlichem Realismus ein äußerst gewagtes, für alle Zukunft entscheidendes Unternehmen begonnen hat. In ihm ist das Schicksal angelaufen, in dessen Bann die Erde heute noch steht und noch lange stehen wird.

Mit dieser Einsicht sind wir aber zugleich frei geworden sowohl von den Perspektiven, die das 19. Jahrhundert eröffnet glaubte, wie von den meisten Formen der Selbstkritik, die seinen Fortschritt wie ein dunkler Schatten begleiteten und die am Schluß seinen Horizont trübten. Kein Wunder, daß solch ein Jahrhundert die Dynamik, die in ihm selbst lebte, gradlinig in die Zukunft verlängerte und die Dialektik, die in ihm virulent war, schulgerecht zu Ende dachte. Alle geschichtsphilosophischen Theorien, die im Bewußtsein des 19. Jahrhunderts repräsentative Geltung gewannen, haben das getan, das erste diejenigen, die aus dem liberalen Lager kamen, das letzte diejenigen, die in den sozialistischen Theorien enthalten waren.

Aber ein geschichtlicher Neubeginn dieser Größenordnung setzt sich nicht von seinen ersten Anfängen aus gradlinig oder exakt dialektisch fort. Er gleicht viel mehr einer jener Weltraumraketen, die ihre ersten Energiereservoire unterwegs abwerfen und aus neuen, die dann erst entzündet werden, zusätzlichen Antrieb herausholen. Er zieht immer neue Kräfte auf sich zusammen, in sich hinein und appelliert in seinen späteren Phasen möglicherweise an ganz andere Motive als zu Beginn. Zudem wird eine solche Anfangsentscheidung, kaum daß sie geschehen ist, in das ruhelose Triebwerk der Geschichte, der immer tatsächlichen und immer fordernden, hineingesogen. Jede Situation, die von der ersten Entscheidung erzeugt worden ist, erschließt Möglichkeiten und lädt Widerstände auf, die vorher nicht da waren, fordert also zu neuen Entscheidungen auf. Jede Gestalt, die sich aus dem Geschehen heraushebt, bleibt dem Gesetz untertan, daß die Geschichte Wandlung ist – stille und stetige Wandlung nach Art eines organischen Prozesses, aber auch gewaltsame Umformung, wie wenn Halbfabrikate durch die Spalte einer Walzstraße hindurchgeschickt werden.

Das System der Industriegesellschaft ist davon nicht ausgenommen. Bereits heute, im Rückblick auf fünf Generationen industrieller Entwicklungen, ist klar zu sehen, daß zwar der Antrieb, der von den ersten »Steppen der Industrie« (wie Alexis de Tocqueville sie nannte) ausgegangen ist, unaufhaltsam weitergewirkt hat, daß aber die Gestalt des Menschen und der Gesellschaft, die er erzeugte, nichts weniger als endgültig und nicht einmal ein Entwurf auf längere Frist gewesen ist. Weder die Prognosen der fortschreitenden Liberalisierung und Internationalisierung des industriellen Systems noch die Prognosen seiner Katastrophe trafen zu, und was von ihnen zutraf, traf nur so zu, wie ein Jugendtraum sich verwirklicht, nicht als Hinzufügung des abstrakt Vorausgedachten zum festgehaltenen Anfang, sondern als Umbildung zu einer neuen nüchternen Gestalt. Das System der Industriekultur ist im 20. Jahrhundert zu einer neuen, zu seiner zweiten Gestalt umgebildet worden. Unsere Urgroßväter hatten völlig recht, wenn sie glaubten, mit dem Dampfroß (wie man damals noch sagte) sinke nicht nur die Postkutsche, sondern eine ganze Welt dahin, und wenn sie über die neue Welt, in der der Mensch künftig zu leben haben werde, je nachdem wehklagten oder frohlockten. Nur daß wir heute, im Vergleich zu ihnen, in einer mindestens so stark gewandelten Welt leben wie sie, im Vergleich zu der von ihnen so genannten guten alten, das heißt vorindustriellen Zeit.

Der vergleichende Rückblick und die Absetzung gegen das 19. Jahrhundert darf noch einen Schritt weitergehen, ohne den Strukturwandel überzubewerten und die Kontinuität zu unterschätzen. In der ganzen ersten Phase seiner Geschichte ist das industrielle System im wesentlichen auf den europäisch-atlantischen Raum beschränkt gewesen, in seinem Aufbau aber war es ein typisch unfertiges, im Werdeprozeß, sogar in einer permanenten Revolution befindliches Gebilde. Die Tatsache, daß die Industriereviere als eine Art

Inseln, die neuen Großstädte als Zentren eines Sogs und einer Ausstrahlung in die europäischen Volkswirtschaften hineingesetzt wurden, war dafür ebenso symptomatisch wie die Tatsache, daß in der industriellen Technik, Betriebsführung und Sozialordnung allerorten vorindustrielle, nämlich handwerkliche, patriarchalische, ständische Elemente wirksam mitspielten.

Demgegenüber ist das industrielle System der Gegenwart eine ausgereifte Struktur, gewiß nicht in dem Sinne, daß sein technischer und organisatorischer Ausbau vollendet wäre – daß es sich weiter perfektioniert und daß es weiter expandiert, gehört sogar zu seinem Wesen –, doch in dem Sinne, daß die ihm eigenen Prinzipien der standardisierten Massenproduktion, der Rationalisierung aller Lebensverhältnisse und der langfristigen Planung normative Geltung erlangt haben. Auch dafür gibt es eindeutige Symptome, etwa die Tatsache, daß die Machbarkeit der Sachen bis in den molekularen Aufbau der Werkstoffe vorgetragen worden ist, daß einige wesentliche Produkte auf ihre optimale Form durchkonstruiert sind und damit ihre Herkunft aus organischen oder handwerklichen Vorbildern völlig abgestreift haben, ferner die Tatsache, daß Kategorien, die in der industriellen Technik entwickelt worden sind, auch auf ganz andre Tätigkeitsfelder übergreifen.

Erst in dieser neuen Gestalt hat das industrielle System seine Bindung an die spezifisch abendländischen Voraussetzungen überwunden. Es ist nun in hohem Maße übertragbar geworden, auch auf Völker und Räume ganz andrer Artung und Entwicklungsstufe. Seine universale Ausbreitung bildet daher eins der großen geschichtlichen Themen des 20. Jahrhunderts, und die moderne Weltpolitik steht wesentlich unter diesem Zeichen, so wie die des 19. Jahrhunderts unter dem Zeichen stand, daß die europäischen und amerikanischen Fabriken mit ihren geschulten Arbeiterheeren als die Werkstätten der Welt, die anderen Kontinente aber als ihre Rohstoffgebiete und als die Absatzmärkte für ihren Produktionsüberschuß galten.

Das 20. Jahrhundert hat mit einer Verzögerung von einem Jahrzehnt eingesetzt. Erst die Schlachten der Balkankriege, erst die Schüsse von Sarajewo läuteten es richtig ein. In der Epoche der Weltkriege ist die neue Gestalt der Industriekultur geschichtlich zutage getreten. Damit soll selbstverständlich nicht geleugnet werden, daß viele Elemente, die in sie eingegangen sind, seit längerem bereitlagen, daß viele Prozesse, auch über die Jahrhundertschwelle hinweg, zu ihr konvergierten. Aber erst vom zweiten und dritten Jahrzehnt an hoben sich ihre Grundlinien deutlich ab. Sie wurden von der nationalökonomischen, soziologischen und staatsrechtlichen Theorie *in flagranti* erfaßt; daher die produktive, sehr spannungs- und gegensatzreiche Bewegung in den Sozialwissenschaften der zwanziger Jahre. Doch ebenso wach stellte sich die wirtschaftliche Praxis, stellten sich die Menschen bis in ihr Alltagsverhalten auf die neue Lebensordnung ein, auf die Chancen und Zwänge, auf die Spielregeln und Finten, die ihr gemäß waren. Die Parole Anpassung wurde dominant. Und auch hier gab es so etwas wie eine gute alte Zeit: es war die vor 1914. Ihre Vertreter fanden sich weder in dem Dickicht der einschlägigen Bestimmungen noch in den Umrechnungsschlüsseln der Inflationszeiten noch in den Praktiken zurecht, mit denen das Einfache höchst kompliziert, das Komplizierte höchst einfach manipuliert werden mußte und konnte, schon gar nicht in dem Jargon, der für alles dies aufkam.

Die Kriege selbst haben bei dem Strukturwandel stark mitgewirkt, auslösend, befördernd und beschleunigend. Es ist bekannt, daß sie dies immer tun, was den Fortschritt der Technik betrifft. Sie forcieren Entwicklungen und Entdeckungen. Sie befehlen, wo sonst gewartet wird, verschwenden Material und Menschen, wo sonst sorgsam kalkuliert wird, setzen Erfinder und Arbeitskräfte mit einer Planmäßigkeit an, die für Friedenszwecke noch lange nicht aufgebracht worden wäre, die nun aber zum Vorbild wird. Nicht nur der Heiße, auch der Kalte Krieg wirkt in diesem Sinne. Darum ist die ganze Epoche der Weltkriege, einschließlich der Zwischenzeiten, mit ihrem mehrmaligen Hin und Her von Spannung und Entspannung, als eine Überdrucklage zu betrachten, in der die neue Gestalt der industriellen Gesellschaft zur Schnellreife gebracht worden ist.

Das gilt nicht nur für den Weiterbau des technischen Apparats und für die Vorstöße, die da geglückt sind, es gilt auch für die Institutionen und Verwaltungsprinzipien, mit denen die Gesellschaft durchgeordnet wurde, für die Methoden, Arbeit zu organisieren, Betriebe zu rationalisieren, über Vorräte zu disponieren, Verkehrsprobleme zu bewältigen, Massenbedürfnisse zu befriedigen und zu steuern, Nachrichten an den Mann zu bringen. In einer modernen Volkswirtschaft, die den Großteil der Menschen von den ursprünglichen Subsistenzquellen abgeschnitten und in hochspezialisierte Funktionen hineingenötigt hat, sind alle Leistungen und alle Bedürfnisse in hohem Grade interdependent; jeder Einzelne ist in seiner wirtschaftlichen und gesellschaftlichen Existenz vom Funktionieren des Ganzen abhängig und auf die öffentlichen Veranstaltungen angewiesen, die ihm zuteilen, was er sich selbst nicht beschaffen kann. In Kriegslagen hat das die Folge, daß die Grenze zwischen dem, was militärisch und was zivil, zwischen dem, was unmittelbar und was nur mittelbar kriegswichtig ist, flüssig wird; die Schlachtfelder reichen dann bis in die Fabrik, die Gebrauchsgüter herstellt, bis in die Handwerksstube, erst recht in den Bauernhof hinein. Nicht nur die Länder, die von den Kriegen voll- und überbeansprucht waren, und nicht nur diejenigen, die mit dem Schibboleth der totalen Mobilmachung teils spielten, teils blutig ernst machten, sondern alle, auch die sehr reichen und relativ unberührten, bekamen diesen Zwang zu spüren. Anbaureglements, Produktionspläne, Lenkung und Umschulung der Arbeitskräfte, Bewirtschaftung der Rohstoffe und Räume wurden allgemeingültige Kategorien. Nur die Härte ihres Zugriffs und die Modalitäten ihrer Handhabung waren variabel.

Hier zeigt sich nun vor allem, daß von den Nach- und Zwischenkriegslagen ebenso starke Wirkungen ausgingen wie von der Anspannung der Kriege selbst. Probleme türmten sich auf, die die Leistungsfähigkeit der privaten Initiative und des freien Markts bei weitem überstiegen: Wiederaufbau ganzer Provinzen, Umstellung riesiger Produktionsanlagen auf andere Zwecke, Wiederanknüpfung zerrissener Verbindungen, Umsiedlung und Eingliederung von Millionen Menschen. Aber auch abgesehen von diesen Sonderanforderungen machte sich die Notwendigkeit geltend, die Regelungen zu verdichten und die Versorgungsapparaturen auszubauen, deren das moderne Massendasein, voraussetzungsvoll wie es ist, in seinem Normalablauf bedarf. Soviel auch unter allgemeinem Aufatmen von den kriegs- und krisenbedingten Eingriffen wieder abgebaut wurde, der Sektor, der unter Verwaltung steht, verkleinerte sich zwar, wenn die Lebensmittelkarte und der Bezugschein fielen, aber von anderen Seiten her vergrößerte er sich stetig, und im ganzen schrumpfte er keineswegs auf sein früheres Maß zurück.

Daß sie nahezu an allen Stellen von Akten staatlicher Verwaltung durchsetzt ist und sich überdies aus eigenen Antrieben in einem vielstufigen Gitterwerk von Organisationen und Institutionen festmacht, ist das zuerst ins Auge fallende Merkmal der Industriegesellschaft des 20. Jahrhunderts. Man wird aber nie vergessen dürfen, daß dies, zumindest was ihre westliche Form betrifft, nur die eine Seite der Sache ist. Es wäre sehr falsch, die freien Industriegesellschaften des Westens und die kommunistischen Systeme, die mit Bewußtsein totalitär sind, als bloße Gradabstufungen, wohl gar als Entwicklungsphasen eines fortschreitenden Prozesses, also jene als Zwischen- oder Vorformen totalitärer Ordnungen mit nur eben noch eingeschalteten Resten von Freiheit zu betrachten. Sie sind vielmehr die im Prägewerk der Weltkriegsepoche durchgeformte zweite Gestalt der industriellen Gesellschaft, sehr voraussetzungsvoll und gewiß voller Probleme, doch mit der deutlichen Tendenz, sich in ihrem Strukturgesetz zu stabilisieren.

Die Schreckbilder einer total verwalteten Welt, die die *science-fiction*-Literatur entwirft, haben mehr den Wert einer (oft sehr guten) Karikatur oder, wenn sie in die tieferen Schichten greifen, eines gesunden Warnrufs als den einer strukturellen Kennzeichnung dessen, was ist. Dieses System appelliert immerzu an die Eigentätigkeit des Menschen; es appelliert nicht nur an sie, sondern setzt sie voraus. Mindestens gibt es zahlreiche Gelegenheiten zur Betätigung der individuellen Kräfte, so mannigfaltige, daß, wer sie alle verpaßt, selber daran schuld ist. Seine innere Mobilität ist außerordentlich groß; das bedeutet zwar einerseits, daß man die vorgesehenen Wege und Schienen benutzen muß, aber auch: daß man sie benutzen kann. Im eigenen Interesse gibt das System der Jugend, dem Aufstiegswillen der Familie, dem Bildungsstreben und der individuellen Entschlußkraft viel Raum. Es treibt sie sogar an und macht sich aus vielen Gründen, von denen später zu sprechen sein wird, eine ernste Sorge daraus, daß sie nicht erlahmen. Denn daß alle Begabungen heraufgeholt werden, alle Fähigkeiten zur Betätigung kommen und die Schlüsselposten in harter Auslese besetzt werden, ist die Bedingung dafür, daß das durchgeordnete System nicht in seiner Ordnung erstarrt.

Das Zusammenspiel von Freiheit und Ordnung und das gegenseitige Fundierungsverhältnis zwischen den beiden Bauelementen, das in der Epoche der Weltkriege geschichtliche Wirklichkeit geworden ist, ist also denkbar kompliziert; wie simpel ist dagegen jede, auch die geistvollste Utopie. Hegel hat in dem, was er die bürgerliche Gesellschaft nennt, diesen streng systematischen Zusammenhang, zu dem die freien Individuen und ihre partikularen Interessen verflochten sind, großartig vorausgedacht, nur daß im nachbürgerlichen Zeitalter die Gleichungen, nach denen das Ganze konstruiert ist, in viel höhere Grade hinaufgerückt sind. Die Fristen und Räume, über die sich die Planung erstreckt, sind wesentlich erweitert. Erschütterungen abzudämpfen, Schwankungen auszubalancieren, Überstürzungen rechtzeitig zu bremsen – alles das gehört zum Handwerk. Ein Stück Hybris ist immer dabei, die Hybris, die in jedem Vorhaben steckt, das auf Vollrationalisierung ausgeht. Stabilität wird gewollt und mit vielen Mitteln gesichert, aber sowohl der lange Trend der Expansion wie auch die aktive Unruhe der persönlichen Initiative werden bewußt eingeplant. So ergibt sich ein sehr spannungsreiches, auch hochempfindliches, dennoch in sich ausgewogenes Gebilde, jedenfalls im Vergleich mit der Stoßhaftigkeit und dem Prozeß der »schöpferischen Zerstörung« (Schumpeter), in denen der Kapitalismus des 19. Jahrhunderts existiert hat.

Dieser veränderten Gestalt der Industriekultur sieht sich nun auch der Geist, sehen sich die Philosophie und die Dichtung, die Wissenschaft und die Literatur, die Historie in ihren Fern- und ihren Nahperspektiven, die Kulturkritik und die Zeitanalyse gegenübergestellt. Schon daraus erklärt sich vieles vom Strukturwandel des Denkens und der Sprache, von den veränderten Fragestellungen, Akzentsetzungen und Kategorien, von der neuen Lineatur der Zeichnung und der neuen Tonalität der Aussage. Die Absetzung gegen alles, was noch schwellend oder hausbacken, abstrakt-idealistisch oder grob materialistisch im Stile des 19. Jahrhunderts dachte und dichtete, war sehr entschieden, auch wenn sie sich nicht als offene Sezession vollzog.

Auch hier bezeichnet der Beginn der Epoche der Weltkriege ziemlich genau die Schwelle zwischen den Zeitaltern, und auch hier haben sowohl die Kriege selbst wie ihre Folgen und Begleitumstände in vielen Fällen auslösend und antreibend gewirkt, als übergewaltige Stoffe, die nach Bewältigung verlangten, als Zwang zum Engagement für oder wider. Die Materialschlachten und die Untergrundbewegungen, die totalitären Regimes und ihre Konzentrationslager wurden zum Thema, zum Hintergrund oder zum Symbol. Der dunkle Glanz, der von den einen ausstrahlte, der Pesthauch, der aus den anderen aufstieg, legte sich über alles. Die Grenzsituationen der Katastrophe, die Beanspruchungen des Menschen bis ins Unmenschliche hinein wurden zum Stigma des Zeitalters, das sie erduldete und überstand.

An dieser Stelle sei vorgreifend eine Linie aus der Situation und Haltung des gegenwärtigen Geistes herausgehoben; sie zieht sich durch viele seiner Positionen, auch durch sehr gegensätzliche, hindurch wie ein Wasserzeichen, das die Epoche ihnen eingeprägt hat. Man weiß: jede Stellungnahme, selbst die scharf kritische, hat die Grundstruktur der hochtechnisierten und hochrationalisierten Gesellschaft als unüberspringbare Wirklichkeit anzuerkennen; wenn sie das nicht tut, gleitet sie in die Unverbindlichkeit ab. Damit entfallen einige der Haltungen, die der Geist im 19. Jahrhundert vielfach eingenommen hat, gerade in seinen großen und selbständigen Formen, die das Erbe des Humanismus wahrten: das Ethos des Warnens, die Mahnung zur Umkehr, schon die Mahnung zum Einhalten. Der industrielle Prozeß und die mit ihm verbundene Umbildung der Gesellschaftsordnung sind inzwischen viel zu weit fortgeschritten, als daß es in bezug auf sie eine echte Wahl geben könnte. Der Zustand, den sie erzeugt haben, hat als entschiedene Wirklichkeit zu gelten, als das Spielfeld, auf dem auch das Gegenspiel allein angesetzt werden kann, als die Ausgangslage, von der aus nach vorn gedacht werden muß. Auch die radikalste Frage muß alle wesentlichen Voraussetzungen des Systems in sich aufnehmen, sonst trifft sie ins Leere. Auch die radikalste Opposition muß sich seiner Techniken und Taktiken bedienen. Und selbst wer abseits zu gehen und sich in eigene Büsche zu schlagen gewillt ist, gerät immerzu auf Wege, die die gegenwärtige Lebensordnung just für diesen Sonderfall vorgesehen hat.

Die geistigen Kräfte der Gegenwart wissen sich also in die neue Lebenswelt hineingestellt als in den Zustand, um den es sich heute und in absehbarer Zeit allein handelt. In diesem Sinne akzeptieren sie ihn. Sie denken in seiner Logik, spielen in seinen Rhythmen, arbeiten (oder rütteln) an seinen Problemen. Das ist kein Kotau vor den Tatsachen, sondern eine legitime historische Einsicht, wenn auch oftmals eine unbewußte. In ihr kommt die Erfahrung zum Ausdruck, daß sich das industrielle System im ersten Drittel des 20. Jahrhunderts zu jener merkwürdigen Bündigkeit geschlossen hat, von der wir sprachen. Sein universaler Ausgriff über die ganze Erde wirkt dabei als zusätzliches Indiz.

Dieses bewußte oder unwillentliche Bekenntnis zur gegenwärtigen Wirklichkeit verträgt sich nun trotzdem mit den gewagtesten Fragestellungen und mit unbedingten Entscheidungen; es verhindert sie nicht, sondern provoziert sie. Wenn die Frage gestellt wird, wie es unter den gegenwärtigen Bedingungen um den Menschen bestellt ist und wie es morgen um ihn bestellt sein wird, so wird sie bestimmt nicht in dem Bewußtsein gestellt, man habe den Maßstab des Menschlichen mit Sicherheit in der Hand und vermöge daran die Zivilisation, die über uns hereingebrochen ist, souverän zu messen. So wurde sie in der Kulturkritik des 19. Jahrhunderts zumeist gestellt, doch wir sehen heute sehr klar, daß der Normbegriff des Menschen, der zugrunde gelegt wurde, viele zeitgebundene Züge trug und daß zudem erhebliche Anleihen an vorindustriellen Mustern gemacht wurden. Die Kruste von Sachlichkeit, Apparat und Betrieb, die das sekundäre System der Industriekultur über die Erde gelegt hat, ist hart wie Zement. Das besagt nicht, daß man sie nicht aufbrechen könnte und sollte. Der Wille dazu ist im Geist immer lebendig. Auch im gegenwärtigen Geist lebt er. Nur ist er sich zweier Dinge von vornherein bewußt: erstens daß die Werkzeuge, mit denen man bohrt, danach sein müssen, sodann daß die Menschlichkeit, auf die man dann stößt, recht anders aussehen könnte als in Stifters Nachsommer – was wiederum keinen Verrat an jener herrlichen Humanität bedeutet, nur eben auch keine schlichte Sehnsucht nach ihr zurück.

Das Ja zur Gegenwart, mit dem der gegenwärtige Geist beginnt, begreift sehr illusionslos alle die Entfremdungen ein, die dem Menschen auferlegt sind. Auch damit wird immer gerechnet, daß viele von ihnen unaufhebbar sind und daß sie sich mit der Perfektionierung des Systems eher verhärten als mildern werden. So ist also die Frage nicht, wie der Mensch ihrer ledig werden kann, sondern: aus welchen Reserven er die Kraft herholen kann, mit ihnen fertig zu werden, und wie er sich wandeln muß, um ihnen gewachsen zu sein. Damit wird das menschliche Dasein gegen seine Zukunft hin und gegen die Mächte hin aufgeschlossen, die mehr als Gegenwart sind. Es wird nicht nur unter Forderungen gestellt, sondern selbst als Forderung begriffen. Eben darin zeigt sich, daß das Eingehen auf die Voraussetzungen des modernen Lebenssystems nicht Anpassung ist, oder Anpassung nur in dem Sinne, wie die Front der Lage angepaßt sein muß. Der imperative Ton, der in den repräsentativen Formen des gegenwärtigen Geistes erklingt, liegt sehr weit ab von den evolutionistischen Lösungen, die für das 19. Jahrhundert charakteristisch waren, noch weiter von den weltanschaulichen Entwürfen, die den Ertrag der bisherigen Erkenntnis zur Einheit eines Weltbildes zusammenzufassen versprachen, das »auch die Bedürfnisse des Gemüts befriedigen würde«. Die Wahrheiten des christlichen Glaubens werden nicht als Tröstung, sondern als Ärgernis eingesetzt. Die Existenzphilosophie formuliert sich nicht als gehabtes Wissen, sondern als Aufruf zum eigentlichen Sein. Humanismus legitimiert sich nicht als Erbe, sondern als Position trotzdem, und wenn als Erbe, dann als ein solches, das unter sehr neuen Bedingungen anzutreten ist.

Die neue Gestalt der westlichen Industriegesellschaft

Um 1880 begannen, seit der Jahrhundertwende verstärkten sich die Entwicklungen, die aus der ersten Gestalt der industriellen Gesellschaft in die zweite hineinführten. Sie entsprangen teils aus den veränderten Bedingungen, unter die sich die wirtschaftlichen Betriebe, besonders die großen und hochrationalisierten, gestellt fanden, teils aus den machtpolitischen und sozialpolitischen Erfordernissen der Staaten. Selbstbindungen der freien Konkurrenz zwischen den Werken, langfristige Verschränkungen zwischen den Unternehmungen, Schutzzollforderungen ganzer Berufsgruppen und Produktionszweige und der Übergang zu gemischtwirtschaftlichen Formen veränderten das Bild gegenüber den Pionierzeiten des Kapitalismus bereits im Wilhelminischen Zeitalter erheblich; schon die Elektrifizierung stand unter diesem Zeichen. Von der anderen Seite her verdichteten sich die gesetzlichen Regelungen, die Verwaltungsmaßnahmen und die öffentlichen Institutionen, mit denen der Staat das wirtschaftliche und gesellschaftliche Leben durchwirkte. Die Kategorie privates Unternehmertum im alten Wortsinne genügte nicht mehr, nachdem die industrielle Produktion zum entscheidenden Machtfaktor in der Weltpolitik geworden war. Auch die Kategorie soziale Frage genügte nicht mehr, als die industriellen Arbeiterschaften die anderen Gesellschaftsstände an Menge einholten und der Verstädterungsprozeß alle Lebensbedingungen veränderte. Die beiden Größen Staat und Gesellschaft begannen zusammenzuwachsen oder sich doch vielfältig miteinander zu verschränken, sehr im Gegensatz zu den unbedingt liberalen Forderungen, mit denen die industrielle Bewegung auf den Plan getreten war, und zu der Konsequenz, mit der sich der Staat auf der Höhe des 19. Jahrhunderts aller Eingriffe in das Geschäftsleben und in den Marktmechanismus, auch in den Arbeitsmarkt, enthalten hatte.

Insofern ist also die zweite Gestalt der Industriegesellschaft aus ihrer ersten allmählich herausgewachsen und hat sich stückweise zusammengefügt. Dies widerspricht aber nicht der vorhin aufgestellten These, daß sie erst unter dem politischen Hochdruck der Kriege und unter den besonderen Beanspruchungen der Nachkriegslage ausgeprägt worden ist. So nämlich schafft die Geschichte ihre Gestalten immer: aus vorgeformtem, vorgeglühtem Material, dann aber in einem Prägestock, der endgültig zugreift; aus heterogenen Bewegungen, die sie zu einer Struktur zusammenrafft. Seit einem Menschenalter steht diese Struktur vor uns. Sie ist um so deutlicher profiliert, je mehr ein Land den Zustand der Vollindustrialisierung erreicht hat. Gerade diese Skala zeigt, daß der Geschichtsprozeß auf absehbare Zeit weiterhin auf sie hinarbeitet. Sie hat das Ethos der privaten Initiative und das Prinzip der freien Interessenvertretung in sich aufgenommen, und sie vermag das, weil sie zugleich ihr organisatorisches Gerüst und die Institutionen, die den Ausgleich sichern, erheblich verstärkt hat. Von den individualistischen Grundfiguren aber, in denen der erste Aufbau der Industriekörper vonstatten gegangen war, von freiem Markt, freier Konkurrenz, freiem Arbeitsvertrag hat sie sich sehr weit entfernt.

Die zweiteilige Formel von einer Gesellschaft, die die Sphäre der individuellen Freiheit sei, und einem Staat, der diese Freiheit respektiere und garantiere, gab die Lage der Jahrzehnte, in denen *coal and cotton were kings*, im wesentlichen adäquat wieder. Im Zeitalter der kartellierten Großindustrien und der sozialpolitischen Gesetzgebungswerke wurde sie brüchig, im Zeitalter der Kernenergie und des Sozialstaats wurde sie hinfällig. Der Staat und die Gesellschaft, *government* und *society*, sind nicht mehr zwei trennbare Bereiche, sie überlagern und durchdringen sich, wie schon gesagt, von beiden Seiten her. In der politischen, ökonomischen und soziologischen Theorie spiegelt sich das deutlich wider. Die gesellschaftlichen Interessenverbände sind ein verfassungsrechtliches Problem geworden. Das Thema *the governmental process* (MacIver) ist ein soziologisches Thema. Jeder Jahresbericht eines Industrieverbands oder einer Gewerkschaft ist ein politisches Votum.

Schon der Anteil der unmittelbaren Staatstätigkeit an der Volkswirtschaft ist immer größer geworden, die Vorhaben, die wegen ihrer Größenordnung, ihrer unelastischen Kostenstruktur oder ihrer öffentlichen Bedeutung sinngemäß der öffentlichen Hand zufallen, immer zahlreicher. Auch in den Ländern, in denen früher jeglicher Etatismus verpönt war, ist die wirtschaftliche Eigentätigkeit des Staats und seiner Untergliederungen in stetiger Zunahme. Das ist aber längst nicht das einzige. Viel wichtiger sind die mittelbaren Handhaben, die Gesetze, Verordnungen, Erlasse und Entscheidungen, mit denen der Staat in das gesellschaftliche Leben eingreift. Er entnimmt einen großen Teil der Arbeitslöhne und Gehälter wie auch viele Preise dem Gesetz von Angebot und Nachfrage und bestimmt sie politisch. Nicht mehr bloß durch die klassischen Mittel der Zölle, Transport- und Hafentarife, sondern auf viel geraderen Wegen, durch Stützungs- und Sanierungsmaßnahmen, durch Abstimmung der Prioritäten, mit denen den verschiedenen Sektoren der Wirtschaft Investitions- und Absatzchancen eröffnet werden, am direktesten durch seine Steuer- und Währungspolitik reguliert er das gesamte Wirtschaftsleben ein und macht sich selbst zu einem Produktionsfaktor, der allgegenwärtig in ihm mitwirkt. Als Sozialstaat aber ist er zum Verteiler des Sozialproduktes im größten Stile geworden, auch das zwangsläufig, weil der Mensch unter den heutigen Daseinsbedingungen umfangreicher Versorgungsapparaturen bedarf, um in den Genuß der lebensnotwendigen Güter zu kommen, und weil ein wachsender Teil der Bevölkerung, nämlich alle diejenigen, die in das Programm der Vollbeschäftigung nicht einbeziehbar sind, auf die Sicherungen und Unterstützungen angewiesen ist, die in früheren Verhältnissen die Familien, die Nachbarschaften, die Kirchen und die karitativen Verbände zu gewähren vermochten, die aber in der Massengesellschaft nur ein bürokratisch ausgebautes Sozialsystem leisten kann.

Viele Probleme der heutigen Großdemokratien resultieren einfach daraus, daß die Verfassungen, auch wenn sie ein Muster politischer Weisheit sind, auf diese Hypertrophie staatlicher Funktionen nicht eingestellt sind. Die Bürokratien wachsen nach Umfang und Vielgliedrigkeit, und es wächst ihre Macht, auch gegenüber der Legislative und der parlamentarischen Kontrolle, denn je weiter ein Verwaltungssystem in die gesellschaftlichen

Einzelprobleme hinein verästelt ist, desto stärker konzentriert sich die Entscheidungsgewalt auf diejenigen, die nicht nur über das Fachwissen, sondern auch über das Amts- und Dienstwissen (Max Weber) verfügen. Die einsichtigsten unter den liberalen Kritikern der Demokratie haben seit langem darauf hingewiesen, daß aus der Belastung des Staats mit immer mehr Aufgaben geradezu Gefahren für die Demokratie erwachsen können. Die beiden Leitideen der Demokratie, die Freiheit des Einzelnen und die Gleichheit aller, drohen in Konflikt zu kommen, weil sich, zumal unter den Bedingungen einer modernen Industriegesellschaft, die Gleichheit nicht von selbst herstellt, sondern nur so verwirklicht werden kann, daß ein Verwaltungsapparat aufgebaut wird, der allen das Notwendige zuteilt und zu diesem Zweck die Gesellschaft mit einem Netzwerk von komplizierten, aber uniformen Regelungen überzieht. In Tocquevilles »La démocratie en Amérique« steht, über ein Jahrhundert hinweg vorgreifend, eine Zukunftsvision, die nachdenklich machen kann, nüchtern und apokalyptisch zugleich: eine zahllose Menge einander ähnlicher Menschen, jeder dem anderen ein Fremder, so gleich sie sind; über ihnen eine übermächtige Vormundschaftsgewalt, die es übernommen hat, sie nicht nur zu Wohlstand und Aufklärung, sondern zu ihrem Glück zu zwingen; ein *despotisme administratif* trotz verfassungsmäßig garantierter Volkssouveränität.

Ob die Sozialfunktionen, die in der Hand des Staates aufgesammelt sind und die natürlich potentiell eine ungeheure Herrschaftsmacht bedeuten, nicht jederzeit auch »in Machtfunktionen konvertiert werden könnten« (Ernst Forsthoff) – diese Frage ist also ganz richtig gestellt. Gewisse Erfahrungen der Kriegswirtschaft und das Beispiel der totalitären Regimes haben den Blick für diese Gefahren geschärft. In den westlichen Ländern werden sie, wenigstens in Zeiten einer relativen Krisenfreiheit, einerseits dadurch gebannt, daß der Staat eine so totale Anspannung seiner Herrschaft nicht nötig hat, anderseits und vor allem dadurch, daß die gesellschaftlichen Machtgruppen scharf aufeinander aufpassen und sich gegenseitig in einer Art Gleichgewicht halten, so daß keine allein den Ausschlag zu geben vermag.

Denn sich gegenüber, auf der Seite der Gesellschaft also, erzeugt der moderne Staat nicht nur den Staatsbürger, der mit Menschen- und Bürgerrechten ausgestattet ist und auf staatsbürgerliche Pflichten hin beansprucht wird, sondern, in seiner Eigenschaft als Verwaltungsstaat, den Interessenten, der auf Gesetzgebung und Verwaltung Einfluß zu nehmen bestrebt ist, in seiner Eigenschaft als Sozialstaat aber den Berechtigten und den (wirklich oder angeblich) noch nicht Gleichberechtigten, den Bevorteilten und den Benachteiligten. Indem er den Menschen so nimmt, zwingt er ihn in die Haltung des Fordernden förmlich hinein, und damit diese Forderungen gehört werden, müssen sie sich als Macht formieren, indem sie sich organisieren. Sie organisieren sich zunächst in der Form der politischen Partei, aber das Interessenmosaik einer ausgereiften Industriegesellschaft ist viel zu mannigfaltig und zu verschlungen, als daß es in einem System von Parteien aufgefangen und zur Sprache gebracht werden könnte. So organisieren sie sich also zu Großverbänden und üben als solche Macht aus, ringen als solche um Resonanz in der öffentlichen Meinung und um Einfluß auf die staatliche Willensbildung, sei es auf dem Wege über die Parteien, sei es durch direkte Einwirkung auf die Legislative und den Verwaltungsmechanismus.

An die Stelle eines freien Spiels der gesellschaftlichen Kräfte im Rahmen eines Staats, der *pouvoir neutre* ist, tritt also der Wettbewerb der organisierten Interessengruppen um den Staat, das heißt um das Recht, Recht zu setzen. Auch dieser Umbildungsprozeß reicht mit seinen Anfängen weit ins 19. Jahrhundert zurück. Er begann mit den Gewerkschaften der Industriearbeiter. Aus dem Klassenkampf erwachsen, sind sie das Organ zur Institutionalisierung des Interessengegensatzes geworden, der mit dem freien industriellen Arbeitsvertrag entstand und durch die Härten der Proletarisierung verschärft wurde. Inzwischen sind alle gesellschaftlichen Gruppen diesen Weg gegangen, soweit sie organisierbar und imstande waren, ihr Interesse zur Geltung zu bringen, die Unternehmer, die Bauern, der gewerbliche Mittelstand, die Angestellten, die Beamten und die freien Berufe.

Der Sozialapparat, von dem die Industriegesellschaft des 20. Jahrhunderts gestützt wird, enthält also außer den sich verdichtenden staatlichen Einschlägen die verschiedenartigsten halböffentlichen und privaten Institutionen in sich: festgefügte Zweckverbände und Interessenverflechtungen von Fall zu Fall, Massenorganisationen mit eigenen Bürokratien und Kampfbünde aus besonderem Anlaß. Er ist in allen westlichen Industrieländern sehr gleichmäßig entwickelt, auch in denjenigen mit den stärksten liberalen Traditionen, und es ist heute ein Thema der amerikanischen Soziologie, zu erörtern, wieviel von ihrer früher so eifersüchtig gehüteten Freiheit die Menschen drangegeben haben und weiter dranzugeben bereit sind – auch an die Verbände, die sie zur Wahrung ihrer Interessen aus freien Stücken über sich errichtet haben. Denn einmal gegründet, sei es auch aus Anlaß einer aktuellen Lage, entfalten alle diese Organisationen die Tendenz, sich zu befestigen und zu expandieren. Sie vertreten dann nicht mehr nur die Interessen, zu deren Vertretung sie bestellt sind, sondern außerdem ihr eigenes, besonders wenn sie aus dem Stadium der Ehrenamtlichkeit in das der Bürokratisierung gelangt sind. Sie erstreben institutionell gesicherte Mitspracherechte, wenn möglich den Status einer Behörde mit hoheitlichen oder quasi-hoheitlichen Funktionen. Es gehört wohl ein wenig zur Definition der Bürokratie, daß sie durch das Wachstum ihrer Agenden (und ihrer selbst) ihre Unentbehrlichkeit beweist.

Im großen gesehen aber ist der Übergang zu der organisierten Form des gesellschaftlichen Pluralismus unumkehrbar. Der Prozeß der Willensbildung in einer Demokratie unseres Zeitalters speist sich aus den gesellschaftlichen Interessen, und er gibt demjenigen die besten Chancen, der mit den schlagkräftigsten, das heißt am besten organisierten Kräften in ihn eingreifen kann. Die großen Verbände mit ihren eingearbeiteten Funktionären, ihren Informationsdiensten und ihren Lobbyisten am Sitz von Regierung und Parlament sind eine der stärksten Mächte in diesem Spiel, den Parteien oft überlegen, weil sie in ihren Zielsetzungen eindeutiger und zumeist kapitalkräftiger sind als diese. Sie werden zwar in keiner Verfassung genannt, und ihre Aktionen sind nicht staatsrechtlich legitimiert. Aber auch die Parteien sind ja von den Verfassungstexten und von der juristischen Theorie mit einer merkwürdigen Hartnäckigkeit ignoriert worden, auch noch, als sie längst als entscheidende Faktoren des politischen Geschehens vor aller Augen standen. Ähnliches wiederholt sich in der neuen Phase der Industriegesellschaft mit den Verbänden. Gesehen werden freilich die Probleme, die damit aufkommen, mit steigender Deutlichkeit, und ein großer Teil der Diskussionen um den Strukturwandel der modernen Demokratien geht um diesen

Punkt, etwa um die Frage, was getan werden kann, damit die neuen politischen Größen der Interessenverbände den Charakter von *pressure groups*, die im dunklen arbeiten, abstreifen und ihre Tätigkeit ins Licht der Öffentlichkeit gerückt wird.

Daß sie aber da sind, sich an vielen Stellen in den politischen Prozeß einschalten, sich als Antreiber oder *veto groups* geltend machen, sich als Betroffene oder Sachverständige zum Wort melden, ist für jeden, der die gesellschaftliche Wirklichkeit von heute realistisch betrachtet, im Grunde selbstverständlich, zudem ist es legitim. Denn in ihnen treten die großen Massivs zutage, aus denen sich das Gefüge der industriellen Gesellschaft zusammensetzt; daß sich dabei die stärksten Verbände, hinter denen Millionen von Mitgliedern und Millionenbeträge flüssiger Mittel stehen, am stärksten durchsetzen, ist gleichfalls nicht zu verwundern.

Der Staat sei, seiner Idee zuwider, in die Gesellschaft und ihre Gegensätze »verstrickt« – diese Formel wurde schon von den Sozialisten des 19. Jahrhunderts und von denjenigen gefunden, die um die überparteiliche Hoheit der Staatsmacht im kapitalistischen System besorgt waren. In ihrem Munde bedeutete sie, daß die herrschenden Gesellschaftsklassen den Staatsapparat personell und ideologisch durchdringen und in den Dienst ihrer Klasseninteressen zwingen würden oder daß sie das bereits getan hätten. Heute bedeutet jene Formel, daß sich die Interessenverbände gleichsam in den Staat hineingekämpft haben, daß ihre Auseinandersetzungen in die politische Struktur und in den Ablauf der politischen Entscheidungen aufgenommen worden sind. Sie bedeutet »Pluralismus«.

Dieser Begriff wird oft im kritischen Sinne gebraucht, und die Entwicklung, die auf ihn hingeführt hat, wird von vielen mit gemischten Gefühlen betrachtet. Als die ersten großen Interessengruppen in organisierter Form auftraten, standen sie im Marktgeschehen und waren von seinen Konjunkturen abhängig. Heute sind sie so mächtig geworden und so stabilisiert, daß sie dem Markt und daß sie zugleich der staatlichen Wirtschafts-, Währungs- und Sozialpolitik Daten zu setzen vermögen (Goetz Briefs). Wer und was bürgt dafür, daß ihr Wettstreit nach gut liberalem Schema zum einigermaßen gerechten Ausgleich führt, nur eben, im Vergleich zum klassischen Liberalismus, nicht mehr zwischen den Individuen, sondern zwischen den Gesellschaftsgruppen? Und muß nicht in dem Maße, wie die mächtigsten von ihnen eine legalisierte und sogar privilegierte Stellung gewinnen, der Staat seine Eigenschaft als überlegene Instanz über den partikularen Interessen verlieren und zu deren bloßer Resultante ohne eigene Entscheidungsgewalt werden?

Hier liegen in der Tat die offenen Fragen, die die neue Gestalt der westlichen Industriegesellschaft in sich trägt. Jede geschichtliche Gestalt trägt solche offenen Fragen in sich. Sie ist immer auch »Lage«, immer auch Feld, beinahe im physikalischen Sinne des Wortes, sonst wäre sie keine geschichtliche Wirklichkeit, sondern ein idealtypisches Modell. Es gehört zur inneren Gesetzlichkeit der westlichen Demokratie im gegenwärtigen Zeitalter, daß sie sich pluralistisch aufbaut, mit allen Konsequenzen, die sich daraus ergeben; dies macht ihren Unterschied zu den totalitären Systemen ebenso wesentlich aus wie die Tatsache, daß die Grundrechte des einzelnen Staatsbürgers verfassungsmäßig gesichert sind.

Seit der Oktoberrevolution von 1917 – sie ist auch einer der Glockenschläge, die das 20. Jahrhundert eingeläutet haben – steht die industrielle Gesellschaft in dieser doppelten

Die politische Rednerin vor einer Massenversammlung in Paris

Jugendbrigade bei einer Besprechung der Wettbewerbsverpflichtung in einem volkseigenen Werk im Bezirk Halle

Ausprägung vor uns: als Sozialstaat, der sich nach den Spielregeln der Demokratie aus dem Pluralismus der gesellschaftlichen Interessen integriert, und als zentralistischer Kommunismus. Mit einer ungeheuren Konsequenz hat sich die Sowjetunion seither im gerafften Tempo zur Industrieweltmacht erhoben, wobei sie sich aller Mittel und Möglichkeiten des totalitären Regimes bediente: Auf- und Ausbau des Produktionsapparats nach zentralem Plan, Organisation der Arbeitskräfte ohne Rücksicht auf landschaftliche, berufsmäßige und andere traditionelle Bindungen und Verwurzelungen, forcierte Heranbildung des technokratischen Nachwuchses. Totalitäre Systeme erzeugen mit politischen Mitteln eine »monolithische« Gesellschaftsstruktur (Monnerot), indem sie alle Untergliederungen der Gesellschaft gleichschalten und in direkte Kontrolle nehmen. Nicht nur die Massenorganisationen, die *ad hoc* geschaffen werden, sondern alle Teilgruppen bis hinunter zum einzelnen Betrieb und zum Wohnblock werden dann, nach Lenins bezeichnendem Ausdruck, zu Treibriemen, die ohne eigene Autonomie den Antrieb von oben nach unten übertragen.

Man wird nie vergessen dürfen, daß die beiden Systeme zwei Äste an einem Stamm, besser gesagt zwei Stämme aus einer Wurzel sind, mit mehr gemeinsamen Zügen ausgestattet, vor allem mit mehr gemeinsamen Problemen belastet, als es an der Oberfläche scheint, wie das bei Gegnern im weltgeschichtlichen Format immer der Fall ist. Die Unterschiede zwischen ihnen, nicht nur in ihrer politischen Verfassung, sondern auch in ihrem gesellschaftlichen Aufbau, erst recht in ihrem geistigen und sittlichen Gehalt, sind trotzdem so groß, daß sie einen Weltgegensatz begründen. Der Bann der Zweiteilung, die in den Begriffen westlich und östlich zum Ausdruck kommt, liegt als das wohl wichtigste Resultat zweier Weltkriege über der gegenwärtigen Erde. Damit ist nicht gesagt, daß er das letzte Wort der Weltgeschichte ist. Was die Neuländer und die Altkulturen, die erst jüngst von der industriellen Bewegung ergriffen worden sind, aus ihr machen werden und was sie von ihren je eigenen Voraussetzungen und Traditionen in die Neubildungen einbringen werden, ist noch keineswegs abzusehen.

Fürs erste aber stehen sich die beiden Systeme in nahezu klaren Fronten gegenüber. Diese Fronten sind eingeschnitten in einen Erdball, der insgesamt in das Abenteuer der Industrialisierung, das in Europa begann, hineingezogen wird. Viele der Völker und Räume, die sich neu darin engagieren, neigen dem östlichen Weg stärker zu als dem westlichen, weil sich die Entwicklung der Produktivkräfte und die Organisation der Arbeitskräfte staatssozialistisch leichter und schneller vorantreiben lassen, weil widerstehende demokratische Institutionen nicht vorhanden sind und weil sich die kommunistische Ideologie mit den aufflammenden Nationalismen, den Rassen-Emanzipationsbewegungen, oft auch den außerchristlichen Religionen amalgamiert. Das westlich verfaßte Industriesystem steht also in der Defensive gegen einen ebenbürtigen Gegner, zugleich im Kampf um die Entwicklungsländer. Durch beide Beanspruchungen werden seine Strukturlinien ständig verschärft, seine Leistungen ständig gesteigert.

Soziale Umschichtung im 20. Jahrhundert

Für die Umschichtung der Gesellschaft im Zeitalter der Weltkriege gilt im besonderen Maße, was für alle unsere Themen im allgemeinen gilt: die Prozesse, die auf sie hinführen, sind von langer Hand angelaufen, und ihre Voraussetzungen liegen zum Teil tief im 19. Jahrhundert. So ist es mit gesellschaftlichen Umschichtungen immer. Sie lassen sich nicht datieren wie politische Ereignisse, wie Erfindungen, Entdeckungen oder erste Werke eines neuen Stils. Sie summieren sich aus molekularen Vorgängen auf und treten erst von einer gewissen Schwelle an als gewandelte Struktur in die Erscheinung. Trotzdem, wenn man die sozialstatistischen Kurven analysiert, in denen sich der Umschichtungsprozeß darstellt, so springt ins Auge, daß ihre charakteristischen Bewegungsansätze und Umbrüche in die Zeit des ersten Krieges fallen. Auch hier fassen wir also ein Stück von der Wirklichkeit und vom Geist des 20. Jahrhunderts.

Zwei große Tiefenbewegungen liegen dem Strukturwandel der Gesellschaft zugrunde. Die erste ist das veränderte Bevölkerungsgesetz. Die Umbildung der alten Volksordnungen zur industriellen Klassengesellschaft des 19. Jahrhunderts ist im Zeichen einer Bevölkerungsvermehrung vor sich gegangen, die in der Weltgeschichte wohl einmalig ist. Die Volkszahlen der Industrieländer stiegen auf das Doppelte, auf das Zweieinhalb- und Dreifache. Die Ursachen dieser Bevölkerungsbewegung liegen nur zum Teil in den Fortschritten der ärztlichen Kunst und der hygienischen Veranstaltungen; diese wirken erst im weiteren Verlauf mit, dann allerdings entscheidend. Die ersten Anstöße kamen vielmehr von den Emanzipationsbewegungen, von denen die industrielle Ära eingeleitet wurde, vor allem von den liberalen Agrarreformen, die große Teile des bäuerlichen Nachwuchses und der unterbäuerlichen Schichten für die Abwanderung vom Land freisetzten. Der Dauerantrieb aber kam aus dem industriellen System selbst. Ein wechselseitiger Kausalzusammenhang entfaltete sich. Nur ein starker Zustrom von »Händen« machte den raschen Aufbau der Industriekörper möglich; er wurde denn auch von diesen laufend aufgesogen; der Geburtenüberschuß ganzer ländlicher Provinzen ist in die industriellen Reviere abgewandert. Anderseits erzeugte erst die Fabrik die rechtlich freie, wenn auch in proletarischer Situation lebende, und in den ersten Generationen sehr kinderreiche Arbeiterfamilie, während die abhängigen Arbeitskräfte der vorindustriellen Gesellschaft, das ländliche Gesinde, die Handwerksgesellen, vielfach zur Ehelosigkeit verurteilt gewesen waren. In einigen Ländern kamen starke Wanderungsgewinne hinzu, so vor allem in den Vereinigten Staaten. Dann überschritt das Bevölkerungswachstum, aus dem der Aufbau des Industriekörpers und die Auffüllung der Städte bestritten wurde, jedes natürliche Maß.

Im 20. Jahrhundert ist diese Bevölkerungswelle in den Altindustrieländern abgeklungen; eben dafür liegen die Stichjahre im Jahrzehnt des ersten Krieges. Die Bevölkerungsbewegung hat die für entwickelte Industriegesellschaften typische Figur des »geringen Bevölkerungsumsatzes« – niedrige Geburtenziffern bei stark gesenkter Sterblichkeit – angenommen, mit der Folge, daß die Volkszahlen etwa konstant geworden sind, daß sich die Altersgliederung zugunsten der höheren Jahrgänge verschoben und daß sich der Mechanismus der industriellen Reservearmee schon von dieser Seite her verändert hat. Daß es Großstädte, auch ausgesprochene Industriegroßstädte gibt, die an Einwohnerzahl nicht mehr zunehmen, wäre im 19. Jahrhundert ein Krisensymptom gewesen, heute ist es in den vollindustrialisierten Ländern eine häufige Erscheinung geworden.

Der zweite große Trend geht von den Fortschritten der Produktionstechnik und der Rationalisierung der Betriebe aus; er betrifft die Verteilung der Berufstätigen auf die Sektoren der Arbeitswelt. Das große sozialgeschichtliche Ereignis des 19. Jahrhunderts war die Heraufkunft der industriellen Arbeiterschaft, die Entstehung einer Gesellschaftsklasse sozusagen aus dem Nichts, aber mit einem noch nie dagewesenen Wachstumstempo, das sich mit dem Fortgang der Industrialisierung automatisch steigern zu müssen schien, dazu einer Gesellschaftsklasse, deren Klassenlage völlig neu war, scharf unterschieden nicht nur von der Bourgeoisie, der sie sich entgegengesetzt fühlte, sondern auch von allem, was außerhalb dieser Klassenspannung stand, vom Landvolk und von der Handwerkerschaft, aus deren depossedierten Elementen die ersten Generationen der Arbeiterschaft stammten und aus denen sie sich laufend rekrutierte. Daß sie in absehbarer Zeit die überwiegende Mehrheit aller Werktätigen ausmachen würde, schien sicher. Daß sie in sich immer gleichförmiger werden müsse, schien eine zwangsläufige Folge des technischen Fortschritts zu sein. Noch Frederick Taylor meinte: je vollkommener die Maschine werde, desto simpler werde die Arbeit an ihr.

Um 1850, noch um 1880 konnte es in der Tat so aussehen, als ob der Prozeß der Industrialisierung zur immer klareren Herausbildung scharf getrennter Gesellschaftsklassen führen müsse. Dies war die Prognose der marxistischen Soziologie, aber auch bürgerliche Soziologen, Männer wie Lorenz von Stein und später Gustav Schmoller, hatten dem zwar Mahnungen und sozialpolitische Remedien, aber zunächst keine Tatsachen entgegenzusetzen, die dem Begriff der Klassengesellschaft und der Tendenz zur Verschärfung ihrer Kampfspannung widerstritten hätten. Um 1920 waren diese Prognosen überholt, wie übrigens fast alle, die von der ersten Phase des Industrialismus aus ins 20. Jahrhundert hinein aufgestellt worden sind. Das heißt natürlich nicht, daß die gegenwärtige Sozialstruktur keine Klassengegensätze in sich enthielte. Doch diese bilden nicht das prinzipielle Bau- und Bewegungsgesetz des Gesellschaftskörpers. Vielmehr hat eine Reihe sehr verschiedenartiger Entwicklungen zu einem ganz anderen Effekt geführt.

Schon rein quantitativ ist der Anteil der Industriearbeiterschaft an der Gesamtzahl der Berufstätigen in keinem Industrieland wesentlich über ein Drittel hinausgewachsen. Die Berufsstatistiken zeigten deutlich, daß er auf dieser Größenordnung konstant blieb oder sogar leicht absank, auch schon vor der Vollautomatisierung, von der aber mit Sicherheit anzunehmen ist, daß sie weiter in dieser Richtung wirken wird. Von einem gewissen Stadium der Hochtechnisierung und der Betriebsrationalisierung an bedeutet fortschreitende Industrialisierung nicht mehr wachsende Arbeiterzahlen. Sie bedeutet vielmehr einerseits Verstärkung und Verbesserung des sachlichen Apparats, anderseits Auf- und Ausbau einer bürokratischen Organisation, in der die Produktion vorgeplant, durchgerechnet, laufend kontrolliert und marktgängig gemacht wird. Im eigentlichen Fertigungsvorgang werden dann, auch bei steigendem Produkt, Arbeitskräfte entbehrlich. Statt dessen füllen sich die Büros, die Zeichensäle und Laboratorien, die Materialprüfungsstellen, die Marktbeobachtungs- und Werbeabteilungen mit technischen und kaufmännischen Angestellten. Die Angestelltenschaft hat sich erst im 20. Jahrhundert als die zweite industrielle Massenschicht herausgebildet, dann aber mit noch viel stärkerer Wachstumstendenz als die Arbeiterschaft im 19. Jahrhundert.

Ihr Wachstum ist ein Teil eines weitergreifenden Vorgangs, der sich in der Berufsgliederung aller gegenwärtigen Industriegesellschaften beobachten läßt. Zu seiner Erfassung bedienen sich die heutigen Sozialwissenschaften des Schemas der »drei Sektoren« (C. Clark). Der Grundgedanke dabei ist, daß die menschliche Arbeit in sehr verschiedenem Grade technisierbar ist: ihr Ertrag wird durch den Einsatz und die Vervollkommnung des technischen Apparats in den drei Sektoren in charakteristisch verschieden hohem Maße gesteigert. Im »primären« Sektor, dessen Kerngebiet die Landwirtschaft ist, ist der Produktionsertrag je Arbeitskraft im Verlauf des industriellen Zeitalters etwa im Verhältnis von eins zu drei gesteigert worden. Da nun ferner der Sättigungspunkt für den Bedarf an Produkten dieses Sektors absehbar und in den reicheren Ländern in die Nähe gerückt oder bereits erreicht ist, ist ein großer Teil der früher in ihm beschäftigten Arbeitskräfte entbehrlich geworden. Tatsächlich sind aus den Tätigkeiten der Urproduktion, besonders aus der Landwirtschaft, laufend Arbeitskräfte abgeströmt, zunächst in die damals noch menschenhungrige Industrie.

Diese erste Phase des großen Umschichtungsprozesses reichte in den Altindustrieländern bis an die Jahrhundertgrenze oder ein wenig darüber hinaus. Heute ist sie im wesentlichen abgeschlossen. Die Besetzung des primären Sektors mit menschlichen Arbeitskräften ist auf eine typische Größenordnung, die um fünfzehn Prozent liegt, offenbar auf Dauer eingeschwungen.

Viel höher liegt der Technisierungsgrad im »sekundären« Sektor, dessen Kernbestand die Industrie ist. Wenn ein gewerblicher Produktionszweig um die Mitte des 19. Jahrhunderts vom Handwerksbetrieb zur Werkzeugmaschine mit Dampfantrieb, dann zu Anfang des 20. zum Fließband übergegangen ist und neuerdings Teile seines Betriebes vollautomatisiert hat, wird die menschliche Arbeitskraft mit einem Faktor multipliziert, der die Größenordnung von zwanzig spielend erreicht und sogar erheblich überschreiten kann. Anderseits ist der Sättigungspunkt für den Bedarf an Industrieprodukten nicht physiologisch begrenzt, sondern er verschiebt sich mit der Erhöhung des Lebensstandards, und das Angebot vermannigfaltigt die Bedürfnisse. Aber selbst wenn man ihn, wie J. Fourastié vorgeschlagen hat, hypothetisch auf das Sieben- bis Zehnfache des heutigen amerikanischen Verbrauchs an Industrieerzeugnissen ansetzt (was einen sehr hohen Lebensstandard für die überwiegende Mehrzahl der Haushaltungen bedeutet), erscheint er nicht unerreichbar, und für einige wesentliche Sorten von Waren ist er in den reicheren Ländern in greifbare Nähe gerückt. So zeigt sich also eine zweite Phase des Umschichtungsprozesses an, die zwar zum guten Teil in der Zukunft liegt, die aber schon deutlich begonnen hat und sich in dem stagnierenden oder rückläufigen Anteil der Arbeiterschaft an der Berufsgliederung bereits auszudrücken beginnt: das Einschwingen der Beschäftigtenzahl auch des sekundären Sektors auf eine etwa konstante Größe, die voraussichtlich gegenüber dem heutigen Stand ein gut Teil niedriger liegen wird.

Großstadtbevölkerung nach Arbeitsschluß

Autos auf dem Parkplatz eines Stadions

Um so klarer zeichnet sich ein dritter Sektor ab; zu ihm gehören die Tätigkeiten der Verwaltung, der Leitung, Planung und Organisation, der kommerziellen Vermittlung und des Verkehrs, ferner die Berufe der Erziehung und Bildung und mit einem immer höher werdenden Anteil die Dienstleistungen für hygienische, kulturelle und Vergnügungszwecke. Diese Tätigkeiten sind großenteils nicht technisierbar, und wenn sie es sind, so nicht mit der Wirkung, daß menschliche Arbeitskräfte eingespart werden. Für eine Sättigung des Bedarfs an ihnen aber sind keine Anzeichen zu erkennen und auch für die absehbare Zukunft keine zu erwarten. Im Gegenteil, ein gehobener Lebensstandard stürzt sich, nach Absättigung des primären und des sekundären Bedarfs, typischerweise auf die tertiären Bedürfnisse, auf Hygiene, auf Bildung und Fortbildung, auf Verkehr, auf Sport und Unterhaltung.

Der tertiäre Sektor wächst also stetig. Die Ursachen dafür liegen für jedes seiner Teilgebiete anders, sind aber immer klar aufweisbar. Die Vergrößerung und Konzentration der Produktionsbetriebe verringert im ganzen die Zahl der Arbeitskräfte, die für den Herstellungsvorgang benötigt werden, sie läßt aber gleichzeitig einen Verteilungsapparat entstehen, der immer mehr anschwillt: Händler kleinen und mittleren Formats, außerdem in den Großproduktionsstätten selbst Verkaufsabteilungen, Versand- und Werbebüros mit Scharen von Angestellten. Dieselben Ursachen, verbunden mit der steigenden Marktabhängigkeit der Haushalte und der starken inneren Mobilität der Gesellschaft, verdichten das Netz der Verkehrsbewegungen: auch hier entstehen tertiäre Berufe in Massen. Von den Ursachen, die zur Vergrößerung der Beamtenkörper führen, wurde schon gesprochen; sie liegen vor allem in der Fülle der Aufgaben, die der Sozialstaat übernommen hat, und in der Unzahl der öffentlichen Versorgungsbetriebe, auf die das moderne Leben angewiesen ist. Wiederum andere Kausalzusammenhänge bedingen das besonders starke Wachstum des Teilsektors Erziehung und Unterricht. Die durchschnittlichen Schulzeiten werden in allen Ländern verlängert, immer mehr Spezialausbildungen, großenteils durch die Spezialisierung der Arbeitswelt hervorgetrieben, werden entwickelt; viele Aufgaben der Erziehung und Lehre, die früher an die Familien und an die Werkstätten gebunden waren, werden zu eigenen Lehrgängen ausgegliedert. Analoge Ausgliederungsvorgänge spielen auch anderswo, etwa in der Gesundheitspflege und Krankenbehandlung, eine Rolle. Die Verkürzung der Arbeitszeiten, die für alle schematisierten Berufe zügig im Gange ist, bringt Dienstleistungen und ganze Veranstaltungen hervor, die ausgesprochen tertiären Charakter haben: Kinos, Tourismus, Sportbetrieb. Die Gruppe derer, die davon leben, daß andere Freizeit zur Verfügung haben, die konsumiert, erfüllt oder gestaltet werden muß, zeigt einen besonders deutlichen Anstieg.

»Nichts wird weniger industriell sein als die aus der industriellen Revolution geborene Zivilisation«, in dieser überspitzten Formel hat J. Fourastié die strukturellen Veränderungen der Gesellschaft zusammengefaßt, und er sieht darin »die große Hoffnung des 20. Jahrhunderts«. Überhaupt werden an das Gefälle, das in der Verteilung der Menschen auf die drei Sektoren in den industriell fortgeschrittensten Ländern zu beobachten ist, vielfach überschwengliche Erwartungen geknüpft, etwa die, daß in Bälde je zehn Prozent der Arbeitskräfte vollauf genügen würden, um die Gesellschaft mit Agrarprodukten und, in einer dann vollautomatisierten Industrie, für einen sehr hohen Lebensstandard mit

Industriewaren zu versorgen, und daß alles andere für Dienstleistungen, immer mehr auch für kulturelle, zur Verfügung stehen würde. Sicher werden auch diese Bäume nicht in den Himmel wachsen. Aber die Feststellung, daß im gegenwärtigen Zustand der Industriegesellschaft der tertiäre Sektor allein noch ein echtes Wachstum zu verzeichnen hat, ist legitim.

Soziologisch gesehen stecken in diesem Sektor die allerverschiedensten Elemente, vom hochbezahlten Star bis zum niederen Angestellten, vom Spezialarzt bis zur Krankenschwester, vom Großkaufmann bis zum kleinen Ladner. Aber es sind ganz überwiegend Positionen, die in das dualistische Schema von Kapitalist und Arbeiter, erst recht in die alten Klassenbegriffe Bourgeoisie und Proletariat nicht hineinpassen, sondern quer zu ihnen liegen und mit ihrer Hauptmasse einem freilich stark differenzierten Mittelstand angehören. Teilweise sind es wirtschaftlich Selbständige, »alter Mittelstand«. Wesentliche Teile der altmittelständischen Schichten, die in den Prognosen des 19. Jahrhunderts als schwindender Restposten und als *quantité négligeable* betrachtet wurden, etwa viele Handwerke und vor allem der selbständige Detailhandel, haben sich als überraschend krisenfest erwiesen und sogar ihren Bestand verstärkt, gerade in den Großstädten. Zum größeren Teil aber sind die Positionen, die im anschwellenden tertiären Sektor entstehen, »neuer Mittelstand« im Angestellten- oder Beamtenverhältnis. Nur hat die Alternative Besitz eigener Produktionsmittel oder Arbeit an fremden fortschreitend ihre Bedeutung verloren, nachdem die sogenannten unselbständigen Stellungen an Masse zugenommen und auf alle Niveaus übergegriffen haben. Die bekannte Wandlung in der rechtlichen und ökonomischen Verfassung der großen Wirtschaftsbetriebe, nämlich die Trennung von Eigentum und Management, zeigt, daß sie auch in den obersten Lagen des gesellschaftlichen Gefüges nicht mehr gültig ist.

Einige weitere Entwicklungen, die das 20. Jahrhundert gebracht hat, sind zu dem Bild der neuen Schichtungsstruktur hinzuzunehmen, vor allem die soziale Hebung der Industriearbeiterschaft im ganzen und ihre reiche Differenzierung nach Arbeitsform, Entlohnung und Aufstiegschancen. Die proletarische Situation, zu der anfangs überlange Arbeitszeiten, Löhne dicht beim Existenzminimum und darunter, uneingeschränkte Frauen- und Kinderarbeit, Slums, völlige Ungesichertheit im Krankheitsfall und im Alter und absolute Krisenanfälligkeit gehört hatten, ist durch den Ausbau des Arbeitsrechts und die steigende Macht der Gewerkschaften in allen wesentlichen Stücken entproletarisiert worden. Die Reallöhne zeigen seit langem steigende Tendenz und sind praktisch nicht mehr nach unten flexibel. Zudem staffeln sie sich in einer weiträumigen Skala, deren obere Stufen klar in die mittelständischen Einkommen hineinragen.

Alle diese Entwicklungen konvergieren zu der Schichtungsstruktur, die für die westlichen Industriegesellschaften des 20. Jahrhunderts typisch geworden ist. Nicht daß sie schon überall voll verwirklicht wäre, doch sie arbeitet sich überall heraus. Das Bauprinzip der reinen Klassengesellschaft, insbesondere der Gegensatz von Bourgeoisie und Proletariat, hat nicht um sich gegriffen, sondern ein viel komplexeres Schichtungsgefüge bildet sich heraus, eine »Verlagerung entlang veränderter Fronten« (Theodor Geiger). Daher sind die traditionellen Kategorien großenteils unergiebig geworden, selbst der Begriff Klasse. Das neuerdings vielfach gebrauchte Schlagwort »nivellierte Mittelstandsgesellschaft« bezeichnet den Tatbestand nur ungefähr, immerhin nach einem seiner wesentlichen Merkmale. Die mittelständischen Lagen im Gesellschaftsaufbau verstärken sich. Die verschiedenen Einkommensarten – Arbeiterlöhne, Angestellten- und Beamtengehälter, freie Einkommen aus Handel, Gewerbe und Dienstleistungen aller Art – überschneiden sich immer stärker, und die Einkommenskala im ganzen schiebt sich zusehends zur Mitte hin zusammen, jedenfalls in einem breiten mittleren Streifen, der den größten Teil der Gesamtbevölkerung umfaßt. Bei wachsendem Sozialprodukt bedeutet das, daß die überwiegende Mehrheit der erwerbstätigen Bevölkerung einen steigenden Anteil an den Zivilisationsgütern gewinnt, auch an solchen, die noch vor zwei Generationen als Luxus gegolten hätten. Mittelständische Leitbilder werden allgemein dominant, teils mit Anleihen an der Lebensgestaltung, die für das Bürgertum typisch war, zum größeren Teil in Richtung auf einen nachbürgerlichen Zivilisationskomfort, dessen Muster in den Großstädten ausgegeben werden, aber von ihnen aus breitlaufen. Auch der kleinstädtische Haushalt arbeitet mit den arbeitsparenden, bequem zu handhabenden Geräten, auch im Dorfkino laufen die Filme, die zeigen, wie es im *high life* zugeht.

Doch dieser »Mittelstand« ist nicht in dem Sinne »nivelliert«, daß er ein einheitlicher Block wäre. Er baut sich vielmehr in zahlreichen Stufen auf, deren Schwellen zwar klein, aber bedeutungsvoll sind. Maßgebend sind zunächst die Abstufungen des Einkommens, denn sie entscheiden über den Anteil am allgemein angebotenen Lebensstandard, der für den Einzelnen erreichbar ist; sie bestimmen die Marge für den freien Konsum, praktisch gesprochen für den etwas höheren Mietaufwand, die etwas anspruchsvollere Ferienreise, die etwas hubraumgrößere Motorisierung und die etwas höheren Aufwendungen für die Ausbildung der Kinder. Dabei sind einige weitere Bedingungen zu erfüllen, und das Berufsverhalten der heutigen Menschen zeigt, daß sie mit viel Instinktsicherheit und Überlegung gestellt werden: die Sicherheit am Arbeitsplatz, die im Lauf der Jahre anfallenden Versorgungsrechte, die Ausbaufähigkeit der Position und die Chancen des Aufstiegs in und außer der Reihe. Der Berufsinhalt und das Berufsprestige, das Bestreben, in einer sinnvollen und lohnenden, in einer angesehenen, in einer sauberen und angenehmen Arbeit zu stehen, wirken außerdem immer mit.

Gerade die Vielfalt und Stetigkeit der Übergänge zwischen den einzelnen Positionen ermöglicht, daß sie beständig auch realisiert werden. Es herrscht eine hohe Mobilität in den gegenwärtigen Industriegesellschaften, wenn auch mit beträchtlichen Unterschieden zum 19. Jahrhundert; vor allem die amerikanischen Soziologen betonen, daß in dieser Hinsicht das Zeitalter der unbegrenzten Möglichkeiten vorüber ist. Die horizontale Mobilität äußert sich weniger in den massenhaften Binnenwanderungen, die für die erste Phase des Industriesystems charakteristisch waren, als in einem ruhelosen Orts-, Wohnungs- und Arbeitsplatzwechsel; die Menschen sind in schiebender und drängender Bewegung wie die Gesteinsbrocken auf dem Rüttelsieb. Die vertikale Mobilität äußert sich nicht in dramatischen Aufstiegen zu einem ganz anderen sozialen Status, sondern im Vorwärtskommen (oder Zurücksinken) um eine oder zwei Sprossen auf der Stufenleiter des Berufsprestiges und des Lebensstandards. Eben darum werden die Aufstiegsmöglichkeiten erstrebbar, sei es im individuellen Arbeitsleben, sei es im Generationengang. Durch den Ausbau des öffentlichen

Bildungswesens werden sie befördert, an vielen Stellen sind sie zu förmlichen Karrieren institutionalisiert. Neben dem festen Willen, im Konsum nicht zu kurz zu kommen, spielen sie in der Lebensplanung der Familien die entscheidende Rolle, bis in die Bemessung der Kinderzahl hinein.

Die westlichen Länder zeigen diese Schichtungsstruktur in verschiedenen Graden der Ausprägung, so die Vereinigten Staaten von Amerika und die skandinavischen Länder in höheren als Deutschland, Frankreich und England, sowohl in Richtung auf stärkere An- und Ausgleichung wie auf höhere Mobilität. Aber alle zeigen sie als weitergehenden Prozeß, unter fortschreitendem Abbau der Reste der altständischen Ordnungen. Die obersten Lagen werden dabei nicht eingeebnet. Die Reichen werden noch reicher, sofern ihr Besitz nicht in feudalen Formen abseits der Kreisläufe der Wirtschaft liegt. Proletaroide Existenzen aber und Armut als soziales Problem kennen die industriellen Gesellschaften, je weiter sie sich in der bisherigen Richtung fortbilden, nur noch an den Rändern der Arbeitswelt, bei den nicht in sie Einbezogenen oder aus ihr Ausgeschiedenen, und als Folgen politischer Katastrophen.

Auf der ganzen Erde machen freilich die Länder dieser Struktur, wenn es hochkommt, ein Fünftel aus. Rings um sie dehnen sich die Räume, in denen die materielle Not herrscht, auch wenn sie schon in das Kraftfeld der Weltzivilisation partiell einbezogen sind oder von ihren Ausstrahlungen getroffen werden. Von den 2,9 Milliarden Menschen leben anderthalb im Hunger. Die Fähigkeit und der spontane Drang des industriellen Systems, Massengüter zu produzieren, Seuchen zu bekämpfen, Arbeitskräfte zu beschäftigen, haben also ein weites Feld vor sich.

Die Arbeitswelt

Die Arbeitswelt des 20. Jahrhunderts ist in Betrieben, typischerweise in Großbetrieben, an ihren Entwicklungsspitzen in Riesenbetrieben organisiert. Das bedeutet, daß die Trennung von Arbeitsstätte und Haushalt, die in der vorindustriellen Welt die Ausnahme war, für den Großteil der arbeitenden Menschen zur Regel geworden ist; nur noch beim Bauerntum und bei einem Teil der selbständigen Handwerker und Gewerbetreibenden fallen Betrieb und Haushalt zusammen. Für die Arbeitsleistung selbst bedeutet es, daß sie in einen Großvorgang eingeordnet und unter dessen Gesetz gestellt wird, insofern also fremdbestimmt ist. Sie verliert den Charakter des selbstverantwortlichen Tuns auf Grund eigener Disposition, auf eigene Rechnung und Gefahr. Dafür werden in ihr alle die formalen Eigenschaften dominant, die die Einfügung in ein vorgeplantes Ganzes erfordert: Anstelligkeit, Disziplin, Pünktlichkeit, Bereitschaft zur Kooperation. Dies gilt auch für die hochspezialisierten und hochqualifizierten Leistungen, und es gilt nicht nur, wenn sich der Betrieb als Maschinensystem und laufendes Band, sondern auch wenn er sich als bürokratisches System darstellt, also nicht nur in den Fabriken, sondern auch in den Büros, Ämtern und Anstalten. Ebenso verliert die individuelle Arbeitsleistung, indem sie in den Betrieb eingestellt wird, die

Qualität, ein Ganzes zu schaffen, oder sie büßt wenigstens vom Charakter des ganzheitlichen Berufs vieles ein. Die bisherige Geschichte der industriellen Arbeitswelt zeigt bereits mehrere Etappen dieses Prozesses. Wie schon die ersten Maschinen zahlreiche Vollhandwerke ausgeschaltet, wie die Fließbänder weitere Fachkräfte durch eine Kette stark fragmentierter Tätigkeiten ersetzt haben, so ist heute die Automation im Begriff, eine noch nicht ganz abzusehende Reihe von Fachberufen überflüssig zu machen. Die Arbeitsformen, die dann neu entstehen, sind zwar ebenfalls hochqualifiziert, zeigen aber alle den neuen Typ, daß sie in den Betriebsvorgang eingefügt sind wie ein gut gefrästes Maschinenglied. In einem Betrieb produziert kein Einzelner mehr etwas Reales, sondern nur das ganze System, unter das alle subsumiert sind, produziert etwas (Hegel).

Hierzu ist sofort einschränkend zu sagen, daß die moderne Arbeitswelt außerordentlich formenreich und vielschichtig ist. Es ist unmöglich, sie in eine einzige Formel zu fassen, und es wäre sehr falsch, sie insgesamt nach dem Bilde eines industriellen Riesenwerks vorzustellen, das in Serienfertigung arbeitet – wie das in sensationell aufgemachten Gegenwarts- und Zukunftsreportagen zuweilen geschieht. Sie enthält zahlreiche ältere Bestände in sich, zeitgemäß umgebildet und durchaus lebenskräftig. Es gibt Handwerke, die zwar mit Maschinen arbeiten, aber echte Meisterarbeit leisten. Landarbeit bleibt auch mit Traktoren bäuerlich, und daß das Auge des Herrn das Vieh fett macht, gilt auch bei rationellster Weidewirtschaft und Stallfütterung. Lehren, Heilen, Rechtsprechen, Forschen können autonome Tätigkeiten bleiben, auch wenn sie in einen Großbetrieb hineinorganisiert werden.

Aber die Arbeit im industriellen Sektor ist doch nicht nur ein Sonderfall, sondern der Prototyp. Hier ist das Prinzip, den Arbeitsprozeß in unselbständige Teile zu zerlegen, ihn daraus zusammenzumontieren und ihn soweit wie möglich selbstläufig zu machen, am konsequentesten durchgeführt. Nicht nur, weil sie den größten Teil des Sozialprodukts erarbeitet, sondern als Muster der Arbeitsverfassung ist der Industriebetrieb zur »repräsentativen Institution« (Peter Drucker) der modernen Gesellschaft geworden. Seine Rationalisierungsmethoden, seine Lohnsätze und sein Betriebsklima wirken als Vorbilder. Das Ideal des in sich durchkonstruierten und dann abschnurrenden Betriebes ist expansiv und dringt auch in ganz andere Bereiche ein, selbst in solche, in die es nicht gehört. Immer mehr vom Gehalt der Arbeit wird im Produktions- und Organisationsplan vorweggenommen, wird in den Apparat hineinobjektiviert, tritt also an den Menschen als präzisierter Auftrag heran und unterwirft ihn sozusagen einer Fernsteuerung.

Das gilt auch an den Stellen, wo die neueste Technik den Arbeiter nicht mehr auf die Wiederholung mechanischer Handgriffe, sondern auf Überblick, technisches Verständnis und wache Aufmerksamkeit beansprucht. Dann greift ein sehr positives Verhältnis des Menschen zur Maschine Platz, und ein großer Teil der Anklagen, die seit ihrem ersten Auftreten gegen sie gerichtet worden sind, wird hinfällig. Der Mensch wird nicht von ihr versklavt, er bedient sie nicht mehr, sondern er sitzt, nicht mehr im Overall, sondern im weißen Mantel, im Schaltraum einer Apparatur gegenüber, deren Lauf er beaufsichtigt. Aber auch hier ist seine Arbeit funktionalisiert. Der Antrieb zu ihr kommt nicht aus seiner Person, sondern aus dem Sachzusammenhang des Betriebes. Zudem ist zu bedenken, daß auf absehbare Zeit nur für eine kleine Elite mit derartigen Arbeitsformen, für das Gros der industriellen Belegschaften aber weiterhin mit stärkster Arbeitsfragmentierung und Fesselung an den Maschinengang zu rechnen ist. Die Kategorie der Angelernten nimmt fast überall zu, und die Anlernzeiten verringern sich. Die Höchstleistungen werden binnen kurzem erreicht, oft dadurch, daß die Arbeitsverrichtungen sich im Menschen selbst mechanisieren.

Nun soll man gewiß das Gegenbild der vorindustriellen Arbeitswelt nicht idealisieren. Auch dort hat nicht lauter freischöpferische Tätigkeit stattgefunden. Auch der alte Handwerker schuf nicht, wie der Vogel singt. Die menschliche Arbeitswelt ist in allen ihren Zuständen ein sehr traditionshaltiges Gebilde gewesen. In ihren Werkzeugen, in ihren Arbeitsregeln und ihrem Ethos war das Erbe von Jahrtausenden gegenwärtig, und insofern ist von jeher alle Arbeit gleichsam auf gebahnten Wegen gelaufen. Doch das ist nun die entscheidende Veränderung: industrielle Arbeit läuft nicht mehr bloß auf gebahnten Wegen, sondern auf Schienen, aus denen sie gar nicht heraus kann. Sie läuft um so glatter, je williger sie auf ihnen läuft. Ja, sie wird überhaupt erst systemrichtig und wirksam, wenn sie dem vorgegebenen Schienensystem folgt; und für die Mehrzahl der Arbeiten in einer Großbürokratie gilt dasselbe.

Ersatz personaler Vollverantwortungen durch vorgeplante Funktionen, die wie Zahnräder ineinandergreifen: auf diesen Typus der Arbeit bewegt sich unsere Arbeitswelt, alle Ausnahmen zugestanden, im großen und ganzen zu. Auf ihn und seine Anforderungen ist der Mensch von heute eingestellt, und es wäre eine ganz falsche Sentimentalität, zu glauben, daß er sonderlich darunter litte. Er will genau wissen, was verlangt ist, im übrigen freilich möglichst ungeschoren sein. Er will das Schienensystem vorfinden, auf dem seine Arbeit laufen kann, und es soll ein gutes Schienensystem sein. Die These des jungen Wilhelm von Humboldt, eine Tätigkeit sei überhaupt nur menschenwürdig, wenn sie es gestatte und sogar verlange, daß der Mensch viel von seinem eigenen Wesen in sie lege, wird dann als obsolet empfunden. Die modernen Arbeitsformen verlangen das nicht, sie gestatten es nicht einmal; je mehr sich der Produktionsapparat und das Organisationsgefüge perfektionieren, desto weniger. Es gibt ihnen gegenüber nur entweder die völlige Hingabe an den Betrieb und das Aufgehen in ihm – das ist oft das Schicksal derer, die auf einem gehobenen Posten stehen – oder das Ethos der bloßen sauberen Erledigung des technisch Notwendigen und die Verlagerung der inneren Bezirke der Person in einen Freiraum jenseits der Arbeit.

Diese nüchterne Sachlichkeit im Verhältnis zum Betrieb und zur Arbeit in ihm ist zwar nicht als die durchgängige, doch als die zeittypische Haltung anzusetzen, vor allem auch in der Jugend. Sie wird binnen kurzem erworben, großenteils schon mitgebracht. Sie ist ein Teil des Anpassungsvorgangs, zu dem das industrielle System den Menschen zwingt, den dieser aber auch bereitwillig vollzieht, weil er ihm viele Entlastungen einbringt. Die Arbeit wird drahtig geleistet, aber die Person zieht sich aus ihr zurück.

Doch Anpassung ist immer auch eine Reduktion, nämlich auf die Eigenschaften und Anstrengungen, die das Milieu erfordert, unter Ausfällung alles dessen, was nicht gefragt ist und möglicherweise stören könnte. Es ist kaum zu leugnen, daß die Arbeitsformen, die für das industrielle System typisch sind, einiges ausfällen, was in den vorindustriellen Berufstätigkeiten drin war, auch wenn sie härter, anstrengender und unbequemer waren.

In einem Arbeitskreis, der als ganzer einigermaßen übersehbar ist und die Selbsttätigkeit des Menschen ins Spiel bringt, wird – als das menschliche Korrelat zu der Gegenstandswelt, mit der es die Arbeit konkret zu tun hat – langfristig eine vollständige Erfahrung erworben. Eine ganze Welt von Einsichten, Fragestellungen und Überzeugungen wird gesammelt, die dann dem Menschen zu eigen ist. Eben das leisten die hochspezialisierten Berufsarbeiten, in die das industrielle System die Mehrzahl der Menschen hineinnötigt, wesentlich nicht – nicht nur weil sie den Einzelnen zumeist auf einen recht engen und monotonen Sektor eigener Erfahrung beschränken, sondern vor allem, weil sie zwischen ihn und die Gegenstände das Zwischenglied des Apparats einschalten, der die Arbeit eigentlich verrichtet, bis hin zu dem Grenzfall, daß der arbeitende Mensch kaum mehr zu wissen braucht, was die Großapparatur, deren Lauf er an Lichtsignalen und Kurvenschreibern kontrolliert, eigentlich produziert oder was die Bürokratie, deren Akten er nach modernsten Prinzipien registriert, eigentlich verwaltet.

Dieser Erfahrungsschatz, der sich dort anreichert und hier nicht, ist aber nicht nur eine Zugabe, auf die auch verzichtet werden könnte, sondern aus ihm speisen sich die aktiven Antriebe, die in die Arbeit eingehen. Es besteht ein Kreislauf zwischen dem, was eine Arbeit mitteilt, und dem, was der Mensch von sich selbst in sie zu investieren vermag. Und umgekehrt besteht ein Kreislauf, nun aber ein *circulus vitiosus*, zwischen der Einengung des Blickfeldes im industriellen Arbeitsvorgang und dem Schwund der Antriebsenergien im Menschen. Bloße Ermahnungen nützen da nicht viel, und auch die rein informatorische Aufklärung über den Gesamtzusammenhang des Betriebs ist nur ein Behelf.

Dabei sind die Anforderungen, die diese Arbeiten stellen, in ihrer Weise sehr hoch. Sie spannen den Menschen an, und sie spannen ihn ein. Doch sie spannen ihn ein wie ein Rad, das im Getriebe mitgenommen wird. Wenn man von der Annahme ausgeht, daß der Mensch keine Einzweckapparatur, sondern auf Vielfertigkeit angelegt ist, und von der weiteren Annahme, daß er sich in irgendeinem Grade mit seiner Arbeit identifizieren können muß, um sie auf die Dauer ohne Schaden zu tun, so wäre zu sagen: in vielen dieser Arbeiten ist die Reduktion so stark, daß es objektiv unmöglich wird, sich mit ihnen zu identifizieren. Man kann von ihnen nicht leben, oder man kann es nur im materiellen Sinne der Lohntüte oder der TOA. Sie werden zum reinen Job.

Auf die neuartigen Ermüdungs- und Erschöpfungserscheinungen, die sich dann einstellen und die sich zu sehr langwierigen und widerspenstigen Symptombildern auswachsen können, ist von ärztlicher Seite längst hingewiesen worden, und es ist klar ausgesprochen worden, daß es sich dabei nicht um eigentliche Ermüdung wegen zuviel oder zu harter Arbeit handelt, sondern um die systembedingte Lahmlegung von Antriebsenergien. Sie zeigen sich, bis hin zu förmlichen Ermüdungsneurosen, auch bei stark verkürzter Arbeitszeit und bei Tätigkeiten, die durch die technische Zurüstung maximal erleichtert sind, bei den Angestellten im Büro nicht minder als bei den Arbeitern am Fließband. Sie sind die Kehrseite einer Rationalisierung, die rein vom Sachprozeß her denkt. Sie sind, wenn sie sich häufen, das Signal dafür, daß der biologische Rhythmus von Spannung und Entspannung im arbeitenden Menschen über die Anpassungsfähigkeit hinaus gestört und daß der Spielraum der Eigentätigkeit über das auf Dauer Erträgliche hinaus eingeengt ist. Das wäre dann nicht mehr bloß eine Reduktion, die in Kauf zu nehmen ist, sondern es wäre ein Verschleiß, für den die Abschreibungsraten laufend in menschlicher Währung gezahlt werden.

Wohl aber gehören zum System der gegenwärtigen Arbeitswelt einige Selbstkorrekturen, die von denjenigen, die auf *social engineering* fixiert sind, aber auch von den Kritikern oft vergessen werden. Sie entspringen zum Teil aus der Eigenlogik der großbetrieblichen Arbeitsverfassung und machen sich daher stillschweigend und hinterrücks auch dort geltend, wo man entschlossen ist, das »Menschenmaterial« hundertprozentig in industrielle Produktivkraft zu verwandeln. Zum anderen und größeren Teil ergeben sie sich, als Forderungen oder als Möglichkeiten, aus der Entscheidung, die das westliche System getroffen hat: die Freiheit des Menschen in sich einzuplanen, der privaten Initiative Chancen zu geben und sich an möglichst vielen Stellen in der Selbstverantwortung des Einzelnen abzustützen.

Von den vielfältigen Einschlägen andersartiger Arbeitsformen und ganzheitlicher Berufe in der modernen Arbeitswelt wurde schon gesprochen. Sie sind nicht bloße Restbestände, die aus Pietät geschont werden, sondern in der Sache, das heißt in diesem Fall im Autonomiegehalt der Aufgaben begründet, um die es in ihnen geht. Tätigkeiten, die nicht voll durchrationalisiert und nicht ganz von der Person abgehoben werden können, gibt es natürlich besonders in denjenigen Berufen, in denen es sich um Menschenbetreuung und Menschenführung, um Erziehung und Fürsorge, um schöpferische Gestaltung und den Umgang mit geistigen Werten handelt. Die Tendenz, alle menschlichen Leistungen zu funktionalisieren und dadurch den glatten Ablauf zu sichern, ist freilich so stark, daß sie auch vor diesen Bereichen nicht haltmacht. Dann aber setzen erfahrungsgemäß wirksame Widerstände ein. Es setzt, nicht nur von den Interessenten vertreten, sondern auch mit einer lebhaften Resonanz im öffentlichen Bewußtsein, die Einsicht ein, daß es Wirkungsweisen gibt, in denen das bürokratische Schema von Bevorschriftung und Erfolgsbericht ganz an der Oberfläche bleibt oder geradezu sachwidrig wird. Widerstände dieser Art sind im Bildungswesen, bei den Ärzten und in anderen freien Berufen laut geworden. Sie gehören zu den Auseinandersetzungen, in denen die westliche Gesellschaft das Gleichgewicht zwischen Organisation und Freiheit, zwischen Massenbedarfsbewältigung und Autonomie sucht.

Und sogar an ihren Verdichtungsstellen, an denen ein anderes Prinzip als das der vollrationalen Organisation nicht in Betracht kommt, korrigiert sich die moderne Arbeitswelt mit einer gewissen Sicherheit selbst. Ein Betrieb, in dem Zehntausende von Köpfen und Händen zusammenspielen, muß klappen, ein Verwaltungssystem, von dessen Funktionieren Millionen abhängig sind, desgleichen. Das ist ihr Ethos, so wie es der Sinn der Maschine ist, daß sie geht. Aber auch hier bilden sich ganz von selbst Herde und Kerne von Eigenverantwortung heraus, oder sie lassen sich bei gutem Willen und dann zum evidenten Nutzen der Sache in den Sachbetrieb einbauen – an all den offenen oder geheimen Gelenkstellen, wo das Schema versagt, wenn es nicht in selbständigem Ermessen variiert wird, wo auch die bloße Routine sich heißläuft und der Charakter des Menschen gleichsam als Lagermetall gebraucht wird. Jeder Betrieb hat solche Persönlichkeiten, geliebt oder gefürchtet, keineswegs nur an der Spitze und auf den obersten Niveaus, sondern auch in den

Das automatisierte Büro
Elektronische Großrechenanlage IBM 705 in der Zentrale der holländischen Luftverkehrsgesellschaft KLM in Amsterdam

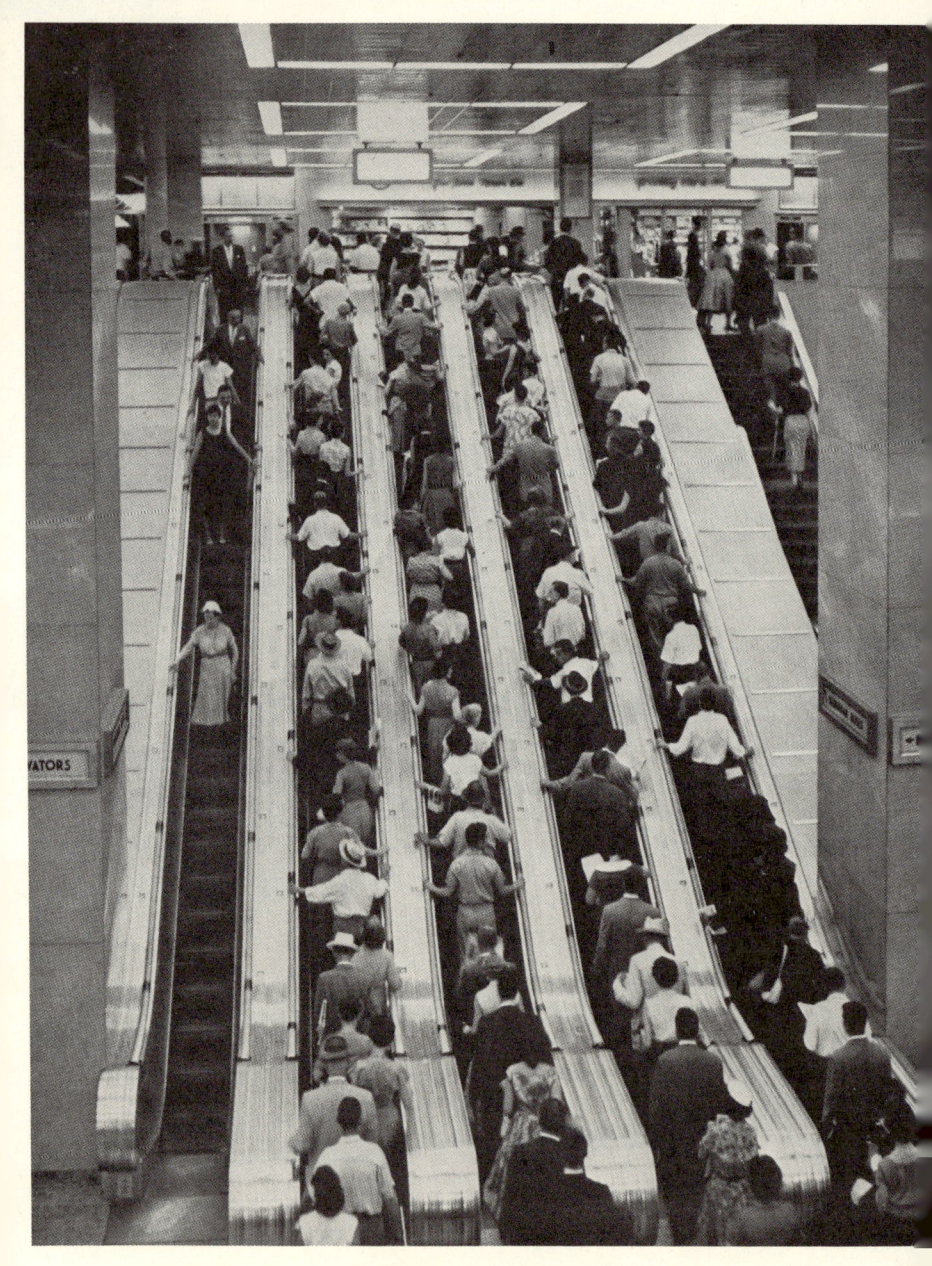

Der gesteuerte Verkehr
Rolltreppen im Bus-Bahnhof New York

mittleren Lagen bis weit nach unten, und die sehr guten Betriebe sind erfahrungsgemäß dadurch charakterisiert, daß sie nicht nur sehr gute Maschinen, sondern auch, just in diesem Sinne, die guten Leute haben.

Die andere Selbstkorrektur, die die moderne Arbeitswelt in sich vollzieht, besteht darin, daß, bei steigendem und sehr breit verteiltem Sozialprodukt, die Freizeit zunimmt, jedenfalls in allen Berufen, in denen die Arbeitszeit samt allen anderen Arbeitsbedingungen tarifvertraglich oder gesetzlich normiert ist. Wer die Fünftagewoche erreicht hat, hat ein Drittel des Jahres arbeitsfrei – was ihm zu gönnen ist. Die leitende Oberschicht und viele geistige Berufe haben dafür um so länger zu tun, und auch das ist nicht so paradox, wie es auf den ersten Blick aussieht, wenn es auch manche Gefahren mit sich bringt. Ganzheitliche Berufe schwingen in einen Feierabend aus, zum Job aber, und erst zu ihm gehört die Freizeit und gehört das Hobby. In sie schießen die Kräfte ein, die in der Arbeit nicht gesättigt oder sogar lahmgelegt werden, im guten Fall als überschüssige Aktivität, im besten als Produktivität, im schlechten Fall als ungestillter Reizhunger.

Diese Zweipoligkeit ist aus dem Bild der modernen Arbeitswelt nicht wegzudenken, sie ist aber durchaus ein Produkt des 20. Jahrhunderts. 1870 galt der Zwölfstundentag als eine Errungenschaft. 1910 war der Achtstundentag noch umstritten. Seitdem ist die jährliche Arbeitsdauer im Durchschnitt aller Wirtschaftszweige von 3500 auf 2000 Stunden gesenkt worden. Daß sie noch wesentlich verkürzt werden kann, ohne daß die Erhöhung des Lebensstandards blockiert wird, ist freilich unwahrscheinlich.

Begreiflicherweise knüpfen sich große Hoffnungen an diesen Übergang »von der Arbeitsgesellschaft zur Freizeitgesellschaft«, und dies wahrlich nicht nur von seiten der Freizeitindustrien, die sich mit Verve auf die neuen Chancen gestürzt haben. Anderseits ist das Bewußtsein sehr lebendig, daß damit Probleme aufgeworfen sind, die großenteils unbewältigt sind und die weder durch die illustrierten Zeitschriften noch durch Film und Fernsehen, noch durch das Motorrad und den Kleinwagen allein gelöst werden können.

Das Neonlicht der Anonymität und der Mann ohne Eigenschaften

Die Begriffe Masse, Massendasein, Massenmensch werden seit geraumer Zeit, auch in der wissenschaftlichen Literatur, zur Bezeichnung des Lebenszustandes in der industriell-bürokratischen Gesellschaft so ausgiebig und meist so pauschal verwendet, daß es notwendig geworden ist, sie kritisch zu überprüfen, oft sogar zweckmäßig, sie zu vermeiden. Sie meinen nicht nur die quantitative Vermehrung der Bevölkerungen und ihre Zusammenballung an den Zentren der Arbeit, des Verkehrs und des Konsums. Sie meinen die Tatsache, daß in den Menschenmengen, die dort beisammen sind oder im Strom mitschwimmen, der eine den anderen nicht kennt und daß zwar alle das gleiche tun, aber jeder für sich allein, nur in einer vagen Weise dadurch angetrieben oder bestätigt, daß die unbekannten anderen es auch tun. Masse ist also eine Qualität des Zusammenseins. Ihr Charakteristikum ist die Vereinzelung des Einzelnen trotz, sogar infolge der Gegenwart vieler, ist

Tuchfühlung ohne Gemeinsamkeit, flüchtige und wechselnde Partnerschaft statt eingelebter Nachbarschaft. Ihre Signatur ist die Anonymität. Diese ist aber nicht etwas Negatives, sondern es gibt im Gefüge der industriellen Gesellschaft zahlreiche Institutionen, Ordnungsprinzipien und Hilfsmittel, die ganz unentbehrlich sind und von denen Anonymität ausstrahlt. Anonymität ist also nicht nur ein Schatten, der über dem gegenwärtigen Leben liegt, sondern ein künstliches Licht, in dem es spielt.

Überall, wo menschliches Tun an und mit Apparaturen arbeitet, wird es anonymisiert, und wo arbeitete es heute nicht an und mit Apparaten? Der Künstler, der ein Werk vollendet hat, signiert es mit seinem Namen. Daß aber der angelernte Arbeiter das Produkt, an dem er ein Minimum getan hat, mit seinen Initialen zeichnen sollte, wäre sinnlos zu denken. Die Massenware hat keinen Namen. An seine Stelle tritt sein Surrogat, das einprägsame Kunstwort, das durch Reklame propagiert wird. Es garantiert für den absolut gleichmäßigen Inhalt aller Packungen, auf denen es steht. Beanstandungen bitten wir an unsere Zentrale oder an eine der Filialen zu richten, die wir an allen größeren Plätzen unterhalten.

Wo nicht fabriziert, sondern verwaltet, verordnet, zugeteilt wird, heißt der Apparat nicht Maschine, sondern Bürokratie, doch mit derselben Wirkung. Wer hat einen Fall entschieden, eine Ordnungsstrafe erteilt, ein Gesuch genehmigt? Nicht der Beamte als namentliche Person, sondern das Amt, die Stelle, die Instanz. Die Unterschrift ist unleserlich, aber sie interessiert auch nicht, wichtig ist allein der Briefkopf, der die Dienststelle nennt. Im Verkehr mit ihr verliert auch der Verwaltete seine Personalität. Alle persönlichen Beziehungen zwischen Menschen sind ein Abglanz des Wortes »Ich habe dich bei deinem Namen gerufen«. Hier aber wird zum Menschen gesagt: du bist dran, wenn deine Nummer aufgerufen wird. Oder es wird ihm gesagt: du gehörst zur Kategorie der Festbesoldeten, der Versicherungspflichtigen, der Zuzugsberechtigten, und dein Fall wird unter dieser Rubrik erledigt.

Wo nicht fabriziert, auch nicht Laufendes und Wiederkehrendes verwaltet, sondern etwas Einmaliges langfristig ins Werk gesetzt wird, tritt das Anonyme als Plan auf. Es ist für alle größeren Vorhaben im Stile der Zeit charakteristisch, daß sie auf lange Fristen und über weite Räume hinweg geplant werden müssen. Der Plan ist dann das unpersönliche Movens, das hinter allen persönlichen Beiträgen steht und sich in ihnen auswirkt. Fragt man aber, wer ihn selbst, den Plan, macht, so lautet die Antwort in allen normalen Fällen: viele Erfahrungen und Wahrscheinlichkeitsberechnungen, viele Erwägungen und Entscheidungen sind in ihn eingegangen. Er ist das Werk vieler Köpfe, typische Generalstabsarbeit und als solche anonym. Vielleicht ist er sogar das Werk eines Planungsautomaten. Sollte er aber das Werk eines Einzelnen sein, so tritt er bestimmt unter einem Tarnwort auf. Denn auch die Mächte, die in der gegenwärtigen Gesellschaft wirken, treten zumeist in der Öffentlichkeit nicht mit Namen und zuweilen überhaupt nicht in die Erscheinung; jedenfalls haben sie keine Krone auf und kein Zepter in der Hand. Auch hier tauchen die impersonalen Ausdrücke auf, die jedem geläufig sind: die Geschäftsleitung, die Regierung, die Partei, die Industrie, die Börse, die Presse, die Mehrheit; diese ganz ins Neonlicht der Anonymität getaucht, wenn sie mit den Methoden der Meinungsforschung ermittelt wird.

Das Gerede vom Massenmenschen bekommt erst dann Substanz, wenn man sich nicht bei den mehr oder minder vagen Vorstellungen des Gewimmels und Gedränges, der überfüllten Lokale und der gesenkten Niveaus beruhigt, sondern nüchtern analytisch nach den Bedingungen fragt, unter die die gegenwärtige Gesellschaftsordnung den Menschen praktisch stellt. Die Probleme des Massendaseins werden damit nicht verharmlost, sondern allererst in vollem Ernst gestellt.

Der Sozialapparat, von dem die industrielle Gesellschaft in ihrer zweiten, hochorganisierten Gestalt durchzogen und überlagert ist, arbeitet notwendigerweise so, daß er die Menschen immer je in einer bestimmten Hinsicht betrifft (und seine offensichtliche Tendenz ist, sie in immer zahlreicheren Hinsichten zu betreffen, mit jeder neuen Verordnung in einer neuen), daß er sie aber als ganze nicht in sich eingliedert. Er nimmt die Menschen nicht »voll«, sondern in der saubersten Weise partiell, appelliert nicht an die Tiefenschichten ihrer Person, höchstens an ihre Bereitschaft, Konflikte zu vermeiden und in vorgesehenen Grenzen ihr Interesse zu wahren. Er durchlocht die Menschen gleichsam wie Hollerithkarten und ermöglicht so ihre Verwaltung nach generellen Gesichtspunkten. Die notwendige Folge ist, daß der Mensch in die entsprechende innere Haltung hineinkommt, sogar hineingezwungen wird. Er reagiert als je so Betroffener oder so nicht Betroffener, und wenn er nicht betroffen ist, ist er im allgemeinen froh. Er lebt an einem objektiv gewordenen System von Direktiven und Angeboten, von Chancen und Zwängen entlang, sich fügend, wo es notwendig ist, sich anpassend, wo es nützlich ist, mitnehmend, was anfällt.

Eine solche Sozialordnung wird, je reiner sie ihren Typus entfaltet, um so mehr zu einem gut konstruierten Orientierungssystem, das sozialtechnisch ausgezeichnet funktioniert; es funktioniert aber immer so, daß es an den Menschen fertige Situationsschemata und Verhaltensmuster heranträgt, auf die er nur anzuspringen braucht, dann verhält er sich sachgemäß, sozusagen verkehrsrichtig. Verhält er sich aber unsachgemäß, so wird er überfahren, oder er kommt, auch im übertragenen Sinne des Wortes, über keine Wegkreuzung. Das Normalverhalten des Menschen in seiner sozialen Umwelt wird dann gleichsam unabhängig von seiner Person. Auf die Frage: warum verhält er sich so? lautet die Antwort nicht: weil er so ist. Sie lautet auch nicht: weil er sich aus bestimmten inneren Motiven so verhalten will. Sondern sie lautet: weil er im Schnittpunkt dieser und jener Institutionen, Organisationen und Interessenverflechtungen, unter dem Gebot dieser und jener Vorschriften, unter der Hut dieser und jener Sicherungen steht, und weil ihm diese die Verhaltensmuster fertig zuliefern, allerdings auch zumuten, worauf er denn als wohlerzogener Verkehrsteilnehmer des modernen Lebens bereitwillig und im eigenen Interesse eingeht.

Der Mann ohne Eigenschaften erscheint dann auf der Bildfläche. Seine Eigenschaften und Motivationen sind im Sozialsystem vorgenormt wie seine Arbeitsleistungen im Betriebsplan. Auch sie laufen auf Schienen und nehmen die Weichen, wie sie gestellt sind. Mit den Verhaltensweisen aber objektiviert der Apparat auch die dazugehörigen Meinungen, Gefühle und Gesinnungen, oder er droht das wenigstens zu tun. Zu den Eigenschaften ohne Mann treten dann die Aussagen ohne Mann, sogar die Überzeugungen ohne Mann. Die gegenwärtige Welt wimmelt von solchen Aussagen, die über den Köpfen der Menschen ein objektives Dasein gewinnen: Informationen, nach denen jeder greift und die er akzeptiert, selbst wenn er ihnen nicht ganz traut, Etikettierungen, die sich in den Gedächtnissen festsetzen, so daß sie unbewußt reproduziert werden, Denkschemata, oft bloße Redewendungen, die alle vorkommenden Fälle und Probleme in sich aufnehmen können. Alle Urteile, die normalerweise gefällt werden, sind damit in ihren Prädikaten vorentschieden. Man fällt sie nicht, man schließt sich ihnen nur an. Und auch die Emotionen und Gesinnungen reichen dann nicht mehr in den Grund der Person hinab, geschweige denn, daß sie aus ihm aufstiegen.

Daß der Großteil der Menschen, nachdem er von der Möglichkeit einer autarken Lebensführung abgeschnitten ist, auf den funktionierenden Markt und auf den funktionierenden Sozialapparat, ebenso auf die funktionierenden Informationsmaschinen angewiesen ist, ist eine irreversible Entwicklung. Insbesondere ist sicher, daß sich das Maschennetz der Regelungen, das über die Gesellschaft gelegt ist, noch weiter verdichten und daß es eher noch mehr Bezirke ergreifen wird, als daß es die schon ergriffenen wieder loslassen könnte. Die Frage ist nur, von welcher Grenze an dieser Prozeß den Menschen daran gewöhnen könnte, sich in das Schema des unselbständigen, verwalteten und zugeteilten Lebens, einschließlich der dirigierten Freizeit, widerstandslos, gedankenlos (oder auch skeptisch) einzufügen und dann auch in Dingen, mit denen es ihm ernst sein sollte, klein beizugeben. Das nämlich wäre eine sehr neue, sehr subtile und ganz ins Innere des Menschen greifende Form der Entfremdung, ein Leben, von dem man sagen könnte, daß es nicht mehr von innen her lebt, sondern von außen her gelebt wird, ein Mensch, von dem man sagen könnte, daß er ohne Ich auskommt und daß es ihm dabei ganz gut geht.

Der Inhalt, den Marx angesichts der Lage um 1850 dem Begriff der Entfremdung gegeben hat, ist von der Geschichte großenteils überholt. Die Entfremdung äußert sich in der Industriegesellschaft neuer Art und im *welfare state* nicht mehr als proletarische Ausgesetztheit und als Verhärtung des Klassenschicksals, wohl aber als extreme Abhängigkeit des Menschen von den Schienenwegen, auf denen sein Leben läuft, von den Apparaturen der Güterversorgung und Existenzsicherung, von den laufenden Transportbändern und den durchgenormten Weisen ihrer Benutzung. Das ist keine Entfremdung in der Offenheit eines sozialen Dramas, sondern eine unmerkliche, sogar freiwillig hingenommene und mitgemachte – ein Zwang, der als solcher nicht gefühlt wird, besonders weil er viele Erleichterungen und Genüsse einbringt, der aber seine Opfer um so tiefer in die Passivität hineinmanövriert. Die Persönlichkeit des Menschen wird dann nicht vergewaltigt, aber sie wird ausgewaschen.

Hier setzt die zeitgenössische Kulturkritik vor allem ein. Martin Heideggers Begriff des »man« und der eigentlichen Existenz, Karl Jaspers' Begriff der Freiheit des Selbstseins zielen in diese Richtung. Aber auch diejenigen, die die Lage nur zu registrieren und jedes Werturteil, ja sogar die Fragen, die mit ihr gestellt sind, aus ihren Analysen auszufiltern bestrebt sind, sehen hier den kritischen Punkt. Daher die dominante Rolle, die die Kategorie Anpassung in der neueren Soziologie spielt. Der Tatbestand der Entfremdung, besonders in seinen gegenwärtigen Formen, und der nüchterne Begriff der Anpassung gehören in der Tat eng zusammen. Nicht nur die moderne Arbeitswelt, von der wir dies schon aufzeigten, sondern das System der Industriegesellschaft insgesamt stellt ein dauerndes Anpassungsproblem dar. Wir haben es hier mit einem Gebilde zu tun, das sich, wenn es auch natürlich letzthin vom Menschen geschaffen worden ist, ihm gegenüber in hohem Grade verselbständigt hat, mit einem »sekundären System«, dem sich der Mensch wie einer zweiten, künstlichen Umwelt anpassen muß und dem optimal angepaßt zu sein zur Lebensfrage wird. Die adäquaten Verhaltensweisen sind in den Institutionen vorgeformt; was vom Menschen verlangt wird, ist, daß er sich anpaßt, möglichst bis in sein Inneres hinein. Der erste Kunstgriff des Systems ist, daß es die Anpassung bequem macht, sein zweiter, daß es sie unmerkbar, gelegentlich sogar sehr offen erzwingt. Anpassungsfähigkeit und Anpassungswilligkeit werden durch viele Erleichterungen und durch den Lebenserfolg prämiiert. Unfähigkeit dazu oder Widerstand dagegen stehen unter Strafe, nämlich unter dem Risiko, nachgesetzt oder ausgeschaltet zu werden.

Wie in allen Anpassungsvorgängen ist mit vielen Reduktionen zu rechnen, und es entsteht die Frage, was von diesen ergriffen und was verschont wird. Es ist damit zu rechnen, daß eine Auslese stattfindet: die Eigenschaften, die der Anpassung dienen, bekommen das positive Vorzeichen des Zeitgemäßen. Hierzu hat David Riesman (»The Lonely Crowd«) die folgende These aufgestellt. Die industrielle Gesellschaft in ihrer ersten Phase – gedacht ist vor allem an das Amerika der Pionier- und Expansionszeit, aber immer auch an die europäischen Industriegesellschaften des 19. Jahrhunderts – sei so gebaut gewesen, daß sie die größten Erfolgschancen dem »innengeleiteten« Typus eröffnet habe, das heißt dem Menschen, der sich aus eigenem Entschluß seine Ziele setzt und dann alle seine Kräfte auf sie konzentriert, dem Menschen, der gleichsam einen Kreiselkompaß in seinem Inneren trägt, nach dem er den Kurs seines Lebens bestimmt. Seit mehr als einem Menschenalter fordere die industrielle Gesellschaft aber den »außengeleiteten« Typ, den Menschen, der fähig ist, sich einzustellen, sich umzustellen, den Menschen, dessen Inneres nach dem Modell eines Radargeräts konstruiert ist, das auf Außenreize, auch auf minimale, rasch und zuverlässig reagiert. Diesem Menschentyp gehöre die Zukunft, ihm gehöre schon die Gegenwart. Alles, was David Riesman zur Analyse der gegenwärtigen amerikanischen Gesellschaft beibringt, dient dem doppelten Nachweis, daß die Institutionen, die Leistungsanforderungen, die Aufstiegschancen klar auf den außengeleiteten Typus zugeschnitten sind und daß dieser Typus tatsächlich vorherrscht, zumal in den jüngeren Generationen. Der von innen bestimmte Mensch erscheint dann als gestrig oder vorgestrig, als Residuum eines gesellschaftlichen Zustands, den es schon nicht mehr gibt, als Fremdling in einer gewandelten Welt, jedenfalls als das gerade Gegenteil zu allem, was Anpassung heißt.

Es wäre natürlich eine arge Konstruktion, anzunehmen, daß die Menschen einer Großgesellschaft insgesamt binnen einer oder zwei Generationen in Richtung auf einen bestimmten Typus variieren könnten. Aber unbestreitbar richtig ist, daß das neue System der industriellen Gesellschaft in viele Tätigkeitsfelder, die früher dem freien Wettbewerb überlassen waren, Sicherungen und Ausgleiche eingeschaltet hat, daß es Regelungen und Systematisierungen gefunden hat, wo früher der persönlichen Initiative viel Freiheit gegeben war, daß es auch an den Stellen, wo größte objektive Verantwortungen konzentriert sind, die Eigenverantwortung des Einzelnen nicht freiläßt, sondern einschränkt und absichert, daß es also aufs Ganze gesehen den persönlichkeitsbestimmten, auf Selbstverantwortung tendierenden Menschen nicht begünstigt, sondern ihm die glatte und perfekte

Anpassung erschwert. Gefragt sind die Fähigkeit und die Bereitschaft, nach verordneten Spielregeln mitzuspielen, wobei alle Kunstgriffe, die dazu dienen, sie zum eignen Nutzen zu wenden, großzügig verziehen und sogar eingerechnet werden. Gefragt ist vor allem die Gabe, mit den anderen auszukommen; die *human relations* werden zu einem zentralen Problem und zum Arbeitsfeld eigener Spezialisten. Kontaktfähigkeit ist eine der Eigenschaften, die in den Stellenangeboten und Bewerbungen groß geschrieben werden. Sich unentbehrlich zu machen, ohne die Gruppennorm offensichtlich zu verletzen, wird zum Gebot der Lebenskunst, und auch die *marginal differentiations*, auf die Wert gelegt wird, sind in den Willen zum Konformismus einbezogen. Das Hauptanliegen ist, im Apparat an einem guten Platz zu stehen oder an einen guten Platz zu kommen. Auch das Bildungswesen stellt sich, unmerklich oder offen, mit seinen Lehrgängen und Beurteilungsmaßstäben auf den optimal angepaßten Typus ein.

Das Dorado für alle diese Erscheinungen ist der Mittelstand in den Berufsstellungen des tertiären Sektors. Diese Berufe, zusammen mit der städtischen Lebensumwelt, befördern die Reaktionsgeschwindigkeit, die Fähigkeit, Fälle formal zu erledigen, und die Technik des unverbindlichen Verkehrs mit Menschen, auch soweit sie nicht ausgesprochen Kundendienst sind. Sie bewegen sich in komplizierten Beziehungsgeflechten und sind großenteils Karrieren in einer wenn auch nicht amtlich fixierten Hierarchie. Daß man sich in jenen zurechtfindet und daß man sich in dieser emporidient, gehört dazu. Es könnte sein, daß gegenüber dem Heer von Verkäufern und Vertretern, von Bürokräften und Routinebeamten, von Werbungsexperten und Freizeitgestaltern der Facharbeiter, der am primären Material arbeitet und in dem noch ein Stück Handwerkerstolz lebt, eines Tages etwa in dem Lichte erscheint, in dem für den eingefleischten Städter der Bauer steht, und daß ganz allgemein der Mensch, der im eigenen Streifen autonom tätig ist, als Ausnahme empfunden wird.

Doch hier ist nun wiederum an den Formenreichtum und die Vielschichtigkeit der modernen Arbeitswelt zu erinnern, und diese Erinnerung gilt für die Sozialordnungen aller westlichen Völker, auch derer, in deren Gesellschaftsaufbau nicht so viele ständische Reste und altbürgerliche Traditionen nachklingen wie in den europäischen Ländern. Denn es handelt sich auch hier nicht nur um ältere Bestände, die bewahrt und geschont werden, sondern um eingebaute Schichten, und zwar um solche, die tragen. Sie können gar nicht weggebracht werden, sosehr auch die Entwicklung für das sekundäre System arbeitet. Die gesellschaftliche Ordnung der Industriekultur besteht nicht durchgehend aus Verbänden, die nach rationalen Prinzipien organisiert sind. Sie enthält in sich außerdem Gruppen, denen der Mensch als ganzer oder doch mit sehr wesentlichen Schichten seiner selbst angehört, Institutionen, die ihn nicht nur betreffen, sondern verorten und verpflichten, Lebenskreise, in denen er als Person genommen wird und mit seiner Person einzustehen hat – wobei man nicht ausschließlich an die Familie zu denken hat, obwohl an sie zuerst, sondern auch an Nachbarschaften im räumlichen und im geistigen Sinn, an Arbeits- und Gesinnungsgemeinschaften. Daß es sie gibt, gehört auch zum Pluralismus der gegenwärtigen Gesellschaft. Nicht einmal die totalitären Systeme haben die tabula rasa schaffen können, auf der eine monolithische Gesellschaft aufgebaut sein müßte. An der Familie sind sie bisher alle gescheitert.

Auch an allen diesen »primären« Gruppen nagen die Rationalisierungstendenzen des Zeitalters. Selbst die moderne Kleinfamilie ist gegenüber dem, was Wilhelm Heinrich Riehl »das ganze Haus« nannte, ein stark verändertes, beinahe ein rationales Gebilde. Die städtischen Wohnverhältnisse, die Aushöhlung des Haushalts, seine Entlastung von vielen Tätigkeiten, die früher zu seinem Pensum gehörten, durch den Markt und durch die Institutionen der öffentlichen Hand, ferner die größere Selbständigkeit der Kinder in den *teens* und schon die Umbildung der Ehe nach dem Modell der gleichberechtigten Partnerschaft haben in diesem Sinne gewirkt. Damit hat die Familie viel von ihrer Fähigkeit eingebüßt, mit Sonderfällen fertig zu werden, etwa andere Verwandte mitzutragen, Hilfskräfte im Dauerverhältnis in sich einzugliedern; die Rationalisierung eines Sozialgebildes hat immer die Folge, daß es seine Tragfähigkeit für Ausnahmefälle einbüßt. Aber von einem rationalen Betrieb, der mit vollverwendbaren Arbeitskräften rechnet, ist die Familie trotzdem himmelweit entfernt, ebenso von einem Zweckverband, der sich als System aus vorberechneten Beiträgen und Gegenleistungen aufbaut. Die Sicherheiten, die sie bietet, wirken nicht nach dem technischen Prinzip, daß gegen voraussehbare Pannen Absicherungen eingeschaltet sind, sondern nach dem organischen Prinzip, daß Glieder für einander eintreten, Störungen von innen her ausgeheilt und zum Nutzen des Ganzen Opfer gebracht werden können. Erfahrungen, die zu denken geben und die großenteils bereits wissenschaftlich ausgewertet sind, haben gezeigt, daß die Familie auch in ihrer gegenwärtigen Gestalt solcher Leistungen in hohem Grade fähig geblieben ist. Die amerikanischen Soziologen konstatierten das bei der Wirtschaftskrise um 1930 (»the family encounters the depression«). In viel größerem Maßstab zeigte es sich in den Ländern, die unter den Wirkungen und Nachwirkungen des Luftkrieges, dann unter dem Zeichen der wirtschaftlichen Not und der Zwangsumsiedlungen standen, besonders in Deutschland. Da hat sich die Familie als der Halt erwiesen, der Notlagen aufzufangen vermag, wenn das System der rationalen Versicherungen und Hilfen versagt. Das gleiche gilt von den nachbarschaftlichen Zusammenhängen, wenn auch in weitem Abstand.

Daß diese Schicht der primären Ordnungen der tragende Grund ist, auf dem das System der industriellen Gesellschaft ruht, ist durchaus bewußt geworden, desgleichen die Einsicht, daß nur dort die Kräfte wachsen und nachwachsen können, die in den Wunderwerken der rationalen Organisation nun und nimmer erzeugt werden können, die aber dauernd in sie eingebracht werden müssen. Daraus ergibt sich die Forderung, daß alles getan werden muß, um jene Ordnungen zu erhalten, sie gegen Aushöhlung und Verschleiß zu schützen und sie nach Möglichkeit zu festigen, wo sie brüchig zu werden drohen. Das ist keine (wie das heute beliebte Schlagwort heißt) Restauration. Wohl aber liegt hier der Ursprung der konservativen Tendenzen, die der sozialstaatlich organisierten Industriegesellschaft ebenso wesentlich innewohnen wie die Sorge um den Weiterbau des rationalen Apparats, der unentbehrlich geworden ist. Alle politischen Parteien wie die meisten großen Interessengruppen, Gewerkschaften wie Unternehmerverbände, haben diese Dinge als Programmpunkte in ihre Plattformen aufgenommen.

Vieles davon liegt auf dem Gebiet der Siedlungsplanung. Die Bestrebungen, die Industrie zu dezentralisieren und die Großstädte aufzulockern, begannen in der Form der

Gartenstädte und Stadtrandsiedlungen um die Jahrhundertwende, aber erst seit den zwanziger Jahren drangen sie durch. Die Voraussetzungen für sie wurden erst durch die Verdichtung und Verschnellerung der Nahverkehrsmittel geschaffen. Was von den Hoffnungen, die auf sie gesetzt werden, zutreffen wird: Stärkung der Familie, Bildung übersehbarer Nachbarschaften mit sinnvollen Zentren, Wiederverwurzelung des halbnomadisch gewordenen Zivilisationsmenschen, bleibt abzuwarten. Daß der Typus der *open society*, der der pluralistischen Industriegesellschaft wesensgemäß ist, in seiner Grundstruktur verändert werden könnte, wäre freilich nicht nur eine falsche Hoffnung, sondern eine falsche Zielsetzung.

Das Dominantwerden technischer Kategorien

Die Technik hat es im 20. Jahrhundert zu so evidenten Hochleistungen gebracht, und sie ist in der ganzen Breite der Kultur, bis hinein in die Küche und die Kinderstube, so allgegenwärtig geworden, daß Denkformen und Verhaltensweisen, die in ihr entstanden und primär auf sie zugeschnitten sind, allgemein dominant werden. In allen Sprachen der Welt ist ein doppelter Prozeß im Gange: technische Vorstellungen dringen in den Bedeutungsgehalt zahlreicher Worte und Wendungen ein, auch solcher, die ihrem ursprünglichen Sinne nach mit Technik nichts zu tun haben, und anderseits greift die spezielle Terminologie der Technik mit einer Expansionskraft, wie keine andere Fach- oder Sondersprache sie zeigt, auf außertechnische Wortfelder über. Das Wort schalten, das noch vor hundert Jahren mit walten zusammenging und die allseitige Betätigung in einem Verantwortungsraum bezeichnete, ist klar transitiv geworden und hat sich ganz auf technische Verrichtungen konzentriert. Das Wort Empfang meint vorwiegend nicht mehr die Aufnahme eines Gastes, sondern das technisch einwandfreie Auftreffen eines Reizes, eines Signals oder einer Nachricht auf das Gerät, auf das sie gezielt sind. Für den korrelativen Prozeß, das Ausgreifen technischer Termini auf außertechnische Felder, gibt es in allen Sprachen Dutzende von Beispielen.

In diesen Begriffsverschiebungen stecken natürlich immer auch sehr handfeste Wertvorstellungen, steckt das ganze zwingende Ethos der Technik: wenn mit gut gezielten Mitteln der optimale Effekt erreicht wird, ist alles in Ordnung; wenn aber Sand im Getriebe ist und die Kräfte irgendwo nicht voll ausgelastet sind, so ist das schlimm und beinahe eine Sünde. Und dieses Ethos sickert mit den Sprachgewohnheiten in das Bewußtsein ein, oder jene sind nur das Symptom dafür, daß technische Denkmodelle in der Vorstellungswelt, technische Einstellungen im Verhalten überhandnehmen – etwa so wie in einem religiös bestimmten Zeitalter alles, auch das Profane, in den Lichtkegel der religiösen Gültigkeiten und Gegensätze gerückt wird.

So hat etwa die Idee des Fortschritts, im Vergleich zu den beiden vorangegangenen Jahrhunderten, eine deutliche Umprägung erfahren, nämlich auf den Modus des Fortschreitens, in dem die Technik, und zwar diejenige des gegenwärtigen Zeitalters, existiert. Sie hat

Der Schallplatten-Konsum

sowohl den kämpferischen Unterton verloren, der mitklang, als es um die fortschreitende Aufklärung der Geister ging, wie die rationale Sicherheit, die sie hatte, als die Göttin der Vernunft zugleich als die Göttin der Geschichte galt, wie auch das moralische Pathos, das ihr innewohnte, als fortschrittliche Gesinnung den klaren Gegensatz zu Reaktion bedeutete. Sie ist zu einer sehr nüchternen Kategorie geworden. Sie bezeichnet, beinahe wertfrei, einen Sachprozeß, der nach Art einer Kettenreaktion voranschreitet, eine unumkehrbare und unaufhaltsame Bewegung, die, wenn einmal die Initialzündung erfolgt ist, aus sich selbst ihre Antriebe empfängt.

Die Technik, will sagen die Technik des industriellen Zeitalters und im eigentlichen Sinn erst die des 20. Jahrhunderts, ist der Modellfall, nach dem diese Kategorie gebildet ist. Noch zur Zeit von Liebig, Bunsen, Gauß und Weber, als sich die Technik bereits aus der Empirie der ersten Erfinder abgelöst und mit der exakten Naturwissenschaft vermählt hatte, waren es doch lauter einzelne Erfinder- und Entdeckertaten, die ihr jeweils ihre Fortschritte eintrugen. Heute, da die großen Konzerne ihre Produktionsprogramme auf anderthalb Jahrzehnte hinaus entwerfen und die dafür benötigten Erfindungen, soweit sie noch nicht vorliegen, in betriebseigenen Forschungsstätten erarbeiten lassen, ist der Fortschritt der Technik nicht mehr auf Glück, Zufall und Einzelleistungen gestellt. Er ist zu einem Sachprozeß geworden, der aus sich selbst läuft und gerade darum institutionalisiert werden kann. Auf den Feldern, an denen die politischen Mächte interessiert sind, ist das erst recht der Fall.

So ergibt sich das Vorstellungsmodell, das uns heute vertraut ist: Viele einzelne Linien des technischen Fortschritts, mannigfach miteinander verschlungen, schieben sich sozusagen von selbst in die Zukunft, und es ist dann nur die Frage, wann der nächste und übernächste Punkt, der sich oft schon absehen läßt, erreicht werden wird, in zwei, in zehn oder in zwanzig Jahren, und von wem er erreicht werden wird. Der scharfe Wettbewerb zwischen den Firmen und zwischen den Mächten, die Taktik der Geheimhaltung und mancherlei Zufälligkeiten überdecken zwar diese Struktur, aber sie liegt deutlich zugrunde. Wie beim Pferderennen wechselt immerzu die Führung, besonders in der Spitzengruppe, doch das ganze Feld bewegt sich in der gleichen Richtung und etwa im gleichen Tempo. Daß es immerhin mehrere Linien gibt, auf denen der Fortschritt gleichzeitig betrieben wird, und daß man auf der einen von ihnen die Vordermänner der anderen Linien überholen kann, kompliziert das Bild ein wenig. Aber sehr bald konzentriert sich das ganze Feld auf der Bahn, auf der zur Zeit die besten Chancen bestehen. Der Sputnik-Komplex ist ein sehr reines Beispiel für diese Sachlage. Doch auch in anderen Bereichen geht der technische Fortschritt so vor sich.

In diese Form gehärtet ist die Kategorie Fortschritt zu einer schlüssigen Denkform geworden, etwa so, wie im Denken früherer Zeiten der Kreislauf, die rhythmische Wiederholung eines Vorgangs, die Wiederkehr ähnlicher Phänomene in bestimmter Reihenfolge zwingende und überzeugende Grundfiguren gewesen sind. Wenn der Trend erkannt ist, der Fortschritt im rein tatsächlichen und wertfreien Sinn, der in einem Sachbereich herrscht, so gilt ein Stück Wirklichkeit als übersehbar geworden und sogar als gedeutet, wie vordem durch den Aufweis der Rhythmen, in denen sich das Geschehen bewegt. Die moderne

Der Filmschauspieler vor seinen Anbeterinnen

Technik ist die Geburtsstätte dieser Kategorie, und ihr Prozeß wird durch sie in hohem Maße sachgerecht interpretiert. Aber von da strahlt sie aus. Sie wird zum universellen Denkmodell. Auch das ist wohlbegründet und sachgerecht, denn sie findet in den ökonomischen und gesellschaftlichen Prozessen, die auf dem Felde der industriellen Gesellschaft spielen, vielerlei Ansatzpunkte. Die fortschreitende Verstädterung der Wohnweise, der Umbau der zwischenmenschlichen Beziehungen und der Sozialstrukturen zu rationalen Zweckorganisationen, das Gefälle der Arbeitskräfte in der Richtung vom agrarischen zum industriellen und weiter zum tertiären Sektor, die Angleichung der Konsumgewohnheiten durch alle gesellschaftlichen Schichten hindurch – all das sind irreversible und unaufhaltsame Prozesse, deren Fortschritt sich messen und mit gewissen Wahrscheinlichkeitsgraden in die Zukunft extrapolieren läßt, wobei die Frage nach ihrem Wert kaum eindeutig zu beantworten ist und beinahe irrelevant wird.

Eine weitere, wesentlich kompliziertere Denkform, die gleichfalls in der Technik ihren Ursprung hat, aber von ihr aus universell ausgreift, ergibt sich daraus, daß die industrielle Technik längst nicht mehr vollständig in die Formel aufgeht, die für den *homo faber* gültig war. Sie schafft nicht mehr bloß Mittel und Werkzeuge für vorgegebene Zwecke. Das tut sie natürlich auch noch. Aber vor allem schafft sie geballte Kräfte, hochgradige Spannungen, manipulierbare Verfahrensweisen, die für viele Zwecke verwendbar sind. Sie schafft gleichsam ein Können überhaupt, so daß sich nunmehr die ganz andere Frage stellt: was kann man damit alles machen, das heißt, was kann man nunmehr alles wollen? Was geben die Antriebskräfte, die Geschwindigkeiten, die Feinheitsgrade, die erreichbar geworden sind, alles her? Und was an Nutzeffekten läßt sich aus einer Verfahrensart herausholen? Wie viele Verwendungszwecke haben sich nachträglich und großenteils unvorhergesehen an die Röntgenstrahlen agglutiniert, und wie viele werden sich an die Kernphysik agglutinieren! Das bedeutet, im Vergleich zur vorindustriellen Technik, eine Umdrehung der geistigen Grundsituation um hundertachtzig Grad. Der technische Geist wird damit gleichsam absolut gesetzt. Er wird aus der Führung vorgegebener Zielsetzungen entlassen. Die Intention wird immer mehr, die zunächst für einen bestimmten Zweck ausgearbeiteten Mittelzusammenhänge und Verfahrensweisen von diesem abzulösen, sie frei zu variieren, sie nach allen Möglichkeiten, die sie etwa in sich enthalten könnten, durchzuprobieren und zu sehen, was dabei herauskommt, auch an neuen Zielsetzungen.

Auch diese Denkform ist zuerst in der Technik und in den exakten Naturwissenschaften entwickelt worden. Auch sie hat sich ausgebreitet und ist zu einer der progressiven Bewußtseinsformen des Zeitalters geworden. Sie ist zum Beispiel in die Wissenschaften eingedrungen, auch in viele Geisteswissenschaften. Man konstruiert dann alle überhaupt denkbaren Figuren durch, zu denen die Elemente, die im sozialen Geschehen wirken, kombiniert sein können; dann findet sich wohl, daß zwanzig dieser Modelle bloße abstrakte Möglichkeiten sind, denen nichts Wirkliches entspricht, aber der einundzwanzigste Fall ist ein Treffer, er schließt ein bestimmtes soziales Phänomen theoretisch auf. Das ist schon genau das gleiche Verfahren wie in den Experimentalserien der Chemiker und der Physiologen, wenn sie brauchbare neue Kunst- und Wirkstoffe suchen. Die mathematisierten Sozialwissenschaften bieten sehr klare Beispiele für diese Denkform. Aber auch in der neuen

Kunst findet sich Verwandtes. Es handelt sich dann nicht mehr darum, für schon definierte Zwecke die spezifischen Denkmittel oder (in der Kunst) Darstellungsweisen zu finden, sondern darum, die Begriffszusammenhänge und Methoden (in der Kunst: die Ausdrucksmittel, die Werkstoffe, die Konstruktionsprinzipien) mit größter Beweglichkeit und Voraussetzungslosigkeit durchzuspielen, ihre Möglichkeiten systematisch auszuschöpfen, sozusagen aus der Technik den Gehalt hervorspringen zu lassen. In der Malerei, Baukunst und Plastik, auch in der Musik ist dieser Geist sichtbar am Werk. Das ergibt die artistische Note und die Laboratoriumsgesinnung, die in ihren Spitzenleistungen spürbar ist. Schon der hohe Abstraktionsgrad, zu dem die Wissenschaften und Künste an ihren vordersten Frontlinien allesamt gelangt sind, die Ablösung der Problemstellungen von der sinnlichen Anschauung, setzt die Techniken des Experimentierens und der mathematischen Durchordnung frei und gibt ihnen *plein pouvoir*, so daß es zum Autonomwerden der technischen Vollzüge kommt.

Sodann ist daran zu denken, daß die Technik des 20. Jahrhunderts die klare Tendenz zeigt, durch alle naturgegebenen Materialien hindurch- und immer tiefer in die molekulare Struktur der anorganischen Materie hineinzugreifen. Sie stellt Stoffe mit wünschbaren Eigenschaften, die die Natur gar nicht kennt, synthetisch her, baut Großmoleküle künstlich auf. Sie befreit sich damit in steigendem Maße von dem, was naturhaft zuwächst und nachwächst. Der ausgesprochen wissenschaftliche Charakter der modernen Technik kommt damit erst voll zur Auswirkung. Die anorganische Natur ist in viel höherem Grade erkennbar als das Lebendige, sie bietet daher auch viel günstigere Bedingungen für den technischen Zugriff. Sie ist machbarer. Aber auch die gewachsenen Stoffe rücken unter diesen Gesichtspunkt. Sie werden als Ausgangsbasis für technische Umwandlungen betrachtet, etwa das Holz und das Laub als Zellulose, die in zahlreiche Transformationen hineingeschickt werden kann.

Damit wird der technische Geist in einem zweiten Sinne absolut gesetzt. Er wird von allen Rücksichten befreit, die lebendigen Wesen und eigenwertigen Stoffen gegenüber gelten. Er entfernt sich von allen Formen der Wartung, der Hegung und Kultivierung, sogar von denen der bloßen Bearbeitung, denn er hat es mit einem Material zu tun, das zur Verarbeitung da ist. Der Gedanke, daß irgendwelche Mittel und irgendwelche Ziele um des Gegenübers willen unerlaubt sein könnten, verliert seinen Sinn.

Dieser Technizismus senkt sich nun in die Fundamente einer Gesellschaft ein, deren Zivilisation vom Funktionieren des technischen Apparats schlechthin abhängig geworden ist und deren Menschen größtenteils in hochtechnisierten Berufen stehen. Die Kategorie der Machbarkeit greift auch auf organisatorische, auf politische, auf erzieherische Aufgabenbereiche über. Werbetechniken, Ausleseverfahren, Anlernmethoden, aber auch Propagandaformeln und politische Parolen werden längst unter diesem Gesichtspunkt gesehen, und nachdem die erste, sozusagen naive Phase der *human-relations*-Bewegung vorüber ist, ist man sich sehr klar darüber geworden, daß mit diesen Bestrebungen zur Humanisierung der Betriebe nicht nur ein menschlicher Faktor in die technische Welt eingebaut wird, sondern daß auch umgekehrt das Menschliche darin unter technische Kategorien gebracht wird, wenn auch unter die einer eigenen Technik, nämlich des *social engineering*.

Das Bewußtsein, daß die Technik ihre Grenzen überschreitet, wenn sie sich auf den Menschen selbst ansetzt, weil sie ihn dann als Material und nicht als Subjekt behandelt, ist zwar noch vorhanden, und es macht sich zum Teil sogar als Widerstand geltend, etwa im Falle der unterschwelligen Beeinflussungsmethoden. Aber das betrifft nur die besonders krassen Fälle. Alles andre bürgert sich wie selbstverständlich ein. Daß zum Beispiel die Werbung mit fachlichem Raffinement die schwachen Punkte studiert, an denen man dem Normalverbraucher Bedürfnisse beibringen kann, die er von sich aus nicht hat, und daß dann weiterhin die Angebote genau so weit standardisiert und genau so weit differenziert werden, daß der natürliche Konformismus des Menschen und sein natürliches Prestigebedürfnis optimal darauf einspielen, gilt als völlig normal.

Auch hier ist es wieder nicht schwer, die Ansatzpunkte für das Dominantwerden der technischen Kategorien in der Lebenswelt der industriellen Gesellschaft zu finden. Wenn die Produktion von Gebrauchsgütern nicht an einem, sei es naturhaft, sei es traditionell, vorgegebenen Bedarf orientiert ist, sondern das Bedürfnis für die Produkte, die sie produziert, fortlaufend mitproduzieren muß, so wird es eben ein technisches Problem, wie man im Menschen Bedürfnisse wecken und sie zugleich so standardisieren kann, daß sie als lohnende Massenbedürfnisse anfallen. An die *hidden persuaders* (V. Packard) hat sich also der Mensch gewöhnt, sie gehören zu seiner Welt. Sind sie übrigens so verborgen? Sie wirken ja doch in aller Öffentlichkeit. Man muß ihnen ehrlicherweise konzedieren, daß ihre Praktiken und das Geld, das sie damit verdienen, nur die Folgeerscheinung der zur Beliebigkeit freigelassenen Bedürfnisse sind. Die auf den Menschen als Arbeitskraft angesetzten Techniken aber haben ihren Ansatzpunkt darin, daß die moderne Arbeitswelt den Menschen zumeist als Träger einer gut definierten funktionalen Leistung im Rahmen eines Plans beansprucht. Auf solche Sachleistungen kann man ihn testen, man kann ihn darauf mit ausgearbeiteten Methoden anlernen, man kann ihn dafür konditionieren. Die Techniken, die diesen Zwecken dienen, sind ebenso wichtig wie diejenigen, die im sachlichen Produktionsapparat stecken. Freilich sind sie noch längst nicht so ausgefeilt wie diese.

Die atmosphärische Lage in einer Lebenswelt, in der technische Denkformen und Verhaltensweisen derart dominant geworden sind, heißt Sachlichkeit. Dieses Wort fehlt in keinem der Versuche, das gegenwärtige Zeitalter zu charakterisieren und die innere Haltung des modernen Menschen zu beschreiben. Man kann deutlich verfolgen, wie es aufkommt, erst als Gegenthese gegen den Stil des 19. Jahrhunderts und seine Nachklänge, dann als positives Programm, schließlich als Normbegriff, dem niemand widerstreitet. Es kommt auf vielen Wegen auf, in der Kunstkritik und in den Warenkatalogen, in den Personalgutachten und in der Organisationslehre. Seine Geburtsstätte und sein spezifischer Geltungsraum ist die Technik. Sie gewiß nicht allein: jedes ausgewachsene Sachgebiet entwickelt seine Normen und Praktiken und weist Eingriffe in sie als unsachlich ab. Aber der Technik ist dieser Wertbegriff in besonderem Maße konform, weil ihre Erfolge sich überhaupt nur daraus ergeben können, daß der Gesetzlichkeit der Dinge ohne Willkür nachgegangen wird, weil jede persönlich bedingte Abweichung sich als Schaden ausweist und weil, nirgends so schlagend wie hier, die bessere Sache der Feind der guten ist. In alle Gegenstandsbereiche und Verrichtungen, in die sie eindringt, trägt die Technik die Norm der Sachlichkeit hinein und immer auch den positiven Wertakzent, den diese Kategorie in ihr selber hat.

Das Verhältnis des Menschen zu den Dingen, mit denen er umgeht, versachlicht sich in dem Grade, in dem Technik in ihnen investiert ist, und das gilt nicht nur für die Kleingeräte, sondern auch für das Haus, das aus Beton gegossen statt aus Steinen gebaut, für die Wege, die asphaltiert statt bloß festgetreten, für die Reiseziele, die gebucht statt erwandert werden. Am vollkommensten gilt es, wenn ein Gegenstand seine technisch perfekte Form erreicht hat. Dann ist er nicht mehr Hausrat mit dem besonderen Geruch, der einem solchen anhaftet. Schon deswegen nicht, weil mit der Erreichung der optimalen Form normalerweise die Herstellung in Serien verbunden ist. Das erleichtert die Pflege, verbilligt die Reparaturen oder macht sie überflüssig, weil jederzeit ein identisches Stück zu haben ist. Die Dinge werden dann rund und glatt vor lauter Zweckmäßigkeit und geben keine Anhaltspunkte mehr für ein persönliches Attachement. Sein Auto liebt man nur im Scherz wie das Kind seinen Roller. Stahlmöbel und ein Kühlschrank sind Erbstücke nur im rein materiellen Sinne des Worts.

Das ergibt eine sehr eigentümliche Mischung von Nähe und Ferne zu den Dingen. Eine Nähe, weil sie dem Menschen nun wirklich »zuhanden« sind. Sie sind immer dienstbereit, man braucht sie nur einzuschalten, aufzudrehen oder anzulassen, während die Handhabung des alten Hausrats doch vielfach recht umständlich war. Darum gewöhnt man sich sehr leicht und rasch an sie; man wächst in ihren Gebrauch hinein beinahe wie in den der eigenen Glieder. Die Befürchtung, daß mit jedem Stück Technik, das neu hinzutritt, eine neue seelische Problematik entstehen würde, ist im wesentlichen dadurch behoben worden, daß diese Technik als solche immer besser wurde. Aber zugleich eine Ferne – denn bei all ihrer Nähe und Zuhandenheit sind die Produkte der Technik, gerade in ihrer hochgesteigerten Rationalität, höchst undurchsichtig und unbekannt. Wieviel wissenschaftliche Theorie steckt in den Gegenständen des täglichen Gebrauchs, und wie narrensicher sind sie in der Benutzung! Tatsächlich werden sie in aller Ruhe unverstanden hingenommen, und es geht trotzdem. Nie sind die Geräte, mit denen der Mensch täglich hantierte, vernunfthaltiger gewesen, und nie hat er von ihnen weniger gewußt. Im perfekten Fall schalten sie sich sogar von selbst ein und regulieren sich automatisch. Auch die Sorge um ihre Pflege entfällt. Staubwischen genügt; alles andere besorgt ein Mann, der auf Telefonanruf kommt oder im Abonnement kontrolliert.

Die gleiche Sachlichkeit stellt sich im Verhältnis zu den anderen Menschen ein. Die Versachlichung der zwischenmenschlichen Beziehungen steht mit dem Umsichgreifen der Anonymität im wechselseitigen Zusammenhang. Da immer mehr Begegnungen im Lichte der Anonymität vor sich gehen, Verhandlungen durch Dritte, Aktenverkehr statt mündlicher Aussprache, Telefonate mit Unbekannt zum gewohnten Stil der Kommunikation werden, lohnt sich ein persönlicher Einsatz nicht, und er findet auch keine Handhaben. Dafür macht das beiderseitige Interesse und schon die Rücksicht auf Zeitersparnis den sachlichen Ton notwendig. Hierzu gehört allerhand Wendigkeit, vor allem aber der klare Blick dafür, wo das Sachliche aufhört und das Persönliche beginnt, und das bewußte Einhalten vor dieser Grenze. Der Umgangston wird kühl und entwickelt eine unverbindliche

Höflichkeit, die rein praktisch gedacht ist und auch so verstanden wird. Die Sprache wird äußerst trennscharf für Situationsunterschiede, bezeichnet sie aber immer nur und läßt sich nie auf sie ein. Ihre Formeln sind auf glatte Erledigung durchgenormt wie die Geräte auf glatte Verwendbarkeit. Das Individuelle, auch wenn es sich nicht betont, sondern nur schlicht äußert, wird dann von einer oft sehr niedrigen Grenze an als schräg empfunden.

Seine Höhepunkte, auch wertmäßig, erreicht dieser neue Stil der Sachlichkeit dann, wenn die Menschen einander in Arbeits- und Abhängigkeitsbeziehungen begegnen, die von der Logik eines rationalen Betriebs geformt sind. Da kommt es zur nahezu reinen Ausprägung des Typus, den Max Weber als »legale Ordnung« beschrieben hat. Alle Leistungsverpflichtungen, alle Anordnungsbefugnisse und alle Unterordnungen laufen über den Sachzusammenhang. Sie folgen sogar geradewegs aus ihm, und so werden sie auch verstanden. Das ergibt im guten Fall eine sehr saubere und großzügige Ethik, die die Freiheit der Person ehrlich respektiert, ein männliches Mit- und Zueinander auf dem Boden der gemeinsamen Sache, das auf gegenseitiges Vertrauen und Anerkennung des anderen begründet ist. Der Sachverstand allein entscheidet, und er ist oft auf der Seite dessen, der in der Befehlshierarchie weiter unten steht, weil er am Material arbeitet; dafür hat der andere den größeren Überblick über die Erfordernisse des Ganzen einzusetzen, die auch zur Sache gehören. Auch diese Formen einer *operational authority* sind im Grunde technische Kategorien. Auf sie spricht der gegenwärtige Mensch, auch der junge, zuverlässig an, während er alle Forderungen und Verpflichtungen, die sich nicht rational legitimieren können, leicht als persönliche Willkür und als patriarchalische Reste empfindet.

Leben aus zweiter Hand

Leben in Kultur ist immer zum guten Teil – man ist versucht zu sagen: zu seinem besten Teil – Leben aus zweiter Hand. Denn es bewegt sich in einem Raum gestalteter Dinge, von denen Gültigkeit ausstrahlt. Erkenntnisse und Einsichten, von anderen gewonnen, nun aber ins allgemeine Bewußtsein eingesenkt, teilen sich dem Menschen mit. Ausgebildete Praktiken zur Daseinsbewältigung liegen bereit zum Gebrauch. Werke der Kunst und der Sprache vermitteln ihm Anschauungen und Emotionen, die er allein nie hätte erfliegen können, die ihm aber zugänglich werden, da sie in hoher Form dargeboten sind. In den Institutionen sind ihm Muster des Verhaltens vorgezeichnet. Im Geleise oder im Banne dieses objektiven Geistes, von ihm zugleich erfüllt und geführt, geht alles Leben vonstatten, um so sicherer, je stärker die Formen der Kultur ausgeprägt sind; erst wenn sie brüchig werden, werden die Hilfen und Führungen unsicher.

Dabei sind die Prozesse, in denen der objektive Gehalt der Kultur in aktuelles Leben umgesetzt wird, außerordentlich mannigfaltig. Alle seelischen Haltungen von bloßer Hinnahme und unbewußtem Nachvollzug über verständnisvolle Aneignung bis zu aktiver Stellungnahme und selbständiger Auseinandersetzung sind darin verschlungen. Aber immer ist irgend etwas von Eigentätigkeit dabei. Ohne sie wäre der Sinn, der in den Kulturwerken aufgespeichert ist, gar nicht zu entbinden. Immer handelt es sich gleichsam um Handreichungen. Zu einer Handreichung aber gehören zwei: die zweite Hand, die sich selbst reicht oder die etwas darreicht, aber auch die erste, die sich in die gereichte Hand legt oder sich die Gabe zu eigen macht. Ohne Bild gesprochen: auch Leben aus zweiter Hand ist in allen Graden der geistigen Lebendigkeit und sogar der schöpferischen Aktivität fähig. Es muß ja verstehen und sich einverleiben, was ihm geboten wird. Es muß in eigenem Bemühen den Sinngehalt erschließen, der in den objektiven Beständen der Kultur verborgen ist. Das vollkommene Beispiel für diesen Sachverhalt ist die Sprache. Sie enthält in ihrem objektiven Gefüge einen überschwenglichen Reichtum von möglichem Sinngehalt und virtueller Formkraft. Aus ihm schöpft jeder, der sie spricht, und insofern spricht er immer aus zweiter Hand. Das ist eine Bindung, doch immer auch eine Befreiung oder jedenfalls eine Hilfe zur Freiheit. Gerade weil die Sprache so vieles, im Grunde alles vorgibt, wird das Eigenste, das Persönlichste in ihr sagbar. Sie hilft es sagen. Es fällt uns in ihr etwas ein.

Auch an diesem Punkt hat von jeher die Kulturkritik eingesetzt – soweit sie nicht bloß der Ausdruck des Unbehagens oder eines allgemeinen Ärgernisses an der modernen Welt, nicht bloß das Ressentiment ausgeschalteter Schichten oder Modepessimismus oder getarnter Nihilismus war (alles das ist sie unterwegs auch gewesen und ist es zum Teil noch heute), sondern ehrliche Besinnung über die Gesetzmäßigkeiten der Industriekultur und über die Anpassungen, zu denen sie den Menschen zwingt. Der Begriff der Entfremdung, recht verstanden, meint immer die doppelte Frage, ob nicht dieses grandiose Lebenssystem die Bezirke, in denen der Mensch aus erster Hand lebt, auf ein Minimum zusammenschrumpfen läßt und ob es nicht außerdem die Hilfen, Regelungen und Gängelungen, deren das Leben in seinem Normalablauf dann bedarf, so sehr verdichtet, daß die Eigenkräfte des Menschen, ähnlich wie in der Arbeitswelt, eher lahmgelegt als aktiviert werden.

Was das erste betrifft, so wirken zweifellos viele Entwicklungen darauf hin, daß sich der Umkreis des Selbstbeschafften und Selbstbesorgten ständig verkleinert. Der Haushalt gibt immer mehr Tätigkeiten an die Industrie und die *service*-Betriebe ab, organisierte Versicherungen ersetzen die private Vermögensbildung, das Sendeprogramm tritt für die Hausmusik ein, der Kindergarten für viele Sorgen der Kinderstube und für die Märchen erzählende Großmutter. Ein klares Symptom dafür ist, daß die Devise *do it yourself* zum Programm mit Widerstandscharakter geworden ist, und zwar im wesentlichen zum Programm für die Freizeit. Das Fähnchen, auf dem sie geschrieben steht, flattert über vielen *hobbies*.

Viel wichtiger noch ist die Befürchtung, daß sich alle Formen des Lebens aus zweiter Hand wesentlich verändern könnten, wenn die Angebote sich häufen, wenn die Auswahl zwischen ihnen allzu bequem oder die Wahl allzu belanglos wird und wenn die Akte, in denen der Mensch sie aufnimmt, immer mehr von ihrer Spontaneität verlieren. Auch in dieser Richtung wirken einige Prozesse, die das industrielle System in Gang gesetzt hat und die mit seinem Ausbau unaufhaltsam weitergreifen. So vor allem die Schematisierung des Konsums, die neben der Vervollkommnung des Produktionsapparats die Bedingung für die Möglichkeit der Massenerzeugung ist. Es ist die fraglose weltgeschichtliche Leistung des industriellen Systems, daß es den äußeren Lebensstandard sehr breiter Volksschichten auf und zum Teil über das Niveau der höchstprivilegierten Stände in früheren Gesellschaftsordnungen emporgehoben hat. Diese Leistung beruht darauf, daß der Bedarf für die Produkte nicht einfach erwartet, sondern hervorgerufen, nicht wie er anfällt erfüllt, sondern von der Angebotseite her genormt und gesteuert wird. Der Konsum wird damit zum Problem, der Verbraucher zum Objekt einer dauernden und komplizierten Manipulation, und zu diesem Behuf muß er zunächst einmal in die reine Verbraucherhaltung hineingedrängt werden.

David Riesman hat das Dominantwerden dieser Haltung beim gegenwärtigen Menschen durch alle Lebensbereiche hindurch verfolgt, bis in die Beziehungen der Geschlechter, bis in den Sport, den man sich auf dem Bildschirm ansieht, statt ihn auf grüner Wiese selber zu treiben, bis in die Bildungsinteressen und ins politische Verhalten hinein. Der außenbestimmte Mensch, den er als Typus des Zeitalters ansetzt, ist erstens anpassungsbeflissen, sodann und vor allem ist er konsumbereit. Und zwar ist er in beiden Hinsichten fremdbestimmt, ohne irgend darunter zu leiden oder sich etwas anderes zu wünschen. Dafür sorgt der Markt, und der Normierungsdruck der Nachbarn, gerade der ganz- oder halbanonymen, sowie die eigene Angst, nicht auf der Höhe zu sein, kommen ihm in der bekannten Weise zu Hilfe.

An der Tatsache Konsum, die an sich natürlich eine Grundfigur des Daseins ist – der Mensch hat Bedürfnisse, er muß sie befriedigen, um zu leben, und er befriedigt sie, indem er konsumiert –, vollzieht sich damit eine Veränderung, die sehr tief greift. Der Mensch hat nun auch seine Bedürfnisse zum guten Teil aus zweiter Hand. Er hat sie nicht von sich selbst, sie werden ihm beigebracht, auferlegt oder aufgezwungen, wenn auch mit einem Zwang, der unmerkbar ist, so daß er keinen Widerstand auslöst. Das kann zur förmlichen Umkehrung jener Grundfigur des natürlichen Konsums, zur Umkehrung des Lebens aus zweiter Hand führen. Es ist kein Wunsch lebendig, der nach Erfüllung verlangt, sondern eine Erfüllung wird geboten, die – warum nicht? – mitgenommen und dann bald auch gewünscht wird. Der Mensch wird zum bloßen Widerhall dessen, was die Zivilisation ihm zuruft.

Alles das ist relativ harmlos, solange es sich in den oberflächlichen Schichten des Warenkorbs hält. Handelt es sich aber um Konsumgüter höherer Art, um Bildung, Kunstgenuß, Lektüre und geistige Vergnügungen, so wird es ernst. Denn dann kommt es auf die innere Bereitschaft, mit der der Mensch aufnimmt, auf die Eigentätigkeit, mit der er fragt, und auf die Produktivität, mit der er verarbeitet, entscheidend an. Dann setzt unvermerkt ein Prozeß der Erosion ein: der empfangsbereite Humus der Seele wird weggeschwemmt, wenn die Gabe, statt sich einzusenken oder einzuprägen, als sensationell aufgemachte Reizwirkung ankommt und wenn sogar der Traum, statt aus der Seele aufzusteigen, als fabrizierter und gebrauchsfertig gelieferter Traum wie ein Platzregen auf sie niedergeht. Anders gesagt: dann wird die Frage akut, wie der Mensch aus dem Konsum hervorgeht, gesättigt, was doch wohl der gesunde Sinn jedes Konsums ist, oder gerade gierig, erfüllt oder gerade entleert, gesammelt oder zerstreut und aufgehetzt, und um noch höhere Kategorien einzusetzen: ergriffen oder bloß gekitzelt, verwandelt oder bloß berieselt, wie ein Hund, der aus dem Wasser kommt; er schüttelt sich ein wenig, dann ist er wieder trocken.

Lux 8
Spatiodynamische Skulptur von Nicolas Schoeffer. 1959

Sachlichkeit und Rationalisierung der Küche

Erosionsprozesse befördern sich immer von beiden Seiten, so auch hier. Jede Schwächung des subjektiven Pols im Konsumverhältnis verstärkt den Druck, und der verstärkte Druck wäscht und weht die Elemente des Widerstandes eins nach dem anderen weg. Schließlich kommt nur noch an, was dieser Passivität gemäß ist, also nur was zerstreut, Zeit vertreibt, folgenlos beschäftigt, oder auch: was aufscheucht, aufregt und weitere Bedürfnisse weckt. Gerade diesen Weg schlägt aber die Freizeitindustrie mit Vorliebe ein, und der Reizhunger des Menschen kommt ihr entgegen. Sie nimmt ihn, statt ihn zur Eigentätigkeit aufzurufen, als Leerraum, der vollgestopft werden will, als Dürre, die alles aufschluckt. Typische Ersatzerlebnisse, Ersatzspannungen und Ersatzlösungen werden gegeben, immer näher an den Zerreißpunkt heran; auf keine Grenzsituation wird verzichtet, die sich im Trickverfahren einfangen läßt. Alles dies unter der nur allzu berechtigten Voraussetzung, dann aber immer auch mit der Wirkung, daß diese Erlebnisse nicht erlebt, sondern nur als Reizmittel genossen, daß diese Aufpeitschungen nicht erlitten werden, sondern nur kitzeln, und mit der weiteren Folge, daß beim nächsten Mal das Knockout nur befriedigt, wenn es noch um zwei Striche näher an den letalen Ausgang herangetrieben wird. Die Kategorie *trophé*, die Platon verwendet, wenn er von der Wirkung der Musik auf den Menschen spricht, schlägt dann überhaupt nicht mehr ein, viel eher die Erfahrung, daß kranke Mägen nach der Speise lüstern sind, die das Übel verschlimmert.

Solche Erwägungen treffen auf vieles im modernen Veranstaltungswesen, im Informationsdienst und im Bildungswesen zu. Faßt man aber die Erscheinungen im einzelnen unter diesem Gesichtspunkt auf, so zeigt sich, daß sie allesamt ambivalent sind. In den meisten Fällen liegt ein Bedürfnis, das in der Struktur der gegenwärtigen Lebenswelt begründet ist, objektiv vor. Daß es dann auch aufgestachelt und durch Überfütterung unersättlich gemacht werden kann, ist nur die andere Seite der Sache, und die Grenze, wo das eine aufhört und das andere beginnt, ist recht schwer zu bestimmen. Ebenso zeigt sich, daß die geistige Ware, die geboten wird, in vielen Fällen hochwertig ist, ähnlich wie die Massenartikel der Industrie nur zu Anfang der handwerklichen Arbeit an Qualität unterlegen waren, während heute längst Serienfertigung und Qualitätssteigerung zusammengehen. Die Schallplatten geben Konzerte von Weltformat, die Photographie produziert Bilder von Meisterrang, die großen Zeitungen vermitteln eine Orientierung, die ebenso universal wie präzis ist. Auch hier ist es wieder nur die andere Seite der Sache, daß die Großproduktion an Nachrichten und Unterhaltungsstoff sich die Möglichkeit nicht entgehen läßt, auch dem niederen Geschmack, bis hin zum allerschlechtesten, zu Willen zu sein, und daß sie den Versuch, ihn zu bekämpfen (der wohl auch im ganzen nicht viel Hoffnung hätte), nicht unternimmt, vielmehr aus der gegebenen Sachlage ihren Profit zieht.

Beim Thema Information wird die Ambivalenz besonders offensichtlich. Der Informationen über einen sehr weiten Umkreis von Gegenständen bedarf der Mensch heute etwa so dringend wie der Wanderer einer Geländekarte. Er wirtschaftet nicht mehr im übersehbaren Kreis, in dem er langfristig eigene Erfahrungen sammeln kann, sondern auf einem sehr unübersichtlichen Felde, über das ein gediegenes Wissen zu erlangen äußerst schwer und in vielen Fällen kaum möglich ist, dessen Konstellationen und Konjunkturen ihn aber unter Umständen vital betreffen. So muß er sich also daran gewöhnen, von Informationen zu leben, die von Spezialisten für den allgemeinen Gebrauch zubereitet werden, von typischen Erfahrungen zweiter Hand: er hat sie nicht selbst gemacht, er kann sie nicht einmal nachprüfen, er weiß sogar, wenn er einigermaßen intelligent ist, daß sie zum guten Teil lanciert und gesteuert sind, trotzdem hungert er nach ihnen und nimmt sie ab, wie sie kommen. Zudem ist der Zivilisationsmensch in seinen besseren Exemplaren vielseitig interessiert, auch über seine praktischen Interessen hinaus. Das ist eine seiner guten Eigenschaften; sie gehört zu seiner Außenbestimmtheit, wie zum Leben in einer geschlossenen Erfahrungswelt das Gespür für deren innere Zusammenhänge gehört. Fernen und unzugängliche Fremdheiten gibt es für ihn so wenig wie für den Weltverkehr. Sein Begriff des Wissenswerten ist sehr weit gespannt. Der Mensch mit den vielseitigen Interessen ist so etwas wie die Zeitform des Gebildeten.

Beide Bedürfnisse werden von der Presse mit einem hohen Grad von Perfektion befriedigt. Ihre Nachrichtennetze umspannen den Erdball. Nicht nur die Kurse an allen Börsen und die Aktualitäten von überallher sind in Sekundenschnelle da, sondern ein Stab von Experten berichtet auch über die Hintergründe des Geschehens und über die Zustände in aller Welt. Gerade daß sie unmittelbar aus der Situation geschöpft und für den Tag gearbeitet sind, gibt diesen Berichten eine Geschliffenheit hoher Art und eine Wirkung über den Tag hinaus.

Trotzdem setzt auch hier jene Umkehrung ein, die für die neuen Formen des Lebens aus zweiter Hand charakteristisch ist. Belehrungen über Dinge, die er nicht selbst erkunden konnte, Ratschläge für Situationen, in denen er sich allein nicht zurechtfand, hat der Mensch immer gebraucht. Er holte sie sich bei denen, die es besser wußten, und baute sie in seinen eigenen Haushalt ein, soweit sie sich bewährten. Er suchte die andere Hand, die ihm helfen konnte, und machte sich zu eigen, was sie ihm gab. Er stellte Fragen und empfing Antworten. Hier aber ist der Fall ganz anders. Es geschieht keine Handreichung, sondern es wird massenhaft und pausenlos Informationsmaterial ausgeschüttet. Und von der anderen Seite wird keine Frage gestellt, sondern es ist nur ein vielseitiges, ein allseitiges Interesse da, das so lange zuhört, bis es müde wird oder etwas Besseres zu tun hat. So werden zwar Kontakte zur Wirklichkeit vermittelt, unendlich viele, immer neue und immer wechselnde, aber keine Zugänge zu ihr, keine Einstiege in sie, denn dazu bedürfte es eines, der selber einsteigt, wenn auch mit Hilfe.

Schon damit läuft eine Art Erosion an, mindestens in dem Sinne, daß der aufnehmende Boden unspezifisch wird. Es gibt aber auch Einwirkungen, die ihn ganz auslaugen und die dann erst richtig zum Zuge kommen. Mordfälle, Verkehrskatastrophen und Skandale kleinen Kalibers laufen dann in den Schlagzeilen derart breit, daß man den Durchschnittsleser für völlig sensationsbesessen halten müßte (was er bestimmt nicht ist), wenn man sich nicht der fatalen Wechselwirkung erinnerte, die zwischen der rein passiven Verbraucherhaltung und dem Konsumgut, in diesem Falle dem Unterhaltungsthema, besteht, das sich konsequent auf sie einstellt. Dazu gehört, außer gruseligen Einzelvorfällen, vor allem der Auf- und Ausbau einer Themenwelt, die die Phantasie unverbindlich beschäftigt, einer Bilderwelt, die aktuell und dabei völlig illusionär ist, gleichsam eines Mythos für Hinz und Kunz, natürlich eines solchen, der von niemandem ernsthaft geglaubt wird und darum frei weiter-

Striptease in einem Nachtlokal

Bildungsgut in preiswerten Taschenbüchern

gesponnen werden kann, wofür die Religionsgeschichte von Spätzeiten zahlreiche Beispiele gibt. Die Gegenstände dieses Mythos sind bekannt: die sagenhaft Reichen auf ihren Luxusjachten, die Fürstenhäuser einschließlich der depossedierten, das Privatleben (wenn man es so nennen darf) der Filmgrößen, dazu die Affären der internationalen Spionage, des Rauschgiftschmuggels und Waffenhandels. Die Schauplätze sind stark schematisiert: Hotelhallen, Klubräume, Hafenkneipen. Ebenso stark sind die Typen schematisiert, lauter Mischungen, die kompliziert aussehen, aber im Grunde höchst primitiv sind und die schon immer zum Repertoire der Bänkelsänger gehört haben: Eiskälte gepaart mit Leidenschaft, Heldentum gepaart mit Gemüt, Laster mit Unschuld. Daß immer dieselben Typen und, wenn es sich um Zeitfiguren handelt, dieselben Namen wiederkehren, ist geradezu die Bedingung dafür, daß die Dinge dem Konsumenten eingängig und schmackhaft sind. Besonders charakteristisch sind die Kettenthemen, die unbeschränkte Fortsetzung gestatten, ähnlich den Bildstreifen der *comics*.

Daß die Unterhaltungsbedürftigkeit des Menschen mit der Vermehrung der Freizeit zunimmt, ist zwangsläufig. Daß aber auch sein Bildungsbedürfnis steigt, beweisen viele Erfahrungen der Verleger, der Büchereien und der Volkshochschulen. Dabei handelt es sich in weiten Kreisen nicht nur der Jugendlichen in erster Linie um Fachbildung, um Nutzwissen, um Weiterbildung im Beruf, in den weitergreifenden Bestrebungen unter Einbeziehung der wissenschaftlichen Werke, die die Theorie des betreffenden Fachgebiets geben. Aber auch der Wille zur Allgemeinbildung ist nicht als rückgängig zu bezeichnen – wobei man sich freilich der ganzen Problematik dieses Begriffs bewußt sein muß. Der hohe Begriff der Bildung, der in der Goethezeit geprägt wurde, beruhte nicht nur auf gesellschaftlichen Voraussetzungen, die großenteils nicht mehr gegeben sind, sondern auch und vor allem auf geistesgeschichtlichen Voraussetzungen, nämlich darauf, daß die geistige Welt, die das Bildungsstreben vor sich sah, bei allem Reichtum sehr geordnet war, von großen durchgehenden Denkformen beherrscht, zumeist der Anschauung zugänglich und noch kaum irgendwo auf einen umständlichen Forschungsapparat angewiesen. Wer irgendwo, in der Kristallographie oder in der Farbenlehre oder in der Indologie, selbstschöpferisch oder ernst kenntnisnehmend tätig war, hatte damit einen Weg in die Mitte. Ein geistiges Ganzes war vorgegeben, das von irgendeiner Seite her innerlich angeeignet, in persönliche Gestalt umgesetzt werden konnte. Es war weithin möglich, sowohl in der praktischen Berufsarbeit wie im privaten Studium, Zugänge zu ihm zu gewinnen, und sie erschlossen sich auf beiden Wegen von selbst, dort als wohlfundierte Einsichten, die in den Kopf und das Herz eingingen, hier als wache Teilnahme an allem, was gedacht, geschaffen und gestaltet wurde.

Die geistige Produktion von heute, die Forschung wie die Kunst und die Dichtung, hat diese Zugänglichkeit nicht. Ebensowenig führen ihre Teile zueinander hin und in ein Ganzes hinein, und zwar nicht nur, wie gewöhnlich gesagt wird, wegen zu weit getriebener Spezialisierung, sondern weil ihre Problemstellungen und ihre Methoden in die höchsten Grade der Abstraktion hinausgehoben sind. An ihren vordersten Frontlinien bekommen sie den Charakter des Esoterischen. Immer mehr Einzelwissenschaften gehen diesen Weg, und die Synthesen, die sich zwischen ihnen anbahnen, vollziehen sich dann erst recht in hochabstrakten Formeln. Die Weltanschauungspanoramen im Stile der Vorkriegszeit, jene Gesamtüberblicke, die mit großer Dreistigkeit den Welträtseln zu Leibe gingen, sind *vieux jeu.*

Damit ergibt sich die Lage, daß der Gebildete nicht mehr Amateur ist, der den Professional ergänzt, sondern Laie, der nur von außen zusieht. Dazu bedarf er der Übersetzungen, und diese müssen, wie die Dinge liegen, Vereinfachungen sein. Der Behelf, mit Denkmodellen von gestern zu arbeiten, ist oft nicht zu vermeiden. Der Abstand zwischen dem Gelände, in dem sich die Forschung bewegt, und den Wegen, die ein Leitfaden weisen kann, hat sich mindestens verzehnfacht. Allgemeinbildung ist also in einem neuen und sehr dezidierten Sinne zu einem Leben aus zweiter Hand, das heißt in diesem Falle zu einem Wissen und Denken aus zweiter Hand geworden. Man braucht dabei nicht einmal an die Fälle zu denken, bei denen die Summe alles Wißbaren restlos in die Quizform gebracht und so verfügbar gemacht wird; dann wird aus der zweiten Hand eine fünfte und sechste. Aber auch manche der gutgemeinten Bildungsbücher kommen dem nahe. Sie erinnern stark an einen intellektuellen Sozialtourismus, der unter sachkundiger Führung von Aussichtspunkt zu Aussichtspunkt fährt; wer mitfährt, bekommt das ganze Orientierungssystem, einen Einstieg irgendwo in die Dinge selbst bekommt er allerdings nicht.

Die positive Kehrseite ist, daß die Aufbereitung des Materials nie vollkommener war als heute und daß die Werke der Weltliteratur in Großauflagen allgemein zugänglich gemacht werden. So findet also der selbständig Strebende doch Wege, die er mindestens ein Stück weit in Ruhe zu gehen vermag. Auch die Sekundärliteratur der Handbücher und Überblicke gibt einige Beispiele für echte Handreichungen, die schönsten dort, wo die Forscher selbst es über sich gewinnen, aus der Schule oder aus der Werkstatt zu plaudern.

Unter dem gleichen Dilemma steht die musische und die künstlerische Bildung. Auch sie ist unter die Gesetzlichkeiten der Massenkonsumkultur gestellt, mit allen Chancen der reichen Angebote und der breiten Wirkung, mit allen Gefahren der wahllosen Hinnahme und der modischen Konjunkturen. Auch hier legt sich um das Gute, an dem wahrlich kein Mangel ist, ein breiter Saum von Tingeltangel. Die Ambivalenz im gegenwärtigen Konzert-, Ausstellungs- und Festwochenbetrieb ist ein vielberedetes Thema. Die Theaterkritiken sind dazu übergegangen, immer auch die Haltung des Publikums zu registrieren, und sie sind ihr gegenüber ebenso kritisch wie gegenüber der Bühne.

Im Sport werden die Phänomene des Lebens aus zweiter Hand darum so evident, weil er seinem Wesen nach Selbsttätigkeit ist, sogar frei spielende, in der der Einsatz der eigenen Antriebskräfte zum Selbstzweck wird. Aber »Interesse am Sport« – das besagt im heutigen Sprachgebrauch nur zu einem schmalen Bruchteil Selbstbetätigung, zumeist das gerade Gegenteil davon. Nach einer neueren Statistik betrug in Deutschland die Zahl der Sonntagszuschauer beim Fußballsport das Hundertfache, die Zahl der Totospieler das Sechshundertfache der klubmäßig organisierten Spieler; dabei ist Fußball der ausgesprochene Volkssport. Alles das sind Sportinteressenten, nur daß Interesse dann nichts als Dabeisein in Masse und Starkult, Sensationslust und Rekordfieber bedeutet, und auch dies in lauter Ersatzerlebnissen. Die Leistungen selbst sind in den Spitzengruppen so hochgetrieben, daß stellenweise die Stoppuhr versagt und hochtechnische Hilfsmittel nötig werden, um die

Differenzen zu messen. Sie entfernen sich damit sowohl von der Idee der Kalokagathie wie vom *gentleman*-Bild der *colleges*, aus denen sich der moderne Sport herleitet. Auf diesem Felde ist der Amateur die positive Figur, bis hin zu den Jungen und Mädchen, die Ball spielen, schwimmen und Ski laufen. Daß das 20. Jahrhundert eine Renaissance des Sports gebracht hat, ist gleichwohl gewiß, auch daß sie sich im körperlichen Erscheinungsbild und Gehaben der Menschen sichtbar auswirkt, sogar, so kann man im Vergleich zum 19. Jahrhundert finden, in der Mode. Ihr Leitbild ist zwar in erster Linie der *chic*. Auch hat sie, wie immer, so auch in den letzten Jahrzehnten manche Volten geschlagen und mehrfach mit Rückgriffen auf historische Muster gespielt. Aber ihr großer Trend geht auf den Menschen, der Sport treibt oder doch treiben könnte, auf freie Beweglichkeit, federnden Gang und unverkrampfte Haltung.

»In die Freiheit verstrickt«

Bevor wir die Situation des Geistes in der gegenwärtigen Lebenswelt und die Positionen abhandeln, die er darin beziehen kann, sei der Versuch gemacht, eine prinzipielle Spannung zu formulieren, in der jede geistige Kraft heute steht, gleichviel wo sie ansetzt und wohin sie zielt. Mit der Formel »in die Freiheit verstrickt« hat Arnold Gehlen die Situation der Kunst im 20. Jahrhundert oder wenigstens einige wesentliche Züge in ihr gekennzeichnet, nämlich die folgenden. Seit dem Impressionismus haben die Künstler die Stilentwicklung als eine ihrer Absichten in sich selbst hineingenommen, sie lassen sie nicht mehr bloß über sich hinweggehen. Schon deswegen setzt sich jede neue Gestaltungsidee drastisch vom schon Vorhandenen ab; im Gegensatz zu diesem werden die Mittel und die Effekte gewählt. Der bedrückend schnelle und scharfe Wechsel der Kunstformen ist also nicht als Mode abzutun, sondern er ist ein Ablaufsgesetz, das sich dialektisch aus der Freiheit ergibt. Jeder neue Schritt wird auf Gegensätzlichkeit schematisiert; auf Impressionismus folgt Expressionismus, auf Expressionismus neue Sachlichkeit, auf gegenständlich ungegenständlich, auf geometrisch abstrakt informell abstrakt. Echte Rückgriffe und schon Anknüpfungen werden unmöglich, Aktualität ist immer nur in der Richtung nach vorn zu suchen. Schon das kann zu einer Verstrickung in die Freiheit werden, weil sich die Möglichkeiten zu prinzipiellen Gegensätzen erschöpfen könnten.

Vor allem aber ist der Künstler, gerade wenn er in Freiheit neu anfängt, zwar nicht an einen vorgegebenen Bildtypus, wohl aber um so fester an den seinen verhaftet, weil ein eigener schlagender *concetto* selten ist. Der Prozeß geht noch weiter. Weil keine Tradition da ist, wird das Bild selbst zur Inspirationsquelle des Malers. Es kommt zu einem Sicheinwühlen in eine abgeschnürt-immanente Entwicklung, die nicht aufzuhalten ist und die dem Künstler als eine *a tergo* wirkende Schubkraft erscheint. Er wird sich dann in seinem Werk selbst rätselhaft. Hier liegt einer der Gründe für die Theorien, für ganze Metaphysiken, die zur Interpretation der Werke gesucht werden.

Es sei gestattet, diesen Gedankengang, der auf die Kunst, vor allem auf die Malerei gewiß zutrifft, zu verallgemeinern. Er verliert dann zwar seinen spezifischen Schlüsselwert für bestimmte markante Züge gerade der gegenwärtigen Kunst, bleibt aber geeignet, die Situation des Geistes überhaupt im 20. Jahrhundert zu charakterisieren, und kann dazu helfen, die Spannung zu kennzeichnen, die wir meinen.

Daß sich die neue Gestalt der Industriegesellschaft als unüberspringbare Wirklichkeit aufdrängt, dessen ist sich der Geist sehr klar bewußt. Er weiß: hier ist Rhodos. Der Zeit gemäß zu sein wird zwar keineswegs zur Zielformel, aber zur Minimalforderung in allen geistigen Bewegungen seit dem Ende des ersten Weltkrieges, bei den Avantgarden schon in den Jahren zuvor, wobei »zeitgemäß« sinnvollerweise nicht das Zeitalter meint, wie es obenhin ist, sondern wie es eigentlich ist. Die Grundstruktur wird bejaht, aber selbst vom Ballast des anderen wird vieles einbezogen.

Tatsächlich sind das Denken und das geistige Schaffen seither in einem überaus starken Maße auf die eigene Gegenwart fixiert und immerzu mit ihr beschäftigt gewesen. Die Thematik der repräsentativen philosophischen Systeme ebenso wie die Sujets der Romane und die Fabeln der Bühnenstücke zeigen das Zupacken auf Gegenwartsproblematik. Wo die geistige Produktion scheinbar vom Zeitalter abschweift, sich in die geschichtliche Vergangenheit begibt oder ihre Themen ins Zeitlose, etwa in die Gestaltenwelt des antiken Mythos versetzt, auch da bricht sie nicht aus der Gegenwart aus und will es auch gar nicht. Das gilt nicht nur für die Fälle, in denen der historische Vorwurf bloße Travestie ist, sondern auch dort, wo wirkliche Vergegenwärtigung einer Vergangenheit gewollt wird und gelingt, wie zum Beispiel bei der genauen Nachzeichnung der Wochen vor den Iden des März von Thornton Wilder. Auch da guckt aus allen Ecken der gegenwärtige Mensch heraus, in allen Fragestellungen lauert die gegenwärtige Problematik. Wird aber das zeitlose, das mythische oder das utopische Kostüm gewählt, so ist auch das oft nur das formale Mittel, um die Gegenwartsfragen prägnant und sozusagen absolut zu stellen.

Der Wille, im geschichtlich Gewesenen sich einzuhausen oder sich zu beleben, wie er dem historischen Roman großen Stils eigen war, ist dem gegenwärtigen Geist sehr fremd. Noch fremder ist ihm der romantische Glaube, die Vergangenheit sei der Wahrheit näher gewesen als wir. Nicht als ob er die Wahrheit zu haben glaubte – daran zweifelt er sogar sehr stark –, aber er weiß, daß die Wahrheit, auf die er angewiesen ist, eine spezifisch gegenwärtige Wahrheit sein müßte, sonst wäre die Existenz ohne Wahrheit, also der Nihilismus unüberwindbar; und alle Wege, die zu ihr führen, müssen, sofern sie zunächst von der Gegenwart abführen, zu ihr zurückführen, oder sie sind Flucht. Immerzu, auch im Zeitlosen, hört der gegenwärtige Geist die Mahnung: *nostra res agitur*. Er will sie hören, er provoziert sie geradezu. Er hat weder die Muße noch den Spieltrieb noch das humanistische Interesse, in anderen Zeiten und Lebenswelten teilnehmend zu verweilen. Er ist in der Gegenwart engagiert. Der Begriff Engagement tritt in vielen gegenwärtigen Geistesrichtungen, auch in sehr gegensätzlichen, als Leitbegriff auf, im geistigen Aktivismus der »Weltbühne« wie im Existentialismus wie im christlichen Personalismus. Er hat viele Bedeutungen, und wahrscheinlich haben beide Meinungen recht, sowohl die, daß Literatur nur dann ernsthaft in Betracht kommt, wenn sie *engagée* ist, wie die, daß sich Literatur, wenn sie zur Dichtung aufsteigt, aus dem Engagement löst. Wir nehmen den Begriff zunächst in seiner unmittelbarsten und schlichtesten Bedeutung: der gegenwärtige Geist weiß sich durch die Fragen, die hier und jetzt gestellt sind, voll beansprucht, und er gibt sich selbst keinen Urlaub von ihnen.

Dies ist die eine Seite der Spannung. Die andere besteht darin, daß dem Denken und dem geistigen Schaffen unter den gegenwärtigen Bedingungen ein Maß von Freiheit, nämlich von Voraussetzungslosigkeit und Führungslosigkeit zugefallen oder auferlegt ist wie wohl nie zuvor. Das sekundäre System der Industriekultur leistet dasjenige nicht, was Kulturen bisher immer geleistet haben. Sie waren Führungssysteme, nicht nur was den rechtlichen Status der Menschen und den Umfang ihrer möglichen Zielsetzungen, sondern auch was die Grundentscheidungen des Denkens und des geistigen Schaffens betraf. Demgegenüber ist die Industriekultur in ihrer entwickelten Gestalt ein offenes Feld, wenn auch ein solches, das auf Schritt und Tritt zur Anpassung zwingt. Auch in sie ist der Mensch hart einbezogen, aber nicht im Modus der Unmittelbarkeit, sondern der Anpassung, nicht im Zustand der Behausung, sondern der Entfremdung.

Es ist natürlich immer ein gewagtes Unternehmen, Großperioden der Menschheitsgeschichte derart auf Formeln abzuziehen und sie makroskopisch miteinander zu vergleichen. Es ist aber gewiß kein Zufall, daß die gegenwärtige Epoche diese Denkweise nahelegt. Seit Alfred Weber ist von immer mehr Seiten und bereits von recht verschiedenen Ansätzen aus der Gedanke vertreten worden, der Übergang zur Industriekultur sei eine der großen Kulturschwellen in der Geschichte der Menschheit, an Größenordnung nur vergleichbar mit dem Übergang zur Seßhaftigkeit am Anfang des neolithischen Zeitalters oder mit der Geburt der Hochkulturen im 4. vorchristlichen Jahrtausend. Die ganze Geschichte der vorindustriellen Hochkulturen rückt unter diesem Aspekt zu einer Einheit zusammen. Ihr übergreifender Sinn war, daß der Mensch seine Werke in eine natürliche Landschaft einpflanzte und diese gleichsam in den Geist erhob. Das gebaute Haus war das Symbol für diese erste große Wandlung des menschlichen Daseins, und mit ihm war vieles mitgesetzt: der eingehegte, auf Dauer in Pflege genommene Raum, Besitzstücke, die als gebundenes Erbe den Generationenwechsel überwölbten, Institutionen, die sich, nun ebenfalls bodenständig, über das zusammengehörige Leben spannten und es nach außen abgrenzten, Häuser auch für die Götter, auch für die Toten, Traditionen der Lebensgewohnheit, der Sitte, der technischen Zurüstung und der moralischen Verpflichtung, die sich im Alltag der Arbeit und im Rhythmus des Jahres niederschlagen. Was aber über das Lebensnotwendige hinaus an Werken und Gedanken, an Schönheit und Besinnung gefunden wurde, fügte sich in den kultivierten Raum wie in ein gegebenes Koordinatensystem ein.

Widerspruch und Widerstand gegen die legitime Ordnung gab es immer, auch individuelle Ausbrüche aus ihr, Revolutionäre und Häretiker, Aufklärung und Skepsis gegen den allgemeinen Glauben. Aber diese Kräfte waren gleichsam die geistige Unruhe innerhalb des gültigen Ganzen. Diese freien Geister suchten nur eigene Antworten auf die Fragen, die allgemein gestellt waren. Diese Ketzer waren Ketzer in bezug auf eine allgemeingültige Kirche und insofern ihr zugehörig.

Das Symbol der Industriekultur ist nicht mehr das Haus, sondern die Maschine. Nietzsche hat von ihr gesagt, sie sei eine Prämisse, aus der alle Konsequenzen zu ziehen einen erheblichen Mut voraussetzen würde. Das industrielle System hat sie gezogen, es ist dabei, sie immer vollständiger zu ziehen, und dann zeigt sich, daß, wie das Haus einen ganzen neuen Weltzustand in sich geborgen hatte, so auch die Maschine einen ganzen neuen Weltzustand in sich birgt. Sie enthält in sich alle Ansätze zur Ausbildung eines sekundären Systems. Sie »vermittelt« die Arbeit des Menschen, wie Hegel schon angesichts ihrer ersten Exemplare fand. Sie vermittelt, das heißt sie instrumentalisiert weiterhin das Verhältnis des Menschen zur Natur, vor allem sein Verhältnis zu den anderen Menschen und zum sozialen Ganzen. Wenn man mit ihr ernst macht, erzeugt sie als ihr Gegenbild eine soziale Struktur, die genauso funktionabel, aber auch genauso unangreifbar-sachlich ist wie sie selbst und die ihre Menschen zwar beansprucht, aber sie nicht in eine innere Führung nimmt.

Dann ist auch der Geist »unbehaust« (Hans Egon Holthusen). Er findet keine Ordnung vor, der zugestimmt oder gegen die revoltiert werden könnte, denn ein maschinelles System ist keine Angelegenheit der Legitimität, sondern nur der Effizienz. Er findet keine Fragen vor, die allgemeinverbindlich gestellt wären, und so ist er nicht nur in seinen Antworten frei, sondern schon in seinen Fragen. Er gerät in die merkwürdige Rolle eines Ketzers, ohne daß es eine allgemeine Kirche gibt, in bezug auf die er einer ist. Er agiert auf einem Felde, das zwar sach-logisch völlig durchgeplant ist, aber gerade darum für freie Schöpfungen keine Führungslinien enthält, auf einem »wüsten Land« (T. S. Eliot), in dem es Quellen des ursprünglichen Lebens nicht gibt noch geben kann. Das gewährt ihm eine Freiheit, die höchst unheimlich ist, eine Freiheit zunächst »wovon«, zugleich aber eine absolute Freiheit »wozu«. Seine Schöpfungen sind nicht schöpferische Zutaten zu einem vorhandenen Reichtum, sondern sie werfen sich ins Leere, und das Koordinatensystem, auf das sie sich aufzeichnen, ist immer auch schon freie Setzung. Das ist wohl genau die Situation, die Nietzsche gemeint und geschildert hat. Er hat sie absolut gesetzt, indem er sagte, Werte müßten und könnten nur frei gesetzt werden. Als geschichtliche Situation aber ist sie im gegenwärtigen Zeitalter gegeben.

In der Gegenwart engagiert, aber in allen Entscheidungen und schon in allen Vorentscheidungen allein gelassen, auf ein Aktionsfeld verwiesen, das zugleich völlig determiniert und im höchsten Maße undeterminiert ist – in der Spannung zwischen diesen beiden Polen stehen alle Formen der geistigen Betätigung, alle jedenfalls, die sich nicht wie die positive Wissenschaft in Gestalt konstanter Problemstellungen und Methoden ihr eigenes autonomes Führungssystem geschaffen haben (es wird sich zeigen: selbst sie), sicher aber alle Weisen des geistigen Schaffens, die auf Situationsbestimmung, auf Daseinserhellung, auf Sinndeutung aus sind, also die Philosophie und die Literatur, ebenso alle, die die selbstgenügsame Form intendieren, also die Kunst und die Dichtung. Sie finden keinen Stil vor, der sie trüge, nicht einmal eine Sprache, aus der sie schöpfen könnten. Der Stil muß immer erst gesetzt werden mit dem Werk, das ihn haben will, die Sprache muß immer erst kreiert werden. Damit kommt es zu jener unabsehbaren Bewegung, die von der Seele über das Werk und von diesem auf sie zurückläuft, und das ist genau die Verstrickung in die Freiheit, von der wir ausgingen.

Die Möglichkeit, alle Prämissen frei zu variieren, immer neue Bezugssysteme zur Erfassung des Gegenstandes zunächst willkürlich zu setzen, sie dann aber konsequent, sogar bis zur Paradoxie durchzuhalten, gehört ohnedies zur Arbeitsweise des gegenwärtigen Geistes; sie ergibt sich aus dem Dominantwerden technischer Kategorien in allen seinen Bereichen. Sie wird daher immer bewußt ergriffen, sowohl in den Wissenschaften wie auch in den Künsten; das macht die »Familienähnlichkeit« (Arnold Gehlen) der Lyrik, der abstrakten Malerei, der atonalen Musik mit den neuen Wissenschaften aus. Die Lage ist dann auf beiden Seiten völlig anders als in jeder traditionalen, sei es idealistischen, sei es realistischen Erkenntnistheorie. Das Subjekt tritt nicht gut Kantisch als ein präformiertes, mit bestimmten Anschauungs- und Denkformen ausgestattetes Bewußtsein ins Spiel, und das Objekt gilt nicht als ein gegenüberstehendes Sosein, das als solches gleichsam eingefangen wird und zum guten Ende begriffen, verstanden oder ausgedrückt und dargestellt ist. Die Bezugssysteme, die Beobachtungsapparaturen, die gewählten Aspekte sind immer das erste, und sie sind das Übergreifende. Sie machen die Frage, wo das Subjekt aufhört und wo der Gegenstand beginnt, unentscheidbar, oder sie machen den Schnitt zwischen beiden selbst zu einer Entscheidung wie in der modernen Physik. Sie binden das Verfahren, sobald es sich auf sie eingelassen hat, und sie projizieren das Objekt auf immer neue Ebenen, transformieren es in immer neue Aggregatzustände und Wellensysteme, durchleuchten es mit immer neuen Sorten von Strahlen. Diese Aufhebung der Grenze zwischen dem erkennenden Intellekt und den Gegenständen, zwischen dem erlebenden Bewußtsein und der erlebten Natur ist etwas sehr anderes als die früheren Formen des Subjektivismus, etwa als die romantische Ironie. Sie sind für den Erkenntnis- und Darstellungsvorgang selber konstitutiv geworden und bedeuten daher nicht mehr die Souveränitätserklärung des Subjekts, sondern zwar seine Freiheit in der Wahl der Ansätze, aber auch seine Verstrickung in diese.

Zur Arbeitsweise des Geistes im 20. Jahrhundert und zur Rhythmik seiner Bewegungen gehört immer auch der Rückgriff auf zeitlich und räumlich ferne Muster. Auch er steht unter dem Zeichen einer sehr freien Wählbarkeit. Die äußere Möglichkeit dazu ist durch die Aufschließung und Aufbereitung des historischen, ethnographischen und soziologischen Materials geschaffen worden, ferner durch die Durchlässigkeit der gegenwärtigen Welt und durch die Annäherung aller Kontinente aneinander, mindestens in dem Sinne, daß sich die westlich geprägte Weltzivilisation wie eine gleichmäßige Schicht über ihre Altbestände gelegt hat. Schon dadurch werden alle Modelle und Kategoriensysteme präsent, deren man bedarf. Es ist zum Beispiel eine Erfahrung, daß ein sozialer oder ein politischer Roman, der unter einer sehr anderen Sonne spielt, die Menschen überall unmittelbar und ohne Fremdheitsakzent anzusprechen vermag, auch über die beiden Meridiane hinweg, die die westliche und die östliche Welt voneinander scheiden. Das ist nicht eigentlich »Weltliteratur« im Sinne Goethes, viel eher das Bewußtsein, daß auch Instrumente anderer Herkunft dazu dienen können, die eigene Existenz auszuloten, daß sie vielleicht sogar dazu nötig sind.

Besondere Bedeutung bekommen dann die Apperzeptionsweisen und die geistigen Gehalte, die in den Gegenformen zur Moderne greifbar sind: im Exotischen, im Primitiven, im Archaischen, im Früh- und Urzeitlichen. Sie bedeuten nicht nur Flucht oder Ausbruch in eine andere Welt, sondern mindestens zum Teil auch das experimentierende Bestreben, von außen her neue Tangenten an die Gegenwart zu legen, von unten her neue Aspekte auf sie zu gewinnen. Auch hier sind die Variationsbreite der Möglichkeiten und die Freiheit, sie zu benützen, nahezu universal. Negerplastik und Südseemotive, chinesische Tuschen und Altmittelmeerisches wurden nicht nur imitiert, sondern rezipiert. Das Primitive gewiß zunächst mit Vorrang, so in den ersten Phasen der modernen Malerei vor und dicht nach dem ersten Krieg. Aber die vielberedete Primitivisierung des Geschmacks und der Denkformen im Industriezeitalter ist ein sehr vielschichtiges Phänomen. Es spielt in ihr, unter vielem anderen, auch das Motiv mit, auf das es uns hier ankommt. Die stärkste aufschließende Wirkung versprachen diese Werke mit ihrer ungezähmten Ausdruckskraft und ihrer dumpfen Tiefe, weil sie zur *civilité* in der größten Spannung stehen und weil doch gerade die Entfremdungen der Hochzivilisation viele ungesättigte Triebe und viele sehr primitive Reaktionen nicht nur eingekapselt in sich enthalten, sondern sogar freisetzen. Aber hochstilisierte und technisch raffinierte Muster, etwa des Manierismus, werden immer auch herangezogen.

Außerdem ist freilich einzurechnen, daß die Freiheit, in die sich der Geist im gegenwärtigen Zeitalter versetzt findet, auch als solche ausgenützt werden kann und daß dies nach Kräften geschieht. Das hat dann mit einem experimentierenden Verfahren, das um die Bewältigung der Gegenwartsprobleme bemüht ist, unter Umständen nicht mehr viel zu tun. Die Freiheit in der Wahl der Wertsysteme und die freie Verfügung über das ganze Arsenal der technischen Mittel werden zum Selbstzweck oder zu einer Artistik, die rein auf den Effekt hin produziert. Die Effekte bestimmen sich sei es nach den Bedingungen der Massenwirkung, sei es nach den mitgehenden Neigungen esoterischer Kreise von Kennern und Käufern. In beiden Fällen wird leicht das Gesetz der steigenden Reizschwelle wirksam. Hochgetriebene Virtuosenleistungen existieren immer im Medium des Überbotenwerdens, und dasselbe gilt für Gewagtheiten in der Thematik und in der Diktion. Das Exzentrische, sogar das Verrückte wird akzeptiert, wenn es nur gut gemacht ist. Auch für Schocks aller Art ist das Publikum sehr empfänglich.

Die Wissenschaften

Die Industriekultur beruht von Anfang an auf dem Dreibund zwischen der Naturwissenschaft, der Technik und der kapitalistischen Produktionsweise. Das Zusammengehen dieser drei Faktoren zu einer funktionellen Einheit, in der jeder von den beiden anderen bedingt ist, aber auch antreibend auf sie einwirkt, ist ein einmaliges weltgeschichtliches Ereignis. Keine der früheren Hochkulturen hat ihre Technik so radikal auf Wissenschaft gegründet, keine hat ihre Wissenschaft so konsequent auf Naturbeherrschung abgestellt, keine ihr Wirtschaftssystem und ihren Sozialapparat so auf wissenschaftliche und technische Rationalität hin entwickelt wie das Abendland seit dem Beginn des industriellen Zeitalters.

Seit dem 17. Jahrhundert kristallisieren sich die drei Tatbestände, die in das Zusammenspiel eingehen, klar heraus. Zuerst die Naturwissenschaft in ihrer spezifisch abendländischen Gestalt, als exakte Forschungsarbeit, die sich planmäßig des Experiments bedient und die

```
1850    60    70    80    90    1900    10    20    30    40    50    60
```

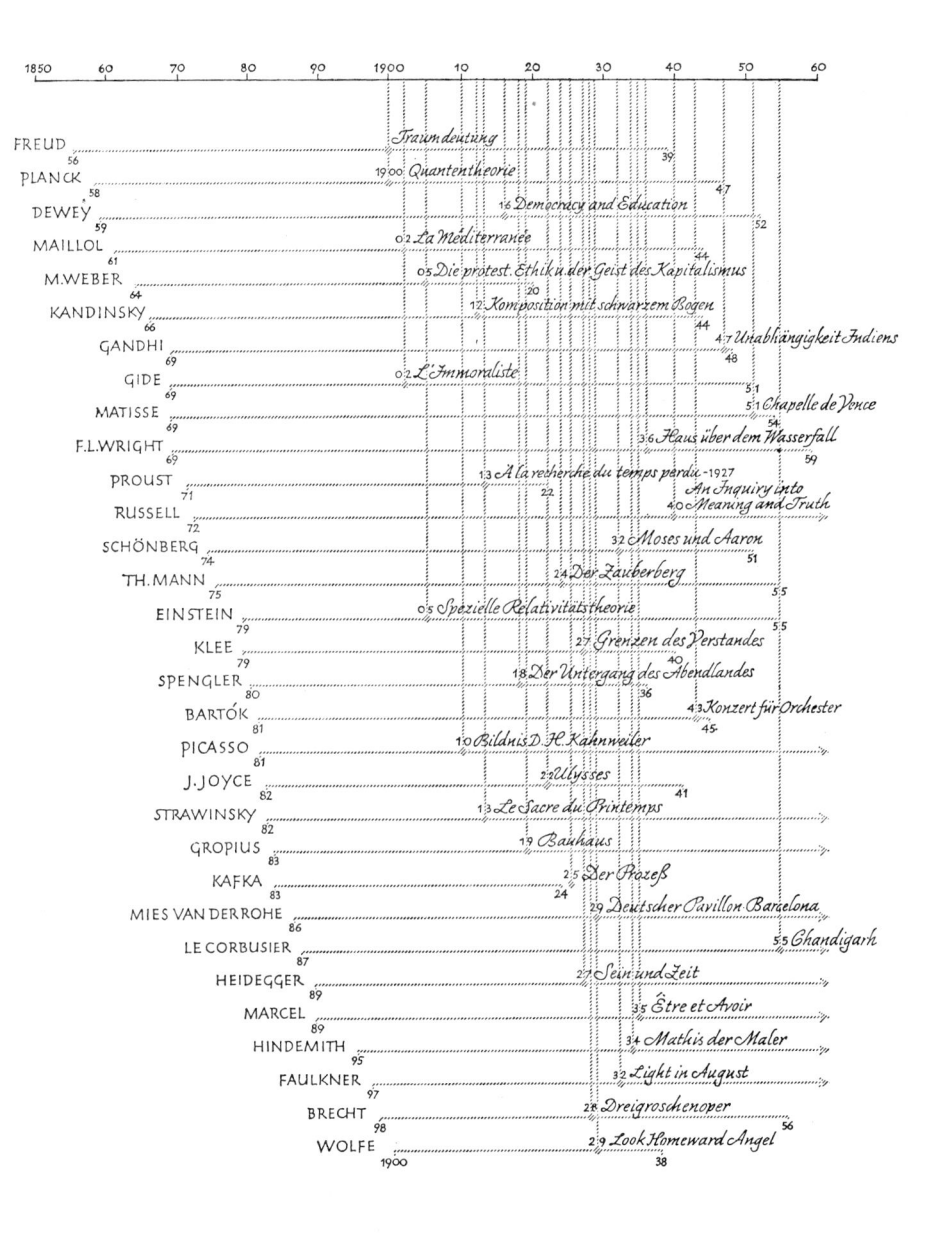

FREUD	Traumdeutung 39
56	
PLANCK	1900 Quantentheorie 47
58	
DEWEY	16 Democracy and Education 52
59	
MAILLOL	02 La Méditerranée
61	44
M.WEBER	05 Die protest. Ethik u. der Geist des Kapitalismus
64	20
KANDINSKY	12 Komposition mit schwarzem Bogen 44
66	47 Unabhängigkeit Indiens
GANDHI	48
69	
GIDE	02 L'Immoraliste 51
69	
MATISSE	51 Chapelle de Vence
69	
F.L.WRIGHT	36 Haus über dem Wasserfall 59
69	
PROUST	13 A la recherche du temps perdu -1927
71	22
RUSSELL	40 An Inquiry into Meaning and Truth
72	
SCHÖNBERG	32 Moses und Aaron 51
74	
TH.MANN	24 Der Zauberberg 55
75	
EINSTEIN	05 Spezielle Relativitätstheorie 55
79	
KLEE	27 Grenzen des Verstandes
79	
SPENGLER	18 Der Untergang des Abendlandes 40
80	36
BARTÓK	43 Konzert für Orchester
81	45
PICASSO	10 Bildnis D. H. Kahnweiler
81	
J.JOYCE	22 Ulysses 41
82	
STRAWINSKY	13 Le Sacre du Printemps
82	
GROPIUS	19 Bauhaus
83	
KAFKA	25 Der Prozeß
83	24
MIES VAN DER ROHE	29 Deutscher Pavillon Barcelona
86	55 Chandigarh
LE CORBUSIER	
87	
HEIDEGGER	27 Sein und Zeit
89	
MARCEL	35 Être et Avoir
89	
HINDEMITH	34 Mathis der Maler
95	
FAULKNER	32 Light in August
97	
BRECHT	28 Dreigroschenoper 56
98	
WOLFE	29 Look Homeward Angel
1900	38

KOORDINATEN *Kultur im 20. Jahrhundert*

nicht das Wesen der Dinge denkerisch aufzuschließen, wohl aber die gesetzmäßige Abfolge der Erscheinungen in strengen Formeln abzubilden bestrebt ist. Diesen Typus der Erkenntnis endgültig inthronisiert und ihm von Europa aus Weltgeltung verschafft zu haben ist eine der geschichtlichen Leistungen des 19. Jahrhunderts. Wissenschaft heißt nun eindeutig: methodischer Angriff auf die Gegenstandswelt, der an vielen Fronten selbständig vorangetrieben wird, Plural der Einzelwissenschaften also, der sich immer stärker verästelt und den ein mehr oder minder abstrakt gedachtes »System der Wissenschaften« als Einheit überspannt. Auch über den Bereich der Naturerscheinungen hinaus, so für die Theoretisierung der ökonomischen und sozialen Vorgänge, wurde damals das Ideal der »positiven« Wissenschaft gültig, zunächst als programmatische Forderung, die freilich auch von denen, die sie am entschiedensten vertraten, oft recht unvollkommen erfüllt wurde.

Dieser Aufbau des Systems der positiven Wissenschaften ist also im Zeichen jener weltgeschichtlich einmaligen Konstellation vor sich gegangen, in der sich die theoretische Forschung mit dem Willen zur Technik und mit der industriellen Produktion zu einem Wirkungszusammenhang verband. Was die Wissenschaft heute fand, war morgen maschinelles Verfahren, Verkehrsmittel oder Nachrichtenapparat, Heildroge oder Impfstoff; vieles aber hätte sie wohl gar nicht gefunden und vieles nicht einmal gesucht, wenn ihr nicht von der Praxis, sei es vom sozialen Nutzen, sei es vom unternehmerischen Interesse, fortlaufend neue, auch ganz prinzipielle Problemstellungen zugespielt worden wären. Die Biographien der großen Naturforscher und Ärzte zeigen sehr eindrucksvoll, daß die Veränderung der Welt, die ihre Entdeckungen bewirken würden, meist schon als höchste Synthesis in den Akt des Forschens einbegriffen war. Anderseits sah sich die Theorie selber um so stärker auf die Technik angewiesen, je komplizierter die Experimente wurden, durch die sie sich bestätigte und weiterbaute. So liegt also das Verhältnis von Theorie und Praxis keineswegs so einfach, wie die Vorstellung einer reinen Wissenschaft und ihrer nachträglichen technischen Anwendung glauben machen will. Zweifellos gingen von der Wissenschaft selbst immerzu starke und ganz direkte Impulse aus. Das Ethos des unablässigen Fortschritts, das ihr, will sagen ihrer abendländischen Form, wesentlich innewohnt, teilte sich den beiden anderen Instanzen mit. Aber sowohl der technische Konstruktionswille wie die unternehmerische Initiative griffen alle Möglichkeiten auf, die die Forschung eröffnete, solange sie noch warm waren, und schürten von sich aus den Prozeß.

Das Machtinteresse der Staaten muß man immer hinzudenken, nicht nur für die Technik der Kriegswaffen, doch für sie natürlich vor allem. Über die neuesten Erfindungen und Entdeckungen zu verfügen und den Zugang zu den Material- und Energiepotentialen zu haben, die es gestatten, sie im großen ins Werk zu setzen, ist bei der Größenordnung der in Betracht kommenden Mittel weder eine technische noch eine eigentumsrechtliche, sondern eine politische Frage. Ein klares Symptom dafür ist, daß, spätestens seit der Geburt der Kernphysik, der naturwissenschaftliche Forscher nicht mehr frei ist in dem Sinne, wie Galilei und Newton frei waren. Seine Arbeit ist, ob er will oder nicht, das Eigentum der politischen Mächte, noch ehe sie geleistet wird. Seine Gedanken unterstehen ihm nur, solange er sie verschweigt, und selbst das hilft ihm im Grunde nichts, denn dann werden sie über kurz oder lang von anderen gedacht werden, die sie nicht verschweigen werden.

Über ihren Gebrauch hat er keine Gewalt. Der Vorstoß in den Weltraum, zunächst ein wissenschaftliches und ein technisches Problem, ist sofort unter politischen Gesichtspunkten konzipiert worden.

Die Folge ist die Allgegenwärtigkeit der Wissenschaft im gesamten System der Industriekultur, durch alle seine Schichten hindurch, von den Riesenvorhaben bis zu den banalsten Verrichtungen. Die folgende Spannung ist anscheinend unbegrenzt dehnbar: in ihrem Vollzug werden die Wissenschaften immer mehr zum Spezialistenwerk, in ihren vordersten Lagen zum esoterischen Gespräch zwischen einer Handvoll von Fachmännern; in ihrer Lebenswirkung aber sind sie öffentlich und präsent. Nicht nur daß in jeder Kartoffel Agrikulturchemie steckt, in jedem Küchengerät Elektrotechnik, in jedem Stück Holz wissenschaftlich betriebene Forstwirtschaft, auch die Rechtspflege und die Medizin, die Sozialversicherung und das Erziehungswesen sind durchaus auf Wissenschaft begründet. Es wird zum eigenen Problem, die freischöpferische Tätigkeit da, wo sie unersetzbar ist, etwa die des Arztes, des Lehrers, des Sozialhelfers, vor der allzu engen Verstrickung nicht nur in bürokratische Regelungen, sondern auch bereits in die wissenschaftliche Methodik zu schützen, die anderseits für ihre Arbeit unentbehrlich ist.

All das gehört zu dem unumkehrbaren Gang, den die abendländische Wissenschaft eingeschlagen hat. Sie ist dadurch zum entscheidenden Faktor im System der Industriekultur geworden, hat also, weltgeschichtlich gesehen, die große Kulturschwelle forcieren helfen, die das industrielle Zeitalter in der Geschichte der Menschheit bedeutet. Eben dies hat sich im 19. Jahrhundert entschieden, und das 20. ist insofern dessen geradlinige Fortsetzung, allerdings in einem stark beschleunigten Tempo, mit einem viel höheren Grade von Bewußtheit und wesentlich kühner in der Wahl der Ansätze. Einige Großplanungen von heute, die im Vertrauen auf die Tragfähigkeit der wissenschaftlichen Vorausberechnungen unternommen werden, übertreffen die Utopien des vorigen Jahrhunderts bereits um ein beträchtliches.

Um so wichtiger ist es nun, festzustellen, daß die Wissenschaft in ihrer Binnengeschichte, nämlich hinsichtlich ihrer methodischen Prinzipien und ihrer Kategoriensysteme, im Zeitalter der Weltkriege eine epochemachende Wende vollzogen hat, die einem »Grundlagenwandel« (Werner Heisenberg) gleichkommt. Der große Trend, der im 17. Jahrhundert einsetzte und im 19. zur klaren Fortschrittslinie wurde, ging weiter, aber ein Sprung geschah, wie wenn aufgestaute Energien durchbrächen. In sehr großer Breite, nahezu durch alle Disziplinen hindurch, arbeitete sich binnen einem Menschenalter ein Wissenschaftstypus heraus, der Geist vom Geiste des 20. Jahrhunderts ist. Man könnte von ihm sagen, was Hegel von der Philosophie gesagt hat: sie sei ihre Zeit, in Gedanken gefaßt. Das bedeutet nicht, schon bei Hegel nicht, daß der Philosophie (oder der Wissenschaft) die Aufgabe zufiele, den Sachgehalt oder den Sinngehalt des Zeitalters in begrifflicher Form ins Bewußtsein zu heben; das nämlich ist, soweit es überhaupt möglich und überhaupt eine Aufgabe ist, nicht nur das Werk dieser beiden, sondern die Kunst und die Literatur sind dabei ebensosehr beteiligt, und jedenfalls ist es nur eins ihrer Probleme. Es bedeutet vielmehr: die geistige Struktur des Zeitalters tritt hier im Material des Gedankens in die Erscheinung, wobei die Annahme ist, daß sich die Strukturlinien in diesem Material schärfer abzeichnen, als wenn sie als Bild oder als dichterisches Wort, als Institution oder als politisches Ereignis zutage treten.

Schon die schlichten Daten genügen zum Beweis, daß den ersten vier Jahrzehnten des 20. Jahrhunderts ein hervorragender Rang in der Weltgeschichte der Wissenschaft zukommt. Da das im vorigen Band gegebene Kapitel »Neue Wissenschaft« die Geschichte besonders der naturwissenschaftlichen Disziplinen schon behandelt hat, braucht hier nur an die wichtigsten Daten erinnert zu werden. Die Entdeckung neuer Phänomene, die Schlüsselwert hatten, die resolute Ablösung von den alten Denkmodellen und die Konzeption neuer Grundbegriffe beschränkten sich nicht auf die Physik, wenn auch in dieser der Grundlagenwandel zuerst und am pointiertesten einsetzte. Hier hat gleich das erste Jahrzehnt die beiden Namen erster Größenordnung auf den Plan geführt und die beiden Theorien gebracht, auf denen die neue Mikrophysik und dazu die neue Kosmologie beruhen. 1899/1900 fand Max Planck die Quantentheorie. Sie wurde seit 1905 von Albert Einstein verallgemeinert, seit 1913 auf den Atombau angewandt (Niels Bohr) und in den folgenden fünfzehn Jahren von zahlreichen Forschern bis zur vollständigen mathematischen Präzision ausgearbeitet; die Quantenmechanik (Werner Heisenberg) und die mathematisch äquivalente Wellenmechanik (Louis de Broglie, Erwin Schrödinger) sind aus ihr entwickelt worden. Den zweiten großen Ansatz bildete Albert Einsteins spezielle Relativitätstheorie. Auch sie ist von der internationalen Physik und Mathematik rasch und stetig weitergebaut worden. Die in ihrem Rahmen von Einstein aufgestellte Äquivalenzbeziehung zwischen Masse und Energie enthüllte sehr bald ihre grundlegende Bedeutung für die Physik der Atomkerne.

Um 1927 konnten die quantentheoretischen Gesetze der Mikrophysik als grundsätzlich geklärt gelten, soweit es sich um die Elektronenhüllen der Atome handelt. Von da an wird die Kernphysik zum beherrschenden Thema. 1932 entdeckte James Chadwick bei der Beschießung von Beryllium mit Alphastrahlen die Neutronen. 1934 wurde mit Hilfe der Neutronen von Frédéric Joliot und Irène Joliot-Curie die erste künstliche Radioaktivität erzeugt. 1938 erreichten Otto Hahn und Fritz Straßmann die Spaltung des Urankerns in zwei nahezu gleich große Bruchstücke; da die Trümmer nicht stabile Kerne sind, sondern bei der Spaltung wieder Neutronen frei werden, war die Möglichkeit gegeben, eine Kettenreaktion einzuleiten, die einen beträchtlichen Teil der in der Masse des Urankerns gebundenen Energie freisetzte. 1942 ist von Enrico Fermi in Chicago der erste Atomreaktor in Betrieb gesetzt worden.

So drängen sich in den Raum eines Menschenalters Großereignisse zusammen, wie sie sonst, auch in den besten Zeiten der Wissenschaftsgeschichte, auf Jahrhunderte verteilt sind. Die Dichtigkeit des Vorgangs ist beinahe noch eindrucksvoller als das Tempo des Fortschritts. Resultate, die sich in einem speziellen Zusammenhang ergeben haben, werden sofort zu übergreifenden Verfahrensmodellen erweitert, Hypothesen sofort auf experimentell faßbare Situationen zugespitzt. Die geistige Voraussetzung dafür ist die Bereitschaft, jede aussichtsreiche Denkweise und Rechenart allseitig durchzuvariieren, bis sie, wenn auch nur partiell, auf ein Phänomen zutrifft, auch über den Hiatus des ganz Unvorstellbaren hinweg. Die noch tiefere Voraussetzung ist die völlige Befreiung von den Grundvorstellungen und methodischen Prinzipien, die bisher für alle Wissenschaft verbindlich waren; man definiert, was von ihnen ausgelesen, was ausgeklammert werden soll. Auch diese Freiheit wird mit einer genialen Sicherheit geleistet, bis hin zu der Entscheidung, daß »endgültige« Resultate mit Hilfe eines bestimmten Systems von Begriffen immer nur für bestimmte umgrenzte Erfahrungsbereiche zu gewinnen sind (Werner Heisenberg). Der Mut, auch auf ganz offenem Problemfelde und mit ständig wechselnden Bezugssystemen zu arbeiten, ist, mindestens vorläufig noch, die Bedingung für jeden weiteren Fortschritt und wird als solche bewußt akzeptiert. Immer ist die Möglichkeit eingerechnet, daß trotz allen experimentell gesicherten Resultaten alles wieder problematisch werden kann, je tiefer man in die atomaren Systeme eindringt. Die Entdeckung der neuen, unstabilen Elementarteilchen hat neuerdings wieder Fragen aufgeworfen, für die nur die allerersten Lösungsansätze vorliegen.

Gerade in dieser Hinsicht wird das Stück Wissenschaftsgeschichte, in dem die Grundlagen für das neue Bild von der Natur und vom Weltall gelegt worden sind, für immer von allerhöchstem Interesse sein: als Beispiel dafür, wie nüchterne Einzelforschung und kühn vorgreifende theoretische Phantasie zusammenwirken können, aber auch zusammenwirken müssen, wenn eine in Jahrhunderten befestigte Vorstellungswelt überwunden werden soll, und wie gleichsam lange Durststrecken einer dem Gegenstand völlig entfremdeten Abstraktion in Kauf genommen werden müssen, ehe die Dinge in neuer Perspektive sichtbar werden. Daß der Durchbruch geglückt ist, ist heute längst entschieden, wenn auch gerade die führenden Forscher überzeugt sind, daß der Kontinent einer geschlossenen naturwissenschaftlichen Theorie noch in weiter Ferne liegt. Aber die neuen Denkmethoden konsolidieren sich, sie bewähren sich in einem überraschenden Ausmaß und liefern immer größere Komplexe von einsichtigen oder doch berechenbaren Zusammenhängen. Es gibt zwar noch kein System der neuen Naturerkenntnis, noch nicht einmal eine durch alle Teilgebiete hindurchtragende Erkenntnistheorie, aber es gibt, bescheiden gesprochen, einen sich deutlich herausbildenden Stil des Denkens. Auch über die exakten Naturwissenschaften hinaus – und dies nicht nur so, daß Kategorien und methodische Prinzipien von den Naturauf die Geisteswissenschaften überpflanzt werden, wie das im älteren Positivismus mit Vorliebe getan wurde, sondern so, daß die gleichen Figuren des Denkens: Funktionskreise, Gestaltkreise, komplementäre Verwendung gegensätzlicher Untersuchungsweisen zur Charakterisierung eines und desselben Objekts, von der Sache her in allen Wissenschaften auftauchen. Die Absage sowohl an mechanische wie auch an »organische« Modelle ist allen Wissenschaften gemeinsam.

Auch im Raum der Wissenschaft macht also das Zeitalter der Weltkriege Epoche, auch hier gibt es ein spezifisches 20. Jahrhundert, das sich mit Bewußtsein gegen das 19. absetzt, trotz der viel stärkeren Kontinuität der Problemlinien und der viel stärkeren Verflochtenheit des Generationengangs, die der wissenschaftlichen Forschung im Vergleich zur bildenden Kunst eigen sind. Die Absetzung ist in der Physik am deutlichsten, sie kommt in dem prägnanten Begriff der »klassischen« Physik zum Ausdruck. Doch dieser Begriff hat auf anderen Gebieten seine Parallelen oder wenigstens Analogien, und von einem »klassischen Geschichtsbild«, von dem sich das moderne abhebt, darf sehr wohl gesprochen werden.

Ein Grundlagenwandel ist auch in den Geisteswissenschaften im Gange, nur ist er hier nicht so präzis zu datieren wie auf dem Felde der Physik. Er vollzieht sich in der vielgliedrigen Kleinarbeit der Einzeldisziplinen, während er dort als klare Abfolge von Entdeckungen heraustritt, die den Charakter von Wegemarken haben. An die Stelle der großen Theorien, die den Rahmen für alle weiteren Problemstellungen setzen, treten in den Kultur- und Sozialwissenschaften individuelle Leistungen; sie haben mitten im Positivismus oder (so bei Wilhelm Dilthey) in der Begriffssprache der Lebensphilosophie die neuen Denkweisen antizipiert, die dann seit den zwanziger Jahren in alle Wissenschaften eingesickert sind oder vielmehr sich aus deren konkreter Arbeit herauskristallisiert haben. So ging also hier der Grundlagenwandel großenteils unterirdisch und nicht in der offenen Dramatik vor sich, die der Physik ihren führenden Rang gegeben hat.

Mit welch dürftigen wissenschaftstheoretischen Mitteln hat sich etwa noch Max Weber behelfen müssen! Weder seine Methodik noch seine Resultate waren damit wirklich bezeichnet. Inzwischen haben sich nahezu alle Wissenschaften vom überkommenen Typus, damit vielfach auch von der überkommenen Systematik stillschweigend oder offen abgelöst. Ein Symptom dafür ist, daß sich Scheidungen, die für unüberbrückbar gehalten wurden und die ausgesprochene Schul- und Richtungsgegensätze begründeten, erledigt oder doch entschärft haben, so die zwischen Mechanismus und Vitalismus in der Biologie, zwischen historischem und systematischem Verfahren bei der Analyse kultureller Gebilde, zwischen Individualismus und Kollektivismus in der Geschichtswissenschaft, sogar die zwischen Geistesgeschichte und historischem Materialismus. Auch die Grenzen zwischen den Einzelwissenschaften öffnen sich an vielen Stellen, nicht nur dadurch, daß sich Querverbindungen zwischen ihnen auftun und die Grenzstreifen zu wichtigen Problemfeldern werden, sondern auch dadurch, daß höher abstrahierte Kategorien die Gegenstandssphären gegeneinander aufschließen. Eine neue Systematik der Wissenschaften, die diese Veränderungen einrechnet, ist eins der Desiderate an die zukünftige Philosophie. Aber die Voraussetzungen dafür schafft die Forschung selbst, indem sie allerorten Fragestellungen und Denkmodelle entwickelt, die über die alten Abgrenzungen hinwegragen.

Durchgehende Züge sind: die Entstofflichung der materiellen Gegebenheiten, der weitgehende Verzicht auf die Anschaulichkeit der zugrunde gelegten Denkmodelle, die Absage an bildliche Vorstellungen zugunsten von Formeln, die sich mathematisch oder logistisch weiterentwickeln lassen, das Hindrängen auf Funktionskreise statt auf substantielle Gestalten, auf Verhaltensstrukturen, die experimentell faßbar sind, schließlich das Hineinnehmen des erkennenden Subjekts, seiner Fragestellungen und Beobachtungsapparate in die Aussagen, nicht nur bei deren Gewinnung, sondern endgültig, so daß also sogar die Vorstellung drangegeben wird, die bisher für alle Wissenschaft konstitutiv war: der Forscher stehe einem Objekt »gegenüber«, und dieses werde als solches, im guten Falle total, im unvollkommenen annäherungsweise in die Erkenntnis aufgenommen.

Alles dies, besonders das letzte, ist wiederum in der modernen Physik am deutlichsten und von daher bereits ins allgemeine Bewußtsein eingegangen. Der Mensch, so formuliert Werner Heisenberg, steht nur noch sich selbst gegenüber. Wenn makrophysikalische Meßapparate auf mikrophysikalische Objekte angesetzt werden, handelt es sich nicht mehr um die Wahrnehmung eines unabhängig vom Forschungsakt vorhandenen Sachverhalts, sondern der Zugriff des Instruments verändert den Gegenstand; die Methode kann sich nicht mehr vom Gegenstand distanzieren. So ist also der Gegenstand der Forschung »nicht mehr die Natur an sich, sondern die der menschlichen Fragestellung ausgesetzte Natur«, und die mathematische Formel »bildet nicht mehr die Natur, sondern unser Wissen von der Natur ab«.

Daß diese neue Erkenntnissituation schwere philosophische Probleme aufwirft, ist allgemein zugestanden und wird sogar sehr lebhaft empfunden. Sie komplizieren sich noch weiter dadurch, daß an entscheidenden Stellen verschiedene, und zwar unvereinbare Beobachtungs- und Berechnungsmethoden angesetzt werden müssen, um die verschiedenen »Seiten« der Gebilde einzufangen. So erscheinen in der Physik sowohl das Licht wie auch die elementaren Teilchen der Materie je nach dem gewählten experimentellen Verfahren entweder als Wellen oder als Korpuskeln, aber diese komplementären Eigenschaften können nicht gleichzeitig einer messenden Beobachtung unterworfen werden. Diese Doppelnatur der Mikrowelt hat der Physik »die Richtung ins Unanschauliche aufgezwungen« (A. March). Sie muß sich grundsätzlich damit zufriedengeben, Systeme von Gleichungen aufzustellen, die es gestatten, den Ausgang der Experimente vorauszusagen, auch wenn der physikalische Sinn der angestellten Rechnungen nicht erkenntlich ist. Daß sie auch die eingelebten Grundbegriffe der alten Naturlehre, denen, zu Recht oder zu Unrecht, ein Anschaulichkeitswert anhaftete, aufgegeben oder aufgelockert hat, ist bekannt. Die Relativitätstheorie hat mit der Entdeckung der Äquivalenz von Masse und Energie den klassischen Substanzbegriff, die Quantentheorie den strengen Kausalitätsbegriff entwertet. Denn ihre für die mikrophysikalischen Erscheinungen gültigen Gesetze sind von statistischer Art und lassen den einzelnen Quantensprüngen einen bestimmten Spielraum; der volle Determinismus der Gesetze der Makrophysik wird dann zum bloßen Sonderfall für das Durchschnittsverhalten der großen Kollektive von Mikrogebilden.

Einige der neuen Begriffsbildungen, für die sich die Physik entschieden hat, haben, wie gesagt, bereits den Rang von Denkformen gewonnen, die auch in anderen Wissenschaften anwendbar sind, so der Begriff der Komplementarität in der Biologie und in der Psychologie. Noch wichtiger ist, daß die Wissenschaften vom Leben, von der Gesellschaft und von der Kultur, eine nach der anderen, von sich aus Vorstellungsmodelle und Verfahrensweisen entwickeln, die mit denen der Physik deutlich stilverwandt sind. Dabei liegt der Akzent teils mehr darauf, daß Strukturgesetze und Funktionsgesetze von den Substanzen, an denen sie vorkommen, bewußt abgehoben und als solche in theoretische Formeln gefaßt werden, teils mehr darauf, daß das Instrument der Mathematik auf Erscheinungen angewandt wird, die den Methoden des geisteswissenschaftlichen Verstehens vorbehalten waren, teils mehr darauf, daß die Gegenstandswelt eines Bereichs von wechselnden Sichtpunkten aus auf ihre Kategorien durchleuchtet wird. Ein Beispiel für den ersten Fall ist die Kybernetik. Sie denkt in ihren kritischen Formen nicht mehr daran, daß durch das Studium der Steuerungs- und Nachrichtenapparate das Wesen des Lebens erklärt oder der Unterschied zwischen Organismus und Maschine aufgehoben werden könnte. Aber seit die Technik das Prinzip der Rückkoppelung entdeckt und sogar »ultrastabile« Systeme (W. Ashby) konstruiert hat, und seitdem anderseits die Physiologie rücklaufende Nervenfasern und komplexe Schaltkreise in allen Teilen des Nervensystems aufgewiesen hat, ist es möglich geworden, Apparate mit Selbstregulierung und sensorisch-motorische Kreisprozesse im Organismus aufeinander abzubilden, immer in dem Bewußtsein, daß es sich nur um partielle Strukturgleichheiten handelt und daß die Komplexität im organischen Leben um viele Potenzen höher liegt als selbst in den kompliziertesten Homöostaten.

Den Weg zur Mathematik haben, zuerst in den angelsächsischen Ländern und in Italien, dann überall die Wirtschaftswissenschaften eingeschlagen, und es zeigt sich immer mehr, daß damit nicht nur Handlungsstrukturen und Kreislaufprozesse auf dem ökonomischen Felde exakt beschrieben werden können, sondern daß die mathematische Formulierung auch neue Fragestellungen ergibt und die theoretische Vereinheitlichung bisher getrennter Problemgebiete ermöglicht. Auch auf die anderen Sozialwissenschaften dehnt sich diese Bewegung aus, wenn auch vielfach nur in dem Sinne, daß sich die Methoden der empirischen Untersuchung mit Mathematik ausrüsten. Stellenweise aber dringt die Mathematisierung bis in die zentralen Bezirke der Theorie vor, so etwa in der Psychologie, Sozialpsychologie und Charakterologie. Korrelationsstatistik und Faktorenanalyse mit mathematischen Mitteln treten dann an Stelle der qualitativen Beobachtung und des direkten Experiments. Die Theorie der Spiele (J. v. Neumann, O. Morgenstern) stellt den Entwurf einer universellen mathematischen Theorie hochkomplizierter Handlungsstrukturen dar.

Das Umdenken substantieller Gestalten in Funktionskreise, organischer Gebilde in Verhaltensstrukturen beschränkt sich nicht auf die Bereiche, in denen mathematische Methoden anwendbar sind, sondern es beherrscht seit Jakob von Uexküll, seit Max Weber und seit der Entstehung der modernen *cultural anthropology* die Wissenschaften vom Leben und von der Kultur insgesamt. Es hat zu einer Neufassung ihrer Fragestellungen und Denkformen geführt, die heute bereits so gesichert ist, daß ein internationales Gespräch möglich geworden ist, das gerade in diesen Wissenschaften infolge der Verschiedenheit der philosophischen Grundlagen früher auf viele Hemmungen stieß. Es wäre aber sehr falsch, in der Funktionalisierung der Denkweisen lediglich eine Neuauflage des Positivismus, zum Beispiel in der Verhaltensforschung, die seit dreißig Jahren in der Biologie dominant geworden ist, eine Art Behaviorismus zu sehen, der die Innenseite des Lebens methodisch ausklammert. Ihre entscheidende Wendung liegt vielmehr gerade darin, daß sie »das Tier als Subjekt zum Objekt der Forschung macht« (Adolf Portmann); ihr Problem ist »das Aufbauen von Innenwelt durch Lebendiges«. Die Ganzheit des Organismus wird dann nicht als ein substantiell Gegebenes betrachtet, wohl aber als die Voraussetzung akzeptiert, aus der sich die speziellen Fragestellungen erst ergeben, so die Frage, wie die Erbkoordinationen eines Lebewesens mit seinen Zuwendungen zur Umwelt, zum Partner, zum Feind funktional zusammenhängen und wie aus Ererbtem und Erfahrenem Verhaltensstrukturen »geprägt« werden. Auch diejenigen Äußerungen, die nicht oder nicht vollständig aus dem Mechanismus von Anpassung und Selektion erklärbar sind, werden dann immer einbegriffen.

Daß die neue Biologie mit ihrer Neufassung der Ganzheitskategorie, mit ihrem Hindrängen auf Verhaltensforschung und mit ihrer Einbeziehung der Innerlichkeit auch auf die Anthropologie einwirken würde, zeigte sich bereits in den zwanziger Jahren (Max Scheler). Diese Einwirkungen haben sich seither verstärkt, und sie sind in der fruchtbarsten Weise ambivalent. Sie ergeben einerseits zahlreiche Möglichkeiten, menschliche Antriebsstrukturen und Werkschemata, bis hin zur Sprache und zu den sozialen Ordnungen, wenigstens zum Teil biologisch zu interpretieren, anderseits führen sie dazu, daß die Sonderart des Menschen als des nicht auf bestimmte Instinkte festgelegten, auf »Handlung« gestellten Wesens mit neuer Klarheit heraustritt und bis in die Wahrnehmungssphäre und die Motorik hinein empirisch faßbar wird (Arnold Gehlen). Die Anthropologie ist damit zum Treffpunkt biologischer, psychologischer, kulturwissenschaftlicher und philosophischer Kategorien geworden. Sie bezeichnet heute bereits eine der Herdstellen, von denen aus sich das System der Wissenschaften umbaut.

Es hieße die Dinge vereinfachen, wenn man die These aufstellen wollte, daß die Geisteswissenschaften insgesamt auf den gleichen Wegen sind. Denn in ihnen ist die Vielfalt der Methoden sehr groß und der Stil des Denkens sehr eingelebt. Die Prinzipien der Textkritik, der Hermeneutik und der historischen Analyse, die im 19. Jahrhundert entwickelt worden sind, sind in vielen Disziplinen so unentbehrlich, daß sie höchstens im gleichen Sinne verfeinert werden können. Dennoch ist, zumindest als eine Linie der Entwicklung, auch hier zu konstatieren, daß die Einzelwissenschaften auf das Ziel hin, den Gesamtzusammenhang der ·Kultur zu erfassen (und höher gegriffen: auf das Ziel hin, ein neues Wissen von der Geschichtlichkeit des Menschen zu erringen), zusammenrücken und daß sich ihre Methoden, auch die fachspezifischen, unter dieser Fragestellung verschränken. Daß dabei die substanzhaften Denkmodelle nach Art von Oswald Spenglers »Kulturseele« und Leo Frobenius' »Paideuma« ausgeschaltet werden, stellt eine Parallele zur Umdenkung des Ganzheitsbegriffs in der Biologie dar, und diese Wandlung ist in den Kulturwissenschaften sogar besonders wichtig, weil damit die Alleinherrschaft der Kategorie »Ausdruck« entfällt. Die Kulturen werden dann zu Feldern; die Kreisprozesse, die in ihnen spielen, werden nur begreifbar, wenn sie unter ständig wechselnden Gesichtspunkten aufgenommen werden.

Verhaltens- und Handlungsweisen oder – bei dem stärkeren Objektivitätscharakter der kulturellen Erscheinungen – Haltungen, Denk- und Ethosformen, Stilbildungen und Traditionsbildungen werden auch hier zu den Elementen, aus denen der Strukturzusammenhang des Ganzen aufgebaut wird. Ein solcher Strukturzusammenhang ist außerordentlich vielschichtig. Er reicht von den Mythen bis zur Gebrauchstechnik, von der Familienordnung bis zu den Herrschaftsordnungen und Rechtsinstitutionen. Die seit Max Scheler und Nicolai Hartmann in der Kulturphilosophie und Psychologie entwickelten Schichtenlehren bilden sozusagen den Raster dafür. Im Hintergrund steht Hegels Begriff des objektiven Geistes, der postum seine Überlegenheit über den romantischen Begriff des Volksgeistes erweist, vor allem darin, daß er die Entfremdung als positives Moment in die Idee der menschlichen Freiheit einrechnete: Kultur ist ein dialektisches Gebilde, ihre Prozesse nehmen alle den Umweg über Objektivationen und positive Ordnungen, und ihre Geschichtlichkeit schließt sowohl ein, daß sich der Mensch in den Entäußerungen wiederfindet, wie daß er sich beständig in neue hineinbegibt.

Durch ihre materielle Zusammenarbeit und ihre Methodenverschränkung sind die Kulturwissenschaften fähig geworden, das Problem des Strukturzusammenhangs einer Kultur empirisch in Angriff zu nehmen, ein Problem also, das früher wesentlich in der Philosophie beheimatet war, und sie tun das (was nur scheinbar paradox ist) zum Teil unter viel stärkerer Abstraktion von der Anschaulichkeit als diese. Sie tun es zunächst für die Primitivkulturen; für sie *patterns* auszuarbeiten ist das zentrale Problem der *cultural anthropology* geworden. Die Ethnologie, früher eine wesentlich beschreibende Disziplin, ist damit zu einer hochtheoretischen Wissenschaft geworden. Aber auch für die Theorie der Hochkulturen ist dieser Prozeß im Gange, auch hier in der Form, daß die Kategorien mehrerer Einzelwissenschaften zu einer synthetischen Problemstellung verflochten werden, so die der Sprachwissenschaft und der Philosophiegeschichte, oder die der Archäologie, der Religionsgeschichte und der politischen Historie, oder die der Wirtschaftsgeschichte, der Rechtswissenschaft und der Soziologie.

Die Grundlage dafür bildet die Tatsache, daß die außereuropäischen Hochkulturen, vor allem die des Alten Orients, durch die neueren und neuesten Ausgrabungen und Schriftentzifferungen zu einer Präsenz gebracht worden sind, die noch um 1900 kaum zu erhoffen war. Die Ablösung der Prähistorie aus der naturwissenschaftlichen und ihre Aufschließung für die historische Denkweise gehört in denselben Zusammenhang. Der geschichtliche Raum ist damit nicht nur unerhört erweitert, sondern gleichzeitig den linearen geschichtsphilosophischen Konstruktionen entrückt worden; dafür ist er für die empirisch greifbaren, freilich sehr komplizierten Fragen der interkulturellen Beziehungen und des immanenten Kulturwandels, der Völkerbewegungen, Durchdringungs- und Überlagerungsprozesse geöffnet worden. Hier liegen die Ansätze für das neue Geschichtsbild, das sich vom klassischen deutlich abhebt.

Die Denkmodelle der neuen Kulturwissenschaften werden, auch im Bereich der traditionellen Methoden, steigend abstrakter, wenn auch in anderer Weise als in den experimentellen Wissenschaften. Ähnlich wie dort bedeutet das Ansetzen komplementärer Fragestellungen auf ein Objekt nicht eine Vereinfachung, sondern einen höheren Abstraktionsgrad der möglichen Resultate. Wohl aber wird damit erreicht, daß sich die Probleme gleichsam verdichten und auf die Schlüsselphänomene zusammenziehen. Wie eng sind heute alle Philologien, überhaupt alle mit der Sprache befaßten Disziplinen zusammengerückt, und von wie vielen anderen Wissenschaften her wird das Phänomen der Sprache außerdem angepeilt! Es ist dadurch gewiß immer komplexer, aber auch durchsichtiger geworden; doch dasselbe gilt ja für die Fragen des Atombaus auch. Die historischen Wissenschaften sind in ihrem nachpositivistischen, das heißt in diesem Fall in ihrem nachhistoristischen Zustand für die Grundfiguren des geschichtlichen Geschehens, etwa für die Vieldimensionalität geschichtlicher Situationen, für die Wege und Windungen geschichtlicher Erbgänge, für die Bedingtheit und Reichweite geschichtlicher Entscheidungen sehr hellsichtig geworden. Es ist schwer zu sagen, was diese Blickschärfung mehr gefördert hat: die Erweiterung der Sicht über die klassischen dreitausend Jahre und über den antik-abendländischen Raum hinaus, die höhere Komplexität der Denkmittel oder die Erfahrungsmassen und die Entscheidungsfülle der gegenwärtigen Epoche. Vermutlich haben alle drei zusammengewirkt.

Das internationale Gespräch über Fragen des kulturellen Fortschritts
auf dem Kongreß für kulturelle Freiheit in der Berliner Kongreßhalle, 1960

Die Macht des Obskuren
Wahrsagerei auf einem französischen Jahrmarkt

Eins aber tun die neuen Wissenschaften ausgesprochen nicht, sehr im Unterschied zu den positivistischen des 19. Jahrhunderts. Sie schließen ihre derzeitigen Resultate nicht zu Synthesen mit Endgültigkeitsanspruch zusammen, sie bieten sich also nicht als »Weltanschauung« oder als Religionsersatz an. Das gilt für alle Wissenschaften von der Kosmologie bis zur Universalgeschichte im gleichen Sinne und in gleichem Maße, und es liegt nicht nur an der Abstraktheit ihrer Denkformen und an dem esoterischen Charakter, den ihr Betrieb gerade dort angenommen hat, wo sie es mit den höchsten Zusammenhängen zu tun haben, sondern bereits an der logischen Struktur ihrer Fragestellungen. Sie könnten es also gar nicht, selbst wenn sie es wollten, und so wollen sie es denn auch nicht, wo sie sich ihres Tuns kritisch bewußt sind. Die direkte Auswertung einzelwissenschaftlicher Resultate auf weltanschauliche Entscheidungen ist fast immer ein arger Kurzschluß. Die modernen Wissenschaften arbeiten wesentlich auf offenem Felde. Alle Lösungen setzen sich sofort in die Klammer des Vorbehalts künftiger Forschungen. Alle sind sich ihres partiellen Charakters bewußt.

Das schließt immerhin nicht aus, daß die Erkundungen der Wissenschaft, vorläufig, wie sie sind, und prinzipiell offen, wie sie bleiben, sekundär berichtet und in der Breite mitgeteilt werden können. Es gibt Enzyklopädien aller Formate und Aufmachungen, Überblicke und Digests (darunter auch gute), und sie werden in erstaunlich hohen Auflagen gelesen. Ihr Adressat ist zunächst jener vielseitig oder allseitig interessierte Mensch, von dem wir früher sprachen. Schon das ist fraglos ein Gewinn, denn die Dinge sind objektiv interessant. Es ist aber darüber hinaus wohl kein unbegründeter Optimismus, zu glauben, daß die Wissenschaften in der gegenwärtigen Kultur über ihre Nutzanwendungen hinaus auch in dem tieferen Sinne eine Lebenswirkung tun, daß etwas von ihrem Geist auch noch in den populären Übersetzungen lebendig bleibt.

Die Weltbedeutung der abendländischen Wissenschaft bestand von Anfang an sowohl darin, daß sie Macht verlieh, wie darin, daß sie aufklärte. Sie hat den Raum des Wißbaren erweitert, ihn aber immer auch gegen alle Formen des Aberglaubens und des Afterwissens abgeschirmt. Die Wissenschaften des 20. Jahrhunderts leisten das gerade durch den hohen Grad von Bewußtheit, mit dem sie das Wißbare definieren. Ihre Wirkung, auch in ihren Ausstrahlungen auf die Allgemeinheit, könnte und müßte also sein, daß sie die Dämme verstärken, hinter denen mit wachsendem Druck trübe Fluten andrängen, von weltanschaulichem Geschwätz bis zur wohlgezielten Ideologie, vom Obskurantismus bis zur Ersatzreligion. Auch diese alle gehören zum Zeitgeist. Es wäre sehr töricht zu verkennen, daß es ein sehr hoher Anspruch ist, dessen allgemeine Erfüllung kaum zu erwarten ist, der Mensch solle in einer Welt des Wissens leben, die prinzipiell offen ist. Und es wäre sehr unehrlich zu leugnen, daß infolgedessen der Aberglaube auch grassiert, teils in raffiniert aufgemachten, teils in sehr grobschlächtigen Formen, bis hin zu den »Horoskopen«, auf die keine Zeitung mehr verzichten zu können glaubt.

Engagement auf Kurzschluß

Das Phänomen der Ideologie gehört zum industriellen Zeitalter. Der Begriff Ideologie tritt im ersten Drittel des 19. Jahrhunderts auf, mit Vorklängen in den Jahrzehnten um die Französische Revolution, und das ist nicht nur ein Datum der Begriffsgeschichte, sondern das industrielle System, zunächst in seiner Gestalt als werdende Klassengesellschaft und als demokratische Bewegung, und das Denken in Ideologien gehören wesensmäßig zusammen. Hier erst wird die Ideologie zum wirksamen Kampfmittel, daher sehr bald zum universellen Stil der Auseinandersetzungen, zur durchgebildeten Sprache, in der sowohl die Verhältnisse wie die Willensziele formuliert werden müssen, um Interesse zu erwecken und Engagement hervorzurufen. Die realsoziologischen Voraussetzungen dafür sind: der Wegfall eingelebter, für das Bewußtsein fraglos gültiger, die gesellschaftlichen Unterschiede übergreifender Legitimierungen, die Auflösung der ständischen Ordnungen, in denen partikuläre Freiheitsrechte und Sonderverpflichtungen im Rahmen eines Ganzen aufeinander abgestimmt waren, die Radikalisierung der Klassengegensätze seit dem Aufkommen des Maschinenwesens, sodann der Gedanke, der seit 1789 alle Revolutionen angetrieben hat, man könne eine Ordnung der Gesellschaft, ein System der Güterverteilung und eine gerechte Verfassung des Staats nach rationalen Maximen konstruieren. Sobald dieser Gedanke dominant wird, werden diejenigen, die im Wege oder auch nur beiseite stehen, zu Feinden der Vernunft, zu Feinden des Volks, zu Feinden der Menschheit. Es erwächst gegen sie die Pflicht des letzten Kriegs und das Recht der Ausrottung. Der Begriff des Feindes aber oder vielmehr die These, daß dieser Begriff nicht einen relativen, sondern einen absoluten Sinn habe, ist der eigentliche Schlüssel für Ideologien. Sie stehen alle auf dem Dogma, daß es Freund-Feind-Fronten gebe, die nicht nur in Lebensinteressen und konkreten Situationen, sondern in der Idee des Menschen begründet sind und die darum zum totalen Kampf, sogar zum totalen Siege zwingen.

Der Ursprung der Ideologien liegt also in den sozialen Gegensätzen, die das industrielle System aufgeworfen hat, und insofern ist der Bürgerkrieg, will sagen derjenige des industriellen Zeitalters, der eigentliche Krieg. Erst in einem zweiten Schritt, endgültig erst in der Epoche der Weltkriege ist die Tatsache einer ideologisch geladenen Politik aus dem Binnenraum der sozialen Kämpfe in die Sphäre der Weltpolitik übertragen worden, mit allen Folgen der Totalisierung der Gegensätze und der Erstarrung der Fronten, die sich daraus ergeben. Dieser Prozeß hängt sehr tief mit der Veränderung zusammen, die die Nationen im Schmelztiegel der Weltkriege und unter dem Hochdruck der Nachkriegslage erlitten haben und die Ortega y Gasset als ihre »Verflüchtigung« beschreibt. Sie sind, willig oder mit Widerstand, in die Mächtegruppen und Mächtekonstellationen höherer Potenz eingegliedert worden, in die sich die Erde aufteilt und die das Privileg der großen Waffen haben; nur innerhalb ihrer vermögen sie ihre autonomen Ziele zu verfolgen. Das bedeutet Abstriche an ihrer Souveränität, Abstriche an ihrer politischen Substanz, es bedeutet aber auch ihre Subsumtion unter ideologische Kategorien. Dafür, daß Nationen ein Sendungsbewußtsein übernationaler oder menschheitlicher Art in sich entwickelten, gibt es zwar auch früher schon Beispiele; Frankreich hat das getan, England, Rußland, die Vereinigten Staaten von

Amerika. Aber der moderne Fall ist sehr anders. Es »verflüchtigt« sich der Charakter der Nationen als konkreter Subjekte ihrer eigenen Geschichte. Sie identifizieren sich mit ideologischen Positionen oder werden von außen her mit solchen identifiziert. Sie werden zum Feind der Menschheit oder zum Hort der Freiheit, zum Vorkämpfer der sozialen Weltrevolution oder zum Bollwerk gegen sie, zum Garanten des Weltfriedens oder zu dessen Störenfried; wobei es sich, wie angemerkt sei, nicht um die Frage handelt, was und wieviel davon objektiv zutrifft, sondern nur um die Tatsache der Ideologisierung des politischen Kräftespiels und aller seiner Figuren. Ideologien, gerade die großen, sind nie bloße Vortäuschung oder zweckhafte Lüge, sondern es werden in ihnen wirkliche Positionen formuliert, wirkliche Fronten bezeichnet, nur eben mit dem Willen, sie ins Absolute zu überhöhen und zu kontradiktorischen Gegensätzen zu verschärfen.

Es ist schwer zu entscheiden, ob die Breiten- und Tiefenwirkung der Ideologien im 20. Jahrhundert zu- oder abgenommen hat und was in dieser Hinsicht weiterhin zu erwarten ist. Mehrere Entwicklungen, die interferieren und zum Teil einander entgegenwirken, wären dabei in Rechnung zu stellen. Zunächst ist zu bedenken, daß auch in der neuen Gestalt der industriellen Gesellschaft viele Momente wirksam geblieben sind, die den Ideologien ihre Macht im öffentlichen Bewußtsein und ihren Kampfwert in den sozialen Auseinandersetzungen gegeben haben. Die Klassengegensätze haben sich zwar in der beschriebenen Weise abgeschliffen und entschärft, aber daß hartgesottene Interessengruppen, schlagkräftig organisiert, einander gegenüberstehen, ist nicht zu leugnen, es gehört sogar zum Strukturgesetz der sozialstaatlich verfaßten pluralistischen Gesellschaft. Auch wo ihre Machtkämpfe in institutionalisierten Formen vor sich gehen, wird auf ideologische Argumente nicht verzichtet, und die Ideologie auf der einen Seite induziert immer die auf der anderen.

Wirksam geblieben sind vor allem die Ursachenreihen, die das Bewußtsein des gegenwärtigen Menschen für die Sprache und Logik der Ideologien empfänglich machen. Er lebt unter so komplizierten und fremdbestimmten Bedingungen, daß er dauernd gezwungen und daher gewöhnt ist, Informationen hinzunehmen, die er nicht nachprüfen kann, Handlungs- und Meinungsschemata zu akzeptieren, die mit eigner Erfahrung nicht unterbaut sind, und sogar in seiner Arbeit sich in Zusammenhänge einzufügen, die er nur unvollkommen überschaut. Den großen Kreisläufen gegenüber, von denen seine Existenz abhängig geworden ist, versagt das eigene Urteil erst recht. In dieser Erfahrungsleere siedeln sich die Ideologien an; sie finden hier ihre Chance, aber auch ihre Aufgabe und zum guten Teil sogar ihren Inhalt. Sie warten mit einer Pauschalformel auf, in der gerade diese undurchsichtigen Zusammenhänge gedeutet werden. Sie wissen mit einem Wort zu sagen, welche Mißstände in der gegenwärtigen Ordnung bestehen und wer an ihnen schuld ist. Sie wissen zu sagen, wie die Entwicklung weitergehen wird und auf wen die Hoffnungen zu setzen sind. Sie sind gleichsam die Informationen im großen, im Weltanschaulichen, und sie liefern die sittlichen Haltungen, die man einzunehmen hat, gleich mit. Sie sind also einem Lebenssystem, das die konkreten Erfahrungsmöglichkeiten des Einzelnen überschreitet, wohl aber als Ganzes für ihn existenzbestimmend ist und daher nach Deutung verlangt, exakt angepaßt. Kein Wunder, daß der Mensch der industriellen Gesellschaft für sie sehr anfällig ist.

Hinzu kommt der hohe Entwicklungsstand der modernen Propagandatechnik. Sie hat es meisterhaft gelernt, Parolen, Leitbilder, Wunschbilder zugkräftig zu plakatieren und sie an den Mann zu bringen, das heißt, sie auf diejenigen Situationen abzustimmen, in denen sie Resonanz finden. Daß Ideologien insbesondere in Krisenlagen eine unheimliche Macht gewinnen können, haben Faschismus und Nationalismus gezeigt. Für welche Ideologien die brüchigen Teile des tertiären Sektors ansprechbar sein könnten, ist noch keineswegs durchgeprobt. Wenn sich Nationalismen und politische Befreiungsaktionen mit sozialen Forderungen und womöglich mit religiösen Erneuerungsbewegungen amalgamieren, ergeben sich hochexplosible Mischungen; dafür liefern die Entwicklungsländer Beispiele.

Alle Ideologien sind Kampfinstrumente, nicht nur in dem Sinne, daß sie ihre Position als Front und als Ausgangslage für einen Sieg formulieren, auch nicht nur in dem Sinne, daß sie den Feind in der Form, wie sie ihn brauchen, in das Bild des Ganzen aufnehmen, sondern sogar in dem Sinne, daß sie ihre Bindung an eine bestimmte Interessenlage leugnen; dafür rechnen sie freilich den gegnerischen Ideologien diese Bindung um so eindringlicher und oft' mit viel Scharfsinn nach. Das klassische Beispiel dafür ist der Marxismus, in dessen Ideologienlehre der Begriff der Ideologie ursprünglich rein polemisch konzipiert war. Die herrschenden Klassen aller bisherigen Gesellschaftsordnungen haben ihre Interessen mit Ideologien umkleidet und bis zur Unkenntlichkeit in solche umformuliert, weil sie erkannt haben, daß man die Menschen so am sichersten und billigsten beherrscht; die herrschende Klasse der bürgerlichen Gesellschaftsordnung tut das mit dem größten Raffinement. Ganze Systeme des Rechts und der Moral, ganze Philosophien und Literaturen, erst recht die Religionen wurden nach diesem Schlüssel interpretiert, und die Aufgabe war dann immer, die Ideologien zu entlarven, das heißt den Herrschaftsanspruch bloßzulegen, der sich durch sie zu legitimieren strebt. Jedenfalls: Ideologie, das waren immer die anderen, während man selbst die lautere Wirklichkeit des wissenschaftlich erkannten Geschichtsprozesses repräsentierte.

In dieser Hinsicht ist nun freilich im 20. Jahrhundert eine wesentliche Änderung eingetreten. Die Ideologien sind zum Objekt der Kritik geworden, zunächst im Verhältnis zueinander. Wer die Argumente des Gegners eine Ideologie nannte, auf den fiel dasselbe Prädikat zurück, so daß sich der polemische Gebrauch des Begriffs neutralisierte. Schon die Vermehrung der Ideologien, ferner die Aufspaltung des Marxismus in feindliche Richtungen wirkte in diesem Sinne. Darüber hinaus wurde eine theoretische Wissenschaft von den Ideologien entwickelt, die vor allem Vilfredo Pareto verpflichtet war. Er hat als erster in großer Form die neue Fragestellung durchgeführt, die darin besteht, Denkinhalte und Vorstellungsreihen zu den »Residuen«, das heißt zu den Handlungsimpulsen und Interessen in Beziehung zu setzen, mit denen sie erfahrungsgemäß zusammen auftreten. Daraus ergab sich, als Teil der Wissenssoziologie, eine Ideologienlehre, die die Ideologien und schon die Bewußtseinsstrukturen, die ihnen zugrunde liegen, auf die Seinslagen hin »relationiert« (Karl Mannheim), denen sie zugeordnet sind.

Man kann mit Fug und Recht bezweifeln, ob diese Veränderungen, die im intellektuellen Raum spielen, direkt auf die politische Wirklichkeit eingewirkt, ob etwa die Ideologien durch sie einen Teil ihrer Überzeugungskraft eingebüßt haben. Aber einen Teil ihrer

»Warten auf Godot«
Szene aus einer Pariser Aufführung des Stückes von Samuel Beckett, 1956

Finale eines tatarischen Volksstückes im Bolschoi-Theater in Moskau, 1957

Naivität haben sie sicher eingebüßt. Sie sind im Kampf gegeneinander zu höherer Bewußtheit gezwungen worden. Sie müssen sich selbst als Systeme von Thesen verstehen, die auf Kampf und Wirkung berechnet sind. Sie müssen die Einwände, die zu erwarten sind, präventiv abwehren, sei es, indem sie denjenigen, der sie machen wird, pauschal diskriminieren, sei es, indem sie seine Denkweise als situationsbedingtes falsches Bewußtsein von vornherein einrechnen. Vor allem müssen sie, da es auf Massen- und Dauerwirkung, auch im Feindlager, ankommt, ihre Sender verstärken. Sie müssen um der Einprägsamkeit willen immer dasselbe sagen, doch immer lauter und mit immer größeren Worten.

Hier setzt nun ein Mechanismus ein, der möglicherweise doch zu einer Schwächung des ideologischen Faktors führen könnte, stellenweise wohl schon dazu geführt hat; es fragt sich nur, wie nachhaltig und in welcher Breite. Kann eine Wahrheit auf Dauer Glauben erwecken, wenn sie so lautstark bei jeder passenden und unpassenden Gelegenheit verkündet wird, wenn sie so große Worte macht und wenn ihre Texte denen der Gegenwahrheit so ähnlich werden, daß man nur einige Vokabeln auszuwechseln braucht, um hier und dort dasselbe zu hören? Worte wie Volk und Vaterland, Freiheit, Gleichheit, Menschheit und Friede verfallen notwendig der Inflation, wenn sie ohne volle Deckung ausgegeben werden. Kommt noch der evident lügenhafte Gebrauch hinzu, so ist der Verschleiß gewiß. Der Nationalsozialismus hat darin das Äußerste getan, schon durch die Bedenkenlosigkeit, mit der er die Ideen je nach Lage und Zweck gewechselt hat. Doch das Phänomen als solches ist allen totalitären Ideologien gemeinsam. Ein Sondergericht, daß in direktem Auftrag der Macht gesetzwidrige Bluturteile fällt, heißt Volksgerichtshof. Eine Polizei, die mit einiger Zuverlässigkeit auf das Volk schießt, heißt Volkspolizei. Wenn einer dem anderen nicht traut, auch nicht trauen kann, besteht Volksgemeinschaft. Die Folge davon kann eigentlich nur sein, daß die Ideologiengläubigkeit erlahmt, und das würde zunächst einmal heißen, daß die Fähigkeit wächst, zwischen den Zeilen der Ideologien zu lesen und das unbedingte Ja, das sie fordern, zurückzuhalten. Symptome dafür sind denn auch vorhanden, nicht nur in der »skeptischen Generation« (Helmut Schelsky) der Nachkriegsjugend in Deutschland.

Trotzdem kann von einer Ideologiendämmerung nicht die Rede sein. Dazu ist das System der industriellen Gesellschaft mit dem Denkschema der Ideologie viel zu fest verbunden. Alle Mächte und Bewegungen legitimieren sich in diesem System in dieser Sprache und zwingen einander in sie hinein. Seit aber jener große Übergriff der Ideologien auf das Feld der Weltpolitik stattgefunden hat, also seit der Epoche der Weltkriege, hat sich dieser Zusammenhang erst recht befestigt. Die politische Erde als ganze ist ideologisch polarisiert; der Nullmeridian ihres Gradnetzes, das heißt die Begriffe östlich und westlich sind ideologisch definiert. Der Traum, daß sie unter dem Gesetz und unter den Segnungen der Industriekultur *one world* werden würde, hat sich erfüllt, nur eben selbstverständlich nicht so, wie er geträumt wurde, sondern so, wie die Geschichte Träume erfüllt. Sie schafft nie Utopien, sie schafft immer Spannungsfelder, im gegenwärtigen Fall eins, das die ganze Erde übergreift und in dem es keine isolierbaren Teilräume mehr gibt.

Nachdem die Menschheit in diesem konkret-geschichtlichen, völlig unutopischen Sinne zur Weltbürgerschaft geeint, nämlich insgesamt in das Lebenssystem der Industriekultur hineingezogen worden ist, kann es nicht mehr als sinnlos erscheinen, daß ihre Kriege zu Bürgerkriegen werden, ideologisch selbstgerecht, total in den Zielen und in den Mitteln. Die Mächte, jedenfalls diejenigen, zwischen denen die Entscheidungen fallen, rüsten sich außer mit den nuklearen mit ideologischen Waffen auf, die Ideologien aber amalgamieren sich je mit einer Macht, die auch über die anderen Waffen verfügt und die dann nicht nur ihr Vorkämpfer und Herold, sondern ihr Körper wird. Eben damit gewinnen sie eine neue Gewalt, auch über die Seelen und Geister der Menschen. Eine noch so geistvolle Ideologie, die keine solche Verkörperung in einer realen Macht hätte, wäre eine literarische Angelegenheit und im Grund überhaupt noch keine Ideologie. Wer sich einer Ideologie verschreibt, meint immer auch die Macht, die ihr Körper ist. An ihr, an ihren Kämpfen und Siegen will er Anteil haben. Daß sie völlige Unterwerfung auch des Kopfes und des Gewissens fordert und daß in ihrem Dienst schon Lauheit Verrat ist, meint er mit. Gerade dieses Opfer seiner Person bedeutet für ihn die Bestätigung seiner Existenz, und dieses Aufgehen in einem anderen, mit vielen anderen zusammen, ist ihm köstlicher als die Freiheit.

Hier ist nun auch der Geist betroffen, und zwar bis in seine hohen Formen hinein. In der soeben gekennzeichneten Struktur des gegenwärtigen Zeitalters ist ihm eine der Positionen, die er einnehmen kann, vorgezeichnet. Er kann eingespannt werden oder sich selbst einspannen in eine der Fronten. Er kann sich im Kampf der Interessen und der politischen Mächte auf die eine Seite schlagen, und zwar so gründlich, daß er sich ganz zur Verfügung stellt. Er weiß, daß er dann selbst zur Ideologie wird, aber gerade das will er. Eine sehr merkwürdige Umkehrung der Wertakzente ist in dieser Hinsicht im Gange. Während ursprünglich die bürgerliche Welt als die Brutstätte der Ideologien galt, gilt nun derjenige, der keine Ideologie hat und sich keiner verschreibt, sondern auf seine Freiheit Wert legt, als »bürgerlich«, will sagen als unentschieden, als unkämpferisch, als privat und zukunftslos.

Nahezu in allen seinen Formen ist der gegenwärtige Geist in dem Sinne »engagiert«, daß er von den Problemen des Zeitalters nicht loskommt, auch nicht loskommen will, und daß er die gegenwärtige Lebensordnung als die Ausgangslage anerkennt, von der aus nach vorn gedacht werden muß. Nur daß ihm diese Gegenwart, offen wie sie ist, keine vorgegebenen Prämissen, nicht einmal verbindliche Fragestellungen an die Hand gibt, sondern alles freiläßt. Nur indem der Geist sich selbst festlegt, nur durch die Entscheidung für eine Ideologie, also nur durch ein Engagement im spezifischen Sinne, durch ein Engagement auf Kurzschluß kann er das Koordinatensystem, das als ein allgemeingültiges im Zeitalter nicht vorhanden ist und das er selbst hat zerstören helfen, für sich zurückgewinnen.

Littérature engagée dieser Art hat es natürlich immer gegeben, seit es Ideologien und die Möglichkeit der freien Wahl zwischen ihnen gibt, in Frankreich das ganze 19. Jahrhundert hindurch, desgleichen im zaristischen Rußland, in Deutschland und anderen Ländern vor allem in den Zeiten des Vormärz. Im Zeitalter der Weltkriege ist eine Reihe von Momenten hinzugekommen, die die ideologische Bindung und Selbstbindung der Literatur, der Kunst und der Wissenschaft verstärkt, aber auch die Problematik akut gemacht haben, die in dieser Position des Geistes liegt. Wenn sich eine politische Macht und eine Ideologie miteinander identifizieren, wird das ganze Geistesleben im beherrschten Raum, einschließlich seiner Ausstrahlungen in die Umwelt, in Dienst genommen und zu diesem Behuf »ausgerichtet«. Der Nationalsozialismus hat das mit seinen Begriffen der entarteten Kunst, der liberalistischen Wissenschaft, der arteigenen Physik und der völkischen Geschichtsanschauung in höchst banausischer Weise getan, zugleich aber mit vielen brutalen Zugriffen, die schwere Wunden in das deutsche Geistesleben schlugen. Das Sowjetsystem hat es, wenn auch mit einigen Schwankungen in der Generallinie, sehr konsequent im Sinne einer materialistischen Weltanschauung, einer »proletarischen« Kultur und einer technokratischen Bildung getan und tut es noch.

Dabei sind diejenigen Fälle im Grund uninteressant, in denen die Philosophie, die Kunst und die Dichtung nur eben bereitwillig die Themen und die Thesen übernehmen, die ihnen das System auferlegt. Wichtig aber sind die Fälle, wo die ideologische Entscheidung bis in die innere Form der geistigen Werke hineinwirkt und nicht nur den Inhalt, sondern auch die Art der Aussagen bestimmt. Bert Brecht spricht vom »epischen Theater«: es stelle die Menschen und ihre Schicksale, im Unterschied zum dramatischen Theater, nicht so dar, daß sie die Endgültigkeit und Selbstverständlichkeit gewinnen, die die große Kunst ihren Gegenständen zu verleihen vermag; es weise vielmehr die Zustände als nicht-selbstverständlich, als veränderbar auf und setze das Verhalten der Personen der Kritik aus, nütze also die fehlende vierte Wand der Bühne und die Anwesenheit des Publikums aus, um zu lehren und zu wirken, einer Philosophie ähnlich, die die Welt nicht nur zu erklären, sondern zu verändern beabsichtigt; beide seien freilich nur als Organe einer Bewegung und einer realen Macht möglich, die ihrerseits dieselbe Absicht hat.

Analog ist eine bildende Kunst denkbar, der eine Ideologie die Hand führt, desgleichen eine Wissenschaft, deren Fragestellungen durch eine solche fundiert sind oder doch eingeengt werden. Beide werden denn auch gefordert, organisiert oder wenigstens begünstigt, gelegentlich sogar von Systemen, die nicht totalitär sind. Der Geist tritt dann in eine Verpflichtung über die Verpflichtung hinaus, die aus der Autonomie seiner Arbeit folgt. Damit aber wird eine Spannung gesetzt, die so strukturbedingt ist, daß sie jederzeit akut werden kann. Der Geist steht immer unter einem gewissen Argwohn, auch wenn er zur Linientreue entschlossen ist, und er steht zu Recht darunter. Denn die Macht muß natürlich fordern, daß alles, was in ihre Ideologie eingeht, Parolen zur Sammlung und zur Scheidung der Geister, Instrumente der Selbstbehauptung und der Offensive liefert. Wer bürgt aber dafür, daß die Wissenschaft nicht unterwegs dem Objektivismus verfällt, also ihre Wahrheiten über die Grenze hinaus weiterdenkt, innerhalb deren sie sich in die Ideologie einfügen? Desgleichen die Kunst. Wo kämen wir hin, wenn sie zwar unseren Sieg, aber auch seine Opfer, oder wenn sie zwar unsere Gegner im Sturz, aber noch im Sturze menschlich oder gar schön darstellen wollte? Und wird sie das nicht tun, gerade wenn sie gut ist? Dann hätte sie ihren Verrat schon begangen, ebenso wie die Wissenschaft, wenn sie zwar in Sachen der Erblehre, der Rassenkunde und der Geschichtsdeutung die Argumente beibrächte, die uns dienen, aber die anderen Möglichkeiten auch nur theoretisch offenließe.

Eine weitere Veränderung ergab sich aus der Vervielfältigung und Überkreuzung der ideologischen Fronten. Hierfür waren die zwanziger Jahre der Höhepunkt, und die Herdgebiete lagen in Deutschland und in Frankreich. Die drei oder vier großen politischen

Ideologien, die das 19. Jahrhundert kannte, waren im wesentlichen auf die offiziellen Parteien aufgeteilt, in deren Programmen absorbiert und eindeutig nach rechts und links geordnet. Nun aber verwirrten sich diese beiden Pole der traditionellen Politik, zuweilen vertauschten sie sich. Demokratisch und autoritär, national und bolschewistisch, konservativ und revolutionär mischten sich zu neuen Einheiten. Diese Legierungen standen über den Parteien und legten Wert darauf, aber es war oft nicht zu entscheiden, ob sie rechts oder links über ihnen standen. Die Krise des liberal-demokratischen Systems (eins der Stichworte dieses Jahrzehnts), tiefer gesehen die Krisis der bürgerlichen Welt, bildete den Hintergrund. Die verbindende gemeinsame Grundlage, die parlamentarische Diskussionen allein möglich macht, entfiel. Wo der Terminus Widerstand zum Programm wurde, war immer zuerst der Widerstand gegen die Mitte und gegen die mittleren Ausgleiche gemeint, die als faul empfunden wurden.

In diese Bataillen ist das Geistesleben der Zwischenkriegszeit sehr stark verwickelt gewesen, und in noch breiterem Umfang war es von ihnen infiziert. Sie spielten zum guten Teil in den Hirnen, in den Zeitschriften, in den bündischen Gruppen und Zirkeln; wenn sie zu Stichflammen ausbrachen, dann freilich auch in Straßenschlachten, und dann waren sofort die politischen Mächte interessiert. Das totale geistige Engagement, etwa das gegen den Krieg, das gegen die Trägheit des sozialen Gewissens, hat nicht nur alarmierend, sondern auch produktiv gewirkt; es hat große Kunstwerke und Dichtungen erzeugt, in andere ist es als Ferment eingegangen. Wo es fehlte, erging die Anklage auf Ästhetizismus oder auf Schlimmeres. Auch synthetische Lösungen wurden oft für die eine der beiden Seiten usurpiert.

In der Ära des zweiten Kriegs und in der Hochspannung, in die hinein er sich fortsetzte, wurde die Ideologisierung der politischen Mächte und ihrer Gegensätze entscheidend für die Situation des Geistes. Nationen, die sich mit einer ideologischen Position identifizieren oder mit ihr identifiziert werden, sind keine Vaterländer mehr; das Wort »in meines Vaters Hause sind viele Wohnungen« trifft auf sie nicht mehr zu. Sie werden in einem ganz anderen Sinne als dem von Ernest Renan gemeinten »plébiscites de tous les jours«. Im Kampf gegeneinander lösten sich die Ideologien von den Nationen ab, griffen über sie hinweg oder spalteten sie, doch waren sie anderseits fest mit einigen Machtstaaten verkoppelt und wurden in ihrer Hand zu immateriellen Waffen, die alle Grenzen durchdrangen. Zwei Systeme von Gleichungen, die schlechterdings nicht ineinander zu transformieren sind, zerren dann, besonders wenn Heißer Krieg herrscht, an jedem Menschen, an jeder persönlichen Entscheidung, so auch an jedem geistigen Werk – selbst wo eine Ideologie nicht evident als Herrschaftsinstrument und Knechtungsmittel mißbraucht wird, aber dort natürlich erst recht. Damit eröffnet sich die »heutige Landschaft des Verrats« (Margret Boveri), doch zugleich wird der Begriff des Verrats ambivalent. Loyalität gegenüber der Macht, in der die Ideologie verkörpert ist, wird Verrat, nämlich an allem, was in der Ideologie vergewaltigt, verfälscht oder verkrampft wird; und Verrat wird Treue, nämlich Treue zu all diesem. Ezra Pound, der schon ob seiner überragenden dichterischen Bedeutung eins der großen Beispiele für diese Situation und ihre Tragik ist, hat immer darauf bestanden, daß er dem Vaterland diene, dem wahren, eigentlichen Amerika, dessen Garant Walt Whitman sei, gegen das Amerika des Geldes und der ausgelaugten Sprache.

Der Begriff des »Eigentlichen«, also das eigentliche Amerika, das eigentliche Frankreich, das eigentliche Deutschland, das eigentliche Rußland, reißt die geschichtliche Wirklichkeit an allen Stellen auseinander, in den glücklicheren Fällen nur für die Dauer einer politischen Katastrophe, so daß persönliche Tapferkeit und Geduld den Riß überbrücken können, in den schweren Fällen auf unabsehbar lange Fristen. Auch hier muß wieder, solange es um die strukturelle Kennzeichnung einer Lage geht, die Frage ausgegrenzt werden, auf welcher Seite das objektive Recht liegt, das heißt, diese Frage kann, wenn überhaupt, nur von Fall zu Fall entschieden werden. Zuweilen ist es so, daß die Ideologie, die die Nation im Griff hat, nur eben die Gegenideologie induziert, in der aber trotzdem vieles von der eigentlichen Substanz gehütet sein kann. In anderen Fällen liegt die Rechtsfrage viel eindeutiger. Wenn die Ideologie, die in der Macht sitzt, ein Volk seinem Wesen völlig zu entfremden droht, so wird der Geist in die äußere oder innere Emigration, in die stumme Passion oder in den Heroismus des Widerstands hineingezwungen.

Registrierungen und Bilanzen

Die Gegenwartsbezogenheit des Geistes tritt am offensichtlichsten in die Erscheinung, wenn er die Gegenwart zu seinem Thema macht, und diese Intention ist in ihm sehr lebendig. Sie arbeitet mit den verschiedensten Methoden, schlüpft in die verschiedensten Stile: Tatsachenreports auf Grund statistischer Erhebungen, feuilletonistische Momentaufnahmen prägnanter Situationen, soziologische Analysen, Zeitromane, die, was die Exaktheit der Materialverarbeitung betrifft, mit der strengsten Wissenschaft Ranggleichheit beanspruchen und von ihr die Parole der Wertfreiheit übernehmen. Der Ehrgeiz ist immer, zu registrieren, was vorliegt, dann wohl weiter: die Dinge zu durchleuchten und ihren sachlichen Zusammenhang aufzuhellen, mit dem festen Entschluß, nichts von eigener Phantasie und Gemütsbewegung einzumischen und auch dann nicht enttäuscht zu sein, wenn sich die Zusammenhänge als höchst banal erweisen. Aber schon das erste, die reine Registrierung, gilt als Aufgabe und als Verdienst, weil damit das sehr unübersichtliche Feld der Gegenwart wo nicht begriffen, so doch kartographiert wird. Man weiß: Nebelschichten von traditionellen Wertungen und von eingewöhnten Nomenklaturen, von Klischee-Urteilen und sogar von irreführenden Deutungen liegen dick über der gegenwärtigen Wirklichkeit. Im Grunde sieht niemand sie so, wie sie ist, sondern jeder sieht sie, wie »man« sie sieht. So wird es zu einer Leistung des Geistes, auf die Daten als solche zurückzugehen, sie mit der Sachlichkeit aufzufassen, mit der sie in der Realität wirken, sie zu präzisieren – oder auch, wenn nötig, sie in der Unbestimmtheit und Vieldeutigkeit zu belassen, in der sie sich wirklich befinden und aus der sie nur von denen herausgehoben werden, die an solcher Fixierung ein Interesse haben.

Der Geist rüstet sich zu diesem Geschäft mit viel Spürsinn aus, dazu mit viel Nüchternheit und Illusionslosigkeit. Vor Zynismus hat er nicht die geringste Angst, dagegen scheut er vor jeder Pathetik zurück und ist nervös gegen Prädikate, die zu schön sind, um wahr zu sein. »Abenteuer und Irrfahrten eines seelischen Vivisektors zu Beginn des 20. Jahrhunderts«, notiert Robert Musil in seinem Tagebuch. Auch wo es noch gar nicht um Anatomie, sondern um reine Beschreibung geht, wird nicht Anschaulichkeit gewollt, sondern Kennzeichnung, Diagnose. Die Sprache wird kalt, schmal, abstrakt. Sie bevorzugt Ausdrücke aus der Automationstechnik, aus der Verwaltungspraxis und aus den Börsenberichten, auch wenn von geistigen Dingen die Rede ist. Sie versucht, es den Wänden aus Glas und Beton gleichzutun, zwischen denen das moderne Leben verläuft, es den leise surrenden Apparaten nachzutun, in denen Energien aufgestapelt sind, mit denen man ganze Länder rationell kultivieren oder rationell vernichten kann. Keine ciceronianischen Perioden, die einen schönen Schwung vortäuschen, wo in Wahrheit alles ein hartes Asyndeton ist. Hingehämmerte Hauptworte mit Punkten dazwischen, dann wieder jagende Verben. Auch das ist ein Engagement, nur mit Einschaltung einer Distanz, ein Engagement mehr des Intellekts als des Willens. Das Zeitalter registriert sich selbst. Es referiert über sich selbst. Subjekt, Gegenstand und Adressat werden identisch, aber zwischen ihnen ist die Spannung der zweiten Reflexion. Denn jede Feststellung ist in diesem Fall, gewollt oder ungewollt, eine Reflexion, eine Besinnung, ein Akt des Selbstbewußtseins, da es ja um die eigene Situation und die Befindlichkeit in ihr geht. Wenn die einzelnen Posten registriert werden, ergibt sich der innere Zwang, sie auch gegeneinander aufzurechnen. Die Inventur über die Tatbestände wird zur Bilanz, wird zumindest zum Material für eine solche und drängt auf sie hin.

Damit mündet diese Haltung des Geistes mit der sogenannten Kulturkritik zusammen, oder anders gesagt: sie tritt an die Stelle dessen, was bislang Kulturkritik hieß. Die Auswechslung ist zwar noch keineswegs vollständig geschehen; die Zwischenkriegszeit brachte mehrere bedeutende Schriften vom Typus der Kulturkritik hervor und führte ihr neue Kategorien zu oder gab den alten ein neues Gewicht, so etwa dem Begriff des Massendaseins (Ortega y Gasset, Hendrik de Man). Auch ist die Grenze zwischen den beiden geistigen Haltungen nicht scharf zu ziehen. Dennoch ist recht deutlich und als internationale Erscheinung die Wendung zu beobachten: während die Kulturkritik das Zeitalter vor ihr Gericht forderte, richtet der heutige Geist seine Objektive auf die Gegenwart und geht ihr mit seinen Mikrophonen nach, um ihre Selbstzeugnisse und noch ihre Lautkulissen einzufangen. Ausgefragt wird sie dabei auch, sogar einer dauernden Vernehmung unterzogen, und ihre Geständnisse, Vorspiegelungen und Fehlleistungen werden mit viel Psychoanalyse ausgewertet. Aber die Einstellung ist nicht die des Richters, der im Besitz der Normen ist, viel eher die des Physiologen oder des Zeithistorikers, der den Ablauf eines Prozesses (nehmen wir an: eines sehr kritischen, vielleicht lebensgefährlichen Prozesses) mit innerer Beteiligung, doch mit der des Theoretikers verfolgt, so etwa wie Thukydides die Krisis der Polis im Peloponnesischen Krieg verfolgt haben mag; die Voraussetzungen, auf denen das gegenwärtige Zeitalter beruht, sind dann von vornherein eingerechnet und insofern akzeptiert. Ankläger, Verteidiger und Richter neutralisieren sich sozusagen in einer Person in der des kritischen Beobachters. Die Absicht geht auf Tatbestandsaufnahme, in den anspruchsvolleren Formen auf Diagnose, aber sowohl die Judikatur wie auch die Therapie stehen auf einem anderen Blatt.

Es gibt diesen Typus der Literatur heute überall auf der Welt, wo die Industriekultur zu ihrer zweiten Gestalt ausgereift ist, ebenso wie es im 19. Jahrhundert fast in allen Ländern, die von der industriellen Revolution erfaßt wurden, Kulturkritik gab. Auch in Amerika haben seit der Wirtschaftskrise von 1929/30 und seit dem zweiten Weltkrieg die Gegenwartsanalysen und Zeitdiagnosen breit eingesetzt, nur daß das dramatische Vorspiel der Kulturkritik im europäischen Stil gefehlt hat; denn das 19. Jahrhundert war drüben nicht die Zeit der nationalen Krisen und der sozialen Kämpfe, sondern die Zeit der Nationwerdung, des Aufstiegs zur Weltmacht und der Prägung des amerikanischen Menschen. Dagegen sitzt den europäischen Denkern das Ethos der Kulturkritik sehr tief. Daher klingt vieles davon auch heute noch mit, zum Beispiel die Fragen: Wovon bewegt sich die Menschheit weg, wenn sie sich der industriell-bürokratischen Lebensordnung endgültig verschreibt? Womit wird der Fortschritt an technischer Macht, an Lebensverlängerung und an Wohlstand bezahlt, und ist dieser Preis nicht großenteils in menschlicher Währung fällig? Welche Entfremdungen neuer Art erlegt dieses System mit jedem weiteren Schritt zu seiner Perfektion dem Menschen auf? Ein typisch europäischer Einschlag in den modernen Selbstanalysen der Gegenwart ist auch der Hinweis auf die Muster von Spätkulturen, die in der Weltgeschichte schon vorliegen (Oswald Spengler, Arnold Toynbee). In den Spätzeiten der alten Kulturen erkennt sich das Abendland wieder; besonders die ausgehende Antike legt den Vergleich nahe.

Doch auch hier ist die Wendung unverkennbar. Alle diese kulturkritischen Gedanken werden einbegriffen in das Ziel, die Gegenwart zu charakterisieren, so wie sie ist. Auch der Ausdruck Spätzeit verliert dann seine Werttönung und wird zum reinen Strukturbegriff. Daß das Abendland unterzugehen im Begriffe sei wie ein leck gewordenes Schiff, hat ja auch Spengler keineswegs gemeint. Das Thema ist und wird immer mehr: die Eigengesetzlichkeit der Industriekultur in ihrer zweiten Gestalt, die Eigengesetzlichkeit des Zeitalters, das in der Epoche der Weltkriege begonnen hat. Wir haben bereits früher die Vermutung ausgesprochen, daß dies keine Nachgiebigkeit gegenüber dem Lauf der Dinge und kein Erlahmen des Werturteils bedeutet, vielmehr die Einsicht, daß mit dem Anbruch des industriellen Zeitalters eine Kulturschwelle erster Größenordnung überschritten worden ist, daß anders als unter den nunmehr gültig gewordenen Bedingungen künftig nicht mehr gelebt werden kann und daß daher die alten Wertmaßstäbe großenteils unanwendbar, jedenfalls unspezifisch geworden sind. Dieser Einsicht ist der Wille zur reinen Bedingungsanalyse konform, ebenso wie der Einsicht, daß die industrielle Revolution eine alte Welt dahinsinken lassen werde, die ernste Besinnung auf den Wert des Dahinsinkenden konform war.

Eine Frage läßt sich freilich auch aus der saubersten Tatbestandsaufnahme nicht ausgrenzen: die Frage, wie es unter den Bedingungen der gegenwärtigen Lebensordnung um den Menschen bestellt ist und wie es morgen um ihn bestellt sein wird, wenn sich die Dinge noch ein Stück weiter in der gleichen Richtung weiterentwickelt haben werden. Denn jene Bedingungen sind ja nicht äußere Umstände, die wie Kulissen um den Menschen herumstehen, sondern sie wirken in ihn hinein. Sie beanspruchen ihn auf bestimmte Leistungen und Verhaltensweisen. Sie formen ihn also, sie machen etwas aus ihm, und die Frage, was sie aus ihm machen, ist nicht auszuschalten. Sie ist es, die allen diesen Gegenwartsanalysen ihren diagnostischen Charakter gibt. Das Bestreben, sie nach Möglichkeit zurückzudrängen, ist unverkennbar, besonders in den amerikanischen Theorien des gegenwärtigen Zeitalters. Die objektivste Wendung, die man ihr geben kann, besteht darin, daß man die Veränderungen der Bewußtseinslage und der Antriebsstruktur, die die moderne Lebenswelt im Menschen hervorruft, ausdrücklich zum Thema macht, also auch den Prozeß der inneren Anpassung, des Sichhineinfindens in das sekundäre System samt allen Entfremdungen, die dazu gehören, mit der Distanz des Beobachters registriert. Doch auch dann ist der Frage kaum auszuweichen, was von dem menschlichen Typus und von dem Stil der Lebensführung, die dabei herauskommen, zu halten ist. Die europäischen Diagnosen gehen vor allem auf die Bewußtseinsspaltungen, denen die heutige Zivilisation Vorschub leistet und die sie stellenweise sogar nötig macht, sodann auf die Vereinzelung und Vereinsamung des Menschen, die die Kehrseite des Massendaseins ist, und auf die Aushöhlung der Persönlichkeit als Folge ihrer immer nur partiellen und immer nur funktionalen Beanspruchung. Die amerikanischen Autoren diagnostizieren in erster Linie auf fortschreitenden Konformismus. Sie bestätigen also in aller Nüchternheit und *ex eventu* Tocquevilles Zukunftsvision. In beiden Fällen wird zwar aus den kritischen Begriffen, etwa aus dem des außenbestimmten Typus, des vollangepaßten Menschen, der Konsumkultur, der Rationalisierung und Entlastung die negative Werttönung mit Sorgfalt ausgesiebt, aber im Saldo, das heißt in der Gesamtcharakteristik der Zivilisation erscheint sie doch wieder, sei es in Richtung auf das »Zeitalter der Angst« (Wystan Hugh Auden), sei es in Richtung auf das »Jahrhundert des kleinen Mannes«. Auf die Gegenbegriffe, so auf den des autonomen Menschen, fällt dann ein verklärendes Licht.

Das gleiche gilt, wenn sich die Diagnose nicht auf die Befindlichkeit des Menschen, sondern auf die Entwicklungstendenzen des zivilisatorischen Apparats richtet, wenn also die Frage gestellt wird: Wieweit lassen sich die Prinzipien, auf denen das moderne Lebenssystem beruht, durchführen, ohne daß sie sich totlaufen oder überschlagen? Von welcher Grenze an führt Rationalisierung zur Unvernunft, Sicherung zur Unfreiheit, Ausbau der Sachsysteme zum Verlust der Mitte (Hans Sedlmayr)? Es ist sehr notwendig, diese Fragen zu stellen, sogar bis zu einem gewissen Grade möglich, sie objektiv zu beantworten. Aber natürlich muß auch in diesem Falle eine Art Normbegriff des Menschen vorausgesetzt werden, so stark auch die Wandlungs- und Modulationsfähigkeit der menschlichen Natur in ihn eingerechnet werden mag. Erst von ihm aus wird entscheidbar, wo die Kategorie der Anpassung ihren Sinn verliert und wo die Subsumtion des Menschen unter die von ihm produzierten Sachen nicht mehr bloß Entfremdung, sondern Verschüttung bedeuten würde.

Im übrigen denken alle diese Gegenwartsanalysen futuristisch, und auch das mit gutem Recht, denn die gegenwärtige Zivilisation ist ein Feld weiterlaufender Prozesse. Vor allem ihre technischen Bestände existieren im Modus des Fortschritts. Sie tragen ihre Zukunft schon in sich, und diese Zukunft »hat schon begonnen« (Robert Jungk). Sie muß also einkalkuliert werden, wenn die Bilanz nicht schon im ersten Ansatz falsch werden soll. Daher gehört ein großer Teil der sogenannten *scientific fiction* dem Sinne nach zur Zeitdiagnostik, soweit sie nämlich Kurven, in die die Realität schon eingemündet ist, ein Stückweit extrapoliert und aus Prämissen, die bereits akzeptiert sind, die Schlüsse zieht, die bisher noch

Die Einsamen
Gemälde von Bernard Buffet, 1958. Paris, Privatbesitz

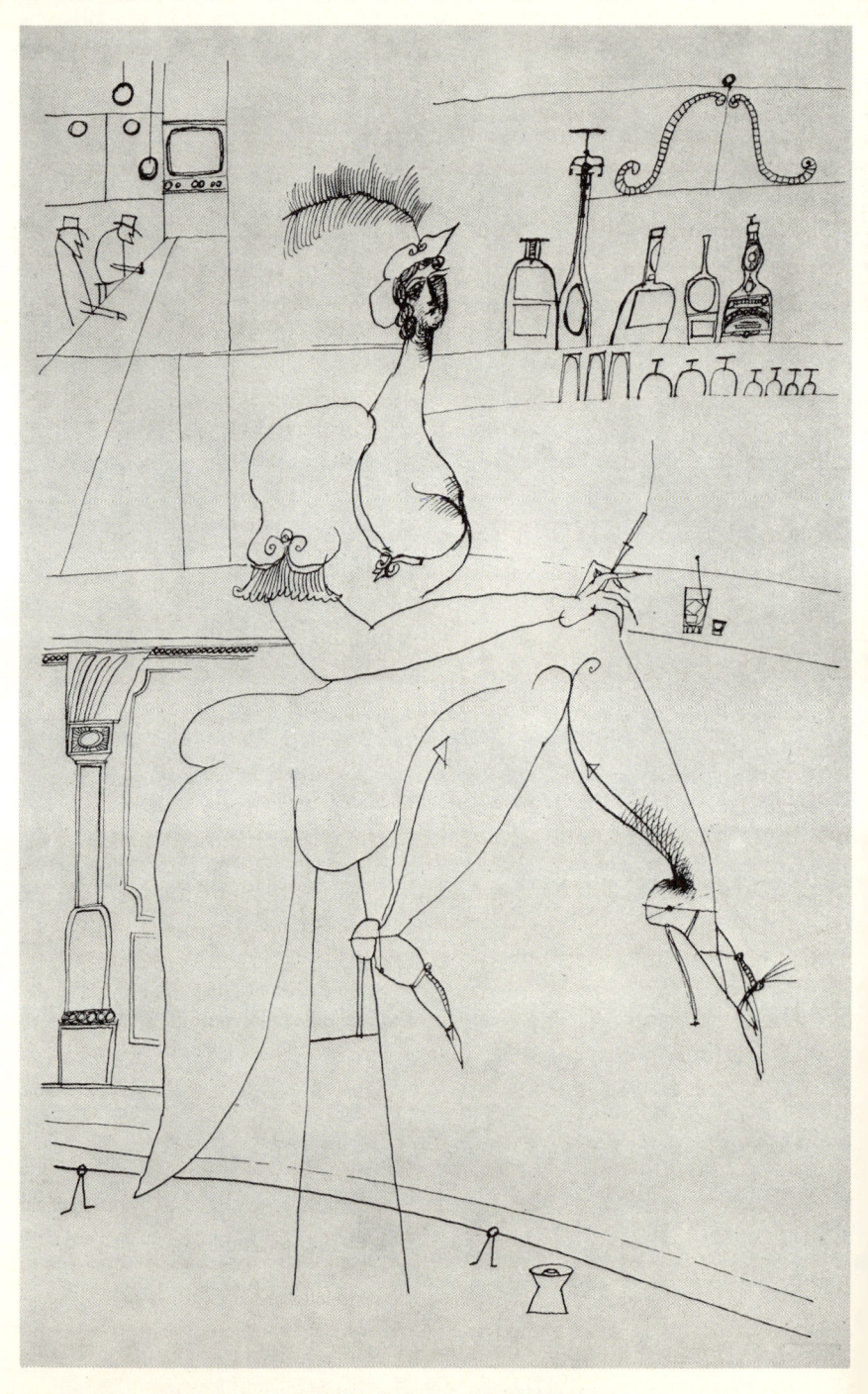

An der Bar. Karikatur von Saul Steinberg

niemand, höchstens hie und da ein totalitäres Regime, offen zu ziehen gewagt hat. Aldous Huxleys »Brave New World« war der erste Treffer: die Gesellschaft, die vom Moment der künstlichen Befruchtung an für die vollkommene Anpassung der Individuen an ihre Klassenlage sorgt und in der alles, was die stabile Ordnung stören könnte, so die Erotik, der Erkenntnistrieb, das religiöse Bedürfnis, durch Ersatzbefriedigungen zuverlässig gesättigt ist; das Restproblem des Todes hat man unschädlich gemacht, indem man es bagatellisierte und die Stunden der Agonie mit allem erdenklichen Komfort umgab. George Orwell (»1984«) denkt mit der gleichen linearen Konsequenz die Logik der totalitären Bürokratie zum idealtypischen Ende: eine absolute Diktatur, die mit ihren Fernaugen und -ohren in alle Schlafzimmer hineinreicht, alle persönlichen Beziehungen abkehlt, die Gesellschaft durch den systematisch genährten Haß zusammenhält und die einzige Liebe, die es geben darf, die zum Großen Bruder, durch das Mittel der Tortur nicht nur äußerlich zu erzwingen, sondern als inneres Motiv in die ausgehöhlten Seelen einzupflanzen weiß. Ray Bradbury (»Fahrenheit 451«) pointiert einen Zug, der bei den meisten anderen auch vorkommt: eine Feuerwehr mit umgekehrtem Vorzeichen verbrennt alle Bücher und hetzt diejenigen, die noch welche lesen, mit vollautomatischen Spürhunden zu Tode; sekundäre Systeme müssen auf ihre geschichtliche Voraussetzungslosigkeit Wert legen, jede Tradition, die noch lebendig ist, bildet eine Gefahr für sie. So werden immer einzelne Kurven oder Bündel von solchen in eine Zukunft verlängert, die schon als absehbar gilt. Die Gesamtheit der Tendenzen, die im gegenwärtigen Zeitalter am Werke sind, samt allen Interferenzen weiterrechnen zu wollen, würde wohl jede Vorstellungskraft übersteigen.

Es ist schon oft vermerkt worden, daß die Zukunftsromane und Zukunftsreportagen des 20. Jahrhunderts einem Pessimismus huldigen, der in der Geschichte des utopistischen Denkens neu ist und der vor allem gegen die Utopien absticht, die für die Anfangszeiten des industriellen Systems typisch waren. Sie zeigen, daß der Fortschrittsglaube des 19. Jahrhunderts, besonders das Vertrauen zu den segensreichen Wirkungen der Technik, einen bösen Riß bekommen hat; sie lieben es, die hoffnungslose Gefangenschaft des Menschen im zivilisatorischen Apparat, sein Versinken in der Masse und sein Scheitern in der Freiheit zu konstatieren. Aber dieser »Pessimismus« ist nicht das wesentliche an ihnen. Man verkennt ihre Denkweise, wenn man sie als Utopien versteht. Sie wollen gar nicht das Bild einer sozialen Ordnung entwerfen, die irgendwo im Raum oder in der Zeit, nur eben nicht jetzt und hier, bestehen könnte. Sondern sie zielen auf die Gegenwart, wie sie ist, nur nicht mit dem Mittel der direkten Beobachtung, sondern in einem konstruktiven Verfahren, gleichsam wie der Geometer durch das Netz seiner Hilfslinien zur Anschauung bringt, was alles in einer gegebenen Figur angelegt ist, wo ihre Linien sich schneiden, wo sie asymptotisch zusammenlaufen, wo sie abbrechen oder rückläufig werden. Dieser konstruktive Riß wird dann benützt, um die Figur, die das Thema bildet, will sagen die Gegenwart, aufzuschließen. Er wird als Vergrößerungsglas und als Zeitraffer benützt, um ihre Struktur und ihre Entwicklungstendenzen sichtbar zu machen. An dem Modell werden alle die Eigenschaften eingeübt, die der moderne Zeitanalytiker braucht oder zu brauchen glaubt: kaltblütige Hinnahme der Systemvoraussetzungen, Bereitschaft zu allen technisch möglichen Lösungen, Verzicht auf alle Vorbehalte, die gemeinhin im Namen der Menschlichkeit gemacht werden.

Das andere denkerische und literarische Mittel, mit dem die Gegenwartsdiagnosen gern arbeiten, ist der Schnappschuß, mit viel Routine in der Auswahl signifikanter Objekte und mit viel Raffinement im Schnitt. Der Film hat diese Technik ausgebildet, aber die Literatur, sowohl die dramatische wie die epische wie der Essay, hat sie übernommen. Die gewollte Wirkung ist dann der Schock, nicht in therapeutischer Absicht, sondern lediglich zum Zweck der Augenaufschließung. Das Zeitalter soll in diesen Fotos und Montagen sich selbst erkennen, in diesen grotesken Fehlschlägen seine Illusionen, in diesen Entlarvungen seine Masken, in diesen Explosionen sein Spiel mit dem Feuer. Wenn solche offensiven Zeitcharakteristiken aus einem ernsten sittlichen oder politischen Engagement kommen, kann eine kathartische Wirkung von ihnen ausgehen. Sie können dann (was zu unserm nächsten Thema überleitet) ein Stück Bewältigung der Gegenwart oder der unmittelbaren Vergangenheit leisten. Im allgemeinen wird man freilich den Tiefgang des *épater le bourgeois* nicht überschätzen dürfen. Der moderne Bürger oder Nachbürger läßt sich recht gern epatieren. Wenn die Darstellung brillant gemacht ist, kann man ihm nahezu alles sagen, etwa daß seine Geschäfte hart am Rande der Schiebung, seine Ehen hart am Rande des Bruchs und die Veranstaltungen seines Kulturbetriebs zum guten Teil Firlefanz sind. Die Bereitschaft, sich in Frage stellen zu lassen, ist aber keineswegs dekadente Selbstaufgabe oder auch nur Unsicherheit; man weiß vielmehr, daß es heilsam ist, wenn Ventile eingebaut sind.

Zudem ist zu bedenken, daß die Technik des literarischen Schocks recht billig ist. Es finden sich immer viele, und sie finden sich binnen sehr kurzer Zeit, für die die großen Muster der Anklage einfach die neue Masche sind, die sie mit Geschick mitmachen. Der Abstand zwischen der Avantgarde und dem Gros ist in dieser Hinsicht sehr klein geworden, und das Ganze erinnert zuweilen an jene strategischen Situationen, in denen man in der vordersten Linie immer noch sicherer ist als in den mittleren Auffangstellungen.

Bewältigungen

Eine Registrierung der Bestände des Zeitalters, auch die sachgerechteste und bilanzehrlichste, ist noch keine Bewältigung der gegenwärtigen Welt. Sie kann sogar zu dem Resultat gelangen, daß diese Welt nicht zu bewältigen ist und daß also der Mensch zur Zeit, vielleicht auch künftighin in einer unbewältigten Welt zu leben hat. Das Gefühl, daß es notwendig sein könnte, in einer unbewältigten Welt zu leben, und die nüchterne Frage, ob ein solches Leben nicht sehr wohl möglich ist, stehen heute offen; aus beiden wird längst eine kulturphilosophische These gemacht. Das System der modernen Zivilisation legt so viel Apparatur zwischen den handelnden Menschen und die gegenständliche Welt, es schaltet so viel formale Anweisungen, so viel Informationen und Orientierungen, so viel Erfahrungen zweiter Hand in sein Verhalten ein, daß eine Zwischenschicht entsteht, in der sich das funktionalisierte Tun allein noch bewegt und allein noch zurechtfindet. Diese Schicht absorbiert alle Lebenskräfte und dichtet sie zugleich gegen die Wirklichkeit der Dinge ab. Nicht einmal die sinnliche Wahrnehmung trifft unmittelbar auf den Gegenstand. Auch sie läuft über den Apparat; an die Stelle des konkreten Dings schiebt sich das reproduzierte Bild, die abgekürzte Formel, das schematisierte »Erlebnis«.

Solange sich das Instrumentarium der Technik auf die konkreten Dinge richtete und sie sozusagen mit ihren eigenen Maßen maß, half sie dazu, die Gegenstandswelt aufzuschließen, ihre Qualitäten kennenzulernen, ihre Formen nachzudenken. Mit jedem Akt der Bearbeitung und mit jedem anschaulichen Erfolg, den er einbrachte, reicherte sich die Welterfahrung an. Erfahrung genau in diesem Sinne des Worts, Erfahrung, die die gegenständliche Welt ausschöpft, war das Organ, mit dem der Mensch – nicht in großartigen und seltenen Aufschwüngen, sondern in schlichtem Sachverstand – seine Welt bewältigte. Dieses Organ also wird blind und stumpf. Die moderne Großtechnik schärft es nicht, sondern setzt es außer Kraft. Indem sie die gegenständliche Welt, die der Mensch in den Griff nehmen und begreifen kann, mit der sekundären Wirklichkeit der selbstläufigen Mechanismen überbaut und den Menschen wie die Dinge in diese hineinzieht, deformiert sie den Sachverhalt der Erfahrung und der Bewältigung. Wo die Erfahrung auf der Grundlage der Arbeit nicht ausreichte, setzte die übernatürliche Technik der Magie ein, die seit prähistorischen Zeiten in der Welt- und Selbstauffassung des Menschen eine zentrale Rolle gespielt und sich mit großer Zähigkeit bis in die monotheistischen Kulturen hinein gehalten hat. Aber auch sie hat natürlich in der modernen Welt ihre Wirkungskraft verloren und existiert höchstens noch in der läppischen Form des Aberglaubens.

Alles Leben in der gegenwärtigen Zivilisation, zumal alles bewußte, steht im Zeichen dieser Entwirklichung. Daß es mit dem Realitätssinn des heutigen Menschen nicht zum besten bestellt ist, ist seit Joseph Schumpeter oft konstatiert worden; er sah darin den eigentlichen Kern aller Schwierigkeiten. In der Tat kann es verwundern und Spott erregen, wenn ein Spezialist, der in seinem Fach bestens funktioniert, bereits im Streifen dicht daneben prompt danebenhaut, oder wenn sich ein Intellekt, dessen Rationalismus auf höchsten Touren geht, im Alltagsverhalten und selbst in Fragen, die ihm wichtig sein sollten, mit primitiven Klischeeurteilen begnügt, die evidente Irrtümer enthalten. Doch diese Ausfallserscheinungen im Realitätssinn sind selber nur ein Symptom. Der Kontakt zur Wirklichkeit wird nicht nur verscherzt oder verpaßt, sondern die Wirklichkeit selbst entweicht. Sie wird verdrängt, übersponnen, abgedeckt. Der unter Asphalt gelegte gewachsene Boden, die für den Tourismus zurechtgemachte Landschaft, das durch Klimatisierung korrigierte Wetter sind die Symbole dafür. Erst damit ist das Problem der Bewältigung in seiner scharfen zeitgemäßen Form gestellt. Eine Wirklichkeit, die mir nicht mehr gegeben ist, zu der ich keine Zugänge, in die ich keine Einstiege habe, kann ich auch bestimmt nicht bewältigen.

Hier ist die Kunst aufgerufen, die Kunst und die Dichtung. Sie wissen, daß es ihre Sendung und ihr Vermögen ist, die unverstellte, unverbaute Wirklichkeit auszusagen, und das heißt in diesem Zeitalter: die verlorene zurückrufen, mit dem Zauberstab, der ihnen verliehen ist. Das ist die Antwort – es ist wenigstens die erste Antwort –, die sie auf die Hölderlinfrage geben: »Und wozu Dichter in dürftiger Zeit?«, und sie finden dafür die Zustimmung des Zeitalters. Je dünner, bruchstückhafter und verschlüsselter die Erfahrungen, je abstrakter und problemoffener die Auskünfte der Wissenschaft werden, desto mehr ergeht an die Dichtung und an die Kunst der Anspruch, daß sie stellvertretend die Wirklichkeit bewältigen, und desto allgemeiner wird das Zutrauen, daß sie das können. Es ist zwar immer recht schwer, die Wirkungsmacht der Kunst und der Poesie im Bewußtsein eines Zeitalters richtig abzuschätzen, zumal heute, da der Einfluß der öffentlichen Veranstaltungen, der gemachten Publizität und des Handels, auch des spekulativen, aus dem Kunst- und Literaturbetrieb kaum wegzudenken ist. Aber die Hoffnung, daß, wenn irgendwer, die Künstler und die Dichter die Wahrsager dessen sein könnten, was im tieferen Sinne wirklich ist, ist doch heute sehr lebendig, auch in einem großen Teil der Jugend. Vielleicht ist es wirklich so, daß Kunst und Dichtung in der gegenwärtigen Situation »in ihr eigentliches, ihr sakramentales Stadium treten« (Günter Blöcker), daß sie »zum Bestandteil der Existenz werden, die ohne sie nicht zu bewältigen ist«, weil in einer von der Entwirklichung bedrohten Welt der Künstler der Mensch ist, »der noch voll in der Realität steht«.

Natürlich erhebt sich dann sofort die Frage: Steht er noch voll in ihr? Sucht er nicht auch selbst, mit Schiller zu sprechen, die verlorene, nur nicht wie ein Romantiker, sondern als ein Mensch der industriellen Zivilisation? Die Aufgabe, um die es geht, war immer gestellt, und alle Künste haben ihr von jeher gedient. Es ist aber ein entscheidender Unterschied, ob sie nur zum Bilde klären, was im Alltag getrübt ist, zum Wort erwecken, was sonst dumpf schweigt, erhöhen, was in den Niederungen des Lebens auch da ist – oder ob sie das harte Werk auf sich nehmen müssen, in ein Land einzudringen, das verriegelt ist, hindurchzugreifen durch all die Abstraktionen, Technisierungen und Entlastungen, mit denen sich das sekundäre System der Zivilisation gegen die Wirklichkeit abgedichtet hat, hindurchzugreifen auch durch die Hüllen und Hilfen der Tradition, nicht mehr bloß mit dem Zauberstab, sondern mit gewaltsameren Mitteln der Beschwörung; und eben zu diesem Wagnis ist die Kunst der Gegenwart gezwungen. Sie ist dann nicht mehr Ergänzung oder Vollendung, Läuterung oder Deutung des Lebens, sondern konstituiert sich in sehr einsamer Verantwortung als die Gegeninstanz gegen die abgeleiteten Weisen der Existenz, denen das Zeitalter gehört. Sie konstituiert sich als »die andere Welt« (André Malraux), die mit der Welt der Praxis nicht auf einen Nenner zu bringen ist, in der aber allein Menschlichkeit erfahren, Schicksal wahrhaft bezwungen werden kann und von der ein Abglanz des errungenen Siegs auch auf das übrige Dasein fällt.

Die Kunst muß alle ihre Werkformen und schon ihre schlichten Mittel, das Wort, die Farbe, den Klang in eine sehr harte Schule nehmen, sie muß waghalsig mit ihnen experimentieren, wenn sie leisten sollen, was ihnen zugemutet wird. Bezeichnungen sind zu finden für Wirklichkeiten, für die die Sprache keinen Namen hat, »stereoskopische« Worte (Ernst Jünger), die in die Dimension der Tiefe eindringen, Bilder, die die Sache nicht umkleiden, sondern sie wie ein Wirbel in sich hineinschlucken, Formeln, die Destillate aus Hunderten von Impressionen sind und die eine weitere Ausdeutung nicht zulassen, weil sie alle Bedeutungen in sich eingesogen haben. Es kann daher nicht überraschen, daß immer wieder der Einwand oder der Vorwurf der Dunkelheit, der Schwerverständlichkeit, der Unverständlichkeit erhoben wird, auf dem Felde der Dichtung vor allem gegen die Lyrik. Was von ihnen berechtigt ist, zeigt im wesentlichen an, daß ein Dichter sich übernommen oder daß er sich verstiegen hat; und daß bei diesem Mut zu den Gipfeln und zu den Abgründen (und bei diesem Zwang zu ihnen) einige sich übernehmen, manch einer sich versteigt, ist nicht zu verwundern. Der andre Teil des Vorwurfs ist unberechtigt; die moderne Dichtung stellt sich ihm, und nicht einmal ungern. Auch wo sie nicht gradewegs beansprucht, die Metaphysik zu ersetzen und das Sein selbst zum Klingen zu bringen, sondern bei der Aufgabe beharrt, die menschliche Wirklichkeit aufzuschließen und von ihr, sei es auch nur ein Stück, zu bewältigen, muß sie alle Kräfte der Sinne, des Denkens und der Sprache zusammenraffen. Wie tief liegen die Urphänomene des Daseins unter der Zivilisationskruste begraben! Die Essenzen des Lebens haben sich aus den Dingen zurückgezogen wie im Winter die Säfte aus den Bäumen.

Die moderne Literaturkritik liebt es, den Weg, den die Dichtung des 20. Jahrhunderts geht, mit dem Wort »mythisch« zu bezeichnen; wo ein großes Werk diesen Weg weit oder zu Ende gegangen ist, rühmt sie, die Dichtung sei zum Mythos geworden, sie habe den Mythos des Zeitalters geschaffen; auch die Dichter selbst haben ihre Intention oder wenigstens die Muster, denen sie nachstrebten, vielfach mit diesem Wort benannt. Damit kann wohl kaum gemeint sein, daß in dieser Zeit ein neuer Mythos im Entstehen wäre, daß er zunächst in der Dichtung Gestalt gewänne und sich von ihr aus dem allgemeinen Bewußtsein mitteilen würde. Von der Glaubensbereitschaft, die dazu erforderlich wäre, kann ein Zeitalter nicht weiter entfernt sein, als es die Gegenwart ist. Sicher haben an den Mythen der Völker die Dichter und die fahrenden Sänger stark mitgearbeitet, doch sie schöpften aus vorhandenen Quellen des Wissens und konnten gewiß sein, daß die göttlichen Gewalten, von denen sie sprachen, gegenwärtig waren. Das mythische Denken (wenn man es schon so nennen mag) der heutigen Dichtung steht gegen alle Wahrscheinlichkeiten des Zeitalters. So kann sie von diesem und von der Sprache, in der es spricht, auch keine Hilfe erwarten. Nur von Fall zu Fall und nur mit hohen persönlichen Einsätzen kann es gelingen, durch die Zweckzusammenhänge, in die die Zivilisation die Menschlichkeit eingefangen hat, durchzubrechen und unterhalb ihrer Wahrheiten aufzudecken, die dem Mythos wertgleich sind.

Einiges läßt sich immerhin rein phänomenologisch über die Stilmittel, Kunstgriffe und Wagnisse sagen, mit denen die Dichtung des 20. Jahrhunderts den Einbruch in die Tiefenschicht des Daseins geschafft und über die bloße Zeitschilderung hinaus Bewältigung der Gegenwart geleistet hat. Das erste ist die Auflösung und Umprägung der tradierten Werkformen und Werkgattungen, ihre Vermischung und Durchstellung in nahezu allen denkbaren Kombinationen. Sie betrifft vor allem den Roman. Wenn man sie als Zertrümmerung der Romanform oder als förmliche Absage an sie beschreibt, etwa im Sinne von Thomas Manns Frage, ob es nicht aussähe, als käme heute auf dem Gebiet des Romans nur noch das in Betracht, was kein Roman mehr sei, so ist der Sachverhalt rein negativ bezeichnet. Es handelt sich aber um einen sehr positiven Vorgang. Der Roman wird zum »Sammelbecken der Formen« (Günter Blöcker). Der Essay, oft zu eigener Existenz ausgewachsen, gehäufte Aphorismen, aber auch Dramatisches, Filmverwandtes und Hörspielhaftes gehen in ihn ein, dazu rein lyrische Partien; oftmals ist die Erzählung ganz in Lyrismus getränkt, anderswo wird sie zur reinen Reihung von Szenen, die gleichsam experimentell durchgespielt werden. Das Stilprinzip des Romans, Charaktere in Vorgängen zu entwickeln, Vorgänge aus Charakteren herzuleiten, wird damit in der Tat aufgegeben. Sowohl das psychologische Interesse, das den bürgerlichen Roman charakterisierte, wie auch die Zentrierung seiner Fabel in individuellen Personen entfallen. Aber grade das ist der Sinn, sogar die bewußte künstlerische Absicht. Diese universale Erzählform, die alle Aussageweisen in sich aufgesammelt, wird zwar »formlos«, aber eben damit auch fähig, die Gegenwart zu erfassen, die selber formlos ist. Sie leitet vom Roman der Geschehnisse und Schicksale zum Epos des Seins über. Ihr Thema ist nicht mehr das Individuell-Seelische, sondern der psychische Mechanismus als solcher, so ganz klar in der Technik des *monologue intérieur*. James Joyce hat das zuerst mit Bewußtsein getan, um »den großen Mythos des alltäglichen Lebens zu bauen«. Auch alle anderen, die die Romanform zertrümmerten und sie so oder so ins Universale erweiterten, haben genau gewußt, was sie damit wollten; so Robert Musil, daß nur der experimentelle Essay-Roman den eigenschaftslosen Menschen wiederzugeben vermag, der nicht aus sich selbst, sondern aus wechselnden Sachzusammenhängen lebt. Überhaupt geht der Prozeß der Umprägung der literarischen Formen im hellsten Lichte des Bewußtseins vor sich. Er wäre für das Drama, von Luigi Pirandello bis Samuel Beckett, ebenso leicht aufweisbar wie für den Roman.

Das zweite ist die Sprache. Die Literatur des 20. Jahrhunderts ist mit Leidenschaft beflissen, der Sprache ihre Aussagekraft zurückzugewinnen, und das heißt zunächst gegen die Sprachverarmung, Sprachverkümmerung und Sprachermattung anzukämpfen, die in der Welt der sekundären Interessen und der Massenmedien grassiert. Es ist, als ob eine Schar radikaler Legitimisten sich verschworen hätte, eine altgeheiligte Macht, der das Zeitalter abtrünnig geworden ist, in ihr souveränes Recht der Wirklichkeitsbewältigung wiedereinzusetzen. In dieser Hinsicht besteht eine deutliche Kontinuität zu den Spracherneuerern der Vorkriegszeit, zu Stefan George, Rainer Maria Rilke, Hugo von Hofmannsthal und weiter zurück zu Stéphane Mallarmé und Charles Baudelaire, zu Walt Whitman und Edgar Allan Poe. Man braucht kaum zu sagen, daß aus diesem Ringen kein Sprachstil von irgendwelcher Einheitlichkeit und Allgemeingültigkeit hervorgegangen ist, wie es in einer klassischen Epoche der Literatur der Fall gewesen wäre. Jeder beginnt von neuem auf eigene Faust und ist in die Freiheit verstrickt, daß aus allen Quellen geschöpft, daß auf allen Gassen gesammelt, daß aber auch in den ältesten Bergwerken Nachlese gehalten werden kann, wenn man nur den Mut aufbringt, in verfallene Stollen einzudringen. Alle Zonen des Seins werden wie mit Insektenfühlern abgetastet, um Sprachwerte, Klänge, Substantive aus ihnen zu saugen. Die zivilisatorischen Schichten werden immer auch angezapft, der Sport, die Bürosprache, der Slang, doch immer auch die Bereiche der Sinnlichkeit, der Versonnenheit, des Traums und des Rauschs. Das ergibt keine stetigen Muster. Wer fündig geworden ist, gilt nicht als Vorbild, oder nur in dem Sinne, daß er zu eigener Ausbeute anreizt.

Ein durchgehender Zug und ein Konvergenzpunkt der Bestrebungen läßt sich aber doch markieren. Die Sprache soll bezeichnen, ohne daß ein amorpher Rest bleibt, sie soll nicht umschreiben, sondern benennen – zugleich aber soll sie, bis zum Rand mit Bedeutung beladen, bersten vor Ausdruckskraft. Sie soll den Sinn präzisieren wie eine exakte Formel, und zugleich soll sie aus sich selbst singen. Die Mathematik, die in ihr angelegt ist, und die

Musikalität, die ihr eingeboren ist, sollen in ein genaues Gleichgewicht gebracht werden. Sowohl Paul Valéry wie Ezra Pound – um zwei ganz extreme Fälle zu nennen – haben das je in ihrer Art angestrebt. Auch dieser sprachschöpferische Prozeß verläuft in der modernen Literatur im vollen Lichte des Bewußtseins. Die meisten Dichter und Schriftsteller reflektieren auf ihn, zuvor, unterwegs oder im nachhinein. Dahinter steht die Überzeugung, daß Gedichte, zumal in dieser Zeit, nicht nur geschenkt und empfangen werden (dies freilich auch), sondern daß sie auch gemacht oder, wie Paul Valéry sagt, hergestellt werden. »Poesie bedeutet *fabrication.*«

Selbstverständlich lassen sich die beiden Aspekte der Werkformen und der Sprachgestaltung nur im abstrakten Denken von der gegenwärtigen Literatur ablösen, sie sind im Einklang mit der Thematik der Werke und, da es in der Kunst ein Äußeres und ein Inneres nicht gibt, mit ihr sogar identisch. Es geht dieser Literatur nicht um ein individuelles Dasein, so interessant es auch sei, sondern um das Dasein überhaupt, und um das erste nur insofern, als die Ströme des Daseins auch durch den Menschen irgendwo in der heutigen Welt, durch seine banalen Affären, Nöte, Ängste und Schicksale hindurchgehen. Der Phänotyp wird nicht psychologisch, sondern existentiell, das heißt als der heutige Ausschnitt des Arthaften, des Übergegenwärtigen begriffen. Schicksale, die rein individuell wären, gibt es nicht, jedes Schicksal reicht tief in die Urschichten des Menschlichen hinab, bis hin zum ersten Sündenfall und zur ersten Irrfahrt. Diesen Anschluß an das allgemein Menschliche, diese Aufschließung nach unten hin mag man allerdings sehr wohl als mythisch empfinden.

Es ist sehr verständlich, daß daher das Problem der Zeit in den Mittelpunkt rückt. Die Schliche und Tücken der Zeit, die Gründe und Hintergründe der Zeit, dieser vergehenden, verrinnenden, sich aufstauenden und auflagernden, unheimlich wirklichen und ganz irrealen Zeit: an diesem Rätsel arbeiten viele Dichtungen, und zuweilen ist das ganze Werk eine Arbeit an ihm: vom Rätsel der Zeit aus versuchen sie die Wirklichkeit der Gegenwart zu bewältigen. Kann man die Zeit außer Kraft setzen, indem man die Zeiger der Uhr abschraubt, und spielt nicht alles wirkliche Leben in einer Zeit ohne Uhren (William Faulkner)? Kann man die Zeit verlieren und kann man sie wiederfinden? Man kann es gewiß: in der Erinnerung, im Kunstwerk, aber dann ist sie nicht mehr Zeit, sondern gegenwärtige Vergangenheit und wirklich gelebtes Leben (Marcel Proust). Oder ist die Zeit schlechthin das Element des Bösen und das Leben, will sagen das Leben im Egoismus und im Betrieb, der Narr der Zeit, so daß es zur Aufgabe, aber auch zur großen Möglichkeit des Menschen wird, den Fesseln der Zeit zu entfliehen und in die Zeitlosigkeit durchzustoßen, von der alle Mystiker des Westens und des Ostens gesprochen haben (Aldous Huxley)?

Da wir uns so gut wie alle zum Leserdurchschnitt rechnen müssen und nur einen begrenzten, von persönlichem Geschmack und vielen Zufällen bestimmten Ausschnitt aus dem Schaffen unseres Jahrhunderts überblicken, sind wir nicht befugt, darüber zu urteilen, wieviel von der gegenwärtigen Wirklichkeit in der Literatur geistig bewältigt worden ist. An die Stelle eines solchen Gesamturteils tritt der glückliche Fund, zuweilen als Lohn für eine instinktive Suche, tritt die Begegnung mit einem Gedicht oder mit einer Geschichte zur rechten Stunde und die Dankbarkeit dafür, oder auch der produktive Affront, der irremacht, aufrüttelt und anspornt, und auch dafür die Dankbarkeit.

In Thomas Manns Zauberberg sind die Vorkriegsjahre bewältigt, ihr Spiel mit der Wirklichkeit, ihre auf Uferlosigkeit angelegten Problemdebatten, ihre Flucht in die Unverbindlichkeit, in den Geist, in die Krankheit; bewältigt auch in dem Sinne, daß durch die Materialschlacht des ersten Krieges, in der die Geschichte scheinbar endet, hindurchgeblickt wird und daß die weiterkreisenden Ringe einbezogen werden, die von dieser Vorkatastrophe ausgehen. William Faulkners Romane sind die Bewältigung der Wirklichkeit des amerikanischen Südens, mit all ihren Finsternissen, ihrer unbewältigten Geschichte und ihrer unbändigen Lebensfülle; doch auch hier werden die Menschen und Schicksale der provinziellen Heimat bewältigt, indem sie ins Zeitlos-Menschliche geweitet werden. Thomas Wolfes stürmisches Genie scheint sich der Welt mehr zu bemächtigen als sie zu bewältigen, doch wenn irgendeiner, so hat er im gegenwärtigen das allgegenwärtige Amerika und in diesem die Wirklichkeit erschlossen, aus der kein Weg zurück und in die alle Wege hineinführen. Es ist wie ein nüchtern-reiner Grenzfall von Bewältigung, wenn in Franz Kafkas Romanen die Welt als völlig verfremdet erscheint, reguliert von undurchschaubaren und ungreifbaren Mächten, als ein grausig banales System, in dem jedes Normalverhalten gut geht, in das aber aufgenommen zu werden für denjenigen existentiell unmöglich ist, der zum Kompromiß und zur Selbsttäuschung unfähig ist.

Den anderen Grenzfall bezeichnet die Lyrik der *poésie pure*. Wenn die Sprache zu jenem Gleichgewicht zwischen Benennung und Klang, zwischen Musik und Bedeutung gebracht, wenn sie zu diesem Gleichgewicht erhöht wird, werden die »reinen« Verse möglich, von denen Paul Valéry sagt, ihre Macht beruhe auf einer undefinierbaren Harmonie zwischen dem, was sie sagen, und dem, was sie sind; sie sind die große Parallele zu den Formelketten der Geometrie, die in sich schlüssig sind und den Raum ausmessen. Indem der Geist zu souveräner Form wird, bewältigt er die Wirklichkeit nicht wie ein Objekt, wohl aber ist er dann selber bewältigtes Dasein, und das ist die »anthropologische Erlösung im Formalen« (Gottfried Benn).

> Im Gedichte
> die Dinge mystisch bannen durch das Wort

und

> formen bis die Hülle
> die ganze Tiefe trägt

wird dann nicht nur zur Moral des Künstlers, sondern zum Sieg über das Dämonische, zur Überwindung des Nihilismus, zum Ja über den Abgründen.

Bohrungen

Der Ausgangspunkt für die hier zu besprechenden Erscheinungen ist wiederum, daß sich die Sachzusammenhänge und Beziehungsgeflechte der modernen Welt zu einer eigenen Realität, zu einer Ersatzrealität verdichtet haben, so daß derjenige, der ganz in ihnen zu leben gezwungen ist, der Wirklichkeit verlustig geht, in die der Mensch wie alle Kreaturen hineingehört; je besser er sich jenen angepaßt hat, desto mehr entschwindet ihm diese. Das ist der Sinn des Terminus »sekundäres System«. Das Gefühl nimmt überhand: wenn wir einen Gegenstand greifen, so greifen wir ihn nicht, sondern realisieren seinen Funktionswert und sind Abnehmer der Firma, die ihn hergestellt hat; wenn wir ein Land sehen, so sehen wir nicht, sondern fotografieren gleichsam mit bloßem Auge; wenn wir mit Herrn X. sprechen, so sprechen wir nicht mit einem Menschen, sondern bewegen uns nach vorgesehenen Spielregeln auf einem Feld konvergenter oder divergenter Interessen. So geht es also nicht nur darum, eine Zeitgegebenheit zu bewältigen, die sich durch ihre Ungreifbarkeit der Bewältigung entzieht, sondern dem Geist – und nicht ihm allein – ist die Aufgabe gestellt, durch die gegenwärtige Welt hindurchzustoßen auf die Wirklichkeitsschichten, gegen die sie sich abgedichtet hat.

Da nun mit einigem Grund angenommen werden kann, daß diese Wirklichkeit noch da ist, heute wie je, nur eben verschüttet, und daß sich das sekundäre System nicht ganz zum freischwebenden Gebilde abgeschnürt hat (was freilich seine Tendenz ist), so handelt es sich darum, zu graben, zu bohren, freizulegen. Das Ziel wäre, das Dasein, auch das zivilisierte, auf seine Seinsgrundlagen zu stellen und im Menschentum, auch wenn es in ganz abgeleiteten Formen existiert, das Menschliche aufzudecken. Man wird dann allerdings immer damit rechnen müssen, daß die Bohrung, auch im Erfolgsfalle, zwar Gründe, aber nicht Fundamente freilegt, Gründe auch mit dem Nebensinn von Hintergründen, vielleicht sogar von Abgründen.

Es gibt genug Beispiele dafür, daß die Kunst und die Literatur zu jedem Wagnis bereit sind, das dazu dienen kann, die Zivilisationskruste aufzusprengen. Die Gewaltsamkeit und die Grausamkeit, das Verbrechen, der Mord, die Perversität werden ihr zu Beweisen, daß es Seinsschichten gibt, die von der Domestikation des Menschen nicht entstellt sind. Das Geschlechtliche wird geheiligt als Zugang zum Sein und als Bestätigung dafür, daß der Mensch wie alle Kreatur in der unzerstörbaren Wirklichkeit steht, in die er hineingeschaffen ist. Doch viel typischer ist im ganzen der andre Fall: Schicht um Schicht wird abgetragen, um die Strukturen freizulegen, die von der Zivilisation überbaut worden sind. Dann wird nicht mit Sprengstoffen gearbeitet, sondern mit Sonden und Skalpellen. Das Organ der Erkenntnis ist nicht die gewaltsam durchgreifende Faust, sondern das gespannte Auge und ein Intellekt, der so hochgetrieben ist, daß er bis ins Vorrationale hineinreicht. Es werden keine Urgründe aufgerissen, aber die strukturellen Hintergründe werden sichtbar gemacht. Auch das ist eine Transzendenz zur Wirklichkeit hin, in sehr moderner Form, der Denkweise der neuen Naturwissenschaft deutlich geistesverwandt. Zuweilen meint man ein Bedauern darüber zu spüren, daß sich die entdeckten Strukturen nicht in reinen Zahlenverhältnissen ausdrücken lassen wie diejenigen der atomaren Gebilde.

Es gibt abstrakte Maler, die genau in diesem Sinne auf die Frage, was sie suchen, die Antwort geben: den Gegenstand. Sie schürfen nach unentdeckten Qualitäten des Sichtbaren und nach verborgenen Strukturen, die der Wirklichkeit eingesponnen, eingemustert, eingewachsen sind. Daß von der Fülle der Tönungen und Figuren, um die sie die Welt unseres Auges erweitern, nur ein Teil den Anspruch erheben kann, dem Kern des Seins näher zu liegen als der unzerstörte Gegenstand, ist selbstverständlich.

Auch an die neue Sprache der Dichtung ist hier zum zweiten Male zu denken. Man fühlt, wie ihr immer schärfer gezähnte Profile eingesetzt, wie die Antriebsenergien und die Tourenzahlen beständig erhöht werden, um die Bohrungskraft zu steigern. Denn wenn sich die Sachwelt mit so starkem Eigensinn zur Decke geschlossen hat wie im gegenwärtigen Zeitalter, wird die Frage nach dem Sinn des Ganzen transzendent; wenn das Menschliche so überfremdet ist, ist es nicht aus den Dingen und Verhältnissen aufzuschlüsseln, sondern muß aus den Schichten, in denen es noch quillt, heraufgeholt werden. Es ist die ewige Aufgabe des Geistes, die Frage nach dem Sinn nicht einschlafen zu lassen und sie besonders dann zu akzentuieren, wenn sie in Gefahr ist, von der Eigenmacht der Sachen und von den Verlautbarungen der Interessenverbände übertönt zu werden. Es ist die ewige Aufgabe des Geistes, die Bewegung rege zu halten, die den Menschen mit seinem Lebensgrund verbindet. Insofern will der Geist auch heute, was er immer gewollt und gesollt hat. Dennoch ist seine Situation im Zeitalter anders als je, seine Fragen und seine Antworten klingen und sind neu, weil die objektiven Bedingungszusammenhänge, in die der Mensch und die Natur eingekrustet sind, äußerst schwer aufzulösen sind, weil ein Standpunkt außerhalb von ihnen, der nicht rein illusionär ist, schwer zu gewinnen und weil damit zu rechnen ist, daß das Menschliche, nach dem die Suche geht, anderswo zu finden sein könnte, als der ältere Humanismus und seine Dichtung geglaubt haben.

Als Bohrungsstelle dient, besonders in den stilleren Formen der Dichtung, auch heute noch die Natur, wo sie raunt oder wo sie dröhnt wie eine gespannte Membran. Nur müssen die Sinne sehr geschärft sein, um im Gewühl der modernen Geräusche solche Töne zu hören, und die Sprache muß hochgezüchtet werden, um sie nachzubilden. Die Lyrik kommt in ihren größten Leistungen, die freilich wie in allen Epochen selten sind, zu herrlichen Aussagen, zu den schönsten wohl dort, wo sie surrealistische Bilder in die Augensprache der Volkspoesie einschießt wie bei Garcia Lorca. Sie erreicht dann das unmittelbare Sein nicht nur tief unter den Verstrickungen des Zeitalters, sondern ins Zeitlose überhaupt versenkt, mit allen Schauern des Glücks und der Unheimlichkeit.

Als Bohrungsstelle dient sodann, heute wie je, der einzelne Mensch, der auch in der Masse ein Einzelner bleibt und als solcher sein Schicksal erfährt, unterdrückt oder sich aufbäumend oder auf sich selbst zurückgeworfen; oder dient der Mensch zu zweien, zu dreien, der Mensch in den intimen Gruppen oder in den schicksalhaften Zufallsbegegnungen, da, wo die Einzelnen einander nötig haben, wo sie einander quälen oder erwecken, auf die Probe stellen und bestätigen. Auch hier hat die gegenwärtige Literatur, wie kaum zu leugnen ist, urbildliche Situationen aufgeschlossen, die im Betrieb unsichtbar geworden sind, zum Beispiel die Geschichte von dem, der »zu weit hinausgefahren ist« (Ernest Hemingway). Vielleicht hat sie in der Kurzgeschichte eine der Formen gefunden, die besonders geeignet sind, sowohl hinter die Psychologie wie hinter die materiellen Zustände zurückzugreifen und die Ströme ins Wort zu heben, die durch den Menschen hindurchgehen. Aber natürlich ist auch das längst zur Technik geworden. So kann es denn in den breiteren Schichten der Literatur nicht fehlen, daß zwar wasserführende Schichten angebohrt, dann aber doch nur Springbrunnen aus ihnen gespeist oder die Wasser auf Beete geleitet werden, auf denen rein private Blumen wachsen.

Der andre Fall ist, daß das Menschliche grade dort aufgesucht wird, wo der Mensch es nur zerstückt und verderbt, nur gleichsam wider Willen und vielleicht sogar widerwillig in sich trägt, also in den Steinwüsten und Dschungeln der Zivilisation oder im Terror der Bürgerkriege, dort, wo er in den Klauen der Gewalt ist oder im krampfhaften Aufstand gegen sie. Daß sie das mit einer gewissen Vorliebe tut, hat der modernen Literatur viel Kritik eingetragen, nicht ganz zu Recht, denn schließlich hat sie diese Grenzsituationen nicht frei erfunden, sondern Maschinenherrschaft und abstrakte Bürokratien, Okkupationen und Partisanenkämpfe, Atombomben und Gehirnwäschen, der Machtrausch der totalitären Systeme und ihre Konzentrationslager – diese »Pest« ist real, mindestens in dem Sinne real, daß ihre Apparaturen und sogar ihre Antriebe potentiell bereitliegen und jederzeit akut werden können. Möglichst viel von diesen Bedingungen wird also in den Begriff des Menschen hineingenommen, und das Menschliche ist dann nicht eine Idee, die man aufrufen kann, sondern eine konkrete Revolte, die selber unter das Gesetz der feindlichen Umwelt gestellt ist, beinahe selber eine Bedingungslage; insofern ist André Malraux' Themaformel »La condition humaine« ein symbolischer Titel.

Der Ruf nach dem Menschen, wie er im Expressionismus zur Zeit des ersten Krieges erklang, war doch recht grell, laut, aber auch leer wie ein Schrei. Er ist heute leiser geworden, jedenfalls differenzierter, darum aber nicht weniger dringlich. Er weiß, daß die Bestimmung, Mensch zu sein, sich auch »in sehr verworrener Weise« (wie es bei André Malraux einmal heißt) verwirklichen kann. Er weiß zudem, daß der Mensch in der technischen Existenz, in die er hineingeraten ist, nicht nur verlorengehen, sondern aus ihr auch in neuer Gestalt erstehen könnte. Wenn freilich kurzerhand der neue Menschentyp imaginiert wird, der mit Bewußtsein und sogar mit Lust Rad im Räderwerk, Nummer in der Anonymität, Mann in Reih und Glied ist, so ist das die kurzschlüssige Lösung. Die tieferen Geister wissen: es gibt eine unverlierbare Substanz des Menschlichen, die sich nur in dem Sinne wandeln kann, daß sie sich der überdimensionierten Welt gewachsen zeigt; dazu aber muß sie selbst durch einen Nullpunkt hindurch, durch den Nullpunkt des »Absurden« (Albert Camus).

Denn eins hat der gegenwärtige Geist vor allem begriffen, und das ist eine sehr wichtige Einsicht: daß der Mensch seine Menschlichkeit nicht wie einen Schatz heben und dann besitzen kann, daß er vielmehr immer nur zu seinem eigentlichen Sein aufgerufen werden kann, indem man ihm zu tun gibt, das heißt, indem man ihn oder indem er sich mit der Wirklichkeit konfrontiert. Er kann die Pest bekämpfen, auch wenn er weiß, daß sie viel stärker ist als er. Er kann über die Welt triumphieren, auch indem er an ihr scheitert. Jedenfalls kann er immer nur »die Karten ausspielen, die er in der Hand hat« (André Gide). Auch mit dem Gegenspiel, wie es gemischt ist, wird er immer zu rechnen haben, und er selbst wird in dem Prägestock der Zeit, ob er will oder nicht, zu einem Menschen der Zeit geprägt werden, in dem im guten Fall die unauslöschliche Humanität wie eine holde Zuwaage oder im besten Fall als das Metall spürbar ist, das in die Prägung eingegangen ist.

Werden aber damit nicht alle Probleme des menschlichen Daseins – und weitergehend alle Probleme des Seins überhaupt – der Zeit überantwortet, und wird nicht die Gegenwart, statt daß in ihr (auch in ihr!) ein Stück Ewigkeit erfahren wird, an eine Zukunft versklavt, die aus ihr werden soll? Dies ist nun genau die Frage, an der auch die Philosophie des 20. Jahrhunderts immerzu arbeitet und an der sich in ihr die Geister scheiden. Jedenfalls ist es die eine ihrer hintergründigen Fragen; sie wird sofort akut, wenn die Geschichtlichkeit als wesentliche Bestimmung in den Begriff des Menschen aufgenommen wird.

Man wird die Lebenswirkung der modernen Philosophie gewiß nicht überschätzen dürfen. Auch sie ist von dem Schicksal, eine esoterische Angelegenheit zu werden, nicht verschont geblieben; daß sie gelegentlich zum Modeartikel wird, ist nur die unernste Kehrseite davon. Trotzdem ist es keine Übertreibung, zu sagen, daß, von einigen wenigen originalen Polen induziert, ein philosophisches Kraftfeld besteht, dessen Schwingungen sich dem allgemeinen Denken mitteilen, und daß von daher alle tiefergreifenden Besinnungen über Lebens- und Zeitfragen eine philosophische Ladung, zumindest eine philosophische Torsion bekommen, bis in die Leitartikel und Feuilletons der Zeitungen hinein. Eine charakteristische internationale Erscheinung ist in dieser Hinsicht der Essay. Er ist in breiter Fülle, darunter auch in sehr hohen Formen da. Dem Gesetz seiner literarischen Gattung gemäß werden in ihm die Probleme mehr gestellt als gelöst, die Aspekte mehr aufgetan und durchprobiert als synthetisch verarbeitet. Doch Essays wie die von Ortega y Gasset, Bertrand Russell, Thomas Stearns Eliot, Romano Guardini, Ernst Jünger – die Reihe ließe sich durch alle Lager hindurch auf das Vielfache verlängern – sind aus der philosophischen Reflexion der Gegenwart nicht wegzudenken. Und der Essay ist natürlich nicht die einzige Stätte der Begegnung zwischen Philosophie und Literatur. Auch die Dichtung und die Philosophie sind einander sehr nahe gerückt, von beiden Seiten her. Nicht nur viel philosophische Problematik, sondern auch philosophische Diktion ist in die Dichtung eingedrungen. Anderseits ist die Philosophie an entscheidenden Stellen zur Interpretation der Dichtung geworden, sowohl der klassischen wie der modernen, zum Beispiel bei Martin Heidegger.

Die Philosophie als Fachdisziplin aber – und auch das ist sie mit innerer Notwendigkeit geworden – ist heute so vielfältig verästelt und bis zum Verlust einer gemeinsamen Diskussionsbasis in Richtungen ausgefächert, daß jeder Versuch eines Überblicks ein rein formales Ordnungsschema zu werden droht. Auf den Pluralismus der Systeme wirkt in der Philosophie bereits die Tatsache hin, daß ältere und älteste Denker stetig durch die Zeit hindurchreichen oder gleichsam eruptiv wieder auftauchen können; sie werden dann in die Bewegung des Philosophierens neu hineingezogen und vermögen darin eine ungeahnte Aktualität zu gewinnen. Es ist für die Philosophie des 20. Jahrhunderts charakteristisch und spricht für ihre geistige Lebendigkeit, jedenfalls aber ist es das Gegenteil von Historismus, daß sie an solchen Wiederentdeckungen, Rückgriffen und Neuinterpretationen sehr reich

Pferd und Reiter
Plastiken von Marino Marini auf der »II. documenta« in Kassel, 1959

»Der Teck«
Besitzgier und Mordlust in dem Ballett von Maurice Béjart

ist. Nicht nur Platon und Aristoteles, auch die Vorsokratiker sind völlig präsent. Thomas von Aquino wie die Nominalisten werden mit neuen Augen gelesen. Hegel ist eine geistige Macht von höchster Aktualität. Desgleichen Marx, und keineswegs nur bei den Marxisten. Kierkegaard ist in der sogenannten Kierkegaard-Renaissance der zwanziger Jahre überhaupt erst zur Wirkung gekommen.

Dazu kommt, daß die Philosophie sich selbst immer Problem ist und daß es zu ihrem Inhalt gehört, ihren Ort im Raum des Wissens, ihr Verhältnis zu den Wissenschaften und das Gefälle ihrer Fragestellungen souverän zu bestimmen. Es ist eine ihrer Möglichkeiten, daß sie sich als reine Wissenschaftslehre bestimmt, als Analysis der übersubjektiv gültigen Denkformen und der nach dem Vorbild der Mathematik formalisierten Begriffssprache, als szientifische Zusammenführung der Einzelwissenschaften auf einer höheren Ebene der Abstraktion. Das Kronland dieser Philosophie ist England (Bertrand Russell, George Moore, Alfred North Whitehead); in den angelsächsischen Ländern kann sie wohl als vorherrschend bezeichnet werden, trotz aller Vielfalt der philosophischen Richtungen auch da, und ihre internationale Ausstrahlung ist sehr stark. Die früher geschilderte Intention der heutigen Wissenschaften, übergreifende Strukturbegriffe zu entwickeln, kommt ihr von der empirischen Seite her entgegen. Die erregendste der modernen Einzelwissenschaften, die Physik, stellt die prinzipiellsten Probleme auch für die philosophische Interpretation, vor allem solche erkenntnistheoretischer Art.

Aber das 20. Jahrhundert hat auf dem Felde der Philosophie auch und vor allem eine Wiederauferstehung der Metaphysik gebracht, für viele überraschenderweise, denn der Sieg des Positivismus schien um die Jahrhundertwende endgültig. Der rasch anschwellende Strom metaphysischen Denkens speiste sich aus vielen Zuflüssen, darunter auch aus wiedererweckten alten Philosophien. Sein wichtigstes Quellgebiet aber lag in der Phänomenologie. Diese öffnete vom scholastischen Begriff der Intention aus den Blick auf die gegenständliche Welt, auf ihre Strukturen und Gültigkeiten. Die Frage nach dem ontologischen Charakter der phänomenologisch aufgeschlossenen Wesenheiten blieb zwar fürs erste unbeantwortet, Edmund Husserl selbst hielt sie sogar geflissentlich in der Schwebe, aber sie war mit präziser Dringlichkeit gestellt, und an diesem phänomenologischen Ausgangspunkt haben daher sowohl die Bestrebungen auf eine systematische Ontologie als Lehre von den dem Sein als solchem zukommenden Bestimmungen (Nicolai Hartmann) wie auch die Neubegründung eines ontologischen Weltbegriffes (Max Scheler) wie die existentialistischen Richtungen der Philosophie angesetzt.

Mit dem philosophisch wieder ernst genommenen Problem des Seins war immer auch die Frage nach dem Menschen aufgeworfen, auch sie ins Metaphysische vertieft, also nicht als Frage nach den empirischen Zusammenhängen, in denen der Mensch steht, sondern als Frage, was er seinem Wesen nach sei: Geschöpf Gottes oder Glied der Natur, Produkt und Gefangener seiner Geschichte oder Produkt seiner eigenen Entscheidungen, Objekt des gesellschaftlichen Prozesses oder Subjekt einer freien Kommunikation. Es ist ein Grundzug dieser Philosophie, der übrigens auch von außen her, das heißt von seiten der szientifischen und neupositivistischen Richtungen als Eigentümlichkeit der modernen kontinental-europäischen Philosophie kritisch angemerkt zu werden pflegt, daß sie um das

Problem des Menschen zentriert oder auf dieses »eingeengt« ist, daß sie die Kategorien der traditionellen Metaphysik allesamt auf den Menschen und seine Existenz »umbezieht«. Diese humanistische Wendung ist im Existentialismus evident. Doch gerade sie gibt ihm seinen Schlüsselwert in der gegenwärtigen Philosophie. Denn ein Denken, das existentialistisch in der Seinsweise des menschlichen Daseins ansetzt, führt notwendig, und zwar unter neuen Aspekten, auf das Sein hin, das sich im Dasein entweder verhüllt oder lichtet, das in ihm verfehlt oder gehütet wird (Martin Heidegger).

Die Einzelwissenschaften, die sich mit dem Menschen beschäftigen, also die Psychologie, die Soziologie und im weiteren Sinne alle Kulturwissenschaften, können die nach dem Menschen fragende Philosophie nicht ersetzen; daß sie es könnten, war der positivistische Irrtum. Auch die moderne Anthropologie kann es nicht, wenn sie auch an Teilerkenntnissen, die in jede philosophische Synthesis eingehen müssen, besonders fruchtbar ist. Alle diese Wissenschaften stellen den Menschen fest, oder sie stellen dies und das an ihm fest, als ob er ein Objekt wäre; sie denken sein Wesen als Struktur, die mit analytischen Methoden aufgehellt werden kann, oder sie denken ihn als Faktor in die Wirkungszusammenhänge der Natur, der Geschichte und der Gesellschaft hinein, in denen er tatsächlich steht. Aber so weit diese Denkweise auch vorangetrieben wird und so vieles sie an Einsichten einbringt, sie stößt an eine Grenze, wenn wir selber der Gegenstand der Erkenntnis sind. Dann wird das Denken aus einer Feststellung, daß etwas so und so ist, notwendig zu einem zwar zielstrebigen, aber unvollendbaren Akt, in dem der Mensch sich als freies Selbst zu ergreifen strebt, in dem er sich also nicht in Zusammenhänge einordnet, sondern zur Freiheit aufruft.

Die Philosophie entfernt sich also mit Bewußtsein von den Wissenschaften, zwar nicht von ihren Einsichten, die sie vielmehr aufnimmt und benutzt, doch von ihrer Erkenntnishaltung und ihrem Gegenstandsbegriff. Das dokumentiert sich sehr deutlich in ihrer Sprache, die zur »Chiffrensprache« wird (Karl Jaspers). Als Gegenbild zu der logistischen Zeichensprache, der der andere Teil der modernen Philosophie zustrebt, entsteht eine Symbolsprache, die, wenn man sie mit herkömmlichen Begriffen charakterisieren wollte, als denkendes Dichten oder als dichtendes Denken erscheint und die zuweilen, der zeitgenössischen Dichtung ähnlich, aus den Wurzeln der Worte die Geheimnisse herauszuholen versucht, die die ernüchterte Sprache der Gegenwart in Vergessenheit gebracht hat.

Alle Probleme der Transzendenz sind in die moderne Philosophie, auch wo sie sich ganz auf die Frage nach dem Menschen konzentriert, hineingenommen und werden in ihr sogar mit neuer Schärfe gefaßt, vor allem, wie schon angedeutet, das Problem, wie tief die Geschichtlichkeit des Menschen in sein Wesen hineinreicht. Die Geschichtlichkeit des Menschen bildet bei den meisten repräsentativen Denkern der Gegenwart den zentralen Ansatz, und wenn sie so zum Thema gemacht wird, erhebt sich natürlich die Frage, ob der Mensch nicht zum durch und durch geschichtlichen Wesen wird, dessen möglicher transzendenter Sinn dann nur in einer zeitlichen Zukunft zu suchen wäre und nur da gefunden werden könnte. Hiergegen aber erhebt sich dann der Gedanke, das menschliche Dasein stehe auf einem Seinsgrund, der überzeitlich, geschichtstranszendent, »perennis« ist (Neuthomismus). An dieser Stelle liegen wohl die zentralen Fragen des gegenwärtigen Philosophierens und seine offenen Entscheidungen. Auch der mit aller Entschiedenheit als geschichtliches Wesen definierte Mensch braucht schließlich an die Zeitlichkeit, die das Medium seiner Endlichkeit ist, nicht ganz ausgeliefert zu werden; das geschieht erst dann, wenn aus der Geschichte ein säkularisierter Chiliasmus gemacht wird, der sie in einem irdischen Paradiese (wohl gar in einem schon vorhandenen) enden läßt. So tauchen also alle Probleme der Metaphysik wieder auf, auch wenn sie auf den Menschen »umbezogen« werden. Gerade wenn der Mensch als offene Existenz begriffen wird, fragt es sich, wogegen sein Dasein offen ist, gegen das Nichts oder gegen Gott, gegen eine perfekte Gesellschaftsordnung, in der er moralisch versorgt und aufgehoben sein wird, oder gegen eine geschichtliche Verantwortung, die selber offen ist. Denn »Humanismus« sagen alle, zumindest in der Überschrift oder im Schlußsatz.

Die offene Situation

Am schwersten ist beim Überblick über eine geschichtliche Epoche immer dasjenige herauszuarbeiten, was man das Gefüge des Geschehens nennen könnte, nämlich die Wirkungspotenz der einzelnen Anstöße, ihre Konstanz und Durchschlagskraft oder ihre Wandlungsfähigkeit, wenn sie mit anderen zusammentreffen, überhaupt der ganze Rhythmus von Durchbrüchen und Auswertungen, von Vorgriffen und Verarbeitungen, in dem die Themen des Zeitalters in der Zeitfolge entwickelt und seine Intentionen schrittweise oder stoßweise zur Wirklichkeit gebracht werden. Handelt es sich um ein Zeitalter, dessen Geschehen noch nicht zu Ende gewoben ist und dessen offener Saum wir selber sind, so steigert sich diese Schwierigkeit, und es kann dann fraglich werden, ob das Gefüge seines Ablaufs überhaupt schon erkennbar ist, ob sich zum Beispiel schon beurteilen läßt, welche Ereignisse sich auf Dauer eingraben, welche über kurz oder lang verwehen werden, und von welchen Werken und Mustern ein nachhaltiger Impuls ausgeht.

Was die hier behandelten Jahrzehnte, und zwar zunächst ihre Geistesgeschichte, betrifft, so springt die überragende Bedeutung der zwanziger Jahre schon heute klar heraus. In ihnen liegt der Ursprung der allermeisten Problemstellungen, die uns heute noch beschäftigen. Vieles hat dort die erregende Schärfe des neuen Einfalls und der waghalsigen Attacke gehabt, was inzwischen zum methodischen Verfahren verwissenschaftlicht worden ist oder sich zur breiten Bewegung beruhigt hat. Die Herdgebiete lagen damals in den beiden vom ersten Krieg am stärksten beanspruchten Ländern, in Deutschland und Frankreich. Man überschaue den Werkkatalog der beiden Literaturen in der Zeitspanne zwischen den Kriegen: eine dichte Reihe großer Daten zwischen Marcel Prousts »A la recherche du temps perdu« und André Gides »Journal«, zwischen Rilkes »Duineser Elegien« und Thomas Manns Josephsroman. Ebenso in der bildenden Kunst. Daß die entscheidenden Impulse für die Erneuerung des philosophischen Denkens in den zwanziger Jahren liegen, lehrt jeder Blick auf den heutigen Stand der Philosophie; für die Theologie gilt dasselbe. Es gilt aber auch für die meisten Einzelwissenschaften, sogar für die Physik. Sucht man die

Anfänge, die langhin weitergewirkt, die Gedanken, die prinzipielle Diskussionen entfesselt haben, so sieht man sich immer wieder auf dieses Jahrzehnt zurückgeführt. In den historischen und politischen Wissenschaften kam hinzu, daß die Katastrophe des ersten Krieges vieles aufgerührt, daß sich aber die Fronten, auch die zwischen extremen Positionen, noch nicht so verhärtet hatten, wie es dann durch den Nationalsozialismus, durch den zweiten Krieg und durch die ideologische Zweiteilung der Welt geschah. Das ergab eine sehr lebendige und horizontoffene, wenn auch zuweilen orientierungslose und irrlichternde Diskussion.

Im selben Jahrzehnt datiert auch der gewaltige Aufschwung der amerikanischen Literatur, besonders des Romans; man könnte sagen, daß er für Europa in die Bedeutung einrückte, die in der Generation zuvor der russische Roman gehabt hatte. Darüber hinaus geriet das amerikanische Geistesleben, auch die Wissenschaft, in eine Bewegung, durch die es einerseits für Fragestellungen aufgeschlossen wurde, die bislang als rein europäisch gegolten hatten, anderseits von sich aus in neue Bereiche ausgriff. Der Wille zu scharfer Sozialkritik reicht in der amerikanischen Literatur beträchtlich weiter zurück, neu aber ist, daß diese Kritik nicht nur soziale Mißstände geißelt, sondern bis zur Revision der Ideologie des amerikanischen Traums und bis zum Angriff auf die optimistische »Lebensphilosophie« vordringt. Die Frage nach dem Sinn des Lebens, die Frage nach dem Menschen, was er eigentlich sei, wird in aller Unbedingtheit gestellt, schonungslos auch gegen alle Versuche, der Person des Menschen durch Verbesserung der gesellschaftlichen Zustände eine Autonomie zu garantieren (Reinhold Niebuhr).

Wenn das Gefüge des Geschehens in der ersten Hälfte des 20. Jahrhunderts vollständig zu übersehen sein wird, wird sich wahrscheinlich zeigen, daß der Rhythmus, der in der Geistesgeschichte schon heute ungefähr erkennbar ist, auch im ganzen gültig ist. Auch für die Umbildung der sozialen Schichtungsverhältnisse in den westlichen Industriegesellschaften, auch für das veränderte Verhältnis von Gesellschaft und Staat und für den Strukturwandel der modernen Demokratien dürften die markanten Kurvenpunkte in der Zwischenkriegszeit liegen, desgleichen für die großen Wandlungen der politischen Erde, für den Aufmarsch der neuen Weltmächte, für den endgültigen Ausgriff des industriellen Systems über die ganze Erde, für den Zusammenbruch des europäischen Kolonialismus, für den Neueintritt der Altkulturländer und der »Entwicklungsländer« in die Weltpolitik.

Das Entscheidende ist nun, daß alle diese Neubildungen, mit denen das 20. Jahrhundert in seinem zweiten und dritten Jahrzehnt eingesetzt hat, nicht geradenwegs in befestigte oder auch nur gleichgewichtige Lagen eingemündet sind. Sie blieben aktuelle Impulse, blieben als solche wirksam, gerieten aber damit auch immer neu in Verwirrung, stauten sich auf oder erlahmten, wurden verdrängt oder gingen unter Tage. Das bedeutet in der Geistesgeschichte, daß im Jahrzehnt des zweiten Krieges und seither an den offenen Problemen unablässig weitergearbeitet wurde, im vollen Bewußtsein, daß sie auch dann noch offen bleiben würden (so vor allem in der Wissenschaft) oder daß den neuen Ansätzen, die sich keineswegs zum Stil befestigten, ruhelos neue Nuancen oder, erst recht ruhelos, Ausbrüche nach vorn abverlangt wurden (so vor allem in der Kunst). In der politischen Geschichte und in der Sphäre der ökonomischen und sozialen Ordnungen bedeutet es,

daß alles, was geschah, immer tiefer in eine Weltlage hineingeführt hat, die wesentlich offen ist, und daß sogar Entscheidungen bevorstehen, die sie noch weiter aufreißen werden.
   Auch in dieser Hinsicht hat das gegenwärtige Zeitalter eine Grundform des geschichtlichen Geschehens deutlich herausgestellt, die in anderen Zeiten nur verhüllt da ist, nämlich das Akutwerden neuer Entscheidungen gerade dadurch, daß eine bestimmte Entscheidung getroffen worden ist, das Aufbrechen neuer und tieferer Risse gerade dadurch, daß sich an bestimmten Stellen die Dinge zu bündiger Gestalt gefestigt haben. Das System der modernen Industriegesellschaft hat sich zweifellos stabilisiert, es hat viele seiner internen Spannungen in sich ausgeglichen. Es ist krisenfester und expansionsfähiger geworden, als es in seiner ersten Gestalt im 19. Jahrhundert war, auch wohl, so ist zu hoffen, widerstandsfähiger, als es bei ähnlichen machtpolitischen Beanspruchungen damals gewesen wäre. Aber es hat sich gerade damit in eine Weltlage hineinbegeben oder ist in sie hineingeraten, die auch die Beanspruchungen hochtreibt und die immer neue, immer gewaltigere Gegenkräfte gegen die Ursprungsländer der industriellen Bewegung wachruft.
   Im weltpolitischen Aspekt ist die Offenheit der Situation, die das Schicksal des 20. Jahrhunderts auf absehbare Zeit zu sein scheint, am offensichtlichsten. Der erste Weltkrieg endete in einer mit vielen Spannungen geladenen Lage, die zwar nicht zwangsläufig, aber potentiell dem zweiten zutrieb (was natürlich diejenigen nicht entlastet, die ihn provoziert und schließlich ausgelöst haben). Der zweite Krieg aber hinterließ eine Dauer-Konfliktsituation, die sich bereits ins zweite Jahrzehnt hinein frisch erhalten hat und die noch mindestens der nächsten Generation zur Last fallen wird; denn immer neue Krisenherde tun sich in ihr auf. Daß die Katastrophen, die als Möglichkeiten in ihr angelegt sind, im Zeichen der Atombombe stehen, läßt sie in einer Perspektive erscheinen, die als apokalyptisch zu empfinden leider nicht bloße Hysterie ist.
   Es gehört daher zur gegenwärtigen Situation, daß sie ein Problem unausweichlich macht, das in anderen Zeitaltern nicht mit dieser Dringlichkeit, oft überhaupt nicht gestellt war: die Bewältigung der Vergangenheit, aus der wir unmittelbar herkommen und die uns so oder so anhängt. Das gilt nicht nur für Deutschland, obwohl für dieses zuallererst. An Mahnungen, die Gegenwart und jeder Einzelne – denn auf diesen fällt es zurück, weil der Ort der Bewältigung das Gewissen ist – habe zu bewältigen, was in den Jahren des Dritten Reiches geschehen ist, fehlt es nicht, und diese Mahnungen haben in jeder Hinsicht recht. Um die Bereitschaft dazu ist es freilich nicht zum besten bestellt. Das dürfte nicht ausschließlich, wenn schon zum guten Teil, an der relativ raschen Normalisierung der Lebensverhältnisse nach der Katastrophe liegen, auch nicht nur an der bitteren Chance, die gerade der totale Zusammenbruch gab, das Alte abzuschreiben und resolut zwischen den Trümmern neu aufzubauen; dieser Komplex von aufgezwungener Beschränkung, zupackender Tüchtigkeit, Erfolg und Wirtschaftswunder war freilich – und ist – eine gewaltige Verführung, die miterlebte, miterlittene oder mitverschuldete Vergangenheit aus dem Gewissen und sogar aus der Erinnerung zu verdrängen. Sondern es liegt auch, und tiefer gesehen wohl vor allem, an der Schwere der Last.
   Der Begriff der Bewältigung wird selber ambivalent, jedenfalls aber senkt er sich in die tiefsten Schichten der Existenz ein, wenn nicht nur ein Leid (sei es auch eine Unsumme

von Leid), nicht nur ein Schicksal, sei es auch ein grauenvolles, sondern eine Schuld zu bewältigen ist – eine Schuld, die, je weiter sie fortschritt, um so mehr die unheimliche Fähigkeit bewies, von den Herden aus, an denen sie faßbar war, unaufhaltsam breitzulaufen wie eine Farbe, die sich in feinste Partikel zerteilen kann und die auch da noch einsickerte und abfärbte, wo gar keine Mithilfe geleistet oder sogar widerstrebt wurde. Bewältigung kann dann nicht mehr heißen, daß durch brave Werke das Vergangene abgegolten, nicht einmal, daß es durch tätige Reue ausgelöscht werden könnte, sondern nur, daß es in die eigene Existenz aufgenommen und in alle Zukunft mitgenommen wird; entscheidend wird dann die Frage nach dem Tiefgang der Erfahrung, nach der Standhaftigkeit, mit der sie ausgehalten, und nach dem Ernst, mit der sie verwunden wird. Die Aussage aber, man habe die Vergangenheit bewältigt, wird, von ganz seltenen Ausnahmen abgesehen, geradezu suspekt. Dies ist der Grenzfall, vielleicht der einzige, wo geschichtliche Wirklichkeiten zu den Tiefenvorgängen in der sittlichen Person in direkte Analogie gesetzt werden können. Auch da gibt es ja ein Verstricktsein in Schuld, das nicht einfach wiedergutgemacht, sondern nur getragen und ausgetragen werden kann. Es gehört wohl auch zur Offenheit der gegenwärtigen Situation, daß in ihr solche nicht abrechenbaren Konten laufen.

Als er im Gange war, und noch in den Jahren danach, türmte sich das Ereignis des zweiten Weltkrieges wie eine gewaltige Trombe vor den Augen der Mitlebenden auf. Die weltgeschichtliche Großwetterlage, in die es hineingehört, im ganzen zu überblicken, das ist auch heute noch kaum möglich. Es wird aber in dem Maße möglich, wie die weltweiten Bewegungen, die der Krieg ausgelöst hat, sich verselbständigen und nun ihrerseits Spannungsfelder mit eigenen Zentren und eigenen Auswirkungen erzeugen, und wie in den Großräumen Asiens und Afrikas neue Energien aufbrechen, die mit selbständigem Machtwert in das Kräftespiel einschießen. All das hat aber heute schon begonnen. Ungeheure Fragen, die erst der Ausgang des zweiten Krieges, zum Teil erst das letzte Jahrzehnt aufgeworfen hat, rücken über Nacht in das Stadium der Aktualität. So die Frage, welchen Belastungs- und Zerreißproben das Spannungsverhältnis zwischen den beiden hochindustrialisierten und vollgerüsteten Weltmächten gewachsen sein wird; die Frage, wie sich das Machtverhältnis zwischen den beiden kommunistischen Imperien gestalten wird, wenn die chinesische Volksrepublik die ersten Engpässe ihrer Industrialisierung überwunden haben wird; die Frage, ob und wo auf der Erde »dritte« Mächte ein Eigengewicht geltend machen werden; die Frage, in welche Schicksale und Entscheidungen sich der Schwarze Erdteil hineinbegibt, indem er sich befreit. Da alle diese Prozesse miteinander verschlungen, zudem die Umbrüche, die in jedem einzelnen von ihnen möglich sind, nicht abzusehen sind, ist in der gegenwärtigen Situation, auf etwas längere Frist gesehen, nahezu alles offen. Nur im einzelnen Moment schürzen sich die Dinge zu Konstellationen, die sich zu einem bestimmten Entschluß verdichten lassen, dann freilich einen solchen auch nötig machen. Alle Kataraktsituationen zetteln sich für den, der sich darin befindet, zu lauter Momentanentschlüssen auf.

Wenn es wahr ist, daß der Übergang zur industriellen Lebensform eine der ganz großen Kulturschwellen in der Geschichte der Menschheit bedeutet, so tritt das Bewußtsein, daß wir seit über einem Menschenalter in einer offenen Situation leben, in ein geschichtsphilosophisches Licht. Natürlich kann ein Schema, das mit dem Maß von mehreren Jahrtausenden über die Weltgeschichte hinwegmißt, nicht die besondere Problematik eines einzelnen Halbjahrhunderts aufschließen, nicht seine Verwicklungen und Nöte als sinnvoll interpretieren. Es kann aber doch eine Ahnung davon vermitteln, daß eine solche Transformation der geschichtlichen Existenz des Menschen keinen Bereich des Lebens und keinen Winkel der Erde unberührt lassen kann, daß sie Bewegungen in Gang setzen muß, denen auf langhin keine Ruhelage abzugewinnen ist, und daß sie, wie die politische Erde gebaut ist, Konflikte auflädt, die an den Rand der totalen Katastrophe führen, sogar Spannungslagen erzeugt, die dauernd am Rand dieses Abgrunds entlanggehen.

Erst die zweite Phase der industriellen Bewegung, die im 20. Jahrhundert einsetzte, hat diese Situation akut werden lassen. Erst sie hat die industrielle Lebensform aus einer abendländischen Angelegenheit und einem Privileg der weißen Völker zum universalgeschichtlichen Thema gemacht und zugleich die Machtsteigerung, die in ihr angelegt ist, so aktualisiert, daß alle Maße, auch die Größenordnung der politischen Subjekte, zwischen denen die eigentlichen Entscheidungen fallen, darunter auch diejenige der offenen und latenten Konflikte, in Weltformat hinaufgetrieben werden. In der Epoche der Weltkriege ist der Prozeß angelaufen, durch den die Geschichte im bisherigen Sinne, die zwischen den Hochkulturen, den Staaten und den alten Imperien spielte, auf »one world«, das heißt, realistisch übersetzt, auf eine Weltgeschichte umgeschaltet wird, in deren Unruhe alle Energien der Erde, auch die schlummernden, hineingezogen werden. Es wird aller Voraussicht nach geraume Zeit dauern, ehe auf diesem neuen Niveau irgendein Gleichgewicht reif wird.

Eine solche Lage verweist den Menschen, sie verweist alle politischen Entschließungen und alle Formen des geistigen Schaffens um so stärker auf die Gegenwart und bindet sie an diese. Erlöserische Endlösungen, die einen endgültigen Zustand versprechen und sich als Wegweisung dahin anbieten, werden dann zur Verführung, insofern nicht einmal zur gefährlichen, sondern sehr durchsichtigen, als man ihnen zumeist von weitem ansieht, daß sie nur die ideologische und utopistisch aufgedonnerte Fassade handfester Machtinteressen sind. Von der Leere der Zukunft aus, in die sie eine säkularisierte Ewigkeit hineinspiegeln, entleeren sie das eigentlich Volle, nämlich das an Möglichkeiten und Aufgaben Volle, die Gegenwart. Alles, was wir wollen, auch wenn es das kühnste Wollen ist, muß in die Gegenwart eingepflanzt werden, es kann nur in sie eingepflanzt werden, darum ist die entschlossene Annahme der Gegenwart der erste sittliche Akt und die Voraussetzung alles verantwortlichen Tuns. Daß wir damit beständig in einen offenen Prozeß hineinhandeln, der uns unsere Intentionen früher oder später aus der Hand nimmt und sie zu immer neuen Anforderungen konkretisiert, ist gleichfalls gewiß und mit der gleichen Entschlossenheit zu akzeptieren. In diesem Sinne ist es wahr, daß nicht das Ewige unseren Dienst verlangt, sondern das Zeitliche. Jenes kann uns nur geschenkt werden, in diesem aber sind wir nicht nur befangen, sondern auch verpflichtet. Geschichtliche Existenz in einem Zeitalter wie dem gegenwärtigen ist gleichsam der reine Fall irdischen Daseins: ein Weg, der bestimmt nicht zu einem endgültigen Ziele führt – doch der Glaube, er führe vorwärts, ist, solange wir ehrlich mit menschlichen Maßen messen, nicht sinnlos.

Gabriel Marcel

RELIGIÖSES DENKEN

IN DER HEUTIGEN WELT

Über die Entwicklung der Religion oder genauer des religiösen Denkens in der Welt der Gegenwart soll ich am Ausgang dieser monumentalen Geschichte einige zusammenfassende Betrachtungen anstellen. Es kann sich dabei wirklich nur um Betrachtungen handeln, nicht etwa um eine systematische Untersuchung, die nur eine Forschungsequipe von Spezialisten bewältigen könnte. Eine solche Untersuchung vorzunehmen, hielte ich mich auch nicht für berufen. Dagegen darf ich wohl sagen, daß meine eigenen Überlegungen dem Problem der Religion oder im besonderen der Frage, was religiöses Denken sein könnte, seit der schon fernen Zeit gelten, da ich – es ist etwa ein halbes Jahrhundert her – meine ersten selbständigen Denkversuche unternahm; sie liefen eigenartigerweise eben in dieser Richtung, die meiner häuslichen Umgebung völlig fremd war. Natürlich sehe ich heute viel klarer als damals die schier unüberwindlichen Schwierigkeiten, die sich einem solchen Unterfangen entgegenstellen. Da gibt es eine Art Wagemut, die mit Unwissenheit oder Mangel an Erfahrung einhergeht: wenn ich jetzt, am Abend meines Lebens, auf vergangene Jahre zurückblicke, bin ich entsetzt ob der naiven Anmaßung, mit der ich mich einst kopfüber in solche intellektuellen Abenteuer zu stürzen pflegte.

Freilich muß auch noch hinzugefügt werden, daß die Welt, die sich heute unseren Blicken darbietet, kaum noch irgendwelche Abmessungen gemein hat mit der Welt, in der ein französischer Bürgerssohn einige Jahre vor dem ersten Weltkrieg aufwuchs. Das ist so offensichtlich, daß es keiner näheren Begründung bedarf. Nicht so offensichtlich ist die Einwirkung dieses radikalen Wandels auf den Charakter des religiösen Denkens. Fragt man danach, so zeigt sich sogleich, daß die unkompliziert anmutende Frage nicht nur schwer zu beantworten, sondern auch schon schwer zu präzisieren und sachgerecht zu behandeln ist. Unter diesem Gesichtswinkel führt namentlich die Betrachtung des katholischen Denkens zu Feststellungen, die einander zu widersprechen scheinen.

Einerseits ist nicht zu verkennen, daß an den Universitäten und theologischen Lehranstalten viele Theologen nach wie vor das vortragen, was sie für die traditionelle Lehre der Kirche halten, und sich dementsprechend für den Wandel, von dem ich gesprochen habe, überhaupt nicht interessieren. Sie scheinen es für erwiesen zu halten, daß dieser Wandel der theologischen Wissenschaft nichts anhaben kann, wenn sie von den Gegebenheiten des Geoffenbarten ausgeht und Schriftgelehrten folgt, die sich diese Gegebenheiten am unmittelbarsten zu eigen gemacht haben. Gemeint ist hier natürlich die eigentliche Theologie, nicht das, was sich auf ihre Nutzanwendung im sozialen Bereich bezieht: die Wandlungen der katholischen Soziallehre, namentlich seit dem Pontifikat Leos XIII., sind zu offen und zu beharrlich verkündet worden, als daß man ihre Tragweite unterschätzen könnte, auch wenn solche Neuerungen in manchen rückschrittlichen Ländern eine sehr unfreundliche Aufnahme gefunden haben und obgleich die Kräfte sozialer Beharrung, mit denen sich die Kirche oder vielmehr die Hierarchie in diesen Ländern recht oft solidarisiert, nichts unversucht lassen, um die vom Vatikan ausgehenden Neuerungsideen in der Welt der Tatsachen zu entkräften. Allerdings müßte man hier von einer sehr nuancenreichen Palette Gebrauch machen, wollte man übertreibende Vereinfachung vermeiden. Zudem ist es auch nicht einfach zu entscheiden, ob die Soziallehre noch im eigentlichen Sinne zum Bereich des religiösen Denkens gehört. Schon die Tatsache, daß diese Frage noch, wovon ich jedenfalls überzeugt bin, der Beantwortung harrt, deutet darauf hin, daß weder unter den Gläubigen noch im glaubenden Bewußtsein selbst Klarheit darüber besteht, was im letzten Betracht religiöses Denken ist – oder gar Religion schlechthin.

Anderseits löst solche theologische Starre heftigen Unwillen unter vielen Christen aus, die sich nicht damit begnügen, ihre Religion zu praktizieren, sondern sie auch denken wollen. Vor allem fällt es ihnen schwer, sich damit abzufinden, daß als offizielle Lehre der Kirche autoritativ ein Denkgebilde präsentiert wird, das in so vieler Hinsicht einem längst vergangenen Zeitalter und einer längst überholten Wissenschaft hörig bleibt und sich, wie sie glauben, nur behaupten kann, weil ihm willkürliche Entscheidungen zu Hilfe kommen, die sein Leben indes nur künstlich verlängern. Was man von einer solchen Haltung auch denken möge, sicher ist, daß sie bei ihren Anhängern durchaus nicht die Neigung erzeugt, vom Offenbarungsgegebenen abzuweichen oder es in Frage zu stellen. Was in Frage gestellt wird, ist dessen vielleicht nur äußerliche und brüchige Verknüpfung mit der Gedankenwelt hellenischen Ursprungs, die zur Folge hatte, daß das Geoffenbarte in kategorielle Formen gegossen wurde, von denen man sich fragen muß, ob sie ihm gemäß sind.

Hier stoßen wir auf ein entscheidendes Problem: das der Geschichte und ihrer Geltung. In gewissem Sinne beherrscht das Problem das gesamte Denken der Gegenwart, und deswegen kommt es darauf an, zu ergründen, wie sich echtes religiöses Denken (auch wenn wir zunächst nicht genau wissen, was hier »echt« ausdrückt) zur Geschichte verhalten kann und muß. Die beschriebene Geisteshaltung äußert sich konkret darin, daß die Entwicklung, in deren Verlauf das ursprünglich evangelisch Gegebene in den Rahmen des theologischen Denkens hineingestellt worden ist, als nebensächlich und deswegen verdächtig gesehen wird. Offenbar geht dieser Zweifel auf eine prinzipielle Grundposition zurück, deren relative Gültigkeit sich nicht bestreiten läßt, wiewohl es unkluge Willkür wäre, aus ihr eine unabweisbare Forderung zu machen. Dort, wo das Kommen des Erlösers in seiner Geschehenseinmaligkeit in den Mittelpunkt leidenschaftlichen, inbrünstigen Interesses rückt, stellt sich begreiflicherweise auch das Bedürfnis ein, dies Einmalige möglichst scharf von allem abzugrenzen, was, an ihm gemessen, eine rein menschliche und vielleicht abwegige Entwicklung gewesen sein mag.

Die Verkündung des Dogmas von der Aufnahme Mariens in den Himmel
durch Papst Pius XII. in der Peterskirche in Rom, 1950

Verwendung einer Moskauer Kirche als Wohnhaus

Wie sollte man aber auf der anderen Seite das vielleicht, nein, sogar bestimmt Willkürliche einer Position übersehen, die dieser Entwicklung alle mehr als menschliche Qualität abspricht? Das ist die diametral entgegengesetzte Grundposition. Auch ihre Berechtigung läßt sich schwerlich von vornherein verneinen: sie will im geschichtlichen Ablauf die über Menschliches hinausgehenden Spuren dieses im wahrsten Sinne des Wortes ursprünglichen Geschehens festhalten, dessen Wesen und Wert man möglicherweise verkennt, wenn man es an einem bestimmten Punkt in der Zeit oder an einem bestimmten Ort im Raume zu fixieren sucht. Doch wenn dies Geschehen über sein eigentliches Hier und Jetzt hinausgreift, dann ist es so gut wie selbstverständlich, daß es die Geschichte gewissermaßen sich selbst zuordnet, und dann kann man die Geschichte nicht so sehen, als habe sie keine Beziehung zu diesem einmaligen Geschehen, als sei sie die Abfolge zufälliger Umstände.

Kann man sich damit begnügen, daß man diesen Dualismus in den Grundpositionen und Grundforderungen feststellt, ohne den Versuch zu machen, ihn zu überwinden? Ich glaube, daß das nicht geht. Gerade an dieser Stelle möchte ich etwas einschalten, was mir wichtig scheint: der Pluralismus, mit dem sich manche Philosophie zur Not befreunden kann, widerstrebt zutiefst dem religiösen Denken. Ich für mein Teil halte es für schwierig, wenn nicht gar für unmöglich, etwas vorzuschreiben, was man eine radikale Neutralisierung der Geschichte nennen könnte: das wäre eine rein abstrakte Position, die sich zwar theoretisch halten ließe, gegen die sich aber in den Menschen unserer Zeit etwas sehr Wesentliches aufbäumt. Man sollte sich hier zu einer sehr vorsichtigen, wie so oft verneinend formulierten Bejahung entschließen: es dürfte nicht stimmen, daß die Geschichte als Entwicklungsprozeß von einem religiösen Bewußtsein als indifferent beurteilt werden kann, indifferent gegenüber bestimmten radikalen Forderungen, auf die es nicht, ohne sich selbst zu verleugnen, verzichten zu können glaubt. Darin glaube ich die Einwirkung des gesellschaftlichen Wandels zu sehen, von der ich oben gesprochen habe. Indes wird man, auch wenn man diese Einwirkung für unbestreitbar hält, beachten müssen, wieviel Ungeklärtes sie noch umgibt.

Soweit ich hier Zeugnis ablegen kann – das ist wohl die mir zugedachte Aufgabe –, möchte ich meinen, daß sich das Bewußtsein der Menschen, zum mindesten derer, die aus innerer Berufung über die menschliche Situation nachdenken, im Laufe des letzten halben Jahrhunderts unmittelbarer und kontinuierlicher als etwa in der voraufgegangenen Periode dem Geschehen verhaftet gesehen hat. Konkreter gesprochen: es ist immer weniger möglich gewesen, moralisch unbeteiligt zu bleiben. Nicht daß sich die Menschen notwendigerweise zu politischer Stellungnahme verpflichtet gefühlt hätten; im Gegenteil: sie haben politische Stellungnahme oft als etwas empfunden, was inneren Geboten ihres Wesens widersprach. Aber es schien ihnen nicht mehr erlaubt, ja, noch nicht einmal möglich, in der Rolle des Zuschauers bei einer Tragikomödie zu verharren, in der das Burleske oft nur vom Gräßlichen abgelöst wurde.

Inwieweit erhellt diese Beobachtung die allgemeinere Frage, um die es hier geht? Welcher grundsätzliche Zusammenhang besteht zwischen dem, was wir Religion nennen, und der Tatsache, daß man das Geschehen keineswegs als etwas Indifferentes oder Neutrales betrachtet, sondern sich von ihm zutiefst berühren läßt? Ein Stück weiter kommen wir mit

Paul Tillichs Definition des formalen Kriteriums der Theologie »Gegenstand der Theologie ist das, was uns letztlich *(ultimately)* angeht: nur die Aussagen sind theologisch, die ihren Gegenstand insoweit behandeln, als er dazu angetan ist, uns letztlich anzugehen« *(Systematic Theology)*. Zwar muß das Verhältnis von Religion und Theologie zunächst ausgeklammert bleiben, aber dennoch erleuchtet Tillichs These den Weg, den wir gehen müssen. Grundsätzlich: nur dann hat das Wort Religion einen Sinn, und nur dann ist Religion echt, wenn es dem Menschen letztlich auf sie ankommt, über alle begrenzten und Sonderinteressen hinaus, die sonst sein Handeln bestimmen. Wende ich diesen Grundsatz auf das an, was ich über das Verhältnis des zeitgenössischen Bewußtseins zum Geschehen gesagt habe, so muß ich weiter fragen: Haben wir es dort mit Religion zu tun, wo sich diese Auseinandersetzung mit dem Geschehen zur unverbrüchlichen Verpflichtung mit der Bereitschaft, das eigene Leben einzusetzen, verdichtet?

Zum Teil ist das eine Definitionsfrage. Wir hören täglich davon reden, daß der Kommunismus eine Religion sei. Aber es sind Gegner oder Kritiker des Kommunismus, die diese Ansicht äußern. Umgekehrt sagen die Kommunisten, der Marxismus habe die Religion endgültig abgelöst oder sie dadurch überwunden, daß er einen rational unbegründbaren und historisch an zusammengebrochene oder zusammenbrechende Gebilde gebundenen Glauben durch eine wissenschaftliche Wahrheit ersetzt habe. Tatsächlich scheint die Aussage, der Kommunismus als solcher sei eine Religion, sinnlos: er ist eine Ideologie, und das ist etwas ganz anderes. Schon eher hätte es einen Sinn, davon zu sprechen, daß der Glaube an den Kommunismus religiöser Natur sei. Aber auch das wäre zu präzisieren. Dieser Glaube gilt nicht einer vorgeblich wissenschaftlichen Lehre, sondern der Vorstellung von einer kommenden Gesellschaft freier und gerechter Menschen, einer Gesellschaft ohne Besitz und ohne die Begierden und Wahnideen, die der Besitz gebiert. Der Glaube an solche Zukunftsbilder kann in der Tat religiöser Natur sein, vor allem dort, wo er Menschen beseelt, die bereit sind, für die Verwirklichung ihres Ideals ihr Leben hinzugeben.

Mit dem Wort Ideal kommen indes Zweifel auf, mehr noch: Besorgnisse. Man muß sich fragen, ob die Beziehung des Bewußtseins zu dem, was es als sein Ideal betrachtet, ohne völlige Verwirrung der Begriffe mit einer im strikten Sinne verstandenen Religion auf eine Stufe gestellt werden darf. Schleiermachers Definition der Religion als eines absoluten Abhängigkeitsgefühls sollte man doch nicht mit einer Handbewegung beiseite schieben. Zweifellos hat Tillich in seinem erwähnten Buch recht: »Gefühl« darf hier nicht, wie das gemeinhin geschieht, in rein psychologischem Sinne gedeutet werden; es ist bei Schleiermacher eher das unvermittelte Bewußtsein dessen, was gleichermaßen über Verstand und Willen, über Subjekt und Objekt hinausgreift; und die gemeinte »Abhängigkeit« schließt den Gebrauch der Freiheit in sich und widerstrebt jeder deterministischen und pantheistischen Deutung des Unbedingten. Mir scheint, dies Erlebnis der Abhängigkeit ist die Wurzel der Religion, wie sie zu allen Zeiten von Menschen gesehen wurde, die sie erfahren oder über sie nachgedacht hatten. Dann aber kommt dem Kampf um ein Ideal, was immer dessen ethischer Wert sein möge, die Bezeichnung Religion nicht zu. Überdies bringt Kampf – ganz besonders auch Kampf gegen Irrtum und Ketzerei – in die Religion ein Moment hinein, das ihrem Wesen fremd ist und sie entweiht.

Betende Indiofrauen in der Kathedrale von Cuzco in Peru

Priester im Meiji-Tempel in Tôkyô

Leider gehört ständige Begriffsverwirrung zu den charakteristischen Merkmalen unserer Zeit, und sie äußert sich auch in den Abirrungen vom Christentum, die wir heute erleben. Daß es da schwierige Probleme gibt, ist nicht zu bestreiten. Auch in der Aussage, daß die Religion das zum Mittelpunkt hat, was uns letztlich angeht, steckt etwas beängstigend Zweideutiges. Zunächst einmal: Wer ist hier Subjekt? Bin ich es? Sind es wir? Umfaßt dies Wir das, was ich die Menschheit nenne? Es ist nicht einmal einfach, diese so wichtige Frage präzis zu stellen. Ganz gewiß ist eine Religion der reinen Innerlichkeit möglich: im 19. Jahrhundert haben sich nicht wenige Jünger der Romantik zu ihr bekannt, und da so oder so alle Erlebnistypen nebeneinander weiterbestehen, wird es solche Gemüter auch heute geben, vermutlich als unvermeidliche Reaktion auf die großen Umwälzungen, die sich vor unseren Augen abspielen. Unserer Betrachtung ist allerdings mit dieser Feststellung noch kein klarer Weg gewiesen, denn hier setzt eine etwas verwirrende Dialektik ein: gehen wir von dem aus, was um uns herum vorgeht, so erscheint uns diese Religion der reinen Subjektivität als eine Art Überbleibsel und damit als Anomalie; aber dann müssen wir sogleich auch die Frage aufwerfen, inwieweit eine solche Aussage Geltung beansprucht, oder vielmehr, über welche Autorität derjenige verfügt, der sie formuliert. Sofern die Aussage von außen kommt, ergibt eine einfache Überlegung, daß der, der sie macht, überhaupt keine Autorität haben kann, und es bliebe nur noch zu prüfen, ob sie nicht vielleicht Aussicht hat, gerade bei denen ein Echo hervorzurufen, die sie eigentlich im Prinzip zurückweisen müßten. Wie immer, wenn echte Überlegungen angestellt werden, kann es auch hier nur eine persönliche Antwort geben: Wenn ich von jedem gesellschaftlichen Druck absehe (ein solcher Druck könnte in meinem Fall nur *ex contrario* wirksam sein), stelle ich fest, daß es mir völlig unmöglich ist, mich für mein eigenes Heil zu interessieren, wenn es nicht zugleich das Heil der Menschen ist, die ich liebe wie mich selbst oder mehr als mich selbst; gehe ich weiter, so entdecke ich, daß sich mein Interesse bis ins Unendliche erstreckt und daß ich nicht umhin kann, mir die Verse Charles Péguys zu eigen zu machen:

> Und müßte ich, um vom ewigen Nichtsein die Seelen
> der Verdammten zu retten, die am Nichtsein verzweifeln,
> in menschliches Leid meine Seele für lange versenken,
> so wünschte ich nur, sie bliebe lebendig im menschlichen Leid.

Ich glaube mich nicht zu irren, wenn ich sage, daß das religiöse Denken unserer Tage immer mehr einer universalistischen Orientierung zuneigt und daß die Prädestinationsthesen infolgedessen nur noch in kleineren geschlossenen theologischen Zirkeln vorherrschen, in die die großen Zeitströmungen nicht eindringen. Unter solchen Umständen müßte man auf die vorhin gestellte Frage antworten, daß das Subjekt, sofern es mein Ich als reflektierendes Bewußtsein ist, gar nicht anders kann, als sich einem Wir anzuschließen, das wahrscheinlich sogar mit einem »Wir alle« identisch ist.

Allerdings muß man hier auf der Hut sein: wenn ich überzeugt bin, daß ich als glaubendes und reflektierendes Ich nicht umhin kann, mich einem universalen Wir zu verbinden, so will das dennoch nicht sagen, daß ich das Recht hätte zu behaupten, der mich beseelende Glaube, der auf irgendeine Weise uns alle umschließt, sei in Wirklichkeit der Glaube aller

Menschen. Ich weiß sehr wohl, daß davon keine Rede ist, auch wenn es mich schmerzt, die Schranken zu sehen; mehr noch: ich kann verstehen, daß dieser Glaube, wenn er zu unser aller Glauben würde, Gefahr liefe, seine eigentliche Qualität einzubüßen und sich im Unbestimmten aufzulösen; jedenfalls sehe ich diese Gefahr unter den Erfahrungsbedingungen, unter denen ich existiere und die den Erfahrungsrahmen für das Bewußtsein der Menschen abgeben, denen ich mich mehr oder minder unmittelbar verbunden fühle. Anders ausgedrückt: es scheint unvermeidlich zu sein, daß die Religion in dem einzigen heute präzisierbaren Sinn eine fühlbare Spannung heraufbeschwört zwischen dem Subjekt, das ich bin, dem glaubenden Ich, und einem universalen Wir, auf das zweifellos abgezielt ist, das sich am Ende abzeichnet, das die erhoffte Vollendung sein muß, das ich aber nicht *hic et nunc* vorwegnehmen kann, ohne daß der Glaube damit der Gefahr ausgesetzt würde, eine Substanzminderung zu erleiden.

Es versteht sich von selbst, daß, wenn ich von mir als dem glaubenden Ich spreche, ich mich der Mühe der Abgrenzung und Zerlegung unterziehen muß, um nicht allein meine Erfahrung als einfaches psychologisches Einzeldatum in Rechnung zu stellen, sondern um zugleich auch alle Glaubenden einzubeziehen, denen ich begegnet bin und deren Glauben ich in dem von ihnen abgelegten Zeugnis erfahren habe: nicht nur in ihrem »Wort«, sondern auch in ihrem Leben und in ihrem sich darin enthüllenden Wesen. Wenn ich von den anderen Glaubenden spreche, verkenne ich nicht, wie gewagt und wie wenig beweisbar der Versuch wäre, etwas formal zu erfassen, was in mancher Hinsicht gar nicht in festen Umrissen faßbar sein mag. Trotzdem fühle ich mich auf Grund meiner Erfahrung, von der ich nicht absehen kann, befugt, die Behauptung aufzustellen, daß der, der glaubt, auch den anderen Glaubenden erkennt und, auch wenn er an diesem anderen Glauben nicht teilnehmen kann, gleichsam in ständiger Bereitschaft ist, sich vor ihm zu verbeugen. Ich erinnere mich ganz besonders der inneren Bewegung, die sich meiner bemächtigte, als ich zum erstenmal – es war in Sarajewo – eine Moschee betrat; dies Berührtsein, dies Wiedererkennen habe ich dann in Nordafrika und in Damaskus von neuem erlebt. Das mögen mir manche vorwerfen. Es wird auch nicht an Katholiken fehlen, die mir sagen werden, es sollte mir unmöglich sein, mich von einem protestantischen Kult rühren zu lassen. Ich lehne es ab, mich einem solchen Anspruch zu beugen; ich glaube in ihm den Keim eines neuen Fanatismus zu erkennen.

Wenn es heute ein Symptom religiöser Erneuerung gibt, so erblicke ich es darin, daß sich das religiöse Denken dem Ökumenischen zuwendet. Diese Wendung zum Ökumenischen sollte nicht so verstanden werden, als ob sie in Synkretismus umschlagen müßte. Synkretismus kann nur das Produkt eines Manipulationsbemühens sein, das in Wirklichkeit nur Überreste der Religion einbegreift und, wie mir scheint, mit wirklich religiösem Denken nichts zu tun haben kann; offenbar geht er auf eine *ars combinatoria* zurück, die sich weder über ihre Methoden noch über ihre natürlichen Schranken im klaren ist. Vielleicht ist es nicht unwichtig, diesen Gesichtspunkt zu einer Zeit hervorzuheben, da sich so viele – vor allem Frauen – weigern, den strengen Anforderungen der Religion Folge zu leisten, und statt dessen in allen möglichen Kompendien, meist Hinduismus-Popularisierungen aus zweiter Hand, nach einem wundertätigen Kitt suchen, der die Risse im Gebälk eine wankenden Glaubens schließen soll. Man kann, glaube ich, mit Bestimmtheit sagen, daß auf diesem Weg eine ernsthafte Erneuerung des religiösen Denkens nicht zu erreichen ist. Bauen kann man hier nur auf Menschen, die ihrer Religion im tiefsten verbunden sind und die eben darum die Aufgabe auf sich nehmen, sich durch wirklich gelebten und langwährenden Kontakt mit dem inneren Wesen fremder Glaubenseinstellungen, denen sie den Charakter echten Glaubens zubilligen, vertraut zu machen. Ein Beispiel ist der Abbé Monchanin, der nicht nur über zwanzig Jahre in Indien verbracht, sondern in diesen Jahren auch das Leben eines Hindus geführt hat. Ich will gewiß nicht behaupten, daß er im Endergebnis seinen ursprünglichen und von ihm wohl bis zuletzt beibehaltenen Glauben mit der Religion, zu der er mit so großer Ausdauer und mit so heroischer Mühe einen Zugang gesucht hat, in einer Synthese verbunden habe. Überhaupt sollte man hier – das halte ich für außerordentlich wichtig – mit dem Begriff Synthese, der hier ganz und gar untauglich ist, aufräumen; tauglich ist er nur im Rahmen einer bestimmten Philosophie, und sogar dort kann es passieren, daß er nur unsachgemäß und unüberlegt der Sphäre entlehnt wird, in der seine wirkliche Bedeutung liegt: der Wissenschaft von der Natur. Ein Unterfangen wie das des Abbé Monchanin, das sicher in manch anderem Zusammenhang Nachahmung finden wird (ich denke da beispielsweise an die tiefgründigen Einblicke in die japanische Geistigkeit bei Graf Dürckheim), hat seinen unschätzbaren Wert vor allem darin, daß es die Möglichkeit eines brüderlichen Zwiegesprächs dort schafft, wo vordem ein Abgrund klaffte, den Wortkünste nur manchmal und nur äußerlich verdecken konnten.

Diesem Bedürfnis, das immer nachdrücklicher empfunden wird, entspricht vollauf das Gespräch zwischen Katholiken und Protestanten, das in unserer Ära in Gang gekommen ist und zusehends an Vitalität gewinnt. Heutzutage bedeutet das Ärgernis der Trennung der Kirchen für eine wachsende Anzahl von Christen nicht nur Kummer, sondern auch Demütigung; das geht Hand in Hand mit unbestreitbarem Fortschritt in der eigentlich religiösen Ebene. Hier aber verläuft – ich habe es bereits angedeutet – alles so, als sei es uns irgendwie verboten, die möglichen Schlußfolgerungen aus dem Gespräch vorwegzunehmen. Anscheinend muß das Gespräch täglich erlebt werden – als Bewährungsprobe, deren positive Wirkung immer mehr Anerkennung findet. Man darf annehmen, daß es sich nicht, wie es sonst mit Diskussionen um Ideen zu sein pflegt, auf ein Hin und Her oberflächlicher Rede und Gegenrede reduzieren, sondern zu einer Auflockerung führen wird, die sich mit heute unvorhersehbaren Auswirkungen bis in die Tiefen der Gemeinschaft der Gläubigen fortzupflanzen vermag. Das besagt, daß dies Gespräch die geistigen Potenzen selbst einbezieht; insofern ist es etwas anderes als der in seiner Art auch fruchtbare Meinungsaustausch, wie er sich gewöhnlich auf Kongressen oder internationalen Zusammenkünften unter Spezialisten anbahnt, die ihre Kollegen gerade über die in ihrer Arbeit erzielten Ergebnisse unterrichtet haben. Bei einem solchen Meinungsaustausch bleibt die menschliche Persönlichkeit der Teilnehmer mit allen ihr anhaftenden Gefühlsmomenten grundsätzlich außerhalb der Debatte, obschon die Trennung des Gelehrten vom Menschen nie so absolut ist, wie sie sich in der Theorie ansieht. Hier jedoch, im interkonfessionellen Gespräch, ist die Situation ganz anders, denn da, wo es wirklich um die Religion schlechthin geht, ist die konkrete Ganzheit des menschlichen Wesens beteiligt, und das widerspricht schon der bloßen Vorstellung von einer solchen Trennung. Ein trügerischer Eindruck wird bei solchen Begegnungen häufig nur dadurch erweckt, daß an die Stelle der Religion im eigentlichen Sinne etwas anderes tritt, was wirkliche oder vorgebliche Zuständigkeiten ins Spiel bringen mag. Bei näherer Überlegung zeigt sich indes, daß bei wirklich religiösen Dingen der Begriff der Zuständigkeit gar keinen Sinn hat; er tritt hinter einem ganz anderen Begriff zurück, der sich auf eine andere geistig-seelische Dimension bezieht: dem Begriff der Weihe. Auf sie allein kann sich hier Autorität stützen. Aber diese Autorität schließt schon in ihrer Wesensbestimmung jeglichen Anspruch aus. Man könnte sogar noch weiter gehen und sagen, daß der Anspruch hier die Autorität untergräbt, sie gewissermaßen sinnleer macht; das hat seinen guten Grund: Anspruch ist nichts anderes und kann nichts anderes sein als eine Seinsweise der Hoffart, und der Mensch, der sich am ehrlichsten Gott weiht, ist von allem Anfang an auch der am wenigsten hoffärtige.

So entsteht eine paradoxe Situation, die man wohl beachten sollte: wirklich geweihte Menschen hüten sich im allgemeinen, an Begegnungen teilzunehmen, die von den bestehenden Gewalten organisiert und zu denen Personen eingeladen werden, deren Legitimation zur Vertretung dieser oder jener Konfession, dieser oder jener Auffassung offiziell anerkannt ist; diese Art Amtsstempel ist in der Regel denen vorbehalten, die ihren Anspruch – und sei es nur mit der Zahl und Bedeutung ihrer Publikationen – am deutlichsten erkennen lassen. Die großen Weisen der Kontemplation in Indien, die Schweiger sind und die die Früchte des Meditierens den Schülern nur in einem langsamen, fast endlosen Destillierverfahren vermitteln, schließen sich selber von Palavern aus, bei denen Schwätzer Triumphe feiern. Das ist das sinnreichste Vorbild, das man sich denken kann.

In diesem Sinne kann man, glaube ich, ohne ungerecht zu sein, sagen, daß die internationalen Organisationen vom Typ der UNESCO zwar durchaus gültige Ergebnisse auf Gebieten wie Sozialhygiene und zur Not noch Erziehung erzielen mögen, in der Sphäre des Spirituellen aber nichts anderes zuwege bringen, als ihre Wirkungslosigkeit oder Ohnmacht festzustellen. Unter diesem Aspekt ist es ganz natürlich, daß an der Spitze der UNESCO so lange Zeit ein Mann wie Julian Huxley gestanden hat, der sich noch vor nicht allzu langer Zeit durch die Verkündung eines für den Vortragsgebrauch in mittelenglischen Provinzstädten zurechtgemachten Positivismus hervortat.

Das ist keine Abschweifung vom zentralen Thema dieser Betrachtungen. Eins wird, wie mir scheint, immer deutlicher: das religiöse Denken hat alles zu verlieren, wenn es sich in den engen Grenzen einer Sekte oder einer Lehrmeinung einschließt; nimmt es aus Angst, mit der Öffnung der Tore etwas von seiner ursprünglichen Reinheit einzubüßen, eine solche Absperrung auf sich, so setzt es sich unausweichlich der Gefahr der Verkalkung aus; nach allen bisherigen Erfahrungen wäre das das Schlimmste, was ihm widerfahren könnte. Aber die Tore öffnen hieße, zum Gespräch bereit sein; deshalb ist es lebenswichtig festzustellen, unter welchen Bedingungen das Gespräch so gehaltvoll und sagen wir nahrhaft werden kann, wie ich es bei der Besprechung der tatsächlichen Begegnung zwischen Katholiken und Protestanten glaubte erhoffen zu können. Die Schwierigkeiten sind nicht zu unterschätzen. Ich habe vorhin von Weihe gesprochen, und ich halte diesen Begriff in unserem Zusammenhang für unerläßlich; aber er bietet zugleich auch genug Anlaß zu Einwänden. In welchem

Maße dürfen die Teilnehmer am brüderlichen Zwiegespräch, das allein von Wert sein kann, die Gemeinsamkeit des Gegenstandes postulieren, dem ihre vereinten Bemühungen zu gelten hätten? Kann hier überhaupt von einem Gegenstand, von der Idee einer gegenständlichen Realität die Rede sein? Auch wenn man auf sie am Ende wahrscheinlich doch verzichtet, kann gegenseitige Annäherung vieles aufhellen. Aber was?

Solange man in der Dimension des Gegenstandes bleibt, kann das Beispiel der Erforschung eines geographisch unbekannten Gebiets dienlich sein: von verschiedenen Punkten der Erdoberfläche aus bewegen sich Expeditionen auf die zu erforschende Gegend zu; ihre Wege sind verschieden und ihre Technik wechselnd, aber am Forschungsziel hoffen sie aufeinanderzustoßen. Natürlich haben ihre verschiedenen, aber konvergierenden Marschrouten nur abgesteckt werden können, weil ihnen als gemeinsame Orientierungsgrundlage eine Karte diente, die als exakt galt und innerhalb feststehender Umrisse nur einige Lücken aufwies; eben diese Lücken sollten mit Hilfe der von den Forschern angestellten Ermittlungen geschlossen werden. Ein solches Vorgehen setzt voraus, daß das, was noch zu entdecken ist, mit dem bereits Entdeckten prinzipiell gleichartig ist; das heißt: zwischen dem schon Bekannten und dem noch Aufzufindenden darf es keinen grundlegenden Wesensunterschied geben. Da muß nun unverblümt ausgesprochen werden, daß ein Gott, der unter solchen Voraussetzungen innerhalb eines vorgegebenen Ganzen aufzuspüren wäre, alles mögliche sein könnte, nur nicht Gott. In eine präzisere Sprache übersetzt: wir können Gott nicht anders denken als in Beziehung zu einem inneren Erfordernis und in Erfüllung dieses Erfordernisses; aber dies Erfordernis ist so geartet, daß ihm keine wie immer vorgenommene objektive Ortsbestimmung gerecht werden kann. Nur Schwachköpfe, als die sich wenn nicht die Schriftgelehrten des Marxismus, so doch seine Vereinfacher erwiesen haben, konnten glauben oder zu glauben vorgeben, daß die Erforschung des Weltraums die Wahrheit des Atheismus etablieren werde. Was indes die künftigen interplanetarischen Reisen werden je widerlegen können, ist allenfalls ein Kinderglaube, den der wahre Glaube nur als unannehmbar verwerfen kann.

Gewiß kann man gelten lassen, daß sich der Begriff des Gegenstands seiner räumlichen Bestimmung entkleiden läßt, ohne damit zu verschwinden. Das gäbe uns ein anders konstruiertes Beispiel: es möge sich um die Auffindung eines »Gesetzes« handeln, also um eine wissenschaftliche Wahrheit, zu der man auf verschiedenen Wegen gelangen kann und der die Gelehrten von verschiedenen methodischen Ansätzen aus nachgehen; auch hier gibt es konvergierende Zufahrtsstraßen, wenn sie auch in einer Ebene gedacht sind, die sich im Raum nicht fixieren läßt. Nur ist hier zu bedenken, daß das gesuchte Gesetz bestimmungsgemäß einen rein abstrakten Charakter hat. Und wenn man sich einen Gott für den Hausgebrauch der Philosophen, einen Gott, der nach Hippolyte Taine einem Gesetz oder einem Ewigkeitsaxiom gleicht, gerade noch vorstellen kann, so hat doch ein solcher Gott (falls die Bezeichnung hier überhaupt noch zutrifft) mit dem Gott des *homo religiosus* offensichtlich nicht das geringste gemein.

Vielleicht kann man es nunmehr mit einem dritten Exempel versuchen: mit dem großen Künstler oder dem großen Denker, welchem Menschen verschiedener Art, von verschiedenen inneren Notwendigkeiten regiert, auf verschiedenen Wegen nahezukommen trachten. Im

Gegensatz zu den beiden vorhergehenden gehört dies Beispiel wenigstens zu einer Dimension, die der ureigensten Dimension des religiösen Denkens nicht völlig inkongruent ist. Wenn gegenseitige Annäherung hier bis zu einem gewissen Grade aufschlußreich ist, so gerade deswegen, weil sich der große Denker – etwa Plato oder Goethe – oder der große Künstler – ein Rembrandt, ein Goya – nur auf höchst unzulängliche Weise als Gegenstand betrachten lassen. Es ist, als müßten wir aus verschiedenen Gesichtswinkeln etwas beschauen, was gar nicht wirklich gesehen werden kann. In diesem Sinne kann man sagen, daß, sobald wir bei der Betrachtung großer Geister bis zu einer gewissen Tiefe vorgedrungen sind, diese großen Geister selbst uns eine Haltung oder eine Orientierung auferlegen, die uns mit der Eigenart des religiösen Denkens vertraut macht. Auf die erörterte Gesprächsproblematik angewandt: die Kommunikation zwischen Glaubenden, von der oben die Rede war, ist letztlich auf das »absolut Lebende« bezogen; wenn wir genau auf das achten, was in diesem Wort liegt, wissen wir auch, daß hier über jedes gegenstandsbezogene Denken hinausgeschritten wird. Auf diese Weise wird, klarer noch als vorher, sichtbar, daß das Aufeinandertreffen der verschiedenen Zugangswege, das hier Wirklichkeit werden soll, von ganz anderer Art ist als die – sei es erwünschte, sei es notwendige – Erreichung eines gemeinsamen Ziels durch Forscher, die an demselben Forschungsvorhaben mitwirken; denn hier ist »Brüderlichkeit« das Verbindende und Vermittelnde. Höchstens ließe sich, wie schon angemerkt, sagen, daß die Demarkationslinie nicht unverrückbar ist: am Ende könnte auch die wissenschaftliche Forschung von der Herstellung brüderlicher Beziehungen zwischen denen profitieren, die heute zumeist nur fachmäßig miteinander verbunden sind.

An diesen Überlegungen darf man, so hypothetisch sie sein mögen, festhalten, wenn man nur im Auge behält, wieviel Unvollkommenes und Relatives ihnen anhaftet. Denn eine Annäherung im skizzierten Sinn setzt eine Bejahung voraus, von der man zunächst jedenfalls annehmen möchte, sie könne nicht mit dem Zeichen der Unbedingtheit versehen sein: die Bejahung dessen, was die göttliche Persönlichkeit oder der persönliche Charakter des absoluten Wesens genannt werden kann. Gerade an diesem Punkt wird beispielsweise das Gespräch zwischen Christen und Hindus entweder abbrechen oder über eine Kluft hinweg von Gesprächspartnern fortgeführt werden müssen, die voneinander so weit entfernt sind, daß sie einander kaum werden wahrnehmen, geschweige denn hören können. Vielleicht läßt sich das genauer fassen: wo die Religion den Charakter eines Glaubens hat, wo sie vor allem Treue zum Wort ist, da ist es unvermeidlich, daß dieser persönliche Charakter Gottes uneingeschränkt bejaht wird, auch wenn man dafür sorgt, daß das nicht in dem wörtlichen Sinne, der sich auf ein endliches Geschöpf bezöge, verstanden wird, sondern lediglich als Analogie. Das Wort Glaube hat indes sicher keinen Sinn für einen Hindu: ihm geht es in Wirklichkeit um Erkenntnis, mag diese Erkenntnis in ihren Wesensmerkmalen auch nicht mit dem übereinstimmen, was wir abendländischen Menschen darunter verstehen. Was immer wir im Westen von der Gültigkeit dieser Erkenntnis halten mögen, ja, sogar wenn wir zugeben, daß wir sie begrifflich nicht sicher erfassen können, fällt es uns schwer, nicht zu fragen, ob sie nicht zu einer ganz anderen Sphäre gehöre als Religion in dem Sinne, mit dem zwei Jahrtausende Christentum dies Wort angefüllt haben. Freilich zeigt sich bei näherem Zusehen, daß sich die Vorstellungen, deren Widerstreit ich hier verzeichne, vom

Der Dalai-Lama im Kreis tibetischer Mönche bei einer Feierlichkeit
zur Erinnerung an den Geburtstag Buddhas, 1959

Presbyterianerkirche in Stamford/Conn. in den USA

Gesamtzusammenhang außerordentlich komplexer Erscheinungen hauptsächlich gesellschaftlicher Natur nur in der Abstraktion lostrennen lassen, und es kann schon sein, daß in der Ebene des Sozialen eine gegenseitige Annäherung herbeigeführt wird und Nutzen stiftet. Aber worum es uns hier geht, ist das religiöse Denken, nicht die Religion als gesellschaftliches Phänomen. Gewiß kann man – und sogar mit gutem Recht – der Meinung sein, daß eine strenge Scheidung dieser Art gar nicht möglich ist und daß, wenn man das religiöse Denken aus jedem gesellschaftlichen Zusammenhang herauslösen wollte, von ihm im Grenzfall nichts übrigbliebe als ein metaphysisches Bekenntnis. Nun bezeugt aber die Mystik, ein ständiges Mahnmal, daß es solche extremen Möglichkeiten gibt, und wir wissen sehr wohl, daß sie sich von der Religion wahrlich nicht trennen lassen. Ich möchte es zum mindesten als sicher ansehen, daß sich in unserer Zeit die Entfaltung des reinsten christlichen Denkens mit wachsendem Mißtrauen gegenüber dem verbindet, was man – allerdings wohl nur in abstrakter Sicht – das Nur-Gesellschaftliche nennen könnte. Jedenfalls wird das Nur-Gesellschaftliche in einer Perspektive gesehen, die es als notwendiges Symbol oder als verständig und vorstellbar gefaßten Annäherungswert dessen begreifen läßt, was unendlich weit über das Gesellschaftliche hinausgeht.

Ich glaube nicht, daß es heute möglich ist, über die Zukunftschancen des hinduistischen Denkens ein Urteil zu fällen – auch nicht für einen, der in intimer Vertrautheit mit dem Hinduismus gelebt hat. Mit Sicherheit kann man nur annehmen, daß sich auch in einem, wie zu befürchten, vom Marxismus überfluteten Südasien hier und da Menschen erhalten werden, die eine der erhabensten Traditionen der Menschheit werden zu verkörpern wissen. Darüber, welche Lebensenergie sich diese Tradition unter den Bedingungen eines mehr und mehr insularen Daseins wird bewahren können, kann heute kaum jemand etwas sagen.

Unmittelbarer betrifft uns eine Frage, über die sich auch mit größerem Nutzen nachdenken läßt: in dem geschichtlichen Augenblick, an dem wir angelangt sind, gibt es manchen Anlaß, zu fürchten, daß sich das technokratische Denken auf lange Zeit durchsetzen wird, wenn auch nicht notwendigerweise in Formen, die kommunistisch sein oder bleiben müßten, daß also ein Positivismus obsiegen wird, der vielerlei Nuancen, besonders pragmatistischer Art, hervorbringen mag, der aber in jedem Fall seine Bemühungen darauf konzentrieren wird, unseren Planeten und vielleicht später ein umfassenderes System zu organisieren und planend zu lenken. Es kann nicht nachdrücklich genug unterstrichen werden, daß ein Denken dieser Art gigantisch übersteigerte Vorstellungen von der Macht des menschlichen Geistes in sich schließt; oft genug habe ich darauf aufmerksam gemacht, daß der Anthropozentrismus, der sich in früheren Zeiten trotz allem noch der Bejahung eines schöpferischen und allmächtigen Gottes beugte, als dessen sehr unvollkommenes Ebenbild der Mensch erschien, vor unseren Augen nicht bloß in veränderter Gestalt wiederaufersteht, sondern auch eine ungeahnte, völlig ungezügelte Entfaltung erfährt. Von dem Augenblick an, da der Glaube an den schöpferischen Gott dahinschwindet, wird der Mensch zwangsläufig dazu gebracht, sich viele Eigenschaften zuzuschreiben, mit denen er ehedem seinen Schöpfer ausstattete; da er aber ständig noch Teilmißerfolge und nicht wenig Enttäuschungen einstecken muß, schwankt er ratlos zwischen maßlosem Hochmut und einer Mutlosigkeit, die leicht in Verzweiflung ausartet, hin und her.

Man darf vermuten, daß eine Situation, die eine solche Bewußtseinsspaltung mit sich bringt, auf die Dauer dazu beitragen muß, das kritische Nachdenken von neuem zu wecken, dessen Sinnlosigkeit darzutun der Positivismus so beflissen war; sobald aber das Nachdenken wieder einsetzt, ist es aus mit dem Dogmatismus, den die Technokraten fest zu verankern glaubten. Wenn das Denken wieder zu seinem Recht kommt, ist es alles in allem höchst unwahrscheinlich, daß die hier im Schellingschen Sinne gefaßten Potenzen, die in vergangenen Zeiten in der Religion, im Religiös-Schöpferischen am Werk waren, nicht aus einem langen Schlaf erwachen sollten; wie lange der Schlaf noch anhalten wird, können wir nicht abschätzen. Indes müssen wir zu erkennen suchen, in welchem Rahmen diese Potenzen Aussicht haben, in Erscheinung zu treten und sich in der Welt, die vor unseren Augen Gestalt annimmt, zur Geltung zu bringen. Selbstverständlich muß man sich hier vor einem Irrationalismus in acht nehmen, der diese Potenzen mit wer weiß was für triebhaften Kräften würde verwechseln oder verschmelzen wollen. In Wirklichkeit geschieht hier alles in der Ebene der sprachlichen Formgebung und muß in dieser Ebene geschehen: eine Religion, die sich im 'Unaussprechlichen verschanzen wollte, müßte ersticken. Es kommt aber darauf an festzustellen, was dazu gehört, daß sie sich ihren Lebensatem bewahrt, statt, wie das so oft im Schoße einer institutionalisierten Kirche passiert, zu verdorren und zu verkalken. Wenn es uns gerade noch gelingt, die Tragweite und die tragische Zuspitzung der Aufgabe zu erfassen, so müssen wir uns doch darüber im klaren sein, daß ihre Bewältigung an viel zuwenig durchschaubare Voraussetzungen geknüpft ist, als daß es möglich wäre, hier mit einer eindeutigen Lösung aufzuwarten.

Was ich zu sehen glaube und was wohl eher eine weitere Schwierigkeit als ein Element der Lösung darstellt, ist dies: wer die schmerzlich nach einem Glauben Suchenden beraten oder gar lenken will, wird viel couragierter als in früheren Zeiten die Fragen anpacken müssen, die dem menschlichen Bewußtsein dadurch aufgegeben sind, daß das Böse nicht allein im Menschen angelegt ist, sondern auch in der Natur. Hier sind Metaphysik und religiöses Denken miteinander verzahnt. Und hier sollte man den Mut aufbringen, deutlich zu erklären, daß in diesem Bereich die Dogmatiker zumeist, wenn nicht gar immer, nicht mehr fertiggebracht haben, als Methoden zu erfinden, mit denen man solchen Fragen ausweichen und dennoch intellektuell ein gutes Gewissen behalten kann. Aber immer weniger reichen diese Spitzfindigkeiten dazu, die seelischen Nöte der Menschen aus der Welt zu schaffen. Während ich dies schreibe, wütet in Chile ein unerhört grausames Erdbeben, das das Land verwüstet und ein Drittel seiner Bevölkerung ins Elend des Obdachlosen- und Flüchtlingsdaseins stürzt. Ich halte es nicht für möglich, daß eine solche Katastrophe – eine unter Hunderten – auch in diesem noch größtenteils katholischen Lande vorbeigehen könnte, ohne bei vielen den quälenden Zweifel wachzurufen, dem Voltaire nach dem Erdbeben von Lissabon Ausdruck gegeben hat. Immer wieder kehren die tückischen, die tödlichen Fragen wieder: Hat Gott diese Schrecken gewollt und verursacht? Was ist das für ein Gott, der – und sei es auch nur um vorbildlicher Zwecke willen – zu solchen Mitteln greift? Und wenn Gott nicht der Urheber dieser Kataklysmen ist, können wir uns damit zufriedengeben, daß er sie erlaubt? Ist hier die Vorstellung des Erlaubten nicht allzu doppeldeutig und anthropozentrisch? Jedenfalls kann ich der Versuchung (oder ist das nicht der passende Ausdruck?) nicht widerstehen, zu meinen, daß diese Kategorien – sei es der Kausalwirkung, sei es des Erlaubten – überwunden werden müssen und daß wir nur unter einer Voraussetzung dazu gelangen können, nicht etwa Gott zu denken – das ist uns sicher unmöglich –, sondern uns in Angst und Hoffnung einem Grenzziel zu nähern, das ein solches Denken wäre, daß wir, sage ich, nur dazu gelangen können, wenn wir uns gegen eine ehrwürdige philosophisch-theologische Tradition auflehnen und Wege einschlagen, die nicht mehr die Wege der klassischen Theologie sein können. Ich mache kein Hehl daraus, daß ich schon so weit war, mich zu fragen, ob es nicht eine Lösung wäre, nicht mehr die Allmacht, sondern die »Allschwäche« eines Gottes zu betonen, der sich in der Menschwerdung seiner Allgewalt entäußert, sie wie eine unheilbringende Last von sich geworfen hat, wohl nicht um sie dem Menschen aufzubürden, sondern vielmehr um den Menschen der Versuchung auszusetzen, nach ihr zu greifen, auf daß er die Versuchung bezwinge und ihre abgründige Sinnlosigkeit begreifen lerne.

Ich weiß, daß so etwas nur eine gedankliche Grenzposition sein kann; aber ist man sich einmal dessen bewußt geworden, wie gefährlich es ist, sich Gott als Souverän, als Despoten vorzustellen, so ist es schwer, nicht in eine Richtung abzugleiten, die zu dieser Grenzposition führt. Gewiß kommt es auch darauf an, ob es noch schlechterdings möglich ist, zu einem als Allschwäche gedachten Gott zu beten; ein Gott, zu dem man nicht beten könnte, wäre nur noch ein Gott für Philosophen. Anderseits wird der Gott der Philosophen immer nur aus der Sicht der Ordnung oder des Gesetzes bemüht werden, und Ordnung und Gesetz sind schließlich nur abstrakt schematisierte Ausdrucksformen der Macht.

Bei alledem ist nicht zweifelhaft, daß einem Gebet, das man sich mehr oder minder ausdrücklich als untertäniges Gesuch an einen Monarchen denkt, eben diese Idee der göttlichen Macht und Kausalität innewohnt, der wir uns, wie ich glaubte klarmachen zu können, mit Entschiedenheit widersetzen müssen. Alle Anstrengungen der großen geistlichen Führer haben, wie mir scheint, der Abwehr dieser Vorstellung vom Gebet als Untertanengesuch gegolten, weil sie die Idee Gottes und die Beziehung zwischen Gott und seinem Geschöpf abwertet. Sieht man das Gebet anders, begreift man es als Akt der freiwilligen Teilnahme, so läßt es sich auch mit der Bejahung der Allschwäche vereinbaren: die Allschwäche ist als das gedacht, was Gott aus sich hat machen wollen, denn so gibt er sich seit dem für uns unergründlichen ursprünglichen Zustand, innerhalb dessen unsere Aussicht, zu Gott zu finden, zweifelhaft wäre.

Im Grunde besagt das alles, daß wir in der Gegenwart mehr als in irgendeinem anderen Zeitalter unseren inneren Blick auf die Menschwerdung richten müssen: ist sie das eigentliche Mysterium, so ist sie doch auch der einzige feste Punkt, auf den wir hinstreben müssen; verlieren wir ihn aus dem Auge, so wird uns alles zum undurchdringlichen Nebel.

Handelt es sich hier aber einzig und allein um Glauben? Offensichtlich geht die Bejahung des menschgewordenen Gottes über die Grenzen schlechthin alles Wissens hinaus. Müßte man indes nicht auf der anderen Seite vermuten, daß dieser Glaube gleichsam zum magnetischen Anziehungsprinzip für alles Wissen werden kann, auch dort, wo das Wissen die Exaktheitsmerkmale dessen, was wir Wissenschaft heißen, annimmt? Damit will ich sagen, daß es mir willkürlich, ja, absurd vorkäme, hier eine strenge und etwa der Kantschen Trennung von Wissen und Glauben entsprechende Abgrenzung vorzunehmen. Ein Glaube, der sich in einem Sonderbereich einsperren, sich sozusagen in ein Indianerreservat verbannen ließe, wäre, genau besehen, ein toter Glaube. Lebendig ist der Glaube nur, wenn er befruchtet; es ist aber nicht einzusehen, warum man unterstellen sollte, daß die Welt als Gegenstand der Wissenschaft dieser befruchtenden Wirkung des Glaubens unzugänglich sei. In dieser Frage sind sich so verschiedenartige Denker einig wie Paul Claudel, ein genialer Dichter, und Pater Teilhard de Chardin, ein Gelehrter mit visionärem Blick; dabei haben wir noch nicht einmal alle Konsequenzen erahnt, die bei beiden aus dem fließen, was sich zunächst nur als Intuition, als prophetische Vorwegnahme darbot.

Ginge man in dieser Denkrichtung weiter, so käme man zweifellos zu dem Schluß, daß es eine Illusion wäre, den Triumph einer von aller metaphysischen Bindung losgelösten Religion zu erwarten; anderseits widerspricht die Vorstellung, daß sich eine Religion auf eine Metaphysik gründen könne, allem, was die Erfahrung uns gelehrt hat. Wenn man dem Glauben auch weiterhin die Rolle der auslösenden oder sogar bewegenden Kraft zubilligt, muß man doch auch das grundlegende Bedürfnis nach Einheit in Rechnung stellen: das Herzstück des menschlichen Geistes, das nie ungestraft mißachtet werden kann. Doch ist die Einheit, zu der der menschliche Geist drängt, nicht dasselbe – ich habe bereits darauf hingewiesen – wie etwa eine Synthese oder – weniger noch – eine Systemkonstruktion. Möglicherweise wird gerade unser Jahrhundert den Bankrott aller Systematisierungsversuche besiegeln, die im 19. Jahrhundert mit einer für uns kaum faßbaren Anmaßung um sich gegriffen hatten und die auf die Unterordnung der Religion unter eine ihrem Wesen nach fremde Betätigungsweise hinausliefen. Mit einer solchen Unterordnung kann und darf sich eine Religion, die ihres Namens würdig ist, nicht abfinden. Behauptet aber die Religion ihren Führungsanspruch, so setzt sie wiederum in dem Augenblick alles aufs Spiel, da aus der Führung so etwas wie Imperialismus wird; dieser Wandel kann indes nicht ausbleiben, wenn die Religion einer nicht von ihr stammenden, wenn auch historisch eine Zeitlang mit ihr verbundenen Lehre ihren Stempel aufdrückt, sie damit unantastbar macht und dann, von dieser Lehre ausgehend, gesetzgeberische Vollmachten auf einem Gebiet für sich in Anspruch nimmt, das durchaus nicht das ihre ist.

*

Ich konnte nur versuchen, die Klippen mit Leuchtbojen zu umgeben, zwischen denen ein gefährlicher, unter Umständen tollkühner Kurs gesteuert werden muß. An diesem Bild sollte man doch wohl festhalten: in der Welt, die sich um uns herum konsolidiert, mehr noch als in der Welt, die voraufgegangen ist und deren Einsturz viele von uns – ein fragwürdiger Vorzug – noch werden miterleben dürfen, muß die Religion als Abenteuer eigener Art erscheinen. Aber vom Ausgang dieses Abenteuers wird – daran ist nicht zu zweifeln – das endgültige Los des Menschengeschlechts abhängen.

Golo Mann

SCHLUSSBETRACHTUNG

Es gibt die berühmten Schlußbetrachtungen universalgeschichtlicher Werke: Hegels »Bis hierher ist das Bewußtsein gekommen, und dies sind die Hauptmomente der Form, in welcher das Prinzip der Freiheit sich verwirklicht hat ...«; Spenglers »Wir haben nicht die Freiheit, dies oder jenes zu erreichen, aber die, das Notwendige zu tun oder nichts.« Ein so klingendes Ende wird der Leser nicht erwarten. Gegen Hegel Partei nehmend, hat ein deutscher Historiker berühmten Namens erklärt, seine Wissenschaft wollte nichts anderes ergründen, als »wie es eigentlich gewesen ist«; diese Fragestellung, einfach, sachbezogen und solide, bleibt, wenn das Greifen nach Sinn und Ziel der Geschichte sich als illusorisch erwies. Ein großer Teil auch unserer neuen »Propyläen Weltgeschichte«, bei weitem der größte, ist ihr gewidmet. Unerschöpflich reich ist die Vergangenheit.

Dennoch, nur zu fragen, wie es eigentlich gewesen ist, Fakten und Eindrücke zu sammeln wie ein Weltreisender der alten Art, aus Neugier, aus Freude an der Mannigfaltigkeit des Lebens, das ergäbe noch keine Geschichte. Und sollte eingewendet werden: »Nun gut, dann haben wir keine mehr, wozu brauchen wir sie?« –, so wäre darauf zu antworten, daß eine Menschheit, die sich nicht um ihr Schicksal sorgte, es nicht, soweit es hinter ihr liegt, wissend und ordnend gestaltete, das Zukünftige erleiden müßte, blind, übermütig und würdelos. »Geschichte« gehört zur Humanität eben jenes Abendlandes, von dem die ungeheure Bewegung unserer Zeit ausgegangen ist. Sie hätte gar nicht von ihm ausgehen können ohne seinen Geschichtsbegriff: inhaltsgefüllte Zeit, fortschreitende Zeit, Neues, das sinnvoll gezeigt wird.

Dieser Gedanke ist ursprünglich mit dem Christentum in die Welt gekommen. Wäre selbst unsere eigene Epoche »nachchristlich« – was nur mit starken Vorbehalten zuzugeben ist –, so könnten wir doch nicht zurück zum vorchristlichen Zeitbegriff, zum antiken Zeitdenken, das nur von »Geschichten« wußte, sehr langen wohl, dreißig Kriegsjahren, sieben Jahrhunderten »seit Gründung der Stadt«, aber doch immer nur von Geschichten, wiederholbaren, ewig-menschlichen, nicht von der einen, weltweiten, unwiederholbaren Geschichte, die das Neue bringt. Thukydides sah nur das, was sich wiederholt, nicht genau gleich, aber ähnlich. Er sah viel; nur zuviel von dem, was heute ist, läßt sich mit Hilfe seiner politischen, psychologischen Kategorien verstehen. Viel, aber nicht alles. Im Sinne des

Thukydides können wir morgen den »dritten Weltkrieg« haben, aber mit Folgen, für die sein Vokabular keinen Ausdruck hat. Und daß wir ihn bisher nicht hatten, obwohl es Anlässe dafür so viele gab, wie für alle Kriege des 18. und 19. Jahrhunderts zusammengenommen, das ist nicht im Sinne des Thukydides. Er könnte es nicht verstehen, und Richelieu und Metternich und Bismarck, Ranke und Macaulay und Treitschke, sie könnten es alle mit den aus ihren Erfahrungen gewonnenen Begriffen nicht verstehen. Die Zeit bringt das Neue. In unseren Lebenstagen tut sie es mit einer Macht, die selbst neu ist; wenn nicht im Bereiche der Moral, des geistigen Ernstes – dort leider noch nicht –, so doch in dem der Wissenschaft und Sachbeherrschung, der Gesellschaft, der Politik.

Dies Welt-Heute hat das Geschichtsgefühl der Schriftsteller bestimmt, die unsere Weltgeschichte geschrieben haben, so wie Anordnung und Geist vergleichbarer früherer Werke von ihrem Moment in der Zeit bestimmt wurden. Hier sind Verluste und Gewinne; die ersteren wohl klarer als die letzteren. Das ruhige und sichere Selbstgefühl Europas, die dreiteilige Struktur der Geschichte vom Anbeginn, der Glaube an den zuverlässig wirkenden Fortschritt zum Besseren und an die Nation als sein Vehikel – sie sind hingeschmolzen in der Arbeitsglut unserer Zeit, so wie vorher schon, im geistigeren Feuer des 18. Jahrhunderts, der Geschichtsbegriff, dem Jesus Christus Mittelpunkt und Ende war. Die altvertrauten Periodisierungen sind hinfällig geworden, mit denen der Europäer sich in seiner Geschichte häuslich eingerichtet hatte. Schon meint man, das ägyptische »Alte Reich« sei in wesentlichen Beziehungen noch unserem 15. Jahrhundert näher, ähnlicher, als dieses unserer eigenen Zeit, und man müsse alle die Jahrtausende von den ersten Tempelstädten bis zu den Kathedralen als *eine* Epoche sehen und, was danach begann, als eine andere, immer schneller, immer dichter sich verändernde, bis endlich, in unseren Tagen, die Entwicklung zu einer eigentlichen Explosion geworden sei. Von »Beschleunigung« der Geschichte hat man schon vor hundert Jahren gesprochen (Michelet, zum Beispiel, tat es). Wenn aber das Beschleunigung war, als selbst in den »modernsten« Ländern noch die Mehrzahl der Menschen auf dem Lande und vom Lande lebte, als noch Monarchen ein halbes Jahrhundert lang ihre Krone trugen, kraft heiligen Erbrechts, umgeben von den Trägern tausendjähriger Namen, und Herolde mit ritterlicher Geste den Krieg ansagten, wenn das den Zeitgenossen als unheimliche Beschleunigung der Geschichte erschien, dann verlangt das, was wir seit 1914, seit 1945 erlebten, in der Tat nach einem stärkeren Wort. Ihm gegenüber mußte auch der Versuch scheitern, das, was in Wahrheit Schicksal des Menschen, und aller Menschen, war, einem einzigen Kulturkreis zuzuordnen und es dadurch vertraut und vergleichbar zu machen. Es ist nicht vergleichbar, es ist nicht vertraut.

So droht das abendländische Geschichtsdenken sich selber zu widerlegen. Es hat sinnerfüllte Kontinuität gesucht, Bewegung nach vorn. Aber diese Bewegung, die ehedem langsam stattfand, fast unmerklich, wie geologische Veränderungen, ist so schnell geworden, Expansion und Konzentration der menschlichen Dinge haben so ungeheure Maße angenommen, daß dem historischen Betrachter zuletzt verschwindet, worum es ihm doch eigentlich ging: die Kontinuität, die Dauer im Wechsel. Was vor uns war, war anders; unter sich zusammengehörend oder vergleichbar, aber uns entfremdet; woraus sich die Gefahr ergibt, daß wir selber die Entfremdeten sind. Es will, wenn wir nicht eine ernste

Anstrengung machen, nicht mehr als *unsere* Geschichte erscheinen; als ein Abgeschlossenes vielmehr, in bunter Mannigfaltigkeit unserm kühlen Blick Zugängliches: Lebensformen des Barocks uns so fremd und als Fremdes wissenswert wie Lebensformen der Bronzezeit.

Seit anderthalb Jahrhunderten schon haben Geschichtsphilosophen diese Trennung des Menschen von seiner Vergangenheit geahnt, gehofft oder gefürchtet. Unter sich so verschiedene Denker wie Saint-Simon, Comte, Marx, Nietzsche und Berdjajew treffen sich hier; wobei Schlagworte, wie »Ende der Geschichte«, »Ende der bisherigen Geschichte«, »Ende der Vorgeschichte des Menschen«, »Anfang seiner wahren und eigentlichen Geschichte«, verschiedenen Schemen und Bewertungen, nicht aber aus dem Grund verschiedenen Sach-Urteilen entsprechen. Das Sich-gegen-sich-selber-Kehren geschichtlichen Denkens wurde am deutlichsten in der Theorie der Revolution. Der abendländische Revolutionär wollte die Vergangenheit kennen, wollte wissen, wie es bisher »eigentlich gewesen ist«. Gleichzeitig wollte er sich von aller Vergangenheit losreißen, die Dinge radikal unterschieden machen von dem, was sie vorher je waren. In beachtlichem Maße gelang ihm dies; oder wenn nicht ihm, dem Literaten, so doch anderen Kräften, welche mit revolutionärer Literatur in einem verborgenen Zusammenhang stehen.

Aber dies revolutionäre Denken selber, immer noch wirksam, wirksamer denn je, ist nun schon an die zweihundert Jahre alt, nein, es ist älter; es tat seine wühlende Arbeit schon im 17. Jahrhundert, es geht zurück auf die Renaissance, auf rebellische Doktoren des Mittelalters, die ihrerseits aus dem Denkschatz der Antike schöpften. Das tun auch wir noch; unsere Wissenschaft, unsere Politik tut es. Griechische Wissenschaft, griechische Kunst lehnte sich an die ägyptische an; römische Reichspolitik setzte die persische und so, indirekt, die ältesten Imperien des Orients fort. Die Kontinuität ist noch immer da. Vieltausendjährig sind unsere Begriffe von Wahr und Falsch, Gut und Schlecht, Symbol und Wirklichkeit, Gott und Welt. Es ist doch immer noch der Mensch, der seines gefährlichen Weges zieht, wieviel breiter auch die Straße, wieviel schneller der Wechsel der Landschaft. Hat die Kontinuität in der Zeit an Deutlichkeit verloren, so ist die im Raum unvergleichbar kräftiger geworden; nie zuvor haben Menschen auf Erden so eng und ihrer Nachbarschaft bewußt so auf Gedeih und Verderb zusammengelebt. Eben diese Dichtigkeit und Einheit menschlicher Existenz heute fordert einen Begriff vom Menschen überall, fordert eine Weltgeschichte.

Das Leitmotiv vom »Modern«-Werden der Menschenwelt, das Sich-Losreißen von der Vergangenheit, von Autorität und Tradition, steht nicht von ungefähr über den letzten drei Bänden unseres Werkes. Hierher gehört Demokratie, weil, wo es andere Quellen von Legitimität nicht mehr gibt, die Macht sich auf den Willen der Gegenwart stützen muß, der von einer Mehrheit dargestellt werden soll; ebenso, aus gleichem Grunde, das »Selbstbestimmungsrecht« der Völker; und, wieder aus dem gleichen Ursprung, die frei forschende, im Großen organisierte Wissenschaft mit allen unermeßlichen Folgen, welche aus diesem Prinzip fließen. Die Revolutionen des 18. Jahrhunderts, von denen Robert Palmer sprach, die politische, im Stil der Amerikaner und Franzosen, die allgemeinere, geistige, gesellschaftliche, von der jene ein historischer Ausdruck war, wirken noch immer fort. »Die Amerikaner sind frei; warum sollen wir es nicht sein?« fragten Menschen auf der Insel Madagaskar 1780. Die Afrikaner stellen diese Frage heute noch, vielmehr sie fragen nicht mehr, sie antworten mit einer Energie, die keinen Widerspruch mehr duldet.

Will man die Geschichte des 19., des 20. Jahrhunderts auf einen Generalnenner bringen, wo anders wäre er zu suchen? Zur Weltgeschichte wurde sie eben durch die Kraft, die er benennt. Das in den Strudel gewaltsamer Veränderungen Gerissen-Werden der Kulturen, die lange fast unverändert existiert hatten, ihr Überrascht- und von außen her Überwältigt-Werden; Anstrengung und Kampf des Sich-Anpassens; der Widerstand gegen das »Moderne«, allenthalben, auch und gerade unter den Europäern selbst; die unvorhersagbaren Mischungen, die es einging, die eigenartigen, rasenden Konzentrierungen, die man ihm gab, so daß selbst der kriegswütendste Tyrann in mehr als einer Beziehung modern war, Positivist, Atheist, Fanatiker falscher Wissenschaft, Mann des ruchlos erzwungenen Fortschrittes; der Gebrauch des »modernen« Grundsatzes, Freiheit, Gleichheit, Verachtung der Vergangenheit, zu despotischen Zwecken, in despotischem Geist, wie in den »kommunistischen« Ländern; das vorwiegend Konservativ-Werden gerade der Gesellschaften, die sich am frühesten modern gemacht hatten, eben, weil sie das ihnen Wünschenswerte früher erreicht hatten, und ihr revolutionär-aufstörendes Wirken anderswo trotzdem; neuer Lebensgenuß und Zukunftsmut, neue Angst auch, Entwurzelung, Entfremdung – es läßt sich alles mit jener Geistesbewegung verbinden, die nie begann, denn ohne Naht wie die Zeit ist auch das, was in der Zeit geschieht, das Abenteuer des Menschen; die aber im 18. Jahrhundert zuerst mit Trompetenklängen verkündet wurde. Sie haben uns seither nicht mehr ruhen lassen, diese Trompeten. Sie begleiten uns immerdar und sind so laut geworden, daß wir sie kaum noch hören. Wenn ihre Ankündigungen auch heute noch nicht *ganz* erfüllt sind – das können sie nicht, das werden sie nie sein –, so sind sie doch endlich erfüllt, verglichen mit dem, was vor hundert Jahren zu ihrer Erfüllung noch fehlte. Eine Folge von Erdstößen hat sie verschlungen, die Bleibsel des guten Alten, dessen behagliche Noch-Existenz wir am Ende eines früheren Kapitels resümierten: Monarchie und Adel, vornehmen Besitz und vornehme Manieren, Herrschaft und Dienst aus Tradition, die Schlösser und die alten Stadtkerne. Blaß und machtlos ist, was von alledem heute noch bleibt; das fordert nicht mehr heraus, schmilzt wie von selber hinweg in der Hitze des Neuen.

Es waren Töne der Hoffnung zuerst, der großen Versprechen. Und es wäre undankbar, zu sagen, daß solche Versprechen sich gar nicht bewährt haben. An schönen Leistungen hat es in diesen zweihundert Jahren nicht gefehlt, unser Werk handelt von ihnen; Verringerungen von naturgegebenem Schmerz und Leid, gesteigerten Lebensmöglichkeiten für unzählbar viele, gerechten Lösungen auch, vermehrtem Glück des Einzelnen, nicht durch ihn selber – davon weiß die Historie nichts –, sondern der Art, welche die organisierte Gesellschaft dem Einzelnen zuspielte. Kein nutzloses Klagelied über den Kern der modernen Geschichte soll hier zum Schluß noch angestimmt werden. Wenn dennoch so viel sich nicht erfüllte, so viel den Hoffnungen der guten Propheten so schauerlich widersprach, wenn heute wie eh und je, stärker als je, die Welt von schrillen Hin- und Wider-

Rufen, Selbstanpreisungen, Protesten und Drohungen hallt und die »Vereinten Nationen«, die *eine* Sprache hatten sprechen wollen, statt ihrer eine babylonische Sprachverwirrung hören lassen –, was ist schuld daran? Die Antwort ist einfach, aber scheuen wir uns nicht, sie zu geben.

Zusammen mit der Freiheit von den Lasten der Vergangenheit, der neuen Rationalität, hatten die Propheten des 18. Jahrhunderts auch eine neue Gerechtigkeit versprochen. Mit den endgültigen politischen Einrichtungen sollte, nach Jefferson und Robespierre und Mazzini und Wilson, auch die Gerechtigkeit kommen; mit dem Triumph der Wissenschaft nach Comte oder John Dewey; mit der Herrschaft der Arbeiterklasse nach Marx und Lenin. Gerecht sein hieß hier: sich mit dem zufriedenzugeben, was einem zukam, und dem andern das ihm Zukommende zu gönnen, wo dennoch Streitigkeiten entstanden, vernunftgemäß zu teilen oder sich dem Schiedsspruch eines Dritten freiwillig unterzuordnen. Es hieß, Unwahrheit zu scheuen, den Selbstbetrug so sehr wie den Betrug der anderen. Es hieß, die Lebensnotwendigkeiten des anderen so gut zu verstehen wie die eigenen und ihm Unzumutbares nie zuzumuten. Es hieß, die eigene Bedeutung nicht zu überschätzen, das eigene Recht nicht zum Absoluten zu machen und auf seine augenblickliche und ganze Erfüllung zu verzichten, dort, wo es mit anderen Rechten, ebenso guten oder besseren, offenbar stritt ... Dies ungefähr wäre die Gerechtigkeit gewesen, welche die Propheten der Revolution versprachen, und zwar so, daß sie ohne sonderliche Anstrengung sich wie von selber ergeben würde, wenn nur erst die politische, die soziale, die geistige Welt passend eingerichtet wäre. Das ist aber nicht so gekommen. Und zwar nicht darum, weil die, gleichsam von außen, dem Menschen vorgegebene Natur es nicht erlaubt hätte. Raum für alle hat die Erde, auch heute noch. Sondern, weil die weisesten Verfassungen, die Völkerbünde, die Enteignungen und neuen angeblichen Gütergemeinschaften, weil auch die immer nur auf den Gegenstand, nicht auf das Subjekt selber bezogenen Erfolge der Wissenschaft das Ich der Menschheit nicht ändern konnten; nicht den Einzelnen und nicht die Kollektive, Völker, Staaten, Machthaber, »Ideologien«. Der zwanzigjährige Krieg, den die erste große Revolution des Friedens und der Gerechtigkeit, die von 1789, im Gefolge hatte, schuf gleich am Anbeginn den nachdenklichsten Präzedenzfall. Die Führer der Französischen Revolution wurden zu Imperialisten; die Amerikaner auch, obgleich in den milderen Formen, welche ihr leerer Kontinent ihnen ermöglichte; dieser konnte sie eine Zeitlang als »gerechter« als die Europäer erscheinen lassen, und gern nahmen sie selber den Schein für innere Wirklichkeit ... So blieb es. Unterdrückte wurden zu Unterdrückern, kaum daß sie sich im Licht der Freiheit befanden, mit nur zu scharfen Augen für den eigenen Wert, die eigene Wichtigkeit, aber stumpfen Sinnes für das Recht des anderen. Sich selber, die eigene Macht und Sendung, nahm man gewaltig ernst, sich selber und seinen Kreis – Staat, Nation, Rasse, Kontinent oder Idee –, mit dem man sich mehr oder weniger willkürlich identifizierte; was außerhalb stand, mochte sich bescheiden. Zum Beispiel ist es heute so, daß die sich so nennenden Kommunisten der übrigen, nicht-kommunistischen Welt ganz offen Überwältigung und Untergang geschworen haben und täglich schwören; daß sie aber gleichzeitig ehrlich gekränkt darüber sind, daß die übrige Welt diese Verschwörung ein wenig unbehaglich findet. Ihrerseits erhalten die Vereinigten Staaten, wie sie glauben im eigenen Interesse, auf einer Insel im Pazifik ein Institut, welches sich Republik China nennt, und können gar nicht begreifen, warum doch die wirklichen Regenten des wirklichen China sich über diesen Zustand erbittern.

Neue Grundsätze und Freiheiten, neue Kenntnisse und Techniken herrschen. Alte Machtlust und Rechthaberei, Ichbefangenheit und Leidenschaft, Stolz, Furcht und Verblendung herrschen auch.

Selbsterkenntnis, heißt es, ist der erste Weg zur Besserung. Wenn in den Gegenden, von denen die Revolution ursprünglich ausging, in Europa-Amerika, heute wohl ein wenig mehr Gerechtigkeit zu finden ist als anderswo, so mag es damit zusammenhängen, daß hier die Naivität, wenn nicht an der Machtspitze, so doch im Reich des Geistes, verlorenging, der hoffnungsvolle Glaube durch Erfahrungen gedämpft wurde. Die Autoren unseres Werkes sind in ihrer großen Mehrzahl keine Optimisten. Die alte Gleichsetzung von Freiheit, Rationalität und Gerechtigkeit wird am energischsten von dem indischen Historiker Professor Panikkar vollzogen, und das ist wohl kein Zufall; denn in Asien und Afrika ist die Revolution ungebrochen angekommen, deren Mut in Europa gebrochen ist. Wenn aber der ausgezeichnete Gelehrte wie selbstverständlich annimmt, die Welt der »neuen« Staaten Asiens und Afrikas werde eine im wesentlichen gerechte, eben hierin vom alten Europa unterschiedene sein, so haben die Zeitungsnachrichten des letzten Jahrzehnts diese Hoffnung kaum bestätigt. Das, wovon wir hörten, war das gleiche Aufflammen für ungerecht-expansive Ziele, kaum daß die gerechten erreicht waren, die gleiche Verzerrung der Vergangenheit, indem man etwa den freiwillig abdankenden Kolonialherren nur Vorwürfe und Flüche nachrief und keinen Dank für ihre Leistungen, das gleiche Bestehen auf toten Erbfolgerechten, hier nicht von Dynastien, sondern von Kolonialreichen, deren einigendes Ordnungsprinzip verschwunden war, die gleiche schnöde Indifferenz gegenüber dem fremden Völkern angetanen Leid bei gleich scharf ausgeprägtem Sinn für das selbst erfahrene, lag es auch Jahrzehnte oder Jahrhunderte zurück. Der Hauptstadt ihrer neuen Republik gaben die indonesischen Führer den Namen einer Siedlung, welche die Holländer im Jahre 1619 zerstört hatten. Wann aber hat asiatischer Nationalismus ein Wort der Sympathie für das jüdische Schicksal in unserer eigenen Zeit hören lassen? In Israel, so lernen wir aus Professor Panikkars Betrachtungen, sehen die Asiaten-Afrikaner nichts als den Versuch des »Westens«, durch die Hintertür eines jüdischen Staates noch einmal seinen alten Imperialismus auf ihrem befreiten Gebiet einzuschmuggeln; ungerührt von der Opferbereitschaft, mit welcher die Israelis am Aufbau ihrer endlich gewonnenen Heimat arbeiten. Umgekehrt würden auch diese Patrioten, viele von ihnen, ihr Staatsgebiet nur zu gern erweitern, ohne nach den von anderen zu tragenden Kosten zu fragen. Das unfreiwillig-sinnlose Martyrium ihrer Väter oder Anverwandten macht die Juden noch nicht gerechter, als andere Völker sind. Im Schleier der Maya befangen sind wir alle, und die Nationen, die Kollektive, stärker als das Individuum. Leichter überwindet der Einzelne seine Begier, als daß er das wirkliche oder eingebildete Interesse der großen Gemeinschaft, welcher er angehört, preisgäbe, und als Staatsbürger tut oder billigt man Dinge, deren man sich als bloßer freier Mensch schämen würde. Darum auch herrscht im Einzelnen mehr Güte als im Gesamten.

Wieviel guter Wille, Arbeits- und Friedenswille, Bereitschaft, fremde Gäste freundlich zu empfangen, überall und gerade in den kommunistischen Ländern ist – wer kann es zählen? Leider aber sind die Staaten etwas anderes als Mengen von Einzelnen.

In einem Augenblick von leichtsinnigem, undurchdachtem Optimismus haben die Wortführer der Angelsachsen geglaubt oder zu glauben vorgegeben, nach Austilgung des *einen* europäischen Feindes werde die neue Zeit von der Menschheit als ganzer, geeinigter gestaltet werden. Es war noch einmal die Hoffnung der Revolution des 18. Jahrhunderts, in weitere Dimensionen vorgetragen als je zuvor, wie nie zuvor bekräftigt, scheinbar, durch technische Begebenheiten. Skeptiker, solche, die aus der Geschichte gelernt hatten, konnten leicht vorhersagen, daß sie sich nicht erfüllen würde. Die Menschheit tut nichts gemeinsam; sie zieht den feindlichen Wettbewerb, bei dem ein Teil vielleicht gewinnen kann, der ungefährlichen Zusammenarbeit vor. Die Gefahren, welche aus der Natur kommen, die unmenschlichen, immer vorhandenen und zuzeiten furchtbar hervorbrechenden, genügen ihr nicht. Kaum war die innereuropäische Dialektik verschwunden, welche ein paar Jahrhunderte lang das politische Geschick des Planeten vornehmlich gestaltet hatte, so trat eine andere, weltweite an ihre Stelle. Von ihr, ihren verschiedenen Ansichten, hat in unserem letzten Band ausführlich die Rede sein müssen. Von ihr hat die Einteilung des Bandes hergenommen werden müssen. »Atlantische Welt«, »Kommunistischer Block«, »Chinesische Revolution«, »Neutrale Länder« – alle diese Benennungen, Schöpfungen, Haltungen stehen in ihrem Zeichen.

Sie war nicht unfruchtbar, so wie des Menschen Selbstgefährdungen, der Krieg zumal, meist nicht unfruchtbar waren. Das aber muß man gestehen, daß sie, in der Form, welche sie annahm und heute noch hat, der Form des Kampfes zwischen »Kommunismus« und »Kapitalismus«, von staunenswerter Dummheit ist. Wie menschenwürdig, wie tiefsinnig waren im Vergleich mit ihr die alten Mordstreitereien darüber, ob Christus Gott gleich sei oder Gott ähnlich, ob der Glaube selig mache oder die Werke. Über solche Religionskriege wundern wir uns heute. Und wundern uns längst nicht mehr über einen Zustand, in dem sich die Menschheit jederzeit über die Frage, ob eine vom Staat besessene oder vom Staat kontrollierte, mäßig freie Wirtschaft besser sei, ausräuchern und in die Luft sprengen könnte. Der beschämende Aberglaube ist bei den »Kommunisten«. Bei uns nur, wenn wir den Kampf auf ihrer Ebene annehmen und unsere »Ideologie« als »kapitalistische« gegen ihre setzen zu müssen glauben.

Eine westeuropäische Modephilosophie der achtzehnhundertvierziger Jahre ist, mehr als hundert Jahre später, zur fanatisch verwalteten Glaubensmacht über Rußland, über China, über nur allzu zahlreiche Seelen in Asien, Afrika und Südamerika geworden. Theoreme, für die Länder des »reifen« Kapitalismus erdacht und dort längst bis zur Komik veraltet – das vom »Mehrwert« und »ehernen Lohngesetz«, das von der Überproduktion und Unterkonsumption, das von der immer geringeren Zahl immer Reicherer und der immer wachsenden Zahl immer Ärmerer –, sollen ihre Wahrheit und Anwendung finden in

Ländern, für die sie nimmermehr gemeint sein konnten, weil es dort bestimmt keinen reifen Kapitalismus, bestimmt keine Überproduktion gab. Eine Nation, hören wir, die noch keine entwickelte Industrie hat, kann sich keine schaffen, ohne auf einen Philosophen zu schwören, der sich für den Aufbau von Industrien gar nicht interessieren konnte, weil er sich schlechterdings nur für die Übernahme bereits fertiger Industrien durch die Gesellschaft interessierte. Sie kann nicht zur gelenkten Wirtschaft übergehen, kann keine Wirtschaftspläne machen, ohne auf ein heiliges Buch zu schwören, auf deren Seiten Wort und Begriff eines Wirtschaftsplanes gar nicht vorkommen. Sie kann sich als Nation nicht befreien, kann nicht zu nationaler Herrlichkeit gelangen, ohne dem Gründer der »Internationale«, dem Hasser und Verächter des Nationalismus zu folgen. Das aber, was Karl Marx heute sagen und raten würde, das auszulegen ist das Recht der russischen Kommunisten allein oder der chinesischen im Bunde mit den russischen; morgen vielleicht der chinesischen allein ... Ist es nicht, als ob jene, die in einem solchen Übermaß von Unsinn befangen sind, sich selber für die Vergottung ihrer Wissenschaft und ihres menschlichen Trägers bestrafen?

Sosehr wir aber Grund haben, über die Ungereimtheiten, welche hier der Welt zugemutet werden, den Kopf zu schütteln, sosehr haben wir Grund, die Macht, welche auf ihnen errichtet ist oder sich ihrer bedient, nicht zu unterschätzen. Daß das Unvernünftige geschichtlich wirksam sein kann, dafür fehlt es nicht an Beispielen. Und oft ist, was da wirkt, gar nicht dies Unvernünftige; andere, realere Kräfte sind, gewisser Vorteile halber, welche es liefert, in seine Maske geschlüpft.

Jedenfalls beruht die Anziehungskraft des »Kommunismus« nicht sosehr auf den Albernheiten der Theorie wie auf den Leistungen jener, die auf die Theorie schwören. Von der anspornenden, helfenden Kraft, welche von Lenins Revolution den nationalen, sozialen Bewegungen Asiens zufloß, ist in diesem letzten Band die Rede gewesen. Rußland gab zuerst, und in unseren Tagen China, das Beispiel eines im Vergleich mit der Industrie des Westens arg zurückgebliebenen, armen Landes, welches sich aus eigener Kraft durch die Verwirklichung gewaltiger Pläne in ein fortschrittliches, wissenschaftliches, industrialisiertes Land verwandelte. Die Einwendung der Klugen, daß diese Anstrengung gar nichts mit Marxismus zu tun habe, verfängt nicht, weil es die »marxistischen« Staaten, beinahe sie allein, waren, die sich ihr erfolgreich unterzogen. Indem sie es taten, beschworen sie den Götzen »Marxismus-Leninismus«, und der Rat, den sie anderen »unentwickelten« Ländern gaben, lautet nicht einmal »Macht es wie wir«, sondern »Schwört auf denselben Götzen wie wir, dann und nur dann werdet ihr Ähnliches machen können«. Das Argument ist verführerisch, zumal für einfache Geister; es ist auch nicht ohne praktische Wahrheit. Denn für die Darbringung so ungeheurer Arbeitsopfer, wie die ersten russischen und chinesischen Aufbaupläne sie forderten, ist ein die unmittelbaren Zwecke transzendierender, enthusiastischer und einigender Glaube vonnöten, eine eiserne Diktatur von oben allemal förderlich. Das unter Amerikanern beliebte Gegenargument, wonach sie ihre eigene Wohlhabenheit mit ganz anderen Mitteln erreicht hätten, stößt sich an der Tatsache, daß weder Rußland noch China den Menschentyp hatten, welcher die amerikanische Industriemacht schuf, daß Südasien und Afrika ihn auch nicht haben und daß allen diesen Ländern, dem eigenen dort herrschenden Gefühl nach, die lange bequeme Zeit, welche Europa-Amerika für den Prozeß seiner Industrialisierung brauchte, nicht mehr zur Verfügung steht. Es kommt hinzu, daß seit den Pyramiden das Spektakuläre, von oben her gewaltig Geplante und Befohlene die Menschen meist tiefer beeindruckt hat als das von unzähligen Einzelnen zu ihrem eigenen Gewinn in Freiheit Gemachte.

Mit einer Gesamtheit von Lehrstücken, die, an sich betrachtet, barer Unsinn sind, hat sich eine Energie verbunden, wie sie, getrennt von ihnen, heute nirgends zu finden ist. Nicht sosehr das, was sie glauben, charakterisiert die Kommunisten, sondern *daß* sie etwas glauben und, was sie glauben, auch zu wissen glauben; die Einheit ihres Glaubens mit ihrer angeblichen Wissenschaft, die angebliche Einheit beider mit ihrer Praxis.

Der Glaube, oder Aberglaube, ist nicht nur unvernünftiges Mittel zum vernünftigen Zweck. Er kann Eigenmacht annehmen, er hat es getan. Von ihm stammt die Verbindung von Terror und Enthusiasmus im Inneren, wie immer beide im ältesten Lande der kommunistischen Revolution nachgelassen haben mögen; von ihm die Furie der Rechthaberei und Siegesgewißheit, die tiefe Treulosigkeit gegenüber allen Bundesgenossen. Von ihm stammt der ganze »Kalte Krieg«. Von ihm und nicht von den »vernünftigen« Zielen. Was sollten wir, der »Westen«, gegen Rußlands erfolgreiche Industrialisierung haben? Haben wir wirklich etwas gegen sie, fürchten wir uns vor der gesteigerten russischen Produktion, welche die amerikanische am Ende gar noch übertrumpfen könnte, so zeigen wir nur, wie sehr wir längst den Argumenten des Gegners ins Garn gingen. Was hat der »Westen«, was haben die Vereinigten Staaten gegen die Modernisierung Chinas und Wiedergewinnung der chinesischen Souveränität gehabt, die gerade sie so lange so emsig förderten? Gegen den Aberglauben haben wir etwas, welcher die Menschheit einteilt in Kommunisten und solche, die es noch nicht sind, aber demnächst werden müssen. Wäre es ein nur theoretischer Aberglaube, man könnte ihn belachen. Da er aber von aggressiver, selbstgerechter Bosheit ist und große Macht hinter ihm steht – was anderes als permanente Drohung und Gezänk konnte er zur Folge haben?

Auf seine Art ist es ein menschheitsbegeisterter Aberglaube. Er fügt sich in die aus dem Westen kommende Philosophie der Geschichte und der Revolution, von der Marx ein Vertreter war. Von jetzt an wird alles glattgehen, der Mensch sein Schiff lenken, wohin er will, bewußt, Herr seines Tuns, nicht mehr Opfer des Geschehens; womit seine lange Vorgeschichte am Ende ist. Ein solcher Glaube, fest geschient im Gerüst der Marx-Leninschen Scholastik, kann ein Mutspender sein. Bodenlos ist er nur für jene, die ihm auf den Grund gehen wollen. Er ist Positivismus, läßt den Menschen nichts anderes sein als ein erkennbares Stück Natur. Gleichzeitig läßt er ihn über die Natur triumphieren, weist er ihm, indem er sich dann »sozialistischer Humanismus« nennt, eine unerklärliche Sonderstellung in oder über der Natur an. Gabriel Marcel spricht in diesem Zusammenhang von einer Anthropozentrik, die weit über die des Mittelalters hinausgehe. Damals hatte der Mensch seinen Platz tief unten auf einer Stufenleiter, die bis zu Gottes Herrlichkeit ragte. Heute hat er einen so bestimmten Platz nicht; ein Stück lebendiger Materie im Unendlichen; ist aber dennoch der, der das Unendliche erfaßt, handelnd in ihm vordringt und, indem er sich ernsthaft zur Eroberung des Sonnensystems anschickt, mit dem Gedanken schon weit darüber hinaus bei den Planeten fremder Sonnen ist. »Es mag sein«, hat ein englischer Positivist einmal·gespottet, »daß Gott die Welt gemacht hat. Es ist aber nicht einzusehen, warum der Mensch sie nicht noch einmal und besser machen sollte.« Der russische »Humanismus« ist übermütiger als der westliche, weil er die alte Religion, als noch immer zu überwindende Feindin, stets im Blick hat und verhöhnt. Hier wird jeder Triumph der Wissenschaft, zumal der angewandten, als ein neuer Beweis gegen die Existenz Gottes ausposaunt; wenn nicht von den schöpferischen Gelehrten selbst – die wohl andere Sorgen haben –, doch von politischen, journalistischen Ausmünzern ihrer Leistungen. Er ist aber auch entschlossener als der Tages-Gebrauch-Humanismus des Westens, weil er, herkommend vom philosophischen Idealismus des 19. Jahrhunderts, welcher seinerseits eine späte Tochter des Christentums war, das Schicksal des Menschen sehr ernst nimmt und unbedingt Bescheid weiß über den historischen Moment. Darum ist der Lebensstil drüben so blutig ernst, so humorlos und opferbereit und, wenigstens nach außen, so sittenstreng. Sie haben eine Antwort, ausreichend für ihre Zwecke, aus wie billigen Stücken sie zusammengeflickt sei.

Die andere, unsere Seite, befindet sich in der Verteidigung. Alle die europäisch-amerikanischen Schöpfungen, von denen in diesem Band die Rede war, die soliden und die unsoliden, die Improvisationen und die dauerhaften, haben zum Zweck die Verteidigung gehabt. Es lag Resignation darin. Würden die europäischen Nationen sich noch als autonome Ganzheiten fühlen, fähig, den Daseinskampf allein zu bestehen und in ihm sich zu erweitern, sie hätten weder zur europäischen noch zur atlantischen Gemeinschaft gefunden. Verzichtbereitschaft lag in dem Entschluß der Deutschen, bei der Lösung der im östlichen Deutschland seit 1945 offenen Fragen auf Gewalt zu verzichten; sie liegt in der Umgestaltung der britischen und französischen Weltreiche, die, was auch ihre augenblicklichen Formen sein mögen, auf die Dauer nichts als eine völlige Auflösung sein kann. Der Widerstand der europäischen Siedler am Orte selbst, Frankreichs bittere Rückzugsgefechte in Indochina und Algerien, die von Zeit zu Zeit noch aufflackernden rückschlägigen Versuchungen des europäischen Nationalismus beweisen nichts gegen diese Grundstimmung. Die »Imperialisten«, wie sie unbeirrbar genannt werden, stehen seit Jahr und Tag der Abdankung ihrer Imperien vor, haben kein weltpolitisches Ziel mehr als das Halten ihrer eigensten, legitimsten Besitzungen und Rechte.

Zu ihnen gehören nicht nur Paris und London, Bonn und Brüssel und Der Haag; auch Washington gehört dazu. Auch die Vereinigten Staaten verteidigen nur das Ihre und haben manches schon aufgegeben, was sie früher vage zu dem Ihren rechneten. Wo sind die Zeiten, da ein amerikanischer Außenminister erklären konnte, sein Land sei »in dieser Hemisphäre praktisch der Meister, sein Wille dort praktisch Gesetz«? Wie wäre doch, vor wenigen Jahrzehnten noch, die Große Republik dazwischengefahren, kamen ihr aus unmittelbarer Nachbarschaft solche Provokationen, wie sie heute aus Kuba kommen und mit den unwirksamsten Formalitäten erwidert werden? Die braven Grundsätze, die man hier geltend macht, sind, wie Raymond Aron zeigt, nicht neu; es sind die ältesten der amerikanischen Geschichte, die revolutionären, noch einmal, und wurden nur in der Praxis mitunter verleugnet. Ersetzung von Machtpolitik durch Vertrag, Schiedsspruch, am Ende internationale Demokratie, Nicht-Einmischung in die Angelegenheiten fremder Souveränitäten, war immer die politische Grundphilosophie dort. So daß wir es hier nicht mit Resignation zu tun hätten, die ja auch dem ungebrochenen amerikanischen Selbstgefühl nicht entspräche. Wohl aber haben wir es auch in der amerikanischen Außenpolitik mit bloßer Verteidigung zu tun. Und wenn diese Politik sich eines weltweiten Systems von »Stützpunkten« und Pakten bedient, teils realer, teils irrealer, und wenn auch ihre militärischen Vertreter oft eine grob ausschweifende Sprache führen, wenn sie sich mit Maßnahmen hilft, die der Gegner als Rechtsbrüche anzusehen Grund hat, so ist sie um dessentwillen nicht weniger auf bloße Verteidigung gerichtet. Jene, die sie führen, fühlen sich zutiefst im Recht und zutiefst bedroht. Ihr Ziel ist ihnen das allerlegitimste, ist buchstäblich der Art, daß es die Mittel heiligt. Weil ihnen die Sphäre des weltpolitischen Kampfes fremd ist, weil sie große Macht zu Zwecken gebrauchen, zu deren ausschließlicher Verfolgung sie bisher nie gebraucht worden ist – denn wann wäre große Macht nur zur Verteidigung gebraucht worden? –, gerade darum klingt ihre Sprache oft so ungeschickt und unberaten und drohend. Man muß auf ihre Taten sehen.

Wer von der Welt nichts will, als daß der andere sie nicht nimmt, der sie allerdings nehmen will, hat im Machtspiel eine schwierige Position. Sie ist unvermeidlich. Man kann sich keinen Herrschaftswillen andichten, den man nicht hat, keine Glaubensmission, die man nicht fühlt.

Keine Glaubensmission. Der revolutionäre Glaube des 18. Jahrhunderts hat in seiner amerikanischen, seiner französischen Form die ausstrahlende Kraft verloren, die er ehedem hatte. Zu gründlich wurde er im eigenen Hause durchgesetzt und erfüllt; dabei zeigte sich, daß er nach innen nicht selig machen, viel weniger in der äußeren Staatenwelt eine feste Ordnung stiften konnte. Der Vertrag von Versailles, höchster Triumph national-revolutionärer Demokratie, hat hier eine traurige Epoche gemacht.

Es ist auch nicht wahr, daß wir christlich seien, im Kampf gegen das Neuheidentum des Kommunismus. Daß im Westen die christlichen Kirchen frei wirken können und im Leben von Millionen eine seelische Ordnung spendende Rolle spielen, macht ihn an sich nicht christlich; nicht in dem Sinn, in dem er es im 12. oder noch im 17. Jahrhundert war. Der Positivismus, nämlich die Gleichsetzung von Philosophie und Wissenschaft und die Verleugnung der ewigen Fragen als einer früheren Stufe der Menschheitsentwicklung zugehöriger, sinnlos gewordener, ist im Westen kaum minder stark als im Osten; nur daß ihm im Westen der Enthusiasmus fehlt, der im Osten der Kreuzung mit dem Marxismus, übrigens einer ungebrocheneren, naiveren Bereitschaft der Seelen verdankt wird.

Die Geistigkeit, welche Gabriel Marcel als gut genug »für den Vortragsgebrauch in mittelenglischen Provinzstädten« bezeichnet, ist stark auch anderswo, zum Beispiel in Amerika; ob sie sich mit ein wenig übriggebliebener Religiosität für den Sonntagvormittagsgebrauch verbindet, besser gesagt, solche unverbunden nebenher bestehen läßt, oder nicht, bedeutet einen geringen Wesensunterschied. Gar zu überwältigend sind die Erfolge angewandter Wissenschaft, gar zu offenbar sind sie dem berechnenden Wagnis des Menschen und nichts sonst zu danken. Daß Wissenschaft Religion nicht widerlegen kann, im Gegenteil zu ihr hinzuführen vermag, daß sie das »metaphysische Bedürfnis des Menschen« nicht befriedigt, mögen die nachdenklicheren unter den Naturforschern geltend machen; in der Praxis verhält es sich nicht so, schon allein darum, weil der Großteil der verfügbaren Energien in den einen Bereich eingeht und nur ein geringer Überschuß in den anderen, während ehedem es sich umgekehrt verhielt. Der Menschentyp zumal, der uns den Mond und die Sterne zu erobern verspricht und, begreiflicherweise, im Zentrum bewundernden Interesses steht, neigt nicht zum Grübeln und Schaudern; täte er's, so könnte er nicht leisten, was man, im Wettbewerb der Mächte, von ihm erwartet. Aber nicht nur er ist »Positivist«, ohne Wert darauf zu legen, da er auf keine Philosophie Wert legt. Auch in der Sphäre, in der von Berufs wegen betrachtet und kommentiert wird, wimmelt es seit einem Jahrhundert – seit länger schon, denn genauer betrachtet, begann dieses alles vor bald dreihundert Jahren – von Doktrinen und Anempfehlungen, die, wie verschiedenfarbig auch die Schalen, doch den Kern gemeinsam haben: Pragmatismus, Monismus, Physikalismus, oder wie sie sich nennen. Die proklamierte Überwindung aller ererbten Zweiheiten und des mit ihnen verbundenen Leidens, die Überwindung des Gegensatzes zwischen Glauben und Wissen, Denken und Handeln, Moral und Instinkt, Autorität und Freiheit, Herrschaft und Knechtschaft, Krieg und Frieden ist das allen diesen Denominationen Gemeinsame; die Erwartung einer Menschenwelt ohne Widerspruch und ohne Unglück, der frei planenden, experimentierenden, mit sich selbst und mit der Natur einen.

Im Westen ist das Prinzip der Wissenschaft, welches Freiheit von Autorität mit einschließt, also eigentlich liberal ist, voll verwirklicht. Von den Kommunisten ist es selber zur intoleranten Autorität erhoben. Folglich haben wir im Osten nur das eine; im Westen neben dem herrschenden Wissenschaftpragmatismus und gegen ihn eine Vielfältigkeit der Schulen, der Denk- und Lebenstypen; haben wir die freie Wirksamkeit der alten Kirchen (die, unter viel schwereren Bedingungen, wohl auch im Osten wirksam sind); haben wir jede Art von Kritik, Warnung, Spott, Verzweiflung und Düsternis. Es ist dieser Unterschied, welcher den Namen »Freie Welt« rechtfertigt und ein Werk wie das unsere mit der Mannigfaltigkeit seiner Anschauungen möglich gemacht hat. Es ist ein Wesensunterschied. Das Recht aber, unser Lager das christliche zu nennen, gibt er uns nicht. Auch hat die Freiheit, welche wir bequem genießen, im Kampf gegen mächtige, erfolgreiche Unfreiheit nicht die Stoßkraft, welche man ihr gern zutraut; weil Menschenmassen, welche bisher im tiefsten Elend gelebt haben, mit ihr nicht viel anzufangen wissen – daran wird in dem Bericht über China erinnert; und weil wir selber ein eindrucksvolles Beispiel ihres Gebrauches häufig nicht geben.

Das sind nicht zu verändernde Bedingungen. Kein Dekret, keine noch so gewaltsame Willensanstrengung könnte die Grundlagen der »offenen«, »pluralistischen« Gesellschaft beseitigen. Militanter und sich selbst nicht eingestehender Atheismus, flaue und lebendige Religiosität werden weiter zusammen hausen. Ein Zurück in Zeiten, die von einem einzigen Geist und Glauben beherrscht waren, kann man nicht wünschen; nicht darum, weil es schlechtere Zeiten gewesen wären, wer will das messen, sondern weil man das Unnatürliche und Unmögliche nicht wünschen kann. Gewisse Soziologen meinen, daß unverbindlicher Pluralismus im Geistigen und Politischen einer Gesellschaft wohlhabender, vergnügungssüchtiger Konsumenten gemäß und letzthin vom Wirtschaftlichen her bestimmt sei, daher man ihn auch von anderen, allgemeiner Wohlhabenheit zustrebenden Gesellschaften, wo er heute noch nicht besteht, zum Beispiel von der russischen, in Zukunft erwarten dürfe. Wäre hier von einseitiger Verursachung die Rede, so wäre diese Ansicht falsch; wirtschaftliche Verhältnisse sind ebensogut selber verursacht, vom Politischen, Psychologischen, Moralischen her, wie sie ihrerseits verursachen oder beeinflussen. Auch kann, wie Walt Whitman Rostow in seinem Buch »The Stages of Economic Growth« unlängst gezeigt hat, das im Wirtschaftlichen schon Mögliche, potentiell Vorhandene durch politischen Machtwillen, Glauben oder Aberglauben hintangehalten und unterdrückt werden. Entsprechungen aber es gibt: dem materiellen Wohlleben der westlichen Gesellschaften entsprechen der geringe Ernst der Lebensführung, die vielfältigen, die mangelnden Überzeugungen.

Was heute diesen Gesellschaften noch Halt gibt, ist die Verneinung derer, von denen sie verneint werden, Reaktion auf Gefahr, Kriegsbereitschaft, »Wehropfer«. Wenn, was freilich im Moment unsere dringendste Sorge nicht ist, ein ähnlicher Geist, ähnliche soziale Bedingungen anderwärts Platz griffen, in Rußland zuerst, später in China, Indien, Südamerika, wenn wirklich einmal Friede auf Erden wäre – was dann? Negativ-utopische Spekulationen sind gedruckt worden, denen zufolge dann Bewegungslosigkeit, Geschichtslosigkeit, Sinnlosigkeit sein würden; ein Zustand wie der von Termiten, in deren Organisation sich in Millionen Jahren nichts mehr geändert hat. – Unsere Furcht vor einem solchen Ende braucht nicht groß zu sein. Widerspruch, Bewegung, Selbstgefährdung werden aus dem Treiben der Menschheit nie verschwinden.

Nicht wie von selber, oder weil sie vergleichbaren materiellen Existenzbedingungen zustreben – *wenn* sie ihnen zustreben –, werden die großen Gesellschaften und Machtzentren, jene, die heute schon auf ihrem Höhepunkt haltenden, und die im Entstehen begriffenen, sich vertragen. Vertragen ist nur, wo Verstehen, Verstehen nur, wo Treu und Glaube ist. Treu und Glaube ist nicht ohne Glauben.

Darum wird Religion des Menschen wichtigstes Anliegen bleiben; sein im schärfsten Sinn des Wortes praktisches, wie sein tiefstes und letztes. Findet er keinen transzendierenden Glauben, der ihn eint, im Suchen und in der Demut, so wird er Krieg führen, gleichgültig unter welchen Formen und Decknamen. Sein Vorstoß in den kosmischen Raum, gedankenlos, prahlerisch und blasphemisch, das Schleppen seiner Waffen und Hoheitszeichen und Zwiste auf fremde Sterne, wird dann in wohlverdienten Katastrophen enden; seine »Vereinten Nationen« werden nichts sein als ein anderer Turmbau zu Babel. Sollten diese aber je etwas Besseres werden, so wäre einigender Glaube schon da, sei es selbst unbewußt oder unzugegeben; weil Menschheitsglaube und menschliche Anständigkeit, guter Wille, ein »Patriotismus der Menschheit«, wie neulich in New York gesagt wurde, ohne Gewissen und Glauben logisch nicht sein können. Wo sie sind, müßten wir uns auch um den Sinn der Geschichte nicht sorgen. Die aber keinen Glauben, keine Furcht, kein Gewissen haben, gehören dem Nichts schon an, bevor noch ihre Städte zu Nichts verbrennen.

Am Beginn der Revolution hat Immanuel Kant ihr Problem, das Problem der Menschengeschichte und Zukunft, durchdacht in Spekulationen, die heute noch tief und wahr erscheinen. Kant war selber ein Revolutionär, aber ohne den glatten Optimismus seiner Zeitgenossen. Uralter Tradition folgend, hielt er es für die Aufgabe des Menschen, das von der Natur in ihm Angelegte, Freiheit, Vernunft, voll zu entwickeln. Zur Bewältigung dieser Aufgabe gehörte, zum Schluß, der Friede. Positiv gesehen war er selber eine ihrer Formen. Negativ gesehen war er es auch, weil, wenn nicht am Ende allgemeiner Friede wäre, eine »Hölle von Übeln« den ganzen Zustand der Zivilisation und »alle bisherigen Fortschritte der Kultur durch barbarische Verwüstung wieder vernichten« könnte. Kant sah im Jahre 1784 die Bedrohungen des Jahres 1961 voraus. Er tat es nicht sosehr auf Grund gegenständlicher Kenntnisse, obgleich er die Fortschritte der Kriegstechnik in sein Denken miteinbezog, wie kraft moralischer Einsichten. Der Mensch ist aus krummem Holz geschnitzt, ist ein Tier und oft schlimmer als ein Tier. Daß Vernunft und Gerechtigkeit von ihm, und von keinem anderen Tier, gefordert werden, heißt nicht, daß er die Forderung erfüllt. Bisher hat er es nicht. Es könnte ja aber sein – damit beginnt die Spekulation –, daß die Unweisheit des Menschen selber im weisen Plan der Natur, oder ihres Schöpfers, läge. Alle Leidenschaft, alle Bosheit und Angriffslust und die Kriege, in denen sie sich ausdrücken, würden dann zu ihrem letzten Ziel den Frieden haben. Der Mensch würde sich bis zu einem Punkt manövrieren, auf dem ihm, wenn er nicht die Zerstörung alles bisher Erreichten wählen will, nichts anderes als sein »Gesetz des Gleichgewichts« und eine »vereinigte Gewalt«, mithin ein »weltbürgerlicher Zustand der öffentlichen Staatsgewalt«, ein Völkerbund zu wählen übrigbleibt; eben das, was ihm »die Vernunft auch ohne so viel traurige Erfahrung hätte sagen können«. Ein solcher Zustand wäre nie ohne Gefahr und sollte es auch nicht sein, »damit die Kräfte der Menschheit nicht einschlafen«... Hier hört die Spekulation auf, eindeutig zu handeln. Es würde, scheint es, zunächst nur ein bloßes Sich-Anpassen an eine mechanische Notwendigkeit sein. Man führt dann nicht mehr Krieg, weil man es ohne Menschheits-Selbstmord nicht mehr kann, man gehorcht vielleicht sogar dem Gesetz des Völkerbundes, aber man ist deswegen noch nicht besser als die Väter waren. Ungefähr wäre es der Weltzustand, wie Raymond Aron ihn heute sieht oder für morgen erwartet; ein Zustand, in dem, im zerstörenden Sinn, bis auf weiteres nichts Entscheidendes geschieht, in dem aber moralisch nichts und damit auch auf die Dauer praktisch nichts entschieden ist. Aber Kant fordert in der gleichen Schrift auch die moralische Entscheidung; mit nur politischen, nur von der äußersten Not erpreßten Maßnahmen oder Verzichten ist es ihm nicht getan. Das heißt, er fordert, was auf diesen Seiten Glauben genannt wurde; und dagegen hätte er nichts einzuwenden, denn Glaube und Moral, Gewissen und Gerechtigkeit waren ihm mit Fug ein und dasselbe. Er fordert »Moralisierung«, ohne die der Mensch gerade auf der Höhe seiner Kultur »die härtesten

Übel, unter dem betrüglichen Anschein äußerer Wohlfahrt«, erleiden muß. »Wir sind im hohen Grade durch Kunst und Wissenschaft kultiviert. Wir sind zivilisiert, bis zum Überlästigen... Aber uns schon für moralisiert zu halten, daran fehlt noch sehr viel. Denn die Idee der Moralität gehört noch zur Kultur... Solange aber Staaten alle ihre Kräfte auf ihre eitlen und gewaltsamen Erweiterungsabsichten verwenden und so die langsame Bemühung der Denkungsart ihrer Bürger unaufhörlich hemmen..., ist nichts von dieser Art zu erwarten... Alles Gute aber, das nicht auf moralisch-gute Gesinnung gepfropft ist, ist nichts als lauter Schein und schimmerndes Elend. In diesem Zustande wird wohl das menschliche Geschlecht verbleiben, bis es sich, auf die Art, wie ich gesagt habe, aus dem chaotischen Zustand seiner Staatsverhältnisse herausgearbeitet haben wird.« – Für die lange Erzählung und Darstellung, die hier endet, finden wir kein besseres letztes Wort als dies vor bald zweihundert Jahren geschriebene.

UNIVERSALGESCHICHTE
IN STICHWORTEN

NAMEN- UND SACHREGISTER

QUELLENVERZEICHNIS
DER ABBILDUNGEN

UNIVERSALGESCHICHTE IN STICHWORTEN

1945

VEREINTE NATIONEN Die Charta der Vereinten Nationen tritt in Kraft (24.10.); Ende 1945 von einundfünfzig Nationen ratifiziert. Ziele der UN: Erhaltung des Weltfriedens, Schutz der Menschenrechte, Besserung der wirtschaftlichen und sozialen Verhältnisse in allen Ländern; Organe der UN sind die Vollversammlung, die jährlich einmal zusammentritt, und der aus elf Mitgliedern bestehende Sicherheitsrat (fünf ständige Vertreter der Großmächte USA, Sowjetunion, Großbritannien, Frankreich und China mit Veto-Recht und sechs von der Vollversammlung auf ein bis zwei Jahre gewählte nichtständige Mitglieder). Für Streitigkeiten zwischen Mitgliedstaaten der UN wird ein Internationaler Gerichtshof geschaffen (Sitz in Den Haag). Weitere internationale Institutionen mit wirtschaftlichen und sozialen Aufgaben werden geschaffen und der UN angeschlossen.

INTERNATIONALE POLITIK siehe auch Universalgeschichte in Stichworten Band IX.
Entsprechend dem Potsdamer Abkommen erste Außenministerkonferenz der Großmächte in London (11.9.–2.10.); die Verhandlungen über die Friedensverträge scheitern an der Frage, welche Staaten an ihnen teilnehmen sollen. In Paris Konferenz der Alliierten über ihren Anteil an den westdeutschen Reparationslieferungen, Verteilung der deutschen Auslandsguthaben (9.11.–21.12.). Auf der Konferenz von Moskau (16.–26.12.) Vereinbarung der Außenminister der USA, der Sowjetunion und Großbritanniens über den Abschluß von Friedensverträgen mit Italien, Rumänien, Bulgarien, Ungarn und Finnland, über den Rückzug der amerikanischen und sowjetrussischen Truppen aus China und über die Erweiterung der rumänischen und bulgarischen Regierungen durch demokratische Politiker; Korea soll ein unabhängiger Staat werden; für den Fernen Osten wird eine Kommission, für Japan ein alliierter Rat eingesetzt. Vereinbarung mit den USA und Großbritannien, das Gebiet von Triest vorläufig gemeinsam zu verwalten. Loser Zusammenschluß der sieben arabischen Staaten Ägypten, Transjordanien, Syrien, Libanon, Irak, Saudiarabien, Jemen zur Arabischen Liga (22.3.). Freundschaftsvertrag der Sowjetunion mit *Chiang Kai-shek* (58; 14.8.): Port Arthur wird gemeinsamer Seestützpunkt, südmanchurische Eisenbahn wird sowjetrussischer Verfügungsgewalt übergeben, Dairen wird offener Hafen mit sowjetischem Hafenkommandanten, China anerkennt Mongolische Volksrepublik (Äußere Mongolei).

POLITIK DER LÄNDER siehe auch Universalgeschichte in Stichworten Band IX.
Deutschland: Die vier Besatzungsmächte setzen einen Kontrollrat aus den Oberbefehlshabern ihrer Zonen ein für alle Deutschland als Ganzes betreffenden Fragen; Beschlüsse müssen einstimmig gefaßt werden (5.6.). Eine interalliierte Kommandantur übernimmt die Verwaltung des in vier Sektoren geteilten Berlins (11.7.). Die Militärregierungen errichten in den Besatzungszonen deutsche Länderverwaltungen (Sommer 1946 abgeschlossen), das Saargebiet erhält eine eigene Verwaltung unter französischem Protektorat (7.7.). Allmähliche Neubildung von Parteien und Gewerkschaften in allen Zonen (Juni in der sowjetischen, August in der amerikanischen Zone), CDU (in Bayern CSU), FDP, KPD, SPD, Zentrum entstehen; endgültiges Verbot der NSDAP und ihrer Gliederungen durch Kontrollratsgesetz (10.10.). In Berlin schließen sich CDU, SPD, KPD, LDP zum Antifaschistischen Block zusammen (8.12.). Beginn der Demontagen von Industriewerken und Beschlagnahme großer Industrieunternehmen in allen Zonen. Arbeitspflicht für Männer von 14 bis 65 und für Frauen von 15 bis 50 Jahren. In der Sowjetzone Beginn der Bodenreform (Enteignung und Aufteilung des Großgrundbesitzes über hundert Hektar; 10.9.) und Errichtung von elf deutschen Zentralverwaltungen mit wirtschaftlichen Aufgaben (August); die im Potsdamer Abkommen vorgesehenen Zentralverwaltungen für ganz Deutschland werden wegen des französischen Einspruchs im Kontrollrat nicht aufgebaut. Prozeß des Internationalen Militärtribunals in Nürnberg gegen die Hauptkriegsverbrecher beginnt (20.11.), die Alliierten stellen je ein Ankläger, Neutrale oder Deutsche werden nicht hinzugezogen. Die Militärregierungen leiten die »Entnazifizierung« zur Ausschaltung der Nationalsozialisten aus dem öffentlichen Leben ein (Fragebogen, Einstufung der Mitglieder der NS-Organisationen in fünf Kategorien; 1946 Ausbau des Verfahrens). Die Aussiedlung der Deutschen aus der polnischer und sowjetrussischer Verwaltung unterstellten deutschen Gebieten beginnt (im August etwa dreißigtausend Flüchtlinge täglich durch Berlin).
Großbritannien: Wahlsieg der Labour Party (5.7.), *Clement Attlee* (62) wird Premierminister, *Ernest Bevin* (64) Außenminister; ein großangelegtes Sozialisierungsprogramm läuft an, Verstaatlichung der Bank von England (Dezember) und der Zivilluftfahrt; Verlängerung der kriegswirtschaftlichen Kontrolle.
Frankreich: Bei den Wahlen zur Verfassunggebenden Nationalversammlung (21.10.) erhält die Kom-

munistische Partei die meisten Stimmen; es folgen die Sozialisten und das Mouvement Républicain Populaire (MRP). *Charles de Gaulle* (55) wird Ministerpräsident der vorläufigen Regierung (13.11.). Hochverratsprozeß gegen Marschall *Pétain* (89) und *Pierre Laval* (62), beide werden zum Tode verurteilt, *Pétain* jedoch zu lebenslänglicher Haft begnadigt (August und Oktober). Verstaatlichung der Bank von Frankreich (vom 1.1.1946 an).

Italien: Provisorisches Parlament, die Consulta, unter *Carlos Graf Sforza* (72); Regierungsbildung durch *de Gasperi* (64) (9.12.; Ministerpräsident bis 1953).

Die Niederlande: Ein beratendes Komitee (fünfzig Mitglieder) als vorläufiges Parlament (16.7.); politische Säuberung unter Abgeordneten und Beamten (August; Wahlen zur ersten und zweiten Kammer 1946).

Spanien: Sicherung der bürgerlichen Rechte durch das »Grundgesetz der Spanier« (18.7.), Aufnahme von Monarchisten in die Regierung (30.7.); Spanien räumt die Zone von Tanger, in der die internationale Verwaltung wiederhergestellt wird (11.10.). Außenpolitische Isolierung.

Österreich: Nach den Wahlen (25.11.) wird eine Koalitionsregierung aus Volkspartei, Sozialisten und Kommunisten gebildet, Bundeskanzler wird *Leopold Figl* (43); 18.12.); *Karl Renner* (75) wird zum Präsidenten der Republik gewählt (20.12.); Anerkennung der Regierung durch die Besatzungsmächte (1.1.1946).

Tschechoslowakei: Abzug der sowjetrussischen Truppen (bis Dezember); freie demokratische Regierungsform bleibt erhalten; Beginn der Verstaatlichung von Bergbau, Industrie und Bankwesen (Oktober).

Polen: *Stanislaw Mikolajczyk* (44), Vertreter der Bauernbewegung, tritt in die Regierung ein; seine Partei wird jedoch ebenso verfolgt wie die beiden anderen bedeutenden polnischen Parteien, Rechtsnationalisten und Sozialisten; Verstaatlichung großer Betriebe und Bergwerke.

Ungarn: Durchführung einer Agrarreform, Beginn der Verstaatlichung des Bergbaus; Wahl zur Nationalversammlung endet mit dem Sieg der Kleinbauernpartei (fünfundsiebzig Prozent der Stimmen) vor Sozialisten und Kommunisten (6.11.).

Jugoslawien: Bei den Parlamentswahlen (11.11.) stimmen fast neunzig Prozent der Wähler für die Einheitsliste der kommunistisch geführten Volksbefreiungsfront; König *Peter II.* (22) wird abgesetzt, Proklamation der Volksrepublik (29.11.); Regierung *Tito* (53) wird von den USA und Großbritannien anerkannt; neue Verfassung am 31.1.1946.

Bulgarien: Wahlsieg der Vaterländischen Front (Sozialisten, Kommunisten und Bauernpartei) unter Führung des Kommunisten *Georgij Dimitrow* (63; 18.11.); auf sowjetische Veranlassung Unterdrückung der Bauernpartei; Agrarreform.

Rumänien: Wachsender kommunistischer Einfluß in allen wichtigen Regierungsstellen seit der Einsetzung des Kabinetts der Nationalen Front (FND) unter *Petre Groza* (61; 6.3.); Verkündung einer Agrarreform (22.3.); politische Prozesse und Säuberungsmaßnahmen.

Brasilien: *Getulio Vargas* (62) tritt zurück (Oktober); Abkehr von der strengen Nationalisierungspolitik.

Palästina: Ägypten, Irak, Syrien und Libanon warnen, daß die Errichtung eines jüdischen Staates in Palästina einen Krieg auslösen werde; ständige Zwischenfälle zwischen Juden und Arabern (November/Dezember).

Iran: Spannung mit der Sowjetunion, die ihre Truppen nicht abzieht. Die von der Sowjetunion unterstützte Tudeh-Partei setzt eine demokratische Regierung in Aserbeidschan ein und versucht, es vom Iran zu trennen.

Mongolei: Das mongolische Volk erklärt sich in einer Volksabstimmung fast einstimmig für die Unabhängigkeit (Oktober).

China: Erneuter Ausbruch des Bürgerkrieges (Oktober/November).

Korea: Nach Beendigung der japanischen Herrschaft sowjetrussische (12.8.) und amerikanische Besetzung (8.9.) des Landes; der 38. Breitengrad wird Demarkationslinie; die Bildung einer koreanischen Regierung wird vereinbart (27.12.).

Indochina: *Ho Chi-minh* (51), Führer der Unabhängigkeitsbewegung (Viet-minh), proklamiert die unabhängige Republik Vietnam (Hauptstadt Hanoi); französische Wiederbesetzung löst Unruhen aus (Oktober).

Indonesien: *Achmed Sukarno* (44) und *Mohammed Hatta* (43) verkünden die Unabhängigkeit (17.8.).

Japan: Amerikanische Militärregierung unter General *MacArthur* (65); Kriegsverbrecherprozeß; Aufteilung des Großgrundbesitzes beginnt (Dezember).

KULTUR Die Satzung der UNESCO, der UN-Organisation für Erziehung, Wissenschaft und Kultur, wird auf einer vorbereiteten Konferenz in London beraten und tritt am 4.11. in Kraft. *Victor Gollancz* (52) gründet die Wohltätigkeitsbewegung »Rettet Europa«.

LITERATUR *Jean Giraudoux* (63) »La folle de Chaillot«. *Carlo Levi* (43) »Christus kam nur bis Eboli«. *Max Picard* (57) »Hitler in uns selbst«. *Theodor Plievier* (54) »Stalingrad«.

KUNST *Hans Hartung* (41) Erste »T«-Bilder. *Karl Hofer* (67) »Blumenstilleben«.

SOZIALWESEN Gründung des Weltgewerkschaftsbundes auf einer internationalen Konferenz in London (17.2.) beschlossen und in Paris vollzogen (3.10.).

1946

VEREINTE NATIONEN Erste Vollversammlung in London (10.1.–15.2.): Als Sitz der Weltorganisation wird New York bestimmt, der norwegische Außenminister und Völkerrechtler *Trygve Lie* (50) zum Ersten Generalsekretär gewählt; weitere Themen

Kontrolle der Atomkernenergie, Flüchtlingsfragen, Übernahme der Mandatsgebiete des Völkerbundes (ehemalige deutsche Kolonien) als Treuhandgebiete durch die UN. Am 14.6. tritt eine von der UN eingesetzte Kommission zur Kontrolle der Atomkernenergie zusammen, die Sowjetunion empfiehlt ein grundsätzliches Verbot der Atomwaffen, die USA legen einen Kontrollplan vor. Fortsetzung der ersten Vollversammlung in Lake Success (Long Island; 23. 10.–16.12.): Verurteilung des faschistischen spanischen Regimes, Aufnahme Schwedens und Islands in die Organisation. Iran beschwert sich beim Sicherheitsrat wegen der sowjetischen Einmischung in seine inneren Angelegenheiten (Januar); die Sowjetunion kündigt den Abzug ihrer Truppen an (April). Der Völkerbund beschließt in Genf seine Selbstauflösung und überträgt seine Aufgaben an die UN (18.4.).

INTERNATIONALE POLITIK Nach vorbereitenden Konferenzen in Moskau (Dezember 1945) und Paris (25.4.–16.5. und 15.6.–12.7.) Pariser Friedenskonferenz zur Beratung der Friedensverträge (29.7. bis 15.10.); endgültige Fertigstellung der Verträge auf der Außenministerkonferenz in New York (3.11. bis 12.12.), hier auch vorbereitende Besprechung des Deutschland-Problems. Italienisch-österreichisches Abkommen über Südtirol (5.9.): Recht der Selbstverwaltung für die deutschen Bewohner. Die USA geben die Stützpunkte auf den Azoren an Portugal zurück (2.6.). Jugoslawien erhält von Italien die Provinz Venezia Giulia mit Istrien. Albanische Küstenbatterien beschießen britische Schiffe (20.5.); britische Zerstörer laufen in der Straße von Korfu auf Minen (22.10.); der Zwischenfall wird vor der UN verhandelt.

POLITIK DER LÄNDER Deutschland: Industrieplan des Kontrollrats mit Beschränkung oder Abbau bestimmter Zweige der Industrie (26.3.). In der sowjetischen Zone werden die Sozialdemokraten zwangsweise mit den Kommunisten zur Sozialistischen Einheitspartei (SED) verschmolzen (21.4.); in den westlichen Zonen wird die Verschmelzung abgelehnt, ebenso von der Berliner SPD, die neben der SED bestehenbleibt. Erste Wahlen in den ländlichen Gemeinden der amerikanischen Zone (Januar), wo der Aufbau der Selbstverwaltung mit der Wahl der verfassunggebenden Landtage beendet ist (Juni); erste Gemeindewahlen in der britischen Zone (September; Landtagswahlen im April 1947); Wahlen zu kommunalen Selbstverwaltungskörperschaften aller Stufen in der französischen Zone (Oktober 1946 bis Mai 1947); in der sowjetischen Zone Gemeindewahlen (September) und Kreis- und Landtagswahlen (Oktober); SED die stärkste Partei; bei den Berliner Wahlen zur Stadtverordnetenversammlung (20.10.) nur 19,8 Prozent aller Stimmen für die SED, aber 48,7 Prozent für die SPD. Enteignung von Wirtschaftsunternehmen in der sowjetischen Zone (30.6.); ein Teil der deutschen Industriebetriebe (25 bis 30 Prozent der Industriekapazität der sowjetischen Zone) geht als Sowjetische Aktiengesellschaften (SAG) in den Besitz der Sowjetunion über (5.6.). Rede des amerikanischen Außenministers *James F. Byrnes* (67) in Stuttgart (6.9.): der Umfang etwaiger Gebietsabtretungen an Polen stehe noch nicht fest, die USA hätten sich nicht verpflichtet, die Abtretung der polnisch verwalteten Gebiete an Polen auf der Friedenskonferenz zu unterstützen, die Besatzungspolitik werde geändert werden (Herstellung der wirtschaftlichen Einheit Deutschlands, Vorbereitung für die Wahl einer deutschen Zentralregierung). Errichtung von fünf deutschen Zentralstellen mit wirtschaftlichen Aufgaben für die amerikanische und britische Zone (5.9.); Plan zum wirtschaftlichen Zusammenschluß beider Zonen. Bodenreform in der amerikanischen und britischen Zone (beschränkte Abgabe von Land gegen Entschädigung, 10.9.). Gesetz über die Zollgrenze zwischen der französischen Zone und dem Saargebiet (22.12.). Urteilsverkündung im Nürnberger Kriegsverbrecherprozeß (1.10.). Weitere Prozesse werden von den USA gegen Ärzte und Juristen, gegen das für die Konzentrationslager zuständige SS-Sicherheitshauptamt, gegen die IG Farben und andere bis 1950 durchgeführt.

Großbritannien: Gesetz über Sozialversicherung führt Alters-, Betriebsunfall- und Witwenrenten sowie Kranken- und Arbeitslosenunterstützung ein; Verstaatlichung des Kohlenbergbaus (21.5.). Britisch-Transjordanischer Bündnisvertrag (22.3.).

Frankreich: Rücktritt *de Gaulles* (56; 20.1.). Volksrepublikaner bei den Wahlen (2.6.) stärkste Partei, *Georges Bidault* (47) mit großer Mehrheit zum Ministerpräsidenten gewählt (19.6.), Burgfrieden unter den Parteien. Durch Volksabstimmung wird die neue Verfassung bestätigt, Gründung der Vierten Republik (13.10.). Neuwahlen mit Sieg der Kommunisten. Verstaatlichung von Bergwerken, Gas-, Elektrizitäts- und Versicherungsgesellschaften (März bis August).

Italien: Abdankung des Königs (9.5.) und des Thronfolgers (13.6.); Wahlen für die konstituierende Nationalversammlung (2.6.) mit Sieg der Christlichen Demokraten; nach einer Volksabstimmung Proklamation der Republik (18.6.).

Griechenland: Wiederherstellung der Monarchie durch Volksabstimmung (1.9.); nach Rückkehr des Königs Fortdauer der innenpolitischen Spannungen.

Sowjetunion: Der neugewählte Oberste Sowjet (10.2.) ändert die Verfassung: Rat der Volkskommissare wird in Ministerrat umbenannt. Regierungsumbildung (19.3.); *Stalin* (67) bleibt weiterhin Sekretär des Zentralkomitees der KPdSU, Vorsitzender des Ministerrats und Minister der Streitkräfte; stellvertretende Ministerpräsidenten werden unter anderen *Berija* (47), *Mikojan* (51), *Woroschilow* (65) und *Kaganowitsch* (53).

Bulgarien: Die Opposition fordert Rücktritt der Regierung (29.3.). Nach einer Volksabstimmung (8.9.) wird die Volksrepublik proklamiert (15.9.). Regierungsbildung (November), *Dimitrow* (64) Ministerpräsident.

Jugoslawien: Verstaatlichung der gesamten Wirtschaft. Erzbischof *Stepinać* (48), das Haupt der kroatischen Kirche, wird zu sechzehn Jahren Zwangsarbeit verurteilt (11.10.; am 5.12.1951 vorzeitig entlassen).
Ungarn: Proklamation der Republik (2.2.).
Albanien: Proklamation der Volksrepublik (11.1.).
Tschechoslowakei: Bei den Wahlen (Mai) werden die Kommunisten die stärkste Partei (achtunddreißig Prozent). *Eduard Beneš* (62) wird wieder zum Staatspräsidenten gewählt.
Rumänien: Die Westmächte anerkennen die Regierung *Groza* (5.2.). Bei den Parlamentswahlen (19.11.) neunundachtzig Prozent der Stimmen für die kommunistisch gelenkte FND; Appell der demokratischen Opposition an die Weltöffentlichkeit bezweifelt das Wahlergebnis.
Argentinien: Vizepräsident Oberst *Juan Domingo Perón* (51) läßt sich zum Präsidenten wählen.
Ägypten: Die britischen Truppen beginnen, das Land, mit Ausnahme der Kanalzone, zu räumen (9.8.).
Syrien: Nach dem Abzug der fremden Truppen Unruhen.
Transjordanien: Es wird unabhängiges Königreich.
Indien: Eine vorläufige Vereinbarung zwischen der britischen Regierung und der Kongreßpartei führt zur Bildung eines Interimskabinetts mit *Jawaharlāl Nehru* (57) als Stellvertretendem Ministerpräsidenten (24.8.); Einberufung einer Verfassunggebenden Versammlung. Schwere Konflikte zwischen Hindus und Mohammedanern in Calcutta (August), Ausbruch des Bürgerkrieges.
Indochina: Frankreich sichert Vietnam vertraglich Selbstverwaltung im Rahmen der Französischen Union zu (6.3.); Abschluß eines Waffenstillstandes, dennoch erneute Kämpfe (19.12.).
China: Einigung aller Parteien über eine Koalitionsregierung (31.1.); Eröffnung der Nationalversammlung gegen kommunistischen Widerstand (15.11.). Annahme der neuen Verfassung (25.12.). Keine endgültige Einigung zwischen Kuo-min-tang und Kommunisten; die USA schränken Hilfelieferungen an *Chiang Kai-shek* (59) ein; verschärfte kommunistische Opposition, erneuter Ausbruch des Bürgerkrieges.
Mandschurei: Abzug der sowjetrussischen Truppen (ab 15.1.).
Japan: Zum erstenmal nehmen Frauen an den Wahlen (10.4.) teil; *Shigeru Yoshida* (68) wird Ministerpräsident (10.5.). Japan wird durch eine neue Verfassung konstitutionelle Monarchie (7.10.).
Philippinen werden unabhängig (4.7.).
Indonesien: Abkommen von Linggadjati (15.11. paraphiert, 25.3.47 unterzeichnet): Bildung einer Niederländisch-Indonesischen Union aus den Niederlanden (mit Surinam und Curaçao), der Indonesischen Republik (Java, Sumatra, Madoera) und Borneo; die Indonesische Republik als föderativer demokratischer Staat gedacht (Vereinigte Staaten von Indonesien).

KULTUR Erste allgemeine Sitzung der UNESCO (November). Gründung der Weltgesundheitsorganisation. Die CARE-Gesellschaft beginnt Pakete in die unter den Kriegsfolgen leidenden Länder zu senden.

LITERATUR *Hermann Broch* (60) »Der Tod des Vergil«. *Friedrich Georg Jünger* (48) »Die Perfektion der Technik«. *Juan Ramón Jiménez* (65) »La estacion total«. *Pär F. Lagerkvist* (55) »Barabbas«. *Elisabeth Langgässer* (47) »Das unauslöschliche Siegel«. *Reinhold Schneider* (43) »Weltreich und Gottesreich«. *Dylan Thomas* (32) »Deaths and Entrances« (Gedichte). *Carl Zuckmayer* (50) »Des Teufels General«.

KUNST *Jackson Pollock* (34) »Der Schlüssel«. *Wols* (33) Erste große Bilder.

MUSIK *Paul Hindemith* (51) »When Lilacs last in the Dooryard bloom'd«, Requiem für die Gefallenen. *Arthur Honegger* (54) »Symphonie liturgique«. *Ernst Křenek* (46) »Sinfonische Elegie für Streichorchester«. *Igor Strawinsky* (64) Ebony-Concerto für Jazzband. Kranichstein/Darmstadt, Ferienkurse; Musikpreis 1952 zum erstenmal verliehen.

WIRTSCHAFT Gründungssitzung der 1944 auf der Konferenz von Bretton Woods vorgeschlagenen Internationalen Bank für Wiederaufbau und Entwicklung (die »Weltbank«) mit Sitz in Washington (1.–18.3.).

NATURWISSENSCHAFT Vierte Antarktis-Expedition des amerikanischen Admirals *Richard Byrd* (68; Winter 1946/47). US-Rakete zur Erforschung der Atmosphärenschichten erreicht eine Höhe von achtundachtzig Kilometern.

1947

VEREINTE NATIONEN Eine Kommission für Palästina soll Vorschläge für die Zukunft des Landes nach Beendigung des britischen Mandats ausarbeiten (Sondersitzung der Vollversammlung, 28.4.–15.5.); die Kommission entscheidet sich für eine Teilung Palästinas. Zweite Vollversammlung in New York (16.9.–29.11.): Pakistan in die Organisation aufgenommen; Sonderkommissionen für Korea und den Balkan werden eingesetzt; die Teilung Palästinas in einen jüdischen und arabischen Staat mit Jerusalem als internationaler Enklave wird beschlossen; arabische und jüdische Opposition gegen diesen Plan. Die USA übernehmen die ehemaligen japanischen Mandatsgebiete in Treuhandschaft (19.7.). Der seit 1946 währende Streit um die Herrschaft in der Suezkanalzone und im Sudan wird von Ägypten vor die Organisation gebracht (April).

INTERNATIONALE POLITIK Die Friedensverträge mit Finnland, Italien, Ungarn, Rumänien und Bulgarien werden in Paris unterzeichnet (10.2.): Finnland muß Karelien, Rumänien Bessarabien und die Bukowina abtreten, Italien wird zu Reparationszahlungen an die Sowjetunion, Jugoslawien, Griechenland und Äthiopien verpflichtet und muß seine Kolonien und Istrien abtreten, Triest wird unabhängiger demilitarisierter Freistaat mit Volksvertretung und Regierungs-

UNIVERSALGESCHICHTE IN STICHWORTEN

rat, vom Sicherheitsrat wird ein Gouverneur eingesetzt, ein Freihafen wird geschaffen; die Verträge treten am 15.9. in Kraft. Der geplante Staatsvertrag mit Österreich, das zu den befreiten, nicht den besiegten Ländern gezählt wird, wegen der Uneinigkeit zwischen den Westmächten und der Sowjetunion vertagt. Die Außenministerkonferenz in Moskau (USA, Großbritannien, Sowjetunion, 10.3.—24.4.) erweist die Uneinigkeit der Großmächte in den wichtigsten deutschen Fragen (Art und Menge der Reparationen, Grenzen, politische und wirtschaftliche Einheit); die Entlassung aller Kriegsgefangenen bis Ende 1948 wird beschlossen. Auch die (fünfte) Außenministerkonferenz in London (25.11.—15.12.) bringt keine Einigung; die Verhandlungen über den deutschen Friedensvertrag werden aufgeschoben, die Reparationsfrage bleibt in der Schwebe. Als Folge der Truman-Doktrin (12.3. verkündet), die allen in ihrer Freiheit bedrohten Völkern die Hilfe der USA zusichert (vor allem Griechenland und der Türkei), wird der »Marshallplan« aufgestellt: »European Recovery Program« (ERP); Geld- und Warenlieferungen aus den USA sollen den Wiederaufbau Europas fördern (5.6.). Auf der Grundlage des »Marshallplans« wird von zunächst vierzehn europäischen Staaten gemeinsam ein europäisches Wirtschaftsprogramm ausgearbeitet (12.7.—22.9.); die osteuropäischen Staaten halten sich fern (Polen und die Tschechoslowakei widerrufen ihre anfängliche Zusage, ebenso Finnland), Westdeutschland wird einbezogen; die »Organization for European Economic Cooperation« (OEEC, Europäischer Wirtschaftsrat) entsteht (in Kraft seit 16.4.1948); die OEEC überdauert den »Marshallplan«. US-Truppen räumen Island (9.4.). Britisch-französischer Beistandspakt gegen einen deutschen Angriff in Dünkirchen abgeschlossen (4.3.). Auf der Panamerikanischen Konferenz in Rio de Janeiro (15.—30.8.) Vertrag mit dem Versprechen gegenseitiger Hilfe im Falle eines Angriffs.

POLITIK DER LÄNDER Deutschland: Preußen wird durch Kontrollratsgesetz (25.2.) formell aufgelöst. Wirtschaftlicher Zusammenschluß der amerikanischen und britischen Zone (Bizone, 1.1.), französische und sowjetische Zone zum Anschluß aufgefordert, Protest Frankreichs und der Sowjetunion. Interzonenkonferenz der deutschen Ministerpräsidenten (5.—7.6.), die Ministerpräsidenten der sowjetischen Zone verlassen die Konferenz, als ihre Forderung abgelehnt wird, auch die Frage der politischen Einheit (deutsche Zentralregierung) vor wirtschaftlichen Fragen zu besprechen. Die sowjetische Militärregierung überträgt ihre wirtschaftlichen Befugnisse auf fünf deutsche Zentralverwaltungen (15.6.), Bildung der »Deutschen Wirtschaftskommission« (zentrale Verwaltung der sowjetischen Zone). *Ernst Reuter* (58) zum Berliner Oberbürgermeister gewählt (24.6.), wird durch sowjetisches Veto am Amtsantritt gehindert, *Louise Schröder* (60) übernimmt stellvertretend das Amt. Besprechung der drei Westmächte in London über das Ruhrgebiet und die Verteilung der Ruhrkohle (22.—27.8.). Der gewählte saarländische Landtag beschließt eine Verfassung, die das Land, politisch autonom, wirtschaftlich an Frankreich angliedert (9.11.); Regierung unter Ministerpräsident *Johannes Hoffmann* (57; 19.12.); das Saarland wird einem französischen Hohen Kommissar unterstellt (10.1.1948).
Großbritannien: Zur Überwindung der Wirtschaftskrise Notprogramm beschlossen (13.8.); Fortführung der Sozialisierung. Der König gibt den Titel »Kaiser von Indien« auf (22.6.). Britische Treuhandschaft für Tanganjika, Kamerun und Togo von der UN gebilligt. Neue Verfassungen für Cypern und Malta.
Frankreich: *Vincent Auriol* (63) zum Präsidenten der Republik gewählt (16.1.). Die Kommunistische Partei aus der Regierungskoalition ausgeschlossen. *Charles de Gaulle* (57) gründet Sammlungsbewegung des französischen Volkes (Rassemblement du Peuple Français, RPF; 7.4.) und fordert Präsidialregime. Streikwelle im Winter 1947/48. In den folgenden Jahren rascher Wechsel der Regierungen.
Italien: Spaltung der sozialistischen Partei; die Mehrheit für enge Zusammenarbeit mit den Kommunisten (7.1.). Linksparteien werden in die Opposition gedrängt.
Spanien: General *Franco* (55) bleibt Staatschef, will einen König als Nachfolger bestimmen; in einer Volksabstimmung wird dieser Plan angenommen (Volksentscheid für die Monarchie; 6.7.).
Griechenland: Hilfegesuch der Regierung an die USA (3.3.). Die Aufständischen sind vor allem im Norden des Landes erfolgreich, rufen die Republik aus (16.8.) und bilden eine Gegenregierung (Dez.).
Bulgarien: Auflösung der Bauernpartei (26.8.). Neue Verfassung der Volksrepublik (4.12.).
Sowjetunion: Gründung des »Kommunistischen Informationsbüros« (Kominform) in Warschau zum Erfahrungsaustausch und zur Zusammenarbeit unter den kommunistischen Parteien und Ländern Europas (30.9.); an der Konferenz nehmen Vertreter der kommunistischen Parteien Jugoslawiens, Bulgariens, der Tschechoslowakei, Frankreichs, Italiens, Polens, Ungarns und der Sowjetunion teil. Der sowjetische Vertreter *Schdanow* (51) betont die Spaltung der Welt in ein imperialistisches Lager um die USA und ein anti-imperialistisches um die Sowjetunion. Der Oberste Sowjet nimmt Verfassungsänderungen an (Februar): Abschluß und Kündigung von internationalen Verträgen bleibt der Union vorbehalten, Recht auf jährlich bezahlten Urlaub, Verringerung der Arbeitszeit in einigen Berufen. Abschaffung der Todesstrafe für Friedenszeiten (26.5., für Hochverräter, Spione und Saboteure 1950 wieder eingeführt). Die Sowjetunion weigert sich, an der Marshallplanhilfe teilzunehmen, und diffamiert sie als Instrument des Dollarimperialismus.
Rumänien: Die Kommunistin *Anna Pauker* (54) wird Außenminister (16.11.). König *Michael* (26) zur

Abdankung gezwungen (30.12.); Rumänien wird Volksrepublik (neue Verfassung am 5.3.48). Verbot der Nationalen Bauernpartei.
Ungarn: Unter sowjetischem Druck beginnt die zwangsweise Auflösung der Kleinbauernpartei (Februar). Innenpolitische Wirren — Verhaftung oppositioneller Abgeordneter.
Polen: *Mikolajczyk* (46), Führer der seit den Januarwahlen (Sieg der »Blockparteien«) oppositionellen Volkspartei, flieht nach Großbritannien (20.10.), wo sich schon vorher eine neue Exilregierung gebildet hat.
Argentinien: Verstaatlichung der überwiegend im britischen Besitz befindlichen Eisenbahnen. Nationaler Wirtschaftsrat für die Planwirtschaft geschaffen (Mai). Einführung des Frauenwahlrechts (9.9.).
Brasilien: Die Kommunistische Partei wird für illegal erklärt (Mai).
Indien: Verkündung der Unabhängigkeit Indiens (15.8.), zwei unabhängige Staaten entstehen: die Indische Union und das mohammedanische Pakistan; sie bleiben Mitglieder des Commonwealth. Die Indische Union gliedert sich nach schwerem Konflikt das Fürstentum Hyderabad an (September) und übernimmt provisorisch das Protektorat über Kashmir; der indisch-pakistanische Streit um Kashmir führt de facto zu einer Teilung des Landes (ein Drittel von Pakistan besetzt). In Pakistan wird *Mohammed Ali Jinnah* (71) erster Generalgouverneur.
Burma: Wahl zur Verfassunggebenden Versammlung (9.4.). Annahme der Verfassung (24.9.). Von Großbritannien aus dem Commonwealth entlassen (17.10.).
Thailand: Durch Staatsstreich errichtet Marschall *Pibul Songgram* (50) eine Militärdiktatur, Beibehaltung der Monarchie.
Korea: Die Koreakommission beginnt ihre Arbeit in Seoul (21.5.).
Indonesien: Die Niederlande fühlen sich an das Abkommen von Linggadjati nicht mehr gebunden und beginnen auf Java Polizeiaktion gegen indonesische Republikaner (21.7.), die jedoch auf Verlangen des Sicherheitsrates eingestellt werden muß (4.8.).
Kultur Älteste Bibelhandschriften in Palästina gefunden (Qumrân am Toten Meer).
Literatur *Jean Anouilh* (37) »Oreste«. *Wolfgang Borchert* (26) »Draußen vor der Tür«. *Albert Camus* (34) »La Peste«. *Christopher Fry* (40) »A Phoenix too Frequent«. *Hermann Kasack* (51) »Stadt hinter dem Strom«. *Thomas Mann* (72) »Doktor Faustus«.
Kunst *Willi Baumeister* (58) »Vitale Landschaft«. *Constantin Brancusi* (71) »Aufstrebendes«. *Henry Moore* (49) »Familiengruppe«. *Richard Neutra* (55) Haus Tremaine in Kalifornien. Große Kunstausstellung im Art Institute in Chicago im Zeichen surrealistischer und abstrakter Malerei.
Musik *Benjamin Britten* (34) »Albert Herring«. *Werner Egk* (46) »Abraxas«. *Gottfried von Einem* (29) »Dantons Tod«. *Paul Hindemith* (52) Marienlieder,

zweite Fassung. *Carl Orff* (52) »Die Bernauerin«. *Arnold Schönberg* (73) »Ein Überlebender aus Warschau«, op. 46.
Sozialwesen Welternährungsrat gegründet (Food and Agricultural Organization, FAO). Vertreter aus zwanzig Ländern gründen in Oxford die Liberale Weltunion (12.4.). Die Union der Christlich-Demokratischen Parteien entsteht. Taft-Hartley-Gesetz in den USA über die Koalitionsfreiheit der Arbeitnehmer: es ist nicht gestattet, den Arbeitnehmer zum Beitritt zu einer Gewerkschaft zu zwingen; stärkere Überwachung der Gewerkschaften und Beschränkung des Streikrechts (23.6.).
Wirtschaft Genfer Vereinbarung zur gegenseitigen Stabilisierung und Herabsetzung der Zollschranken im Rahmen der Meistbegünstigung (»Kleine Welthandelscharta«; General Agreement on Tariffs and Trade, GATT). Gemeinsamer Zolltarif der Beneluxländer in Kraft (1.1.). Währungsreform in der Sowjetunion, in Österreich und in Schweden. Geldabwertung in Italien.
Technik *Charles Yeager* (24) erreicht mit Düsenflugzeug Überschallgeschwindigkeit (etwa 1700 Kilometer je Stunde).

1948

Vereinte Nationen Die Vollversammlung (21.9. bis 12.12.) richtet Appelle an Albanien, Bulgarien und Jugoslawien, Hilfeleistungen für die griechischen Aufständischen einzustellen, und an die Großmächte, die Berliner Frage zu regeln. Die Atom- und Abrüstungskommissionen nehmen ihre zeitweilig unterbrochene Arbeit wieder auf. Die Organisation übernimmt die Versorgung der Palästinaflüchtlinge. Ein Sonderausschuß für kollektive Sicherheit aus elf Mitgliedern wird geschaffen. Im politischen Ausschuß wird der sowjetische Atomabrüstungsplan abgelehnt.
Internationale Politik Im Brüsseler Pakt (17.3.) vereinbaren Großbritannien, Frankreich und die Benelux-Staaten, ihre wirtschaftlichen, sozialen und kulturellen Beziehungen zu festigen und sich bei jedem Angriff gegenseitig beizustehen; gemeinsame Beratungen über militärische Fragen (27./28.9.) führen zu einem ständigen Westverteidigungsstab unter Marschall *Bernard Law Montgomery* (61). Auf der Londoner Sechsmächtekonferenz (23.2.—6.3. und 20.4. bis 2.6.) wird von Vertretern der USA, Großbritanniens, Frankreichs und der Benelux-Staaten über das Deutschlandproblem beraten: die wirtschaftliche Eingliederung Westdeutschlands in Westeuropa und Errichtung einer internationalen Ruhrkontrolle werden vorgesehen; es wird empfohlen, eine verfassunggebende Versammlung für Westdeutschland einzuberufen; die Sowjetunion protestiert. In Den Haag unter *Churchills* (74) Vorsitz Kongreß für ein Vereinigtes Europa unter Teilnahme von Vertretern aus dreißig Ländern (7.—10.5.). IX. Panamerikanische Konferenz von Bogotá: Gründung der »Organisation

amerikanischer Staaten« (OAS; 30.4.) als panamerikanisches Verteidigungssystem. Die Warschauer Konferenz (23./24.6.) der osteuropäischen Außenminister unter *Molotows* (58) Vorsitz fordert die Durchführung der Potsdamer Entmilitarisierungs- und Demobilisierungsbeschlüsse, Viermächtekontrolle der Ruhr, eine vorläufige Regierung für ganz Deutschland, einen Friedensvertrag mit Deutschland und Abzug der Besatzungstruppen. Sowjetische Freundschafts- und Beistandspakte mit Rumänien (4.2.), Ungarn (18.2.), Bulgarien (18.3.) und Finnland (6.4.); der »Ostblock«, dem auch Polen und die Tschechoslowakei angehören, formiert sich. Bündnisverträge der Satellitenstaaten untereinander. Das Kominform verurteilt die Politik der jugoslawischen Kommunisten (Agrarpolitik und Nationalismus; 27.6.), Ausschluß der jugoslawischen KP aus dem Kominform. Wirtschaftsblockade über Jugoslawien verhängt.

POLITIK DER LÄNDER Deutschland: Weiterer Ausbau der Bizonenverwaltung (Gründung der Bank deutscher Länder am 1.3.) und der ostzonalen Deutschen Wirtschaftskommission. Der sowjetrussische Militärgouverneur, Marschall *Sokolowskij* (51), verläßt aus Protest gegen die Londoner Empfehlungen den Kontrollrat (19.3.), der danach nicht wieder zusammentritt. Aus dem von den Blockparteien und Massenorganisationen der sowjetischen Zone beschickten (II.) Volkskongreß bildet sich als »gesamtdeutsche« Vertretung der »Deutsche Volksrat« (18./19.3.). Die Westmächte überreichen den westdeutschen Ministerpräsidenten die »Frankfurter Dokumente« über die Einberufung einer verfassunggebenden Versammlung, Überprüfung der Ländergrenzen und ein zukünftiges Besatzungsstatut (1.7.). Konstituierung des Parlamentarischen Rates (von den Länderparlamenten gewählt) in Bonn (1.9.), um eine Verfassung auszuarbeiten; *Konrad Adenauer* (72) wird sein Präsident. Mit britisch-amerikanischer Zustimmung führt Frankreich die wirtschaftliche Eingliederung des Saargebietes durch, französische Währung und Wirtschaftsgesetze werden eingeführt. Auf sowjetrussische Veranlassung erste Verkehrskontrollen und Beschränkungen des Post- und Warenverkehrs zwischen Berlin und dem Westen (1.4.). Spaltung der Gewerkschaften in Berlin (26.5.). Währungsreform in den Westzonen (20.6.) und in der westlichen Zone und in Groß-Berlin (23.6.). Einführung der DM-West in West-Berlin (23.6.) wird Anlaß für die sowjetische Blockade West-Berlins mit Sperre des Güter- und Personenverkehrs von und nach Westdeutschland, Einstellung der Lebensmittel-, Kohle- und Stromlieferungen aus der sowjetischen Zone (24.6.). Errichtung der Luftbrücke zwischen den Westzonen und West-Berlin zur Versorgung der Bevölkerung (26.6.–12.5.49). Die sowjetische Delegation verläßt die Alliierte Berliner Kommandantur (1.7.). Verlegung des Magistrats nach West-Berlin. Im Ostsektor wird ein neuer Magistrat unter *Friedrich Ebert* (54) als Oberbürgermeister einberufen (30.11.). Die Wahlen zur Stadtverordnetenversammlung in West-Berlin (5.12.) bringen einen Wahlsieg der SPD; einstimmige Wahl *Ernst Reuters* (59) zum Regierenden Bürgermeister in West-Berlin (5.12.). Gründung der »Freien Universität« in West-Berlin (5.12.).

Die Niederlande: *Juliana* (39) wird Königin (4.9.).
Portugal: Freundschafts- und Nichtangriffspakt mit Spanien vom 7.3.1939 um zehn Jahre verlängert (20.ḫ.).
Italien: *Luigi Einaudi* (74) wird Staatspräsident (Juni).
Griechenland: Offensive der Regierungstruppen gegen die kommunistischen Aufständischen im Grammosgebirge (ab 19.6.).
In Rumänien, Bulgarien, Ungarn, Polen und der Tschechoslowakei entstehen Einheitsparteien unter kommunistischer Führung, die die sozialistischen Parteien aufsaugen.
Tschechoslowakei: Politischer Umsturz: Im Konflikt mit dem kommunistischen Innenminister treten neun Minister und zwei Staatssekretäre zurück (20.2.); Ministerpräsident *Klement Gottwald* (52) bildet eine überwiegend kommunistische Regierung (26.2.); der parteilose Außenminister *Jan Masaryk* (62) wird tot aufgefunden (10.3.); volksdemokratische Verfassung (9.5.), Rücktritt des Staatspräsidenten *Beneš* (64; 7.6.), *Gottwald* unterzeichnet in Vertretung des Präsidenten die Verfassung (9.6.) und wird dessen Nachfolger (14.6.); sowjetisches Veto im Sicherheitsrat verhindert Untersuchung der Vorgänge.
Finnland erwehrt sich kommunistischer Infiltration. Das finnische Parlament erzwingt Rücktritt des Innenministers, der hohe Polizeiposten mit Kommunisten besetzen wollte (Mai); Finnland bleibt weiter politisch vom Ostblock unabhängig.
USA: Präsident *Harry S. Truman* (64) wird wiedergewählt (2.11.).
Brasilien: Kommunistische Abgeordnete aus den Staatsvertretungen und dem Bundesparlament ausgeschlossen (Januar).
Kolumbien: Kommunistische Unruhen; Abbruch der Beziehungen zur Sowjetunion (April).
Sudan: Gesetzgebende Versammlung einberufen (20.12.), die 1952 einen Verfassungsentwurf vorlegt.
Südafrikanische Union: Wahlsieg der Nationalpartei über die United Party (4.6.); *Daniel F. Malan* (74) Ministerpräsident, Rassentrennung verschärft, Politik des »Apartheid«.
Palästina: Das britische Mandat erlischt (15.5.). Der nationale Rat (Vertreter der jüdischen Bevölkerung in Palästina) proklamiert in Tel Aviv den souveränen Staat Israel (15.5.), *Chaim Weizmann* (74) wird erster Präsident, *David Ben Gurion* (62) Ministerpräsident. Einfall von Truppen der Arabischen Liga und Freischärlern in Palästina, Kämpfe im und um Jerusalem, im Negeb und in Galiläa; durch seine Luftüberlegenheit bleibt Israel erfolgreich gegen die Liga; Offensive gegen Ägypten erst durch britische Warnung gestoppt; Friedensvermittlungsversuche der UN, ihr Beauftragter *Graf Folke Bernadotte* (53) von jüdi-

schen Extremisten ermordet (17.9.). In den folgenden Jahren (bis 1950) wandern über eine halbe Million Juden nach Israel ein; Flucht und Vertreibung von etwa neunhunderttausend palästinensischen Arabern.
Irak: Bündnis- und Beistandspakt mit Großbritannien wird wegen antibritischer Volksstimmung nicht ratifiziert.
Indien: Durch Vermittlung der UN Waffenstillstand in Kashmir; endgültige Lösung nicht erreicht. *Mahatma Gandhi* (79) von einem religiösen Fanatiker ermordet (30.1.).
Ceylon: Ceylon wird unabhängig, bleibt als Dominion im britischen Commonwealth (4.2.).
Burma: Errichtung der selbständigen Union von Burma, sie wird unabhängige Republik (4.1.). Bürgerkrieg zwischen der Regierung, dem Minderheitsvolk der Karen und Kommunisten.
Indochina: Andauer der Kämpfe; Frankreich verhandelt nicht weiter mit der Regierung *Ho Chi-minh* (54; 29.1.). Bildung einer vorläufigen Regierung für Vietnam (Mai).
Malaya: Gründung des Malaiischen Bundes (Federation of Malaya) aus neun Sultanaten im Südteil der Halbinsel Malakka und den britischen Kronkolonien (1.4.), verwaltet durch Hohen Kommissar, Exekutivrat, Gesetzgebenden Rat. Jahrelange kommunistische Aufstandsbewegung.
China: *Chiang Kai-shek* (61) von der Nationalversammlung zum ersten verfassungsmäßigen Präsidenten gewählt (19.4.), besondere Vollmachten für zwei Jahre. Nach der Kapitulation Mukdens (30.10.) ist die Manchurei fest in kommunistischer Hand; weitere Erfolge der Kommunisten in Nordchina (November) sichern ihre Herrschaft.
Korea: Proklamation der Volksrepublik in Nordkorea (16.2.). Allgemeine Wahlen in Südkorea (10.5.); erste Verfassung von der Nationalversammlung angenommen (17.7.); *Syngman Rhee* (73) zum Präsidenten gewählt (20.7.); die amerikanischen Truppen ziehen ab (November). Die Sowjetunion zieht ihre Truppen zurück (ab 19.9.) und nimmt diplomatische Beziehungen zu Nordkorea auf (Oktober). Beide koreanische Staaten beanspruchen die Herrschaft über ganz Korea.
Japan: Urteilsverkündung im Kriegsverbrecherprozeß (12.11.).
Indonesien: Zweite Polizeiaktion der Niederländer auf Java (19.12.): Verhaftung *Sukarnos* (47); im Sicherheitsrat Vorwurf gegen die Niederlande, die UN-Satzung verletzt zu haben; Abschluß eines Waffenstillstands auf fünf Monate.

KULTUR Auf der Weltkirchenkonferenz von Amsterdam (22.8.–4.9.) wird der Ökumenische Rat der Kirchen geschaffen.

LITERATUR *Jean Bazaine* (44) »Notes sur la Peinture d'aujourd'hui«. *Martin Buber* (70) »Der Weg des Menschen«. *Ernst Robert Curtius* (62) »Europäische Literatur und lateinisches Mittelalter«. *Norman Mailer* (25) »The Naked and the Dead«. *Jean Paul Sartre* (43) »Les Mains sales«. *Hans Sedlmayr* (52) »Verlust der Mitte«. *Thornton Wilder* (51) »The Ides of March«.

MUSIK Moskauer Musikerkonferenz verurteilt Werke von *Schostakowitsch* (42), *Prokowjew* (57), *Chatschaturjan* (45) und *Mjaskowskij* (67) als formalistisch.

SOZIALWESEN Alters- und Invalidenversorgungsgesetz in Schweden.

NATURWISSENSCHAFT *Richard Kuhn* (48) begründet biochemische Genetik.

TECHNIK Einweihung des Fünf-Meter-Spiegel-Teleskops auf dem Mount Palomar/USA (Reichweite etwa zwei Milliarden Lichtjahre). Beginn des Baus von Staudämmen zur Damodarregulierung in Indien.

WIRTSCHAFT Abwertung des französischen Franc (Januar). Vereinheitlichung des Zollwesens in Belgien, in den Niederlanden und in Luxemburg (Benelux-Union; 1.1. und 1.10.).

1949

VEREINTE NATIONEN Auf Anordnung der Organisation Waffenstillstandsverträge zwischen Israel einerseits und Ägypten, Libanon, Transjordanien und Syrien andererseits abgeschlossen. Vereinbarung einer Demarkationslinie, durch die Israel vergrößert wird (3.4.); der Israel zugesprochene Küstenstreifen bei Gaza bleibt von ägyptischen Truppen besetzt. Aufnahme Israels in die Organisation. Verurteilung der bulgarischen und ungarischen Kirchenprozesse. Beschluß der Vollversammlung, daß die ehemaligen italienischen Kolonien Cyrenaika, Tripolitanien und Fezzan vereinigt und am 1.1.1952 der unabhängige Staat Libyen werden sollen.

INTERNATIONALE POLITIK Abschluß des Nordatlantikpaktes (North Atlantic Treaty Organization, NATO) in Washington auf zwanzig Jahre zwischen den Benelux-Staaten, Dänemark, Frankreich, Großbritannien, Island, Italien, Norwegen, Portugal, Kanada und den USA mit der Verpflichtung zu gegenseitiger Hilfe im Falle eines Angriffs (4.4.); die USA sichern jedem Teilnehmer Rüstungshilfe zu (Mutual Defence Assistance Act); nach Inkrafttreten des Paktes (24.8.) erste Sitzung des Atlantikrates in Washington (ab 17.9.), ein gemeinsames Oberkommando wird gebildet. Besatzungsstatut für Westdeutschland unterzeichnet (8.4., Konferenz der drei westlichen Außenminister in Washington): Rechte der Alliierten bei Errichtung eines westdeutschen Staates festgelegt, die Hohe Alliierte Kommission löst die Militärregierungen ab, Einschränkung der Demontagen und Industrieverbote, Errichtung einer Internationalen Ruhrbehörde. In Paris (sechste) Tagung der Außenminister der vier Großmächte über Deutschland (23.5.–20.6.): die Sowjetunion wünscht Viermächtekontrolle, eine Zentralregierung auf der Grundlage der bestehenden Wirtschaftsverwaltungen, internationale Kontrolle des Ruhrgebiets; die Westmächte erstreben eine Regierung, die aus allgemeinen Wahlen hervorgehen soll, politische Rechte in ganz Deutschland, Verzicht auf Reparationen aus der laufenden Produktion, Viermächtekontrolle mit dem Prinzip, Entscheidungen nach Mehrheitsbeschlüssen zu treffen. Eine Einigung wird nicht erzielt, auch nicht über die Frage der Normalisierung der Lage in Berlin; lediglich eine Steigerung des Handels zwischen den Westzonen und der Ostzone wird beschlossen; über den österreichischen Staatsvertrag wird weiterverhandelt. Konferenz der drei westlichen Außenminister in Paris (9.—10.11.): Erweiterung der Rechte der Bundesrepublik und ihre Einbeziehung in Westeuropa werden empfohlen; Frankreich befürwortet dauernde Entwaffnung und Industriekontrolle Deutschlands. Londoner Zehnmächtepakt (5.5.): Die Benelux-Staaten, Dänemark, Frankreich, Großbritannien, Irland, Italien, Norwegen und Schweden schaffen sich ein gemeinsames Organ, den Europarat; er besteht aus der Beratenden Versammlung (von den einzelnen Regierungen entsandte Vertreter), die jährlich zweimal tagt, und dem (Außen-) Ministerrat, der jeweils vor der Beratenden Versammlung geheim tagt; Sitz: Straßburg; erste Tagung des Rates beginnt (3.8.), der Belgier *Paul-Henri Spaak* (50) wird Präsident der Beratenden Versammlung; im selben Jahr werden noch Griechenland, Island und die Türkei aufgenommen. Die Kommunistenführer Frankreichs und Italiens, *Maurice Thorez* (49) und *Palmiro Togliatti* (56), kündigen für den Kriegsfall Unterstützung der Sowjetunion durch die Kommunistischen Parteien ihrer Länder an. Konferenz asiatischer Staaten in Delhi (21./22.1.) verurteilt Vorgehen der Niederlande in Indonesien als Aggression.

POLITIK DER LÄNDER Deutschland: Gegenblockade vom amerikanischen und britischen Militärgouverneur verhängt (4.2.); Warendurchgangsverkehr zwischen der sowjetischen Zone sowie Ost-Berlin und Westeuropa unterbunden. Abbruch der Berlin-Blockade und der Gegenblockade (12.5.) entsprechend der New Yorker Vereinbarung der vier Großmächte (4.5.), den freien Zugang nach Berlin wiederherzustellen. Dem West-Berliner Magistrat wird ein Besatzungsstatut überreicht (14.5.). Verkündung des vorläufigen Grundgesetzes für die Bundesrepublik Deutschland (23.5.). Wahlen zum ersten Bundestag (14.8.), CDU erhält 31 Prozent der Stimmen, die SPD 29,2 Prozent, FDP 11,9 Prozent, KPD 5,7 Prozent, Bayernpartei 4,2 Prozent und DP 4 Prozent, andere Parteien und Unabhängige 14 Prozent; Wahl von *Theodor Heuss* (FDP; 65) zum Bundespräsidenten (12.9.) und von *Konrad Adenauer* (CDU; 73) zum Bundeskanzler (15.9.), Bildung einer Regierung aus CDU, FDP und DP (20.9.). Das Besatzungsstatut für Westdeutschland tritt in Kraft (21.9.). »Petersberger Abkommen« zwischen dem Bundeskanzler und den Alliierten Hochkommissaren (21.11.): Die Bundesrepublik darf sich an internationalen Organisationen beteiligen (deutsche Vertreter in die Ruhrbehörde).

Der »Deutsche Volksrat« nimmt die Verfassung für eine »Deutsche Demokratische Republik« an (19.3.). Wahlen zum (III.) Volkskongreß in der sowjetischen Zone und in Ost-Berlin (15.5.), in denen die vom Volksrat aufgestellte Einheitsliste angenommen oder abgelehnt werden kann. Der vom III. Volkskongreß bestimmte »Deutsche Volksrat« erklärt sich zur Provisorischen Volkskammer und proklamiert die »Deutsche Demokratische Republik« (»DDR«; 7.10.); Länderkammer und Regierung konstituieren sich ohne parlamentarische Wahlen, *Wilhelm Pieck* (73) wird Präsident, *Otto Grotewohl* (55) Ministerpräsident (11.10.). Wahlen werden bis zum Oktober 1950 verschoben; die sowjetische Militärverwaltung überträgt der provisorischen Regierung ihre Verwaltungsfunktionen (10.10.).

Großbritannien: Fortdauer der Wirtschaftskrise. Dockarbeiterstreik.
Irland: Es scheidet aus dem Commonwealth aus und wird selbständige Republik (18.4.).
Portugal: Staatspräsident *Carmona* (80) mit großer Mehrheit wiedergewählt (14.2.).
Italien: Landarbeiterstreiks in der Po-Ebene (Mai). Agrarkrise in Süditalien (gewaltsame Landbesetzungen).
Griechenland: Sieg der Regierungstruppen über die Aufständischen (6.9.), Einstellung der Kämpfe (Oktober).
Österreich: Neuwahlen (9.10.): Mehrheit der Österreichischen Volkspartei, Regierung unter *Figl* (47; 7.11.).
Sowjetunion: *Andrej J. Wyschinskij* (66) löst *Molotow* (59) als Außenminister ab (5.3.).
Polen: Marschall der Sowjetunion *Rokossowskij* (53) wird polnischer Verteidigungsminister (6.11.). Der Stellvertretende Ministerpräsident und Generalsekretär der Partei, *Wladislaw Gomulka* (44), wird verhaftet.
Tschechoslowakei: Eingriffe des Staates in kirchliche Angelegenheiten; Verhaftung zahlreicher Geistlicher (führt 1951 zum Zwangsaufenthalt des Erzbischofs *Beran* [63] auf Schloß Rozmital).
Ungarn: Kardinal *Joseph Mindszenty* (57) wegen angeblichen Hochverrats zu lebenslänglichem Gefängnis verurteilt (8.2.).
Jugoslawien: Wirtschaftliche Wendung *Titos* (57) zum Westen; Abschluß mehrerer Handelsabkommen; Annäherung an Griechenland und Italien. Darauf in den Ostblockstaaten Säuberungswelle gegen den »Titoismus« mit Schauprozessen und Hinrichtungen führender Funktionäre.
Südwestafrika (ehemalige deutsche Kolonie, Mandatsgebiet der UN) erhält Selbstverwaltung und Vertretung im Parlament der Südafrikanischen Union.
Israel: Waffenstillstand (März); in der Folgezeit häufige Grenzzwischenfälle mit den arabischen Nachbarn.
Syrien: Drei blutige militärische Staatsstreiche; Wahlen zur Verfassunggebenden Nationalversamm-

lung (November); in den folgenden Jahren wiederholt Staatsstreiche.
Iran: Attentatsversuch auf den Schah von Anhängern der Tudeh-Partei, die für illegal erklärt wird. Einberufung der Verfassunggebenden Versammlung. Siebenjahresplan beschlossen.
Thailand: Neue Verfassung: konstitutionelle Monarchie mit autoritären Zügen, der vom König ernannte Staatsrat führt die Regierung (23.3.).
Indochina: Frankreich anerkennt in mehreren Verträgen die Unabhängigkeit der neu entstandenen indochinesischen Staaten Vietnam (Annam, Tongking und Cochinchina), Laos und Kambodscha im Rahmen der Französischen Union; Frankreich behält militärische Stützpunkte und wirtschaftlichen Einfluß und ist begrenzt weiter für die Außenpolitik zuständig; die Kämpfe gegen die kommunistischen Vietminh dauern an.
China: Großoffensive der Kommunisten über den Yangtse-Fluß, Eroberung von Peking, Nanking und Shanghai (Januar—Mai). Proklamation der Volksrepublik China durch den politischen Volksrat in Peking (1.10.); oberste Gewalt beim Zentralrat der Volksregierung, Vorsitzender *Mao Tse-tung* (56), Ministerpräsident und Außenminister *Chou En-lai* (51), Regierungsbildung 3.10. Indien anerkennt die Regierung der Volksrepublik China (30.12.).
Japan: Wahlsieg der liberal-demokratischen Partei (21.1.), Mehrheit für *Shigeru Yoshida* (71).
Philippinen: Bewaffnete Erhebung der »Huks«, der 1942 gegen Japan gegründeten Volksarmee.
Indonesien: Einstellung der indonesisch-niederländischen Feindseligkeiten (3.8.). Nach Einigung auf der Haager Round-table-Konferenz (2.11.) Gründung der Vereinigten Staaten von Indonesien mit der Hauptstadt Djakarta (Batavia) und *Achmed Sukarno* (48) als erstem Präsidenten, *Mohammed Hatta* (47) wird Ministerpräsident (Dezember). Die neue Republik und die Niederlande bilden die Niederländisch-Indonesische Union (2.11.).

KULTUR Viertes Abkommen der Genfer Konventionen über den Schutz der Zivilbevölkerung und in Kriegsgefangenschaft geratener Partisanen (12.8.). Anordnung des Heiligen Offiziums über die Exkommunikation aller Katholiken, die der Kommunistischen Partei ohne Zwang angehören (1.7.).
LITERATUR *Thomas Stearns Eliot* (61) »The Cocktail Party«. *Martin Heidegger* (60) »Holzwege«. *Karl Jaspers* (66) »Vom Ursprung und Ziel der Geschichte«. *George Orwell* (46) »1984«. *Arnold Schönberg* (75) »Style and Idea«.
MUSIK *Karl Amadeus Hartmann* (44) »Des Simplicius Simplicissimus Jugend«. *Olivier Messiaen* (41) »Turangalila-Sinfonie«. *Carl Orff* (54) »Antigonae«.
KUNST *Alberto Giacometti* (48) »Platz«. *Walter Gropius* (62) Harvard Graduate Centre (Baubeginn). *Joan Miró* (56) »Frauen und Vogel im Mondschein«. *Georges Rouault* (78) Glasfenster für die Kirche in Assy.

SOZIALWESEN Spaltung des Weltgewerkschaftsbundes nach dem schon 1948 erfolgten Austritt der britischen, amerikanischen und niederländischen Gewerkschaften; Bildung des Internationalen Bundes Freier Gewerkschaften (9.12.). Neues Sozialprogramm in den USA »Fair Deal« (5.1.) zur Stabilisierung der Wirtschaft durch Eingriffe in das Wirtschaftsleben. *Trumans* (65) Punkt-Vier-Programm, offizielle Verkündung der amerikanischen Entwicklungshilfe (20.1.). In der Bundesrepublik Zusammenschluß mehrerer Arbeitnehmerverbände zum »Deutschen Gewerkschaftsbund« (DGB) mit fünf Millionen Mitgliedern (13.10.); durch »Soforthilfegesetz« des Wirtschaftsrates wird Lastenausgleich eingeleitet (Abgabe von erhaltenen Vermögenswerten für Flüchtlinge und Kriegsgeschädigte; 24.5.). Abschaffung der Todesstrafe im Grundgesetz.
NATURWISSENSCHAFT Atombombenexplosion in der Sowjetunion, von den USA bekanntgegeben (23.9.).
WIRTSCHAFT Ostblockstaaten gründen den »Rat für gegenseitige Wirtschaftshilfe« (COMECON; 25.1.); »DDR« wird 1950 aufgenommen. Die Kollektivierung der Landwirtschaft in den Ostblockstaaten beginnt (am eifrigsten in Bulgarien, wo 1951 achtundvierzig Prozent der Ackerfläche erfaßt sind). Der Europäische Wirtschaftsrat legt einen europäischen Zahlungsplan fest (März). Im Rahmen der OEEC Bestrebungen zur Liberalisierung des europäischen Handels. Internationale Ruhrbehörde beginnt ihre Tätigkeit (18.7.). Vorbereitung einer Wirtschaftsunion in den Benelux-Ländern, Vorunion seit 1.10. In Japan Abwertung des Yen (Juni) und in Großbritannien des Pfundes (September). Französisch-italienischer Zollunionsvertrag unterzeichnet (22.1.).

1950

VEREINTE NATIONEN Ausschluß Nationalchinas vom Sicherheitsrat abgelehnt (13.1.). Der Sicherheitsrat stellt Friedensbruch durch Nordkorea fest und fordert es auf, seine Truppen zurückzuziehen (25.6.); er erklärt Nordkorea zum Angreifer und fordert alle Mitgliedstaaten auf, Südkorea mit allen Mitteln zu unterstützen (27.6.); die Sowjetunion erklärt die Beschlüsse des Sicherheitsrates für ungültig, da ihr Vertreter nicht anwesend gewesen sei. Alle UN-Hilfstruppen in Südkorea kämpfen unter UN-Flagge; Bildung eines gemeinsamen Oberkommandos unter US-General *MacArthur* (70; 7.7.). Der sowjetrussische Vertreter *Jakob Malik* (44) übernimmt turnusgemäß den Vorsitz im Sicherheitsrat; keine Einigung über die Vertretung Chinas und über Beendigung des Koreakrieges (1.8.). Vollversammlung (19.9. bis 15.12) berät über Wiederherstellung des Friedens in Korea; der Beschluß über den Boykott Spaniens (aus dem Jahr 1946) wird aufgehoben; Indonesien als sechzigstes Mitglied aufgenommen; indischer Antrag, die Chinesische Volksrepublik an Stelle Nationalchinas zuzulassen, abgelehnt (19.9.); Aufforderung an alle Staaten, deutsche und japanische

Kriegsgefangene zu entlassen; der politische Ausschuß nimmt die Acht-Mächte-Entschließung an, die der Vollversammlung Maßnahmen zur Neugestaltung ganz Koreas empfiehlt (4.10.; 45:5 Stimmen); Eritrea soll als autonomes Gebiet an Äthiopien angeschlossen werden, Somaliland soll als Treuhandgebiet an Italien gegeben und nach zehn Jahren selbständig werden. Sowjetisches Veto im Sicherheitsrat, als dieser die Volksrepublik China auffordern will, ihre »Freiwilligen« aus Korea zurückzuziehen (November).

INTERNATIONALE POLITIK Bei den südkoreanischen Parlamentswahlen Mehrheit für die Parteien, die *Syngman Rhee* (75) unterstützen (30.5.). Einfall nordkoreanischer Truppen in Südkorea (25.6.); auf das südkoreanische Hilfsgesuch Befehl Präsident *Trumans* (66) an die US-See- und Luftstreitkräfte, Südkorea zu unterstützen (27.6.); Großbritannien und andere Staaten senden Truppen, Kriegsschiffe und Flugzeuge nach Südkorea. Insgesamt achtunddreißig Nationen unterstützen die Aktionen der UN in Korea mit wirtschaftlicher oder militärischer Hilfe, fünfzehn mit Land-, Luft- oder Seestreitkräften (28.6.); schneller Vorstoß nordkoreanischer Truppen (Seoul besetzt, 27.6.), bis September werden die UN- und südkoreanischen Truppen auf das Gebiet um Pusan (im Süden der Halbinsel) zusammengedrängt, jedoch wirft ihr Gegenangriff (ab 15.9.) die Angreifer hinter den 38. Breitengrad zurück (8.10.; nordkoreanische Hauptstadt Pyongyang besetzt, 20.10.) und erreicht die nordkoreanisch-manchurische Grenze (26.10.); durch Eingreifen starker »Freiwilligen«-Verbände der Chinesischen Volksrepublik werden die UN-Truppen wieder auf den 38. Breitengrad zurückgedrängt (27.11.—12.12.), türkische Truppen decken den fluchtartigen Rückzug. Die Sowjetunion proklamiert Nichteinmischung und kennzeichnet den Krieg als Angriffskrieg Südkoreas; Appell an den Sicherheitsrat, die Einstellung des Kampfes und Zurückziehung der US-Truppen anzuordnen (27.6.). Londoner Konferenz der drei Westmächte (11.—13.5.) über die weitere Deutschland-Politik, den österreichischen Staatsvertrag, Südostasienfragen und das Auswanderungsproblem. New Yorker Außenministerkonferenz der drei Westmächte (12.—23.9.) über folgende Fragen: Verteidigung der freien Welt in Europa und Asien; Wiederaufrüstung Deutschlands; die Regierung der Bundesrepublik Deutschland wird als einzig freie und gesetzlich konstituierte Regierung bis zur Wiedervereinigung Deutschlands anerkannt, sie sei Vertreterin des deutschen Volkes in internationalen Angelegenheiten; die alliierten Truppen übernehmen außer den Besatzungsaufgaben den Schutz der Bundesrepublik Deutschland und der Westsektoren Berlins; Anerkennung der Volksrepublik China und Formosas, die USA sind gegen eine politische Anerkennung Rotchinas, da sie einer moralischen gleichkomme. Der Atlantikrat beschließt, eine europäische Armee unter Oberbefehl General *Dwight D. Eisenhowers* (60) aufzustellen; deutsche Beteiligung ist vorgesehen (18.—19.12.). Sechs-Mächte-Konferenz der Benelux-Staaten, der Bundesrepublik Deutschland, Frankreichs und Italiens (20.—27.6.) über den Schumanplan (Zusammenschluß der Kohle- und Stahlindustrien vom 9.5.). Verhandlungen des Europarates (7.—28.8., 19.—25.11.) über den Schumanplan, Aufstellung einer europäischen Armee mit deutscher Beteiligung; Ausarbeitung einer Verfassung für die Vereinigten Staaten von Europa beschlossen. Erklärung Frankreichs, Großbritanniens und der USA, jede Verletzung der Grenzen im Nahen Osten zu verhindern. Abschluß des Arabischen Sicherheitspaktes (Beistand für den Fall eines Angriffes) zwischen Ägypten, Jemen, Libanon, Saudiarabien und Syrien (17.6.). Eine Kommission des Rates der Panamerikanischen Union empfiehlt Sanktionen gegen die Dominikanische Republik, Guatemala und Kuba, falls sie den Frieden nicht wahren (März), seit Dezember 1949 Konflikt zwischen der Dominikanischen Republik und den beiden Staaten, die sich gegenseitig Kriegspläne vorwerfen. Stockholmer Appell des kommunistisch gelenkten Weltfriedensrates zum Verbot der Atombombe (21.3.).

POLITIK DER LÄNDER Deutschland: Bonner Memorandum über die Kriegsgefangenenfrage an die UN. Beschluß des Bundestages über den Beitritt der Bundesrepublik zum Europarat (15.6.). Regierungsbeauftragter für Verstärkung der alliierten Truppen eingesetzt, Amt *Blank* (45; 26.10.). Aufhebung der Lebensmittelrationierung in der Bundesrepublik (1.5.). Aufstellung militärischer Polizeikräfte in der »DDR«. Grenzvertrag der »DDR« mit Polen, in dem die Oder-Neiße-Linie als endgültige Grenze anerkannt wird (6.7.). Volkskammerwahlen (15.10): mit Hilfe der Einheitsliste sichert die SED sich und den von ihr beeinflußten Massenorganisationen die Mehrheit der Abgeordnetenmandate (70%); für die Einheitsliste der »Nationalen Front« werden mehr als 99% der Stimmen abgegeben. *Otto Grotewohl* (56) wird wieder Ministerpräsident.
Frankreich: In den Saarkonventionen erhält Frankreich das Recht, bis zu einem Friedensvertrag mit Deutschland die Saargruben auszubeuten (3.3.). Verlängerung der Militärdienstzeit auf 18 Monate (Oktober).
Belgien: Obwohl König *Leopold III.* (49) von der Regierung nach Neuwahlen zurückgerufen wird (20.7.), muß er nach sozialistischen Demonstrationen auf die Ausübung der königlichen Rechte zugunsten einer Regentschaft seines Sohnes *Baudouin* (20) verzichten (1.8; formelle Abdankung *Leopolds* am 16.7. 1951, *Baudouin* wird 17.7.51 König).
Italien: Landzuweisungen im Rahmen einer Bodenreform in Kalabrien und Sizilien (Oktober). Freundschaftsvertrag mit der Türkei (23.3.). Italien erhebt Anspruch auf ganz Triest.
Sowjetunion: Die Zusammenlegung der Kolchosen zu größeren Betriebseinheiten beginnt auf *Nikita Sergejewitsch Chruschtschows* (56) Initiative hin.

Polen: Abkommen zwischen Staat und Kirche: Anerkennung der päpstlichen Autorität in Glaubens- und Sittenfragen und in der kirchlichen Rechtsprechung, Unterordnung der Kirche unter Staatsinteressen.

Jugoslawien: Bildung von Arbeiterräten (17.6.), die an der Lenkung der Staatsbetriebe und der Wirtschaft mitwirken sollen.

USA: Gesetz gegen Spionage, Sabotage und Untergrundbewegung; Gesetz zur Erweiterung der Sozialversicherung. Präsident *Truman* (66) verkündet sein Acht-Punkte-Programm über die amerikanische Politik im Koreakonflikt (1.9.). Verkündung des nationalen Notstandes (16.12.): Erhöhung der Soldatenzahl, Verstärkung der Verteidigung.

Brasilien: *Getúlio Vargas* (67) erneut zum Präsidenten gewählt; er proklamiert eine Regierung der Evolution. Handelsvertrag mit der Bundesrepublik Deutschland (Juni), Freigabe deutscher und japanischer Vermögen (November).

Marokko: Der Sultan fordert von Frankreich die Aufhebung des Protektoratsvertrages von 1912.

Libyen: Beschluß der Verfassunggebenden Nationalversammlung, daß Emir *Mohammed Idris el Senussi* (60) König des vereinten Libyens werden soll (25.11.).

Liberia: Pakt über Beistand und Zusammenarbeit mit den USA.

Sierra Leone: Großbritannien setzt einen Legislativ- und Exekutivrat aus Eingeborenen ein (14.7.).

Ägypten: Wahlsieg der Nationalisten (Wafd; Januar), *Nahas Pascha* (71) Ministerpräsident; die Wafd-Regierung erklärt den britisch-ägyptischen Vertrag von 1936 für hinfällig und fordert Abzug der britischen Truppen aus Ägypten. Opposition gegen die Korruption und Mißwirtschaft der Wafd (Oktober). Der ägyptische König nimmt den Titel »König von Ägypten und dem Sudan« an; die britische Regierung erkennt dies nicht an und verspricht dem Sudan Selbstverwaltung.

Transjordanien: Die arabisch besetzten Teile Palästinas werden mit Transjordanien zum Staat Jordanien vereinigt (24.4., »Jordanisches Haschemitisches Königreich«).

Türkei: Die von *Kamal Atatürk* gegründete Republikanische Volkspartei verliert bei Wahlen zur Nationalversammlung die Mehrheit (14.5.); der Führer der Demokratischen Partei, *Celâl Bayar* (64), wird mit großer Mehrheit zum Präsidenten gewählt (22.5.), neuer Ministerpräsident wird *Menderes* (51; 30.5.), er kündigt Liberalisierung der Wirtschaft an.

Indien: Die Indische Union gibt sich eine Verfassung (26.1.): sie wird selbständige demokratische Republik im Rahmen des britischen Commonwealth mit föderativem Staatsaufbau, allgemeinem Wahlrecht und bürgerlichen Grundrechten. *Jawaharlal Nehru* (61) Ministerpräsident, Außenminister und Minister für Atomenergie. Minderheitenabkommen zwischen der Indischen Union und Pakistan (8.4.).

Indochina: Das französische Parlament billigt die Verträge mit den indochinesischen Staaten (28.1. und 2.2.). In Vietnam wird die Gegenregierung unter *Ho Chi-minh* (56) von der Sowjetunion anerkannt (31.1.). Erfolgreiche Offensive der Aufständischen, Übergang vom Guerilla- zum Großkrieg (September). Konferenz von Pau (29.6.—27.11.) zwischen Franzosen und Vietnamesen erfolglos. Aufstellung vietnamesischer Divisionen von Frankreich eingeleitet.

Thailand: Königskrönung *Bhumibols Adulyadej* (23; 5.5.). Thailand bietet den USA Stützpunkte an (September).

Malaya: Entsendung britischer Truppen gegen die Partisanen (April).

China: Großbritannien erkennt die Chinesische Volksrepublik (6.1.). Der Bürgerkrieg auf dem Festland beendet (13.1.). Dreißigjähriger Freundschafts- und Beistandspakt zwischen der Chinesischen Volksrepublik und der Sowjetunion (14.2.): Rückgabe der manchurischen Eisenbahn, Port Arthurs und Dairens bis 1952 vorgesehen, Unabhängigkeit der Mongolischen Volksrepublik anerkannt, Kredite für China. Truppen der Chinesischen Volksrepublik besetzen Tibet (ab 26.10.), Lhasa erreicht (9.11.); Flucht des Dalai Lama nach Indien (später zurückgekehrt). Handelsverkehr zwischen den USA und der Chinesischen Volksrepublik von beiden Seiten gesperrt (17.12.). *Chiang Kai-shek* (63) erneut zum Präsidenten Nationalchinas gewählt (1.3.). Präsident *Truman* (66) gibt bekannt, daß die USA einen Angriff auf Formosa mit Waffengewalt verhindern werden (27.6.).

Japan: Große Streikwelle (März).

Philippinen: Fortdauer der Plünderungen und Brandschatzungen durch die Huks. Fünf-Jahres-Hilfsprogramm von den USA unter der Bedingung vorgeschlagen, daß wirtschaftliche und politische Reformen durchgeführt werden.

Indonesien: Aufstand auf den Süd-Molukken gegen die Bundesregierung (April), Proklamierung einer unabhängigen Republik. Seitdem erbitterter Kleinkrieg um die Inseln. UN lehnen Vermittlung ab. Umbildung der Vereinigten Staaten von Indonesien in eine zentralistische Republik (April). Neue Regierung zur Ausarbeitung einer Verfassung gebildet. In den folgenden Jahren häufige Kabinettswechsel.

KULTUR Erster Kongreß für Kulturelle Freiheit in Berlin. Zählung der Weltbevölkerung erfaßte 2,4 Milliarden Menschen.

LITERATUR Sammelband »The God that failed« (*Ignazio Silone*, 50, *Arthur Koestler*, 45, *André Gide*, 81, *Louis Fischer*, 54, *Richard Wright*, 42, und andere begründen ihre Abkehr vom Kommunismus). *Romano Guardini* (65) »Das Ende der Neuzeit«. *Arthur Koestler* (45) »The Age of Longing«. *David Riesman* (41) »The Lonely Crowd«.

KUNST *Jean Cocteau* (59) »Orphée« (Film). *Alfred Manessier* (39) »Dornenkrone«.

MUSIK *Gian-Carlo Menotti* (39) »Der Konsul«. Studio für Elektronische Musik am Nordwestdeutschen Rundfunk, Köln, unter *Herbert Eimert* (53) und *Karlheinz Stockhausen* (22). Erneuerung der Donaueschinger Musiktage.

WIRTSCHAFT Goldrubel wird in der Sowjetunion eingeführt (1.3.): Wert des Rubels nicht mehr vom Goldgehalt des Dollars abgeleitet (Grundlage für Rubel- neben Dollar- und Sterlingblock). Bildung einer Europäischen Zahlungsunion (EZU) im Rahmen der OEEC macht jede Zahlung von Land zu Land in jeder westeuropäischen Währung möglich, Übernahme der Bank für Internationalen Zahlungsausgleich (BIZ, 1930 gegründet). Pläne zur gemeinsamen Leitung der westeuropäischen Kohle- und Stahlproduktion (Mai bis August, Plan des französischen Außenministers *Robert Schuman*; 64). Die britische Regierung veröffentlicht den Colombo-Plan für die industrielle und landwirtschaftliche Entwicklung Süd- und Südostasiens; Teilnehmer werden im Laufe der Zeit: Australien, Burma, Ceylon, Großbritannien, Indien, Indonesien, Japan, Kambodscha, Kanada, Laos, Malaiischer Bund, Nepal, Neuseeland, Pakistan, Philippinen, Süd-Vietnam, Thailand; die USA sind mit dem Rat assoziiert.

TECHNIK Ölleitung von Dhahran am Persischen Golf bis Sidon (Libanon) am Mittelmeer. Bau des Turkmenischen Hauptkanals von der Sowjetunion beschlossen (21.9.; 1000 Kilometer lang). Größtes Wasserkraftwerk der Welt bei Kuibyschew im Bau.

1951

VEREINTE NATIONEN Die Vollversammlung erklärt Rotchina zum Angreifer (1.2.); kein UN-Mitglied soll Kriegsmaterial an die Volksrepublik China liefern, die Ostblockstaaten nehmen an der Abstimmung nicht teil (18.5.). Die Vollversammlung in Paris (6.11.–5.2.52) beschließt, eine internationale neutrale Kommission zu bilden, die die Möglichkeiten für freie Wahlen in ganz Deutschland prüfen soll (20.12.); die »DDR« verweigert der Kommission die Einreise. Eine Kommission für Abrüstungsfragen wird gebildet, die auch über Atomwaffen verhandeln soll. Zwischen dem UN-Oberkommandierenden und dem nordkoreanisch-rotchinesischen Oberkommando beginnen Waffenstillstandsverhandlungen (10.7.; mehrfach unterbrochen). Präsident *Truman* (67) setzt General *Douglas MacArthur* (71) als Oberkommandierenden der UN-Truppen ab (11.4.), Nachfolger wird General *Matthew B. Ridgway* (56).

INTERNATIONALE POLITIK Washingtoner Konferenz (10.–14.9.) der westlichen Außenminister: das Besatzungsstatut soll revidiert werden, Westdeutschland sich an der europäischen Armee beteiligen; die Stationierung alliierter Truppen, Berlinfrage und Wiedervereinigung Deutschlands bleiben alliierter Entscheidung vorbehalten. Vertrag über die Gründung der Europäischen Gemeinschaft für Kohle und Stahl (Montanunion, nach dem Schumanplan) auf fünfzig Jahre (18.4.): die Regierungen der Benelux-Staaten, der Bundesrepublik Deutschland, Frankreichs und Italiens übergeben Kompetenzen der Kohle- und Stahlindustrie der zu schaffenden Hohen Behörde der Montanunion, die durch ein internationales Parlament (Gemeinsame Versammlung) kontrolliert wird. Beratungen der Außenminister der sechs Schumanplanländer über den Plan des französischen Ministerpräsidenten *René Pleven* (50), eine europäische Armee aufzustellen (Plevenplan; Europäische Verteidigungsgemeinschaft, EVG; 15.2. und 22.11.). Vorschläge des Europarates für engere europäische Zusammenarbeit (Bildung einer europäischen politischen Gemeinschaft; 26.11–11.12.). Zur Intensivierung der Zusammenarbeit zwischen den vier skandinavischen Staaten (nicht in außen- und militärpolitischen Fragen) wird der Nordische Rat gegründet (5.12.), Eröffnungssitzung im Februar 1953. Abschluß militärischer Beistandsverträge zwischen den USA und den Philippinen, Australien und Neuseeland (Australia, New Zealand, USA, ANZUS-Pakt; 30.8./1.9.). Tagung der Außenminister von Guatemala, Honduras, El Salvador, Nicaragua und Costa Rica (Oktober); Organisation der mittelamerikanischen Staaten gegründet (ODECA); »Charta von San Salvador« als Programm für die Union der mittelamerikanischen Staaten proklamiert.

POLITIK DER LÄNDER Deutschland: Verhandlungen über einen deutschen Beitrag zu den NATO-Streitkräften (23.1.). Die Selbständigkeit der Bundesrepublik Deutschland wird größer; sie erhält Paßhoheit, muß aber die Schulden aus Vorkriegsanleihen und Nachkriegshilfe anerkennen (Beschlüsse der New Yorker Außenministerkonferenz vom 6.3.); *Konrad Adenauer* (75) übernimmt bis zur Erlangung der vollen Souveränität das neugebildete Außenministerium. Bundesgrenzschutz als Polizeitruppe geschaffen (15.2.). Die Bundesrepublik Deutschland Mitglied des Europarates (7.4.). Sie nimmt diplomatische Beziehungen auf (13.6.). Großbritannien und Frankreich beenden formell den Kriegszustand mit Deutschland (9.7.), danach die USA (18.10.) und alle übrigen ehemaligen Gegner Deutschlands bis auf die Ostblockstaaten. Das Bundesverfassungsgericht in Karlsruhe nimmt seine Tätigkeit auf (28.9.). Durch Volksabstimmung wird der Südweststaat gebildet (9.12.) aus Baden, Württemberg-Baden und Württemberg-Hohenzollern; am 11.11. 1953 Verfassung des neuen Bundeslandes Baden-Württemberg. In der »DDR« Fünfjahresplan verkündet (1.1.). Die Volkskammer schlägt die Bildung eines Gesamtdeutschen Rates als Vertretern der Volkskammer und des Bundestages vor, die die Einheit Deutschlands vorbereiten soll (Schlagwort »Deutsche an einen Tisch«; 30.1., wiederholt am 15.9.).
Großbritannien: Sozialisierung der Eisen- und Stahlindustrie (Februar). Wahlsieg der Konservativen (27.10.): Regierung *Winston Churchill* (77; 3.11.), *Anthony Eden* (54) Außenminister.

Frankreich: Bei den Wahlen zur Nationalversammlung erhalten die Kommunisten und die Anhänger *de Gaulles* (61) die meisten Stimmen (17.6.). Frankreich überläßt den USA Stützpunkte in Marokko (13.7.).
Italien: Die Revision des Friedensvertrages von 1947 in bezug auf die Beschränkung der Streitkräfte, das Verbot von Grenzbefestigungen und das der Herstellung von Kriegsmaterial wird für vollzogen erklärt (21.12.).
Portugal: General *Craveiro Lopez* (57) wird nach dem Tod *Carmonas* (82; 18.4.) auf sieben Jahre zum Staatspräsidenten gewählt (22.7.). In einem Abkommen werden den USA Stützpunkte auf den Azoren für die Dauer des Atlantikpaktes und im Kriegsfall eingeräumt (6.9.).
Sowjetunion: Anläßlich der Revolutionsfeier (7.11.) wird der allmähliche Übergang vom Sozialismus zum Kommunismus proklamiert.
Jugoslawien: Die drei Westmächte bezeichnen jeden Angriff auf Jugoslawien als Aggressionsakt (Februar). Beginn der Dezentralisation der Wirtschaft. US-Anleihe in Höhe von fünfzig Millionen Dollar (28.8.). US-Waffenlieferungen vorgesehen (14.11.).
Argentinien: Präsident *Juan Perón* (56) wiedergewählt (11.11.).
Libyen wird unabhängiges Königreich (24.12.).
Nigeria erhält neue Verfassung (26.6.; legislative und exekutive Räte).
Südafrikanische Union: Rat der Eingeborenenvertretung im Parlament abgeschafft, dafür gewährt das Bantu-Behörden-Gesetz gewisse territoriale und Stammesselbstverwaltungsrechte. Rücktritt *Malans* (77).
Ägypten: Das Parlament kündigt den Vertrag über die Stationierung britischer Truppen in der Suezkanalzone (1936) und den über die gemeinsame Verwaltung des Sudans durch Ägypten und Großbritannien (1899; 16.10.). Unruhen in der Kanalzone. Großbritannien entsendet Truppen und Kriegsschiffe.
Jordanien: König *Abdullah* (69) ermordet (20.7.), Nachfolger wird sein Sohn *Talal* (42), der, zum Rücktritt gezwungen, seinem Sohn *Hussein* (16) den Thron überlassen muß (11.8.52).
Jemen: Britisch-jemenitischer Vertrag (20.1.): Aufnahme diplomatischer Beziehungen, Bildung einer Kommission zur Markierung der Grenze zwischen Jemen und dem britischen Protektorat von Aden beschlossen (aber nicht verwirklicht).
Iran: Das Parlament beschließt (15.3.), die größtenteils im Besitz der Anglo-Iranian Oil Company befindlichen Erdölvorkommen zu verstaatlichen; Großbritannien protestiert; Streiks und Unruhen im Ölgebiet. *Mohammed Mossadegh* (71), radikaler Befürworter der Verstaatlichung, wird Ministerpräsident (29.4.). Ergebnislose Verhandlungen zwischen der Regierung und der Anglo-Iranian Oil Company über die Verstaatlichung (14.–19.6.). Großbritannien ruft den Sicherheitsrat an (28.9.).

Indien: Erste Wahlen; von insgesamt 489 Sitzen erringt die Kongreßpartei 362, stärkste Oppositionspartei ist die Kommunistische mit 27 Sitzen. Der Streit mit Pakistan um Kashmir verschärft sich; Truppen beider Länder an den Grenzen Kashmirs (15.7.); vergebliche Bemühungen des Sicherheitsrates.
Indochina: Großangriff der Vietminh im Delta des Roten Flusses (ab 28.5.).
China: Tibet-Vertrag in Peking unterzeichnet (23.5.), Tibet in seinen inneren Angelegenheiten autonom. Außenpolitik und Verteidigung unterstehen der Volksrepublik China.
Korea: Front kommt in der Nähe des 38. Breitengrades zum Stehen; keine größeren Kämpfe mehr.
Japan: Friedensvertrag mit den ehemaligen Gegnern (außer Sowjetunion und Indien) unterzeichnet (8.9.): Japan erhält die volle Souveränität, zahlt keine Reparationen mehr, verliert alle Besitzungen außerhalb der Hauptinseln (Besitzstand von 1854), Abzug der Besatzungstruppen. Sicherheitsvertrag mit den USA, die militärische Stützpunkte und Truppen in Japan unterhalten dürfen (26.10. vom Reichstag ratifiziert).

LITERATUR *William Faulkner* (54) »Requiem for a Nun«. *James Jones* (30) »From Here to Eternity«.

MUSIK *Paul Dessau* (57) »Die Verurteilung des Lukullus«. *Igor Strawinsky* (69) »The Rake's Progress«.

KUNST *Max Bill* (43) »6 Energiezentren« (Gemälde). *Bernard Buffet* (23) »Die Kreuzigung«. *Henri Matisse* (82) Kapelle in Vence. *Pablo Picasso* (70) »Massaker in Korea«. *Graham Sutherland* (48) »Dornenhaupt«.

SOZIALWESEN Wiederbegründung der (2.) Sozialistischen Internationale durch die Sozialistischen Parteien aus vierunddreißig Ländern in Frankfurt/Main (30.6.–3.7.), Formulierung der Ziele und Aufgaben des demokratischen Sozialismus. Gründung der Panamerikanischen Gewerkschaftsorganisation (16.1.), der Verbände aus einundzwanzig Republiken (außer Mexico und Argentinien) angehören.

TECHNIK Erstes Farbfernsehen in den USA. Ständiges Fernsehprogramm in der Bundesrepublik Deutschland. Tauernkraftwerk Kaprun fertiggestellt.

WIRTSCHAFT Vereinheitlichung der Landwirtschaft in den Benelux-Staaten (1.1.). Bundesrepublik Deutschland schließt sich dem GATT an.

1952

VEREINTE NATIONEN Beschluß kollektiver Maßnahmen zur Abwehr von Aggressionen. Generalsekretär *Trygve Lie* (56) tritt von seinem Posten zurück. Asiatische und afrikanische Mitgliedstaaten unterbreiten den französisch-tunesischen Streit dem Sicherheitsrat, der aber nicht darüber berät (April).

INTERNATIONALE POLITIK Note der Sowjetunion an die drei Westmächte mit dem Vorschlag, auf einer

Viererkonferenz einen Friedensvertrag für Deutschland auszuarbeiten (Wiedervereinigung, Aufstellung eigener Streitkräfte, Aufnahme in die UN, Bündnislosigkeit, Anerkennung der im Potsdamer Abkommen festgesetzten provisorischen Grenzen; 10.3.). Der Westen fordert vor Diskussion über den Friedensvertrag freie Wahlen für eine gesamtdeutsche Regierung und außenpolitische Entscheidungsfreiheit für ein wiedervereinigtes Deutschland und besteht auf provisorischem Charakter der Grenzregelung von 1945 (Note vom 25.3.). Unterzeichnung des Deutschlandvertrages (Generalvertrages) zwischen den USA, Großbritannien, Frankreich und der Bundesrepublik Deutschland (26.5.): Deutschland gleichberechtigt in die europäische Gemeinschaft einbezogen, Besatzungsstatut soll aufgehoben werden, Souveränität für die Bundesrepublik vorgesehen. Griechenland und die Türkei treten dem Nordatlantikpakt bei (25.2.). Die Außenminister der Benelux-Staaten, der Bundesrepublik Deutschland, Frankreichs und Italiens unterzeichnen in Paris den Vertrag über die Europäische Verteidigungsgemeinschaft (EVG): Vereinigung der westeuropäischen Streitkräfte in einer übernationalen Armee unter gemeinsamem Oberkommando; Großbritannien und die anderen NATO-Partner werden durch gegenseitige Beistandspakte mit der EVG verbunden (27.5.). Ein von der Montanunion gebildeter Verfassungsausschuß entwirft einen Plan für eine europäische politische Gemeinschaft; ein europäischer Premierminister, Exekutivrat, ein direkt gewähltes Unterhaus und ein aus den Vertretern der nationalen Parlamente ausgewählter Senat werden vorgesehen (Dezember). Wiedergutmachungsabkommen der Bundesrepublik Deutschland mit Israel (10.9.; März 1953 ratifiziert). Militärische Beistandspakte der USA mit Brasilien, Chile, Ecuador, Peru und Kuba. Britische Exportsperre nach dem Iran (August). Der von Großbritannien angerufene Internationale Gerichtshof erklärt sich für den britisch-persischen Ölkonflikt als nicht zuständig (22.7.). Iran bricht die diplomatischen Beziehungen zu Großbritannien ab (22.10.). Friedensvertrag und Sicherheitspakt zwischen Japan und den USA; ANZUS-Pakt tritt in Kraft (28.4.). Japan erlangt Souveränität wieder. Friedensvertrag zwischen Japan und Indien (9.6.). In Korea Fortgang der Waffenstillstandsverhandlungen und der Kämpfe; angeblich Bakterienkrieg.

POLITIK DER LÄNDER Deutschland: Gesamtdeutsches Wahlgesetz vom Bundestag angenommen (6.2.), auch in der »DDR« Wahlgesetzentwurf veröffentlicht (Wahlen nicht unter internationaler, sondern unter Kontrolle gesamtdeutscher Ausschüsse). Innenpolitischer Kampf in der Bundesrepublik um die Zustimmung zum EVG- und Deutschlandvertrag und um die Frage, ob ein deutscher Wehrbeitrag verfassungsmäßig sei (Januar, Juli). Auflösung der fünf Länder der »DDR«, Einteilung in vierzehn Verwaltungsbezirke (23.7.).
Großbritannien: Nach dem Tode König *Georgs VI.*
(57; 6.2.) wird seine Tochter als *Elisabeth II.* (26) Königin (Krönung am 2.6.).
Sowjetunion: 19. Parteitag der KPdSU (Oktober), das Politbüro des Zentralkomitees der Partei wird durch ein Präsidium mit erhöhter Mitgliederzahl ersetzt; außenpolitischer Grundsatz der Koexistenz verkündet.
Polen: Die neue Verfassung tritt in Kraft; Polen wird Volksrepublik (22.7.).
Tschechoslowakei: Todesurteil für den ehemaligen Generalsekretär der Partei *Rudolf Slánský* (51) in einem Schauprozeß in Prag (November).
Rumänien: Unter der Beschuldigung von Rechtsabweichungen wird *Anna Pauker* (59) ihrer Ämter enthoben (Juli).
USA: General *Dwight D. Eisenhower* (62) wird zum Präsidenten gewählt (4.11.); republikanische Mehrheit in beiden Häusern des Kongresses.
Bolivien: Enteignung der ausländischen Zinnbergbauunternehmen (Oktober), Gründung einer staatlichen Monopolgesellschaft.
Chile: Kandidat der Landarbeiterpartei *Carlos Ibáñez del Campo* (75) auf sechs Jahre zum Präsidenten gewählt.
Dominikanische Republik: *Hector Bienvenido Trujillo* (44), Bruder des vorigen Militärdiktators, zum Präsidenten gewählt (16.5.).
Kuba: General *Fulgencio Batista y Zaldivar* (51) stürzt den 1948 gewählten Präsidenten *Prío Socarrás* (49; 10.3.).
Puerto Rico: Neue Verfassung. Keine Besteuerung durch die USA mehr.
Ägypten: Antibritische Demonstrationen in Kairo, Ausnahmezustand (26.1.). Staatsstreich von Offizieren (23.7.) führt zur Abdankung und Verbannung *König Faruks* (32), sein sieben Monate alter Sohn wird als *Fuad II.* zum König proklamiert; Einsetzung einer dem Revolutionsrat verantwortlichen Regierung unter General *Mohammed Nagib* (51; Juli), der auch Ministerpräsident wird (7.9.); Verhaftung vieler Politiker; Bodenreform beschlossen.
Eritrea: Neue Verfassung (10.7.), Eritrea gibt gemäß UN-Beschluß von 1950 wesentliche Hoheitsrechte an Äthiopien ab.
Korea: *Syngman Rhee* (77) auf weitere vier Jahre zum Präsidenten von Südkorea gewählt (5.8.).

LITERATUR *Paul Celan* (32) »Mohn und Gedächtnis«. *Ernest Hemingway* (54) »The Old Man and the Sea«. *Marie-Luise Kaschnitz* (51) »Ewige Stadt«. *Karl Krolow* (37) »Die Zeichen der Welt«.

MUSIK *Boris Blacher* (49) »Preußisches Märchen«. *Rolf Liebermann* (42) »Leonore 40/45«.

KUNST *Le Corbusier* (65) Cité radieuse, Marseille. *Henri Laurens* (67) »Der große Amphion«. *Georg Meistermann* (41) Glasfenster im Gebäude des Westdeutschen Rundfunks, Köln. *Fritz Winter* (47) »Vor den Feuern«.

SOZIALWESEN Lastenausgleichsgesetz (16.5.) und Betriebsverfassungsgesetz (11.10.) in der Bundesrepublik Deutschland. Staatliche Sozialversicherung in Indien.

TECHNIK Erster planmäßiger Verkehrsflug über die Arktis von Europa nach Japan. Wolga-Don-Schiffahrtskanal fertiggestellt (3.6., hundert Kilometer). Erste britische Atombombe (2.10.) und erste amerikanische Wasserstoffbombe (1.11.).

WIRTSCHAFT Londoner Schuldenkonferenz (28.2. bis 4.4. und 19.5.—8.8.): Die Bundesrepublik Deutschland anerkennt Auslandsschulden in Höhe von etwa vierzehn Milliarden DM. Hohe Behörde der Montanunion (Sitz Luxemburg) geschaffen (10.8.), Großbritannien richtet eine Delegation ein. Überwindung der wirtschaftlichen Stagnation in England. Kredithilfe der USA für Spanien (Januar).

1953

VEREINTE NATIONEN Der Schwede *Dag Hammarskjöld* (48) wird als Nachfolger des Norwegers *Trygve Lie* Generalsekretär der Organisation (Vollversammlung vom 24.2. bis 23.4.). Waffenstillstand in Panmunjon zwischen den UN-Truppen und den nordkoreanisch-chinesischen Streitkräften beendet den Koreakrieg (27.7.); die Demarkationslinie entspricht dem Frontverlauf; Rückführung der Kriegsgefangenen unter neutraler Aufsicht.

INTERNATIONALE POLITIK Beratungen der Regierungen der Montanunionstaaten über den Entwurf einer europäischen politischen Gemeinschaft (März) verlaufen ergebnislos. Demonstranten in Triest fordern den Anschluß an Italien (März); größte Spannung in der Triestfrage im Oktober, italienische und jugoslawische Truppen beiderseits der Zonengrenze zusammengezogen. Erörterung von Plänen zur Europäisierung des Saargebiets im Europarat (20.9.). *Adenauers* (77) Besuch in den USA; die Erneuerung des Freundschafts-, Handels- und Konsularvertrages von 1923 vereinbart (6.—17.4.). Abkommen zwischen den USA und Spanien (29.9.): Spanien gewährt den USA militärische Stützpunkte und erhält dafür langfristige Wirtschaftshilfe. »Akte von Santiago« zur Herstellung einer Wirtschafts- und Zollunion zwischen Argentinien und Chile (März); Paraguay (August) und Ecuador (November) schließen sich an. »Deklaration von Buenos Aires«: Argentinien und Nicaragua proklamieren Gemeinsamkeit ihrer wirtschaftlichen und politischen Ziele. Großbritannien gründet eine Zentralafrikanische Föderation (14.7.) aus Nord- und Süd-Rhodesien und Njassaland; Wahlen zum ersten Parlament der Föderation (Dezember). Aus Nigeria, Teilen Kameruns, Gambia, der Goldküste, Sierra Leone und einem Teil Togos wird die Föderation von Britisch-Westafrika gebildet (Verfassung 1954). Erstes Treffen sozialistischer Parteien aus asiatischen Staaten in Rangoon (Januar); Gründung eines eigenen Büros. Sowjetisch-indisches Handelsabkommen auf fünf Jahre (2.12.). Portugiesisch-indischer Konflikt um die Abtretung der portugiesischen Kolonien in Indien (Goa, Damão, Diu; Juni). Sicherheitspakt zwischen Südkorea und den USA (1.10.), sowjetrussische Wirtschaftshilfe für Nordkorea.

POLITIK DER LÄNDER Deutschland: Der Bundestag billigt den EVG- und den Deutschland-Vertrag (19.3.). Zweite Bundestagswahlen in der Bundesrepublik (6.9.): die Regierungsparteien (CDU/CSU, FDP, DP, BHE) erhalten zwei Drittel aller Sitze, die CDU/CSU allein 244 (45,2 Prozent der abgegebenen Stimmen); *Konrad Adenauer* (77) wird zum zweitenmal zum Bundeskanzler gewählt. »Neuer Kurs« in der »DDR« (11.6.); bessere Versorgung mit Lebensmitteln und Verbrauchsgütern, Preissenkungen, Förderung der Privatwirtschaft, Überprüfung von Gerichtsurteilen. Streiks der Bauarbeiter in der Berliner Stalinallee für Herabsetzung der Arbeitsnormen (16.6.); die Streiks führen zum Volksaufstand gegen das SED-Regime in Ost-Berlin und in der ganzen »DDR«; sowjetisches Militär schlägt in blutigen Zusammenstößen mit den meist unbewaffneten Demonstranten die Erhebung nieder, Ausnahmezustand über Ost-Berlin verhängt, standrechtliche Erschießungen und Massenverhaftungen (17.6.). Die Regierung der »DDR« erklärt, die Aufstände seien von westlichen Eindringlingen provoziert worden; der 17.6. wird in der Bundesrepublik als »Tag der deutschen Einheit« gesetzlicher Feiertag. Von 1949 bis 1952 sind rund 675000 Menschen aus dem östlichen in den westlichen Teil Deutschlands geflüchtet, im Jahre 1953 allein 331000; das Bundesvertriebenengesetz (19.5.) gewährt dem »Sowjetzonenflüchtling« staatliche Hilfe; auch in den nächsten Jahren hält diese Fluchtbewegung an. Die Sowjetunion sichert der »DDR« vertraglich zu, die Reparationen zum Ende des Jahres auslaufen zu lassen (22.8.); die sowjetischen Unternehmen (SAG) werden in Volkseigene Betriebe (VEB) umgewandelt.
Großbritannien: Das Unterhaus beschließt die Reprivatisierung der verstaatlichten Eisen- und Stahlindustrie (17.3.); staatliche Aufsichtsbehörde zur Kontrolle der industriellen Wirtschaft.
Frankreich: Die vierte und umfangreichste Amnestie seit 1947 gibt 400 ehemaligen Abgeordneten, Senatoren und Räten, die 1946 für national unwürdig erklärt worden waren, ihre Wählbarkeit zurück (11.3.); etwa 10000 Beamte werden rehabilitiert. *René Coty* (71) zum Präsidenten der Republik gewählt (23.12.). *Charles de Gaulle* (63) löst Parlamentsfraktion seiner Bewegung auf; die Abgeordneten schließen sich zur »Union républicaine d'action sociale« (URAS) zusammen.
Dänemark: Verfassungsänderung durch Volksentscheid (28.5.): Einführung des Einkammersystems und Möglichkeit der weiblichen Thronfolge.
Italien: Eine Regierung aus Fachleuten unter *Giuseppe Pella* (51) wird gebildet (15.8.). In der Folge häufige Regierungswechsel. Generalstreiks zur Sicherung der Arbeitsverhältnisse (September/Dezember).

Sowjetunion: *Josef Stalin* (73) stirbt (5.3.); *Georgij M. Malenkow* (51) wird Ministerpräsident, *Lawrentij P. Berija* (54) Innenminister (6.3.). Erlaß einer Amnestie, Milderung der Strafgesetzgebung, Grundsatz der friedlichen Koexistenz. *Nikita Sergejewitsch Chruschtschow* (59) wird Erster Sekretär des Zentralkomitees der KPdSU (September). Verhaftung *Berijas* (10.7.); er wird wegen Landesverrats verurteilt und hingerichtet (23.12.). Große Streikwelle im Zwangsarbeitslager Workuta (Kohlengebiet im Nordural) und anderen Lagern (Juli) vom Militär niedergeschlagen. Änderung der Wirtschaftspolitik verkündet: erweiterte Verbrauchsgütererzeugung, Einschränkung der Schwerindustrie (»Neuer Kurs«; 8.8.).
Polen: Verbannung des Kardinals *Stephan Wyszynski* (52) in ein Kloster (28.9.). Polnisches Episkopat spricht sich für Unterstützung der Volksrepublik aus (17.12.).
Ungarn proklamiert ebenfalls den »Neuen Kurs«; an Stelle von Parteisekretär *Mátyás Rákosi* (61) wird *Imre Nagy* (57) Regierungschef und kündigt Reformen an (4.7.): Senkung der Planziffern, erhöhte Produktion von Konsumgütern, Auflösung der bäuerlichen Kollektivbetriebe zugelassen, freie Betätigung der Kirchen.
Tschechoslowakei: Volkserhebung in Pilsen (Anfang Juni) von der Sicherheitspolizei niedergeschlagen; wirtschaftspolitische Maßnahmen sollen die Lage der Bevölkerung erleichtern (»Neuer Kurs«).
Jugoslawien: Neue Verfassung (13.1.): Selbstverwaltung der Arbeiter in den Betrieben bestätigt; *Tito* (61) von der Nationalversammlung (Bundesversammlung und Produzentenrat) zum Staatspräsidenten und Vorsitzenden des Exekutivrates, des höchsten Regierungsgremiums, gewählt. Zwangskollektivierung aufgehoben. Staatsbesuch *Titos* in London.
Bolivien: Bodenreformgesetz, Enteignung der großen Haciendas.
Britisch-Guayana: Neue Verfassung. Wahlsieg der linksgerichteten Fortschrittlichen Volkspartei; ihr Führer, *Cheddy Jagan* (35), wird Ministerpräsident; die Verfassung von Großbritannien durch eine Interimsverfassung ersetzt (22.12.): die Gesetzgebende Versammlung wird von der britischen Krone ernannt, nicht gewählt (das Provisorium noch 1954 für weitere vier Jahre empfohlen).
Costa Rica: Der Sozialist *José Figueres* (45) wird Präsident; er befolgt demokratische Grundsätze und verurteilt die Diktaturen in den karibischen Ländern.
Kolumbien: General *Gustavo Rojas Pinilla* (53) setzt nach *Gomez*' (64) Sturz die Diktatur fort.
Ägypten: Die Republik wird ausgerufen (18.6.); Verkündung einer vorläufigen Verfassung, Auflösung aller politischen Parteien. Ministerpräsident *Mohammed Nagib* (52) wird Staatspräsident, Oberst *Gamal ad-Din Nasser* (35) Stellvertretender Ministerpräsident. Britisch-ägyptisches Abkommen sieht für 1956 Entscheidung der Sudanesen über Selbständigkeit oder Union mit Ägypten vor (12.2.).

Libyen: Beitritt zur Arabischen Liga (März).
Marokko: Unruhen; Sultan *Sidi Mohammed ben Jussef* (42) durch Stammesoberhäupter der Berber abgesetzt und von der französischen Regierung verbannt (August). Der neue Sultan *Sidi Mohammed ben Mulay Arafa* (55) stimmt den französischen Reformgesetzen zu.
Iran: Ministerpräsident *Mohammed Mossadegh* (73) will das Parlament auflösen; durch den kaisertreuen General *Zahedi* (56) gestürzt, der selbst Ministerpräsident wird (19.8.); drei Jahre Haft für *Mossadegh*. Wiederaufnahme der diplomatischen Beziehungen mit Großbritannien (6.12.).
Saudiarabien: Nach König *Ibn Sauds* (73) Tod wird *Saud ibn Abdul Asis* (50) sein Nachfolger (9.11.).
Indochina: Finanzielle Unterstützung der USA für Frankreich und die mit ihm verbündeten Staaten in Indochina (30.9.), um die Anstrengungen zur Bekämpfung des Vietminh zu verstärken. Vietminh-Truppen dringen durch Laos zur Grenze von Siam vor (25.12.); damit ist das französisch beherrschte Indochina geteilt. In Laos eingedrungene Vietminh werden zurückgeschlagen. Französisches Militärabkommen mit Kambodscha.
Laos: Volle Souveränität erhalten (22.10.), Bündnis- und Freundschaftsabkommen mit Frankreich.
China: Erster Fünfjahresplan der Volksrepublik China tritt in Kraft.

KULTUR Gründung des Internationalen Schulbuchinstituts in Braunschweig, das vor allem die Geschichtsbücher von Vorurteilen und einseitigen Darstellungen anderer Völker reinigen soll. Eröffnung der Hochschule für Gestaltung in Ulm.

LITERATUR *Ingeborg Bachmann* (27) »Die gestundete Zeit«. *Samuel Beckett* (47) »En attendant Godot«. *Friedrich Heer* (37) »Europäische Geistesgeschichte«. *Nikolaos Kazantzakis* (71) »Griechische Passion«. *Arthur Miller* (38) »The Crucible«.

MUSIK *Boris Blacher* (50) »Abstrakte Oper Nr. 1«. Studio di Fonologia Musicale Milano. Gründung des Deutschen Musikrates in Bonn/Hamburg.

KUNST *Hans Arp* (66) »Der Wolkenhirte«. *Max Ernst* (62) »Old Man River — Vater Rhein«. *Marino Marini* (52) »Il Miracolo« (erste Fassung). *Mark Tobey* (63) »Festival«. *Ossip Zadkine* (63) Denkmalsfigur für die zerstörte Stadt Rotterdam. Vorgeschichtliche Malereien in der Höhle Cougnac bei Gourdon.

NATURWISSENSCHAFT Die Sowjetunion im Besitz der Wasserstoffbombe. Erstbesteigung des Mount Everest (8882 m) durch *Edmund P. Hillary* (34) und *Sherpa Tensing* (40).

1954

VEREINTE NATIONEN Die neunte Vollversammlung (21.9.–17.12.) lehnt den sowjetischen Antrag ab, die Volksrepublik China an Stelle von Nationalchina als Mitglied in die Organisation aufzunehmen. Entschließung der Großmächte über die Abrüstung. Unruhen in Cypern, Generalstreik und Pressezensur (August); die Organisation greift das Problem auf.

INTERNATIONALE POLITIK Berliner Außenministerkonferenz der USA, Großbritanniens, Frankreichs und der Sowjetunion (25.1.–18.2.); behandelt werden die Deutschlandfrage, der österreichische Staatsvertrag, der Korea- und Indochinakonflikt und die Frage der europäischen Sicherheit; der Deutschlandplan des britischen Außenministers *Anthony Eden* (57), der »Erste Edenplan« (freie Wahlen in ganz Deutschland, Ausarbeitung einer Verfassung durch die gewählten Abgeordneten und Bildung einer Regierung, die die Regierungen der Bundesrepublik Deutschland und der »DDR« ablösen soll, Abschluß eines Friedensvertrages) trifft auf den Widerstand des sowjetischen Außenministers *Wjatscheslaw Molotow* (64), dessen Vorschlag, Bildung einer Regierung aus den Vertretern der Regierungen der Bundesrepublik Deutschland und der »DDR«, danach Wahlen, von den Westmächten abgelehnt wird. Der sowjetische Vorschlag eines gesamteuropäischen Sicherheitsvertrages auf 50 Jahre (10.2.) von den Westmächten verworfen. Auf der Genfer Konferenz (26.4.–21.7.) werden die beiden asiatischen Hauptprobleme mit den Vertretern der Volksrepublik China und Indochinas beraten; Vertreter der fünfzehn UN-Staaten, die Truppen nach Korea entsandt haben, nehmen teil; die Koreaverhandlungen scheitern, aber über den Indochinakonflikt kommt Vereinbarung zustande: Ende der Feindseligkeiten in Kambodscha, Laos und Vietnam, Teilung Vietnams längs des siebzehnten Breitengrades (Nord-Vietnam = die Vietminh); freie Wahlen in beiden Teilen Vietnams unter internationaler Kontrolle für Juli 1956 vorgesehen; Abzug der französischen Truppen; Garantie für die territoriale Integrität von Laos, Kambodscha und Vietnam. Die französische Nationalversammlung lehnt die Ratifizierung des EVG-Vertrages ab (31.8.), da die geforderten Änderungen von den anderen Staaten nicht gebilligt werden (Konferenz zu Brüssel, 19. bis 22.8.). Daraufhin beraten die Außenminister der EVG-Staaten, Kanadas und der USA in London neue Möglichkeiten (28.9.–3.10.); in der Londoner Schlußakte wird die Regierung der Bundesrepublik Deutschland als einzig freie und rechtmäßig gebildete deutsche Regierung anerkannt; neue Garantieerklärung für Berlin. Auf den Pariser Konferenzen (19.–23.10.) werden Einzelheiten des neuen Weges festgelegt: Umbildung des Brüsseler Paktes (Fünf-Mächte-Vertrag vom 17.3.1948) zur Westeuropäischen Union mit Beitritt Italiens und der Bundesrepublik Deutschland (WEU); die Bundesrepublik Deutschland darf weder Atomwaffen noch chemische und biologische Waffen herstellen; auf Beschluß einer Fünfzehn-Mächte-Konferenz wird die Bundesrepublik in die NATO aufgenommen; Abänderung des Deutschlandvertrages (Mai, 1952); bis zur Festsetzung des deutschen Truppenbeitrages zahlt die Bundesrepublik monatlich 600 Millionen DM; sie soll souverän werden, die ausländischen Truppen im Lande dienen der gemeinsamen Verteidigung und gelten nicht mehr als Besatzungstruppen (Truppenvertrag), den Besatzungsmächten bleiben nur Fragen vorbehalten, die Gesamtdeutschland betreffen; die Bundesrepublik verpflichtet sich, Wiedervereinigung und Änderung der gegenwärtigen Grenzen nicht mit Gewalt herbeizuführen. In Paris gleichzeitig französisch-deutsches Saarabkommen: das Saargebiet soll wirtschaftlich mit Frankreich verbunden bleiben, sich aber unter Kontrolle der WEU selbst verwalten; eine Volksabstimmung der Saarbevölkerung wird über dieses Statut entscheiden. Auf einer Moskauer Konferenz (29.11.–2.12.) protestieren die Vertreter des Ostblocks, der Volksrepublik China und der »DDR« gegen die Pariser Beschlüsse, vor allem gegen die Wiederaufrüstung der Bundesrepublik, die baldige Wiedervereinigung sei nun unmöglich; die eigenen Vorschläge für einen kollektiven Sicherheitspakt werden wiederholt. Neues Triest-Statut wird von Großbritannien, den USA, Italien und Jugoslawien paraphiert (5.10.): Die provisorische Teilung in eine britisch-amerikanisch verwaltete Zone A und eine jugoslawisch verwaltete Zone B wird modifiziert durch Angliederung der vergrößerten Zone B an Jugoslawien, der verkleinerten Zone A einschließlich der Stadt an Italien; Abzug der britischen und amerikanischen Streitkräfte, Triest wird Freihafen. Militärischer Beistandspakt zwischen Griechenland, Jugoslawien und der Türkei (Balkanpakt, 9.8.), Sicherung der territorialen Integrität (ein Freundschaftsvertrag war 1953 vorausgegangen). Entschließung der interamerikanischen Konferenz von Carácas gegen die kommunistische Bewegung auf dem amerikanischen Kontinent (13.3.). Britisch-ägyptisches Abkommen über die Suezkanalzone: Abzug der britischen Truppen binnen zwanzig Monaten, Ägypten garantiert freie Schiffahrt im Kanal, im Kriegsfall darf die Zone wieder besetzt werden. Vertrag zwischen den USA und Libyen über Luftbasen und Wirtschaftshilfe. Die Ministerpräsidenten von Indien und China, *Nehru* (65) und *Chou En-lai* (56), verkünden fünf Grundsätze friedlicher Koexistenz (Pantscha-Schila): gegenseitige Anerkennung und Unverletzlichkeit der Souveränität, Ablehnung jeder Aggression, keine Einmischung in die inneren Angelegenheiten anderer Staaten, Gleichberechtigung und Streben nach gemeinsamen Vorteilen, friedliches Nebeneinanderleben (30.6.). Colombo-Konferenz der Regierungschefs von Burma, Ceylon, Indien, Indonesien und Pakistan spricht sich für Unabhängigkeit Indochinas, Aufnahme der Volksrepublik China in die UN und für Lösung der Probleme Tunesiens und Marokkos aus (Mai). Verteidigungsbündnis zwischen den USA, Großbritannien, Frankreich, Australien, Neuseeland, Siam, Pakistan und den Philippinen (8.9.; South East Asia Treaty Organization, SEATO). Gegenseitiger militärischer Beistandspakt zwischen Pakistan und den USA (19.5.). Verteidigungspakt zwischen den USA und Nationalchina (1.12). Bei dem Besuch *Bulganins* (59) und *Chruschtschows* (60) in Peking (29.9.—12.10) wird ein Kommuniqué über den Abzug der sowjetrussischen Truppen aus Port Arthur bis Mai 1955 und über eine Wirtschaftshilfe für China veröffentlicht. Reichsstatut zwischen den Niederlanden, Surinam und den niederländischen Antillen vereinbart (15.12): Die Gebiete verbleiben im Reichsverband bei selbständiger Verwaltung ihrer inneren Angelegenheiten. Auflösung der Niederländisch-Indonesischen Union von den beiden Staaten beschlossen (10.8.).

POLITIK DER LÄNDER Deutschland: Grundgesetzänderung in der Bundesrepublik (26.3.): Verteidigung ist Aufgabe des Bundes, EVG-Vertrag nicht verfassungswidrig. *Theodor Heuss* (70) in Berlin zum zweitenmal zum Präsidenten der Bundesrepublik gewählt (17.7.) Die Sowjetunion anerkennt der »DDR« als souveränen Staat, vorbehaltlich der Verpflichtungen aus dem Viermächteabkommen und der Maßnahmen für die Gewährleistung der Sicherheit (25.3.).
Neuwahl der Volkskammer der »DDR« nach der Einheitsliste der Nationalen Front (17.10.), *Otto Grotewohl* (60) bleibt Ministerpräsident (16.11.).
Frankreich: *Pierre Mendès-France* (47) zum Ministerpräsidenten gewählt (18.6.), seine Aufgaben: neue Vorschläge für die EVG, Verbesserung der Wirtschaftslage, Beendigung des Indochina-Krieges; wirtschaftliches Ermächtigungsgesetz für die Regierung (10.8.).
Irland: Nach achtzehnjähriger Amtszeit wird Ministerpräsident *Eamon de Valera* (72) von *John A. Costello* (63) abgelöst.
Jugoslawien: *Milovan Djilas* (43) seiner Partei- und Regierungsämter enthoben (Januar).
USA: Antikommunistengesetz (19.8.). Wahlsieg der Demokraten (2.11.), demokratische Mehrheit in beiden Häusern des Kongresses. Die öffentliche Meinung richtet sich gegen Senator *Joseph McCarthy* (45), den Vorsitzenden der Kommission zur Untersuchung amerikafeindlicher Umtriebe, als er die Armee angreift (Dezember) und angesehene Amerikaner der kommunistischen Verschwörung beschuldigt.
Argentinien: Wirtschaftsunion mit Bolivien. Erfolg der Regierungspartei *Peróns* (59) bei den Kongreßwahlen (April). Auseinandersetzungen zwischen Staat und Kirche, als die Ehescheidung gesetzlich zugelassen wird (Dezember).
Brasilien: Heer und Luftwaffe fordern den Rücktritt des Präsidenten *Getulio Vargas* (71), der wenig später Selbstmord verübt (24.8.).
Britisch-Honduras: Verfassung mit gesetzgebendem Rat erhalten.
Guatemala: Revolution gegen den kommunistenfreundlichen Präsidenten (18.6.); Oberst *Carlos Castillo Armas* (40) zum neuen Präsidenten gewählt. Enteignung der US-amerikanischen *United Fruit Company* aufgehoben.
Kuba: Die Kommunistische Partei für illegal erklärt. *Fulgencio Batista* (53) zum Präsidenten gewählt.

Ägypten: Der Revolutionsrat läßt General *Nagib* (53) verhaften; *Gamal ad-Din Nasser* (36), seit dem Frühjahr Ministerpräsident, wird auch Staatspräsident (14.11.).
Algerien: Beginn eines Aufstandes nationalistischer Gruppen (1.11.).
Tunesien: Unruhen; Attentate gegen Europäer (17.7.); *Mendès-France* verspricht bei einem Besuch in Tunis die innere Autonomie des Landes (31.7.).
Kenia: Bemühungen, die seit 1952 andauernden, gegen die britische Herrschaft gerichteten Unruhen (Mau-Mau) zu beenden (März).
Iran: Ölkonflikt wird durch ein Abkommen beendet (5.8.): acht internationale Gesellschaften und der iranische Staat übernehmen die Ausbeute der Ölfelder gegen Entschädigung an die Anglo-Iranian-Oil-Company.
Indien: Eingliederung der letzten französischen Besitzungen in die Indische Union (Pondichéry, Mahé und Yanaon) (1.11.), Portugal verweigert die Übergabe von Goa, Damão, Diu.
Pakistan: Niederlage der Moslem-Liga bei den Wahlen in Ostpakistan; Spannungen zwischen Ost- und Westpakistan (Frühjahr), die durch eine Verfassungsreform beseitigt werden sollen (November/Dezember).
Indochina: Nach langem Ringen Fall der Festung Dien Bien Phu (7.5.): etwa 10000 französische Soldaten geraten in Gefangenschaft. In Kambodscha eingefallene Vietminh werden zurückgedrängt. Ende der Feindseligkeiten (20./21.7.). Frankreich gibt Kambodscha die volle Souveränität.
Malaya: Der Krieg gegen die kommunistischen, überwiegend chinesischen Partisanen ebbt ab.
China: Wahlen zum Nationalen Volkskongreß (August), zugleich Volkszählung (600 Millionen Chinesen).
Japan: Aufstellung einer neuen Armee (1.7.; 160000 Mann).

KULTUR Zweite Konferenz des Weltkirchenrates von 163 protestantischen Kirchen in Evanston (Michigan, USA). Oberster Gerichtshof der USA erklärt die Rassentrennung an öffentlichen Schulen für verfassungswidrig (Auseinandersetzung in den Südstaaten).

LITERATUR *Ilja Ehrenburg* (63) »Tauwetter« (2 Bde. bis 1956). *Hans Freyer* (67) »Theorie der gegenwärtigen Zeitalters«. *Max Frisch* (43) »Stiller«. *Françoise Sagan* (19) »Bonjour tristesse«. *Dylan Thomas* (postum) »Under Milk Wood« (als Bühnenstück). *Richard Wright* (46) »Black Power«.

KUNST *Federico Fellini* (34) »La Strada« (Film). *Rudolf Schwarz* (57) Kirche St. Michael, Frankfurt/M.

NATURWISSENSCHAFT *Paul Niehans* (72) »Die Zellulartherapie«.

TECHNIK Überraschend große Wirkung der zweiten amerikanischen Wasserstoffbombe (Verletzung japanischer Fischer). Stapellauf des ersten mit Atomkernenergie angetriebenen amerikanischen U-Bootes »Nautilus«. In der Nähe von Moskau beginnt das erste sowjetrussische Atomkraftwerk zu arbeiten, weitere sowjetrussische Wasserstoffbombenversuche.

WIRTSCHAFT Streik von 50000 britischen Dockarbeitern (4.10.–2.11.). Die Produktion in der Bundesrepublik Deutschland hat sich im Vergleich zu 1936 verdoppelt (»Wirtschaftswunder«). Lohnstreiks in deutschen Metall- und Verkehrsbetrieben. Neugründung der »Deutschen Lufthansa AG« in der Bundesrepublik. Deutsche Lufthansa in der »DDR« seit Mai 1954.

1955

VEREINTE NATIONEN Zehnte Vollversammlung (20.9. bis 20.12.): sechzehn neue Mitglieder werden aufgenommen, so Italien, Österreich, Finnland, Portugal, Ungarn, Rumänien, Bulgarien, Albanien, Spanien und andere. Nach französischem Protest wird die Algerienfrage von der Tagesordnung abgesetzt. Die UN-Kommission zur Überwachung des Waffenstillstandes in Palästina schaltet sich nach erneuten Zwischenfällen im Gaza-Streifen ein (Ende August).

INTERNATIONALE POLITIK Der Staatsvertrag mit Österreich wird in Wien unterzeichnet (15.5.); auf Forderung der Sowjetunion Zusage der österreichischen Neutralität (Verhandlungen von Bundeskanzler *Julius Raab* [64] in Moskau, 13.–15.4.); die Besatzungstruppen ziehen ab, Österreich wird souverän, es übernimmt die früheren deutschen Vermögenswerte. Die Sowjetunion beendet formal den Kriegszustand mit Deutschland (25.1.), die anderen Ostblockstaaten schließen sich im Laufe der nächsten Monate an. Die Pariser Verträge treten in Kraft (5.5.), die alliierte Hohe Kommission wird aufgelöst. Neues Besatzungsstatut für West-Berlin. Die Sowjetunion annulliert die Bündnisverträge mit Großbritannien (aus dem Jahr 1942) und Frankreich (1944; 7.5.). Die Außenminister der Montanunion beschließen in Messina, einen gemeinsamen europäischen Markt ohne Zollgrenzen und eine europäische Organisation zur friedlichen Ausnützung der Atomkernenergie (EURATOM) zu schaffen (4.6.). Warschauer Pakt zwischen der Sowjetunion, Polen, Tschechoslowakei, Ungarn, Rumänien, Bulgarien, Albanien und der »DDR« (14.5.): gegenseitiger militärischer Beistand im Falle eines Angriffs, gemeinsames Oberkommando unter Sowjetmarschall *Iwan Konew* (58). Die »DDR« wird in die Sicherheitsgarantie einbezogen, stellt eigene Truppen aber erst nach Abschluß des Vertrages mit der Sowjetunion (20.9.), der ihr volle Souveränität verleiht. Genfer Konferenz (17.–23.7.): *Nikolai Bulganin* (60), *Dwight D. Eisenhower* (65), *Anthony Eden* (58) und *Edgar Faure* (47) verhandeln über die Sicherheit Europas, über die Abrüstung und die Wiedervereinigung Deutschlands; die Eden-Vorschläge: Abschluß eines Sicherheits- und Beistandspakts zwischen den vier Konferenzmächten und einem wiedervereinigten Deutschland, Kontrolle über dessen Rüstung und Streitkräfte, Inspektion der Streitkräfte in Mitteleuropa durch die Großmächte; *Eisenhower* schlägt Luftinspektion vor. *Bulganin* sieht die Deutschlandfrage als untergeordnet an und fordert europäischen Sicherheitspakt, der in zwei Phasen zu verwirklichen sei (zunächst sollen NATO, WEU und Warschauer Pakt bestehenbleiben); Abschluß der Konferenz bildet die Genfer Direktive für die Außenminister; sie empfiehlt Verzicht auf Gewaltanwendung und auf Unterstützung von Aggressoren, Begrenzung, Kontrolle und Inspektion der Streitkräfte und Rüstungen, Schaffung einer überwachten Zone zwischen Ost und West und betont den Zusammenhang zwischen dem Problem der Sicherheit und der Deutschlandfrage sowie die gemeinsame Verantwortung der vier Mächte für die Wiedervereinigung Deutschlands. Die Sowjetunion betont zum erstenmal die »Zwei-Staaten-Theorie«, die Tatsache zweier deutscher Staaten mit unterschiedlichen politischen, wirtschaftlichen und gesellschaftlichen Verhältnissen; die Wiedervereinigung sei nur durch Annäherung beider Staaten möglich (*Bulganins* und *Chruschtschows* Erklärung in Ost-Berlin, 26.7.). Außenministerkonferenz in Genf (27.10. bis 16.11.): ohne Ergebnis, da die Sowjetunion erst das Abrüstungsproblem lösen will, die USA vorher die Frage der Wiedervereinigung regeln wollen; die sowjetischen Bedingungen (Pariser Verträge seien Hindernisse für die Wiedervereinigung, die sozialen Errungenschaften der »DDR« müßten erhalten, Deutschland müsse bündnisfrei bleiben) für den Westen unannehmbar, der den *Eden*-Plan (1954) mit einem europäischen Sicherheitsvertrag verknüpfen will, die Achsenlinie für das vorgesehene Inspektionssystem soll die Ostgrenze eines wiedervereinigten Deutschlands sein (für *Molotow* die bestehende Zonengrenze in Deutschland); auch über die Entwicklung der Ost-West-Kontakte gibt es kein Übereinkommen. Auf Einladung der sowjetischen Regierung ist Bundeskanzler *Adenauer* (79) in Moskau (9.–13.9.): Aufnahme diplomatischer Beziehungen, Entlassung der deutschen Kriegsgefangenen und Abschluß eines Handelsvertrages werden vereinbart. Der Europarat fordert die Wiedervereinigung Deutschlands durch freie Wahlen und unterstützt die Beschlüsse von Messina (14.–27.10.). *Chruschtschow* (61) besucht Jugoslawien (26.5.–2.6.), nachdem bereits 1953 die diplomatischen Beziehungen wiederhergestellt worden waren. Die Sowjetunion verzichtet auf den Marinestützpunkt Porkkala (19.9., im Friedensvertrag 1947 von Finnland abgetreten). Deutsch-dänischer Vertrag über die Rechte der Minderheiten in Schleswig (29.3.). Nach einer Invasion aus Nicaragua appelliert Costa Rica an die Organisation der amerikanischen Staaten (OAS), die den Streit beilegen. Tunesien erhält in einem Vertrag mit Frankreich die Autonomie (3.6.), Außenpolitik und Verteidigung bleiben Frankreich vorbehalten. Ergebnislose Beratungen zwischen Großbritannien, Griechenland und

UNIVERSALGESCHICHTE IN STICHWORTEN

der Türkei über Cypern (29.8.—7.9.). Antigriechische Ausschreitungen in der Türkei (6.9.). Ägypten erhält Waffen aus der Tschechoslowakei und schließt mit Syrien und Saudiarabien Verteidigungsverträge ab; Truppen einem gemeinsamen Oberkommando unterstellt (20./27.10.). Verteidigungsbündnis zwischen der Türkei und dem Irak (Bagdad-Pakt, 24.2.), dem sich später Großbritannien, Pakistan und der Iran anschließen. Erste Konferenz der farbigen Völker (55 Prozent der Weltbevölkerung) in Bandung (Java); die Delegierten aus neunundzwanzig asiatischen und afrikanischen Ländern wenden sich gegen Imperialismus und Kolonialherrschaft, fordern Abrüstung und Verbot der Atomwaffen und beschließen engere Zusammenarbeit (18.—24.4.). Gegensätze zwischen den Delegierten durch Zugehörigkeit ihrer Länder zum westlichen (Pakistan), östlichen (Volksrepublik China) oder neutralen Block (Indien). Verlängerung des Colombo-Planes (21.10.); die USA und Großbritannien sagen weitere wirtschaftliche Hilfe für die süd- und südostasiatischen Länder zu. *Nehru* (66) besucht Moskau (6.—22.6.) und die Sowjetunion; gemeinsame Erklärung *Nehrus* und *Bulganins* (60), die Beziehungen zwischen beiden Staaten sollen auf den fünf Grundsätzen friedlicher Koexistenz beruhen. Indische Stimmen verlangen den Anschluß der portugiesischen Kolonie Goa an Indien (Einzug unbewaffneter Inder in die portugiesischen Besitzungen, 15.8.); Abbruch der diplomatischen Beziehungen zu Portugal. Auf ihrer Asienreise (20.11.—13.12.) sichern *Bulganin* und *Chruschtschow* Indien, Afghanistan und Burma Wirtschaftshilfe zu. Beginn der Botschaftergespräche zwischen den USA und der Volksrepublik China in Genf (1.8., Repatriierungs- und andere Fragen).

Politik der Länder Deutschland: Innenpolitischer Kampf um die Pariser Verträge, vom Bundestag mit den Stimmen der Regierungsparteien gebilligt werden (27.2.). Der Bundestag tritt das erstemal in Berlin zusammen (19./20.10). 67,7 Prozent der Saarbevölkerung stimmen gegen das Saarstatut (23.10), Rücktritt der Regierung *Hoffmann* (65); Landtagswahlen (18.12.) ergeben Mehrheit für die Parteien, die für Anschluß an Deutschland eintreten (74 Prozent), Bildung einer Koalitionsregierung unter *Ney* (63; CDU).
Großbritannien: Premierminister *Winston Churchill* (81) tritt zurück (5.4.), *Eden* (58) wird sein Nachfolger, Außenminister zunächst *Harold Macmillan* (61), später *Selwyn Lloyd* (51).
Frankreich: Sturz der Regierung *Mendès-France* (48; 5.2.), sein Nachfolger ist *Edgar Faure* (47; 23.2.).
Österreich: Einführung der allgemeinen Wehrpflicht (7.9.). Die letzten Besatzungstruppen verlassen das Land. Österreichs Neutralität wird Gesetz (26.10.).
Italien: *Giovanni Gronchi* (68) wird zum Staatspräsidenten gewählt (29.4.).
Griechenland: Nach dem Tod des Ministerpräsidenten *Alexander Papagos* (72) Regierungsbildung durch *Konstantin Karamanlis* (46).

Sowjetunion: Die Zahl der Soldaten soll um mehr als eine halbe Million verringert werden. *Malenkow* (53) tritt zurück; Marschall *Grigorij Schukow* (59) wird Verteidigungsminister als Nachfolger von *Bulganin*, der das Amt des Ministerpräsidenten übernimmt (8.2.).
Ungarn: Parteichef *Rákosi* (63) stürzt Ministerpräsident *Imre Nagy* (59; Frühjahr).
Jugoslawien: *Vladimir Dedijer* (41) und *Milovan Djilas* (44) zu Gefängnis mit dreijähriger Bewährungsfrist verurteilt.
Argentinien: Nach monatelangen Unruhen zwingt eine Erhebung der Armee (16.9.) Präsident *Perón* (60) zum Rücktritt und zur Flucht (nach Paraguay, 19.9.); die neue Regierung unter General *Eduardo Lonardi* (59) will Presse- und Religionsfreiheit wiederherstellen und freie Wahlen durchführen; *Lonardi* wird von General *Pedro Aramburu* (52) zum Rücktritt gezwungen (13.11.). Auflösung der peronistischen Arbeiterpartei. Abwertung des Peso (Oktober).
Algerien: Neue Unruhen, die französische Regierung verkündet den Notstand (8.4.; 20.5. erweitert), Verstärkung der französischen Truppen.
Marokko: Neue schwere Unruhen (20.8.; über tausend Tote); blutige Strafaktion französischer Truppen gegen die Aufständischen (22.8.). Sultan *Sidi Mohammed Ben Jussef* (44) übernimmt nach seiner Rückkehr mit französischer Zustimmung wieder die Regierung (16.11.).
Sudan: Einigung zwischen Großbritannien und Ägypten, ihre Streitkräfte bis 12.11. aus dem Sudan abzuziehen (24.8.). Unruhen im südlichen Sudan (August). Die Vertreter sämtlicher Parteien sich einig über die sofortige Proklamation der Unabhängigkeit (17.12.).
Kenia: Den Mitgliedern des Mau-Mau wird Straffreiheit zugesagt (24.1.), der Aufstand geht zu Ende.
Südwestafrika: Sieg der Nationalistischen Partei (die für Zugehörigkeit zur Südafrikanischen Union eintritt) bei den Wahlen zur Gesetzgebenden Versammlung (November).
Jordanien: Der geplante Beitritt zum Bagdadpakt führt zu Regierungskrise und Unruhen (Dezember); Auflösung des Parlaments (21.12.).
Syrien: *Shukri el Kuwatly* (64) zum Staatspräsidenten gewählt (18.8.).
Indien: Verstaatlichung der Imperial Bank of India, des Flugverkehrs und der Lebensversicherungsgesellschaften gegen Entschädigung.
Pakistan: Wahlen zur Verfassunggebenden Versammlung (21.6.).
Süd-Vietnam: Volksabstimmung (23.10.) entscheidet gegen den Kaiser *Bao Dai* (42); Ministerpräsident *Ngo dinh-Diem* (54) proklamiert die Republik und wird Staatspräsident (26.10.).
Malaya: Wahlen im Malaiischen Bund (27.7.). Amnestieangebot an die kommunistischen Rebellen im Falle ihrer Unterwerfung wird von ihnen abgelehnt (Dezember).
Indonesien: Erste Wahlen zum Parlament (29.9.).

Japan: Auflösung des Parlaments und Neuwahlen (27.2.), stärkste Partei werden die Rechten Demokraten, Kabinett *Hatoyama* (72; 19.3.), sein Programm: friedliche Diplomatie, Stabilisierung der Lebenshaltung, Verwaltungs- und Steuerreform.
China: Die Provinz Sinkiang wird Autonomes Gebiet der Volksrepublik China. Die Tachen-Inseln werden unter Deckung der Siebenten US-Flotte von nationalchinesischen Truppen geräumt (6.–12.2.), ebenso die Insel Nanchi (25.2.).

KULTUR Friedensnobelpreis wird dem Büro des UN-Kommissars für Flüchtlinge in Genf verliehen. »The Family of Man«, große Foto-Ausstellung im New Yorker »Museum of Modern Arts«. Welturheberrechtskonvention tritt nach Ratifizierung durch zwölf Staaten in Kraft (6.10.).

LITERATUR *Hannah Arendt* (49) »Elemente und Ursprünge totaler Herrschaft«. *Friedrich Dürrenmatt* (34) »Besuch der alten Dame«. *Alain Robbe-Grillet* (33) »Le voyeur«.

KUNST Die Ausstellung »documenta« in Kassel vermittelt Überblick über die Kunst des zwanzigsten Jahrhunderts. *Richard Brooks* (43) »Blackboard Jungle« (Film). *Le Corbusier* (68) beendet den Bau der Wallfahrtskirche bei Ronchamp (seit 1950). *Gerhard Marcks* (66) »Albertus Magnus«.

SOZIALWESEN Fusion der amerikanischen Gewerkschaftsverbände AFL und CIO zu einem Verband (AFL/CIO).

NATURWISSENSCHAFT Auf Einladung der UN tritt in Genf eine Konferenz von zwölfhundert Wissenschaftlern zusammen, um die friedliche Nutzung der Atomenergie zu beraten. Die USA und die Sowjetunion geben geheime Forschungsergebnisse bekannt, Stromerzeugung aus Atomkernenergie wird für rentabel gehalten; zweiundvierzig Atomreaktoren sind bislang in Betrieb genommen, davon neunundzwanzig in den USA; die Weltgesundheitsorganisation erörtert die medizinische Verwendbarkeit der Atomkernenergie.

TECHNIK Der Bau des größten Wasserkraftwerks der Welt beginnt in Bratsk am sibirischen Strom Angara (Stausee mit 180 Milliarden Kubikmeter Fassungsvermögen). Der erste von fünfzehn Staudämmen zur Regulierung von Euphrat und Tigris entsteht. Der größte Fernsehturm Europas wird in Stuttgart errichtet (211 m).

WIRTSCHAFT Rekordstreikjahr in Großbritannien (3,8 Millionen ausgefallene Arbeitstage, höchste Zahl seit 1932). Währungsreform in der Volksrepublik China (28.2.; Umstellung im Verhältnis 10000:1).

1956

VEREINTE NATIONEN Sondersitzung der Vollversammlung (1.–10.11.) fordert Einstellung der Feindseligkeiten in Ägypten und Abzug der sowjetrussischen Truppen aus Ungarn. Hilferuf der Regierung *Nagy* löst keine direkten Aktionen aus. Bildung einer UN-Polizeitruppe, die die Suezkanalzone besetzt (norwegische Einheiten treffen am 21.11. in Port Said ein). Die Vollversammlung (21.11.–8.3. 1957) fordert erneut Abzug aller fremden Truppen aus Ägypten und Ungarn und ordnet Untersuchung der ungarischen Vorgänge an. Aber die UN-Beobachter erhalten keine Einreiseerlaubnis. — Sudan, Marokko, Tunesien und Japan werden Mitglied der Organisation.

INTERNATIONALE POLITIK Kämpfe zwischen Israel und Ägypten im Gaza-Streifen; *Hammarskjöld* (51) vermittelt einen Waffenstillstand (4.4.), den Israel und seine Nachbarn garantieren. Die USA verweigern Ägypten die finanzielle Unterstützung für den Bau des Nil-Staudamms bei Assuan; die ägyptische Regierung verstaatlicht daraufhin den Suezkanal (26.7.), die Kanalgebühren sollen die entgangenen Geldmittel einbringen. Die auf zwei Konferenzen (16.–23.8. und 19.–21.9.) in London von fünfzehn Staaten gegründete Vereinigung von Kanalbenutzern (1.10.) wird von Ägypten nicht anerkannt. — Israelische Truppen marschieren in Ägypten ein (29.10.) und erobern in raschem Vormarsch die Sinai-Halbinsel. Britisch-französische Luftangriffe und Landung von Fallschirmjägern in der Suezkanalzone unter dem Vorwand, den Kanal zu sichern und die israelisch-ägyptischen Kämpfe zu beenden. Syrien unterstützt Ägypten; die USA verurteilen die Aggression, die Sowjetunion droht mit bewaffnetem Eingreifen. Einstellung der Kämpfe (7.11.); der Kanal ist von versenkten Schiffen blockiert. Großbritannien und Frankreich beschließen, ihre Truppen abzuziehen (3.12.). Ungarische Studenten und Arbeiter fordern politische Reformen (19.–23.10). Die Rote Armee (wahrscheinlich schon 20.–22.10. in Marsch gesetzt) und ungarische Geheimpolizei suchen die Unruhen zu unterdrücken (24.–30.10.), die sich später (4.–9.11.) zu erbitterten Kämpfen ausweiten. Unter dem Schutz der Roten Armee Einsetzung der Regierung *Kádár*, willkürliche Verschleppung von Widerstandskämpfern in die Sowjetunion, 150000 Flüchtlinge strömen nach Österreich. Heftige Protestaktionen in nichtkommunistischen Weltstädten. Deutsch-französisches Abkommen über die Rückkehr des Saargebietes zu Deutschland (4.2.), Einzelheiten werden in weiteren Abkommen geregelt (27.10.). Italienisch-österreichische Spannungen in der Südtirolfrage. Das internationale Statut von Tanger wird aufgehoben (29.10.), die Stadt Marokko angegliedert. Der sowjetrussische Außenminister *Dimitrij Schepilow* (51) besucht Syrien, Libanon und Griechenland (22.6.–2.7.). Sowjetrussisch-japanische Fischfangkonvention unterzeichnet (15.5.), die mit Friedensvertrag oder der Aufnahme diplomatischer Beziehungen in Kraft treten soll. Die Sowjetunion beendet formell den Kriegszustand mit Japan (19.10.), diplomatische Beziehungen zwischen beiden Ländern werden aufgenommen; Verhandlungen über Territorialfragen sollen fortgesetzt werden. *Tito* (64) besucht die Sowjetunion (1.–23.6.); *Tito-Chruschtschow-*Erklärung wünscht weitere Verbesserung der Beziehungen zwischen beiden Staaten, die Sowjetunion erkennt die Möglichkeit verschiedener Wege zum Sozialismus an. *Chruschtschows* (62) Gegenbesuch in Jugoslawien (September). USA stoppen militärische Hilfe für Jugoslawien, setzen jedoch Wirtschaftshilfe fort (15.10.). Das Kommunistische Informationsbüro (Kominform) stellt seine Tätigkeit ein (17.4.). Das Büro der Sozialistischen Internationale in London erklärt Unvereinbarkeit von Sozialismus und Kommunismus (7.4.). Kairoer Konferenz (12.–18.3.) *Nassers* (38) mit *Shukri el Kuwatly* (64) und *Saud* von Saudiarabien (54) dient der Erörterung gemeinsamer arabischer Fragen; *Hussein* von Jordanien (21) und *Feisal* von Irak (18) besprechen dieselben Probleme in Amman (18.3.). Ägypten, Saudiarabien und Jemen gründen Militärallianz mit gemeinsamem Oberbefehlshaber (21.4.). Ägypten und Jordanien beschließen militärische Koordination (7.5.), Jordanisch-syrisches Militärbündnis (März). Der Sudan tritt der Arabischen Liga bei. *Nehru* (67), *Nasser* und *Tito* bekennen sich bei einem Treffen auf Brioni zur Politik der Koexistenz (19./20.7.).

POLITIK DER LÄNDER Deutschland: Gesetz über die »Volksarmee« in der »DDR«, Errichtung eines Ministeriums für nationale Verteidigung (21.1.). Das Bundesverfassungsgericht der Bundesrepublik Deutschland erklärt die Kommunistische Partei für verfassungswidrig und löst sie auf (17.8.).
Frankreich: Gesetz über die neue Verfassung der überseeischen Territorien (23.6.): im Rahmen der Französischen Union sollen zahlreiche Kolonien halbautonomen Status erhalten, weitere Ausführungsdekrete für Reformen (2./3.2.1957).
Island: Bildung einer Linksregierung, die in der NATO zu bleiben wünscht, aber den Abzug der US-Truppen fordert (21.7.), Stationierung der US-Truppen schließlich durch Vertrag, ohne Bezug auf die NATO, geregelt (26.11.).
Spanien: Studentenunruhen führen zur Entlassung des Erziehungsministers und des Generalsekretärs der Falange (15.2.).
Cypern: Die britische Regierung verbannt Erzbischof *Myriarthefs Makarios* (43) auf die Seychellen im Indischen Ozean (9.3.), anerkennt den Grundsatz der Selbstbestimmung für Cypern, bezeichnet ihn jedoch für derzeit nicht anwendbar (12.7.).
Sowjetunion: Neuer Fünfjahresplan: die Sowjetunion will bis 1960 die höchstentwickelten Länder in der Produktion übertreffen. Rücktritt Außenminister *Molotows* (66), *Dimitrij Schepilow* (51) wird sein Nachfolger (1.6.). Auf dem 20. Parteitag der KPdSU erhebt *Chruschtschow* schwere Vorwürfe gegen *Stalin* und verurteilt den Stalinkult (25.2.). Die Ostblockstaaten folgen ihm in der Ablehnung des »Stalinismus«. Unruhen in der georgischen Hauptstadt Tbilisi (Tiflis), Spannungen zwischen Russen und anderen Nationalitäten. Die wirtschaftspolitischen Befugnisse der einzelnen Unionsrepubliken werden erweitert, das Justizministerium der Union wird aufgelöst und seine Kompetenzen auf die Justizministerien der einzelnen Unionsrepubliken übertragen (4.6.).
Polen: Streiks und Protestkundgebungen der Posener Arbeiter gegen hohe Arbeitsnormen und Lebenshaltungskosten (28.–29.6.) weiten sich zu einer politischen Bewegung aus, die blutig niedergeschlagen wird; aber milde Urteile gegen die Führer der Aufständischen, die zum Teil wieder aufgehoben werden. Das Zentralkomitee der KP wählt auf seiner Tagung (19.–21.10.) den 1948 gemaßregelten *Wladyslaw Gomulka* (51) zum Ersten Sekretär, wie es der Stimmung in weiten Partei- und Arbeiterkreisen entspricht; gegen sowjetischen Einspruch Aufnahme weiterer nationalkommunistischer Politiker in die Regierung, der Verteidigungsminister, der sowjetrussische General *Rokossowkij* (60), scheidet aus der Regierung aus (»Polnischer Oktober«).
Ungarn: Oppositionelle Gruppen (der Petöfi-Club intellektueller Kommunisten hatte schon am 23.6. individuelle Freiheit gefordert) erreichen die Absetzung *Rákosis*; Nachfolger *Ernö Gerö* (57; 18.7.). Studentenversammlung arbeitet Siebzehn-Punkte-Programm aus (22.10.): Einsetzung einer neuen Regierung unter *Imre Nagy* (60), Abzug der Roten Armee, Abschaffung der Geheimpolizei, Wiederzulassung der politischen Parteien, freie Wahlen und Freiheit des Individuums. *Nagy* wird Ministerpräsident (24.10.), übernimmt die Forderungen und bildet nach blutigen Zusammenstößen mit der Roten Armee (24.–30.10.) ein Mehrparteienkabinett (27.10.). Parteisekretär *Gerö* wird von *Janos Kádár* (44; 25.10.) ersetzt. Rote Armee zieht sich scheinbar zurück, neue starke Panzerverbände überschreiten aber die Grenzen. Daraufhin Kündigung des Warschauer Vertrags und Erklärung der Neutralität Ungarns in der Hoffnung auf westliche Hilfe (1.11.). Scheinverhandlungen mit Vertretern der Sowjetunion (2.–3.11.). Angriff der Roten Armee auf Budapest und andere Zentren der Aufstandsbewegung (4.11.) mit etwa 2500 Panzern. Gegenregierung *Kádár; Nagy*, General *Maleter* (42) und andere Regierungsmitglieder verhaftet. Nach der blutigen Unterdrückung des Aufstands (9.11.) Verhaftungswelle. Die neugebildeten Arbeiterräte werden beseitigt und zahlreiche Mitglieder verhaftet (9.12.); allgemeiner passiver Widerstand, der nur langsam gebrochen wird (Dezember).

USA: Wiederwahl Präsident *Eisenhowers* (66; 6.11.).
Argentinien: Staatspräsident *Aramburu* (53) annulliert peronistische Verfassung und proklamiert die Verfassung des Jahres 1853.
Brasilien: *Juscelino Kubitschek* (54) wird nach einem Wahlsieg Präsident (31.1.).
Chile: Generalstreik gegen Lohnstoppgesetz zusammengebrochen (11.1.).
Panamá: Ausbruch nationaler Leidenschaften gegen die Beherrschung der Kanalzone durch die USA.

Ägypten: Neue Verfassung wird durch Volksabstimmung bestätigt (23.6.): Präsidialverfassung mit gesetzgebender Versammlung, die aus Einheitsliste der Nationalen Union gewählt wird.
Tunesien: Der Staat wird auch in der Außenpolitik und in der Verteidigung selbständig (20.3.).
Marokko: Das Land erhält die Unabhängigkeit (2.3.), Frankreich bleibt weiter für die Außenpolitik zuständig.
Somalia: Wahl des ersten Parlaments (Februar), das nach Beendigung der italienischen Treuhandschaft 1960 die Regierung bilden soll.
Sudan: Der Sudan wird unabhängige Republik (4.1.); Großbritannien und Ägypten erkennen seine Souveränität an.
Togo: Der unter französischer Treuhandschaft stehende Teil Togos wird autonom, verbleibt aber freiwillig in der Französischen Union; Außenpolitik, Verteidigung und öffentliche Ordnung Frankreich vorbehalten (26.8.).
Türkei: Neues Pressegesetz schränkt Pressefreiheit ein und wird gegen den Protest der Opposition durchgesetzt (7.6.).
Jordanien: König *Hussein* (21) entläßt den britischen General *Glubb Pascha* (59), den Befehlshaber der Arabischen Legion (2.3.).
Indien: Zweiter Fünfjahresplan mit dem Schwergewicht auf industrieller Produktion; Bau von drei großen Stahlwerken in Zusammenarbeit mit der Sowjetunion, Großbritannien und der Bundesrepublik Deutschland.
Pakistan: Verfassung tritt in Kraft, Ausrufung der Republik (23.3.), Pakistan verbleibt im britischen Commonwealth. Erster Präsident wird *Iskander Mirza* (57). Neue Regierung unter *Suhrawardy* (63; September). Gegensatz zwischen West- und Ostpakistan weiter vertieft.
Ceylon: Wahlsieg einer nationalistischen Linkskoalition unter *Solomon Bandaranaike* (57) über die alte anglisierte Feudalpartei; Ceylon schwenkt in den Kurs des neuen asiatischen Nationalismus ein.
Burma: Die anarchischen Zustände im Lande überwunden. Erste Parlamentswahlen.
Indonesien: Die Union mit den Niederlanden endgültig aufgehoben (15.2.), Indonesien wird souverän. Rücktritt des Vizepräsidenten *Mohammed Hatta* (54) aus Protest gegen *Sukarnos* (55) zentralistische Politik (Dezember).
China: Aufstände in Tibet (März).
Korea: Neutrale Kontrollkommission stellt ihre Tätigkeit ein (12.6.). In Südkorea wird *Syngman Rhee* (81) als Präsident wiedergewählt, der Kandidat der Oppositionspartei *Chang Myun* (57) aber wird Vizepräsident.

KULTUR Tagung des Zionistischen Weltkongresses in Jerusalem (24.4.–7.5.): *Nahum Goldmann* (62) zum Präsidenten gewählt, Appell an die Sowjetunion und Rumänien, ihren jüdischen Bürgern die Emigration zu gestatten.

LITERATUR *Wladimir Dudinzew* (38) »Der Mensch lebt nicht vom Brot allein«. *Vladimir Nabokov* (57) »Lolita«. *John Osborne* (27) »Look Back in Anger«. *Helmut Schelsky* (44) »Die skeptische Generation«. *Angus Wilson* (43) »Anglo-Saxon Attitudes«.

MUSIK *Wolfgang Fortner* (49) »The Creation«, Kantate. *Hans Werner Henze* (30) »König Hirsch«. *Igor Strawinsky* (74) »Canticum sacrum«.

KUNST *Ludwig Mies van der Rohe* (70) Hochhaus der Firma Seagram, New York. *Ernst Wilhelm Nay* (54) »Das Freiburger Bild«. *Eero Saarinen* (46) Verwaltungsgebäude des General Motors Technical Centre, Detroit.

TECHNIK Großbritannien eröffnet erstes Atomkraftwerk in Calder Hall (Kapazität 28000 kW, 17.10.).

WIRTSCHAFT Einunddreißig Länder gründen Internationale Finanzkorporation (IFC) zur Förderung produktiver Privatunternehmen in den Entwicklungsländern. Rat der OEEC beschließt weitere Liberalisierung des Handels zwischen ihren Mitgliedern und weitere Zollsenkungen.

1957

VEREINTE NATIONEN Vermittlungsversuche des Präsidenten des Sicherheitsrates zwischen Indien und Pakistan im Kaschmir-Konflikt (Februar). Ergebnislose Abrüstungsverhandlungen im Auftrage der Organisation zwischen den USA (*Harold Stassen*, 50), der Sowjetunion (*Valerian A. Sorin*, 55), Großbritannien, Frankreich und Kanada in London (18.3. bis 6.9.); sowjetrussischer Vorschlag: Luftinspektion von größeren Gebieten in Asien und Europa; westlicher Vorschlag: Einstellung aller Atomwaffenversuche auf zwei Jahre, in der Zwischenzeit Schaffung eines Kontrollsystems. Verhandlungen auf unbestimmte Zeit vertagt. UN-Truppen räumen die Suezkanalzone (seit 2.4.), sie sind nur an der israelisch-ägyptischen Grenze, im Gaza-Streifen und im Gebiet von Sharm el Sheikh am Golf von Akaba stationiert; ein UN-Militärgouverneur im Gebiet von Gaza. Der Suezkanal wird von Hindernissen geräumt (ab 8.4. frei); Kanalgebühren sind an Ägypten zu zahlen. – Aufnahme Ghanas in die Organisation (8.3.). Ein Untersuchungsausschuß stellt fest, daß die Sowjetunion 1956 in Ungarn einen Volksaufstand mit Waffengewalt unterdrückt habe und daß die Regierung *Nagy* die einzig rechtmäßige Regierung gewesen sei; das Eingreifen der Sowjetunion wird von der Vollversammlung verurteilt (14.9.). Zwölfte Vollversammlung (17.9.–14.12.): *Dag Hammarskjöld* (52) auf weitere fünf Jahre zum Generalsekretär gewählt; Malaya wird neues Mitglied. Eine Resolution fordert die Südafrikanische Union auf, das ehemalige Völkerbundsmandat Südwestafrika unter Treuhandschaftsverwaltung der Organisation zu stellen (ähnliche Resolutionen seit 1946).

INTERNATIONALE POLITIK Die Berliner Erklärung der drei Westmächte (29.7.) betont erneut die gemeinsame Verantwortlichkeit der vier Großmächte für die Wiedervereinigung Deutschlands durch freie Wahlen. Feier des 40. Jahrestages der Revolution von 1917 in der Sowjetunion (6.11.), Abgabe einer ideologischen Erklärung von zwölf kommunistischen Parteien Europas und Asiens (von Jugoslawien nicht unterzeichnet), Verbot der Atom- und Wasserstoffbomben gefordert, noch engere Zusammenarbeit beschlossen. Vorschlag des polnischen Außenministers *Adam Rapacki* (48), in Mitteleuropa (Polen, Tschechoslowakei, »DDR« und Bundesrepublik Deutschland) eine atomwaffenfreie Zone zu bilden (Oktober); der Rapacki-Plan wird im Februar und November 1958, etwas modifiziert, erneut vorgebracht. Die Sowjetunion und Polen erklären ihre vorläufigen Verwaltungsgrenzen in Ostpreußen zur endgültigen Staatsgrenze (5.3.). Finnland-Besuch *Chruschtschows* (63; Juni). Die Bundesrepublik Deutschland bricht die diplomatischen Beziehungen zu Jugoslawien ab (18.10.), nachdem dieses die »DDR« anerkannt hat (15.10.). Vorschläge des Europarates (Tagung 8. bis 11.1.) zur Errichtung einer Freihandelszone durch die Staaten, die nicht am Gemeinsamen Markt teilnehmen. Unterzeichnung der Verträge über die EWG und Euratom (26.3.): Abbau der Zölle und Handelsbeschränkungen innerhalb von zwölf Jahren, Erschließung der überseeischen Gebiete; gemeinsame Versammlung, mit dem Montanunion-Parlament vereinigt, überwacht die Behörden der Gemeinschaft, Zusammenarbeit der sechs Staaten in Atomforschung und Gewinnung von Atomkernenergie (Verträge treten mit 1.1.1958 in Kraft). Die Organisation der Amerikanischen Staaten (OAS) vermittelt im Grenzkonflikt zwischen Nicaragua und Honduras (2.5.). Afro-asiatische Solidaritätskonferenz in Kairo (26. 12.–1.1.1958) unter Teilnahme von vierzig Ländern (darunter die Sowjetunion): friedliche Koexistenz, Verurteilung des westlichen Imperialismus und Kolonialismus. *Eisenhower* (67) erklärt, daß die USA die Nahost-Staaten gegen einen kommunistischen Angriff verteidigen werden, wenn diese es wünschen (Eisenhower-Doktrin, 5.1.), und sagt ihnen wirtschaftliche und militärische Hilfe zu. Konferenz der Regierungschefs von Ägypten, Jordanien, Saudiarabien und Syrien in Kairo (19./20.1.) lehnt die Eisenhower-Doktrin ab, Solidaritätserklärung für Algerien. Großbritannien und Jordanien lösen den Vertrag von 1946 (13.3.), Abzug aller britischen Truppen binnen sechs Monaten. Subventionsabkommen Ägyptens, Saudiarabiens und Syriens zugunsten der jordanischen Streitkräfte (19.1.). Regierungswechsel und Umsturzversuche in Jordanien (April); Demonstration der US-Flotte im östlichen Mittelmeer. Syrien und die Türkei beschuldigen sich gegenseitiger Angriffsvorbereitungen. Syrisch-sowjetrussischer Vertrag über wirtschaftliche und technische Zusammenarbeit (28.10.). Niederländisch-indonesischer Konflikt um West-Neuguinea (Irian), das die indonesische Regierung beansprucht, Enteignung niederländischer Firmen, Schließung von niederländischen Konsulaten (Dezember) und Ausweisung niederländischer Staatsangehöriger.

POLITIK DER LÄNDER Deutschland: Das Saarland als zehntes Land in die Bundesrepublik eingegliedert, wirtschaftlich zunächst noch mit Frankreich verbunden (1.1.). Bundestagswahlen in der Bundesrepublik (15.9.), CDU erhält 50,2 Prozent der Stimmen, die SPD 31,8 Prozent. Der Dritte Bundestag tritt in Berlin zum erstenmal zusammen (15.10.), *Konrad Adenauer* (81) weiterhin Bundeskanzler (22. 10.). *Willy Brandt* (44; SPD) zum Regierenden Bürgermeister von (West-)Berlin gewählt (3.10.). Vorschlag *Ulbrichts* (64): Annäherung der beiden deutschen Staaten, Zwischenlösung einer Konföderation mit Gesamtdeutschem Rat als Regierungsorgan, Wiedervereinigung, Wahlen zur Nationalversammlung (1.1.). Der Vorschlag wird vom Ministerrat der »DDR« wiederholt (26.7.). Paßgesetz in der »DDR« (12.12.): Ausreise ohne Genehmigung wird unter Strafe gestellt.
Großbritannien: Rücktritt Premierminister *Edens* (60), *Harold Macmillan* (63) wird sein Nachfolger (9.1.). Abschaffung der allgemeinen Wehrpflicht bis 1960 angekündigt, Herabsetzung der Zahl der Soldaten, Ausrüstung der Streitkräfte mit Atomwaffen (4.4.).
Irland: *Eamon de Valera* (75) wird erneut Ministerpräsident (20.3.).
Sowjetunion: Die 1943/44 nach Mittelsibirien und Kasachstan umgesiedelten Balkaren, Tschetschenen und Kalmücken bilden nach ihrer Rücksiedlung autonome Republiken (11.2.). *Andrej Gromyko* (48) wird Außenminister (15.2.). Eine Plenarsitzung des Zentralkomitees der KPdSU (29.6.) stellt *Chruschtschows* Gegner als parteifeindliche Gruppe hin, *Molotow* (67), *Kaganowitsch* (64), *Malenkow* (55) und *Schepilow* (52) werden aus dem ZK ausgeschlossen und verlieren ihre Ämter (5.7.). *Schukows* Staatsbesuch in Jugoslawien und Albanien; während seiner Abwesenheit wird er von seinem Posten als Verteidigungsminister abgesetzt, *Malinowski* (59) wird sein Nachfolger (26.10.).
Polen: Wahlen werden ein Erfolg für *Gomulka* (52; 20.1.), US-Wirtschaftshilfe in Höhe von fünfundneunzig Millionen Dollar (7.6.).
Ungarn: Weitere Streiks und Demonstrationen; Einsetzung von Sondergerichten, Hinrichtungen im Zusammenhang mit dem Volksaufstand (Januar).
USA: Der Gouverneur von Arkansas verweigert Negerkindern den Zutritt zu einer öffentlichen Schule in Little Rock; *Eisenhower* setzt Bundestruppen ein, um die Rechte der Neger zu schützen (2.9.). Gesetz zum Schutze des Wahlrechts der Neger unterzeichnet (9.9.).
Argentinien: Mehr als die Hälfte der Abgeordneten verläßt die Konstituierende Versammlung, die eine neue Verfassung beraten soll (6.11.), Ausschreibung von Neuwahlen für das nächste Jahr.

Britisch-Guayana: Wahlen zum Legislativen Rat, die (kommunistische) Partei *Cheddy Jagans* (39) erringt neun von vierzehn Sitzen (August) und bildet die Regierung.
Kolumbien: Präsident *Pinilla* (57) durch eine Militärjunta gestürzt (10.5.).
Algerien: Unruhen und örtlich harte Kämpfe dauern an; französische Verluste bisher 12000 Soldaten und Zivilisten.
Marokko: Sultanat Marokko wird Königreich, Sultan *Sidi Mohammed ben Jussef* (46) als *Mohammed V.* König von Marokko (14.8.). Neue Charta des Königs für Tanger: Beibehaltung des privilegierten Status (freie Handelszone; 30.8.). Konflikt um die spanische Enklave Ifni (November/Dezember), in die bewaffnete Marokkaner eingedrungen sind.
Tunesien: Abschaffung der Monarchie (25.7.), Ministerpräsident *Habib Bourguiba* (54), seit 15.4. 1956 im Amt, behält seinen Posten und wird zum Staatspräsidenten gewählt.
Äthiopien: Erste allgemeine Parlamentswahlen (September/Oktober).
Ghana: Die britische Kolonie Goldküste und das britische Mandat Togoland werden als souveräner Staat Ghana Dominion im britischen Commonwealth (6.3.).
Kamerun: Französischer Kabinettsbeschluß (30.1.) über ein neues Statut unter Beibehaltung der Treuhandschaft der UN; Kamerun in den zentralen Körperschaften der Französischen Union vertreten.
Cypern: Erzbischof *Makarios* (44), aus der Verbannung entlassen (28.3.), darf sich nicht nach Cypern begeben.
Israel: Abzug der letzten israelischen Truppen aus dem Gaza-Streifen (7.3.) und aus dem Gebiet von Sharm el Sheikh am Golf von Akaba (8.3.).
Irak: Rücktritt der Regierung *Nuri es Said* (19.6.), neue prowestliche Regierung.
Türkei: Einschränkung der Rechte des Parlaments (28.12.).
Indien: Der von Indien besetzte Teil von Kashmir schließt sich Indien an (26.1.). Wahlen mit erhöhter Wahlbeteiligung; Kommunisten bilden in Kerala die Regierung.
Pakistan: Ministerpräsident *Hussein Suhrawardy* (64) tritt wegen der Frage einer Reorganisation Westpakistans zurück (11.10.).
Singapore: Für 1958 beschränkte Selbständigkeit, autonom in den inneren Angelegenheiten, britisch kontrolliert in Außenpolitik und Verteidigung (April), Wahlen (Dezember) bringen Sieg der linksgerichteten People's Action Party des chinesischen Bevölkerungsteils.
Thailand: Marschall *Pibul Songgram* (60) durch eine Militärjunta gestürzt (17.9.), Feldmarschall *Sarit Thanarat* (48) übernimmt die Macht; Auflösung des Parlaments, Bildung einer neuen Regierung (26.9.).
Malaya: *Tuanku Abd ul Rahman* (62) auf fünf Jahre zum König der (seit 31.8.) unabhängigen Föderation gewählt; der Bundesstaat Malaya tritt dem Commonwealth bei; Beistands- und Stützpunktabkommen mit Großbritannien.
Laos: Die beiden nördlichen, unter der Herrschaft der kommunistischen Widerstandsbewegung Pathet Lao stehenden Provinzen mit dem übrigen Staatsgebiet vereinigt, die Pathet Lao als politische Partei zugelassen (18.11.).
Indonesien: Ausbreitung der militärischen Rebellion; die Autorität der Zentralregierung nur noch auf Java unangefochten. Rücktritt der Regierung *Sastroamidjojo* (54; 13.4.), Bildung einer außerparlamentarischen Notstandsregierung unter *Djuanda Kartawidjaja* (46) als Ministerpräsident (April). Bildung eines Nationalen Rates aus Vertretern der Inseln und der gesellschaftlichen Gruppen (Juni).
Japan: Der Außenminister *Nobusuke Kishi* (61) wird gleichzeitig Ministerpräsident (Februar).

KULTUR Internationale Rote-Kreuz-Konferenz in Delhi (24.10.–7.11.). 25. Zionistischer Weltkongreß (29.4.–2.5.). Einführung des lateinischen Alphabets in der Volksrepublik China, Reform zur Vereinfachung der chinesischen Sprache (11.12.).

LITERATUR *Milovan Djilas* (43) »The New Class«. *Lawrence Durrell* (45) Alexandrien-Romane (bis 1960). *Jack Kerouac* (34) »On the Road«. *Boris Leonidowitsch Pasternak* (67) »Doktor Schiwago«.

MUSIK *Wolfgang Fortner* (50) »Bluthochzeit«. *Paul Hindemith* (62) »Die Harmonie der Welt«. *Giselher Klebe* (32) »Die Räuber«. *Arnold Schönberg* (postum) »Moses und Aron« (szenische Uraufführung).

KUNST *Henry Moore* (59) Weibliche Figur für das UNESCO-Gebäude, Paris. *Paul Rudolf* (39) Riverview High School in Florida/USA. *Kenzo Tange* (44) Rathaus in Tôkyô. *Fritz Wotruba* (50) Relief am Bundesministerium für Unterricht, Wien. Interbau-Ausstellung, Berlin. *Nolde*-Ausstellung, Hamburg.

SOZIALWESEN Verkürzung der Arbeitszeit in Schweden auf 45 Wochenstunden, in der Bundesrepublik Deutschland auf 45 Stunden im Baugewerbe, in der Metallindustrie auf 44 Stunden.

NATURWISSENSCHAFT Das Internationale Geophysikalische Jahr beginnt (1.7.); zehntausend Wissenschaftler aus siebenundsechzig Nationen untersuchen wichtige Naturerscheinungen und tauschen Forschungsergebnisse aus. Die Internationale Atomenergieagentur (IAEA) tritt in Wien zusammen, um über die friedliche Verwendung der Atomenergie zu beraten (1.–23.10. erste Sitzung). Der erste (sowjetrussische) Satellit »Sputnik« startet in den Weltraum (4.10.). Ein zweiter sowjetrussischer Satellit startet mit einem Hund (3.11.). Erste erfolgreiche Erprobung interkontinentaler ballistischer Raketen in der Sowjetunion (August). *Werner Heisenberg* (56) und *Wolfgang Pauli* (57) erarbeiten eine universelle Formel für Elementarteilchen der Materie und ihre Wechselwirkungen (sogenannte »Weltformel«).

WIRTSCHAFT Interamerikanische Wirtschaftskonferenz (16.8.–3.9.) nimmt die zehn Punkte umfassende »Wirtschaftliche Deklaration von Buenos Aires« an. Abkommen über ägyptisch-syrische Wirtschaftsunion (2./3.9.).

1958

VEREINTE NATIONEN Bericht über den Kashmir-Konflikt; der ausgearbeitete Kompromiß von Pakistan angenommen, von Indien abgelehnt. Beobachter in den Libanon entsandt (11.6.). Sondersitzung der Vollversammlung über die Nahost-Krise (8.8.); die arabischen Vertreter sichern Nichteinmischung in die inneren Angelegenheiten des Libanons zu. Die 13. Vollversammlung (16.9.–13.12.) fordert die Großmächte auf, ein Übereinkommen über die kontrollierte Einstellung der Atomwaffenversuche zu erzielen. Die Rassenpolitik der Südafrikanischen Union wird verurteilt. Guinea wird Mitglied der Organisation. Expertenkonferenz für die Kontrolle der Kernwaffenversuche beginnt in Genf (1.7.); sie soll Methoden zur Entdeckung von nuklearen Explosionen entwickeln. Eine zweite Versammlung tritt zusammen, die über einen kontrollierten Verzicht auf weitere Versuche verhandeln soll (31.10.); ein bindendes Abkommen für die Atommächte ist angestrebt. Konferenz in Genf aus Fachleuten von je fünf westlichen und östlichen Ländern über die Verhütung von Überraschungsangriffen (seit 10.11.).

INTERNATIONALE POLITIK Auseinandersetzungen zwischen Ost und West um die deutsche Frage: *Eisenhower* fordert erneut freie Wahlen (12.1.), *Chruschtschow* erklärt die Wiedervereinigung zu einer Angelegenheit der Deutschen (22.1.), die deutsche Frage soll von den Regierungschefs der vier Großmächte erörtert werden, die Sowjetunion wünscht jedoch vorherige Einigung zwischen der »DDR« und der Bundesrepublik Deutschland (20.3.). Der Deutsche Bundestag schlägt die Bildung eines Deutschlandgremiums der vier Großmächte vor, das Vorschläge ausarbeiten soll (2.7.). Die Westmächte erklären sich einverstanden, die Sowjetunion lehnt ab (27.11.). Nach Beendigung einer Versuchsserie stellt die Sowjetunion Atombombenversuche ein (31.3.), *Eisenhower* (68) ist bereit, Atombombenversuche einzustellen, wenn die Sowjetunion keine weiteren Versuche unternimmt (22.8.). Dennoch Wiederaufnahme der sowjetischen Versuche (30.9.). *Chruschtschow* löst die zweite große Berlin-Krise aus (10.11., Rede im Moskauer Sportpalast); er fordert Beseitigung des Besatzungsregimes, Herstellung einer »normalen« Lage und Aufhebung des Viermächtestatuts in Berlin, da dieses Teil des längst überholten Potsdamer Abkommens sei. Er stellt die Übergabe der sowjetischen Funktionen in Berlin an die »DDR« in Aussicht. Die sowjetische Regierung kündigt das Viermächtestatut Berlins und fordert die Bildung einer Freien Stadt West-Berlin nach Abzug aller Truppen aus Berlin (27.11.); wenn innerhalb von sechs Monaten keine Verhandlungen aufgenommen seien, werde die Sowjetunion ihre Kontrollfunktionen auf den Verkehrswegen nach Berlin den Behörden der »DDR« übergeben. Die Außenminister der drei Westmächte beantworten das Ultimatum mit der Forderung, die Abmachungen über den Status Berlins einzuhalten, und weisen die sowjetischen Vorschläge als unannehmbar zurück (14.12.). In einer gemeinsamen Erklärung bieten die Westmächte Verhandlungen über Berlin an, die jedoch nur im Zusammenhang mit der Frage der Wiedervereinigung Deutschlands stattfinden könnten (31.12.). Die gemeinsame Versammlung der drei Europäischen Gemeinschaften (Montanunion, Gemeinsamer Markt und Euratom) tritt zum erstenmal als Europäisches Parlament in Straßburg zusammen, Präsident *Robert Schuman* (72; 19.3.). Beratungen eines OEEC-Ausschusses über eine europäische Freihandelszone unterbrochen (17.11.), da Frankreich und Großbritannien nicht übereinstimmen. Vereinbarung über die Rückführung deutscher Staatsbürger (8.4.) und Handelsvertrag mit der Bundesrepublik Deutschland mit der Sowjetunion (25.4.). Durch Ausdehnung der Fischereizone auf zwölf Meilen löst Island einen internationalen Konflikt aus (Juni). Besuch des finnischen Staatspräsidenten *Kekkonen* (58) in Moskau (21. bis 31.5.). Die Sowjetunion räumt Finnland Kredite ein und fordert erhöhte Abnahme sowjetrussischer Waren, erzwingt aber einen Aufschub eigener Bestellungen und Zahlungen. Erneute Gegensätze zwischen Jugoslawien und den Ostblockstaaten (Parteitag der jugoslawischen Kommunisten in Laibach; 23.4.); die Sowjetunion setzt Kreditabkommen auf fünf Jahre aus (27.5.). Konferenz von acht unabhängigen afrikanischen Staaten in Accra (Ghana; 15.–22.4.), eine ständige Organisation soll die Unabhängigkeitsbestrebungen einheitlich lenken; auf einer zweiten Konferenz (8.–13.12.) erscheinen Delegierte von achtundzwanzig Staaten. Konferenz von Tanger (28.–30.4.): marokkanische und tunesische Parteien sagen Unterstützung der Algerischen Befreiungsfront zu. Französische Flugzeuge bombardieren den tunesischen Ort Sakiet-Sidi-Joussef (8.2.); nach Abschluß eines Abkommens räumt Frankreich alle seine Stützpunkte in Tunesien mit Ausnahme von Bizerta (17.6.) und gibt eine Anzahl seiner Stützpunkte in Marokko frei. Nordafrikanische Konferenz von Tunesien, Algerien und Marokko in Algier (27.–30.4.). Beitritt Marokkos und Tunesiens zur Arabischen Liga (1.10.). Ägypten und Syrien schließen sich zur Vereinigten Arabischen Republik zusammen (VAR; 1.2.), Präsident wird *Gamal ad-Din Nasser* (40). Durch Föderation mit Jemen Entstehung der Vereinigten Arabischen Staaten (8.3.; Bundesrat und gemeinsames Armeeoberkommando, aber getrennte Armeen und diplomatische Vertretungen). Der Irak und Jordanien (König *Feisal II.* und König *Hussein II.*) gründen die Arabische Union (14.2.), die aber nach der Revolution im Irak auseinanderbricht (2.8.). Besuch *Nassers* in Moskau und Belgrad, sowjetische Anleihe für den Bau des Assuan-Staudamms (23.10.); Abkommen der VAR mit der Sowjetunion über den Bau von Flugplätzen und Industrieanlagen (22.12.). Ägyptisch-sudanesischer Streit über ägyptische Ansprüche auf Gebiete nördlich des 22. Breitengrades. Kommunistische Führer in der Vereinigten Arabischen Republik verhaftet. Die USA und Großbritannien greifen in die Vorgänge im Libanon und Irak ein (15.7.). Auf Wunsch *Chamouns* (58) und *Husseins* landen amerikanische Truppen im Libanon und britische in Jordanien. Die Sowjetunion fordert Abzug der Truppen und Einberufung einer Gipfelkonferenz. Die amerikanischen Truppen ziehen nach der Wahl eines neuen libanesischen Staatspräsidenten ab. Amerikanisch-chinesische Besprechungen über die Formosa-Krise in Warschau (September). Beschießung der nationalchinesischen Quemoy-Inseln durch Küstenbatterien der Volksrepublik China (seit 23.8.). Die USA drohen mit Intervention (5.9.), die Sowjetunion weist auf ihr Bündnis mit der Volksrepublik hin (5.9.). Waffenstillstand (zunächst auf eine Woche, 6.10., dann endgültig, 25.10.).

POLITIK DER LÄNDER Deutschland: Der Bundestag befürwortet die Ausrüstung der Bundeswehr mit modernsten Waffen (25.3.). Der fünfte Parteitag der SED beschließt, den Lebensstandard der »DDR« bis 1961 über den der Bundesrepublik hinaus zu erhöhen; Landwirtschaft und Handwerk sind deshalb verstärkt zu Produktionsgenossenschaften zusammenzuschließen (10.–16.7.).
Frankreich: Rücktritt der französischen Regierung (28.5.), Wahl *de Gaulles* (68) zum Ministerpräsidenten mit außerordentlichen Vollmachten (1.6.). Eine neue Verfassung soll durch Volksabstimmung bestätigt werden; das Parlament vertagt sich bis zum Herbst. Neue Verfassung mit großer Mehrheit gebilligt, auf vier Monate fast unumschränkte Gewalt für de Gaulle zur Neuordnung des Staates (28.9.). Sieg der »Union für die neue Republik« (Zusammenschluß der Anhänger *de Gaulles*) bei den Wahlen zur Nationalversammlung (23./30.11.); *De Gaulle* (68) zum Präsidenten der Fünften Republik gewählt (21.12.). Die überseeischen Gebiete außer Guinea sprechen sich für Verbleiben in der Französischen Union aus (Sept.).
Sowjetunion: *Chruschtschow* (64) wird als Nachfolger *Bulganins* (63) Ministerpräsident (27.3., die Führung von Partei und Staat liegt wieder in einer Hand). Gesetz über den Verkauf der Maschinen der staatlichen Motoren- und Traktorenstationen (MTS) an die Kolchosen (31.3.). Umgestaltung des Schulwesens: Verbindung von Schule und produktiver Arbeit (25.12.).
Ungarn: Hinrichtung *Imre Nagys* (62) und *Pal Maleters* (40) wird bekanntgegeben (17.6.).
Finnland: Die Regierung tritt unter dem Druck der kommunistisch gelenkten Volksdemokratischen Union und der Agrarpartei zurück (4.12.). Der Staatspräsident bezeichnet die Beziehungen zur Sowjetunion als Schicksalsfrage des finnischen Volkes (10.12.).

USA: Große Mehrheit bei den Kongreßwahlen für die Demokratische Partei (4.11.). Streit um die Rassenintegration in öffentlichen Schulen (Little Rock/Arkansas).
Argentinien: In den ersten freien Wahlen seit 1916 wird *Arturo Frondizi* (50) zum Präsidenten gewählt (22.2.). Wirtschafts- und Währungsreform (29.12.); Stützungskredite des Internationalen Währungsfonds und der USA.
Kolumbien: Einigung zwischen Liberalen und Konservativen; *Alberto Lleras Camargo* (52) zum Präsidenten gewählt (4.5.).
Westindien: Die britischen Kolonien im Karibischen Meer schließen sich zur Westindischen Föderation zusammen und erhalten Selbstregierung (3.1.).
Venezuela: Präsident *Jiménez* (58) nach heftigen Kämpfen gestürzt (23.1.; seit 1952 im Amt), nach seiner Flucht übernimmt Admiral *Larrazabal* die Regierung.
Cypern: Erneute türkisch-griechische Ausschreitungen (Juni). Die Türken verlangen Teilung der Insel. Ein neuer britischer Plan, der Selbstverwaltung für die Griechen und Türken vorsieht, von den Griechen abgelehnt.
Algerien: Erhebung französischer Offiziere und Siedler gegen die Pariser Regierung (13.5.); es bilden sich »Wohlfahrtausschüsse«, deren Sprecher die Generale *Jacques Massu* und *Raoul Salan* sind. Sie fordern ein französisches Algerien und rufen de Gaulle zur Übernahme der Macht in Frankreich auf. *Soustelle* in Algerien (17.5.). Bildung einer freien algerischen Regierung in Kairo unter *Ferhat Abbas* (59; 19.9.).
Sudan: Staatsstreich des Oberbefehlshabers der Armee *Ibrahim Abboud*, Auflösung der Parteien und Regierungsneubildung (17.11.).
Guinea: Nach der Entscheidung gegen die neue französische Verfassung wird Guinea unabhängig (2.10.).
Togoland: Wahlen unter UN-Aufsicht (27.4.); Entscheidung gegen den Beitritt zur Französischen Union. Selbständigkeit für 1960 vorgesehen.
Libanon: Aufstand gegen Staatspräsident *Camille Chamoun* (58; seit 9.5.); Straßenkämpfe in Beirut; die Regierung vermutet Unterstützung der Aufständischen durch die VAR. Der Oberbefehlshaber der Armee, General *Fuad Chehab* (56), wird neuer Präsident (23.9.).
Irak: Neue Regierung *Nuri es Said* (3.3.). Bei einem Staatsstreich der Armee werden König *Feisal II.* (20), der Kronprinz und der Ministerpräsident *Nuri es Said* (70) getötet (14.7.). Proklamation der Republik in Bagdad, Regierungsbildung durch General *Abdel Kerim Kassem* (44; 14.7.). Der Irak kündigt die Arabische Union (2.8.) und den Bagdadpakt (24.3.59). Revolte von Oberst *Abdel Salam Aref* (38; Befürworter einer Union mit der VAR) gegen *Kassem* (Oktober). *Aref* verhaftet (4.11.). *Kassem* nimmt sowjetrussische Hilfe an und arbeitet mit der Kommunistischen Partei zusammen.

Pakistan: General *Ayub Khan* (50) übernimmt die Macht; Regierung und Parlament aufgelöst (7.10.). Staatspräsident *Iskander Mirza* (59) tritt zurück (27.10.).
Burma: Rücktritt des Ministerpräsidenten *U Nu* (51). Bildung einer Militärregierung unter General *Ne Win* (48; 28.10.); Verbot der KP aufgehoben.
Thailand: Staatsstreich Marschall *Thanarats* (49; Oktober), Verfassung aufgehoben; schärfere Bekämpfung der Kommunisten geplant.
Indonesien: Ultimatum fordert Rücktritt des Kabinetts *Djuanda* und Ende der »gelenkten Demokratie« *Sukarnos* (10.2.); Proklamation eines revolutionären Kabinetts unter *Sjafruddin Prawiranegara* (49; Moslempartei). Allgemeiner Angriff gegen die Rebellen (März).
China: Bildung von Arbeitskompanien aus Bauern und Arbeitern mit gemeinsamer Unterkunft und Verpflegung (29.8.), Zusammenfassung der landwirtschaftlichen Produktionsgenossenschaften in Volkskommunen (3.9.). Aufstände in Tibet seit Mai.

KULTUR Der Patriarch von Venedig, Kardinal *Roncalli* (77), wird als *Johannes XXIII*. Nachfolger des verstorbenen Papstes *Pius XII*. (82; 9.10.). Weltausstellung in Brüssel (17.4.–19.10.).

LITERATUR *Janheinz Jahn* (40) »Muntu, Umrisse der neoafrikanischen Kultur«. *Giuseppe Tomasi di Lampedusa* (postum) »Il Gattopardo«.

MUSIK *Samuel Barber* (48) »Vanessa«.

KUNST *Alvar Aalto* (60) Kulturgebäude, Helsinki. *Hans Scharoun* (65) Mädchengymnasium, Lünen (Westfalen). *Frank Lloyd Wright* (89) Salomon R. Guggenheim Museum, New York.

NATURWISSENSCHAFT Start des ersten amerikanischen Erdsatelliten (Explorer, 31.1.). Das mit Kernenergie angetriebene U-Boot »Nautilus« unterfährt das Packeis des Nordpols (23.7.–8.8.).

WIRTSCHAFT In den USA 5,4 Mill. Arbeitslose, Höchststand seit sechzehn Jahren, Rückgang der Produktion in einzelnen Industriezweigen (Automobilindustrie). Die Bundesrepublik, Großbritannien, Frankreich, Italien, die Beneluxstaaten, die Schweiz und die skandinavischen Länder erklären ihre Währungen für frei konvertierbar. Das Abkommen über die EZU wird durch ein Europäisches Währungsabkommen ersetzt. Absatz-Krise der deutschen Kohlenindustrie. Aufhebung der Lebensmittelrationierung in der »DDR«. Abwertung des französischen Franc um fünfzehn Prozent (Dezember). Ägypten sagt der Suezkanalgesellschaft in einem Vertrag Entschädigung zu (13.7.).

1959

VEREINTE NATIONEN Beschluß der Vollversammlung (20.2.–14.3.): Das französisch verwaltete Kamerun soll 1960 selbständig werden. Bitte der laotischen Regierung um Entsendung von Streitkräften zum Schutz gegen Übergriffe aus Nordvietnam und der Volksrepublik China (4.9.); der Sicherheitsrat beschließt, eine Beobachtungskommission zu entsenden. Ungarn verweigert UN-Repräsentanten die Einreise (Juli). 14. Vollversammlung (15.9.–13.12.): *Chruschtschow* (65) entwickelt einen Plan zur totalen Abrüstung innerhalb von vier Jahren. Die Versammlung verurteilt die Volksrepublik China wegen der Tibet-Ereignisse (dem tibetanischen Volk wurden Freiheit und Menschenrechte vorenthalten), die Sowjetunion und Ungarn wegen ihres Verhaltens beim Ungarischen Aufstand und die Politik der Apartheid in der Südafrikanischen Union.

INTERNATIONALE POLITIK *Mikojan* (64) besucht die USA (4.–20.1.), der britische Premierminister *Macmillan* (65) Moskau (21.2.–3.3.) und Vizepräsident *Richard M. Nixon* (46) die Sowjetunion (23.7. bis 1.8.) und Polen (2.–4.8.). Präsident *Eisenhower* (69) besucht die Bundesrepublik Deutschland, Großbritannien und Frankreich (26.8.–3.9.). *Chruschtschow* besucht als erster sowjetrussischer Ministerpräsident die USA (15.–28.9.); Gespräche mit *Eisenhower* in Camp David, neue Verhandlungen über die Deutschland- und Berlinfrage werden vereinbart. Treffen der westlichen Regierungschefs *Eisenhower, Macmillan, de Gaulle* (69) und *Adenauer* (83) in Paris (19.12.). Die USA, Großbritannien und die Sowjetunion geben bekannt, daß sie vorläufig keine weiteren Atomwaffenversuche unternehmen werden (26./29.8.). Abkommen über eine europäische Freihandelszone wird von Vertretern der nicht an der EWG beteiligten Staaten paraphiert (20.11., Verhandlungen schon 20./21.7.). Sowjetischer Entwurf eines Friedensvertrages mit Deutschland (10.1.): Vertragsabschluß mit der »DDR« und der Bundesrepublik oder mit einem Staatenbund aus beiden, Ausscheiden der beiden deutschen Staaten aus den bestehenden Militärbündnissen, Verbot der Herstellung von Kern- und Raketenwaffen, Bombern und U-Booten, Anerkennung der Oder-Neiße-Linie als endgültige Ostgrenze; bis zur Wiedervereinigung wird West-Berlin eine freie, entmilitarisierte Stadt. Falls die Westmächte einen Friedensvertrag mit zwei deutschen Staaten ablehnen, werde die Sowjetunion einen solchen Vertrag mit der »DDR« allein abschließen (5.3.), Frist für die Regelung der Berlinfrage über den 27.5. hinaus verlängert. *Chruschtschow* schlägt auf seiner Albanienreise (Mai) vor, auf dem Balkan eine kernwaffenfreie Zone zu errichten. Kaiser *Haile Selassie* (67) besucht die Sowjetunion (Juli). Genfer Außenministerkonferenz der vier Großmächte zur Vorbereitung eines Gipfeltreffens der Regierungschefs; Vertreter der Bundesrepublik Deutschland und der »DDR« sind zur Beratung hinzugezogen (11.5.–20.6. und 13.7.–5.8.). Der sowjetrussische Standpunkt entspricht den Erklärungen vom 27.11.58 und 10.1.59. Der US-Außenminister *Christian A. Herter* (64) legt einen Plan vor, nach dem Wiedervereinigung, Abrüstung und europäische Sicherheit stufenweise herbeigeführt werden sollen

(14.7.): Einheit Berlins durch freie Wahlen, dann Ausschuß aus fünfundzwanzig Vertretern der Bundesrepublik und zehn der »DDR« zur Ausarbeitung eines Wahlgesetzes. Eine Einigung wird nicht erzielt, aber die Fortsetzung der Verhandlungen zu einem späteren Zeitpunkt beschlossen. Vertrag zwischen der Bundesrepublik Deutschland und Norwegen (25.7.) über die Entschädigung der Opfer der nationalsozialistischen Verfolgung (ähnliche Verträge mit den Niederlanden, Dänemark und Luxemburg waren vorausgegangen, Verhandlungen mit weiteren sieben Ländern folgen). Übereinkommen Großbritanniens mit Griechenland und der Türkei beendet den Cypern-Konflikt (19.2.): Cypern wird unabhängige Republik, im Parlament sind 70 Prozent Griechen und 30 Prozent Türken vertreten; Großbritannien behält militärische Stützpunkte. Erzbischof *Makarios* (46) kehrt zurück und wird zum ersten Präsidenten der Republik gewählt (14.12.). Zweiseitige Verteidigungsverträge der USA mit der Türkei, dem Iran und Pakistan (5.3.), Bagdadpakt wird zur Zentralen Paktorganisation (CENTO), erste Sitzung in Washington (7./9.10.). Vorstoß rotchinesischer Truppen auf indisches Gebiet führt zu ernsten Spannungen (August/September). Indisch-pakistanisches Übereinkommen in den ostpakistanischen Grenzfragen (23.10.). Antarktis-Abkommen (1.12.) sichert Nutzung der Antarktis für ausschließlich friedliche Zwecke.

POLITIK DER LÄNDER Deutschland: Bundeskanzler *Adenauer* (83) nimmt die Kandidatur für das Amt des Bundespräsidenten an (7.4.), verzichtet aber dann darauf (4.6.). In Berlin wählt die Bundesversammlung den bisherigen Minister für Ernährung, Landwirtschaft und Forsten, *Heinrich Lübke* (65), zum neuen Bundespräsidenten (1.7.). Wirtschaftliche Angliederung des Saarlandes an die Bundesrepublik (5.7.). Antisemitische Vorfälle in der Bundesrepublik (Dezember bis Januar 1960).
Frankreich: *De Gaulle* (69) ernennt neue Regierung unter *Michel Debré* (47; 8.1.). Erweiterung der Wehrpflicht und Verlängerung der aktiven Dienstzeit.
Großbritannien: Sieg der Konservativen Partei bei den Unterhauswahlen (9.10.).
Irland: Der bisherige Ministerpräsident *de Valera* (77) wird Staatspräsident (18.6.).
Sowjetunion: 21. Parteitag der Kommunistischen Partei (27.1.–5.2.): an die Stelle des laufenden Fünfjahresplanes tritt ein Siebenjahresplan (1959 bis 1965), die USA sollen in der Pro-Kopf-Erzeugung der wichtigsten Güter übertroffen werden. Erste Volkszählung seit 1939, danach hat die Sowjetunion 208,8 Millionen Einwohner.
USA: Alaska wird neunundvierzigster Bundesstaat, Hawaii fünfzigster (3.1. und 21.8.). Rücktritt des schwerkranken Außenministers *John Foster Dulles* (71), *Christian A. Herter* (64) wird sein Nachfolger (18.4.).
Argentinien: Ein Generalstreik der Gewerkschaften gegen das Wirtschaftsprogramm der Regierung bleibt ohne Erfolg (18.–22.1.).

Kuba: *Fidel Castro* (32) stürzt die Regierung *Fulgencio Batista* (58), Einmarsch in Habana (1.1.), *Castro* wird Ministerpräsident (16.2.) und regiert diktatorisch (Hinrichtung zahlreicher Batista-Anhänger, Enteignung von Ländereien in- und ausländischer Grundbesitzer, Sozial- und Wirtschaftsreformen).
Algerien: *De Gaulle* kündigt an, daß die Algerier Selbstbestimmungsrecht erhalten und spätestens vier Jahre nach Wiederherstellung des Friedens über das Schicksal ihres Landes abstimmen sollen (16.9.).
Belgisch-Kongo: Blutige Unruhen in der Hauptstadt Leopoldville (4.–6.1.). König *Baudouin* (29) kündigt baldige Unabhängigkeit für den Kongo an (13.1.). Parlament und Zentralregierung sollen 1960 gebildet werden (16.10.).
Westafrika: Französisch-Sudan, Senegal, Dahomey und Ober-Volta wollen Mali-Föderation schaffen (17.1.), die jedoch nur zwischen Senegal und Sudan zustande kommt (6.4.).
Irak: *Aref* (39) zum Tode verurteilt (7.2.), erfolglose Revolte gegen das *Kassem*-Regime (8.3.), kommunistische Unruhen (April—Juli), Attentat auf *Kassem* (45; 7.10.).
Indien: Unruhen im kommunistisch regierten Bundesstaat Kerala; Generalstreik (Ende Juni), zahlreiche Verhaftungen. Der Präsident der Indischen Union löst Regierung und Parlament Keralas auf (31.7.).
Pakistan: Die grundlegenden demokratischen Institutionen werden wiederhergestellt (26.10.).
Ceylon: *Solomon Bandaranaike* (60) ermordet (25.9.), sein Nachfolger wird *Dahanayake*, der das Parlament auflöst und die Regierung umbildet (4./8.12.).
Laos: Unruhen durch von Nordvietnam ausgerüstete Guerillas, Ausnahmezustand für ganz Laos (5.9.).
Thailand: König *Bhumibol Adulyadej* (32) proklamiert interimistische Verfassung (28.1.), die die durch den Staatsstreich *Thanarats* (50) im Oktober 1958 aufgehobene ersetzen soll.
Indonesien: *Sukarno* (58) gewinnt diktatorische Macht; löst Parlament auf und setzt Verfassung von 1950 außer Kraft (6.7.). Neue Regierung (9.7.); ein vorläufiger Höchster Rat (45 Mitglieder) und ein Nationaler Planungsrat (77 Mitglieder) werden gebildet (31.7.). Verhaftung des Generalstaatsanwaltes (12.9.).
China: Bewaffneter Aufstand in Tibet (10.–22.3. in Lhasa, in anderen Gebieten noch länger), Flucht des Dalai Lama nach Indien (17.3.). Der Pantscher Lama übernimmt die Regierung (28.3.); chinesische Besetzung; nach Niederschlagung des Aufstandes Bodenreform, Aufbau kommunistischer Kader durch chinesische Truppen; Tibet soll »Autonome Region« werden. *Liu Chao-chi* (59) wird Präsident, sein Vorgänger *Mao Tse-tung* (66) bleibt Führer der Kommunistischen Partei (27.4.). Die Regierung gibt zu, daß die veröffentlichten Produktionszahlen zu hoch waren (24.8.).

UNIVERSALGESCHICHTE IN STICHWORTEN 659

KULTUR Amerikanische Ausstellung in Moskau, gleichzeitig sowjetische Ausstellung in den USA.

LITERATUR *Heinrich Böll* (42) »Billard um halb zehn«. *Eugène Ionesco* (47) »Die Nashörner«. *Hans Platschek* (36) »Neue Figurationen«.

MUSIK *Paul Hindemith* (64) »Pittsburgh-Sinfonie«. *Karl Birger Blomdahl* (43) »Aniara«.

KUNST Kasseler Ausstellung »documenta II« gibt Überblick über Malerei, Plastik und Graphik der Gegenwart. Chagall-Ausstellung in Hamburg. *Alain Resnais* (37) »Hiroshima, mon amour« (Film). *Minoru Yamasaki* (47) American Concrete Institute, Detroit.

NATURWISSENSCHAFT Start einer sowjetrussischen Mondrakete (12.9.).

TECHNIK Eröffnung des St. Lawrence-Schiffahrts-Weges (für Hochseeschiffe geeignete direkte Verbindung zwischen Atlantik und den Großen Seen) (25.4.), feierliche Einweihung durch *Eisenhower* und Königin *Elisabeth II.* (33; 26.6.).

WIRTSCHAFT Zollsenkung im Bereich der EWG um zehn Prozent (1.1.). Zusammenschluß von vier zentralafrikanischen und sieben westafrikanischen Republiken zu Zollunionen im Rahmen der Französischen Union (17.1./10.6.).

1960

VEREINTE NATIONEN Der Sicherheitsrat befaßt sich mit den Unruhen in der Südafrikanischen Union und in Südkorea (19.4.). Die Regierung des Kongo ruft die Organisation um Hilfe an (11.7.); UN-Truppen nach dem Kongo (14.7.). Heftige Auseinandersetzungen im Sicherheitsrat über das Eingreifen der UN-Streitkräfte, Angriffe des sowjetrussischen Delegierten *Sorin* gegen die USA (15.–16.9.). Auf einer Sondersitzung der Vollversammlung wird eine von asiatischen und afrikanischen Mitgliedern eingebrachte Resolution, die Generalsekretär *Hammarskjöld* für seine Maßnahmen im Kongo das Vertrauen ausspricht, gegen die Stimmen der Sowjetunion und des Ostblocks angenommen (19.9.). Die 15.Vollversammlung eröffnet (20.9.). *Chruschtschow* (66) und die Parteichefs der Ostblockstaaten fordern eine Revision der UN-Statuten und richten heftige Angriffe gegen Generalsekretär *Dag Hammarskjöld* (55) und gegen die Bundesrepublik Deutschland. Eine Resolution zur Südtirolfrage regt Verhandlungen zwischen Italien und Österreich an (31.10.). Aufnahme der neuen afrikanischen Staaten und Cyperns (21.9./28.9./7.10.); die Organisation umfaßt neunundneunzig Mitglieder. Eine Resolution zum Algerienproblem lehnt eine von der Organisation überwachte Abstimmung in Algerien ab, bestätigt aber das Recht der Selbstbestimmung für die algerische Bevölkerung (20.12.). Liberia erhält als erster schwarzafrikanischer Staat einen Sitz im Sicherheitsrat (20.12.). Die Vollversammlung vertagt sich bis zum 7.3.1961, ohne eine Einigung in der Kongofrage erzielt zu haben (21.12.).

INTERNATIONALE POLITIK Konferenz der drei Atommächte über ein Abkommen zur kontrollierten Einstellung der Kernwaffenversuche in Genf wird fortgesetzt (12.1.). *Chruschtschow* gibt bekannt, daß ein amerikanisches Flugzeug vom Typ U 2 am 1.5. über Swerdlowsk abgeschossen worden sei (5.5.). Die USA geben Erkundungsflüge über sowjetrussischem Territorium zu und erklären sie als berechtigte Abwehrmaßnahme. Ein zweites amerikanisches Flugzeug über der Barentssee abgeschossen (11.7.); die USA protestieren, da das Flugzeug nicht über sowjetrussischem Territorium, sondern über internationalen Gewässern Messungen für Forschungszwecke durchgeführt habe. Die Gipfelkonferenz der Regierungschefs der USA, Englands, Frankreichs und der Sowjetunion in Paris scheitert, ehe die Verhandlungen beginnen (16.–17.5.); *Chruschtschow* besteht darauf, daß die USA sich für den Luftzwischenfall vom 1. Mai entschuldigen. Die westliche Welt ist über das anmaßende Auftreten des sowjetrussischen Machthabers entrüstet, der aber schon auf der Rückreise in Ost-Berlin gemäßigte Erklärungen zur Berlinfrage und zu dem angedrohten Sonderfrieden mit der »DDR« abgibt (20.5.). Die Vertreter der Ostblockstaaten verlassen die Zehnmächte-Abrüstungskonferenz in Genf (27.6.). Die Konvention zur Errichtung einer Europäischen Freihandelsassoziation unterzeichnet (4.1.). *Konrad Adenauer* (84) und *David Ben Gurion* (74) treffen sich in New York (14.3.). *Chruschtschow* besucht Österreich (30.6.–8.7.) und Finnland (2.–4.9.); die Sowjetunion gibt ihre Zustimmung zum Beitritt Finnlands zur Europäischen Freihandelszone (EFTA) unter der Bedingung der Meistbegünstigung für den sowjetrussischen Handel. *Mikojan* (65) besucht Kuba (4.–13.2.). Die Sowjetunion gewährt Kuba Kredite und sagt den Ankauf von Zucker zu. Außenministerkonferenz der Organisation der amerikanischen Staaten (OAS) in San José: Widerstand gegen sowjetrussisch-chinesische Intervention; die kubanische Regierung wird aufgefordert, jede Einmischung zurückzuweisen (August). Die USA brechen die diplomatischen Beziehungen zur Dominikanischen Republik ab (26.8.); die Republik soll am Anschlag auf den venezolanischen Staatspräsidenten beteiligt gewesen sein. Vertrag über die Errichtung einer lateinamerikanischen Freihandelszone von Argentinien, Brasilien, Chile, Mexico, Paraguay, Peru und Uruguay unterzeichnet (18.2.). Erfolgreiche Unabhängigkeitsbewegungen in Afrika erbringen das »Afrikanische Jahr«; es werden unabhängige Staaten: Kamerun (1.1.), Togoland (26.4.), Somalia (vordem Italienisch- und Britisch-Somaliland, 1.7.), die Republik Kongo (vordem Französisch-Kongo, 12.7.), Tschad (11.8.) und die Zentralafrikanische Republik (13.8.), Madagaskar und Kongo (vordem Belgisch-Kongo, 30.6.), Dahomey (1.8.), Niger (3.8.), Ober-Volta (5.8.),

Elfenbeinküste (7.8.), Gabun (17.8.), Nigeria (1.10.) und Mauretanien (27.11.). Nach der Einigung über die britischen Stützpunkte erhält auch Cypern die Unabhängigkeit (16.8.). Die Mali-Föderation (vordem Französisch-Sudan und Senegal) wird selbständig (19.6.), bricht aber bald auseinander (20.8.), der Sudan nimmt den Namen Mali an (22.9.). Zweite Panafrikanische Konferenz in Tunis (25. bis 31.1.). Der Ministerpräsiden von Ghana, *Kwame Nkrumah* (51), tritt für eine afrikanische Staatenunion ein. Vertrag zwischen Frankreich und Marokko: Abzug der französischen Truppen bis 2.3.1961 und Aufgabe der Luftbasen bis Ende 1963. Die Sowjetunion gewährt der VAR eine Anleihe für den Bau des Assuan-Dammes (Februar). Außenministerkonferenz im Libanon von neun arabischen Staaten (August) zur Stärkung der arabischen Solidarität. Pläne zu einem neuen unabhängigen Palästinastaat, Israel als Quelle der Unruhe bezeichnet. Drohende Note der Sowjetunion wegen der »imperialistischen Intervention« im Kongo (13.7.). Spannungen zwischen der Sowjetunion und China. Sowjetrussische Wirtschaftsexperten und Techniker werden aus China zurückgezogen: ideologische Auseinandersetzung über die Frage der Vermeidbarkeit von Kriegen im Zeitalter des Imperialismus. Zur Erörterung dieser Frage treten die Führer der Kommunistischen Parteien zu einer »Gipfelkonferenz« in Moskau zusammen (7.11.–1.12.). Fertigstellung der chinesischen Stellungen auf indischem Gebiet. Staatspräsident *Rajendra Prasad* (76) verurteilt die Volksrepublik China als Aggressor (8.2.). Ergebnisloses indisch-chinesisches Gespräch über den Grenzkonflikt (19.–26.4.), *Nehru* fordert Räumung der indischen Gebiete Ladakh und Kashmir von chinesischen Truppen. Abschluß eines Abkommens zwischen der Indischen Union und Pakistan über die Grenze Westpakistans (11.1.) und eines Vertrages über die Verteilung und Ausnutzung des Indus-Wassers (19.9.). *Chruschtschow* besucht Indien (11. bis 15.2.), Indonesien (18.2.–1.3.) und Afghanistan (2.–5.3.); Abschluß von Kulturabkommen mit Indien und Indonesien, Zusicherung weiterer Hilfe für die besuchten Staaten. Chinesisch-burmesisches Grenzabkommen: China anerkennt die 1914 festgelegte McMahon-Linie als Grenze (28.1.). Freundschaftsabkommen Rotchinas mit Nepal (29.4.). *Herter* (65) und *Kishi* (61) unterzeichnen einen neuen japanisch-amerikanischen Sicherheitsvertrag (19.1.). Indonesien bricht die diplomatischen Beziehungen zu den Niederlanden ab (17.8.), da die Niederlande Niederländisch-Neuguinea (Irian) zu internationalisieren wünschen (Erklärung des Außenministers, 5.9.).

POLITIK DER LÄNDER Deutschland: Die SPD nominiert *Willy Brandt* (47) als Kanzlerkandidaten für die Wahlen im Jahre 1961 (Parteitag in Hannover, 25.11.). Zwangskollektivierung der Landwirtschaft in der »DDR« (Frühjahr). Nach dem Tode des Präsidenten *Pieck* (84, 7.9.) ändert die Volkskammer der »DDR« die Verfassung: das Amt des Präsidenten wird durch einen vierundzwanzigköpfigen Staatsrat ersetzt, dessen Vorsitzender *Ulbricht* (67) wird. Die Behörden der »DDR« verbieten Bewohnern der Bundesrepublik Deutschland das Betreten des sowjetischen Sektors von Berlin ohne Genehmigung (9.9.). Zufahrt von Lastkähnen nach West-Berlin von den Behörden der »DDR« erschwert (August/September).
Großbritannien: Entwicklungsarbeiten an einer ballistischen Fernrakete werden eingestellt. Auseinandersetzung über die Frage der atomaren Bewaffnung in der Gewerkschaftsbewegung und der Labour Party (umstrittene Resolutionen auf dem Gewerkschaftskongreß [6.–9.9.] und dem Parteitag der Labour Party [17.10.]).
Belgien: Das zum Ausgleich der finanziellen Verluste im Kongo beschlossene Sparprogramm führt zu heftigen Protesten der Opposition und der Gewerkschaften; Streiks und Unruhen (Dezember).
Frankreich: Staatspräsident *De Gaulle* (70) strebt eigene französische Atomstreitmacht an. *De Gaulle* anerkennt das Selbstbestimmungsrecht der Algerier (14.6.; Parole vom »algerischen Algerien«); er warnt die Opposition von rechts und links und kündigt eine Volksbefragung an (4.11.). Eine Algerienreise *de Gaulles* wird wegen rechtsextremistischer Demonstrationen vorzeitig abgebrochen (13.12.). Die Regierung schreibt für den 8.1.1961 eine Volksbefragung über *de Gaulles* Algerienpläne aus.
USA: *John F. Kennedy* (43) wird mit 50,1 Prozent der abgegebenen Stimmen zum neuen Präsidenten, *Lyndon B. Johnson* (52) zum Vizepräsidenten gewählt (8.11.). Der neugewählte Präsident ernennt *Dean Rusk* (51) zu seinem Außenminister (12.12.) und *Adlai Stevenson* (60) zum Vertreter der USA im Kabinettsrang bei den Vereinten Nationen.
Brasilien: Zum neuen Präsidenten wird *Janio Quadros* (43) gewählt (3.10.).
Kuba: *Castro* läßt US-amerikanische Ölraffinerien besetzen (1.7.) und enteignet amerikanisches Eigentum (7.8.), die USA und Kuba weisen Diplomaten wechselseitig aus (Juni). Verschärfung der Situation zum Jahresende. Abbruch der diplomatischen Beziehungen (4.1.61).
Algerien: Ablösung des Generals *Massu* (52) führt zu rechtsextremistischem Putsch in Algier (23.1. bis 1.2.). Die führenden Aufrührer werden vor Gericht gestellt; doch es gelingt den wichtigsten Angeklagten, vor allem dem Abgeordneten *Lagaillarde* (29), zu entfliehen (5.12.).
Kongo: Ausgelöst durch eine Meuterei von kongolesischen Truppeneinheiten gegen die belgischen Offiziere (6.7.), beginnt eine Zeit der Wirren, in deren Verlauf sich die Provinz Katanga für unabhängig erklärt (14.7.); rivalisierende Politiker kämpfen um die Macht; überwiegend afrikanische UN-Truppen versuchen mit wechselndem Erfolg Ruhe und Ordnung wiederherzustellen, ohne sich dabei in innerpolitische Auseinandersetzungen zu mischen. Gegen

Ende des Jahres bemächtigen sich Staatspräsident *Kasavubu* (50) und Oberst *Mobutu* (30) des abgesetzten Regierungschefs *Lumumba* (34) und wollen ihn vor Gericht stellen.

Äthiopien: Staatsstreich gegen den auf Auslandsreisen befindlichen Kaiser *Haile Selassie* (68) mißlingt (15.—17.12.).

Kenia: Die Notstandsmaßnahmen gegen die Mau-Mau-Bewegung (seit 1952) werden endgültig aufgehoben (12.1.); Einberufung einer Verfassungskonferenz (18.1.—21.2.), Umbildung der Regierung unter Einbeziehung afrikanischer Minister (31.3.).

Kamerun: Eine Verfassung wird in einer Volksabstimmung angenommen (21.2.).

Ghana: In einer Volksabstimmung (19.4.) eine neue Verfassung gebilligt, *Kwame Nkrumah* wird Präsident und Ministerpräsident; Ghana Republik im Commonwealth (1.7.).

Südafrikanische Union: Einführung der Identitätskarte für Farbige (Bewegungsbeschränkung) führt zu Unruhen (21.3.). Die Farbigen verlieren im Zentralparlament eigene Vertretung (30.6.). Nach einer Volksabstimmung (5.10.) wird die Union Republik.

Türkei: Ein Gesetzentwurf, der einer Kommission zur Untersuchung der Oppositionspartei außerordentliche Vollmachten einräumt, führt zu Studentenunruhen mit der Forderung nach größeren demokratischen Freiheiten. Sturz der Regierung *Menderes*, die eine Militärregierung unter General *Gürsel* (65) ersetzt. Die ehemalige Regierungspartei wird ausgeschaltet, ein Prozeß gegen *Menderes* und andere Mitglieder seiner Regierung beginnt (Oktober). *Gürsels* »Komitee der Nationalen Einheit« scheint einen radikalen Kurs zu steuern, als der Regierungschef sich der radikalen Elemente entledigt und freie Wahlen im nächsten Jahr zusichert (13.11.); Amnestie für die politischen Gegner (20.11.).

Jordanien: Ministerpräsident *Majali* (44) wird durch ein Bombenattentat getötet (29.8.). König *Hussein* (24) beschuldigt die VAR der Anstiftung; Chef des königlichen Kabinetts wird Nachfolger *Majalis* (30.8.).

Israel: Der ehemalige SS-Führer *Adolf Eichmann* (54), der sich bisher unerkannt in Argentinien aufhielt, gerät in israelischen Gewahrsam (23.5.). Argentinischer Protest gegen die Entführung.

Indien: Neuwahlen in Kerala (1.2.) bringen den antikommunistischen Parteien die Mehrheit. Bildung eines Komitees für ein Grenzentwicklungsprogramm unter dem Vorsitz *Nehrus* (71).

Pakistan: Gemeinderatswahlen sind Vertrauensvotum für *Ayub Khan* (52; 14.2.), der als erster indirekt gewählter Präsident seit Dekretierung des Ausnahmezustandes vereidigt wird (17.2.). Ausarbeitung einer neuen Verfassung.

Nepal: König *Mahendra* (40) stürzt die erste parlamentarische Regierung seines Landes und übernimmt selbst die Regierungsgewalt (15.12.).

Burma: Erste Wahlen für die Abgeordnetenkammer (6.2.) seit Einsetzung der Regierung *Ne Win* (50) im Oktober 1958 werden ein Sieg für die Partei des zurückgetretenen Ministerpräsidenten *U Nu* (53), der das neue Kabinett bildet.

Laos: Nach einem Staatsstreich bildet sich eine neutralistische Regierung unter dem Prinzen *Souvanna Phouma* (59; 30.8.), der auch Mitglieder der alten Regierung angehören. In der Folgezeit kommt es wiederholt zu Revolten, in deren Verlauf nordvietnamesische Truppen die Grenzen überschreiten, jedoch wieder zurückgeschlagen werden. Zum Jahresende scheinen sich die Truppen des königstreuen Generals *Nosavan* und die Regierung unter Prinz *Boun Oum* (48) durchzusetzen, als in den letzten Tagen des Jahres die Rebellen wieder an Boden gewinnen. Die Regierung beschuldigt Nordvietnam, die Volksrepublik China und die Sowjetunion der offenen Intervention.

Ceylon: Rücktritt *Dahanayakes* (20.3.) nach den Wahlen zum Repräsentantenhaus; *Dudley Senanayake* (49) bildet die neue Regierung, die jedoch nach erneuten Wahlen (20.7.) durch eine Regierung Frau *Sirimavo R. Bandaranaikes* (44) ersetzt wird, die zugleich das Verteidigungs- und das Außenministerium übernimmt.

Indonesien: Die Armeebefehlshaber gehen gegen die mächtige Kommunistische Partei des Landes vor, deren Tätigkeit sie in Süd-Sumatra und Süd-Borneo untersagen.

China: *Chiang Kai-shek* (73) wird nach einer Verfassungsänderung zum drittenmal Präsident Nationalchinas (21.3.).

Korea: Wiederwahl des Präsidenten *Syngman Rhee* (85; 15.3.). Gegen angebliche Fälschung des Wahlergebnisses protestieren Studenten; im Verlauf der sich entwickelnden Unruhen (26.4.) tritt *Syngman Rhee* zurück, der Vizepräsident *Lee Ki Poong* (64) begeht mit seiner Familie Selbstmord (28.4.). Zum neuen Präsidenten wird *Yoon Bo-Sun* (62) gewählt (12.8.).

Japan: Der Oberste Gerichtshof erklärt das Sicherheitsabkommen mit den USA für nicht verfassungswidrig (1.1.). Dennoch Protestaktionen gegen den Vertrag, Ministerpräsident *Kishi* (61) soll zurücktreten; die Unruhen erreichen ihren Höhepunkt kurz vor dem geplanten Besuch des amerikanischen Präsidenten, der daraufhin abgesagt wird (16.6.). Die Ratifikation des Vertrages erfolgt unter Abwesenheit der Oppositionspartei (19.6.). *Hayato Ikeda* (61) wird neuer Ministerpräsident (18.7.). Neuwahlen (20.11.) bringen einen Sieg der Regierungspartei (300 von 467 Sitzen im Reichstag).

KULTUR In Moskau wird die »Universität der Völkerfreundschaft« eröffnet (1.10.).

MUSIK *Hans Werner Henze* (34) »Der Prinz von Homburg«. *Igor Strawinsky* (78) Klavierkonzert.

KUNST *Picasso*-Ausstellung in London. *Pier Luig Nervi* (69) Ausstellungshalle Turin (Baubeginn).

Oscar *Niemeyer* (53) Regierungsgebäude und öffentliche Bauten in Brasilia (Baubeginn 1957).

NATURWISSENSCHAFT Martin Strell (48), Anton Kaloanow (42) und H. *Koller* (34) gelingt die Vollsynthese des Chlorophylls. Professor *Wilhelm Groth* (56) entwickelt billigeres Verfahren zur Gewinnung von angereichertem Uran (Gaszentrifugenverfahren). Erste französische Atombombenexplosion in der Sahara (13.2.).

TECHNIK Bau des Assuan-Damms beginnt (9.1.). Das mit deutscher und österreichischer Hilfe erbaute indische Stahlwerk in Rourkela wird eröffnet (12.1.). Weltenergiekonferenz in Madrid (Frühsommer). Das amerikanische Atom-Unterseeboot »Seadragon« bewältigt die kürzeste NW-Passage vom Atlantik zum Pazifik und taucht unter Eisbergen hinweg (August). Stapellauf des ersten atomgetriebenen Flugzeugträgers »Enterprise« in den USA (23.9.).

WIRTSCHAFT Die Sowjetunion ändert Rubelparität, was faktisch eine Abwertung bedeutet. Der Mangel an Arbeitskräften in der Bundesrepublik Deutschland nimmt trotz etwa 275000 ausländischen Arbeitnehmern krisenhaften Charakter an: auf 538000 offene Stellen kommen nur 113000 Arbeitsuchende (0,5 Prozent der Arbeitnehmer; August).

NAMEN- UND SACHREGISTER

A

Aalto, Alvar, finnischer Architekt 657
Abbas, Ferhat, algerischer Politiker 656
Abboud, Ibrahim, sudanesischer General und Politiker 656
Abdouh, Mahmud, arabischer Politiker 111
Abdullah ibn Hussein, König von Transjordanien 153, 642
Abdul Asis III. ibn Sa'ud, Sultan des Nedschd, König von Saudisch-Arabien 106, 119ff., 147, 153, 412, 645
Abd ul Rahman, Tuanku, malaiischer Politiker 134
Aberglauben 561, 575
Abessinien (Äthiopien) 105, 155, 632, 638, 654, 660
Abrüstungskommission der UN 641, 652, 658
Abschreckungsstrategie 395, 398, 408
Acción Democratica, politische Partei in Venezuela 335
Accra (Ghana), Konferenzen unabhängiger afrikanischer Staaten (1958) 655
Acheson, Dean, amerikanischer Politiker 239f.
Achtstundentag 466, 485, 525
Aden (Südarabien), englisches Protektorat 642
Adenauer, Konrad, Staatsmann 36, 232, 251, 260f., 268, **289** bis **293**, 404, 635, 637, 641, 644, 653, 657ff., *Abb. 276, 284*
—, Besuch in Moskau (9.—13.9. 1955) 648
ADGB (Allgemeiner Deutscher Gewerkschaftsbund) 463
Ägypten 26, 105f., 108, 111, 120, **147—154**, 159ff., 219, 247, 270f., 273ff., 332, 403, 413, 415 417, 421, 465, 490, 492, 629f., 632, 635f., 639f., 642f., 645ff., **649—653**, 655, 657, *Abb. 148*
Ästhetizismus 568
Äthiopien, siehe Abessinien
AFA-Bund (Allgemeiner Freier Angestelltenbund, 1917) 463
Afghanistan 105f., 108f., 120, 146f., 159, 164, 410, 649, 660

AFL (American Federation of Labor, 1886) 462, 472, 481, 485, 489, 650
AFL/CIO, Amerikanische Einheitsgewerkschaft (1955) 462, 650
AFPL, Antifaschistische Volksliga für Freiheit in Burma 137
Afrika 28f., 103, 109, 112, **147** bis **164**, 220, 223f., 272, 284, 298, 372, 393f., 412, 417f., **449f.**, 590, *Kartenskizze 155*
—, Bevölkerung 305
Afro-asiatische Konferenzen, siehe Bandung, Kairo
Afro-asiatischer Block in den UN 157
Aga Khan, Oberhaupt der Hodschas-Richtung der schiitischen Ismailiten 123
Aga Khan III. Aga Sultan Mohammed Schah, indischer Fürst 123
Agrarfrage in China 71, 75f., 85, 87, 96, 98
— in Indien 128
Agrarreformen 514
»Agrarstädte« (agrogoroda), Plan Chruschtschows 177f., 204
Ahmadabad (Staat Gujarāt) 108, 128
Aimará, indianisches Kulturvolk in Bolivien und Peru 346
Akaba am Roten Meer 652, 654
Akkumulationsgrenze, unterste Grenze des Lohneinkommens für freie Vermögensbildung 478
Alaska, 49. Bundestaat der USA (1959) 658
Albaner (Skipetaren, Arnauten), Nachkommen eines vorindogermanischen Volkes und der Illyrer 184
Albanien 185f., 188, 190, 193, 197, 203, 217, 631f., 634, 648, *Kartenskizze 191*
d'Alembert, Jean le Rond, französischer Philosoph und Mathematiker 310
Alemán Valdes, Miguel, mexikanischer Politiker 317, 319f.
Alessandri, Arturo, chilenischer Staatsmann 310, 316, 353

Alessandri Rodriguez, Jorge, chilenischer Jurist und Politiker 316, 354
Alexander I. Pawlowitsch, Zar von Rußland 170
Alfaro, Eloy, General und Politiker in Ecuador 316, 340
Algarve (Algarbien), Landschaft in Südportugal 368
Algerien, Land in Nordafrika 154f., 181, 219, 272, 275, **283** bis **286**, 289, 297, 418, 620, 653, 655f., 658ff.
—, Bürgerkrieg (Ausbruch 1. 11. 1954) 271, 285, 647, 648f., 654
—, Erhebung französischer Offiziere und Siedler (13.5.1958) 656
—, algerische Exilregierung (19.9. 1958) 656
Algier, nordafrikanische Konferenz (27.—30.4.1958) 655
Alianza Popular Revolucionaria Americana (APRA), politische Partei in Peru 344f.
Allen, V. L., englischer Sozialwissenschaftler 461, 472f., 491
Allenby, Edmund Henry Hynman, Viscount of Megiddo and Felixstone, britischer Feldmarschall 413
Allgemeiner Deutscher Arbeiterverein (gegründet 23.5.1863) 490
Allgemeiner Deutscher Gewerkschaftsbund (ADGB) 463
Allgemeiner Freier Angestelltenbund (AFA-Bund, 1917) 463
Alphastrahlen 554
Alvear, Marcelo Torcuato de, argentinischer Politiker 316, 358
Amalgamated Society of Engineers (Vereinigte Gesellschaft der Maschinenbauer, 1851) 456, 462
Amazonas (Amazonenstrom), größter Strom der Erde 304ff., 335, 342, 372, *Abb. 304*
Amazonien, Gebiet des Amazonas 303, 368f.
American Federation of Labor (AFL, 1886), amerikanischer Verband von Fachgewerkschaften 462, 472, 481, 485, 489, 650
Amerikanischer Gewerkschaftsbund (AFL/CIO, seit 9.2.1955 vereinigt) 473, 475

NAMEN- UND SACHREGISTER

Amerikanisierung der Alten Welt 224
Amman, Hauptstadt Jordaniens 153
Amritsar (Indien), Blutbad von (13.4.1919) 111f.
Ananda, Vetter und Schüler des Buddha 139
Ananda College, buddhistische Hochschule auf Ceylon 139
Andamanen (Inselgruppe), indisches Bundesterritorium 127
Anden, Gebirge in Südamerika 304, 335
Andhra Pradesh, indischer Bundesstaat, *Kartenskizze 127*
Andrada e Silva, José Bonifácio, brasilianischer Politiker 308
Andrianow, Wassilij Michailowitsch, sowjetrussischer Politiker 199
Angebot und Nachfrage, Gesetz von 456, 458, 509
Angelernte Arbeiter 522
Angestelltenschaft 468, 516 ff.
Anglo-Iranian Oil Company, London (1909) 642, 647
Angola, portugiesische Kolonie in Westafrika 421
Annam, Staat in Hinterindien 48, 97, 638
Anonymität 525 f., 537
Anouilh, Jean, französischer Dramatiker 634
—, »Orest« (1947) 634
Antarktis-Abkommen (1.12.1959) 658
Anthropologie 558 f., 560, 585
Anthropozentrisch, den Menschen in den Mittelpunkt des Seins stellend 605, 607, 619
Antiklerikalismus in Lateinamerika 310, 336, 342 f., 350
Antikolonialismus 261, 274
Antillen, Inselbogen zwischen Nord- und Südamerika 307, 321—327
Antimon in Lateinamerika 349
Antisemitismus, Argentinien 359
—, Bundesrepublik Deutschland 658
—, Osteuropa 193
—, Sowjetunion 176, 199
ANZUS-Pakt (Pazifik-Pakt) zwischen Australien, Neuseeland (New Zealand) und den USA (1.9.1951/28.4.1952) 408, 641, 643
Apartheid, Scheidung von Weißen und Farbigen für allen Lebensgebieten in der Südafrikanischen Union 635, 657
Appadorai, Anantanarayan, indischer Pädagoge 156
Apparatschik (Apparatmensch), Parteibeamter 206
APRA (Alianza Popular Revolucionaria Americana), politische Partei in Peru 344 f.

Arabien 106, 111, 120 f., 271, 273, 297, 420
—, Erdölvorkommen, erste Bohrung bei Kerkuk im Irak (1927) 120
Arabische Liga: Ägypten, Irak, Jordanien, Libanon, Saudiarabien, Syrien (Kairo, März 1945), Libyen (1953), Sudan (1956), Marokko und Tunesien (1958) 147 f., 150, 154, 161, 490, 629, 635, 645, 651, 655
— Legion Jordaniens (1926, ab 1939 unter dem Kommando des englischen Generals Glubb Pascha) 148, 412, 652
Arabischer Sicherheitspakt (17.6.1950) 639

Arabische Union (Irak und Jordanien, 14.2.1958) 655 f.
Aramburu, Pedro Eugenio, argentinischer General und Staatsmann 362, 649, 651
ARAMCO, Arabian-American Oil Company in Saudiarabien 147
Araukaner, Indianerstamm in Chile 350 f.
Arbeiterschaft, industrielle 515
Arbeiterstatistik 485
Arbeitnehmereinkommen 493
Arbeitsamt, Internationales, Sekretariat der International Labour Organization (ILO), Genf (1919/1945) 455, 461, 465, 490
—, Nationales, in den USA, siehe National Labour Relations Board
Arbeitsgerichtsbarkeit 459
Arbeitsgesellschaft 525
Arbeitslosenversicherung in Deutschland (16.7.1927) 486
Arbeitslosigkeit 443, 456, 458, 481, 486, 492
Arbeitsrecht 456, 460, 485, 518
Arbeitsverfassung, großbetriebliche 521, 524
Arbeitsvertrag, freier 509
Arbeitswelt des 20. Jahrhunderts, Die 520—525, 528, 536
Arbeitszeit 466, 475, 485, 525, 654
Arbenz, Guzmán Jacobo, guatemaltekischer Politiker 328 f.
Archäologie 560
Aref, Abdel Salam, irakischer Oberst und Politiker 154, 656, 658
Arendt, Hannah, amerikanische Philosophin und Schriftstellerin 650
—, »Elemente und Ursprünge totaler Herrschaft« (1955) 650
Arévalo Bermejo, Juan José, guatemaltekischer Politiker 328

Argentinien 304 ff., **309—313**, 316, 341, 346, 348 f., **356—363**, 365, 367, 370 f., 376, 418, 490, 492, 632, 642, 644, 647, 649, 651, 653, 656, 659, *Abb. 368*
—, Bevölkerung je km² 305
—, Kraftfahrzeuge je Kopf 313
—, Krieg mit Paraguay (1865—70) 316, 357
Arias, Erzbischof von Carácas 335
Aristoteles, griechischer Philosoph 585
Armas, Carlos Castillo, guatemaltekischer Offizier und Politiker 329, 647
Armenier, Mischvolk aus der Urbevölkerung des Landes und eingewanderter Indogermanen 169, 181
Armour and Company, Chicago 365
Armstrong, Hamilton Fish, amerikanischer Schriftsteller 245
Arp, Hans, Schriftsteller und Bildhauer 645
Aruak (Arowaken), indianische Sprachfamilie im nördlichen Südamerika 306
Aserbeidschan, Landschaft im südöstlichen Kaukasus 169, 181 f.
—, Persisch- 183, 219, 630
Ashby, Wallace, amerikanischer Agrartechniker 557
Ashōka, vorchristlicher indischer Kaiser 124
Asiatisch-afrikanische Konferenz in Bandung (18.—24.4.1955) 71, 160, 649
Asien 28 f., **103—164**, 272 f., 393 f., 404, 406, 408, 417, 420, 449, 590
—, Staatenbildung 1919—45 **111** bis 121
Asien den Asiaten, politische Devise 54
Assam, indischer Bundesstaat 127
Assuan, Nilstaudamm bei 273, 417, 650, 656, 660
Asunción, Hauptstadt von Paraguay 304 f.
Atheismus 484, 603, 623
Athen, Stadtstaat in der Antike 394
Atjeh, Landschaft in Nordwestsumatra 140
Atlantikcharta, Erklärung von Roosevelts und Churchills vom 14.8.1941 an Bord eines Kriegsschiffes über die alliierten Kriegsziele 226
Atlantikrat, siehe NATO
Atlantische Gemeinschaft 246 f., 281, 299
Atlantische Pakte, *Kartenskizze 239*
Atlantische Welt **221—299**
Atomares Gleichgewicht 433
Atombombe, englische (3.10.1952) 644
—, französische (13.2.1960) 287

NAMEN- UND SACHREGISTER

Atombombe der Sowjetunion
(23.9.1949) 638
— der USA (16.7.1945) 430f.,
589
—, Wirkung 431 ff.
Atombombenmonopol 37, 395,
398f.

Atomindustrie 437
Atomkernenergie 32, 36f., 296, 427,
430, 432, 435, 509, 631, 653
— für Energieversorgung 436f.
Atomkernenergie-Kommission 634
Atomklub 282, 287, 296, 395,
419
Atomkonferenz in Genf (8.—20.8.
1955) 437, 650
Atomkraftwerk 436f., 648, *Abb. 433*
Atomkrieg 293, 296, 433
Atomreaktor 554
Atomtechnik 426
Atom-U-Boote 436, 648, 657
Atomwaffen 289, 382, 384f., 394,
396, 398f., 432, *Abb. 421*
Atomwaffenversuche, Konferenz
für die Kontrolle der (1.7.1958)
655, 657, 659
Attlee, Sir Clement Richard, englischer Politiker 35, 117, 119,
259, 629
Auden, Wystan Hugh, englischer
Schriftsteller 572
Aufstand vom 17. Juni 1953 198,
264, 644, *Abb. 208*
Aufstiegsmöglichkeiten in der Industriegesellschaft 518f., 529
Augustin I., Kaiser von Mexico,
siehe Iturbide
Aung San, burmesischer General
und Politiker 118, 136f.
Aurangzeb, Großmogul von Indien
124
Auriol, Vincent, französischer Politiker 633
Auslandchinesentum 97
Außenpolitik im Atomzeitalter
432f.
Australien, Land des Commonwealth 158, 408, 481, 486, 489,
491, 641, 646
Autokratie 225
Automat, Werkzeugmaschine, die
eine Reihe von Arbeitsvorgängen ganz oder teilweise
selbsttätig ausführt 438f.
Automation, elektronisch gesteuerter Produktionsverlauf 296,
441 ff., 515, 521, *Abb. 524*
Autonome Sozialistische Sowjetrepublik der Wolgadeutschen
180
Avellaneda, Nicolás, argentinischer
Politiker 316, 357
Avila Camacho, Manuel, mexicanischer General und Staatsmann 317, 319

Awami-Liga, unter Suhrawardy
von der Moslem-Liga 1955 abgespaltene Partei in Ostpakistan
144
Ayacucho, Stadt in Peru 342
Ayub Khan, pakistanischer Staatsmann 145, 147, 657, 661
Azoren, portugiesische Inselgruppe
im Atlantik 631, 642
Azteken, indianisches Hauptvolk
Mexicos 306
Azzam Pascha, Abd ur Rahman,
ägyptischer Politiker 148

B

Bachmann, Ingeborg, österreichische Lyrikerin 645
—, »Die gestundete Zeit« (1953)
645
Bacon, Roger, englischer Philosoph
und Naturforscher 427
Baden-Württemberg, neues Bundesland (Volksabstimmung 9.12.
1951, Zusammenschluß 25.4.
1952, Verfassung 19.11.1953)
641
Bagdad, Hauptstadt des Irak 153
Bagdadpakt vom 24.2.1955 zwischen Türkei, Irak, Großbritannien, Pakistan und Iran, seit
24.3.1959 ohne Irak: Central
Treaty Organization (CENTO)
146f., 150—154, 158f., 409,
412, 417, 649, 656, 658
Bagirow, N.D., Parteichef in
Aserbeidschan 181
Bahawalpur, ehemaliger Fürstenstaat in Indien 144
Bahia, Bundesstaat Brasiliens 370
Baku, Stadt am Kaspischen Meer
181
Bakunin, Michail Aleksandrowitsch, russischer Revolutionär
und Anarchist 485
Balkan 25, 184, 632, 657
Balkankriege (1912—14) 503
Balkanpakt (9.8.1954) 646
Balkaren, kaukasischer Volksstamm 653
Balmaceda, José Manuel, chilenischer Politiker 316, 352
Balta, José, peruanischer Politiker
317, 343
Baltikum (Baltische Staaten) 27,
170, 177, 180, 198, 223
Ba Maw, burmesischer Politiker
118
Bananen in Lateinamerika 311,
328f.
Banco de Seguros del Estado,
staatliche Versicherungsbank in
Uruguay (Montevideo 1912)
364
Bandaranaike, Sirimavo Ratwatte
Dias, Politikerin in Ceylon 139,
661

Bandaranaike, Solomon, Politiker
in Ceylon 119, 139, 652, 658
Bandung (Westjava), asiatisch-afrikanische Konferenz (18.—24.4.
1955) 71, 160, 649
Bangalore, Hauptstadt von Mysore
126ff.
Bangkok, Hauptstadt von Thailand 162, 409
Bao Dai, ehemaliger Kaiser von
Annam, Staatschef von Vietnam 649
Barber, Samuel, amerikanischer
Komponist 657
—, »Vanessa« (1958) 657
Baroda, ehemaliger Fürstenstaat
Indiens 123, *Abb. 116*
Barrios, Justo Rufino, Politiker in
Guatemala 328
Bartók, Béla, ungarischer Komponist 551
—, »Konzert für Orchester«
(1943) 551
Basel, vierter Kongreß der Ersten
Internationale (1869) 484
Batista y Zaldivar, Fulgencio, kubanischer Politiker 322, 643,
647, 658
Batlle y Ordóñez, José, Journalist
und Politiker in Uruguay 317,
364ff.
Baudelaire, Charles, französischer
Dichter 578
Baudouin I., König der Belgier
639, 658
Baumeister, Willi, Maler 634
Baumwolle 320, 328, 342, 345, 366,
370f., 375
Bayar, Celâl, türkischer Politiker 640
Bayernpartei 637
Bazaine, Jean, französischer Maler
und Schriftsteller 636
—, »Notes sur la Peinture d'aujour d'hui« (1948) 636
Beckett, Samuel, irischer Dichter
578, 645
—, »En attendant Godot« (1952)
645, *Abb. 564*
Bednarik, Karl, Wiener Soziologe
473f.
—, »Der junge Arbeiter von
heute — ein neuer Typ«
(1953) 473
Behaviorismus, Lehre von den
Verhaltensweisen 548
Béjart, Maurice, französischer
Tänzer *Abb. 585*
Belgien 154, 230, 266, 279, 294,
297, 325, 362, 402, 418, 483,
634, 637ff., 641, 643, 660
—, Gewerkschaften 464, 470, 479
—, Sparprogramm (1960) 660
Belgrad, Hauptstadt Jugoslawiens
185
Belize, spanisch für Britisch-Honduras 329
Bello, Andrés, südamerikanischer
Dichter und Gelehrter 351

Beltrán, Pedro, peruanischer Politiker 345
Beluchistan, Provinz von Pakistan 121, 144, 147
Benavides, Oscar R., peruanischer General und Politiker 317, 344
Benelux, Zollunion von Belgique, Nederland, Luxemburg (1944, in Kraft 1.1.1948) 288, 634, 636 ff., 641 ff., 657
Beneš, Eduard, tschechischer Politiker 25, 28, 173, 189 f., 209, 632, 635
Bengalen, siehe Ost- und Westbengalen
Bengali, Sprache der östlichen indoarischen Sprachengruppe 144
Ben Gurion, David, israelischer Politiker 635, 659
Benn, Gottfried, Arzt und Dichter 580
Beran, Josef, Erzbischof von Prag 173, 197, 637
Berdjajew, Nicolai Aleksandrowitsch, russischer Philosoph 613
Bergarbeitergewerkschaft, amerikanische 480
Berija, Lawrentij Pawlowitsch, sowjetrussischer Politiker 173, 181, 193, 198f., 202, 210, 631, 645
Berlin 170, 279, 290, 292, 306, 404, 635f., 639, 657, 660, *Kartenskizze 191*, *Abb.* 444, 477
—, Alliierte Kommandantur 635
—, Alliierter Kontrollrat 31, 36, 629, 631, 633 ff.
—, Außenministerkonferenz (25.1. bis 18.2.1954) 646
—, Besatzungsstatut (14.5.1949) 637, 655
—, Blockade (24.6.1948—12.5.1949) 183, 234, 250, 259, 281, 289, 635, 637, *Abb.236*
—, Bundestag 649
—, Erklärung der Westmächte vom 29.7.1957 653
—, Freie Universität (gegründet 5.12.1948) 635
—, Krise (27.11.1958) **289—293**, 655, 657
—, Luftbrücke (26.6.1948—12.5.1949) 259, 635
—, sowjetischer Sektor 209, 290, 637, 659 f.
—, —, Volkserhebung des 17. Juni 1953 198, 264, 644, *Abb. 208*
Berman, Jakub, polnischer Politiker 211
Bernadotte, Graf Folke, schwedischer Philanthrop 635
Bernstein, Eduard, Politiker und Publizist 241
Berufe, ganzheitliche 517, 524f., 530
Berufsgliederung der Industriegesellschaft 516 ff.

Berufswahl 444
Beryllium (Element 4) 554
Bessarabien, Landschaft zwischen Dnjestr und Pruth 170, 632
Betancourt, Rómulo, venezolanischer Politiker 317, 327, 335
Betriebsräte in Deutschland (Betriebsrätegesetz vom 4.2.1920) 488
Betriebsverfassungsgesetz (BVG) vom 11.10.1952 459, 643
Betriebsvertretungen 488
Bevin, Ernest, englischer Politiker 235, 240, 629
Bewältigung der gegenwärtigen Welt **574—580**
— der Vergangenheit 589f.
Bezugschein 504
Bhagavad Gītā, religionsphilosophisches Gedicht im indischen Nationalepos Mahābhārata 110
Bhilai (Madhya Pradesh), Stahlwerk 126
Bhopal, Hauptstadt von Madhya Pradesh, *Kartenskizze 127*
Bhubaneswar, Hauptstadt von Orissa, *Kartenskizze 127*
Bhumibol Adulyadej (Rama IX.), König von Thailand 640, 658
Bhutan, Königreich auf der Südseite des Himalaja 106, *Kartenskizze 127*
Bidault, Georges, französischer Politiker 631
Bierut, Boleslaw, polnischer Politiker 173, 193f., 211, 215
Bihar, indischer Bundesstaat 121, *Kartenskizze 127*
Bikini, Atoll im Bereich der Marshallinseln (Pazifischer Ozean) 431
Bildungsbedürfnis 543 ff.
Bill, Max, Schweizer Architekt 642
Bío-Bío, chilenischer Fluß, mündet bei Concepción 350
Biologie 556f., 558f.
Biotechnik 426
Bismarck, Otto Fürst von, Staatsmann 25, 612
Blacher, Boris, Komponist 643, 645
—, »Abstrakte Oper Nr. I« (1953) 645
—, »Preußisches Märchen« (1952) 643
Blank, Theodor, Politiker 639
Blei in Lateinamerika 342, 349
Blöcker, Günter, Schriftsteller 576f.
Blomdahl, Karl Birger, schwedischer Komponist 659
—, »Aniara« (1959) 659
Bluecher (Galen), Wassilij Konstantinowitsch, sowjetrussischer General 77
Blum, Léon, französischer Sozialist 241
Böll, Heinrich, Schriftsteller 659
—, »Billard um halb zehn« (1959) 659

Bogotá, Hauptstadt von Kolumbien 304, 309, 335, *Abb.336*
—, Panamerikanische Konferenz (30.4.1948) 338
Bohr, Niels, dänischer Atomphysiker 554
Bolívar, Simón, Befreier Südamerikas 308, 316, 334, 336, 346
Bolivien, Staat in Südamerika **304—307**, 311f., 316, 336, 339, 343, **346—349**, 351, 360, 366f., 372, 643, 645, 647
—, Chaco-Krieg (1932—35) 347, 367
—, Pazifik- oder Salpeterkrieg (1879—83) 316, 343, 347, 352
Bolschewismus 29, 34, 387, 466, 567
Bombay, Hauptstadt des indischen Bundesstaates Maharashtra 108, 122, *Kartenskizze 127*
Borchert, Wolfgang, Dichter 634
—, »Draußen vor der Tür« (1947) 634
Borneo, Große Sundainsel 140, 142, 632, 661
Borodin, Michail Markowitsch, eigentlich Grusenberg, russischer Politiker 70, 77
Bose, Subhās Chandra, indischer Politiker 116f., 119
Boun Oum, Prinz, laotischer Politiker 661
Bourdet, Claude, französischer Journalist 249
Bourgeoisie 515, 518
Bourguiba, Habib, tunesischer Politiker 271, 418, 654
Boveri, Margret, Schriftstellerin 568
Boxer der Rechtlichkeit und Eintracht, chinesischer Geheimbund (entstanden um 1770) 50
Boxerunruhen (1900/01) **49**ff., 53, 70, 82, 105
Bradbury, Ray Douglas, amerikanischer Schriftsteller 573
—, »Fahrenheit 451« (1953) 573
Brancusi, Constantin, rumänischer Bildhauer 634
Brandeis, Louis Dembitz, amerikanischer Bundesrichter 489
Brandt, Willy, Politiker 292, 653, 660
Brasilia, neue Hauptstadt von Brasilien 374, 662, *Abb.369*
Brasilien (Estudos Unidos do Brasil), Vereinigte Staaten von **304** bis 309, 311 ff., 316, 339, 341, 346 ff., 364, **367—376**, 490, 630, 634f., 640, 643, 647, 651, 659f.
—, Bevölkerung 305, 368
—, Elektrizitätserzeugung 312
—, Krieg mit Argentinien (1825 bis 1828) 369
—, Krieg mit Paraguay (1865—70) 316, 370
—, Sezessionskrieg (1835—45) 369

NAMEN- UND SACHREGISTER   667

Bratislawa (Preßburg), Hauptstadt der Slowakei 211
Braudel, Fernand, französischer Historiker 223
Braunschweig, Internationales Schulbuchinstitut 645
Brecht, Bertolt (Bert), Dichter und Dramatiker 551, 567
—, »Dreigroschenoper« (1928) 551
Brentano, Lujo, Nationalökonom und Soziologe 458
Briefs, Götz Anton, deutsch-amerikanischer Wirtschaftswissenschaftler und Soziologe 512
Britisch-Guayana, britische Kronkolonie 372, 645, 654
Britisch-Honduras, britische Kronkolonie 329, 647
Britisch-Westafrika, Föderation von (1953) 644
British Commonwealth of Nations (Statut von Westminster 11.12. 1931) 124, 134, 152, 228f., 231, 234, 277, 410
Britten, Benjamin, englischer Komponist 634
—, »Albert Herring« (1947) 634
Broch, Hermann, österreichischer Erzähler und Essayist 632
—, »Der Tod des Vergil« (1946) 632
Brogan, Dennis William, englischer Historiker 243
Broglie, Louis Prince de, französischer Physiker 554
Brooks, Richard, amerikanischer Filmregisseur 650
—, »Blackboard Jungle« 650
Brüsseler Konferenz afrikanischer und asiatischer Nationalisten (1927) 114
— über den EVG-Vertrag (19. bis 22.8.1954) 646
Brüsseler Pakt (Westeuropäische Union: England, Frankreich und die Benelux-Staaten 17.3. 1948) 231, 234f., 237, 247, 267, 634, 646, *Kartenskizze 239*
Buber, Martin, jüdischer Religionsphilosoph 636
—, »Der Weg des Menschen« (1948) 636
Bucharin, Nikolai Iwanowitsch, sowjetrussischer Politiker und Wirtschaftstheoretiker 168
Buchdruckerverein, Nationaler (Mainz, Juni 1848) 463
Budapest 209, 213, 405, *Abb. 209, 212*

Buenos Aires 304, 309, 356f., 360, *Abb. 368*
—, Deklaration von 644
Bürgerkrieg des industriellen Zeitalters 562, 566, 583

Bürokratie 509, 511, 515, 522, 526
Buffet, Bernard, französischer Maler 642, *Abb. 572*
Bukarest 188
Bukowina, Landschaft in den Nordostkarpaten 170, 632
Bulganin, Nikolai Aleksandrowitsch, sowjetrussischer Marschall und Politiker 173f., 200, 202, 268, 647ff., 656, *Abb. 269*
Bulgaren, südslawisches Volk 184
Bulgarien, 185, 187–190, 193 bis 197, 210, 215, 217, 629–635, 638, 698, *Kartenskizze 191*
—, Union der Landwirte, politische Partei 187
Bund der Heimatvertriebenen und Entrechteten (BHE 1950) 644
Bundesrepublik Deutschland, siehe Deutschland
Bundesverfassungsgericht Karlsruhe (28.9.1951) 641
Bunsen, Robert Wilhelm, Chemiker 533
Burckhardt, Jakob, schweizerischer Kultur- und Kunsthistoriker 447
Burjäten, mongolisch-tungides Volk am Baikalsee mit eigener Sprache 180
Burma, Staat in Hinterindien 48, 105, 108, 117f., 135–138, 152, 156, 158–162, 183, 260, 409f., 412, 420, 451, 634, 636, 641, 646, 649, 652, 657, 660f., *Abb. 140*
—, Erdölvorkommen 138
Business Union, Fachgewerkschaft 456
Bustamente y Rivero, José Luis, peruanischer Politiker 317, 344
Butler, Richard Austen, englischer Politiker 269
Byrd, Richard Evelyn, amerikanischer Admiral und Antarktisforscher 632
Byrnes, James F., amerikanischer Politiker 259, 631

C

Cabrera, Manuel Estrada, Politiker in Guatemala 328
Caesar, Gajus Julius, römischer Staatsmann und Feldherr 380
Calcutta, Hauptstadt von Westbengalen 121, 127, 132, 632
Calder Hall, Atomkraftwerk in England (17.10.1956) 436, 652
Callao, Hafen in Peru 343f.
Calles, Plutarco Elías, mexicanischer General und Politiker 317ff.
Cama, indisches Handelshaus 108
Camargo, Alberto Lleras, siehe Lleras Camargo, Alberto

Camus, Albert, französischer Schriftsteller 583, 634
—, »La Peste« (1947) 634
Carácas, Hauptstadt von Venezuela 304, 333, *Abb. 336*
—, Interamerikanische Konferenz (13.3.1954) 646
Cárdenas, Lázaro, mexicanischer General und Politiker 319
CARE, Cooperative for American Remittances to Europe, Inc., Vereinigung von 26 Wohlfahrtsorganisationen in den USA (1946) 632
Carias Andino, Tibúrcio, Diktator in Honduras 329
Carmona, Oscar Antonio de Fragoso, portugiesischer General und Politiker 637, 642
Carranza, Venustiano, mexicanischer General und Diktator 317f.
Carrera, Rafael, General und Politiker in Guatemala 313, 328
Carta del Lavoro, Arbeitsverfassung im faschistischen Italien 455
Castilla, Ramón, peruanischer Politiker 317, 342f.
Castillo, Ramón S., argentinischer Politiker 316, 358f.
Castro, Cipriano, venezolanischer Politiker 317, 334
Castro Ruz, Fidel, kubanischer Politiker 322ff., 341, 418, 658, 660
—, Raul, kubanischer Politiker 323
Cauca, Rio, Nebenfluß des Rio Magdalena (Kolumbien) 305, 335
Celan, Paul, Lyriker 643
—, »Mohn und Gedächtnis« (1952) 643
Celebes (Sulawesi), Große Sundainsel 140f.
CENTO (Central Treaty Organization), früher Bagdadpakt 146f., 409, 658
Centrale générale des Syndicats libéraux de Belgique (CGSLB), Zentrale der liberalen Gewerkschaften Belgiens 464
Cerro, siehe Sánchez Cerro, Luis M.
Ceylon, Land des Commonwealth 105, 135, 138f., 151f., 156, 159f., 410, 636, 641, 646, 652, 658, 661
CFTC, Confédération française des Travailleurs chrétiens 463
CGC, Confédération générale des Cadres 463
CGIL, Confederazione Generale Italiana del Lavoro 463
CGSI, Confédération générale des Syndicals Indépendants (1948) 643
CGT, Confédération générale du Travail (1895) 463

Chaco, Gran, Landschaft zwischen den Anden und den Flüssen Paraguay-Paraná 347
Chaco-Krieg (1932—1935) 316f., 347, 367
Chadwick, Sir James englischer Physiker 554
Chagall, Marc, russischer Maler und Graphiker 659
Chamoun, Camille Nimer, libanesischer Politiker 656
Chandigarh, Hauptstadt von Punjab, *Kartenskizze 127*
Ch'ang-ch'un (Singking), Hauptstadt der Manchurei 71
Chapelcross, Schottland, Atomkraftwerk, *Abb. 433*
Chartismus, erste große proletarische Bewegung mit sozialistischem Charakter in England (1825—1854) 490
Chatam House, Royal Institute of International Affairs 165
Chatschaturjan, Aram Iljitsch, russischer Komponist 636
Check-off-Bestimmungen: die Gewerkschaftsbeiträge werden durch den Arbeitgeber einbehalten und abgeführt 472
Chehab, Fuad, libanesischer General und Politiker 656
Chelmsford, Frederick John Napier Thesiger, Lord, Vizekönig von Indien 108
Ch'en Tu-hsiu, chinesischer Politiker 65, 67f., 72f., 80
Chiang Kai-shek, eigentlich Chiang Chung-cheng, chinesischer Marschall und Staatsmann 27, 30, 63, 70, **77—80, 83** bis 86, 89f., 92f., 97, 246, 264, 388, 406f., 409, 411, 629, 632, 636, 640, 661
—, Feldzug gegen die Militärmachthaber (1926—1928) 70, 78ff.
—, Offensive gegen die Kommunisten (1930) 70, 89
Chibcha, indianische Sprachfamilie in Nicaragua, Costa Rica, Panamá, Kolumbien und Ecuador 306
Chile **304—313**, 316, 341, 343, 346ff., **350—355**, 360, 495, 606, 643f., 651, 659, *Abb. 337*
—, Bevölkerung 305, 350
—, Elektrizitätserzeugung je Kopf 312
—, Erdbebenkatastrophe (22.5.1960) 606
—, Kraftfahrzeuge 313
—, Salpeterkrieg (1879—83) 352
Chili (Hopei), chinesische Provinz 50
Chiliasmus, Glaube an ein tausendjähriges Reich nach der Wiederkunft Christi 587
Chiloé, chilenische Insel 350

China 24, 27ff., **43—101**, 105f., 108ff., 120, 133ff., 137, 140, 152, **156—161**, 163f., 183, 219f., 283, 298f., 323, 380, 382, 385, 387f., 390, 394, 398, **406** bis **412**, 420, **448—451**, 490, 616, 618f., 622f., 629f., 632, 636, **638—642**, 645ff., 649f., 652, 656ff., 660f., *Abb. 36, 45, 61, 64, 92f., 100f., 217, 496*
—, antichristliche Bewegung 82f.
—, anti-imperialistische Bewegung 81ff., 90, 94
—, Bauernbewegung 87ff., 94
—, Beseitigung des staatlichen Prüfungssystems (1905) 51f., 55, 65, 70
—, Bewegung für kulturelle Erneuerung **64—69**, 71ff., 82
—, Bewegung neues Leben (1934) 70, 85
—, Bewegung vom 4.5.1919 46, **61—65**, 68, 70, 73, 82, 100
—, Bewegung vom 30.5.1925 70
—, Bodenreform 71, 75f., 85, 87, 96, 98
—, Boykott englischer Waren (1925/26) 81
—, Boykott japanischer Waren (1919) 64
—, Bürgerkrieg (1947—49) 93ff., 398, 630, 636, 638, 640
—, Cheng-feng-Bewegung innerhalb der KPCh (1942) 70, 92, 95
—, Ehegesetz von 1950 100
—, Einfluß der abendländischen Wissenschaft 67, 69, 71
—, Einführung des lateinischen Alphabets (11.12.1957) 654
—, Emanzipation der Frau 67f.
—, Entwicklung seit 1949 **95—101**
—, Feldzug Chiang Kai-sheks gegen die Militärmachthaber (1926—28) 70, 78ff.
—, Fünfjahrespläne 71, 99, 645
—, Gedankenreform, Methodik der Umerziehung in der KPCh 95f.
—, Kampagne gegen die Rechtsorientierten (1957/58) 96, 101
—, Kollektivierung der Landwirtschaft (1955) 71, 98
—, Liga der linksgerichteten Schriftsteller (1930) 70, 86
—, Literarische Revolution 68f.
—, Machtübernahme durch die Kommunisten 51ff.
—, Nationale Revolution von 1926/27 **73—76**
—, Nationalregierung unter Chiang Kai-shek 70f., 82, **83—86**, 91f., 94, 406f., 409, 411, 632, 636, **638—640**, 645f, 661
—, Niederwerfung der Konter-Revolutionäre (1951/52) 96
—, Offensive Chiang Kai-sheks gegen die Kommunisten (1930) 70, 89, 93ff., 398

China, Reformbewegung von 1898 47ff., 64f.
—, Republik (12.2.1912) 57
—, Revolution von 1911 **52—58**, 64, 88, 100, 108
—, Revolution von 1913 (Nanking) 59, 70
—, Soziale Revolution **83—95**, 99ff.
—, Sprachliche Reform 68f.
—, Umerziehung durch Arbeit 96
—, Volkseinkommen 451
—, Volkskommunen (kung-she 29.8.1958) 71, 98, 220, 657
—, Volksregierung in Nordchina (1948) 71
—, Volksrepublik (1.10.1949) 71, 95, 219, 253, 260, 272, 590, **638—642**, 645ff., 649f., 652, 656ff., 660f.
—, wirtschaftliche Aktivität 1911 bis 1919 62ff.
—, wirtschaftliche Neugestaltung nach 1949 98f.
Chincha-Inseln an der Küste Perus, südlich Lima 343
Chinesisch-burmesisches Grenzabkommen (28.1.1960) 660
Chinesen in Lateinamerika 307, 339, 342
Chinesischer Revolutionsbund (1905) 53f., 70
Chinesisch-japanischer Krieg (1894/95) 54, 60, 70
— (1937—40) 89ff.
Ch'ing (Manchu), chinesische Dynastie (1644—1912) 53, 58
Chou En-lai, chinesischer Politiker 63, 70f., 77, 161, 638, 646, *Abb. 93*
Christelijk Nationaal Vakverbond in Nederland (CNV), Nationale Vereinigung christlicher Arbeiter der Niederlande 464
Christentum 507, 599, 604, 611, 620
—, Erstarken der Religiosität nach dem zweiten Weltkrieg 38
— in China 46, 49f., 65, 82f., 388
— in Osteuropa 196f.
— im Nahen Osten 413
Christlich-Demokratische Union (CDU, 16./17.6.1945) 251, 261, 289, 291, 629, 637, 644, 653
Christliche Gewerkschaften (1891) 463
Christlich-Nationaler Gewerkschaftsbund (Schweiz) 465
Christlich-Soziale Partei in Venezuela 335
Christlich-Soziale Union (CSU, Bayern 1945) 629, 644
Chruschtschow, Nikita Sergejewitsch, sowjetrussischer Staatsmann 71, 173, 176ff., 181, **198** bis 204, 206f., 210ff., **215—219**, 268, 281, 289, 292f., 297, 389, 407ff., 639, 645, 647ff., 651, 653, 655ff., 659, *Abb. 216*

NAMEN- UND SACHREGISTER

Chruschtschow, Agrarstädte-Projekt (1951) 177f., 204
—, Dezentralisationsreform (1957) 201, 206
—, Rede in der Geheimsitzung des 20. Parteitags (1956) 200, 207, 211, 651
—, Schulreform von 1958 207
Chuang-tzu (Chuang-tse), chinesischer Philosoph 66
Chungking (chinesische Provinz Szechwan), Sitz der Nationalregierung (1938—45) 30, 71, 90, 92
Churchill, Sir Winston Leonard Spencer, englischer Staatsmann 24, 26, 31f., 34f., 119, 226, 228f., 231, 259, 269, 634, 641, 649, *Abb. 36, 229*
—, Rede in Fulton (5.3.1946) 228
—, Rede in Zürich (19.9.1946) 26, 228
CIO, Congress of Industrial Organizations (1938) 462, 650
CISL, Confederazione Italiana Sindicali Lavoratori (1950) 643
Ciudad Bolívar (bis 1866 Angostura), Stadt in Venezuela 305
Ciudad Trujillo, Hauptstadt der Dominikanischen Republik 304, 326
Clark, Colin, australischer Volkswirtschaftler 495, 516
Claudel, Paul, französischer Dichter 608
Clausewitz, Karl von, preußischer General 385, 399
Clemenceau, Georges, französischer Politiker 34, 390
Clementis, Vladimir, slowakischer Politiker 173, 194
Cleveland, Stadt in Ohio (USA) 442
Closed shop, im amerikanischen Arbeitsrecht: Betrieb, der nur Gewerkschaftsmitglieder einstellen darf, 1947 durch das Taft-Hartley-Gesetz für unzulässig erklärt 458, 460, 472
CNV, Christelijk Nationaal Vakverbond in Nederland 464
Cocteau, Jean, französischer Dichter 640
—, »Orphée« (1950 Film) 640
Colins, Jean-Guillaume, Baron de, belgischer Nationalökonom 484
Colombo, Hauptstadt von Ceylon 163
—, Konferenz von (Mai 1954) 646
Colombo-Plan, wirtschaftliches Aufbauprogramm für Süd- und Südostasien (28.11.1950), für sechs Jahre vorgesehen und am 21.10.1955 bis 1961 verlängert 163, 641, 649
Colón, Stadt in Panamá 331f.
COMECON (Council for Mutual Economic Assistance), Rat für gegenseitige Wirtschaftshilfe in Moskau (25.1.1949) 216, 638, *Kartenskizze 191*
Comics (comic strips), Bildfolgen in Zeitungen und Zeitschriften 543
Commonweal, The, katholische Wochenschrift (New York 1924) 361
Communauté Française, französische Gemeinschaft autonomer Staaten (1958 von de Gaulle gegründet) 154, 228, 286
Comorin, Kap an der Südspitze Vorderindiens 121
Comte, Auguste, französischer Philosoph und Soziologe 421f., 613, 615
Concepción, Stadt in Chile 351
Confédération des Syndicats chrétiens (CSC), Christlicher Belgischer Gewerkschaftsverband 464
Confédération générale des Cadres (CGC, 1945), französische Gewerkschaft der höheren Angestellten 463
Confédération générale des Syndicats Indépendants (CGSI, 1948) 463
Confédération générale du Travail (CGT, 1895), kommunistischer Gewerkschaftsverband Frankreichs 463
Confédération Nationale du Patronat Français, Nationaler Verband französischer Arbeitgeber 278, 288
Confederazione Generale Italiana del Lavoro (CGIL), kommunistischer Gewerkschaftsbund Italiens 463
Confederazione Italiana Sindicali Lavoratori (CISL, 1950), Nationalverband der Arbeiter Italiens 463
Congress of Industrial Organization (CIO, 1938), amerikanischer Verband von Industriegewerkschaften 462, 650
Conseil Français pour l'Europe Unie, Paris (1947) 217
Copello, Santiago Luis, argentinischer Kardinal 360f.
Copernicus, Nicolaus, Astronom 438
Córdoba, Stadt und Provinz in Argentinien 361
Cordon sanitaire 34, 159
Corps intermédiaire, Gebilde zwischen Staat und Individuum (Rousseau) 455
Cortines, Adolfo Ruiz, siehe Ruiz Costines
Corumbá, Stadt in Brasilien 348
Costa Rica, Staat in Mittelamerika 304—307, 313, 327f., 330f., 641, 645, 648, *Abb. 321*

Costello, John A., irischer Politiker 647
Coty, René, französischer Politiker 644
Cougnac, Höhle bei Gourdon (Frankreich), vorgeschichtliche Malereien 645
Cripps, Sir Richard Stafford, britischer Politiker 116, 119
Crist, Raymond E., amerikanischer Geograph 325
Croce, Benedetto, italienischer Philosoph und Historiker 31
Crosland, Charles Anthony Raven, englischer Politiker 495
Csepel, Donauinsel südlich Budapest 213
Cuno, Wilhelm, Reeder und Politiker 170
Curaçao, Insel der kleinen Antillen 632
Curtius, Ernst Robert, Romanist 636
—, »Europäische Literatur und lateinisches Mittelalter« (1948) 636
Cuzco, Peru (Hauptstadt des Inkareichs) 342, *Abb. 598*
Cypern, Mittelmeerinsel (unabhängig 16.8.1960) 271, 633, 645, 649, 651, 654, 656, 658ff., *Kartenskizze 155*
Cyrankiewicz, Josef, polnischer Politiker *Abb. 93*
Cyrenaica, Landschaft im Osten Libyens 154, 636

D

Dänemark 237, 247, 256, 258, 277, 279, 289, 294, 402, 520, 636f., 644, 658
—, Gewerkschaften 464, 470, 472, 475, 479, 494
DAG, Deutsche Angestellten-Gewerkschaft (1945) 463
Dagestan, Autonome Sozialistische Sowjetrepublik am Kaspischen Meer 182
Dahanayake, Wijayananda, Politiker in Ceylon 658, 661
Dahomey, westafrikanische Republik (unabhängig 1.8.1960) 658f., *Kartenskizze 155*
Daimyō, japanischer Territorialfürst 123
Dairen (Ta lien wan, russisch Dalnij), Hafenstadt am Gelben Meer 94, 629, 640
Dalai-Lama, geistliches Oberhaupt des Lamaismus und weltlicher Herrscher in Tibet 71, 640, 658, *Abb. 604*
Damaño (nördlich Bombay), portugiesische Kolonie 644, 647
Damaskus, Stadt in Syrien 153, 600

NAMEN- UND SACHREGISTER

Damodar, Fluß in Westbengalen 636
Dampfmaschine (1769/77) 425, 427f., 502
Dampftechnik 426
Dar ul Islam, mohammedanische separatistische Bewegung in Indonesien 141f.
Dayānand, Sarasvati indischer Reformator 107
DBB, Deutscher Beamtenbund (1918–33, 1948) 463
»DDR«, »Deutsche Demokratische Republik«, siehe Deutschland, sowjetische Besatzungszone
Debré, Michel Jean-Pierre, französischer Politiker 658
Dedijer, Vladimir, jugoslawischer Politiker 192, 649
—, »Tito spricht« (1953) 192
De Gasperi, Alcide, italienischer Politiker 232, 630
Dekhan, Hochland in Indien 121 ff.
Delhi, Stadt und Bundesdistrikt in Indien 71, 122, 124, 126ff., 156, 409
—, Asienkonferenzen: (Februar 1946) 156; (1948) 156; (21./22.1.1949) 637; (April 1955) 71
Demangeon, Albert, französischer Geograph 224
Demokratie 67, 68, 82, 162, 389, 410, 444, 468, 470f., 478, 490ff., 510–513, 588, 621
—, Christliche 232
— in Indien 121–131, 136, 420
—, soziale 241
Demokratismus 492
Demokratische Partei in den USA 259, 264, 269, 656
Demokratisierungsmaßnahmen in Deutschland 229
Dempsey, Pater Bernard S. J., amerikanischer Sozialwissenschaftler 466
De Samvirkende Fagforbund i Danmark, Dänischer Gewerkschaftsbund 464
Despotisme administratif (französisch), Diktatur der Behörde 510
Dessau, Paul, Komponist 642
—, »Die Verurteilung des Lukullus« (1951) 642
Detroit (Michigan, USA) 439
Deutsch-dänischer Vertrag über die Minderheiten in Schleswig (29.3.1955) 648
Deutsche Angestellten-Gewerkschaft (DAG, 1945) 463
Deutscher Beamtenbund (DBB, 1918–33, 1948) 463
Deutsche Gewerbeordnung (21.6.1869) 459
Deutsche in Lateinamerika 307, 342, 350, 364, 366ff., 370, 376
Deutsche Lufthansa AG 648

Deutsche Partei (DP) 637, 644
Deutscher Gewerkschaftsbund (DGB, 13.10.1949) 463, 475f., 487, 638, Abb. 477
Deutsch-französische Freundschaft 26, 231
Deutsch-Französischer Krieg (1870/71) 430
Deutsch-französische Verständigung 252, 261, 270
Deutschland 24–28, 31f., 35f., 48, 60f., 70, 74f., 107, 170, 183f., 232, 249ff., 255, 261f., 277, 280, 288–295, 325, 362, 379, 388f., 399, 402, 405, 520, 531, 544, 565ff., 569, 587, 589, 620, 629, 631, 633–639, 641, 643f., 646 bis 651, 653, 655f., 660, Abb. 405
—, Ausweisung der östlich der Oder-Neiße-Linie lebenden deutschen Bevölkerung (Potsdamer Konferenz 17.7.–2.8.1945) 31, 35, 290, 629, Abb. 237
—, Bizone, Bank deutscher Länder (1.3.1948) 635
—, Bundesrepublik (23.5.1949) 36f., 126, 251, 255, 266ff., 270, 279f., 288–295, 402f., 451, 491, 637, 639–644, 646f., 649, 651, 653–660
—, Besatzungsstatut (8.4./21.9.1949) 636, 641, 643
—, Bevölkerung je km² 305
—, Bundesvertriebenengesetz (19.5.1953) 644
—, Elektrizitätserzeugung je Kopf 312
—, Gewerkschaften 469, 473f., 491
—, Grundgesetz (23.5.1949) 637, 647
—, Kohlenkrise (1958) 657
—, Kraftwagen 313
—, Kommunistische Partei aufgelöst (17.8.1956) 651
—, Verträge über die Entschädigung der Opfer der nationalsozialistischen Verfolgung 658
—, Demontage gemäß dem Potsdamer Abkommen (2.8.1945) 37, 229, 629, 636
—, Gewerkschaften 457, 459, 463, 469f., 472ff., 479, 483, 485f., Abb. 477, 497
—, Interzonenkonferenz der deutschen Ministerpräsidenten (5.–7.6.1947) 633
—, Reparationsfrage 229, 629, 633
—, sowjetische Besatzungszone (»Deutsche Demokratische Republik«, DDR) 251, 290, 292, 400, 404f., 629, 633, 635, 637ff., 641, 643f., 646, 648, 653, 655, 657–660, Kartenskizze 191, Abb. 513
—, —, Aufstand vom 17.6.1953 198, 644

Deutschland, sowjetische Besatzungszone, Aufstellung militärischer Polizeikräfte 639
—, —, Bodenreform (10.9.1945) 290, 629
—, —, Deutscher Volksrat (18./19.3.1948) 251, 635, 637
—, —, Deutsche Wirtschaftskommission 633f.
—, —, Enteignung von Wirtschaftsunternehmen (30.6.1946) 631
—, —, Gesamtdeutscher Rat 641
—, —, Landwirtschaftliche Produktionsgenossenschaften (LPG) 290, 656, 660
—, —, Lebensstandard 656
—, —, Paßgesetz (12.12.1957) 653
—, —, Reparationen aus laufender Produktion 37, 637
—, —, Sowjetische Aktiengesellschaften (SAG, 5.6.1946) 631, 644
—, —, Staatsrat (1960) 660
—, —, Volksarmee (1956) 651
—, —, Volkseigene Betriebe (VEB) 644
—, —, Volkskongreß (15.5.1949) 637
—, sowjetischer Entwurf eines Friedensvertrages (10.1.1959) 657
—, Wiederbewaffnung 250–253, 261f., 292, 643, 646, 656
—, Wiedergutmachungsabkommen mit Israel (10.9.1952) 643
—, Wiedervereinigung 290, 393, 404, 643, 648, 655, 657
—, Zweiteilung 229, 234, 290, 403f., Abb. 405
—, Zwei-Staaten-Theorie der Sowjetunion 648
Deutschlandvertrag (Generalvertrag, 26.5.1952) 643f., 646
Deutschnationaler Handlungsgehilfenverband (DHV, 1895) 463
Deutsch-Schweizer in Lateinamerika 342
De Valera, Eamon, irischer Staatsmann 647, 653, 658
Dewey, John, amerikanischer Philosoph 67, 70, 551, 615
—, »Democracy and Education« (1916) 551
Dewey, Thomas Edmund, amerikanischer Politiker 246
Dhahr'an, Saudiarabien 641
DHV, Deutschnationaler Handlungsgehilfenverband 463
Dialektik, philosophischer Begriff nach Hegel und Marx 393f., 400, 502
Díaz, Porfirio, mexikanischer General und Politiker 315
Dichtung des 20. Jahrhunderts 547f., 567, 575ff., 580, 587 589, Dien-Bien-Phu, Fall der Festung (7.5.1954) 265 647

NAMEN- UND SACHREGISTER

Dienstleistungen, Tätigkeiten, die weder der Produktion noch der Verteilung dienen 517 ff.
Dietzel, Heinrich, Nationalökonom 496
Dilthey, Wilhelm, Philosoph 556
Diktatur 162, 168, 313, 323
Dimitrow, Georgij M., bulgarischer Politiker 173, 188, 193 f., 631
Diplomatie 433
—, absolute 380—385
—, amerikanische 393, 415
— der Abschreckung 392—400, 419
—, kommunistische 392 f.
Diplomatisches Kraftfeld 380, 384
Disengagement (englisch: Ungebundenheit), als politisches Schlagwort: Auseinanderrücken der Machtblöcke 289, 293
Disraeli, Benjamin, Earl of Beaconsfield, englischer Staatsmann 427
Diu, portugiesische Inselkolonie an der Küste der indischen Halbinsel Khatiawar 644, 647
Djakarta (Java), Hauptstadt von Indonesien 140 ff., 638, *Abb. 141*
Djilas, Milovan, jugoslawischer Politiker 173, 197, 211, 216, 647, 649, 654
—, »Die neue Klasse« (New York 1957) 216, 654
Djuanda Kartawidjaja, Radan Hadji, indonesischer Politiker 654, 657
Do it yourself (englisch), Tue es selbst 539
Dominikanische Republik, Ostteil der Insel Haiti 304, 307, 311, 313, 321, 325 ff., 331, 362, 639, 643, 659
Dorticos Torrado, Oswaldo, kubanischer Politiker 322
Drama 578
Dreimächtepakt, Militärbündnis Deutschland, Italien, Japan (27.9.1940) 226
Drittes Reich 589
Drucker, Peter F., amerikanischer Volkswirtschaftler und Soziologe 521
Dsodse, Kotschi, albanischer Politiker 193
Duarte, Eva, siehe Perón
Dubinsky, David, amerikanischer Gewerkschaftler 477
Dudinzew, Wladimir Dimitrijewitsch, russischer Schriftsteller 206, 652
—, »Der Mensch lebt nicht vom Brot allein« (1956) 206, 652
Dünkirchen, Vertrag von (4.3.1947) 231, 633
Dürckheim-Montmartin, Karlfried Graf von, Psychologe und Philosoph 601

Dürrenmatt, Friedrich, schweizerischer Schriftsteller 650
—, »Besuch der alten Dame« (1955) 650
Duhamel, Georges, französischer Arzt und Schriftsteller 242
Dulles, John Foster, amerikanischer Staatsmann 218, 264 f., 268 f., 272 f., 658
Dunapentele (Sztálinváros), Widerstandszentrum im ungarischen Freiheitskampf (4.—9.11. 1956) 213
Duncker, Franz, Buchhändler und Politiker 463
Durand, Sir Mortimer, englischer Diplomat 147
Durand-Agreement von 1893 zwischen England, Afghanistan, Indien und Rußland (Durand-Linie) 147
Durrell, Lawrence, englischer Schriftsteller 654
—, Alexandrien-Romane (bis 1960) 654
Dutra, Enrico Gaspar, brasilianischer General und Politiker 316, 373 f.
Duvalier, François, haitianischer Politiker 325
Dyer, Reginald Edward Harry, englischer General 112

E

Ebert, Friedrich, Oberbürgermeister des sowjetischen Sektors Berlins 635
Echandi Giminez, Mario, Politiker in Costa Rica 331
Economist, The, unabhängige englische Wirtschafts- und Finanzzeitschrift (gegründet 1843) 35, 245
Ecuador, Staat in Südamerika 304—307, 312 f., 316, 333, 336, 339 ff., 350, 643 f., *Abb. 321*
Eden, Sir Robert Anthony, englischer Politiker 269, 274, 641, 646, 648 f., 653, *Abb. 269*
Eden-Plan, erster (1954) 646
—, zweiter (1955) 648
Effizienz, Leistungsfähigkeit 348
EFTA (European Free Trade Association), Europäische Freihandels-Assoziation) 288, 659, *Kartenskizze 279*
Egk, Werner, Komponist 634
—, »Abraxas« (1947) 634
EGKS, Europäische Gemeinschaft für Kohle und Stahl, siehe Montanunion
Ehrenburg, Ilja Grigorjewitsch, russischer Schriftsteller 647
—, »Tauwetter« (1954/56) 647
Eichmann, Adolf, ehemaliger SS-Führer 661

Eimert, Herbert, Komponist 641
Einaudi, Luigi, italienischer Staatswissenschaftler und Politiker 635
Einem, Gottfried von, Komponist 634
—, »Dantons Tod« (1947) 634
Einheitsgewerkschaft 476 ff.
Einkommen in der Industriegesellschaft 518 f.
Einkommen je Kopf der Bevölkerung 450
Einstein, Albert, Physiker 551, 554
Eisen in Lateinamerika 342
Eisenhower, Dwight David, General und Politiker 209, 259, **262** bis **265**, 268 f., 274, 282, 296, 333 f., 390, 639, 643, 648, 651, 653, 655, 657, 659, *Abb. 269, 384 f.*
—, alliierter Oberbefehlshaber in Europa (4.4.1951) 255, 258
—, Präsident der Vereinigten Staaten (4.11.1952) 643, (6.11. 1956) 651
Eisenhower-Doktrin (5./30.1.1957) 151 ff., 653
Eiserner Vorhang (1945 von Churchill geprägter Ausdruck für die Abschließung des Ostblocks) 420
Ejido-(Gemeindetrift-)System in Mexico 321
Elbe 393, 400
Elektrizität als Energiespender (Dynamomaschine, 1866) 425
Elektrizitätserzeugung je Kopf der Bevölkerung 312
»El Dia«, Tageszeitung in Montevideo (1896) 364
Elektronische Rechen- und Steuerungsmaschinen 427, 432, **439** bis **444**, *Abb. 524*
Elektrotechnik 426
Elfenbeinküste, westafrikanische Republik (unabhängig 7.8. 1960) 660, *Kartenskizze 155*
Eliot, Thomas Stearns, amerikanischer Dichter 548, 584, 638
—, »The Cocktail Party« (1949) 638
Elisabeth II., Königin von England (2.6.1952) 643, 659, *Abb. 277*
Energiequellen, neue **435**—**438**, 451 f.
Energieversorgung der Menschheit 437
Engels, Friedrich, sozialistischer Schriftsteller 482, 487
—, »Die Lage der arbeitenden Klassen in England« (1845) 487
Engländer in Lateinamerika 306 f., 350, 364
England 24 ff., 32, 34, 36 ff., 47 f., 60 f., 70 f., 74, 81 f., 84, **105** bis 108, 110 ff., 114 ff., 118, 121 f.,

124, 126, 129, 132, 134, **147** bis **152**, 158, 163, 170, 181, 183, 186, 226, 229f., 233f., 241, 243, 245ff., 253f., 258ff., 262, 264, 267, 269ff., 273ff., 277, 279f., 287f., 289f., **293–297**, 333, 362, 370, 380, 382, 387f., 395, 399, 402f., 409, 412ff., 416f., 428, 435ff., 443, 448, 455f., 520, 562, 629, 631, **633–644**, 646, **648–666**, *Abb. 277, 456, 476*
England, Elektrizitätserzeugung je Kopf 312
—, Gewerkschaften 462, 467, **472** bis **475**, 477, 479, 481, 483f., 486f., 489ff., 494ff.
—, Kraftwagen, Zahl der 313
—, Verstaatlichung der Eisen- und Stahlindustrie (Februar 1951) 641
—, Verstaatlichung des Kohlenbergbaus (21.5.1946) 631
Englisch-französischer Beistandspakt von Dünkirchen (4.3.1947) 231, 633
Entnazifizierungsmaßnahmen gemäß Potsdamer Abkommen (2.8.1945) 31, 229
Entwicklungsländer **446–452**, 513, 564, 588, 652, *Abb. 449*
—, Gewerkschaften 461, 465, 469f., 489f., 492
Enzyklika »Syllabus errorum« des Papstes Pius' IX. (1864) 370
Erdgas 457
Erdöl 273, 278, 297, 412f., 417, 425, 435ff.
—, Argentinien 358, 360, 363
—, Bolivien 348f.
—, Brasilien 374
—, Burma 138
—, Indonesien (Sumatra) 140, 142
—, Irak 120, 162, 413, 415
—, Kolumbien 337
—, Mexico 312, 315, 318ff.
—, Paraguay 366
—, Persien 642f., 647
—, Peru 342, *Abb. 305*
—, Sahara 297
—, Saudiarabien 120, 147, 413, 415, 641
—, Venezuela 312, 333f.
Erdsatelliten 276, 282, 533, 654, 657
Erhard, Ludwig, Wirtschaftspolitiker 260, 288
Eritrea (Erythräa), autonomes Gebiet Abessiniens 639, 643
Erkenntnistheorie 555
Ermüdungsneurosen 523
Ernst, Max, Maler 645
ERP (European Recovery Program) 633
Erziehung und Ausbildung in Osteuropa 196
»Esprit«, französische Zeitschrift (Paris, 1932) 249
Essay, der 577, 584

Esten, Volk ostbaltischer Rasse 184
Estland 170
Ethnologie, Völkerkunde 560
Euratom, Europäische Gemeinschaft für Atomenergie der Mitglieder der Montanunion (gegründet Rom 25.3.1957) 276f., 287, 648, 653, 655, *Abb. 276*
Europa 28, 30, 32, 134, 224, 240, 244ff., 248ff., 252, 254, 266, 272, 274, **294–299**, 386, 393, 404f., 417, 428, 437, 443, 447ff., 496, 572
— (1957–59) **276–293**, 295
—, Bevölkerung ohne UdSSR 305
—, Kernwaffenfreie Zone 405
—, Kongreß für ein Vereinigtes Europa (7.–10.5.1948) 634
—, militärische Räumung 405
—, Spaltung 419
—, totale Neutralisierung 405
—, Vereinigte Staaten von 26, 228f., 231ff., 259, 276, 292, 299
Europa-College, Hochschulinstitut für die Europabewegung in Brügge (1950) 299
Europäische Armee 251, 255, 261
Europäische Freihandels-Association, siehe EFTA
Europäische Gemeinschaft für Kohle und Stahl (EGKS), siehe Montanunion
Europäische politische Gemeinschaft 643f.
Europäische Verteidigungsgemeinschaft (EVG 27.5.1952) 256, 261f., 265ff., 280, 641, 643f., 646f.
Europäische Wirtschaftsgemeinschaft (EWG) zwischen den Mitgliedern der Montanunion zur Schaffung eines Gemeinsamen Marktes (Rom 25.3.1957, wirksam 1.1.1959) 277f., 280, 287, 297, 653, 657, 659, *Kartenskizze 279, Abb. 276*
Europäische Zahlungsunion (EZU, European Payment Union, EPU, 19.9.1950) 252, 277, 641, 657
Europäisierung der Neuen Welt 224
Europa-Rat, Organisation europäischer Staaten, Sitz Straßburg (5.5.1949) 252, 268, 637, 639, 641, 644, 648, 653, *Kartenskizze 239*

European Recovery Program (ERP) 633
Europe Commitee, United, London 232
l'Europe Unie, Conseil pour, Paris 232
Everest, Mount (tibetisch: Tschomolungma 8882 m) 645
Existenzphilosophie (Existentialismus) 508, 546, 585f.
Explorer, erster amerikanischer Erdsatellit 657
Explosionsmotor (1867) 425
Export- und Import-Bank, Washington 363, 375
Expressionismus 545, 583
EZU, Europäische Zahlungsunion (19.9.1950) 252, 277, 641, 657

F

Fabier (Fabian Society), sozialistische Gesellschaft in London, 1883 gegründet 241, 469, 477
Fagforbund, De Samvirkende, i Danmark 464
Fair Deal (gerechter Anteil), auf der Konferenz von Bretton Woods (1.–22.7.1944) aufgestellter wirtschaftlicher Grundsatz der USA 259, 638
Fair Labor Standards Act (Wages and Hours Act, Lohn- und Arbeitszeitgesetz in den USA, 1938) 459
Familie in der Industriegesellschaft 531f.
FAO (Food and Agricultural Organization) der UN 634
Farrell, Edelmiro, argentinischer Politiker 316, 359
Faruk I., König von Ägypten 119, 149, 415, 640, 643
Faschismus 29, 344, 373, 564
Faulkner, William, amerikanischer Schriftsteller 551, 579f., 642
—, »Light in August« (1932) 551
—, »Requiem for a Nun« (1951) 642
Faure, Edgar, französischer Politiker 648f., *Abb. 269*
Febvre, Lucien, französischer Historiker 224
Fédération générale du Travail de Belgique (FGTB), Allgemeiner Arbeiterverband von Belgien 464
Feisal I., König von Syrien und Irak 153
Feisal II., König von Irak 119, 651, 655f.
Fellini, Federico, italienischer Filmregisseur 647
—, »La Strada« (Film 1954) 647
Feng Yü-hsiang, chinesischer General 79

NAMEN- UND SACHREGISTER

Fermi, Enrico, italienischer Physiker 554
Fernsehen 642
Fette, Christian, Gewerkschaftsführer 486
Feudalismus 225, 427, 460, 472, 476, 488f., 491
Fezzan (Fessan), Landschaft in der Nord-Sahara 636
FGTB, Fédération générale du Travail de Belgique 463
Fierlinger, Zdeněk, tschechoslowakischer Politiker 190
Figl, Leopold, österreichischer Politiker 630, 637
Figueres, José, Politiker in Costa Rica 330, 645
Film 574, 640, 647, 650, 659, *Abb. 541*
Finnen, eigener Name Suomalaiset 184
Finnland (Suomi) 167, 190, 629, 632f., 635, 648, 655f., 659
Fischer, Louis, amerikanischer Journalist und Schriftsteller 640
—, »The God that failed« (1950, mit Ignazio Silone, Arthur Köstler, André Gide und Richard Wright) 640
Fließbandverfahren 439f., 442, 521, 523, *Abb. 444*
Flores, Juan José, General und Politiker in Ecuador 312, 316
Florida, Bundesstaat der USA 321, *Abb. 489*
Föderalismus in Lateinamerika 309f., 336, 342, 350, 357
Ford, Henry, amerikanischer Industrieller 439, 442, 491
»Foreign Affairs«, Monatsschrift für Auswärtige Angelegenheiten (London 1919) 245, 281
Formosa (T'ai-wan) 71, 97, 156, 264, 283, 407ff., 411, 640, 656
Forsthoff, Ernst, Staats- und Verwaltungsrechtler 510
Fortner, Wolfgang, Komponist 652, 654
—, »The Creation« (Kantate 1956) 652
—, »Bluthochzeit« (1957) 654
Fortschritt, technischer 532ff.
Fourastié, Jean, französischer Sozialwissenschaftler 516f.
Francia, siehe Rodrígez de Francia
Franco, Francisco, spanischer General und Staatsmann 338, 366, 633
Frankfurter Dokumente über die Einberufung einer verfassungsgebenden Versammlung (1.7.1948) 635
Frankreich 25ff., 29f., 36, 38, 47ff., 60f., 74, 82, 84, 105, 107, 118, 120f., 126, 134, 147f., 150, 152ff., 156, 158, 170, 181, 185, 223, 229f., 232ff., 240, 243f., 246, 249, 252ff., 256, 258, 260ff., 265ff., **269—275, 277—280, 282** bis 289, 292, 294f., 297f., 307, 324f., 333, 362, 380f., 388, 391, 401ff., 409f., 413f., 416, 418, 435, 455, 520, 562, 566f., 569, 587, 620, 629, **631—649**, 651, 653, **655—660**
Frankreich, Bevölkerung je km² 305
—, Dreiparteienkoalition 229f., 246
—, Genossenschaftswesen 479
—, Gewerkschaften 463, 469, 482ff., 495
—, Rassemblement du Peuple Français (RPF) 633
—, 3. Republik 284
—, 4. Republik 283, 287, 631
—, 5. Republik **283—286**, 288, 295, 656
—, Union républicaine d'action sociale (URAS) 644, 656
—, Verstaatlichung von Bergwerken, Gas-, Elektrizitäts- und Versicherungsgesellschaften (1946) 633
Französisch-Äquatorialafrika 418
Französisch-deutsche Freundschaft 26, 231
Französisch-deutsche Verständigung 252, 261, 270
Französische Gemeinschaft, siehe Communauté française
Französische Revolution (1789) 427, 562, 615
Französische Union (Union Française), Zusammenfassung Frankreichs und seiner ehemaligen Kolonien und Schutzgebiete durch die Verfassung vom 24. 12.1946 286, 632, 638, 651, 654, 656, 659
Französisch-Guayana 371
Französisch-Sudan 658, 660
Französisch-Westafrika 418, 658
Franzosen in Lateinamerika 306f., 350, 364
Frauenarbeit 475, 488, 492, 518
Freie Demokratische Partei (FDP, Aug./Sept. 1945) 261, 629, 637, 644
Freihandel 482
Freihandelsassoziation, Europäische (EFTA) 288, 659, *Kartenskizze 279*
Freihandelszone 278, 280, **286** bis **289**, 653, 655, 657
—, lateinamerikanische (18.2.1960) 659
Freiheit, persönliche und politische 205, 211, 213, 225, 291, 387, 510f., 524, 528
—, geistige **545—550**, 566, 586, 598
—, kulturelle, Erster Kongreß (Berlin 1950) 640
Freizeit 445f., 525, 543
Freizeitgesellschaft 525
Freizeitindustrie 541
Freud, Sigmund, Neuropathologe 551

Freud, Sigmund, »Traumdeutung« (1900) 551
Freyer, Hans, Soziologe 447, 647
—, »Theorie des gegenwärtigen Zeitalters« (1954) 647
Frisch, Max, schweizerischer Architekt und Schriftsteller 647
—, »Stiller« (1954) 647
Frobenius, Leo, Völkerkundler 559
—, »Paideuma« (1921) 559
Frondizi, Arturo, argentinischer Politiker 316, 363, 656
»Fruchtbarer Halbmond«, geplanter Staatenbund 152f.
Fry, Christopher, englischer Dichter 634
—, »A Phoenix too Frequent« (1947) 634
Fuad II., König von Ägypten 643
Fünftagewoche 525

G

Gabun, westafrikanische Republik (unabhängig 1.8.1960) 660, *Kartenskizze 155*
Gaitán, Jorge Eliécer, kolumbianischer Politiker 338
Galiläa, nordwestlicher Teil des Jordanlandes 635
Galilei, Galileo, italienischer Naturforscher 427, 438, 552
Galizien, Land der österreichisch-ungarischen Monarchie 181
Gallegos, Rómulo, venezolanischer Schriftsteller und Politiker 335
Gambia, englische Besitzung (seit 1953 in der Föderation Britisch-Westafrika) 644
Ganges (Indien) 121
Gāndhi, Mōhandās Karamchand, genannt Mahatma, indischer Politiker 110, **112—119**, 123f., 128f., 131, 139, 551, 636
Ganzheitliche Berufe 517, 524f., 530
Garcia Lorca, Frederico, spanischer Dichter 582
García Moreno, Gabriel, Politiker in Ecuador 316, 340
Gasperi, siehe De Gasperi, Alcide
GATT (General Agreement on Tariffs and Trade), Allgemeines Zoll- und Handelsabkommen (31.10.1947) 634, 642
Gaulle, Charles de, französischer General und Politiker 5f., 154, 230, 285, 287f., 298, 630f., 633, 642, 644, 656ff., 660, *Abb. 284*
—, Rassemblement du Peuple français (RPF 1947) 633
Gaullisten, Anhänger General de Gaulles 262
Gauß, Carl Friedrich, Mathematiker und Astronom 533
Gaza, Stadt in Südpalästina 636, 648, 650, 652, 654

GdA (Gewerkschaftsbund der Angestellten) 463
Gedag (Gesamtverband Deutscher Angestelltengewerkschaften) 463
Gedankenreform, Methodik der Umerziehung in der KPCh 95 f.
Gehlen, Arnold, Philosoph und Soziologe 545, 549, 559
Geiger, Theodor, Soziologe 518
Geiger-Zähler, Gerät für Nachweis und Zählung von Elementarteilchen, *Abb. 432*
Geist des 20. Jahrhunderts, der 545 ff., 568 f., **580—583**
Geistesgeschichte 556, 587 f.
Geisteswissenschaften 555 f., 559
Gemeinsamer Markt, Gründung der EWG zwischen den Mitgliedern der Montanunion 1.1. 1958 276, 278, 286 ff., 402, 652, 655
General Agreement on Tariffs and Trade (GATT 31.10.1947) 634, 642
General Electric Company, Schenectady N.Y., Elektrokonzern in den USA 442
Generationen, Konflikt der 206
Genf, Abrüstungskonferenz (27.6. 1960 gescheitert) 659
—, Atomkonferenz (8.—20.8.1955) 437
—, Außenministerkonferenz (27. 10.—16.11.1955) 648
—, — (11.5.—20.6./13.7.—5.8. 1959) 657
—, Gipfelkonferenz (17.—23.7. 1955) 268, 648, *Abb. 269*
—, Kongreß der Ersten Internationale (8.9.1866) 484
Genfer Konferenz über Korea und Indochina (26.4.—21.7.1954) 71, 265 f., 646
— über die Verhütung von Überraschungsangriffen (10.11.1958) 655
— zum Schutz der Opfer des Krieges (4. Genfer Konvention 12.8.1949) 638
Genossenschaftswesen 478 ff.
Georg II., König von Griechenland 631
Georg VI., König von England 643
George, Henry, amerikanischer Volkswirtschaftler 54
George, Stefan, Dichter 578
Georgien (Grusien), Georgische Sozialistische Sowjetrepublik 198, 208
Georgier, europides Volk mit orientalidem Einschlag 169, 181
Gerö, Ernö (eigentlich Singer), ungarischer Politiker 211 ff., 216, 651
Gesamtdeutsche Konferenz auf der Grundlage der Parität 293

Gesamtverband Deutscher Angestelltengewerkschaften (Gedag) 463
Gesamtverband der Christlichen Gewerkschaften Deutschlands (1900) 463
Geschichtswissenschaft 556, 561
Gesellschaft und Kultur **499—591**
— und naturwissenschaftliches Weltbild 438
— und Staat 444, 508 f., 588
Gesellschaft zur Entwicklung Chinas, revolutionärer Geheimbund Sun Yat-sens 53, 70
Gesellschaftsstruktur, monolithische 513
Getreideproduktion in Lateinamerika 357 f., 363
Gewerbetreibende 520
Gewerkschaft der Angestellten in der Privatwirtschaft (Österreich) 469
Gewerkschaft der Metall- und Bergarbeiter (Österreich) 464
Gewerkschaften 429, 511, 518, 531
—, befestigte 459 ff., **465—468**, 470, 472, 480 f., **488**
—, christliche 463, 475, 477
—, evangelische 475
—, Indien 132
—, Internationalität der 484 f.
—, jüdische 475
—, katholische 425
—, klassische 458 f., 466 f., 470, 472, 480
—, kommunistische 477
—, Osteuropa 196
—, Politisierung der 492
—, Sowjetunion 178, 205
—, soziale und politische Bedeutung der **485—492**
—, Übersicht **462—465**
—, wirtschaftliche Bedeutung der **492—497**
—, Zwangsmitgliedschaft 461, 472 f., 486, 489
Gewerkschaftsbewegung, internationale **453—497**, *Abb. 456 f., 476 f., 488 f., 496 f., 512 f.*
Gewerkschaftsbund der Angestellten (GdA) 463
Gewerkschaftsbünde, internationale 455, **462—465**
Gewerkschaftskongreß, Erster Christlicher (1899) 477
Gewerkschaftsorganisation, Panamerikanische (16.1.1951) 642
Ghana (Goldküste und West-Togo), westafrikanische Republik, Land des Commonwealth (6.3. 1957) 155, 160, 418, 652, 654, 660 f.
Gheorghiu-Dej, Gheorghe, rumänischer Politiker 193 f.
Giacometti, Alberto, schweizerischer Bildhauer, Maler und Dichter 638

Gibrat, R., französischer Mathematiker 495
Gide, André, französischer Schriftsteller 551, 583, 587, 640
—, »Journal« (1939, deutsch 1948 ff.) 587
—, »L'Immonaliste« (1902) 551
—, »The God that failed« (1950 mit Ignazio Silone, Arthur Köstler, Louis Fischer und Richard Wright) 640

Gilson, Étienne, französischer Philosoph 244, 249
Gipfelkonferenz in Genf (17.—23. 7.1955) 268, 648, *Abb. 269*
—, in Paris (16./17.5.1960) 659
Giraudoux, Jean, französischer Schriftsteller und Diplomat 630
—, »La folle de Chaillot« (1945) 630
Gleichgewicht, atomares 433
— des Schreckens 37, 395 ff., 419
Glubb, Sir John Bagot, englischer Offizier 652
Goa (Westküste Indiens), portugiesische Kolonie 644, 647, 649
Godechot, Jacques, französischer Historiker 225
Goethe, Johann Wolfgang, Dichter 20, 425, 542, 549, 604
—, »Wilhelm Meisters Wanderjahre« (1821) 425
Goias, Bundesstaat Brasiliens 374
Gokhale, Gōpāl Krishna, indischer Politiker 113 f.
Gold in Lateinamerika 330, 342, 349
Goldküste, englische Besitzung in Westafrika, seit 6.3.1957 als Ghana unabhängig 644
Goldmann, Nahum, zionistischer Politiker und Schriftsteller 652
Goldstein, Josef, amerikanischer Soziologe 491
Gollancz, Victor, englischer Verleger und Publizist 32, 630
Gómez, Juan Vicente, venezolanischer Politiker 317, 334
Gómez, Laureano, kolumbianischer Politiker 316, 338 f.
Gompers, Samuel, amerikanischer Gewerkschaftsführer 456, 476, 481, 487
Gomułka, Władysław, polnischer Politiker 173, 193, 212, 214 f., 400, 407, 637, 651, 653, *Abb. 216*
González Videla, Gabriel, chilenischer Politiker 316, 354
Gosplan, staatlicher Planausschuß in der Sowjetunion 201 f.
Gottmann, Jean, französischer Geograph 224
—, »La Politique des Etats et leur Géographie« 224
Gottwald, Klement, tschechoslowakischer Politiker 173, 193, 208, 635

NAMEN- UND SACHREGISTER

Goulart, João, brasilianischer Politiker 374
Gouraud, Henri Joseph Étienne, französischer General 414
Governmental process, the (englisch), der Prozeß des Regierens 509
Goya y Lucientes, Francisco José de, spanischer Maler und Radierer 604
Granada (Nicaragua) 329
Grant, Ulysses Simpson, General, Präsident der Vereinigten Staaten von Amerika 325
Greytown, siehe San Juan del Norte
Griechenland 25, 167, 210, 223, 230f., 245, 258f., 271, 274, 294, 402, 631ff., 635, 637, 642, 646, 648ff., 658
Griechisch-orthodoxe Kirche 184, 197
Griechisch-unierte (griechisch-katholische) Kirche 184
Gromyko, Andrej Andrejewitsch, sowjetrussischer Politiker 653
Gronchi, Giovanni, italienischer Politiker 649
Gropius, Walter, Architekt 551, 638
Großbritannien, siehe England
Groß-Kolumbien 307, 316, 340
Großmogul, Herrscher einer mohammedanischen Dynastie türkisch-mongolischen Ursprungs in Indien (1526—1857) 124, 380
Grotewohl, Otto, Politiker 637, 639, 647
Groza, Petre, rumänischer Politiker 173, 188, 630, 632
Guadalajara, Hauptstadt des mexicanischen Bundesstaates Jalisco 309
Guano (Quechuawort »Mist«), Vogelkot auf tropischen Brutplätzen 343
Guarani, Indianerstämme am unteren Rio Paraná 366
Guardia, Ernesto de la, panamaischer Politiker 332
Guardia, Tomás, Politiker in Costa Rica 330
Guardini, Romano, katholischer Religionsphilosoph 584, 640
—, »Das Ende der Neuzeit« (1950) 640
Guatemala, Staat und Stadt in Mittelamerika 304, 306, 311, 313, **327f.**, 492, 639, 641, 647
Guayana, Bergland im Nordosten Südamerikas 304, 333, siehe Britisch-, Französisch- und Niederländisch-Guayana
Guayaquil, Provinzhauptstadt in Ecuador 309, 340, *Abb. 321*
Guayas, Fluß und Provinz in Ecuador 305
Guerillakrieg (Bandenkrieg) 271, 284, 384, 388

Gürsel, Cemal, türkischer General und Politiker 661
Guesde, Jules, französischer Politiker 241
Guevara, Ernesto, kubanischer Politiker 323
Guinea, westafrikanische Republik (seit 2.10.1958) 155, 286, 418, 655f.
Gujarāt, Bundesstaat Indiens, *Kartenskizze* 127
Gurion, siehe Ben Gurion, David
Gutiérez, siehe Plaza Gutiérrez
Guzmán Blanco, Antonio, venezolanischer Politiker 317, 334

H

Haag, Internationaler Gerichtshof (Cour Internationale de Justice, CIJ) der UN (1946) 629, 643
Haager Kongreß für ein Vereintes Europa (7.—10.5.1948) 232
Habana, Hauptstadt von Kuba 304, 322ff., 658
Hahn, Otto, Chemiker 554
Haile Selassie, Kaiser von Abessinien 119, 657, 661
Haiphong, Haupthafen von Vietnam 120
Haiti, Insel der Großen Antillen 306
—, Republik im Westteil der Insel 304—308, 311, 321, **324f.**
—, Bevölkerung 305
—, Kraftfahrzeuge 313
Halifax, Edward Frederick Lindley Wood, Lord Irwin, Viscount H., Earl of, englischer Staatsmann 114
Hammarskjöld, Dag, schwedischer Politiker 644, 650, 652, 659
Handwerkerschaft 514f., 520ff.
Hankou, Stadt am Jangtse-kiang, Militärputsch (10.10.1911) 57, 70, 109
Hanoi, Hauptstadt von Nordvietnam 630
Han-Zeit (202 v.Chr.—250 n.Chr.) 58
Harijan Sewak Sangh (Fürsorgeorganisation für die Unberührbaren in Indien) 114
Hartmann, Karl Amadeus, Komponist 638
—, »Des Simplicius Simplicissimus Jugend« (1949) 638
Hartmann, Nicolai, Philosoph 559, 585
Hartung, Hans, deutsch-französischer Maler 630
Haschemiten (Haschimiden), arabisches Geschlecht 120, 153, 416, 640
Hatoyama, Ichiro, japanischer Politiker 650

Hatta, Mohammed, indonesischer Politiker 118f., 141, 630, 638, 652
Hauptmann, Gerhart, Dichter 487
—, »Die Weber« (1892) 487
Hawaii, 50. Bundestaat der USA (1959) 658
Haya de la Torre, Víctor Raúl, peruanischer Politiker 344f.
Hayes, Carlton Joseph Huntley, amerikanischer Historiker 243
H-(Wasserstoff-) Bombe 431
Heer, Friedrich, österreichischer Historiker 645
—, »Europäische Geistesgeschichte« (1953) 645
Hegel, Georg Friedrich Wilhelm, Philosoph 20, 69, 428, 505, 521, 548, 553, 559, 585, 611
Heidegger, Martin, Philosoph 528, 551, 584, 586, 638
—, »Sein und Zeit« (1927) 551
—, »Holzwege« (1949) 638
Heine, Thomas Theodor, Zeichner und Maler, *Abb. 37*
Heisenberg, Werner Karl, Physiker 553—556, 654
Hemingway, Ernest (Miller), amerikanischer Schriftsteller 582, 643
—, »The Old Man and the Sea« (1952) 643
Henze, Hans Werner, Komponist 652, 661
—, »König Hirsch« (1956) 652
—, »Der Prinz von Homburg« (1960) 661
Hermeneutik, Lehre von der Schriftauslegung 559
Herrera, Luis Alberto, Politiker in Uruguay 317, 365f.
Herter, Christian Archibald, amerikanischer Politiker 657f., 660
Heuss, Theodor, Staatsmann 637, 647
Hidalgo, Miguel y Costilla, mexicanischer Priester und Nationalheld 315
Hidden persuaders (englisch), geheime Verführer 536
Hillary, Sir Edmund P., neuseeländischer Bergsteiger 645
Himachal Pradesh, indisches Bundesterritorium 127
Himalaja, Gebirge in Zentralasien 121, 124, 135
Hindemith, Paul, Komponist 551, 632, 634, 654, 659
—, »Mathis der Maler« (1934) 551
—, »When Lilacs last in the Dooryard bloom'd« (Requiem 1946) 632
—, »Marienlieder«, zweite Fassung (1947) 634
—, »Die Harmonie der Welt« (1957) 654
—, »Pittsburgh-Sinfonie« (1959) 659

NAMEN- UND SACHREGISTER

Hindenburg, Paul von Beneckendorff und von, Generalfeldmarschall und Reichspräsident 189
Hinduismus, indische Religion 107, 110, 124, 129f., 600, 604f.
Hindustani Talimi Sangh (Indischer Bildungsverband) 114
Hiroshima, japanischer Hafen, Atombombenabwurf (6.8.1945) 38, 382, 394, 400, 431f.
Hirsch, Max, Volkswirt und Politiker 463
Hirsch-Dunckersche Gewerkvereine (1868) 463
Hispaniola, ursprünglicher Name von Haiti 321
Hispano-Amerika, soviel wie Lateinamerika
Hiss, Alger, amerikanischer Diplomat 246, 259
Hitler, Adolf 29, 31, 34f., 37f., 117, 168, 170, 190, 226, 229, 338, 400
Hitler-Stalin-Pakt (28.8.1939) 34
Hobby (englisch), Steckenpferd, Liebhaberei 525, 539
Hobbes, Thomas, englischer Philosoph 394
Ho Chi Minh, eigentlich Nguyen Tat Thank, später Nguyen Ai Quoc, indochinesischer Politiker 119, 156, 260, 408, 630, 636, 640
Höchstarbeitszeit 475
Hölderlin, Friedrich, Dichter 575
Hofer, Karl, Maler 630
Hofmannsthal, Hugo von, österreichischer Dichter 578
Hoffmann, Johannes, saarländischer Politiker 633, 649
Hohe Alliierte Kommission 636f., 648
Holländer in Lateinamerika 306
Holland, siehe Niederlande
Hollerith, Hermann, Ingenieur und Erfinder des Lochkartenverfahrens 441, 527
Holthusen, Hans Egon, Lyriker und Essayist 548
Homo faber (»Schmied«), der werktätige Mensch 534
Honan, chinesische Provinz 79
Honduras, Staat in Mittelamerika 304, 306, 311f., 327ff., 641, 653
Honegger, Arthur, schweizerischer Komponist 632
—, »Symphonie liturgique« (1946) 632
Hongkong, englische Kronkolonie an der südchinesischen Küste 48, 81

Hoover, Calvin Boyce, amerikanischer Volkswirtschaftler 466
—, Herbert (junior), amerikanischer Politiker 273f.

Hoover, Herbert Clark, Präsident der Vereinigten Staaten von Amerika 253f.
Hopei (Chili), chinesische Provinz 50, 70f.
Hopkins, Harry Lloyd, amerikanischer Politiker 33, 227
Horoskop 561
Hsüan-t'ung (P'u-i), letzter Kaiser der Manchu-Dynastie 63
Huancayo (Peru) 343
Huang-p'u (Whampoa), Hafen von Kanton 70
Huerta, Victoriano, mexicanischer General und Politiker 317f.
Huks (Hukbalahap movement), philippinische Partisanen gegen die japanische Besatzung, später Rebellen mit kommunistischen Zielen 638, 640
Humanismus 506, 508, 587, 619f.
Humanität 507, 584
Human relations (englisch), zwischenmenschliche Beziehungen 530, 535
Humboldt, Heinrich Alexander Freiherr von, Naturforscher 306
—, Karl Wilhelm Freiherr von, Gelehrter und Staatsmann 522
Hunan, südchinesische Provinz 70, 73, 87f.
Hung Hsiu-ch'üan, Begründer der Taiping-Sekte 45, 63, 76
Hu-Shih, chinesischer Schriftsteller 65, 68
—, »Vorschläge für eine literarische Reform« (1917) 68
Hussein II. (Husain), König von Jordanien 119, 152, 642, 651f., 655f., 661
Hussein (Husain) Ibn Ali, König des Hedschas 120, 153, 414
Husseini, Mohammed Amin al, arabischer Politiker, ehemals Mufti von Jerusalem 146
Husserl, Edmund, Philosoph 585
Huxley, Aldous, englischer Schriftsteller 573, 579
—, »Brave New World« (»Schöne neue Welt«; 1932, deutsch 1953) 573
—, Julian, englischer Zoologe 602
Hybris (verhängnisvolle Überheblichkeit) 505
Hyderabad, ehemaliger indischer Fürstenstaat 115, 122, 132f., 183, 634
—, Hauptstadt von Andhra Pradesh, *Kartenskizze 127*

I

IAPI (Instituto Argentino de Promoción de Intercambio) 360
Ibáñez del Campo, Carlos, chilenischer Politiker 316, 353f., 643

IBCG (Internationaler Bund christlicher Gewerkschaften, Utrecht 1920) 464f., 485
Ibero-Amerika, soviel wie Lateinamerika
IBFG (Internationaler Bund Freier Gewerkschaften, Brüssel 1949) 462, 464ff., 485, 638
Ibn Sa'ud, siehe Abdul Asis III. ibn Sa'ud
Ideologie 381, 384, 407, 419, **561** bis 569, 598
Ideologische Erklärung der zwölf bedeutendsten kommunistischen Parteien Europas und Asiens (6.11.1957) 216f., 219, 653
Ifni, spanische Enklave in Marokko 654
I.G.Farbenindustrie A.G., Chemiekonzern (gegründet 1925) 631
Ikeda, Hayato, japanischer Politiker 661
ILO, siehe International Labour Organization und Arbeitsamt
Imanenreich (Türkei) 105
Imperialismus 28, 72, 75, 77f., 81, 94, 114, 169, 219, 228, 233, 238, 344, 387, 391, 403, 608
Impressionismus 545
Inder in Lateinamerika 307
Indianer in Lateinamerika 306f., 314, 333, 336, 339f., 346, 350, 356, 368
Indien, Republik des Commonwealth 71, 75, **105—136**, 140, 145f., 151f., 156, **158—164**, 181, 215, 219, 253, 260, 382, 403, 400ff., 420, 448, **450f.**, 490, 623, 632, 634, 636, 638, **640—644**, 646f., 649, 652, 654, 658, 660f., *Abb. 108f., 116f., 124f., 161, 449, Kartenskizze 127*
—, Außenpolitik 133, 135
—, Bodenreform 128, 133f.
—, demokratischer Aufbau **121** bis **131**, 136
—, Flüchtlingsproblem 122
—, Fünfjahrespläne 125f., 652
—, Gewerkschaften 132
—, Government of India Act von 1935 (in Kraft 1.4.1937) 117
—, Konflikte zwischen Hindus und Mohammedanern 121f., 132, 632
—, Neuordnung der Dorfgesellschaft 128f., 136
—, Neutralitätserklärung 420
—, Planwirtschaftskommission 114, 133
—, »Provisorische Regierung des freien Indiens« 117
—, Soziale Reformen **128—131**, 136, 644
—, Streit mit Pakistan über die Wasserrechte am Indus 135, 145f., 660

NAMEN- UND SACHREGISTER

Indien, Unabhängigkeit (15. 8. 1947) 117, 123, 132, 634, *Abb. 117*
—, Universitäten, Hoch- und Fachschulen 126, 128, *Kartenskizze 127*
— Verfassung (26. 11. 1949, in Kraft 26. 1. 1950) 121 f., 124 f., 130
—, Verstaatlichung der Imperial Bank of India, des Flugverkehrs und der Lebensversicherungsgesellschaften (1955) 649
—, Völkerkongreß der indischen Staaten 116
—, wirtschaftliche Entwicklung 125 f., 136, *Abb. 124f.*
—, Wissenschaft und Forschung 126 ff.
Indisch-chinesischer Grenzkonflikt (1960) 71, 660
Indisch-chinesisches Abkommen über Tibet (Peking 29. 4. 1954) 135, 159
Indische Fürsten 115, 122 ff.
»Indische Nationalarmee« 117
Indischer Nationalkongreß (Indian National Congress 1885, Kongreßpartei) 106, 114 ff., 121, 131 ff., 642
Indische Union 121, 123, 132, 135, 145, 634, 640, 647
Indish Council of World Affairs (Indischer Rat für auswärtige Angelegenheiten) 156
Indo-Amerika, soviel wie Lateinamerika
Indochina, französische Kolonie 28, 71, 105, 108, 118 f., 134, 156, 183, 246, 620, 630, 632, 636, 638, 640, 645 ff.
Indochina-Krieg (19. 12. 1946 bis 21. 7. 1954) 260, 265, 285, 632, 636, 638, 640, 646 f.
Indonesien, niederländische Kolonie, später Republik 28, 105 f., 108 f., 118, 134 f., 140—145, 151 f., 156, 158—161, 164, 183, 260, 410, 420, 490, 492, 630, 632, 634, 636, 638, 641, 646, 649, 652 f., 654, 657 f., 660 f., *Abb. 141*
—, Budo Utomo, nationalistische Bewegung 118
—, Dar ul Islam, mohammedanische separatistische Bewegung 141 f.
—, Erdölvorkommen auf Sumatra 140, 142
—, Haager Round-Table-Konferenz (2. 11. 1949) 638
—, indonesisch-holländisches Abkommen von Linggadjati (15. 11. 1946) 142 f., 632, 634
—, Kommunistischer Aufstand (1926/27) 118
—, Serakat Islam, nationalistische Bewegung 118
—, Unabhängigkeit (2. 11. 1949) 118, 638

Indus, längster Strom Vorderindiens 135, 146
Industrialisierung in der Sowjetunion 178
— in den Entwicklungsländern 449 ff., 513
Industriearbeiterschaft 514 f., 518
Industriegesellschaft des 20. Jahrhunderts 505, 507—513, 516, 518, 527, 563, 565, 571, 588 f.
—, die drei Sektoren der (Landwirtschaft, Industrie und Dienstleistungen) 516 ff., 530, 564
Industriekultur 506 f., 530, 547 f., 550, 553, 565, 571
Industrielle Revolution, erste 428, 434, 443, 487
—, zweite 423—452, 591
Industrielle System, das 502 ff., 522, 528 f., 531, 562
Industriemonopol, europäisches 447
Inflation 494
Informationsbedürfnis 541 ff., 563
Inguschen, Volksstamm am Nordhang des Kaukasus 181
Inka, Adelskaste der Quechua, eines Indianerstammes in den Anden 306, 339
Inkareich (12. Jahrh.—1533) 339, 341
Integralistas, rechtsradikale Partei Brasiliens 373
Intelligenz, werktätige 179, 196, 205
Interessenverbände 510 ff.
Interkonfessionelle Gespräche 601 bis 604
Interkontinentale Raketen 274, 282, 296, 396, 419, 431 f., 654
Internationale Atomenergieagentur (IAEA, 1957) 654
Internationale, Erste, internationale Arbeiterorganisation (London 28. 9. 1864) 476, 484
—, Dritte (kommunistische, Moskau 1919) 482, 484
—, Sozialistische (Frankfurt a. M. 30. 6.—3. 7. 1951) 642, 651
—, Zweite (Paris, Juli 1889) 484
Internationaler Bund christlicher Gewerkschaften (IBCG, Utrecht 1920) 464 f., 485
Internationaler Gerichtshof der UN, Cour Internationale de Justice, Den Haag (CIJ, 1946) 629
Internationaler Bund Freier Gewerkschaften (IBFG) in Brüssel (9. 12. 1949) 462, 464 ff., 485, 638
Internationaler Gewerkschaftsbund, Amsterdam (Amsterdamer Internationale 1919) 485
Internationaler Währungsfonds (IWF), International Monetary Fund (IMF), Washington (1945) 362 f., 375, 656
Internationales Rotes Kreuz 654

Internationalismus, proletarischer 181
International Labour Organization (ILO), Genf (siehe auch Arbeitsamt) 462, 464 ff.
Ionesco, Eugène, französischer Schriftsteller 659
—, »Die Nashörner« (1959) 659
Iquitos, peruanischer Hafen am Amazonas 305
Irak, Republik in Vorderasien 120, 147—154, 159 f., 162, 271, 283, 412 f., 416 f., 421, 492, 629 f., 636, 649, 651, 654 ff., 658
— Erdölvorkommen 120, 162
Irak-Petroleum-Gesellschaft 465
Iran, siehe Persien
Iren in Lateinamerika 350
Irian, indonesisch für Holländisch-Neuguinea 143, 653, 660
Irigoyen, Hipólito, argentinischer Politiker 316, 357 f.
Irland (Eire) 237, 277, 294, 637, 647, 653, 658
Isabelle, Kronprinzessin, Tochter Pedros II., Kaisers von Brasilien 371
Islam 124, 184, 197, 420 f.
—, in Indonesien 140 ff.
—, im Nahen Osten 413, 415 f.
—, in Pakistan 121—124, 143
—, in der Sowjetunion 182
Island 277, 401 f., 631, 633, 637, 651, 655
Ismailia, englischer Militärstützpunkt am Suezkanal 148 ff.
Ismay, Hastings Lionel, Lord, englischer Offizier und Politiker 267
Isotope, radioaktive 437 f.
Israel (Proklamation 15. 5. 1948) 146, 148 f., 151, 156 f., 161, 219, 273 f., 414 f., 417, 475, 616, 635 ff., 650, 652, 654, 660 f.
—, Wiedergutmachungsabkommen mit der Bundesrepublik Deutschland (ratifiziert 1953) 643
Istrien, Halbinsel in der Adria 631 f.
Italien 25, 29 ff., 183, 223, 230 ff., 234, 241, 243, 245, 247, 249, 255, 258 ff., 266, 269, 277, 288, 295, 325, 362, 402, **629—639**, 641—644, 646, 648 f., 657, 659
—, Bevölkerung je km² 305
—, Bodenreform 639
—, Genossenschaftswesen 479
—, Gewerkschaften 463, 469
Italiener in Lateinamerika 307, 342, 350, 356, 364, 366 ff., 370, 376
Italienische Arbeiter-Gewerkschaft 463
Iturbide, Augustín de, spanischer Offizier und Kaiser von Mexico (Augustín I.) 314, 317

J

Jagan, Cheddy, Politiker in Britisch-Guayana 645, 654
Jahn, Janheinz, Schriftsteller 657
—, »Muntu, Umrisse der neoafrikanischen Kultur« (1958) 657
Jaipur, Hauptstadt von Rajasthan (Indien) 127
Jalta, Konferenz von (4.—11.2. 1945) 34, 227f., 259
Jamal-ud-Din Afgani, Panislamist 107, 111
Jamshēdpur (westlich Calcutta), Mittelpunkt der indischen Metallindustrie 108
Jammu und Kashmir, indischer Bundesstaat 145, 160, *Kartenskizze* 127
Jan Sangh, politische Partei des konservativen Hinduismus 131
Japan, 25, 27f., 53f., 60ff., 70f., 74, 76, 82, 84, 86, 89ff., 93, 105, 107f., 116—123, 133, 136, 141, 160, 162ff., 183, 268, 379, 386, 388f., 408f., 411, 420, 428, 432, 629, 632, 636, 638, 640ff., 647, 650, 654, 660f., *Abb. 599*
—, Sicherheitspakt mit den USA (28.4.1952) 408, 642f., (19.1.1960) 660f.
—, Ultimatum der 21 Punkte an China (18.1./5.5.1915) 60, 70
—, Friedensvertrag (8.9.1951/28.4.1952) 408, 642f.
Japaner in Lateinamerika 307, 339, 342, 368, 376
Jaspers, Karl, Philosoph 528, 586, 638
—, »Vom Ursprung und Ziel der Geschichte« (1949) 638
Jat (Dschât), bäuerliche Kaste in Nordwestindien 122
Jaurès, Jean, französischer Politiker 241
Java, Große Sundainsel 105, 140ff., 632, 634, 636, 654
Jefferson, Thomas, Rechtsanwalt, Präsident der Vereinigten Staaten von Amerika 615
Jemen (Yemen), Staat in Südwestarabien (8.3.1958 assoziiert mit der Vereinigten Arabischen Republik) 147, 153, 162, 629, 639, 642, 651, 655
Jenner, William Esra, amerikanischer Politiker 263
Jerusalem 148, 632, 635
Jiménez, Antonio Nuñez, kubanischer Politiker 323, 656
Jiménez, Júan Ramón, spanischer Dichter 632
—, »La estacion total« (1946) 632
Jinnah, Mohammed Ali, pakistanischer Politiker 113, 115, 119, 121f., 143, 634

João VI., König des Vereinigten Königreichs Portugal, Brasilien und der Algarven 368
Job (englisch), unverbindliche Stellung 523, 525
Joffe, Adolf Abramowitsch, sowjetrussischer Diplomat 70, 76
Johannes XXIII., Papst (Angelo Giuseppe Roncalli) 657
Johnson, Lyndon Baines, amerikanischer Politiker 660
Joliot, Frédéric, französischer Physiker 554
Joliot-Curie, Irène, französische Physikerin 554
Jones, James, amerikanischer Schriftsteller 642
—, »From Here to Eternity« (1951) 642
Jordanien 147f., 152f., 271, 412ff., 640, 642, 649, 651ff., 655, 661
Joyce, James Augustine Aloysius, irisch-englischer Dichter 551, 578
—, »Ulysses« (1922) 551
Juárez, Carlo Benito, mexicanischer Politiker 314f., 317
Juden in Palästina 414
— in der Sowjetunion 176
Jünger, Ernst, Dichter 576, 584
Jünger, Friedrich Georg, Dichter 632
—, »Die Perfektion der Technik« (1946) 632
Jugoslawen in Lateinamerika 350
Jugoslawien 183—186, 188, 190, 192, 194—197, 200, 203, 210, 216—219, 268, 400, 403, 630 bis 635, 637, 640, 645—649, 651, 653, 655, *Kartenskizze 191*
Juliaca (Peru) 342
Juliana, Königin der Niederlande 635
Jungk, Robert, Journalist und Schriftsteller 572
—, »Die Zukunft hat schon begonnen« (1954) 572
Justo, Augustín Pedro, argentinischer General und Politiker 316, 358

K

Kabul, Hauptstadt Afghanistans 117
Kachin, Bergvolk mit tibeto-burmanischer Sprache 137
Kádár, Janos, ungarischer Politiker 213, 216, 650f.
Kadscharen (Kadjaren), persische Dynastie (1794—1925) 120
Kaffee in Lateinamerika 311, 320, 326, 328f., 338, 370ff., 378
Kafka, Franz, österreichischer Dichter 551, 580
—, »Der Prozeß« (1925 postum) 551

Kaganowitsch, Lasar Moissejewitsch, sowjetrussischer Politiker 168, 173, 200, 212, 631 653,
Kairo 148
—, afro-asiatische Konferenz (26.12.1957—1.1.1958) 653
—, Al-Azhar-Hochschule 111
Kakao in Südamerika 326, 341, 371
Kalabrien, Landschaft in Süditalien 639
Kalifornien, Bundesstaat der USA 320
Kalokagathie, Einheit des Schönen und Guten, altgriechisches Bildungsziel 545
Kaliningrad (Königsberg) 170
Kalmücken (Torguten), eigener Name Mongol-Oirat), tungides Volk aus der Dsingarei, wanderte um 1630 in das Gebiet südöstlich der unteren Wolga 180, 653
Kalojanow, Anton, deutsch-bulgarischer Chemiker 662
»Kalter Krieg« 30, 36ff., 134f., 157, 159f., 217f., 240, 400ff., 409, 421
Kambodscha (Cambodia), Staat in Indochina 156, 158, 410, 412, 420, 638, 641, 645ff.
Kamenew (eigentlich Rosenfeld), Leo Borissowitsch, sowjetrussischer Politiker 168, 199
Kamerun, westafrikanische Republik (unabhängig 1.1.1960) 418, 633, 644, 654, 657, 659f., *Kartenskizze 155*
Kanada, Staat im Commonwealth 223f., 235, 237, 246, 257, 410, 469, 636, 641, 646, 652
Kandinsky, Wassily, russischer Maler und Graphiker 551
K'ang Yu-wei, chinesischer Politiker 48f., 52, 55, 63, 65f., 99
—, »Buch von der Großen Einheit« (Ta t'ung shu) 99
Kant, Immanuel, Philosoph 549, 608, 634
Kanton, Stadt im Delta des Perlflusses 73, 81, *Abb. 44*
—, Gegenregierung Sun Yat-sens gegen Peking (1918) 60
—, Sitz der Nationalregierung (1925) 70, 74, 78
Kapitalismus 32, 75, 169, 206, 220, 233, 238, 242, 249, 263, 299, 381f., 390, 392, 404, 455—458, 461, 466f., 476f., 483, 487, 497, 506, 508, 617f.
Kapp, Wolfgang, Generallandschaftsdirektor in Ostpreußen 492
Kapp-Putsch, rechtsradikaler Umsturzversuch (13.3.1920) 492
Karachan, Leo Michailowitsch, sowjetrussischer Diplomat 72
Karachi (Pakistan) 146

NAMEN- UND SACHREGISTER 679

Karamanlis, Konstantin, griechischer Politiker 649
Karatschaier, Turkvolk im Kaukasusgebiet 181
Karelien, Landschaft am Ladogasee 632
Karen, palämongolides Volk in Südburma 136, 636
Kariben (Karaiben), indianische Sprachfamilie im nördlichen Südamerika und Westindien 306
Karibische Legion 330
Karibisches Meer 304ff., 321, 336, 341
Karthago, antikes Reich in Nordafrika 395
Kasachen, nomadisches Turkvolk, das sich im 17. Jahrhundert von den Kirgisen absonderte 182
Kasachstan, Kasachische Sozialistische Sowjet-Republik, reicht von der unteren Wolga bis zum Altai 204, 208
Kasack, Hermann, Schriftsteller 634
—, »Stadt hinter dem Strom« (1947) 634
Kasavubu, Joseph, kongolesischer Politiker 661
Kashmir, ehemaliger indischer Fürstenstaat 123, 127, 145, 147, 160, 634, 636, 642, 652, 654f., 660
Kaschnitz, Marie-Luise von, Dichterin 643
—, »Ewige Stadt« (Gedichte 1952) 643
Kaspisches Meer, Binnensee zwischen Europa und Asien 180
Kassel, Ausstellung »documenta« I/II (1955/1959) 650, 659
Kassem, Abdel Kerim, irakischer General und Politiker 153f., 416f., 656, 658
Kataklysmus (griechisch), Überschwemmung, Sintflut 607
Katanga, Provinz des ehemaligen Belgisch-Kongo 154f., 660
Kategorien, Grundformen des Denkens 532
Katholische Kirche, siehe römisch-katholische Kirche
Katholische Soziallehre 596
Katholizismus 595, 600ff.
Kaufkraftproblem 443f.
Kautschuk in Lateinamerika 372
Kautsky, Karl, sozialistischer Schriftsteller 241
Kazantzakis, Nikolaos, griechischer Schriftsteller 645
—, »Griechische Passion« (1953) 645
Kazike, indianisches Wort für Stammes- oder Dorfhäuptling 318
Keith, Minor Cooper, amerikanischer Unternehmer 330

Kekkonen, Urho, finnischer Politiker 655
Kelat, ehemaliger Fürstenstaat in Indien 144
Kemal Atatürk (Kemal Pascha), Mustafa, türkischer Staatsmann 640
Kenia (Kenya), Land in Ostafrika 219, 421, 647, 649, 661
Kennan, George Frost, amerikanischer Diplomat und Historiker 281
Kennedy, John Fitzgerald, Präsident der Vereinigten Staaten 660
—, Joseph Patrick, amerikanischer Diplomat 254
Kerala, indischer Bundesstaat 127, 133, 492, 654, 658, 661
Kernphysik 534, 552, 554
Kerouac, Jack, amerikanischer Schriftsteller 654
—, »On the Road« (1957) 654
Kerr, Clark, amerikanischer Volkswirtschaftler und Soziologe 495
Keshab Chandra, Sen, indischer Reformator 107
Keynes, Lord John Maynard, englischer Nationalökonom 494f.
KGB, Komitee für Staatssicherheit in der Sowjetunion (1953) 202
Khairpur, ehemaliger Fürstenstaat in Indien 144
Kiangsi, chinesische Provinz 70, 89
Kiaochou, Bucht am Gelben Meer 60
Kierkegaard, Sören Aabye, dänischer Philosoph 585
Kinderarbeit 475, 488, 518
Kinsey, Alfred, amerikanischer Zoologe 521
Kipling, Sir Rudyard, englischer Schriftsteller 182
—, »Bürde des weißen Mannes«, Gedicht aus der Sammlung »Five Nations« (1803) 182
Kirgisen, tungoturanides Mischvolk in Zentralasien 182
Kiritschenko, Aleksej Illarionowitsch, sowjetrussischer Politiker 200
Kishi, Nabusuke, japanischer Politiker 654, 660f.
Kiukiang, Rückgabe der englischen Konzession 1928 81
Klassengegensätze 562f.
Klassengesellschaft des 19. Jahrhunderts, industrielle 514
Klassenkampf 475, 511
Klebe, Gieselher, Komponist 654
—, »Die Räuber« (1957) 654
Klee, Paul, Maler und Graphiker 551
Klerikalismus in Lateinamerika 310, 336, 340

Knights of Labor, »Ritter der Arbeit«, amerikanische Arbeiterorganisation, 1869 als Geheimbund gegründet 462
Koalitionsfreiheit 459, 634
Koalitionsrecht, das Recht sich zur Wahrnehmung von Interessen in Verbänden zusammenzuschließen 473
Königsberg, Ostpreußen 170
Köstler, Arthur, Schriftsteller 640
—, »The Age of Longing« (1950) 640
—, »The God that failed« (1950 mit Ignazio Silone, André Gide, Louis Fischer und Richard Wright) 640
Koexistenz, Nebeneinanderbestehen verschiedener politischer oder verschaftlicher Systeme, von den Sowjets als Schlagwort gebraucht 71, 159, 217f., 276, 391, 393, 403f., 408, 643, 649, 651, 653
—, Proklamation von fünf Grundsätzen der K. durch Nehru und Chou En-lai in Delhi (28.6. 1954) 71, 133ff., 159, 646
Kohima (Assam) 117
Kohle 435ff.
— in Lateinamerika 352
Kohleinteressen 297
Kolchosen, sowjetrussische landwirtschaftliche Kollektivwirtschaften 176f., 199, 203f., 656
Kollektivierung der Landwirtschaft in Osteuropa 176f., 195, 197, 639
Kollektivismus, sozialphilosophische Lehre, nach der das gesellschaftliche Ganze dem Einzelnen seins- und wertmäßig übergeordnet ist 487, 497
»Kollektivschuld« des deutschen Volkes 31
Kollektivverträge, siehe Tarifverträge
Koller, Hermann, Chemiker 662
Kolonialismus 28, 65, 74, 134, 157ff., 164, 272f., 283, 421, 588
Kolonien, ehemalige deutsche 631
Kolumbien, Staat in Südamerika 304—307, 309—313, 316, 331, 333—339, 342, 350, 372, 635, 645, 656, 658, *Abb. 336*
—, Bürgerkrieg (1899—1901) 316, 337
—, Panamá selbständig (3.11.1903) 316, 337
Kolumbus (Columbus), Christoph 225, 306, 654
Komar, Wacław, polnischer General 212
Kominform (Kommunistisches Informationsbüro, gegründet 1947) 175, 183, 190, 192, 633, 635, 651

NAMEN- UND SACHREGISTER

Komintern, 1919 gegründete III.
Kommunistische Internationale 70, 72, 77, 80, 82–86, 89, 91 bis 95, 132
Kommunismus 29, 31, 75f., 82, 86, 110, 157ff., 161, 185, 232f., 239, 241, 243, 249, 253, 260f., 264, 268, 272f., 276, 299, 389, 392, 406, 417f., 420, 455, 458, 468f., 471, 477, 487, 490, 513, 598, 615, 617ff., 621, 638, 646
Kommunisten in Lateinamerika 331, 347f., 352, 354, 373
— in Südostasien 136f., 139, 141f.
Kommunistische Industriegesellschaft 505
Kommunistische Partei Bulgariens 185, 187, 194, 215, 633
— Chinas (KPCh) 27, 31, 70ff., 76–80, 83–96, 101, 406, 632
— der Sowjetunion (KPdSU) 171, 633
— —, 10. Parteitag (1921) 167
— —, 18. Parteitag (1939) 168, 206
— —, 19. Parteitag (1952) 178, 198, 201
— —, 20. Parteitag (1956) 176, 200, 206f., 211, 268f.
— —, inneres Kabinett 171f., 201
— —, Politisches Büro des Zentralkomitees 172, 181, 201
— —, Präsidium des Zentralkomitees 172, 176, 200f., 207, 643
— —, Sekretariat des Zentralkomitees 172, 176, 201
— —, Zentralkomitee 172, 198, 200f., 211f.
— Deutschlands (KPD) 185, 629, 631, 637f., 651
— Frankreichs 246, 262, 269, 629f., 633
— Griechenlands 186
— Großbritanniens 114
— im Irak 154, 656
— Indiens 131ff., 642, 654
— Indonesiens 118, 661
— Italiens 230, 269, 633
— Jugoslawiens 185, 633
— Polens 186, 189, 194, 633
— Rumäniens 186
— der Tschechoslowakei 185, 187, 215, 633
— Ungarns 186, 189, 194, 633
Kommunistisches Manifest (1847/48) 476
Komplementarität, die Erfahrung, daß in der Mikrophysik die Erscheinungen je nach den angewandten Forschungsmethoden verschiedene Seiten zeigen 557
Komprador, chinesische Vertrauensperson in China ansässiger Geschäftshäuser, die gegen Entgelt die Haftung für Übernahme von Lieferungsverträgen und Eingang der Zahlungen übernimmt 57

Konew, Iwan Stepanowitsch, sowjetrussischer General 648
Konformismus, Sichanpassen an vorherrschende Tendenden 530
Konfuzianismus, philosophische Richtung in China 48, 51f., 56, 57ff., 65ff., 82, 85f., 95, 99f.
Konfuzius (K'ung-fu-tsi, K'ung-tsi), chinesischer Philosoph 55
—, »Frühlings- und Herbstannalen« (Ch'un-chiu) 55
Kongo, Republik (Belgisch-Kongo, unabhängig 30.6.1960) 154, 418, 659ff., *Kartenskizze 155*
—, Republik (Französisch-Kongo, unabhängig 12.7.1960) 659, *Kartenskizze 155*
Konkurrenz, freie 509
Konservative in Lateinamerika 309f., 314f., 329, 336ff., 351ff., 358, 364ff.
Konservative Partei in England 259, 269, 295, 658
Konsum in der Industriegesellschaft 539–544
Konsumvereine 462, 478f.
Konvertierbarkeit, Möglichkeit, die Landeswährung in jede andere Währung umzutauschen 288
Konzentrationslager 209, 506
Kordilleren, soviel wie Anden
Korea 28, 36f., 48, 54, 60, 97, 264f. 388, 390, 396, 406, 411, 629f., 634, 636, 639, 642ff., 646, 652, 661, siehe auch Nord- und Südkorea
Korea-Krieg (27.6.1950—27.7.1953) 71, 135, 157, 159, 183, 193, 249f., 252ff., 257, 281, 379, 398f., 632, 638f., 642ff., *Abb. 193*
Kosmologie 554, 561
Kosmopolitismus, Weltbürgertum 181
Kosowo-Metohija (Kosmet), autonome Provinz in Serbien 190, 217
Kostow, Traitscho, bulgarischer Politiker 193
Kovács, Béla, ungarischer Politiker 173, 188
KPCh, siehe Kommunistische Partei Chinas
KPdSU, siehe Kommunistische Partei der Sowjetunion
Kraftwagen, Anzahl im Vergleich zur Bevölkerung 312f.
Kranichsteiner Musikinstitut (Schloß Kranichstein östlich Darmstadt), gegründet 1946 632
Krankenversicherung in Deutschland (Gesetze vom 5.6.1884) 486
Kranken-, Unfall-, Invalidenversicherung in Deutschland (Reichsversicherungsordnungen vom 19.7.1911; 15.12.1924; 19.1.1926; 17.5.1934; 23.2.1957) 486

Křenek, Ernst, Komponist 632
—, »Sinfonische Elegie für Streichorchester« (1946) 632
Krieg, absoluter (totaler) 385, 393, 399, 422
—, begrenzter 390f., 399
—, thermonuklearer 395, 397f.
Krimtataren, tatarischer Volksstamm, eroberte im 13. Jahrhundert die Krim 180
Krishna Menon, Vengalil Krishnan, indischer Politiker 219
Kroaten 184
Kroatien, Bundesland Jugoslawiens 197
Kroeber, Alfred Louis, amerikanischer Anthropologe 225
Krolow, Karl, Dichter 643
—, »Die Zeichen der Welt« (1952) 643
Kuang-hsü (Tsai-t'ien), chinesischer Kaiser 63
Kuangsi, chinesische Provinz 45, 70
Kuangtung, chinesische Provinz 45
Kuba 304, 307f., 311ff., **321–324**, 331, 418, 490, 492, 620, 639, 643, 647, 658ff.
Kubitschek de Oliveira, Juscelino, brasilianischer Politiker 316, 374f., 651
Kuhn, Richard, Chemiker 636
Kuibyschew (früher Samara) an der Wolga 641
Kulturkritik, zeitgenössische 528, 539, 570f.
Kulturphilosophie 559
Kultur und Gesellschaft **499–591**, 630, 632, 634, 636, 638, 640, 645, 647, 650, 652, 654, 657, 659, 661, *Abb. 533, 540ff., 560f.*
Kulturwissenschaften 559f., 586
Kunst des 20. Jahrhunderts 545f., **548–550**, 553, 555, 567, 575ff., 579f., 587f., 630, 632, 634, 638, 640, 642f., 645, 647, 650, 652, 654, 657, 659, 661f., *Abb. 532, 564f., 572f., 584f.*
—, »entartete« 567
Kuo-min-tang, Nationale Partei Chinas (KMT) 30, 46, 53, 66, 70f., 73, 76–80, 110, 120, 133f., 136, 156, 632
Kupfer in Lateinamerika 342, 349, 352, 355
Kurden, nordisch-turanides Mischvolk in Persien, dem Irak und der Türkei 154
Kurzgeschichte, die 582f.
Kuwathy, Shukri el, syrischer Politiker 649, 651
Kuznets, Simon Smith, russisch-amerikanischer Volkswirtschaftler 495
Kybernetik (Norbert Wiener 1948), maschinenmäßig nachahmbarer Weg des Denkens (elektronische Rechenmaschinen) 557

NAMEN- UND SACHREGISTER 681

L

Laborismus, einseitiges Verfolgen von Arbeitnehmerinteressen 466
Labouring Poor, englischer Ausdruck für Arbeiter 456
Labour Party, englische Arbeiterpartei (1906) 229, 246, 254, 259, 295, 629, 660
Laccadiven (Inselgruppe), indisches Bundesterritorium 127
Ladakh, Landschaft in Kashmir 160, 660
Lagaillarde, Pierre, französischer Politiker 660
Lagerkvist, Pär Fabian, schwedischer Dichter 632
—, »Barabbas« (1946) 632
Laissez-faire, Parole des Freihandels 428 ff., 487
Lampedusa, Giuseppe Maria Fabrizio Principe di Lampedusa e Duca di Palma, italienischer Diplomat und Schriftsteller 657
—, »Il Gattopardo« (1958, dt. »Der Leopard« 1959) 657
Lan-chou, Stadt in China 71
Landesverband Freier Schweizer Arbeiter 465
Landsorganisationen i Sverige, Allgemeiner Schwedischer Gewerkschaftsbund (gegründet 1898) 464
Landvolk 514 f., 520 f.
Land Tenure Reform Association (Landpacht-Reform-Gesellschaft, gegründet 1870 in England von John Stuart Mill) 54
Landwirtschaft 516
— in den Entwicklungsländern 450 f.
Langgässer, Elisabeth, Schriftstellerin 632
—, »Das unauslöschliche Siegel« (1946) 632
Lanka Sama-Samaja-Partei, sozialistische Partei in Ceylon 139
Laos, Königreich in Hinterindien 158, 410, 412, 420, 638, 641, 645 f., 654, 657 f., 661
Lao-tzu (Lao-tse), · chinesischer Philosoph 66
La Paz, Hauptstadt Boliviens 304
La Plata, Hauptstadt der Provinz Buenos Aires 356
La Plata, de, Mündungstrichter der Ströme Río Paraná und Uruguay 307, 367
La Plata, Vereinigte Provinzen des Río de 307
La-Plata-Republiken 356—376
»La Prensa«, argentinische Tageszeitung (Buenos Aires 1869) 362
Larrazábal, Wolfgang, venezolanischer Admiral und Politiker 317, 335, 656

Laski, Harold Joseph, englischer Wissenschaftler der Politik und Soziologe 468
Lassalle, Ferdinand, Politiker 482, 487, 490
Lastenausgleich, teilweiser Vermögensausgleich zwischen den durch den Krieg Geschädigten und Nichtgeschädigten (Soforthilfegesetz vom 8.8.1949 und Lastenausgleichgesetz vom 14. 8.1952) 638, 643
Lateinamerika, das von Spaniern und Portugiesen kolonisierte Amerika 223 f., 272, 301—376
—, Bevölkerung 305 f., 314, 320 f., 324, 333, 336, 339 f., 342, 346, 350, 356, 368
—, Elektrizitätsversorgung 312
—, Grundbesitzmonopol 308, 310, 315, 329, 355, 375
—, Kirche und Staat 308, 310 f., 315, 318 f., 327 f., 335 f., 337, 340 ff., 349 ff., 353, 360 ff., 367, 370, 647
—, Klassenstruktur 308 f.
—, Kraftfahrzeuge 312 f.
—, Landwirtschaft 312, 319, 355, 360, 366, 375
—, politische Entwicklung **307** bis **314**
—, Verfassungsgeschichte 310 f.
—, Viehzucht und Konservenindustrie 356 ff., 363 f., 370 f., 375
—, Wirtschaft 311 ff.
Latifundien (Großgrundbesitz) in Lateinamerika 308, 310, 312
Laurens, Henri, französischer Bildhauer 643
Laval, Pierre, französischer Politiker 630
Lawrence, Thomas Edward, englischer Oberst und Schriftsteller 414
Leben aus zweiter Hand **538** bis **545**
Lebensmittelkarte 504
Lechín, Juan, bolivianischer Politiker 347 f.
Le Corbusier, eigentlich Charles Édouard Jeanneret, französischer Architekt, Maler und Bildhauer 551, 643, 650
Lee Ki Poong, koreanischer Politiker 661
Legalismus, Handlungsweise, die sich nur nach der Rechtmäßigkeit richtet 388
Legalität, Rechtmäßigkeit durch Gesetz 384, 404, 410
Legitimität, historisch begründete Rechtmäßigkeit 548, 613
Legien, Karl, Gewerkschaftsführer 477
Leguía, Augusto Bernardino, peruanischer Politiker 317, 344
Leibeigenschaft, Aufhebung in Rußland (1861) 484

Lemus, José Maria, Oberst und Politiker in El Salvador 329
Lenin, eigentlich Uljanow, Wladimir Iljitsch, Begründer des Sowjetregimes in Rußland 29 f., 72, 74, 100, 167, 169 f., 198, 217, 238, 241, 390, 487, 513, 615, 618
Leningrad 175, 199
»Leningrader Affäre«, Säuberungsaktion von 1949 175 f., 199
Leo XIII., Papst (Gioacchino Pecci) 596
León, Stadt in Nicaragua 329
Leontjew, Wassilij, amerikanischer Volkswirtschaftler 442
Leopold III., König der Belgier 639
Leopoldville, Hauptstadt von Belgisch-Kongo 658
Lettland, baltischer Staat 170
Levi, Carlo, italienischer Schriftsteller 630
—, »Christus kam nur bis Eboli« (1945) 630
Lewis, John Llewellyn, amerikanischer Gewerkschaftsführer 480
Lhasa (Tibet) 640, 658
Liao-tung, manchurische Halbinsel 60
Libanon, Republik 26, 120 f., 147 f., 152, 283, 388, 413 f., 416, 629 f., 636, 639, 650, 655 f., 660
Libby Willard Frank, amerikanischer Kernphysiker und Chemiker 438
Liberal-Demokratische Partei (Sowjetzone) 629
Liberale in Lateinamerika 309 f., 314 f., 329, 336 ff., 340 f., 351 f., 364 ff., 418
Liberale Weltunion (12.4.1947) 634
Liberalisierung, Befreiung der Einfuhr von wert- und mengenmäßigen Beschränkungen 288, 295, 638, 652
Liberalismus 73, 110 f., 184, 458, 482, 484, 487, 512
Liberia, westafrikanische Republik 155, 640, 659
Libyen, Staat in Nordafrika (unabhängig 24.12.1951) 151 f., 154 f., 636, 640, 642, 645 f.
Li Cho-wu, chinesischer Philosoph 66
Lie, Trygve, norwegischer Politiker 630, 642, 644
Liebermann, Rolf, Komponist 643
—, »Leonore« (1952) 643
Liebig, Justus von, Chemiker 533
Likin, chinesische Binnenzölle 84
Lima (Peru) 304, 309, 339, 341, 343
—, San-Marcos-Universität (gegründet 1551) 344
Linggadjati, Abkommen von (15. 11.1946/25.3.1947) 632, 634

Lippmann, Walter, amerikanischer Journalist 227
—, »Foreign Policy« (1943) 227
Lissabon, Erdbebenkatastrophe (1.11.1755) 606
Lissaboner Konferenz der NATO (20.—25.2.1952) 257f., 261
Li Ta-chao, chinesischer Schriftsteller 65
Litauen, baltischer Staat 170
Literatur des 20. Jahrhunderts 546, 548, 553, 569—584, 587f., 630, 632, 634, 636, 638, 640, 642f., 645, 647, 650, 652, 654, 657, 659, *Abb. 543*
—, amerikanische 588
Literaturkritik 577, 583
Literatur und Kunst in der Sowjetunion 179
Little Rock (Arkansas, USA) 653, 656
Liu Chao-ch'i, chinesischer Staatsmann 71, 658
Lleras Camargo, Alberto, kolumbianischer Politiker 316, 338f., 656
Lloyd, Selwyn, englischer Politiker 649
Lloyd George, David, englischer Staatsmann 390
Lobbyisten, Interessenvertreter, die Regierung und Abgeordnete zu beeinflussen suchen 511
Lohnquote, These von der stabilen 495f.
Lonardi, Eduardo, argentinischer General und Politiker 361f., 640
London, Abrüstungsverhandlungen (18.3.—6.9.1957) 652
—, Atlantischer Kongreß (Juni 1959) 299
—, Außenministerkonferenzen der Großmächte (11.9.—2.10.1945) 629; (25.11.—15.12.1947) 234, 633
—, Eisenbahnerstreik, *Abb. 488*
—, Sechsmächte-Konferenz (23.2. bis 6.3. und 20.4.—2.6.1948) 634
—, Transportarbeiterversammlung, *Abb. 476*
Londoner Botschafterkonferenz (Europäische Beratende Kommission 2.5.1945) 400
— erste Suezkanalkonferenz (16. bis 25.8.1956) 150f., 332
— Konferenz der drei Westmächte (11.—13.5.1950) 639
— Konferenz über den EVG-Vertrag (28.9.—3.10.1954 Londoner Schlußakte) 646
— Schuldenkonferenz (28.2. bis 4.4./19.5.—8.8.1952) 644
— Zehnmächtepakt (5.5.1949) 637
Lopes, Francisco Higino Craveiro, portugiesischer General und Politiker 642

López, Carlos Antonio, paraguayischer Politiker 317, 367
—, Francisco Solano, paraguayischer Politiker 317, 367
López Mateos, Adolfo, mexicanischer Politiker 317, 320
López Pumareyo, Alfonso, kolumbianischer Politiker 316, 338
Lorwin, Lewis, L., amerikanischer Volkswirtschaftler und Sozialpolitiker 483
Louisiana, Bundesstaat der USA 387
Lovett, Robert, amerikanischer Politiker 236
Luca, Vasile, rumänischer Politiker 193
Lucknow, Hauptstadt von Uttar Pradesh, *Kartenskizze 127*
Lübke, Heinrich, Politiker 658
Luftinspektion 648, 652
Lu Hsün, chinesischer Schriftsteller 63, 65, 68, 86
Lumumba, Patrice, kongolesischer Politiker 661
Lundberg, Eric, schwedischer Volkswirtschaftler 495
Luxemburg, Großherzogtum 402, 634, 637f., 641, 643, 658
Lyrik 549, 580, 582

M

MacArthur, Douglas, amerikanischer General 157, 259, 390, 638, 641
Macaulay of Rothley, Thomas Babington, Lord, englischer Historiker und Politiker 612
McCarthy, Joseph Raymond, amerikanischer Politiker 263f., 647
McClellan, John, amerikanischer Politiker 473, 481
McClellan-Ausschuß 473
McDonald, David John, amerikanischer Gewerkschaftsführer 493
Machado y Morales, Gerardo, kubanischer General und Politiker 322
Machiavelli, Niccolò, italienischer Historiker und Staatsmann 426
MacIver, Robert Morrison, amerikanischer Philosoph und Soziologe 509
McKinley, William, Präsident der Vereinigten Staaten 182
McMahon, Sir Arthur Henry, englischer Diplomat 160
McMahon-Linie (1914) 160, 660
Macmillan, Maurice Harold, englischer Politiker 275, 293, 649, 653, 657
Madagaskar, Insel und Staat im Indischen Ozean (unabhängig 1.7.1960) 286, 659, *Kartenskizze 155*
Madero, Francisco Indalecio, mexicanischer Politiker 315, 317f.

Madhya Pradesh, indischer Bundesstaat, *Kartenskizze 127*
Madoera (Madura), kleine Sundainsel 632
Madras, Hauptstadt des gleichnamigen indischen Bundesstaates 127f.
Magalhãesstraße (Magellanstraße), Meerenge zwischen dem südamerikanischen Festland und Feuerland 306, 341, 350
Magdalena, Rio, Hauptfluß Kolumbiens 305, 335
Maghreb, Westteil der islamisch-arabischen Welt 271
Magie 575
Magyaren (Ungarn) 184
Maharashtra, Bundesstaat Indiens, *Kartenskizze 127*
Mahé, ehemalige französische Besitzung an der Malabarküste Indiens 647
Mahendra Bikram, König von Nepal 661
Mailand, Studio di Fonologia Musicale (1953) 645
Mailer, Norman, amerikanischer Schriftsteller 636
—, »The Naked and the Dead« (1948) 636
Maillol, Aristide, französischer Bildhauer 551
Mainz, Demonstration gegen Preissteigerungen, *Abb. 497*
Majali, Hassa, jordanischer Politiker 661
Makarios, Myriarthefs, Erzbischof und Primas von Cypern 651, 654, 658
Malaienländer 108, 117, 134, 490
Malaiischer Archipel 140
Malaiischer Bund (Federation of Malaya), Land des Commonwealth (31.8.1957) 411, 636, 641, 649, 652, 654
Malan, Daniel François, südafrikanischer Politiker 635, 642
Malaya (Malakka), Halbinsel von Hinterindien 28, 105, 117, 183, 412, 636, 640, 647
Malenkow, Georgij Maksimilianowitsch, sowjetrussischer Politiker 173, 175f., 198ff., 202, 210, 645, 649, 653
Malerei 545f., 549f., 582, *Abb. 572f.*
Maleter, Stephan (Pal), ungarischer General 651, 656
Mali, westafrikanische Republik (22.9.1960) 658, 660, *Kartenskizze 155*
Malik, Jakob Aleksandrowitsch, sowjetrussischer Diplomat 638
Malinowskij, Rodion Jakowlewitsch, sowjetrussischer General und Politiker 653
Mallarmé, Stéphane, französischer Dichter 578

NAMEN- UND SACHREGISTER 683

Malraux, André, eigentlich A. Berger, französischer Schriftsteller 576, 583
—, »La condition humaine« (1933) 583
Man, Hendrik de, belgischer Soziologe 570
Malta, Insel im Mittelmeer 633
Managua, Hauptstadt von Nicaragua 304
Manáos, Hauptstadt des brasilianischen Bundesstaates Amazonas 304
Manchu (Ch'ing), chinesische Dynastie (1644—1912) 44f., 47, 54f., 57f., 74, 107, 109
Manchurei 28, 60f., 70, 76, 83f., 90, 92f., 107, 219, 632, 636, Abb. 61, 100
Manchukuo, 1932—45 japanischer Satellitenstaat (Manchurei und die Provinz Jehol) 90
Manchurische Eisenbahn, Übergabe der Rechte durch die Sowjetunion an China (31.12.1952) 71, 629, 640
Manessier, Alfred, französischer Maler 640
Manierismus, Stilbegriff der bildenden Kunst 550
Manipur, indisches Bundesterritorium, *Kartenskizze 127*
Mann, Thomas, Schriftsteller 551, 577, 580, 587
—, »Der Zauberberg« (1924) 551, 580
—, »Joseph und seine Brüder« (1933—43) 587
—, »Dr. Faustus« (1947) 634
Mann ohne Eigenschaften, Der 527f., 578
Mannheim, Karl, Soziologe 564
Mao Tse-tung, chinesischer Staatsmann 63, 70—73, 75, 87ff., 92, 100, 133, 246, 390, 406—409, 638, 658, *Abb. 217*
—, »Bericht über die Untersuchung der Bauernbewegung in Hunan« (März 1927) 88
—, »Ergebnisse der Untersuchung der Bauernbewegung von Hunan« (August 1927) 70
—, Rede über die »Widersprüche« und die »Hundert-Blumen-Politik« (27.2.1957) 71, 101
Maranhão, Bundesstaat Brasiliens 369
Marathen (Mahratten), indisches Volk im Dekhan 110, 115, 123
Marcel, Gabriel, französischer Philosoph und Dramatiker 20, 551
—, »Être et Avoir« (Das Sein und das Haben, 1935) 551
March, Arthur, österreichischer Physiker 557
Marcks, Gerhard, Bildhauer 650

Marco-Polo-Brücke (Lukouchiao am Stadtrand von Peking), japanisch-chinesischer Zwischenfall (7.7.1937) 71, 90
Marginal differentiations (englisch), geringfügige Unterschiede 530
Maria I., Königin von Portugal 368
Maria II. da Gloria, Königin von Portugal 369
Mariátegui, José Carlos, peruanischer Politiker 344
Maring, eigentlich Henryk Sneevliet, Mitglied des Exekutivkomitees der Komintern 77
Marini, Marino, italienischer Bildhauer und Maler 645, *Abb. 584*
Markt, Freier 509
Marktwirtschaft, soziale 260, 291
Marokko (unabhängig 2.3./7.4.1956) 154f., 271, 284, 418, 420f., 640, 642, 645f., 649f., 652, 655, 660, *Abb. 149*
Marshall, George Catlett, amerikanischer General und Politiker 36, 71, 92, 235
Marshall-Plan (3.4.1948) 36, 134, 183, 189, 231, 234, 241, 252, 254, 259f., 295, 633
Marx, Karl Heinrich, Begründer des materialistischen Sozialismus 29, 72, 74f., 77, 100, 241, 445f., 466, 469, 482, 484, 487, 528, 585, 613, 615, 618f.
—, »Der Bürgerkrieg in Frankreich« (1871) 484
Marxismus 72, 75, 86, 140, 196, 206, 241, 457, 469, 484, 564, 598, 603, 605, 618, 621
Marxismus-Leninismus 71ff., 88, 92, 96, 98, 196, 214f., 268, 391, 421, 618
Masaryk, Jan, tschechoslowakischer Politiker 635
—, Tomáš Garrigue, tschechoslowakischer Soziologe und Politiker 209
Masjumi, indonesische Partei 141
Masse, Massendasein, Massenmensch 504, 525, 527, 570, 572
Massu, Jacques, französischer General 656, 660
Maté, Teeaufguß aus Blättern der Stechpalme Ilex paraguariensis 366
Materialismus, historischer 556
Mathematik 557f.
Matisse, Henri, französischer Maler 551, 642
Mato Grosso, Bundesstaat Brasiliens 369
Matsu, Insel an der chinesischen Küste gegenüber Formosa 411
Mau-Mau, Geheimorganisation der Bantu in Kenia zur Vertreibung der Weißen 647, 649, 661

Mauretanien, westafrikanische Republik (unabhängig 27.11.1960) 660, *Kartenskizze 155*
Mauriac, François, französischer Schriftsteller 243
Maximilian, österreichischer Erzherzog, Kaiser von Mexico (1864—67) 315, 317
Maya, indianische Völker in Nordguatemala und auf der Halbinsel Yucatan 306
Mayer, René, französischer Politiker 261
Mazedonien, Landschaft der Balkanhalbinsel 190, 217
Mazzini, Giuseppe, geistiger Führer des italienischen Risorgimento 615
Meany, George, amerikanischer Gewerkschaftsführer 481
Mechanisierung der Produktion 438
MEDO (Mittelöstliche Verteidigungs-Organisation) 150
Meerut (Mirat) Stadt nordöstlich Delhi 132
Meerut-Prozesse, Hochverratsprozesse gegen kommunistische Führer (1931—33) 132
Meidner, Rudolf, schwedischer Sozialwissenschaftler 495
Meiggs, Henry, amerikanischer Abenteurer 343
Meistermann, Georg, Maler 643

Melgarejo, José Mariano, bolivianischer Politiker 316, 346f.
Menderes, Adnan, türkischer Politiker 640, 661
Mendès-France, Pierre, französischer Jurist und Politiker 265f., 647, 649
Menotti, Gian-Carlo, amerikanischer Komponist 641
—, »Der Konsul« (1950) 641
Menzies, Robert Gordon, australischer Politiker 151
Mérida, Stadt in Venezuela 333
Mesopotamien, Gebiet zwischen Euphrat und Tigris 106
Messiaen, Olivier, französischer Komponist 638
—, »Turangalila-Sinfonie« (1949) 638
Messina, Konferenz über europäischen Markt und Euratom (4.6.1955) 276, 298, 648
Mestizen, Mischlinge zwischen Indianern und Weißen 306, 314, 333, 340, 346
Metaphysik 585ff., 606, 608
Metternich, Klemens Wenzel Lothar, Fürst von, österreichischer Staatsmann 612
Mexico 304—321, 342, 350, 659, *Abb. 320*

NAMEN- UND SACHREGISTER

Mexico, Bevölkerung 305, 320f.
—, Bürgerkrieg (1858—60) 315, 317
—, Elektrizitätserzeugung 312
—, Erdöl 312, 315, 318ff.
—, Geschichtliche Entwicklung 314—319
—, Krieg mit Amerika (1846—48) 314, 317
—, Revolution von 1910/11 310, 315, 317ff.
—, Volkswirtschaft 319f.
Mexico, Ciudad de, Hauptstadt von Mexico 304
MGB, Ministerium für Staatssicherheit in der Sowjetunion (1946) 174, 198
Michael I., König von Rumänien 188, 633f.
Michelet, Jules, französischer Geschichtsschreiber 612
Michels, Roberto, deutsch-italienischer Volkswirtschaftler und Soziologe 491
Mies van der Rohe, Ludwig, Architekt 551, 652
Mikojan, Anastas Iwanowitsch, sowjetrussischer Politiker 200, 212, 631, 657, 659
Mikołajczyk, Stanisław, polnischer Politiker 187, 630, 634f.
Mikrophysik 554
Mill, John Stuart, englischer Philosoph und Volkswirtschaftler 54
Miller, Arthur, amerikanischer Dramatiker 645
—, »The Crucible« (1953) 645
Minangkabau, Gebiet im Hochland von Sumatra 140
Minas Gerais, Bundesstaat Brasiliens 368ff., 372, 374, 376
Mindestlohn 475
Mindszenty, Joseph, Kardinal und Fürstprimas von Ungarn 173, 196, 637
Ming, chinesische Dynastie (1367 bis 1644) 53
Miramón, Miguel, mexicanischer General und Politiker 315
Miró, Joan, spanischer Maler 638

Mirza, Iskander, pakistanischer Staatsmann 145, 652, 657
Mission, christliche, in China 82ff.
—, — in Indien 107
—, — in Bolivien 349
»Mission civilisatrice«, französische Regierungsdevise 182
Mitbestimmung der Arbeitnehmer in den Aufsichtsräten und Vorständen der Unternehmen des Bergbaus der eisen- und stahlerzeugenden Industrie, Gesetz über (21.5.1951) 459, 488f., 491
Mitre, Bartolomé, argentinischer Politiker 316, 356f.
Mittelamerika 305, 307, 312, 321 bis 333, 372, 490

Mittelamerika, ODECA, Organización de Estados Centro Americanos (Oktober 1951) 641
—, Vereinigte Provinzen von (Central American Federation 1823—39) 307, 328, 450
Mittelmeerprobleme 270—276
Mittelöstliche Verteidigungsorganisation (MEDO) 150
Mittelosten 147f., 150f., 219, 247, 270f., 273, 412
Mittelstand 518f., 530
— in Osteuropa 196
Mjaskowskij, Nikolai Jakowliwitsch, russischer Komponist 636
MNR, siehe Moviemento Nacional Revolucionario
Mobutu, Joseph-Désireé, kongolesischer Oberst 661
Modus vivendi, Übereinkunft über ein verträgliches Nebeneinanderleben 438
Mohammed ben Mulay Arafa, Sidi, Sultan von Marokko 645
Mohammed V. ben Youssef, Sidi, König von Marokko 271, 640, 645, 649, 654, Abb. 149
Mohammed, Ghulam, pakistanischer Politiker 146
Mohammed Idris el Senussi, König von Libyen 640
Mohammed Reza Pahlewi, Schah von Persien 638
Mollendo, Hafenstadt in Peru 343
Mollet, Guy, französischer Politiker 275
Molotow (eigentlich Skrjabin), Wjatscheslaw Michailowitsch, sowjetrussischer Politiker 168, 171, 173, 176, 198ff., 212, 219, 228, 389, 635, 637, 645, 648, 651, 653
Molukken (Gewürzinseln), Inselgruppe Indonesiens 640
Monagas, José Tadeo, venezolanischer Politiker 317, 334
Monchanin, Abbé Jules, französischer Priester 601
Monde, Le, Pariser Abendblatt (11.12.1944) 244, 249
Mondrakest, sowjetrussischer (1959) 659
Mongolei 83, 156
—, Äußere (Mongolische Volksrepublik) 94, 406, 629, 640
—, Innere 60, 76, 630
Monismus, philosophischer Standpunkt, der alle Erscheinungen auf ein einziges Prinzip zurückführt 622
Monnerot, Jules, französischer Soziologe 513
Monnet, Jean, französischer Wirtschaftspolitiker 251f., 261, 276
Monokulturwirtschaft in Lateinamerika 311f., 322, 325, 328, 338, 371f.

Monolithische Gesellschaftsstruktur 513
Monroe-Doktrin (2.12.1823) 387, 419
Monsun, großräumiges Windsystem mit halbjährlichem Wechsel der Richtung 144
Montagu, Edwin Samuel, englischer Politiker 108
Montagu-Chelmsford-Reform von 1919 108, 111
Montanunion, Europäische Gemeinschaft für Kohle und Stahl (EGKS, Sechsmächte-Bündnis: Benelux, Deutschland, Frankreich, Italien 18.4.1951/25.7.1952) 252, 261f., 276, 287f., 297, 641, 643f., 648, 653, 655, Kartenskizze 239
—, Sechsmächtekonferenz (20. bis 27.6.1950) 639
Montes, Ismael, bolivianischer Politiker 316, 347
Montesquieu, Charles Louis de Secondat, Baron de la Brède et de, französischer Schriftsteller 310
Montevideo, Hauptstadt von Uruguay 304, 364f.
Montgomery, Bernard Law, Viscount of Alamein and Hindhead, englischer Feldmarschall 634
Moore, George, englisch-irischer Schriftsteller 585
—, Henry, englischer Bildhauer 634, 654
Moraes Barros, Prudente José de, brasilianischer Politiker 316, 371
Morales, José Ramón Villeda, Politiker in Honduras 329
Morazán, Francisco, Heerführer und Präsident der Vereinigten Provinzen von Mittelamerika, Nationalheld von Honduras 313
Morgenstern, Oskar, amerikanischer Mathematiker 558
Morgenthau, Henry jr., amerikanischer Journalist und Politiker 229
Morgenthau-Plan 229
Morones, Luis, mexicanischer Gewerkschaftsführer 318
Morrow, Dwight Whitney, amerikanischer Politiker 318
Moskau 380, Abb. 199, 216, 421, 445, 565, 597
—, Konferenz des Ostblocks (29.11.—2.12.1954) 646
—, »Gipfelkonferenz« des Ostblocks (7.11.—1.12.1960) 660
—, Säuberungsprozesse (19. bis 24.8.1936, 23.—30.1.1937 und 2.—13.3.1938) 168, 175f., 193, 208
—, Sinologenkongreß (1960) 220
—, Universität der Völkerfreundschaft (1960) 661

Moskitoküste (Mosquitoküste), Ostküste von Nicaragua 329
Moslem-Liga, 1906 gegründete Organisation der islamischen Minderheit in Indien 113, 115f., 121f., 132, 647
Mossadegh, Mohammed, persischer Politiker 642, 645
Mo Ti (Mo Tzu) chinesischer Philosoph 66
Mount-Palomar-Observatorium, San Diego, Californien 636
Movimiento Nacional Revolucionario (MNR), politische Bewegung in Bolivien 347
Mouvement Républicain Populaire (MRP 1944), Republikanische Volksbewegung, politische Partei in Frankreich 630
Mozambique, portugiesische Kolonie in Ostafrika 421
MRP, siehe Mouvement Républicain Populaire
MTS, sowjetische Maschinen- und Traktorenstationen 177, 204, 656
Muchitdinow, Nuritdin Akramowitsch, sowjetrussischer Politiker 207
Münchener Vertrag, Übereignung des sudetendeutschen Gebiets an Deutschland 29.9.1938 25, 34
Mukden (Manchurei), Zwischenfall von (18.9.1931) 70, 90
—, Kapitulation (30.10.1948) 636
Mulatten, Mischlinge zwischen Weißen und Negern 306, 321, 324, 333, 368f.
Munshi, Kanialal Maneklal, indischer Politiker und Schriftsteller 123
—, »The End of an Era« (Bombay 1957) 123
Murray, Philip, amerikanischer Gewerkschaftsführer 493
Musik 549, 632, 634, 636, 638, 641ff., 645, 652, 654, 657, 659, 661, *Abb.* *540*
—, Deutscher Musikrat in Bonn/Hamburg (1953) 645
Musil, Robert, österreichischer Schriftsteller 570, 578
Mussolini, Benito, Gründer und Führer des Faschismus 230, 366, 373
Mutualismus, die auf Proudhon zurückgehende soziologische Lehre von der Gegenseitigkeit 484f.
MWD, Ministerium für Innere Angelegenheiten in der Sowjetunion (1944) 174, 198, 202
Mysore (Maisur), indischer Bundesstaat 115, 122, 124, *Kartenskizze 127*
Mystik 605
Myun, Chang, koreanischer Politiker 652

N

Nabokov, Vladimir, amerikanischer Schriftsteller 652
—, »Lolita« (1956) 652
Nagasaki, japanische Hafenstadt, Atombombenabwurf (9.8.1945) 38, 382, 400, 432
Nagib, Ali Mohammed, ägyptischer General und Politiker 149, 643, 645, 647
Nagy, Imre, ungarischer Politiker 173, 208, 210, 212ff., 216, 407, 645, **649–652**, 656
Nahas Pascha, Mustafa, ägyptischer Politiker 149, 640
Naher Osten 26, 404, **412–417**, 421, 639, 653
Najhat ul Ulema, indonesische Partei 141
Nanking, Hauptstadt der Taiping-Rebellen 45, 47, 70
—, Nationalregierung (1928–37) 70f., 79f., **82–86**, 94, 96, 638
Napoleon I. Bonaparte, Kaiser der Franzosen 285, 380, 387
Napoleon III. Bonaparte, Charles Louis, Kaiser der Franzosen 315
Nardone, Benito, uruguayischer Politiker 317, 366
Nasser (Abd an-Nasir), Gamal ad-Din, ägyptischer Politiker 119, 149ff., 154, 270, 272f., 389, 415ff., 645, 647, 651, 655
Nationalchina, siehe China, Nationalregierung
Nationalismus 29, 82, 232, 274, 276, **412–421**, 448, 564
—, ägyptischer 111, 273, 415
—, arabischer 148, 152, 273, 415ff., 420
—, asiatischer 107, 109, 139, 420
—, französischer 260, 276
—, indischer 108, 110
—, in der Sowjetunion 180f.
—, ukrainischer 181
National Labor Relations Board (1935), amerikanisches Amt für die Regelung der Beziehungen zwischen den Sozialpartnern 462, 486
Nationalsozialismus 30, 243, 565, 567, 588
—, polnischer 34
Nationalsozialistische Deutsche Arbeiter-Partei (NSDAP) 629
National Union of Mineworkers, Vereinigung der Bergleute in England 462
NATO (North Atlantic Treaty Organization), Nordatlantischer Verteidigungspakt (Washington 4.4.1949) 231, **234–267**, 271 bis 277, 280ff., 287, 289, 292, 298f., 398, 400ff., 405, 408ff., 412, 636, 641, 643, 646, 648, 651, *Kartenskizze 239, Abb. 285, 404*

NATO, Aufbau 247f.
—, Dreierausschuß, Komitee für nichtmilitärische Zusammenarbeit (»Die Weisen«) 257, 280ff.
—, Luftstützpunkte in Europa 256, 396f.
—, Reorganisation 256f.
—, Ständiger Rat der Stellvertreter der Außenminister (Atlantikrat) 248, 250, 257, 261, **280–283**, 636, 639
Naturwissenschaft, exakte 533f., 550, 552, 554f., 557f., 632, 636, 638, 645, 647, 650, 654, 657, 659, 662
Nay, Ernst Wilhelm, Maler und Graphiker 652
Nederlandse Katholieke Arbeiderbeweging (KAB), Niederländischer Katholischer Gewerkschaftsbund 464
Nederlands Verbond van Vakvereinigingen (NVV), Niederländischer Gewerkschaftsbund 464
Nedschd, Hochland im Innern Arabiens 106, 120
NEFA (North-East-Frontier-Agency), indisches Bundesterritorium, *Kartenskizze 127*
Negeb, Landschaft im Süden Israels 635
Neger in Lateinamerika 306, 321, 324, 333, 336, 339f., 343, 367f.
Negerfrage in der Südafrikanischen Union 247, 635, 642
— in den USA 263, 653, 656
Nehru, Jawāharlāl, indischer Staatsmann 71, 114, 119, 121ff., 131ff., 136, 139, 156, 158f., 161, 163, 410, 632, 640, 646, 649, 651, 660f., *Abb. 117, 161*
Neiße, Lausitzer, Nebenfluß der Oder 31, 34
Nell-Breuning, Oswald von, S. J., Soziologe 459
Nenni, Pietro, italienischer Politiker 249
Nepal, Königreich auf der Südseite des Himalaja 106, 159f., 164, 641, 660f.
Nervi, Pier Luigi, italienischer Architekt 651
»Neue Flut« (»The Renaissance«), chinesische Zeitschrift (Peking 1919) 65, 69f.
»Neue Jugend« (»La Jeunesse«), chinesische Zeitschrift (Shanghai 1915) 65f., 68f., 72
Neue ökonomische Politik (NEP) in Rußland 75
Neuguinea 143, 653, 660
Neumann, John (Janos) von, ungarischer Mathematiker 558
Neuseeland, Land des Commonwealth 158, 408, 641, 646

NAMEN- UND SACHREGISTER

Neuthomismus, Erneuerung und Weiterbildung der Lehren des Thomas von Aquino 586
Neutra, Richard, österreichischer Architekt 634
Neutralismus 248f., 418
Neutralität, völkerrechtlich die Nichtbeteiligung eines Staates an Feindseligkeiten anderer Staaten 402–405, 407, 410, 418
Neutronen, Elementarteilchen 554
New Deal, 1933 von Franklin D. Roosevelt eingeleitete Wirtschaftsreform 460, 462
Ne Win, burmesischer General und Politiker 137f., 657, 661
Newton, Sir Isaac, englischer Physiker, Mathematiker und Astronom 427f., 438, 552
New York 475, 484, *Abb. 525*
—, Außenministerkonferenzen (3.11.—12.12.1946) 631; (12. bis 23.9.1950) 639
New York Times, The, demokratische Tageszeitung (1851) 244, 253, 361
Ney, Hubert, saarländischer Politiker 649
Ngo dinh-Diem, vietnamesischer Politiker 649
Nicaragua, mittelamerikanischer Staat 304f., 307, 313, **327–331**, 641, 644, 648, 653
— Kanalprojekt 329f.
Nichteinmischung in die inneren Angelegenheiten anderer Staaten, Prinzip der 382, 621
Nicobaren (Inselgruppe), indisches Bundesterritorium, *Kartenskizze 127*
Niebuhr, Reinhold, amerikanischer Theologe 32, 38, 588
Niederländisch-Guayana (Surinam) 372, 632, 647
Niederländisch-Indonesische Union (1947) 632, 638, 647
Niederländisch-indonesischer Konflikt (1957) 653
Niederländisch-Neuguinea (Irian) 143, 653, 660
Niederlande 27, 105, 118, 134, **139** bis **143**, 156, 260, 266, 279, 333, 362, 402, 410, 630, 632, **634** bis **638**, 641, 643, 653, 658, 660
—, Genossenschaftswesen 479
—, Gewerkschaften 464, 470
—, Reichsstatut mit Surinam und den niederländischen Antillen (15.12.1954) 647
Niehans, Paul, schweizerischer Arzt 647
—, »Die Zellulartherapie« (1954) 647
Niemeyer, Oscar, brasilianischer Architekt 662
Nietzsche, Friedrich Wilhelm, Philosoph 548, 613

Niger, zentralafrikanischer Staat (unabhängig 3.8.1960) 659, *Kartenskizze 155*
Nigeria, westafrikanischer Staat des Commonwealth (unabhängig 1.10.1960) 418, 642, 644, 660, *Kartenskizze 155, Abb. 160*
Nikias, athenischer Heerführer 393
Nikolaus I. Pawlowitsch, Zar von Rußland 182
Nixon, Richard Milhous, amerikanischer Politiker 657
Njassaland, englisches Protektorat, seit 14.7.1953 in der Föderation Rhodesien und Njassaland 644
Nkrumah, Kwame, ghanesischer Politiker 660f.
Non-cooperation-Bewegung in Indien 112f., 116
Non-violent non-cooperation (nicht gewaltsam, keine Zusammenarbeit), Gandhis politische Taktik 112
Nordamerika 393, 402, 447, 483
Nordatlantikpakt, siehe NATO
Nordischer Rat (5.12.1951) 641
Nordkorea 253, 396, 406, 411, 636, 638f., 644
Nordrhodesien, englisches Protektorat, seit 14.7.1953 in der Föderation Rhodesien und Njassaland 421, 644
Nordvietnam 160, 406, 408, 411, 646, 657f., 661, *Abb. 448*
Norilsk an Jenissei, Sibirien, 202
Normandie, Landung in der (6.6.1944) 379
Norstad, General Lauris D., amerikanischer General 283, 299
Norwegen 237, 247, 258, 277, 279, 289, 294, 362, 402, 520, 636, 658
—, Genossenschaftswesen 479
—, Gewerkschaften 470, 472, 475, 494
Nosavan, Phoumi, laotischer General 661
Nostra res agitur (lateinisch), es ist unsere Sache, um die es geht 546
Nu, U Nu, burmesischer Politiker 119, 137, 657, 661
Nouvelles Équipes Internationales, Lüttich (1947) 232
Nürnberger Prozeß (20.11.1945 bis 1.10.1946) 38, 629, 631
Núñez, Rafael, kolumbianischer Politiker 316, 336f.
Nuri es Said, irakischer Politiker 119, 148, 151ff., 412, 416f., 654, 656
NVV (Nederlands Verbond van Vakverenigingen) 464
Nyvelli (Madras), Braunkohlenvorkommen 126

O

OAS, siehe Organisation der amerikanischen Staaten
Oaxaca, mexicanischer Bundesstaat 309
Ober-Volta, westafrikanische Republik (unabhängig 5.8.1960) 658f., *Kartenskizze 155*
Obregón, Alvaro, mexicanischer General und Politiker 317f.
Obskurantismus 561
l'Observateur, Zeitschrift (Paris 1878) 249
Ochab, Edward, polnischer Politiker 211ff.
ODECA, Organización de Estados Centro Americanos (Oktober 1951) 641
Oder-Neiße-Linie 31, 34, 639, 657
Odría, Manuel A., peruanischer General und Politiker 338, 344
OEEC, Organization for European Economic Cooperation (Organisation für europäische wirtschaftliche Zusammenarbeit, Europäischer Wirtschaftsrat, Paris 16.4.1948) 252, 277, 280, 288, 402, 633, 638, 641, 652, 655
—, »Dix Ans de Coopération. Réalisations et Perspectives«, Bericht vom April 1958 293ff.
Ökumene (im kirchlichen Sprachgebrauch: die christliche Welt in ihrer Gesamtheit) 600
Ökumenischer Rat 636
Österreich, Bundesrepublik 213, 268, 277, 279, 289, 291, 294, 362, 402f., 630, 633f., 637, 648ff., 659, *Abb. 268*
—, Abkommen über Südtirol (5.9.1946) 631
—, Gewerkschaften 464
—, Staatsvertrag (15.5.1955) 268, 648
Österreichischer Gewerkschaftsbund (ÖGB 1945) 464
Österreich-Ungarn 181
Österreichische Volkspartei (ÖVP) 268, 291, 630
Offene Tür, 1899 aufgestellte politische Doktrin 70, 387f.
»Ohne-mich«, Parole in Deutschland 249
Okinawa, Hauptinsel der mittleren Ryukyu-Inseln 409
Oktoberrevolution in Rußland (25.10./7.11.1917) 72, 109, 427, 512
Olaya Herrera, Enrique, kolumbianischer Politiker 316, 338
Oligarchie (griechisch: Herrschaft weniger) 184, 358

Omaha (Nebraska), Zentrum der US-Luftabwehr, *Abb. 420*

NAMEN- UND SACHREGISTER

Ontologie, philosophische Lehre vom Sein 585
Operational authority (englisch), Autorität durch Kenntnis und Leistung 538
Opiumkrieg (1840—1842) 43f., 58, 65, 70
Orff, Carl, Komponist 634, 638
—, »Die Bernauerin« (1947) 634
—, »Antigonae« (1949) 638
Organisation der amerikanischen Staaten (OAS, gegründet 1948) 324, 326f., 333, 634f., 648, 653, 659
Organization for European Economic Cooperation, siehe OEEC
Orinoco, Strom im Norden Südamerikas 305, 333, 335
Orissa, indischer Bundesstaat 122, *Kartenskizze 127*
Ortega y Gasset, José, spanischer Kulturphilosoph 562, 570, 584
Ortiz, Roberto M., argentinischer Politiker 316, 358
Orwell, George, eigentlich Eric Arthur Blair, englischer Schriftsteller 573, 638
—, »1984« (1949, deutsch 1950) 573, 638
Osborne John, englischer Schauspieler und Dramatiker 652
— »Look back in Anger« (1956) 652
Osmanisches Reich, siehe Türkei
Ospina Pérez, Mariano, kolumbianischer Politiker 316, 338
Ostasiatischer Kulturbund (gegründet 1898) 54, 70
Ostbengalen, Provinz von Ostpakistan 121, 159
Ost-Berlin, siehe Berlin, sowjetischer Sektor
Ostblock (Sowjetblock) **400—406**, 420, 635, 638, 651, 655, 659f.
Osteuropa 27, 167, 169, 183, 228, 273, 392, 401, 420, 483
— (1945—1953) **184—197**
— (1953—1959) **208—220**
—, Erziehung und Ausbildung 196
—, Kollektivierung der Landwirtschaft 195, 214ff.
—, Machtergreifung der Kommunisten (1944—1948) **186—194**
—, Neuer Kurs 208ff.
—, Wirtschaftspolitik 194f., 216, *Kartenskizze 191*
—, Säuberungswellen (1949/50 und 1951/52) 192ff.
Ostpakistan 144, 647, 658
Ostpreußen 170, 653
Ottawa, Konferenz von (September 1951) 257
»Overlords«, Churchills Kriegskabinett 171
Owen, Robert, englischer Unternehmer und Sozialpolitiker 478f.

P

Pachtunen (Pathanen), Volksstamm in Afghanistan 147
Pachtunistan, Grenzland zwischen Afghanistan und Pakistan 147
Packard, Vance, amerikanischer Soziologe 536
Páez, José Antonio, venezolanischer General und Politiker 313, 317, 334
Pakistan, Republik, Land des Commonwealth (15. 8. 1947) **121—124**, 135, **143—147**, 152, 158ff., 410, 420, 451, 632, 634, 640f., 646f., 649, 652, 654f., 657f., 660f.
—, Flüchtlingsproblem 145
—, politische und wirtschaftliche Entwicklung 145ff.
—, Streit mit Indien über die Wasserrechte am Indus 135, 145f., 409, 412, 660
—, Verfassung (23.3.1956) 144, 652, 661
Palästina 148, 152, 157, 414, 630, 632, 634f., 640, 648, 660
—, älteste Bibelhandschrift (gefunden 1947) 634
Palmer, Robert Roswell, amerikanischer Historiker 225

Pampas (Quechuawort Pampa = Ebene), weite, größtenteils baum- und strauchlose Grassteppe 356, *Abb. 368*
Panafrikanische Konferenz in Tunis (25.—31.1.1960) 660
Panamá, Staat und Stadt in Mittelamerika 304, 306, 316, 321, 324, 327f., **331ff.**, 337, 651
—, unabhängig (3.11.1903) 316, 337
Panamá-Kanal 331ff., 344
Panamerikanische Konferenzen: Rio de Janeiro (15.—30.8.1947) 365, 633; Bogotá (30.4.1948) 338, 634
Panamerikanische Union 639
Panarabische Bewegung 413, 416f.
Pando, José Manuel, bolivianischer Oberst und Politiker 316, 347
Panikkar, Kavalam Madhava, indischer Gelehrter und Politiker 156
Panislamismus 107, 146
—, Weltkonferenz der Mohammedaner in Karachi (Januar 1949 und 1952) 146
—, Internationale mohammedanische Wirtschafts-Konferenz in Karachi 146
Panmunjon (Korea), Waffenstillstand von (27.6.1953) 71, 264, 644

Pan-Thai-Bewegung in Thailand 409
Pantschen-Lama (Taschi-Lama), »geistlicher Vater« des Dalai-Lama 71, 658
Papagos, Alexander, griechischer Marschall und Politiker 649
Papen, Franz von, Politiker 190
Pará, Bundesstaat Brasiliens 369
Paraguay, Rio, Nebenfluß des Paraná 367
Paraguay, Staat in Südamerika **304—308**, 313, 317, 346f., 360, 366f., 370, 644, 659
Paraná, argentinischer Hafen am Rio Paraná 305, 361
—, Rio, südamerikanischer Strom, vereinigt sich mit dem Uruguay zum Rio de la Plata 305
Pareto, Vilfredo, italienischer Volkswirtschaftler und Soziologe 564
Paris 380, *Abb. 512*
—, Außenminister-Konferenz (23.5.—20.6.1948) 636
—, Vollversammlung der UN (21.9. bis 12.12.1948) 233
Pariser Friedenskonferenz (29.7. bis 15.10.1946) 631
— Kommune (26.3.—28.5.1871) 484
— Verträge (23.10.1954) 267, 270, 646, 648f.
— Weltausstellung (1889) 484
Parlamentarischer Rat (1.9.1948) 251, 635
Parsen, indische Anhänger Zarathustras 124
Parteien, politische 510f., 531, 629ff., 637
Partido Revolucionario Institucional (PRI), Partei in Mexico 314
Partisanen (Freischärler) 185, 384f., 418, 638
Patagonien, südlichste Landschaft Südamerikas 356
Pasternak, Boris Leonidowitsch, russischer Dichter 207, 654
—, »Doktor Schiwago« (1957) 654
Patna, Hauptstadt von Bihar (Indien), *Kartenskizze 127*
Pattern (englisch), Muster, Modell 560
Pau, Konferenz von (29.6.—27.11.1950) 640
Pauker, Anna, rumänische Politikerin 173, 193, 633, 643
Pauli, Wolfgang, österreichischer Physiker 654
Pax Britannica 414
Paz, Alberto Gainza, argentinischer Verleger 362
Paz Estenssoro, Víctor, bolivianischer Politiker 316, 347ff.
Pazifik-Krieg (Salpeterkrieg 1879 bis 1883) 316f., 343, 347, 351f.
Pazifik-Pakt, siehe ANZUS-Pakt

687

Pazifischer Krieg (7.12.1941 bis 2.9.1945) 90
Pearson, Lester Bowles, kanadischer Politiker 238, 246
Pedro I., Kaiser von Brasilien (als Pedro IV. König von Portugal) 316, 368f.
Pedro II., Kaiser von Brasilien 308, 316, 369ff.
Péguy, Charles Pierre, französischer Dichter 599
Peking (China) 47, 50, 60, 65, 67f., 70ff., 78, 83f., 90, 94, 638
Pella, Giuseppe, italienischer Politiker 644
Peloponnesischer Krieg (431—421 v. Chr.) 379, 393, 570
Pemex, Petroleos Mexicanos, Monopolgesellschaft für Ausbeutung, Verarbeitung, Vertrieb landeseigener Erdölvorkommen (gegründet 1938) 320
Peñaranda, Enrique, bolivianischer General und Politiker 316, 347
Pérez, Mariano Ospina, siehe Ospina Pérez, Mariano
Pérez Jiménez, Marcos, venezolanischer Politiker 317, 334f., 345
Perikles, athenischer Politiker 593
Pernambuco, Bundesstaat Brasiliens 370
Perón, Eva (Eva Maria Duarte), 359, 361
—, Juan Domingo, argentinischer General und Politiker 310, 313, 316, 354, 357, 359ff., 632, 634, 642, 647, 649
Perpetuum mobile 438
Persien (Iran) 105f., 109, 120, 146, 160, 412, 630f., 638, 642f., 645, 647, 649, 658
—, Verstaatlichung der Erdölvorkommen (15.3.1951) 642f., 647
Persönlichkeitskult in Osteuropa 194
Personalismus, Richtung der neueren Philosophie 546
Peru, Staat in Südamerika 304 bis 309, 311ff., 317, 324, 333, 336, 339, 341—346, 348, 350, 360, 643, 659, Abb. 304f., 598
—, Seekrieg mit Spanien (1864 bis 1866) 317, 343
—, Pazifik-Krieg (1879—1883) 317, 343
Perwuchin, Michail Georgjewitsch, sowjetrussischer Wirtschaftsführer 200
Pétain, Henri Philippe, französischer Marschall und Politiker 630
Peter II. (Karageorgewitsch), König von Jugoslawien 630
Petersberger Abkommen (22.11.1949) 637
Petöfi, Alexander (Sándor), ungarischer Dichter 211

Petöfi-Klub 211, 651
Pfund, englisches, Konvertierbarkeit für Nichtinländer (Januar 1959) 288
Phänomenologie, Lehre von den Erscheinungen 585
Philipp II., König von Spanien 340
Philippinen, Inselgruppe des Malaiischen Archipels 28, 105, 157f., 160, 182, 379, 408,f., 420, 490, 632, 638, 640f., 646
—, Aufstand der Huks 638, 640
Philosophie des 20. Jahrhunderts 548, 556, 560, 567, 584—587
Physik 554—557
Physikalismus 622
Physiologie 558
Pibul Songgram (Phibun Songgram), thailändischer Marschall 634, 654
Picard, Max, schweizerischer Kulturhistoriker 630
—, »Hitler in uns selbst« (1945) 630
Picasso (eigentlich Ruiz y Picasso), Pablo, spanischer Maler 551, 642, 661
Pieck, Wilhelm, Politiker 637, 660
Pilsen (Tschechoslowakei), Volkserhebung (Juni 1953) 209
Pinay, Antoine, französischer Politiker 288, 295
Pinilla, Gustavo Rojas, kolumbianischer General und Politiker 316, 338f., 345, 645, 654
Pirandello, Luigi, italienischer Dichter 578
Pirenne, Comte Jacques Philippe, belgischer Historiker 225, 227
Pittman, Frank King, amerikanischer Physiker 437
Pittsburgh (Pennsylvanien, USA) 442
Pius XII., Papst (Eugenio Pacelli) 230, 361, 657, Abb. 596
Planck, Max Karl Erwin Ludwig, Physiker 551, 554
Platon, griechischer Philosoph 541, 585, 604
Platschek, Hans, Maler und Schriftsteller 659
—, »Neue Figurationen« (1959) 659
Plaza Gutiérrez, Leónidas, ecuadorianischer Politiker 316, 341
Plaza Lasso, Galo, ecuadorianischer Politiker 316, 341
Plein pouvoir (französisch), unbeschränkte Vollmacht 535
Pleven, René, französischer Politiker 251f., 641
Plievier, Theodor, Schriftsteller 630
—, »Stalingrad« (1945) 630
Pluralismus, philosophischer Standpunkt, der alle Erscheinungen auf mehrere Prinzipien zurückführt 468, 511ff., 530, 532, 584, 597, 623

Plutonium (Element 94) 436
Poe, Edgar Allan, amerikanischer Schriftsteller 578
Polen, Volksrepublik 25f., 31, 34f., 133, 170, 184—189, 193ff., 197, 200, 210—216, 293, 323, 400f., 407, 630f., 633f., 637, 639f., 645, 648, 651, 653, 657, Kartenskizze 191, Abb. 216
—, Auflösung der landwirtschaftlichen Kollektivbetriebe 214
—, Nationaldemokratische Partei 187
—, Volkspartei (Bauernbewegung) 187
—, Volksrepublik (22.7.1952) 643
Polnischer Oktober (1956) 200, 211—215, 275, 400, 651
Pollock, Jackson, amerikanischer Maler 632
Ponce Enríquez, Camilo, ecuadorianischer Politiker 316, 341
Pondichéry, ehemaliges französisches Schutzgebiet an der Koromandelküste Indiens 647
Poona (Bundesstaat Maharashtra, Indien) 126, 128
Poor, The, englischer Ausdruck für Arbeiter 456
Porbandar, ehemaliger indischer Fürstenstaat 116
Porkkala, finnische Halbinsel (1944 bis 1956 sowjetrussischer Marinestützpunkt) 648
Portales, Diego, chilenischer Politiker 351
Port Arthur, manchurischer Hafen 94, 629, 640, 646
Port au Prince, Hauptstadt von Haiti 304
Portmann, Adolf, schweizerischer Zoologe und Anthropologe 558
Portugal 139, 237, 256, 277, 279, 289, 307f., 311, 367f., 370, 375, 402, 631, 635ff., 642, 644, 647ff.
Portugiesen in Lateinamerika 306
Posen (Polen), Aufstand (Juni 1956) 211f., 216
Positivismus, philosophische Richtung, die im unmittelbar Wahrnehmbaren die einzige Grundlage des Erkennens sieht 556, 558, 585, 602, 605f., 619, 621f.
Potosi (Bolivien) 343
Potsdamer Konferenz und Abkommen (17.7.—2.8.1945) 33, 35, 229, 655, Abb. 36
Pound, Ezra, amerikanischer Dichter 568, 579
—, Roscoe, amerikanischer Jurist 489
Pouvoir neutre (französisch), neutrale Macht 511
Prado y Ugarteche, Manuel, peruanischer Politiker 317, 344f.
Prädestination (lateinisch), Vorherbestimmung 599
Prähistoire 560, 645

Prag 211, 231, *Abb. 192*
Pragmatismus, philosophische Richtung, die Tun und Handeln über Denken und Theorie stellt 622
Praja-Partei, sozialistische Partei Indiens 131
Prasad, Rajendra, indischer Politiker 134, 161, 660
Pressure groups (englisch), Interessenvertreter 494, 512
Preußen 633
PRI (Partido Revolucionario Institucional) 314
Prokowjew, Sergej Sergejewitsch russischer Komponist 636
Proletariat 427, 482, 518
Proletarisierung 511
Protestantische Kirche 184
Protestantismus 601 f.
Proudhon, Pierre Joseph, französischer Sozialist 241, 484 f.
Proust, Marcel, französischer Schriftsteller 551, 579, 587
—, »A la recherche du temps perdu« (1913—27, kritische Ausgabe 1954) 551, 587
Psychologie 557 f., 559, 586
Pueblo, Stadt und Bundesstaat in Mexico 309
Puerto Rico, Insel der Großen Antillen 643
Punjab (Fünfstromland), indischer Bundesstaat 111 f., 121 f., 127, 135, 144 f.
Puno, Stadt und Provinz in Peru 342
Pusan (Fusan), Hafen Koreas 639, *Abb. 193*
Pyongyang, Hauptstadt von Nordkorea 639

Q

Quadros, Janio, brasilianischer Politiker 375, 660
Quäker, religiöse Gemeinschaft (Society of Friends: Gesellschaft der Freunde) 370
Quantentheorie 554, 557
Quantenmechanik 554
Quebracho, Sammelname für verschiedene gerbsäurehaltige südamerikanische Hölzer 366
Quechua, Indianerstamm in Bolivien und Peru, der das Inkareich gründete 346
Quemoy, Insel in der Formosa-Straße 411, 656
Quito, Hauptstadt von Ecuador 304, 306, 309, 340
Quitu, nördlicher Teil des Inkareichs 339
Quiz, Frage- und Antwortspiel in Rätselform 544

R

Raab, Julius, österreichischer Politiker 648
Radikale, chilenische Mittelstandspartei 351 f.
Radikalsozialistische Partei (Parti radical et radical-socialiste, gegründet 1901) in Frankreich 262, 266
Radioaktive Verseuchung durch Atombomben 431 f.
Radioaktivität, künstliche 554
Rajasthan, indischer Bundesstaat, *Kartenskizze 127*
Rajk, László, ungarischer Politiker 173, 192 f.
Rājputāna, Landschaft in Indien 115
Rājputen, Kaste im nördlichen Indien 122
Rakete im Dienste der Meteorologie 632
Raketenabschußbasen 397
Raketenwaffen 274, 282, 296, 431 f., *Abb. 421*
Rákosi, Mátyás, ungarischer Politiker 173, 192, 194, **209—213**, 645, 649, 651
Rama Krishna, Sri, indischer Reformator 107
Rāmeswaram, Insel zwischen Indien und Ceylon 124
Ramírez, Pedro Pablo, argentinischer General und Politiker 316, 359
Ranade, Mahadeo Govind, indischer Reformator 107
Rangoon, Hauptstadt von Burma 136, *Abb. 140*
Ranke, Leopold von, Historiker 612
Rao, Benegala Shiva, indischer Politiker 156
Rapacki, Adam, polnischer Politiker 215, 653
Rapacki-Plan 215, 653
Rapallo-Vertrag zwischen dem Deutschen Reich und der UdSSR (15./16.4.1922) 251
Rat der Volkskommissare 171
Rat für gegenseitige Wirtschaftshilfe (COMECON, 25.1.1949) 216, 638, *Kartenskizze 191*
Rawi, Fluß im Punjab 121
Raynal, Guillaume Thomas François, Abbé, französischer Philosoph und Historiker 310
Realismus, sozialistischer, Richtung, die Kunst und Literatur in den Dienst der sozialistischen Ziele stellt 389
Realitätsinn des heutigen Menschen 575
Rechtswissenschaft 560
Reichstagsbrandprozeß in Leipzig (1933) 194
Relativitätstheorie 554, 557

Religiöses Denken in der heutigen Welt 593—608, *Abb. 596f., 598f., 604ff.*
Religionsgeschichte 560
Rembrandt Harmensz van Rijn, niederländischer Maler und Radierer 604
Remón Cantera, José Antonio, panamerikanischer Politiker 332
Renan, Ernest, französischer Religionswissenschaftler und Schriftsteller 413, 568
Renner, Karl, österreichischer Schriftsteller und Staatsmann 630
Republikanische Partei in den USA 259, 262 f., 269, 296
Résistance, Widerstandsbewegung in Frankreich 229 f.
Resnais, Alain, französischer Filmregisseur 659
—, »Hiroshima, mon amour« (Film 1959) 659
Reston, James, Chefkorrespondent der New York Times 244
Reuter, Ernst, Politiker 292, 633, 635
Reuther, Walter, amerikanischer Gewerkschaftsführer 481
Revisionismus, erstrebt die Verwirklichung des Marxismus durch Entwicklung (Evolution) 206, 215, 217, 220
Revolution, erste industrielle 428, 434, 443
—, militärische 432, 434
—, zweite industrielle **423—452**, 591
Reyes Prieto, Rafael, kolumbianischer Politiker 316, 337
Reynold, Gonzague de, schweizerischer Kulturhistoriker 227
Reza Schah Pahlewi, früher Riza Khan, Schah von Persien 119 f.
Rhee, Syngman, koreanischer Politiker 636, 643, 652, 661
Rhodesien, Land in Südafrika 219
Rhodesien und Njassaland, englische Föderation (seit 14.7. 1953) 421, 644
Richelieu, Armand Jean du Plessis Duc de, französischer Kardinal und Staatsmann 612
Ribbentrop, Joachim von, nationalsozialistischer Politiker 392
Ridgway, Matthew Bunker, amerikanischer General 641
Riehl, Wilhelm Heinrich von, Kulturhistoriker 531
Riesman, David, Soziologe 529, 540, 640
—, »The Lonely Crowd« (1950) 529, 640
Rilke, Rainer Maria, Dichter 578, 587
—, »Duineser Elegien« (1923) 587

Rio Branco, José Maria da Silva Paranhos d. Ä., Visconde do, brasilianischer Politiker 371
—, José Maria da Silva Paranhos d. J., Barão (Baron) do, brasilianischer Politiker 371
Rio-Branco-Gesetz (die Leibesfrucht der Sklavinnen ist frei 28.9.1871 von R.B. d. Ä.) 371
Rio Grande do Sul, Bundesstaat Brasiliens 309, 368f., 370, 372
Rio de Janeiro, ehemalige Hauptstadt Brasiliens 304, 309, 368, 374f.
—, Pakt von (Inter-American Treaty of Reciprocal Assistance 30.8.1947) 235, 365
Ríos, Juan Antonio, chilenischer Politiker 316, 354
Risorgimento, asiatisches 157
Rivadavia, Bernardino, argentinischer Politiker 316, 356
Riza Khan, später Reza Schah Pahlewi 119f.
Robbe-Grillet, Alain, französischer Schriftsteller 650
—, »Le voyeur« (1955) 650
Robespierre, Maximilien de, französischer Revolutionär 615
Rochdale (Nordengland) 478
Rodionow, sowjetrussischer Politiker 175
Rodríguez de Francia, José Tomas, paraguayischer Politiker 313, 317, 366
Römer 393, 395
Römisch-katholische Kirche 184, 196f., 214f., 638, *Abb. 596*
Röntgenstrahlen 534
Rokossowskij, Konstantin Konstantinowitsch, sowjetrussischer Marschall 212, 637, 651
Rom 380,
—, Verträge über EWG und Euratom (25.3.1957) 277, 287
Roman, der 546, 569, **577—580**, 587f.
Roorkee (Rurki, Uthar Pradesh, Indien), Ingenieurschule und Zentrale der Gangesbewässerung 108
Roosevelt, Franklin Delano, Präsident der Vereinigten Staaten 23f., 28, 31, 33f., 119, 147, 226, 242, 255, 390, 492
—, Theodore, Präsident der Vereinigten Staaten 337
Rosario, argentinischer Hafen am Rio Paraná 305, 361
Rosas, Juan Manuel de, argentinischer Politiker 313, 316, 356f., 360
Ross, Gustavo, chilenischer Politiker 353
Rostow, Walt Whitman, amerikanischer Volkswirtschaftler 623
—, »The Stages of Economic Growth« (1960) 623

Rote Armee (China) 70f., 89, 640, 658, 660
— (Sowjetunion) 29, 31, 171f., 174, **185—188**, 190, 192, 198, 202f., 212f., 396f., 400, 403, 406, 650f.
Rouault, Georges, französischer Maler und Radierer 638
Rourkela (Orissa, Indien), Stahlwerke 126
Rousseau, Jean Jacques, französischer Schriftsteller 310, 455, 482
Roy, Rām Mōhan, indischer Reformator 107
Royal Dutch Petroleum Company, Koninklije Nederlandsche Petroleum Maatschappij, Den Haag (1890, gehört zum Shell-Konzern) 348, 363
RSFSR (Russische Sozialistische Föderative Sowjetrepublik) 175, 201
RTS, sowjetrussische Reparatur- und Kundenbetreuungsstellen 204
Ruanda-Urundi, UN-Treuhandgebiet in Zentralafrika, *Kartenskizze 155*
Rudolf, Paul, amerikanischer Architekt 654
»Rückerziehung« (Re-education) des deutschen Volkes 31, 229
Rueff, Jacques, französischer Wirtschaftspolitiker 288, 295
Ruhrgebiet 297, 633f., 636
—, Internationale Ruhrbehörde (18.7.1949) 638
Ruiz Cortines, Adolfo, mexicanischer Politiker 317, 320f.
Rumänien 30, 170, **184—189**, 193 bis 197, 210f., 215, 407, 629f., **632—635**, 643, 648, 653, *Kartenskizze 191*
—, Nationale Bauernpartei 187, 216, 634
Rusk, Dean, amerikanischer Politiker 660
Russell, Bertrand Lord, englischer Mathematiker und Philosoph 551, 584f.
—, »An Inquiry into Meaning and Truth« (1940) 551
Russifizierung in der Sowjetunion 182, 198, 207
Russische Sozialistische Föderative Sowjetrepublik (RSFSR) 175, 201
Russisch-japanischer Krieg (1904/1905) 54, 107
Rußland 48, 60, 105, 388, 391, 448, 569, 618f., 623, siehe auch Sowjetunion
—, Oktoberrevolution (25.10./7.11.1917) 72
Rykow, Aleksej Iwanowitsch, sowjetrussischer Politiker 168
Ryukyu-Inseln (Riu-Kiu-Inseln), japanische Inselkette 48

S

Saarinen, Eero, finnischer Architekt 652
Saarland 261, 292, 629, 631, 633, 635, 639, 644, 646, 653, 658
—, deutsch-französisches Abkommen vom 27.10.1955 650
—, französisch-saarländische Wirtschafts- und Zollunion (22.12.1946) 261
—, Volksabstimmung (23.10.1955) 270, 649
Saburow, Maksim Zacharowitsch, sowjetrussischer Politiker 200
Sachlichkeit, Zeitalter der 536ff., 545, *Abb. 533*
Sáenz Peña, Roque, argentinischer Politiker 316, 357f.
Säuberungsaktionen in der Sowjetunion 168, 175f., 193, 208
— in Osteuropa 192ff.
Sjafruddin Prawiranegara, Amir, indonesischer Politiker 657
Sagan, Françoise, französische Schriftstellerin 647
—, »Bonjour tristesse« (1954) 647
Saghlul Pascha, Saad, ägyptischer Politiker 108, 111, 119
Sahara 284, 297, 435
—, Erdölvorkommen 297
Sahara-Departement (Algerische Süd-Territorien) *Kartenskizze 155*
Saint Laurent, Louis Stephen, kanadischer Politiker 235
Saint-Simon, Claude Henri de Rouvroy Comte de, Begründer der Soziologie 613
Sakiet-Sidi-Joussef (Tunesien), Bombardierung (8.2.1955) 655
Salamanca, Daniel, bolivianischer Politiker 316, 347
Salan, Raoul, französischer General 285, 656
Salpeter (Chilesalpeter: Natriumnitrat), Düngemittel 352ff.
Salpeterkrieg (1879—1883), 316f., 343, 347, 351f.
Salvador, El, Staat in Mittelamerika 303f., 307, 311, **327**ff., 641
—, Bevölkerung je km^2 305

Sánchez Cerro, Luis M., peruanischer General und Politiker 317, 344
San Francisco (Kalifornien) 380
— Friede von (8.9.1951—28.4.1952) 408, 642
San José, Hauptstadt von Costa Rica 304
—, Außenministerkonferenz der OAS (August 1960) 324, 327
San Juan del Norte (Greytown), Hafen in Nicaragua 329

NAMEN- UND SACHREGISTER

San Juan, Rio, Fluß in Nicaragua 305, 329f.
San-Marcos-Universität in Lima, Peru (1551) 344
San Martín, José de, südamerikanischer General 308
San Salvador, Hauptstadt von El Salvador 304
Sanskrit, klassische Literatursprache Indiens 111
Santa Anna, Antonio López de, mexicanischer General und Politiker 313f., 317
Santa Cruz, Andrés, bolivianischer General und Politiker 316, 346, 351
Santa Cruz de la Sierra, Departementhauptstadt in Bolivien 348
Santa Fé, argentinischer Hafen am Rio Paraná 361
Santander, Francisco de Paula, kolumbianischer Politiker 316, 336
Santiago de Chile, Hauptstadt von Chile 304, 309, 350, 352f.
—, Akte von (März 1953) 644
Santiago de Cuba 322
Santo Domingo, jetzt Ciudad Trujillo 304, 326
Santos, Eduardo, kolumbianischer Politiker 316, 338
São Francisco, Fluß in Ostbrasilien 305
São Paulo, Stadt und Bundesstaat Brasiliens 309, 370–376
Sarajewo (Bosnien) 400, 503, 600
Sarmiento, Domingo Faustino, argentinischer Schriftsteller und Politiker 316, 357
—, »Facundo« (1845 und 1932) 357
Sartre, Jean Paul, französischer Philosoph und Dichter 243, 636
—, »Les Mains sales« (1948) 636
Sastroamidjajo, Ali, indonesischer Politiker 654
Satyāgraha, Lehre und politische Taktik der Non-cooperation Gandhis 112
Saudiarabien 120, 147, 152, 162, 629, 639, 645, 649, 651, 653
—, Erdölvorkommen 120, 147
Saud ibn Abdul Asis, König von Saudiarabien 645, 651
Sayaji Rao, Maharaja von Baroda 123
Schamil, Imam, kaukasischer Freiheitskämpfer 182
Schan, Thaivolk in Burma 137
Scharoun, Hans, Architekt 657
Schdanow, Andrej Aleksandrowitsch, sowjetrussischer Politiker 173, 175f., 207, 633
Scheler, Max, Philosoph und Soziologe 559, 575
Schelling, Friedrich Wilhelm Joseph von, Philosoph 606

Schelsky, Helmut, Soziologe 565, 652
—, »Die skeptische Generation« (1956) 652
Schepilow, Dimitrij Trofimowitsch, sowjetrussischer Politiker 650f., 653
Schibboleth (hebräisch), soviel wie Losungswort, Erkennungszeichen 504
Schiiten, eine der beiden Hauptkonfessionen des Islams 413
Schiller, Johann Christoph Friedrich von, Dichter 501, 576
Schleiermacher, Friedrich Ernst Daniel, evangelischer Theologe und Philosoph 598
Schmid, Carlo, Politiker und Schriftsteller 292
Schmoller, Gustav von, Volkswirtschaftler und Historiker 515
Schneider, Reinhold, Dichter 632
—, »Weltreich und Gottesreich« (1946) 632
Schoeffer, Nicolas, ungarischer Bildhauer, Abb. 532
Schönberg, Arnold, österreichischer Komponist 551, 634, 638, 654
—, »Moses und Aaron« (1932, aufgeführt 1957) 551, 654
—, »Ein Überlebender aus Warschau« (1947) 634
—, »Style and Idea« (1949) 638
Schostakowitsch, Dimitrij Dimitrijewitsch, russischer Komponist 636
Schroeder, Louise, Politikerin 633
Schrödinger, Erwin, Physiker 554
Schukow, Georgij Konstantinowitsch, sowjetrussischer Marschall 172f., 202f., 649, 653
Schulbuchinstitut in Braunschweig, Internationales 645
Schumacher, Kurt, Politiker 291f.
Schuman, Robert, französischer Staatsmann 232, 240, 251f., 261, 277, 280, 287, 641, 655
Schuman-Plan, siehe Montan-Union
Schumpeter, Joseph Alois, österreichischer Volkswirtschaftler und Soziologe 495, 497, 506, 575
Schwarz, Rudolf, Architekt 647
Schweden 230, 279, 294, 362, 402, 436, 520, 631, 634, 636f., 654
—, Genossenschaftswesen 479
—, Gewerkschaften 464, 467, 469f., 472, 475, 486, 489, 494f.
Schweiz 230, 279, 289, 294, 362, 402, 435, 483f., 657
—, Genossenschaftswesen 479
—, Gewerkschaften 465, 474
Schweizer Gewerkschaftsbund (1887), Bern 465

Schweizerischer Metallarbeiterverband 494
Schweizerischer Verband Evangelischer Arbeiter und Angestellter 465
Science fiction (englisch: wissenschaftlich Erdichtetes), utopischer Roman 297, 505, 572f.
SEATO (South East Asia Treaty Organization), siehe Südostasienpakt
SED (Sozialistische Einheitspartei Deutschlands, aus KPD und SPD am 21.4.1946 durch Zwangsvereinigung entstanden) 175, 631, 639, 656
Seeräuberküste (Piratenküste), Gebiet an der Südküste des Persischen Golfs 154
Sedlmayr, Hans, österreichischer Kunsthistoriker 572, 636
—, »Verlust der Mitte« (1948) 572, 636
Segni, Antonio, italienischer Politiker, Abb. 276
Sékou Touré, Politiker in Guinea 418
Selbstbestimmungsrecht der Völker 24, 74, 422, 447
Senanayake, Dudley Shelton, Politiker in Ceylon 661
Senegal, westafrikanische Republik (unabhängig 20.6.1960) 658, 660, Kartenskizze 155
Seoul, Hauptstadt Südkoreas 639
Serben, südslawisches Volk 184f.
Serbien, Bundesland Jugoslawiens 25, 185
Serow, Iwan Aleksandrowitsch, sowjetrussischer General 173, 202, 213
Seton-Watson, Hugh, englischer Historiker 15
Sevilla (Spanien) 311
Sforza, Carlo Graf, italienischer Diplomat 630, Abb. 256
Shanghai, größter Hafen Chinas 65, 70f., 73, 79ff., 84, 86f., 89f., 106, 108, 638
Shantung, chinesische Provinz 50, 60ff., 70, 90, 108
Sharm el Sheikh bei Akaba am Roten Meer 652, 654
Shell Transport and Trading Company Ltd., London (1890) 347
Shen-shih, bevorrechtigter Literaten-Stand in China 49ff., 57, 64, 99
Shensi, nordchinesische Provinz 71, 89, 133
Shillong, Hauptstadt von Assam, Kartenskizze 127
Shimonoseki, Friede von (17.4.1895) 60, 70
Shukri el Kuwatly, syrischer Politiker 649, 651

NAMEN- UND SACHREGISTER

Siam (ab 1939 Thailand), Königreich in Hinterindien 105, 108f., 157
—, englisch-französisches Abkommen über (1896) 108
Sibirien 182, 407, 412
—, Russifizierung 182
Sidon (Saida), Libanon 641
Sierra Leone, britische Kolonie in Westafrika 640, 644, *Kartenskizze 155*
Sikh (Sikhs), Hindusekte im Punjab 122
Sikkim, indisches Protektorat, *Kartenskizze 127*
Silber in Lateinamerika 342, 349
Siles Zuazo, Hernán, bolivianischer Politiker 316, 348
Silone, Ignazio, eigentlich Secondo Tranquilli, italienischer Schriftsteller 640
—, »The God that failed« (1950 mit Arthur Köstler, André Gide, Louis Fischer und Richard Wright) 640
Simla, Hauptstadt von Himachal Pradesh, *Kartenskizze 127*
—, Vertrag zwischen China, Tibet und England (1914) 160

Sinai-Halbinsel 417, 650
Sind, Provinz Westpakistans 121, 144f.
Singapore, Staat auf Malakka 141, 654
Singhalesen, indische Bevölkerung von Ceylon 139
Sinkiang, chinesische Provinz 83, 94, 106, 650
Sinowjew, eigentlich Hirsch Apfelbaum, Grigorij Jewsejewitsch, sowjetrussischer Politiker 168, 192, 199
Sirius (Hubert Beuve-Méry), französischer Journalist 244
Sizilien 639
Sjahrir, Sutan, indonesischer Politiker 141, 156
Skandinavien 27, 402, 492, 520, 657
Skandinavier in Lateinamerika 307
Sklaven in Amerika 306, 367, 369ff., 386
Sklavenbefreiung in den USA (1865) 484
Sklavenbefreiungsgesetz in Brasilien (13.5.1888) 371
Slánský, Rudolf, tschechoslowakischer Politiker 173, 193, 643
Slichter, Sumner Huber, amerikanischer Volkswirtschaftler 466, 488, 495
Slowaken, westslawisches Volk im östlichen Teil der Tschechoslowakei 25, 184, 187, 189
Slowenen, südslawisches Volk im Nordwesten Jugoslawiens und der angrenzenden Gebiete 184

Smith, Adam, englischer Moralphilosoph und Volkswirtschaftler 455, 457
Smuts, Jan Christiaan, südafrikanischer General und Staatsmann 229
Socarrás, Carlos Prío, kubanischer Politiker 643
Sofia, Hauptstadt Bulgariens 185
Sokolowskij, Wassilij Daniiljewitsch, sowjetrussischer Marschall und Politiker 635
Solano, siehe López, Francisco Solano
Somalia, ostafrikanische Republik (unabhängig 1.7.1960) 651, 659, *Kartenskizze 155*
Somoza, Anastasio (Vater), Politiker in Nicaragua 330
—, Anastasio (Sohn), Offizier in Nicaragua 330
—, Luis, Politiker in Nicaragua 330
Sorin, Valerian Aleksandrowitsch, sowjetrussischer Politiker 652, 659
Soustelle, Jacques, französischer Politiker 656
Souvanna Phouma, Prinz, laotischer Politiker 661
Souveränität, die nach innen und außen unbeschränkte Hoheitsgewalt des modernen Staates 382, 422, 433, 510, 562
Sowjetblock (Ostblock) **400—406**, 420, 635, 638, 651, 655, 659f.
Sowjetisch-chinesischer Freundschaftsvertrag (14.8.1945) 629; (14.2.1950) 71, 640
Sowjetische Aktiengesellschaften (SAG) in der sowjetischen Besatzungszone Deutschlands 631, 644
Sowjetunion **24—33, 35—38**, 72, 74—77, 79f., 89, 92ff., 109, 114, 126, 132ff., 142, 150ff., 156f., 161, 163, 184, 186, 189ff., 195ff., 216, 226, 228f., 231, 233f., 238, 240, 243, 248, 250f., 252f., 255, 259f., 264, 272 bis 276, 280ff., 287, 290, 292, 296—299, 323, 381f., 385, 387ff., 391—399, 401, 405f., 408, **410 bis 413**, 415ff., 419, 421, 431f., **434—437**, 443, 448, 450, 489f., 513, 562, 566, 569, 618f., 623, **629—637, 639—636, 655—661,** *Kartenskizze 191,* *Abb. 176f., 198f., 421, 445, 565, 597*
—, 1945—1953 **167—183**
—, 1953—1959 **198—208**
—, Außenpolitik 169, 183, 200, 217—220, 268f., 281
—, Industriearbeiter 178f., 205
—, inneres Kabinett 171f., 201
—, Industrialisierung 178f.
—, Gesellschaftsklassen **176—179, 203—207**

Sowjetunion, Goldrubel eingeführt (1.3.1950) 641
—, Großkolchosen 177, 639
—, ideologische Auseinandersetzung mit China (7.11.—1.12.1960) 660
—, Kollektivierung der Landwirtschaft 176f., 639
—, Komitee für Arbeit und Löhne 205
—, Komitee für Staatssicherheit (KGB 1953) 202
—, Konsumgüterproduktion 199, 205
—, Landwirtschaftliche Produktion 199, 203f.
—, Literatur und Kunst 179, 206f.
—, Machtkampf und Machtverteilung **198—203**
—, Maschinen- und Traktorenstationen (MTS) 177, 204, 656
—, Ministerrat (1946) 171f., 202
—, Ministerium für Staatssicherheit (MGB 1946) 174, 198
—, Ministerium für innere Angelegenheiten (MWD 1944) 174, 198, 202
—, Nationalitätenpolitik 180ff., 198, 207f.
—, Oberster Sowjet (Werschowny Sowjet) 171f., *Abb. 198*
—, Planungsausschuß (Gosplan) 201f.
—, Polizei 171, 174f., 198, 202
—, Rat der Volkskommissare (Lenin 1917) 170
—, Russifizierung 182, 198, 207
—, Säuberungsaktionen (1936—38 und 1949) 168, 175f., 193, 208
—, Schulreform von 1958 207
—, Schwerindustrie 199
—, Siebenjahresplan (1959—65) 658
—, Verfassung vom 12.7.1936 169, 180
—, Verzicht auf alle Sonderrechte in China und Persien 70, 109
—, Volkswirtschaftsräte (10.5.1957) 201
—, Wirtschaft **176—179**, 199, 201f.
—, Zwangsarbeit in der 202
Sozialapparat 527f.
Sozialdemokratische Partei Deutschlands (SPD, 16.6.1945) 170, 251, 261, 291ff., 457, 629, 631, 635, 637, 653, 660
Sozialdemokratische Partei Österreichs (SPÖ) 268, 291, 630
Sozialdemokratische Partei Polens (PPS) 189
Sozialdemokratische Partei der Tschechoslowakei 187, 189
Soziale Marktwirtschaft 260, 291
Social engineering (englisch), Sozialtechnik 524, 535
Soziale Reformen in Indien 128ff.
Soziale Revolution in China **83 bis 95,** 99ff.

Soziale Umschichtung im 20. Jahrhundert **514—520**
Sozialismus 29, 75, 131, 232, 241, 381f., 391f., 394, 404, 452, 467, 482, 487, 490
— in Lateinamerika 344
Sozialistische Arbeiterpartei in Chile 352
Sozialistische Einheitspartei Deutschlands (SED 21.4.1946) 175, 631, 639, 656
Sozialistische Partei Frankreichs 262, 266
Sozialkritik 588
Sozialordnung 527, 530
Sozialpolitik 456, 512, 630, 634, 636, 638, 642f., 650, 654
Sozialprodukt, Geldwert aller in der Volkswirtschaft hergestellten Güter und Dienstleistungen 429f., 433, 445, 509, 519, 521, 525
Sozialversicherung 459
Sozialstaat 509f., 513, 517, 531
Sozialwissenschaften 558
Soziologie 560, 586
Spaak, Paul-Henri, belgischer Staatsmann 276, 283, 637
Spanien 255, 277, 307f., 311, 321, 325, 343, 367f., 370, 376, 380, 387, 402, 465, 630, 633, 635, 638, 644, 648, 651
—, Seekrieg mit Peru (1864—66) 317, 343
—, Gewerkschaften 469
Spanisch-amerikanischer Krieg (1898) 393
Sparta, Staat in der Antike 393f.
Spengler, Oswald, Geschichtsphilosoph 39, 551, 559, 571, 611
—, »Der Untergang des Abendlandes. Umrisse einer Morphologie der Weltgeschichte« (2 Bde 1918/22) 551
Spiritualismus, philosophische Lehre, nach der das Wirkliche seiner wahren Beschaffenheit nach Geist sei 484
SPÖ, Sozialdemokratische Partei Österreichs 268, 291, 630
Sport im 20. Jahrhundert 544f.

Sprachkultur 578f., 582, 586
Sprachwissenschaft 560
Sputnik (russisch: Weggenosse), erster künstlicher Erdsatellit (4.10.1957) 276, 282, 533, 654
Srinagar, Hauptstadt von Jammu und Kaschmir 128, 145
Sri-Vijaya-Reich, südostasiatisches Reich (etwa 7.—13. Jahrh.) 140
»Staatsbourgeoisie« in der Sowjetunion 196, 205
Staatskapitalismus 197
Staat und Gesellschaft 444, 508f., 588
Staat und Wirtschaft 429, 434, 440, 509

Stachanow, Aleksandr Grigorjewitsch, russischer Bergarbeiter 178, 196, 205
Stalin, Jossif Wissarionowitsch (eigentlich Sosso Dschugaschwili, Deckname Koba) sowjetischer Staatsmann 24, 26f., 30, 33f., 38, 79f., 92, **167—173**, 175f., 182f., 192f., 198f., 200f., 207f., 216ff., 253, 268, 389, 392, 401, 406f., 631, 645, 651, *Abb. 36, 176*
—, »Sozialismus in einem Lande« (These, 1925) 169, 210
—, »Ökonomische Probleme des Sozialismus in der UdSSR« (1952, dtsch. 1953) 183
—, Rede vom 9.2.1946 228
Standard Oil Company of New Jersey 348, 363
Stassen, Harold Edward, amerikanischer Politiker 652
Status quo (der augenblickliche Zustand), politische Doktrin 219, 433
Steffens, Lincoln, amerikanischer Journalist 25
Stein, Lorenz von, Volkswirtschaftler und Soziologe 515
Steinberg, Saul, amerikanischer Graphiker und Karikaturist *Abb. 573*
Stepinac, Aloys, jugoslawischer Kardinal 173, 197, 632
Stepun, Fedor, russisch-deutscher Kulturphilosoph und Soziologe 482
Steuer- und Währungspolitik 509
Stevenson, Adlai Ewing, amerikanischer Politiker 259, 660
Stifter, Adalbert, österreichischer Dichter und Maler 507
—, »Der Nachsommer« (1857) 507
Stimson, Henry Lewis, amerikanischer Politiker 24
Stockhausen, Karlheinz, Komponist 641
—, »Kontakte« für elektronische Klänge, Klavier und Schlagzeug (1959/60)
»Stockholmer Manifest« des Kommunistischen Weltfriedensrats (21.3.1950) 248, 639
Straßmann, Fritz, Chemiker 554
Strawinsky, Igor, russischer Komponist 551, 632, 642, 652, 661
—, »Le Sacre du printemps« (1913) 551
—, »Ebony-Concerto für Jazzband« (1946) 632
—, »The Rake's Progress« (1951) 642
—, »Canticum sacrum« (1956) 652
—, Klavierkonzert (1960) 661
Streiks 348, 472f., *Abb. 457, 488*

Streit, Clarence Kirstman, amerikanischer Publizist 227f.
—, »Union Now« (in Frankreich: »Vereinigung oder Chaos« 1939) 227
Strell, Martin, Chemiker 662
Stroessner, Alfredo, paraguayischer Politiker 317, 367
Stumm-Halberg, Carl Ferdinand Freiherr von, Industrieller 488
Subjektivismus, philosophischer Standpunkt, daß alles Erkennen vom Erkennenden abhängig ist 549
Sudan, englisch-ägyptische Kolonie 148f., 632, 635, 640, 642, 649
—, ostafrikanische Republik (unabhängig 1.1.1956) 150, 650ff., 656, *Kartenskizze 155*
—, siehe auch Französisch-Sudan und Mali
Sudetendeutsche, Ausweisung aus der Tschechoslowakei (1945 bis 1947) 25, 35, 189, 195
Südafrika 490
—, Problem der Inder 112
Südafrikanische Union, Land des Commonwealth 155, 247, 635, 637, 642, 652, 655, 657, 659, 661
Südamerika 219, 305f., **333—376**, 412, 418, 449f., 490, 623

—, Elektrizitätserzeugung je Kopf 312
—, Kraftfahrzeuge je Kopf 313

Südkorea 411, 636, 638f., 643f., 652, 658f.
Südostasien 27, **136—147**, 162, 219, 298, 408, 412, 420
Südostasienpakt (SEATO) zwischen USA, Großbritannien, Frankreich, Australien, Neuseeland, Thailand, Pakistan und Philippinen (8.9.1954) 146, 158, 408f., 411, 646
Südrhodesien, englische Kolonie, seit 14.7.1953 in der Föderation Rhodesien und Njassaland 421, 644
Südslawen in Lateinamerika 307
Südtirol, autonomes Gebiet in Italien 631, 650, 659
Südvietnam 160, 410f., 420, 641, 649
Südwestafrika, Treuhandgebiet der UN 637, 649, 652, *Kartenskizze 155*
Südweststaat, siehe Baden-Württemberg
Suezkanal 149f., 270, 332, 412, 417, 642, 646, 650, 652
Suezkanal-Gesellschaft, Nationalisierung (26.7.1956) 150, 272, 650, 657

Suez-Konflikt (1956/57) 146, 151 f., 213, 273 ff., 417, 632, 642, 650
Suhrawardy, Hussein S., pakistanischer Politiker, Gründer der Awami-Liga 144, 652, 654
Sukarno (Soekarno), Achmed, indonesischer Staatsmann 28, 118 f., 141 ff., 630, 636, 638, 652, 657 f.
Sumatra, Große Sundainsel 140 ff., 632, 661
Sunniten, eine der beiden Hauptkonfessionen des Islams 413
Sun Yat-sen (Sun Wen, Sun Chungshan), chinesischer Staatsmann 46, 52—55, 57 ff., 60 f., 63 ff., 70, 73, 75 ff., 84 f., 88, 109 f., 119, Abb. 60
—, »Ausgleich der Grundbesitzrechte« (1911) 75
—, »Drei Grundlehren vom Volk« (San min chu-i, 1924) 55, 58, 73—76
—, »Fünf-Gewalten-Verfassung« 55, 58, 73
—, »Grundsätze des staatlichen Aufbaus« (1924) 75
—, Manifest an das chinesische Volk vom 25.7.1919 110
—, »Plan zum Aufbau des Reiches« (1921) 74
Surinam (Niederländisch-Guayana) 632, 647
Sutherland, Graham Vivian, englischer Maler und Graphiker 642
Swiatlo, Jozef, polnischer Polizeifunktionär 210
Swift & Company, Chicago 365
Syndikalismus, revolutionäre Arbeiterbewegung, die den Staat ablehnt und in der Gewerkschaft die Urzelle einer neuen Gesellschaftsform sieht 475
Syngman Rhee, siehe Rhee, Syngman
Synkretismus, Vereinigung verschiedener philosophischer Lehren, Kulte und Religionen 600
Syrien 26, 120 f., 147 f., 159, 161 f., 215, 413 f., 416, 465, 490, 629 f., 632, 636 f., 639, 649 f., 653, 655
Syrisch-ägyptische Föderation (1.2.1958) 152
Syrisch-sowjetrussischer Vertrag (28.10.1957) 653

T

Tabak in Lateinamerika 370 f.
Taff Vale Entscheidung von 1901 (die Gewerkschaft haftet für die durch einen Streik entstandenen Schäden) 459
Taft, Robert Alphonso, amerikanischer Politiker 259, 263, 634

Taft-Hartley Gesetz (Labor Management Relations Act 23.6. 1947) 634
Taine, Hippolite, französischer Philosoph, Historiker und Literarhistoriker 603
Taipeh (T'ai-pei) auf Formosa (T'ai-wan), Sitz der chinesischen Nationalregierung 71, 411
Taiping, kommunistisch-christliche Sekte in Südchina 44 ff., 70
Taiping-Revolution (1851—1864) 44—47, 51, 53, 57 f., 70, Abb. 45
T'ai-wan, siehe Formosa
Talal I., König von Jordanien 642
Tamulen (Tamilen), indo-melanide Bevölkerung Südostasiens (Madras) und Nordceylons 138 f.
Tanganjika, englisches Treuhandgebiet in Ostafrika 421, 633, Kartenskizze 155
Tange, Kenzo, japanischer Architekt 654
Tanger, Hafen in Marokko 630, 650, 654
—, Konferenz von (28.—30.4.1958) 655
Taoismus, chinesische Lehre, fußt auf Lao-tzus Buch »Tao-tê-ching« 66
Tarifhoheit 459
Tarifordnung für Angestellte des öffentlichen Dienstes (TOA) 523
Tarifverträge 456, 486, 488 f.
Tarifvertragsgesetz (23.12.1918 u. 1.3.1928) 459
Tata, Sir Jamsetji Nusserwanji, indischer Großkaufmann und Gründer des Tata-Konzerns 108
Tataren, Mischvolk aus einem Mongolenstamm, Slawen und verschiedenen Turkvölkern 169, 180 ff.
Taylor, Frederick Winslow, amerikanischer Ingenieur 515
Teamsters Union, amerikanische Gewerkschaft der Lastkraftwagenfahrer 462, 477, 481
Technischer Fortschritt 532 ff.
Technischer Geist 534 f.
Technik in der Industriegesellschaft 532—538, 552, 634, 636, 641 f., 644, 647 f., 650, 652, 659, 662
Technizismus, technische Ausdrucksweise 535
Technokratie (griechisch), Herrschaft der Technik 243, 434, 444, 605 f.
Technokratische Diktatur 444
Tegucigalpa, Hauptstadt von Honduras 304
Teheran, Konferenz der Alliierten (28.11.—1.12.1943) 226
Teilhard de Chardin, Pierre-Marie Joseph, S.J., französischer Anthropologe 608

Telefunken GmbH, Berlin, Abb. 444
Telingana, Landschaft im ehemaligen Fürstenstaat Hyderabad (Andhra Pradesh) 132 f.
Tensing (Tenzing), Norkay, nepalesischer Bergsteiger (Sherpa) 645
Texas (1821 zu Mexico, 1836 selbständig, 1845 Staat der USA) 314, 320
Thai (Tai), Volk palämongolider Rasse in Hinterindien und Südchina 409
Thailand (bis 1939 Siam), Königreich in Hinterindien 117, 160, 409, 412, 420, 634, 638, 640 f., 645 f., 654, 657 f.
Thamarat, Sarit, thailändischer Feldmarschall 654, 657 f.
Theater 567, Abb. 564f.
Theaterkritik 544
Theokratie, mittelalterliche 162
Theologie 587, 596, 598, 607
Thermonukleare Waffen 382, 384 f., 394 ff., 399, 405, 419, 433
Thomas von Aquino, italienischer Philosoph und Theologe 585
Thomas, Dylan Marlais, englischer Dichter 632, 647
—, »Deaths and Entrances« (Gedichte 1946) 632
—, »Under Milk Wood« (1954 postum) 647
Thorez, Maurice, französischer Politiker 637
Thukydides, griechischer Geschichtsschreiber 379, 393, 570, 611 f.
Tibet (Zentralasien) 83, 91, 97, 106, 135, 160, 642, 652, 657, Abb. 604
—, Volksaufstand in (10.—22.3. 1959) 71, 160, 658
—, Besetzung durch chinesische Truppen (1950) 71, 640
Tientsin (China, südöstlich Peking) 108
—, Blutbad von (1870) 50, 71
—, Vertrag von (11.5./9.6.1885) 47
Tiflis (Tbilisi), Hauptstadt Georgiens 208, 651
Tilak, Bāl Gangādhar, indischer Politiker 110 f., 113
—, »Gītā Rahasya« (Geheimnis der Gita) 110
Tillich, Paul, protestantischer Theologe 598
—, »Systematic Theology« (1950/56) 598

Tito, eigentlich Josip Broz, jugoslawischer Marschall und Staatsmann 173, 185, 190, 193, 210 ff., 216, 403, 407, 630, 637, 645, 651
Titoismus, nationaler Kommunismus 637

NAMEN- UND SACHREGISTER

Tjänstemännens Centralorganisation (TCO), Zentralorganisation der Angestellten in Schweden 464
TOA (Tarifordnung für Angestellte des öffentlichen Dienstes) 523
Tobey, Mark, amerikanischer Maler 645
Tocqueville, Alexis Clérel Comte de, französischer Schriftsteller und Staatsmann 242, 380, 389, 502, 510, 572
—, »La Démocratie en Amérique« (1839/40) 510
Togliatti, Palmiro, italienischer Politiker 637
Togo, westafrikanische Republik (unabhängig 26.4.1960) 418, 633, 644, 652, 656, 659, *Kartenskizze 155*
Tôkyô 53 f., 70, 380, *Abb. 599*
Tonking, Land in Hinterindien 638
Totalitäres Regime 168, 506, 530, 573
Toynbee, Arnold Joseph, englischer Historiker und Geschichtsphilosoph 39, 571
Trades Union Congress (TUC), London (gegründet 1868, neu geordnet 1920) 462
Trades Union Council, London (1860) 483
Transjordanien 147 f., 152, 629, 631 f., 636, 640
Transkaukasien, Gebiet südlich des Kaukasuskammes 169
Transkontinentale Raketen 431 f.
Transport and General Workers Union, englische Gewerkschaft des Verkehrsgewerbes (gegründet 1889) 462
Travancore, ehemaliger Staat in Indien 115
Travestie (italienisch: Umkleidung), literarische Verspottung einer ernsten Dichtung 546
Treitschke, Heinrich von, Historiker und politischer Schriftsteller 612
Triest 629, 632, 639, 644, 646
Trincomali, Hafenstadt auf Ceylon 138 f.
Tripolis (Tripolitanien), Landschaft im Westen Libyens 154, 636
Tripura, indisches Bundesterritorium, *Kartenskizze 127*
Trivandrum, Hauptstadt von Kerala, *Kartenskizze 127*
Trotzkij, eigentlich Leib Bronstein, Lew Davidowitsch, sowjetrussischer Politiker 80, 169, 199
Trujillo Molina, Hector Bienvenido, Politiker in der Dominikanischen Republik 326, 643
—, Rafael Leónidas, Politiker in der Dominikanischen Republik 326

Truman, Harry S., Präsident der Vereinigten Staaten 26, 33, 231, 235, 237, 246 ff., 259, 261, 263, 390, 633, 635, 639 ff., *Abb. 36*
—, Botschaft an den Kongreß (17.3.1948) 235
—, Punkt-Vier-Programm (20.1.1949) 638
Truman-Doktrin (12.3.1947) 231, 633
Ts'ai Yüan-p'ei, chinesischer Gelehrter 65
Tschad, Republik in Zentralafrika (unabhängig 11.8.1960) 659, *Kartenskizze 155*
Tschechen 25, 31, 184 f., 189
Tschechoslowakei (ČSR) 25, 30 f., 35, 134, 142, 183, **185 ff.**, **189 ff.**, 193 ff., 208—**211**, 215 f., 234, 244, 293, 401, 630, 632 f., 635, 637, 643, 645, 648 f., 653, *Kartenskizze 191*, *Abb. 192*
—, Machtergreifung der Kommunisten (20.2.1948) 231, 635
Tscherwenkow, Wulko, bulgarischer Politiker 194
Tschetschenen, Volksstamm im Kaukasusgebiet 181, 207 f., 653
Tschin, tibeto-burmanisches Bergvolk 137
Tseng Kuo-fan, chinesischer Gelehrter, Heerführer und Staatsmann 85
Tsushima, Seeschlacht von (27. bis 29.5.1905) 107
TUC, siehe Trades Union Congress
Tudeh-Partei, kommunistische Partei in Aserbeidschan 630, 638
Türkei 160, 210, 231, 245, 258 f., 271, 274, 392, 402, 412 ff., 633, 637, 639 f., 643, 646, 649, 652 ff., 658, 661
Tunesien, Republik in Nordafrika (unabhängig 20.3.1956) 154 f., 266, 271, 284, 418, 642, 646 ff., 650, 652, 654 f.
T'ung-chih (Tsai-ch'un), Kaiser von China 47, 63, 70
T'ung-chih-Restauration 47, 70
Turgenew, Iwan Sergejewitsch, russischer Schriftsteller 206
—, »Väter und Söhne« (1862) 206
Turkmenen, Turkvolk im Süden der UdSSR und Nordpersien 181
Turkmenistan (Turkmenische Sozialistische Sowjetrepublik) 208
Turner, Frederick Jackson, amerikanischer Historiker 223
—, »The Frontier in American History« (1921) 223
Tz'u-hsi, chinesische Kaiserinwitwe 48 ff., 63, 70

U

Ubico Castañeda, Jorge, guatemaltekischer Politiker 328
U-Boote als Raketenträger 397 f.
— mit atomarem Antrieb 436
UdSSR (Union der Sozialistischen Sowjet-Republiken, russisch SSSR, Sojus Sowjetskich Sozialistitschenskich Respublik, 27.12.1922), siehe Sowjetunion
UdSSR-China-Block **406**—**412**
Uexküll, Jakob Johann Baron von, Biologe 558
Ukrainer (Ruthenen, Kleinrussen), ostslawisches Volk von griechisch-orthodoxem Bekenntnis 169, 180
Ukrainische Sozialistische Sowjet-Republik 176, 181, 198, 201, 207
Ulbricht, Walter, Politiker 216, 653, 660
UN, United Nations, auch UNO, United Nations Organization, Vereinte Nationen 24, 97, 145 ff., 151, 154, 157, 163, 213, 215, 226, 228, **235**—**240**, 254, 264, 268, 274, 283, 325, 360, 382, 384 f., 388, 390 f., 407, 414, 418, 421, 623, **629**—**632**, 634, 636, **638**—**642**, 644 ff., 648, 650, 652 f., 655, 657, 659 f., *Kartenskizze 383*, *Abb. 193*, *228*
—, Internationaler Gerichtshof, Cour Internationale de Justice (CIJ 1946) 629
—, Satzung (Charta), unterzeichnet am 26.6.1945 in San Francisco 24, 235 ff., 238, 240, 245, 629, *Abb. 228*
—, Sicherheitsrat, elf Mitglieder, davon fünf ständige (USA, UdSSR, England, Frankreich, Nationalchina) 235, 369, 629, 634 ff., 638 f.
Unabhängige Liga für wirtschaftliche Zusammenarbeit (1945) 232
UNESCO (United Nations Educational Scientific and Cultural Organization), UN-Organisation für Erziehung und Wissenschaft 602, 630, 632
Ungarn, Magyaren 184
Ungarn **185**—**189**, **193**—**196**, 209 bis **216**, 219, 273, 275, 293, 401, 407, 629 f., **632**—**635**, 637, 645, 648 f., 650 f., 653, 656 f., *Kartenskizze 191*
—, Aufstand (23.10.1956) 200, 212 f., 215 f., 273, 275 f., 400, 650 ff., *Abb. 209*
Unión Cívica Radical, Mittelstandspartei in Argentinien 357 f.
Union der Christlich-Demokratischen Parteien (1947) 634

Union shop, Begriff des amerikanischen Arbeitsrechts: Betrieb, der seine Arbeiter verpflichtet, der Gewerkschaft beizutreten, 1947 durch das Taft-Hartley-Gesetz für unzulässig erklärt 458, 460, 472
United Europe Committee, London (1947) 232
United Fruit Company, Konzern in Mittelamerika (gegründet 1899) 323, 328, 330, 647
Unterentwickelte Länder 298, **446** bis **452**, 513, 564
Uran (Element 92) 435 f., 452, 554
Urquiza, Justo José de, argentinischer General und Politiker 316, 356
Urrutia, Lleo, kubanischer Politiker 322
Uruguay, Río, südamerikanischer Strom, vereinigt sich mit dem Rio Paraná zum Río de la Plata 305
Uruguay, Staat in Südamerika 304 bis 307, 313, 317, 360, **364** ff., 370, 659
—, Bürgerkrieg (1896—1903) 317, 364
—, Krieg mit Paraguay (1865 bis 1870) 317, 370
USA-Defensivblock **406—412**
Usbeken, Mischvolk aus verschiedenen Turkvölkern mit westtürkischer Sprache 180f.
Usbekistan (Usbekische Sozialistische Sowjet-Republik) 182, 208
Utopischer Roman, siehe Sciencefiction
Uttar Pradesh, indischer Bundesstaat 124, *Kartenskizze 127*

V

Valdivia (Chile) 351
Valdivia, Pedro de, spanischer Eroberer 350
Valencia (Venezuela) 333
Valera, Eamon de, siehe De Valera
Valéry, Paul, französischer Dichter 579f.
Valparaiso, Hafen in Chile 351
Vanadium in Lateinamerika 342
Vandenberg, Arthur Hendrick, amerikanischer Politiker 235 ff.
Varenne, Alexandre, französischer Generalgouverneur in Indochina 119
Vargas, Getúlio Dornellas, brasilianischer Politiker 316, 372 ff., 630, 639f., 647
Velasco Ibarra, José Maria, ecuadorianischer Politiker 316, 341
Venezia Giulia (Julisches Venetien) 631
Venezuela 304—307, 311 ff., 317, 327, 331, **333** ff., 372, 418, 656, *Abb. 336*

Verband der weiblichen Angestellten (VwA) 463
Verband für Arbeit und Freiheit (Frankreich 1955) 463
Vereinigte Arabische Republik (VAR), gegründet 1.2.1958 152 ff., 413, 416 f., 451, 465, 655 f., 660 f., *Kartenskizze 155*, *Abb. 148*
Vereinigte Provinzen des Río de la Plata 307
Vereinigte Provinzen Mittelamerikas (Central American Federation 1823—39) 307, 328
Vereinigte Staaten von Amerika (USA) 24 ff., 28; 30—34, 36 bis 39, 60, 67, 74, 82, 84, 97, 118, 124, 146, 151 f., 157 f., 160 f., 163, 180, 183, 223 f., 226, 228 f., 231, 233—237, 240—248, 250, 252—259, 262—265, 268 ff., 272 ff., 277, 282 f., 287, 289 f., 292 f., 295 f., 298 f., 307, 312, 318 ff., 322—327, 331 ff., 337 f., 341, 346 ff., 360, 368, 370, 373 ff., 379 ff., 385 ff., 389—399, 401 ff., 405—409, 411 f., 414 f., 417 f., 421, 429, 430—437, 442 f., 448 f., 455 ff., 514, 520, 562, 571 f., 616, 619 ff., 629, 631—636, 639 bis 661, *Abb. 384, 404, 420, 457, 525, 605*
—, Antikommunistengesetz (19.8. 1954) 647
—, Bevölkerung je km² 305
—, Botschaftergespräche mit der Volksrepublik China 649, 656
—, Elektrizitätserzeugung je Kopf 312
—, Genossenschaftswesen 479f.
—, Gewerkschaften 459 f., 462 f., 466, 469 f., 473 f., 476, 480 f., 484, 486, 488, 490 ff., 494, 496, *Abb. 457*
—, Kongreßbeschluß vom 4.4. 1951: Entsendung von Truppen nach Europa 255
—, Kraftwagen, Zahl der 313
—, Luftzwischenfall mit der Sowjetunion 659
—, Rassenintegration in den Schulen 653, 656
—, Sicherheitspakt mit Japan (28.4.1952) 408
Vereinigte Staaten von Europa 26, 228 f., 231 ff., 259, 276, 292, 299, 639
Vereinte Nationen, siehe UN
Vergangenheit, Bewältigung der 589f.
Vergesellschaftung der Produktionsmittel 291
Verhaltensforschung 558
Verordnung der Volksbeauftragten vom 23.12.1918 419
Versailler Vertrag (28.6.1919) 24, 62, 70, 108 f., 111, 621

Verstädterungsprozeß 508, 534
Verteidigungsausgaben 434 f.
Veto groups (englisch), Interessenvertreter 512
Vidal de la Blache, Paul, französischer Geograph 224
Vierzehn Punkte, Programm der (8.1.1918) 24
Vietminh, nationale Bewegung in Indochina 28, 156, 183, 260, 630, 638, 642, 645 ff.
Vietnam, Staat in Indochina (am 1.1.1950 aus Tongking, Annam und Cochin-China gebildet) 156, 158, 160, 260, 406, 410 f., 630, 632, 636, 638, 640, 646, *Abb. 448*
Vieux jeu (französisch), altes Spiel 544
Viktor Emanuel III., König von Italien 631
Vivekananda, Swami, indischer Reformator 107
Völkerbund 109, 120, 631
Volksdemokratie, pleonastische Bezeichnung für Volksherrschaft im sowjetisch-kommunistischen Sinne 36, 470
Volkseinkommen in den Entwicklungsländern 451
Volksfrontregierung in Chile 354
Volksgemeinschaft 565
Volksgerichtshof 565
Volkskommunen in China (kungshe, 29.8.1958) 71, 98, 408
Volkspolizei 565

Vollindustrialisierung 508
Vollrationalisierung 505
Voltaire, eigentlich François Marie Arouet, französischer Schriftsteller 310, 606
VwA, (Verband der weiblichen Angestellten) 463

W

Währungspolitik 509, 512
Währungsreform in den Westzonen und Berlin West (21.6.1948) 234, 250, 290, 635
Wafd, ägyptische nationale Partei 111, 149, 640
Wagner, Robert Ferdinand, amerikanischer Politiker 459
Wagner Act (National Labor Relations Act, Juli 1935) 459
Walker, William, amerikanischer Abenteurer und Präsident von Nicaragua 329
Warschau 405
Warschauer Aufstand (1.8.—2.10. 1944) 186
— Konferenz der osteuropäischen Außenminister (23./24.6.1948) 635

NAMEN- UND SACHREGISTER

Warschauer Ostblockpakt (14. 5. 1955) 400, 648
Washingtoner Konferenz (13. 11. 1921—6. 2. 1922) 70, 74
— (10.—14. 9. 1951) 641
Wasser als Energiequelle 435, 437
Wasserstoff (Element 1) 436
Wasserstoffbombe 431, 643, 645, 647
Watt, James, schottischer Erfinder 427
Wazyk, Adam, polnischer Dichter 210
—, »Gedicht für Erwachsene« 210
Webb, Beatrice, englische Sozialpolitikerin und Soziologin 479
—, »The Co-operative Movement in Great Britain« (1891) 480
—, Sidney James (seit 1929 Lord Passfield of Passfield Corner), englischer Sozialpolitiker und Soziologe 466
Weber, Alfred, Soziologe und Volkswirtschaftler 547
—, Max, Soziologe und Volkswirtschaftler 510, 538, 551, 556, 558
—, »Die protestantische Ethik und der Geist des Kapitalismus« (1905) 551
—, Wilhelm Eduard, Physiker 533
Wegener, Alfred Lothar, Geophysiker 223
—, »Entstehung der Kontinente und Ozeane« (1915, Theorie der Kontinentalverschiebung) 223
Weihaiwei (Shantung), Rückgabe des englischen Pachtgebiets 1930 83
Weißrussen, ostslawische Volksgruppe mit eigenen Bräuchen und eigenem Dialekt 169
Weizmann, Chaim, israelischer Staatsmann 635
Welfare state (englisch), Wohlfahrtstaat 528
Wellenmechanik 554
Weltanschauung 561
Weltbank (International Bank for Reconstruction and Development), Washington (1944/1946) 362, 632
Weltblöcke, die 406—412, 425, 590
— in Europa 400—406
Weltbühne, Die, Zeitschrift für Politik, Kunst, Wirtschaft (1905) 546
Weltbürgerschaft 565
Weltdiplomatie 377—422
Weltenergiekonferenz in Madrid (1960) 437
Welternährungsrat der UN (Food and Agricultural Organization, FAO) 634
Weltformel von Heisenberg und Pauli (1956) 654
Weltfriedensrat (WPC, World Peace Council, kommunistisch 1950) 248, 639
Weltgegensatz Ost—West 513, 588, *Abb. 405*
Weltgesundheitsorganisation (World Health Organization, WHO) 650, *Abb. 449*
Weltgewerkschaftsbund (WGB, kommunistisch, 1945) 463 f., 630, 638
Weltkirchenkonferenz, Amsterdam (28. 8.—4. 9. 1948) 636
—, Evanston (Michigan, USA) 647
Weltkrieg, erster 118, 379, 413, 429 f., 433, 503, 506, 513 f., 566, 588 f., 591
—, zweiter 116, 118, 120, 132, 167, 379, 400, 430, 432, 434, 448, 503, 506, 513 f., 566, 588 ff., *Abb. 37*
Weltliteratur 544
Weltpolitik 503, 508, 565
Weltproduktion 448 f.
Weltraumraketen 432, 553
Weltrevolution, kommunistische 169, 238, 563
—, industrielle 447
Welturheberrechtsabkommen vom 6. 9. 1952, für die Bundesrepublik Deutschland seit 3. 6. 1955 in Kraft 650
Weltverband der Gewerkschaften (Paris 1945) 485
Weltverkehr, Einfluß auf die Zivilisation 224 f.
Westbengalen, indischer Bundesstaat 127
West-Berlin, siehe Berlin
Westblock 401—406
Westdeutschland 31 f., 36, 234, 245, 255, 633 f.
Westeuropäische Union (WEU, 17. 3. 1948) 231, 234 f., 237, 247, 267, 648, *Kartenskizze 239*
Westeuropa 36, 231, 233, 240, 255, 273, 291 f., 396, 401, 455, 457
—, Wirtschaft 293 ff.
Westindische Föderation (3. 1. 1958) 656
Westmächte 134 f., 142, 151, 156, 158, 170, 183, 185, 228, 275, 287, 289 f., 292, 298, 398, 401, 416, 643
Westpakistan 122, 144, 647, 660
Wettbewerb, sozialistischer 178, 196, 205
WEU, siehe Westeuropäische Union
WGB, siehe Weltgewerkschaftsbund
Whampoa (Huang-p'u), Hafen von Kanton, Militärakademie (1924) 70, 77, 110
Whitehead, Alfred North, englisch-amerikanischer Philosoph 585
Whitman, Walt, amerikanischer Dichter 568, 578
Widerstandsbewegung in Deutschland 30
—, in Frankreich 229 f.
—, in Europa 232
Wiederbewaffnung, deutsche 250 bis 253, 261 f., 292
Wiedervereinigung Deutschlands 290, 393, 404, 643, 648, 655
Wilder, Thornton, amerikanischer Dichter 546, 636
—, »The Ides of March« (1948) 636
Wilhelminisches Zeitalter 508
Wilson, Angus, englischer Schriftsteller 652
—, »Anglo Saxon Attitudes« (1956) 652
Wilson, Thomas Woodrow, Präsident der USA 24, 61, 74, 244, 390, 615
Wirtschaftsgeschichte 560
Wirtschaftspolitik 512, 632, 634, 636, 638, 641 f., 644, 648, 650, 652, 655, 657, 659, 662
Wirtschaftswissenschaft 558
Wirtschaft und Gesellschaft 429
Wirtschaft und Staat 429, 434, 440
Wissenschaft im 20. Jahrhundert 550—561
Wissenschaftliche Forschung im Atomzeitalter 434
Wissenschaftlicher Fortschritt in den afroasiatischen Ländern 162 ff.
Woiwodina, autonome Provinz Serbiens 195
Wolfe, Thomas, amerikanischer Schriftsteller 551, 580
—, »Look Homeward, Angel« (1929) 551
Wolfram in Lateinamerika 349
Wolga 169
Wolgadeutsche, von Zarin Katharina II. seit 1764 ins Land geholte deutsche Siedler 180
Woitinsky, Gregor, Vertreter der Komintern 72
Wols, eigentlich Wolfgang Schulze, Maler, Begründer des Tachismus 632
Workuta, Industriestadt am Ural 202, 645
Woroschilow, Kliment Jefremowitsch, sowjetrussischer Politiker 168, 173, 631, *Abb. 217*
Wosnessenskij, Nikolai Aleksejewitsch, sowjetrussischer Wirtschaftler 175
Wotruba, Fritz, österreichischer Bildhauer 654
Wright, Frank Lloyd, amerikanischer Architekt 551, 657
—, Richard, amerikanischer Schriftsteller 640, 647
—, »The God that failed« (1950 mit Ignazio Silone, Arthur Köstler, André Gide und Louis Fischer) 640
—, »Black Power« (1954) 647

Wu-ch'ang bei Hankou, Militärputsch (10.10.1911) 57, 70, 109
Wuhan (zusammenfassende Bezeichnung für die Städte Wuch'ang, Hankou und Hanjang), Sitz der Nationalregierung (1926) 70, 78ff., 81
Wu Yü, chinesischer Schriftsteller 65
Wyschinskij, Andrej Januarjewitsch, sowjetrussischer Politiker 637
Wyszyński, Stephan, polnischer Kardinal 173, 197, 645

Y

Yacuiba (Argentinien) 348
Yamasaki, Minoru, japanischer Architekt 659
Yanaon, ehemalige französische Besitzung an der Ostküste Indiens 647
Ydígoras Fuentes, Miguel, guatemaltekischer General und Politiker 329
Yeager, Charles, amerikanischer Flieger 634
Yen-an (Jen-ngnan, Fushi), Hauptquartier der KPCh 70, 92, 133
Yoon Bo-Sun, koreanischer Politiker 661

Yoshida, Shigeru, japanischer Politiker 632, 638
Yucatan, mexicanischer Bundesstaat 309
Yüan Shih-k'ai, chinesischer Staatsmann 57, 59ff., 63, 66, 70, 109, 119

Z

Zadkine, Ossip, russischer Bildhauer 645
Zafrullah, Sir Mohammed, pakistanischer Politiker 146
Zagreb (Agram), Hauptstadt Kroatiens 185
Zahedi, Fazlollah, persischer General 645
Zapatá, Emiliano, mexicanischer Bauernführer 315, 318
Zapoteken (Tzapoteken), altes Kulturvolk in Mexico 314
Zeeland, Paul van, belgischer Politiker 232
Zelaya, José Santos, Politiker in Nicaragua 330
Zentralafrikanische Föderation (Federation of Rhodesia and Njassaland 14.7.1953) 421, 644

Zentralafrikanische Republik (unabhängig 13.8.1960) 659, *Kartenskizze 155*
Zentralasien 181f.
Zentralismus in Lateinamerika 309f., 336, 342, 350
Zentrallohnamt, gewerkschaftliches 495
Zentrumspartei, deutsche katholische Partei (1945) 629
Zink in Lateinamerika 342
Zinn in Lateinamerika 311, 347f., 349, 643
Zionismus, Ende des 19. Jahrhunderts gegründete Bewegung zur Errichtung eines autonomen jüdischen Staates in Palästina 148, 414
Zionistischer Weltkongreß 652, 654
Zivilisation, atlantische 226, 249, 254, 258
— des Abendlandes 224f., 549
—, industrielle 380ff., 386, 422
Zollunion der EWG 277f., 280
Zucker in Lateinamerika 311, 320, 322, 326, 342, 345, 370f.
Zuckmayer, Carl, Dichter 632
—, »Des Teufels General« (1946) 632
Zwangsarbeit in der Sowjetunion 202
Zwölfstundentag 525

QUELLENVERZEICHNIS DER ABBILDUNGEN

Die Aufnahmen stammen von: ACME-Photo über Photo UP (404 o.) – AD-Bild (228, 404 u., 420) – Horst H. Baumann, Neuß (516) – Günther Becker, Kassel (584) – Hannes Betzler über Bavaria, München (432) – Werner Bischof über Magnum, Zürich (448, 599) – Henri Cartier-Bresson über Magnum, Paris (512, 561) – dpa-Bild (36, 109, 268, 269, 277, 321, 336 u., 433, 444) – Editions Clairefontaine et Guilde du Livre, Lausanne, nach »Mexique Magie Maya« (320) – Siegfried Enkelmann, Berlin (585) – Fritz Eschen, Berlin (236, 237) – Felici, Rom (596) – Rolf Gillhausen über Stern, Hamburg (100, 101) – Silva Gabriele Hahn, Berlin (543) – Rudi Herzog, Wiesbaden (525) – Historisches Bildarchiv Handke, Bad Berneck i. Fi. (45) – Franz Hubmann, Wien (540) – Hanns Hubmann, München (125) – IBM-Werkphoto (524) – Indian Military Mission, Berlin (117) – Victor Kabath, Santiago (337) – Keystone Press, London (229, 285, 384) – Hannes Kilian, Stuttgart (517) – Robert B. Lebeck, Hamburg (148, 368 o., 598) – Lichtbildarchiv Wallisfurth, Aachen (93, 176, 177, 198, 199, 216, 217, 421, 445, 565) – Bernd Lohse, Frankfurt a. M. (193) – George Mench, Stamford/Conn. (605) – Mirrorpic, London (209 o.) – Stefan Moses, München (369) – New York Public Library (457) – Hilmar Pabel, Berg/Starnberg (496) – Photo AP (161 u., 276, 284, 449, 477, 604) – Photo Hervochon, Paris (532) – Photo UP (160, 489) – Radio Times Hulton Picture Library, London (116, 209 u., 336 r., 368 u.) – Hans Reger, München (37) – Dr. Lothar Reinbacher, Offenburg (336 l.) – Herbert Rittlinger, Seeon/Obb. (304, 305) – Rowohlt Verlag GmbH, Hamburg, nach »Steinberg's Passeport« (573) – Royal Collection, Windsor Castle, copyright reserved (108) – Siemens-Archiv, München (124) – W. Suschitzky, London (140, 161 o.) – Max Scheler, Hamburg (541) – Richard Schüler, Hamburg (542) – Studio Lipnitzki, Paris (564) – Karl u. Helma Toelle, Berlin (533) – Ullstein Bilderdienst (60, 61, 92, 192, 476, 513; – von der Becke: 208 u.; – Camera Press: 141; – dpa: 497; – Popper: 149, 488; – Stangenberg: 208 o.; – UP: 597) – Marc Vaux, Paris (572) – Bernd Virnich, Bonn (385) – Otto Wimmer, Berlin (560) – Werner Wünsch über Verlag Die Schönen Bücher Dr. Wolf Strache, Stuttgart (405). – Alle anderen Fotos verdanken wir den in den Bildunterschriften genannten Museen und Archiven.

Deutsche Geschichte im Ullstein Taschenbuch

Ein Gesamtbild deutscher Geschichte vom Mittelalter bis in unsere Zeit
in Einzeldarstellungen und thematischen Ergänzungsbänden

Herausgegeben von Walther Hubatsch

Wolfgang Treue
Die deutschen Parteien
Vom 19. Jahrhundert bis zur Gegenwart

Deutsche Geschichte Band 15

Deutschland zu Beginn des 19. Jahrhunderts / Das Frankfurter Parlament / Nach dem Mißerfolg / Die Entstehung der Parteien / Die Organisationsformen / Die allgemeine Entwicklung seit 1871 / Die Parteien in der Bismarckzeit / Deutschland um die Jahrhundertwende / Die Parteien am Ende der Ära Bismarck / Die Parteien im ersten Weltkrieg / Die Weimarer Republik bis 1924 / Die Neugestaltung der Parteien / Die scheinbare Festigung der Republik und ihr Zusammenbruch / Nach der Katastrophe / Die Sowjetische Besatzungszone bis 1950 / Westdeutschland bis zur Gründung der Bundesrepublik / Die Bundesrepublik bis zum Ende der Großen Koalition / Kurswechsel: Die Kleine Koalition / Wahltabellen

Kulturgeschichte im Ullstein Taschenbuch

Hans Sedlmayr
Verlust der Mitte

Die bildende Kunst des 19. und 20. Jahrhunderts
als Symptom und Symbol der Zeit

Ullstein Buch 39

Über die Diagnose des »Verlust der Mitte« hinaus wagt Sedlmayr, was Karl Jaspers als »erweckende Prognose« bezeichnet hat. Sedlmayrs mit polemischer Verve vorgetragene Thesen weisen Ansätze zu Heilung und Erneuerung nach, die er auch und gerade »in jenen Refugien der Kunst und des Menschlichen« sieht, wo »unter den Eismassen der Zeitangst echte Freude überwintert hat und keimt«.

Walter H. Bruford
Die gesellschaftlichen Grundlagen der Goethezeit

Ullstein Buch 3142

Dieses lang verschollene Buch bietet bis heute die einzige zusammenfassende Darstellung der Sozialgeschichte des 18. Jahrhunderts mit dem direkten Bezug zur Literaturgeschichte. Dabei wird neben der politischen Struktur des absolutistischen Staates und seines ökonomischen Kameralismus der Aufbau der Gesellschaft – insbesondere der bürgerlichen –, die Sozialschichtung der Städte als Kulturzentren und die besondere Lage der Intellektuellen (Bildungssystem, Organisation des Kulturbetriebs) berücksichtigt.

Psychologie im Ullstein Taschenbuch

Peter R. Hofstätter
Individuum und Gesellschaft
Das soziale System in der Krise

Ullstein Buch 2955

Inhalt: Einleitung / Klassisches Vorspiel: In der Grotte des Trophonios / Im Zeitalter des Pluralismus (Richtlinien des Verhaltens; Väter und Söhne; Krisen der Gesellschaft; Innenlenkung und Mitbestimmung; Beruf oder Job?; Die Dynamik der Kommunikation; Therapie des Verhaltens) / Aspekte der Außenlenkung (Demoskopie; Sieben Thesen über Gerüchte; Vorurteile; Anpassung und Selbständigkeit als Ziele der Erzieher; Werbung und Propaganda; Kooperation in Gruppen; Die heilende Gruppe) / Literatur / Register

Hans-Ulrich Wehler (Herausgeber)
Geschichte und Psychoanalyse

Ullstein Buch 3032

Inhalt: Hans-Ulrich Wehler: Zum Verhältnis von Geschichtswissenschaft und Psychoanalyse / H. Stuart Hughes: Geschichte und Psychoanalyse / Cushing Strout: Historiker und Ich-Psychologie / Alexander L. und Juliette L. George: Psychoanalyse und historische Biographie / Alain Besançon: Psychoanalytische Geschichtsschreibung / Bibliographie

Politik- und Sozialwissenschaft im Ullstein Taschenbuch

Arthur Rosenberg
Demokratie und Klassenkampf
Gesammelte Studien

Herausgegeben und eingeleitet von Hans-Ulrich Wehler

Ullstein Buch 3041

Die hier vorgelegten Schriften des sozialistischen Politikers und Historikers Rosenberg (1889–1943) entstammen drei Arbeitsbereichen: der Alten Geschichte, der Geschichte des marxistischen Sozialismus und der neueren deutschen Geschichte. Sie zeigen sein scharfsinniges, entschiedenes wie unabhängiges Urteil und seine bemerkenswerte Nachwirkung noch 30 Jahre nach dem Tode im Exil.

Eckart Kehr
Der Primat der Innenpolitik
Gesammelte Aufsätze zur preußisch-deutschen Sozialgeschichte im 19. und 20. Jahrhundert

Herausgegeben und eingeleitet von Hans-Ulrich Wehler

Ullstein Buch 3269

»Eckart Kehr ist nicht nur unleugbar einer der bedeutendsten Köpfe unter den Nichtkonformisten der deutschen Geschichtsschreibung in der Epoche der Weimarer Demokratie gewesen. Die Probleme seiner Lebensarbeit ... sind Fragen, die heute noch ebenso zur Diskussion stehen wie in den erregten Endjahren der Weimarer Republik.«   Hans Herzfeld

Literatur im Ullstein Taschenbuch

Theodor Fontane
Wanderungen durch die Mark Brandenburg

Herausgegeben von Walter Keitel

Wanderungen I – Die Grafschaft Ruppin
Ullstein Buch 4501

Wanderungen II – Das Oderland
Ullstein Buch 4502

Wanderungen III – Havelland
Ullstein Buch 4503

Wanderungen IV – Spreeland
Ullstein Buch 4504

Wanderungen V – Fünf Schlösser
Ullstein Buch 4505

Theodor Fontane
Reisebriefe vom Kriegsschauplatz Böhmen 1866

Herausgegeben von Christian Andree

Ullstein Buch 4600

Für alle Liebhaber Fontanes und für die Spezialisten der Fontane-Forschung war die Wiederentdeckung des Werkes ein Ereignis. Wie in den »Wanderungen durch die Mark Brandenburg« ist die Beschreibung des Landes, seiner Bewohner und ihrer Lebensgewohnheiten von Liebe zum Detail und zum Anekdotischen getragen. Die Ausgabe wird eingeleitet und kommentiert.